普通高等教育“十二五”规划教材

工程项目管理

主　编　贺成龙
副主编　曹　萍
编　写　文艳芳　金德智　门小静
主　审　成　虎

中国电力出版社
CHINA ELECTRIC POWER PRESS

内容提要

本书为普通高等教育"十二五"规划教材。

本书以项目管理知识体系为主线，内容涉及项目整合与范围管理，工程项目策划与风险管理，工程项目进度管理、费用管理、质量管理、人力资源管理与沟通管理、采购与环境管理等知识领域。为适应土建类专业课程群改革的需要，将流水施工部分内容整合到工程项目进度管理中，将施工组织设计部分内容单独成章，同时编入了绿色施工的相关内容。全书注重理论联系实际，强调实用性和可读性，配有丰富的案例及习题。

本书可作为普通高等院校工程管理、土木工程、建筑环境与设备工程等土建类专业的教材，也可作为从事土木建筑工程管理、施工和设计人员的学习参考书。

图书在版编目（CIP）数据

工程项目管理／贺成龙主编．—北京：中国电力出版社，2012.2（2014.1 重印）

普通高等教育"十二五"规划教材

ISBN 978-7-5123-2359-9

Ⅰ．①工…　Ⅱ．①贺…　Ⅲ．①工程项目管理－高等学校－教材　Ⅳ．①F284

中国版本图书馆 CIP 数据核字（2011）第 274490 号

中国电力出版社出版、发行

（北京市东城区北京站西街 19 号　100005　http://www.cepp.sgcc.com.cn）

北京市同江印刷厂印刷

各地新华书店经售

*

2012 年 2 月第一版　　2014 年 1 月北京第二次印刷

787 毫米×1092 毫米　16 开本　23.25 印张　569 千字　1 插页

定价 **41.00** 元

前　言

工程项目管理是从事土木建筑工程管理、设计和施工的工程技术和管理人员必备的基础知识，主要任务是研究工程项目管理理论和管理方法，包括项目整合管理、项目范围管理、项目进度管理、项目费用管理、项目质量管理、项目人力资源管理、项目沟通管理、项目风险管理、项目采购管理等知识领域，研究目的是使工程项目管理在投资、工期、质量三大目标及其他方面均取得最佳效果，尽快发挥效益，最终收回投资并达到投资增值的目的。

本书以项目管理知识体系为主线，在系统介绍项目管理基本理论的基础上，密切结合我国工程项目管理的实际，注重理论联系实际，配有丰富的案例，强调实用性和可读性，达到通俗易懂、学以致用的目的；在编写过程中，充分反映了最新规范的要求。每章前面有本章提要，后面附有复习思考题，以便于读者加深对基本知识的学习和理解，掌握工程项目管理的基本原理和基本方法，培养对工程项目进行科学管理的基本能力。同时，考虑到相当部分院校的土建类专业在进行课程群教学内容改革时，将施工组织设计的内容从建筑施工技术课程中剥离出来，放在工程项目管理课程中。为适应这种改革的需要，将流水施工部分内容整合到工程项目进度管理中，将施工组织设计部分内容单独成章，同时考虑了绿色施工的相关内容。

全书由贺成龙主编并统稿。具体编写分工是：第 1 章和第 2 章由嘉兴学院贺成龙编写，第 3 章由嘉兴学院门小静编写，第 4 章和第 5 章由西安科技大学曹萍编写，第 6 章由西安科技大学文艳芳编写，第 7 章第 1、2 节由南京农业大学金德智编写，第 7 章第 3、4 节由西安科技大学曹萍编写，第 7 章第 5 节由嘉兴学院贺成龙编写。

在本书的编写过程中，参考了国内外许多专家学者所著的文献，也借用了一些工程项目的实际资料，在此，谨对相关专家学者表示深深的谢意！特别感谢东南大学成虎教授对本教材提出的建设性修改意见！限于编者水平，书中难免有疏漏之处，敬请各位专家学者批评指正！

编　者

2011 年 9 月

目录

1 概　　论

本章提要

本章主要内容有工程项目的概念及特征、工程项目的分类与分解、建设项目周期与基本建设程序、工程项目管理的分类与模式、项目管理知识体系、我国建设工程项目的管理体制等。重点是工程项目的特征、项目管理知识体系、工程项目管理的模式。难点是不同工程项目管理模式的优缺点及适用范围、项目管理知识体系。

1.1 工程项目及工程项目管理

1.1.1 工程项目的概念及特征

我国经济高速发展的一个重要标志之一，就是各地在上的新"项目"。例如，国家重点工程项目，如京九铁路、秦山核电站、三峡工程、京沪高铁等；地区或区域性项目，如西安地铁、杭州湾跨海大桥、廉租房工程、商品房开发项目等；社会项目，如经济普查、人口普查、希望工程、申办和举办运动会等；科技和发展项目，如"863"计划、星火计划、探月工程等；各种军事和国防工程，如新型军用飞机和军舰的研制项目；还有各种新产品的研究与开发项目等。

项目（Project）一词已被广泛地应用到社会经济的各个方面。那么，什么是项目？其代表性定义有如下几种：

国际标准化组织（International Standard Organization，ISO）的ISO10006定义：项目具有独特的过程，有开始和结束日期，由一系列相互协调和受控制的活动组成；过程的实施，是为了达到规定的目标，包括满足时间、费用和资源等约束条件。

美国项目管理协会（Project Management Institute，PMI）认为，项目是一种被实施的、意在创造某种独特产品或服务的、临时性的努力。

德国国家标准DIN69901认为，项目是指在总体上符合下列条件的、具有唯一性的任务（计划）：具有预定的目标，具有时间、财务、人力和其他限制条件，具有专门的组织。

国内一些学者认为，项目是在一定约束条件下，约束条件通常是指资源和时间的限制，具有明确目标的一次性的事业或任务。

尽管不同管理学家从不同的角度描述了项目的概念和特征，但他们所描述的核心内容可以概括为：项目是指在一定的约束条件下（主要是限定时间、限定资源），具有明确目标的一次性任务。

项目作为被管理的对象，具有以下主要特征：

（1）项目的单件性或一次性。这是项目的最主要特征。所谓单件性或一次性，是指就任务本身和最终成果而言，没有与这项任务完全相同的另一项任务。例如：建设一项工程或一项新产品的开发，不同于其他工业产品的批量性，也不同于其他生产过程的重复性。项目的单件性和管理过程的一次性，为管理带来了较大的风险。只有充分认识项目的一次性，才能有针对性地根据项目的特殊情况和要求进行科学、有效的管理，以保证项目一次成功。

（2）项目具有一定的约束条件。凡是项目都有一定的约束条件，项目只有在满足约束条件下才能获得成功。因此，约束条件是项目目标完成的前提。在一般情况下，项目的约束条件为限定的质量、限定的时间和限定的投资，通常称这三个约束条件为项目的三大目标。对一个项目而言，这些目标应是具体的、可检查的，实现目标的措施也应是明确的、可操作的。因此，合理、科学地确定项目的约束条件，对保证项目的完成十分重要。

（3）项目具有生命周期。项目的单件性和项目过程的一次性决定了每个项目都具有生命周期。任何项目都有其产生时间、发展时间和结束时间，在不同的阶段中都有特定的任务、程序和工作内容。掌握和了解项目的生命周期，就可以有效地对项目实施科学的管理和控制。成功的项目管理是对项目全过程的管理和控制，是对整个项目生命周期的管理。

根据上述的定义，可归纳出项目的特点：

（1）项目具有整体性。项目是经一系列工作后完成的，是一个整体管理对象。

（2）项目具有一次性。每个项目都有其明确的起点与终点。

（3）项目具有目的性。项目是独特的产品或服务，均有特定的目标或结果。

（4）项目具有被约束性。项目的实施及其目标的实现，常受资金、时间和资源等方面的制约。

工程项目是最为普遍，也是最为典型的一类项目。它在社会生活和经济发展中起着重要作用，其对象是工程实体。工程项目除了具有一般项目所共有的整体性、一次性、目的性和被约束性等特点外，还具有它的特殊性，这种特殊性表现在工程项目实体的特殊性和工程项目建设过程的特殊性两个方面。

工程项目实体具有体型庞大、在空间上固定和单件性的特点。工程项目实体的这种特殊性，使其在建设过程中存在下列特殊的技术经济特性。

（1）建设过程的流动性、连续性和协作性。由于工程项目实体在空间上的固定性，这就决定了建设过程的流动性。这种流动性表现在两个方面。一是施工人员和施工机具在同一工程项目的不同工序间的流动；二是一个工程项目完成后，施工人员和施工机具在不同工程项目之间的流动。同时，工程项目建设的各阶段、各环节、各协作单位、各项工作必须按照统一的计划有机地组织起来，在时间上不间断，在空间上不脱节，才能使工程建设工作有条不紊地进行，确保建设过程的连续性和协作性。

（2）建设周期长，建设环境对其影响大。工程项目的建设周期少则几个月，多则几年，大型工程项目甚至是十几年。在建设期内，工程项目占用大量的人力、物力和财力，但不产生效益。为了更好地发挥投资效益，应尽可能缩短建设周期。在建设过程中，工程项目要受水文、气象、地形、地貌、地质等自然环境的影响；同时，还受建筑材料、施工技术、施工机具，以及资金、时间、资源、环境、政策等社会环境的制约。

（3）管理的复杂性和系统性。现代工程项目具有规模大、投资高、范围广和建设周期长等特点，其专业的组成、协作单位众多，建设地点、人员和环境不断变化，加之项目管理组织是临时性的组织，大大增加了工程项目管理的复杂性。同时，项目管理组织不同于企业组织，项目的一次性决定了项目管理组织是一个临时性的组织，随项目的产生而产生，随项目的消亡而结束，并伴随项目建设过程的变化，项目管理组织的人员和功能也发生变化，是一个具有弹性的组织。因此，要把项目建设好，就必须采用系统的理论和方法，根据具体的对象，把松散的组织、人员、单位组成有机的整体，在不同的限制条件下，圆满完成项目的建设目标。

1.1.2 工程项目的分类及分解

一、工程项目的分类

按不同的划分标准，工程项目有不同的分类。

1. 按投资再生产性质划分

工程项目按投资再生产性质可分为基本建设项目和更新改造项目。基本建设项目又分为新建、扩建、改建、迁建和重建项目，更新改造项目分为技术改造项目、技术引进项目和设备更新项目。

2. 按建设的总规模或总投资的大小划分

按建设的总规模或总投资的大小，工程项目可分为大型、中型和小型项目三类。

3. 按投资建设用途划分

工程项目按投资建设用途可划分为生产性工程建设项目和非生产性工程建设项目。生产性工程建设项目是指直接用于物质生产或为了满足物质生产需要，能够形成新的生产能力的工程建设项目，如工业建设项目、运输项目、农田水利项目、能源项目。非生产性建设项目是指满足人们物质文化生活需要的项目，如住宅、文教、卫生和公用事业建设项目。

4. 按工程建设项目的投入产出属性划分

按工程建设项目的投入产出属性，工程项目可分为经营性工程建设项目和非经营性（公益性）工程建设项目。经营性工程建设项目是指建成后可用于生产经营，创造经济效益并取得利润的建设项目，如厂房、高速公路、房地产开发项目等。非经营性（公益性）工程建设项目是指建成后难用于生产经营但能产生社会效益的建设项目，如市民休闲中心、环境保护工程等。

二、工程项目的分解

工程项目分解（Project Decomposition）是工程项目管理的一项重要内容，一个工程项目一般可分解为单项工程、单位工程、分部工程和分项工程。

（1）单项工程，是指具有独立的设计文件，可以独立施工，建成后能够独立发挥生产能力或效益的工程。一个建设项目，可由一个单项工程组成，也可以由多个单项工程组成。生产性建设项目的单项工程，一般指独立的生产车间、设计规定的主要生产线等；非生产性建设项目的单项工程，一般指能够发挥设计规定的主要效益的各个单位工程，如办公楼、旅馆、幼儿园等。单项工程由若干个单位工程组成。

（2）单位工程，是指具有独立的设计文件，可以独立施工，但建成后不能独立发挥生产能力或工程效益的工程。如某生产车间是一个单项工程，则该车间的建筑工程、设备安装、电器照明、工业管道工程都分别是一个单位工程；民用建筑中如学校的教学楼、食堂、图书馆等，都可以称为一个单位工程。

由于单位工程的施工条件具有相对的独立性，因此，一般要单独组织施工和竣工验收。单位工程体现了工程建设项目的主要建设内容，是新增生产能力或工程效益的基础。

（3）分部工程，是按单位工程的工程部位、设备安装工程的种类或施工使用的材料和工种的不同来划分的，是单位工程的进一步分解。一般工业与民用建筑可划分为地基与基础工程、主体结构工程、装饰装修工程、屋面工程，其相应的建筑设备安装工程由给水、排水及采暖、建筑电气、通风与空调工程、电梯安装工程等组成。

当分部工程较大或较复杂时，可按材料种类、施工特点、施工程序、专业系统及类别等划分为若干子分部工程，如主体结构又可分为混凝土结构、砌体结构、钢结构、木结构等子分部工程。

（4）分项工程，也称施工工程，是分部工程的组成部分，一般是按主要工种、材料、施工工艺、设备类别等进行划分。例如模板工程、钢筋工程、混凝土工程、砖砌体工程等。分项工程是建筑施工生产活动的基础，也是计量工程用工用料和机械台班消耗的基本单元。分项工程既有其作业活动的独立性，又有相互联系、相互制约的整体性。

1.1.3 建设项目周期与基本建设程序

一、建设项目周期

建设项目都是从酝酿、构思和策划开始，通过可行性研究、论证决策、计划立项后，进入项目设计和建设实施，直至竣工验收、交付使用或生产运营。不同类型和规模的工程项目周期是不一样的，但都可以分为以下四个阶段：

（1）项目策划与确立阶段。其工作内容包括项目的构思、目标设计、可行性研究和批准立项，重点是对项目目标进行研究、论证和决策。

（2）项目的设计与计划阶段。其工作内容包括设计、计划、招投标和各种施工前的准备工作。

（3）施工准备与项目实施。项目承建商调查收集有关资料，做好施工准备，编制施工组织总设计，并根据施工组织总设计精心施工。

（4）竣工验收与交付使用。在施工单位预验收的基础上，由建设单位或委托监理单位组织竣工验收，经有关部门验收合格后，办理验收签证书并交付使用。

一般建设项目的项目周期划分为如图 1-1 所示。在同一个工程项目中，不同的参加者承担不同的工作任务。

二、建设项目基本建设程序

基本建设程序，是指基本建设全过程中各项工作、各个环节、各步骤之间客观存在，必须遵循的先后顺序。该顺序不能任意颠倒，但可以合理交叉。我国基本建设程序一般包括以下六个阶段：项目建议书阶段、可行性研究阶段、项目计划与设计阶段、建设准备阶段、项目施工阶段、竣工验收与交付使用阶段，如图 1-2 所示。

1. 项目建议书阶段

建设项目建议书（相当于国外的项目机会研究，Project Opportunity Study）是对拟建项目的一个总体轮廓设想，着重对拟建项目的必要性做出分析衡量，并初步分析项目建设的可能性。

2. 可行性研究阶段

可行性研究（Project Feasibility Study）是一项十分重要的工作，是对工程项目的技术和经济可行性进行科学地评价论证，为项目决策提供依据。可行性研究提交的成果是可行性研究报告，经批准的可行性研究报告是工程项目实施的依据。加强可行性研究，是提高项目决策水平的关键。

3. 项目计划与设计阶段

项目计划与设计（Project Plan and Design）是复杂的综合性技术经济工作，主要任务是对批准立项的建设项目的产出物和建设项目的工作做出全面的设计和规定。在这一阶段中人们首先要为已经做出决策并且要实施的建设项目编制出各种各样的项目计划书，包括针对建设项目的范围计划、工期计划、成本计划、质量计划、资源计划等。在开展这些建设项目计划工作的同时，要对建设项目进行全面设计，以设计文件的形式界定建设项目的产出物，包括建设项目涉及的技术、质量、数量和经济等各个方面。对于一般建设项目实施两阶段设计，即初步设计和施工图设计；对于技术复杂的项目，可在初步设计后增加技术设计，按三阶段设计进行。

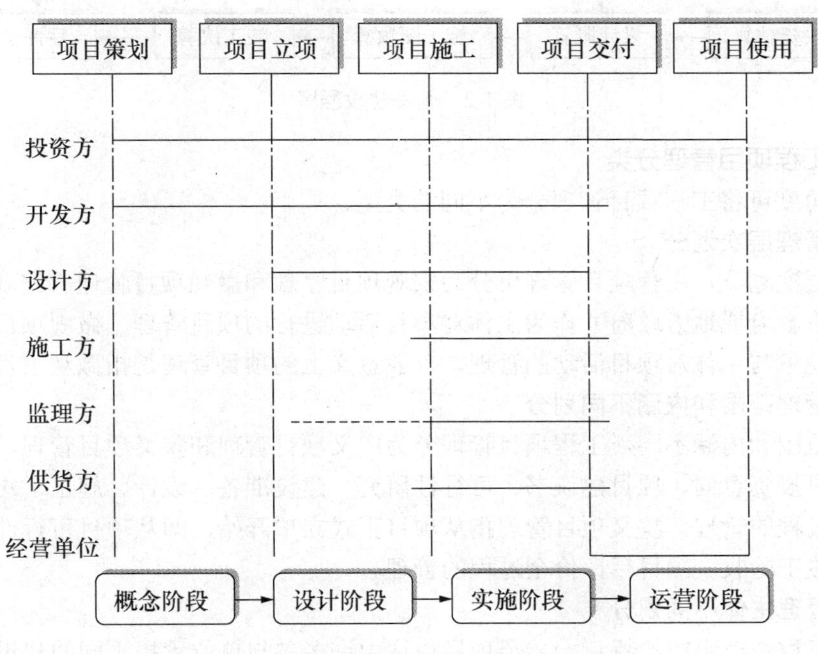

图 1-1 建设项目的生命周期

4. 建设准备阶段

建设准备（Project Preparation）的主要工作内容包括征地、拆迁和施工场地平整，做好“三通一平”（水通、电通、路通和土地平整），落实施工力量，组织物资订货和供应，以及其他各项准备工作。

5. 项目施工阶段

准备工作就绪后，提出开工报告，经过批准，即可进行项目施工（Project Construction）。施工活动要按设计的要求、合同条款、施工组织设计、相关规范与政策的要求进行，保证工程项目的质量目标、工期目标和投资控制目标得以实现。

6. 竣工验收与交付使用阶段

竣工验收（Project Acceptance）是工程完成建设目标的标志，是全面考核基本建设成果、检验设计和工程质量的重要步骤。要对照建设项目定义和决策阶段提出的项目目标和建设项目开发阶段提出的各种计划要求，先由项目团队检验项目的产出物及项目工作，然后由项目团队向项目业主、客户进行验收移交工作，直至项目的业主、客户最终接受建设项目的整个工作结果和项目最终的交付物。验收后要编制竣工验收报告和竣工决算，办理固定资产交付生产使用的手续。到此时，一个建设项目才能够算作最终完成或结束。然后，进入项目的生产运营阶段。

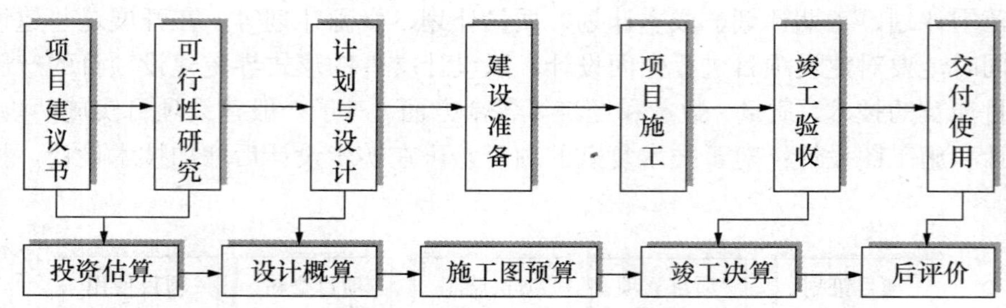

图 1-2　基本建设程序

1.1.4　工程项目管理分类

从不同角度可将工程项目管理分为不同的类型。

一、按管理层次划分

按管理层次划分，工程项目管理可分为宏观项目管理和微观项目管理。宏观项目管理是指政府（中央政府或地方政府）作为主体对项目活动进行的项目管理。微观项目管理是指项目法人或其他参与主体对项目活动的管理。一般意义上的项目管理是指微观项目管理。

二、按管理范围和内涵不同划分

按管理范围和内涵不同，工程项目管理分为广义项目管理和狭义项目管理。广义项目管理包括从项目投资意向、项目建议书、可行性研究、建设准备、设计、施工、竣工验收到项目后评价全过程的管理。狭义项目管理指从项目正式立项开始，即从项目可行性研究报告批准后到项目竣工验收、项目后评价全过程的管理。

三、按管理主体不同划分

按建设工程生产组织的特点，一个项目往往由许多参与单位承担不同的建设任务，而各参与单位的工作性质、工作任务、利益以及介入项目并完成其工作内容的时间不同，因此就形成了不同类型的项目管理。

（一）项目管理参与方

1. 投资方

投资方参与项目全寿命的管理，从项目的构思、前期策划、决策到项目交付使用，进入运营阶段，直至投资合同结束。他们的目的不仅仅是工程建设，更重要的是收回投资和获得预期的效益。虽然，投资方参与项目全寿命的管理，但他们的工作重点是决策阶段和运营阶段。

世界银行对贷款项目的管理是一个典型的例子，它把每一笔贷款作为一个项目来管理，把项目生命期分为项目选定、项目准备、项目评估、项目谈判（包括贷款协议的签订）、项目实施（主要是监督和控制贷款的使用）和项目后评价六个阶段。

项目的投资者可以是政府、组织、个人、银行财团或众多的股东（组成股东和董事会），不论是哪一类投资者都不应放弃或疏于对他们所投资的项目进行管理。

2. 开发方

开发方主要参与项目决策阶段、开发阶段和实施阶段，代替投资方对建设项目进行策划、可行性研究和对建设过程进行专业化的管理。对于项目往往又被称为建设方、甲方或业主方。他们为投资方提供项目策划和建设的专业化服务，但一般不参与运营阶段的管理。开发方应当对项目负有最大的责任，其管理责任有：

进行项目可行性研究，或审查受委托的咨询公司提交的可行性研究报告，以确立项目。筹集项目资金，包括自有资金和借贷资金（如果需要），满足投资方的各种要求，以落实资金来源。组织项目规划和实施，在多数情况下要采购外部资源，进行合同管理。此时开发方通过其项目班子主要承担协调、监督和控制的职责，包括进度控制、成本控制和质量控制等。接受和配合投资方对项目规划和实施阶段的监控。进行项目的验收、接收和其他收尾工作，并将项目最终成果投入运行和经营。与项目的各干系人进行沟通和协调。在必要时，顾主也可以聘请外部的管理公司作为他的代理人对项目进行管理。

3. 设计单位

在项目被批准立项后，经过设计招标或委托，设计单位进入项目。他的任务是，按照项目的设计任务书完成项目的设计工作，并参与主要材料和设备的选型，在施工过程中提供技术服务。

由于项目成果设计往往比项目中的其他工作带有更多的创新成分和不确定性，因此在管理方法和技术上也有其不可忽视的特点：

项目成果在设计出来之前，并不确切知道其设计成果会是什么样子。因此，开发方的需求和设计任务的目标都不容易表述得十分具体，特别是对设计品质要求的规定往往有相当程度灵活的余地。设计任务的工作量、完成所需的时间和费用较难以准确估计。设计工作往往是一种反复比较、反复修改的过程，常规网络计划技术（CPM/PERT）的循序渐进规则往往不完全适用，需要有专门的计划技术。

设计工作是一种创造性劳动，在对人力资源的管理中应更加重视设计人员的自我实现和自我成就。对设计成果的评价难以有统一的尺度，往往采用专家打分的方法。

4. 施工单位

一般在项目设计完成后，施工单位（承包商）通过投标取得工程承包资格，按照施工承包合同要求完成工程施工任务，交付使用，并完成工程保修义务。他在项目的生命周期中主要是在实施阶段。

施工单位对项目的管理职责主要是根据项目目标对实施过程的进度、成本和质量进行全面的计划与控制，以及其他相应的管理工作。

施工单位可以是开发方组织内部的，也可以是外部的。无论哪种情况，施工单位都要接受开发方的监督和管理，与开发方保持紧密的沟通和配合。如果施工单位在开发方组织外部，为取得项目实施任务，他还要参与开发方的采购过程（如投标、谈判等）。项目完成后，要接受顾主的验收，做好项目的收尾和移交。

5. 供货商

一般在开发阶段的后期，根据业主和设计要求的主要材料和设备的选型，通过投标或商务谈判取得主要材料或设备供应权，按照供货合同要求在实施阶段提供项目所需的质量可靠的材料和设备。他在项目的生命周期中主要是在开发阶段的后期和实施阶段。

6. 监理（咨询）公司

监理（咨询）公司在不同的项目、面对不同的业主，他在生命周期内承担不同的任务。根据他与业主通过投标或委托签订的合同，可能承担项目的策划任务，或可行性研究，或设计阶段的项目管理，或施工阶段的项目管理；也可能承担上述阶段中的两个以上任务，甚至其生命周期与开发方相同。

7. 经营单位

一般由投资方组建或其委托的经营单位，进行项目运营阶段的管理。通过运营管理为投资方收回投资和获得预期的效益。他在项目的生命周期主要是在项目建设竣工验收、交付使用开始，到投资合同结束或项目消亡为止。

上述项目的参与者在项目中的角色和立场不同，工作内容、范围、侧重点也不相同。但他们都必须围绕着同一工程项目进行“项目管理”所采用的基本项目管理理论和方法是相同的。

（二）按不同管理主体划分的项目管理

按建设工程项目不同参与方的工作性质和组织特征划分，项目管理有包括以下在内的多种类型的项目管理：业主方的项目管理；设计方的项目管理；施工方的项目管理；供货方的项目管理；建设项目监理项目管理；建设项目总承包方的项目管理。

由于业主方是建设工程项目生产过程的总集成者——人力资源、物质资源和知识的集成，业主方也是建设工程项目生产过程的总组织者，因此对于一个建设工程项目而言，虽然有代表不同利益方的项目管理，但是，业主方的项目管理是管理的核心。

工程项目管理涉及的内容很多，不同的工程（如房屋建筑、公路、桥梁、水利、港口、铁路、各类工厂的土建工程等）的特点也不同，工程项目管理的“三控”（质量、进度、成本）、“两管”（合同、信息）、“一协调”（组织协调）的重点也因管理主体［业主单位、设计单位、咨询（监理）单位和施工单位］的不同而不同。根据不同的项目管理主体，工程项目管理可分为建设项目管理、设计项目管理、工程咨询项目管理和施工企业项目管理（以下简称施工项目管理），它们的管理主体分别是业主单位、设计单位、咨询（监理）单位和施工单位。

1. 建设项目管理

投资方和开发方的项目管理服务属于业主方的项目管理。业主方项目管理一般叫建设项目管理，是通过一定的组织形式，采取各种措施、方法，对投资建设的一个项目的所有工作的系统运动过程进行计划、协调、监督、控制和总结评价，以达到保证建设项目质量、缩短工期、提高投资效益的目的。

广义的建设项目管理包括投资决策的有关管理工作，狭义的建设项目管理只包括项目立项以后，对项目建设实施全过程的管理。

2. 设计项目管理

设计项目管理的管理主体是设计单位。设计单位通过设计项目管理，同样进行质量控制、进度控制、投资控制，对拟建工程的实施在技术上和经济上进行全面而详尽地安排，引进先进技术和科研成果，形成设计图纸和说明书提供实施，并在实施的过程中进行监督和验收。

设计项目管理包括以下阶段：设计投标、签订设计合同、设计条件准备、设计计划、设计实施阶段的目标控制、设计文件验收与归档、设计工作总结、建设实施中的设计控制与监督、竣工验收。由此可见，设计项目管理不仅仅局限于设计阶段，而是延伸到了施工阶段和竣工验收阶段。

3. 施工项目管理

施工总承包方和分包方的项目管理都属于施工方的项目管理，简称施工项目管理。施工项目管理与建设项目管理在管理主体、管理任务、管理内容和管理范围方面都是不同的。

第一，建设项目的管理主体是建设单位，施工项目管理的主体是建筑企业。

第二，建设项目管理的任务是取得符合要求的、能发挥应有效益的固定资产；施工项目管理的任务是把项目施工搞好并取得利润。

第三，建设项目管理的内容是涉及投资周转和建设的全过程的管理；而施工项目管理的内容涉及从投标开始到回访保修为止的全部生产组织管理。

第四，建设项目管理的范围是一个建设项目，是由可行性研究报告确定的所有工程；而施工项目管理的范围是由工程施工合同规定的承包范围，是建设项目或工程或单位工程施工过程的管理。

施工项目管理有以下特征：

（1）施工项目的管理主体是施工单位。建设单位和设计单位都不进行施工项目管理。由建设单位或监理单位进行的工程项目管理中涉及的施工阶段管理仍属建设项目管理，不能算作施工项目管理。

（2）施工项目管理的对象是施工项目。施工项目管理的周期也就是施工项目的生命周期，包括工程投标、签订工程项目施工合同、施工准备、施工、交工验收及用后服务等。施工项目的特点给施工项目管理带来了特殊性，主要是生产活动与市场交易活动同时进行；先有交易活动，后有“产成品”（竣工项目）；买卖双方都投入生产管理，生产活动和交易活动很难分开。所以施工项目管理是对特殊的生产活动、在特殊的市场上进行的特殊的交易活动的管理，其复杂性和艰难性都是一般生产管理难以比拟的。

（3）施工项目管理要求强化组织协调工作。施工项目的生产活动的单件性，对产生的问题难以补救或虽可补救但后果严重；参与项目施工人员不断在流动，需要采取特殊的流水方式，组织工作量很大；施工在露天进行，工期长，需要的资金多；施工活动涉及复杂的经济关系、技术关系、法律关系、行政关系和人际关系等。以上原因使得施工项目管理中的组织协调工作艰难、复杂、多变，必须通过强化组织协调的办法才能保证施工顺利进行。主要强化方法是优选项目经理，建立调度机构，配备称职的调度人员，努力使调度工作科学化、信息化，建立起动态的控制体系。

4. 工程咨询（监理）项目管理

咨询项目是由咨询单位进行中介服务的工程项目。咨询单位是中介组织，它具有相应的专业服务知识与能力，可以受法人或承包人的委托进行工程项目管理，也就是进行智力服务。通过咨询单位的智力服务，提高工程项目管理水平，并作为政府、市场和企业之间的联系纽带。在市场经济体制中，由咨询单位进行工程项目管理已经形成了一种国际惯例。

监理单位是一种特殊的工程咨询机构。监理单位受建设单位的委托，对设计和施工单位在承包活动中的行为和责、权、利进行必要的协调与约束，对建设项目进行投资控制、进度控制、质量控制、合同管理、信息管理与组织协调。

监理项目是由监理单位进行管理的项目。一般是监理单位受建设单位的委托，签订监理委托合同，为建设单位进行建设项目管理。监理单位也是中介组织，是依法成立的专业化的、高智能型的组织，它具有服务性、科学性与公正性，按照有关监理法规进行项目管理。工程建设监理的主要内容是控制工程建设的投资、建设工期和工程质量，进行工程建设合同管理、信息管理，协调有关单位间的工作关系。

另外，材料和设备供应方的项目管理都属于供货方的项目管理。

建设项目总承包有多种形式，如设计和施工任务综合的承包，设计、采购和施工任务综合的承包（简称 EPC 承包）等，它们的项目管理都属于建设项目总承包方的项目管理。

1.2 工程项目管理知识体系

1.2.1 国际项目管理能力基准

国际项目管理协会（International Project Management Association，IPMA）始创于 1965 年，是国际上成立最早、影响最广的项目管理国际组织。IPMA 是一个包括英、美、德、法等四十多个成员国的国际性组织，其成员国代表都是各国最具权威性的项目管理专业组织经申请批准后加入的，这些成员在各自特殊的文化背景下推动着不同类型项目管理的专业化发展，使得 IPMA 实现了真正意义上的项目管理全球化。

国际项目管理专业资质认证（International Project Management Professional，IPMP）就是 IPMA 在全球推行的四级项目管理专业资质认证体系的总称。IPMP 认证的基准是 IPMA 建立的国际项目管理能力基准（IPMA Competence Baseline，ICB），即《国际项目管理专业资质标准》。ICB 自 1992 年提出以来已经进行了多次修改和完善，1999 年 ICB 2.0 版正式发布，在得到全球四十多个国家应用的基础上，2006 年正式发布了 ICB 3.0。

IPMA 能力基准 1.0 版本建立在盛行于欧洲的 4 个项目管理协会的能力标准的基础之上，它有十几年发展的基础，同时也是之后三十多个国家认证体系所遵循的基准。IPMA 能力基准 2.0 版本强调了项目管理中技术层面所要求的知识和经验，同时对项目经理所要求的个人素质和项目管理运作的整体环境能力在此也得以体现。

如今，项目经理们在涉及多个利益相关方和众多外部因素瞬息万变的项目环境中，管理着他们的项目、大型项目、项目组合。将来，项目的数量越来越多，复杂程度更高，而且性质更加多样化。近十几年以来，对于组织中的经理和团队成员环境能力的要求也变得越来越高。另一方面，我们面临着个人主义的问题。因此，对在多变的项目环境中管理项目、大型项目、项目组合所要求的能力做切实、综合的描述就显得尤为重要。

由此产生了制订项目管理专业行为通用标准的必要性，IPMA 能力基准 2.0 版本中的“个人素质”也因此更加重要。项目经理的成功，在很大程度上也取决于他们在这方面的能力水平。为了编制和实现好的项目计划和结果，项目经理的行为能力（如激励能力和领导力），也就成为其自身技术能力中必不可少的要素。此外，项目经理还必须成功地处理好项目的组织、经济以及社会关系的问题。

基于以上要求，在 ICB 3.0 中，IPMA 从三个大的范畴中挑选出了项目管理的能力要素，这三个范畴是技术范畴、行为范畴和环境范畴。为了阐明项目经理以及在项目中从事计划和控制工作的项目管理专家的能力要求，ICB 3.0 提出了 46 个要素（见表 1-1）。他们应该以满足客户、产品和服务的交付者以及其他利益相关方的需求为己任，为项目、大型项目、项目组合付出努力。项目经理要能够在必要的时候得到专家的帮助，并且在做出决策的时候得到专家们的尊重和支持；还应该能激励专家们运用知识和经验，为项目、大型项目、项目组合的利益作出贡献。

ICB 3.0 在 ICB 2.0 的基础上做了较大的改进，特别在项目经理的能力要素评估的量化标准上更具可操作性，保证了 IPMP 认证在任何地方都是有效的，这也是一个认证体系在不同国家保持一致性的坚实基础。一个被认可的项目管理资质认证者也应该能够在其他的公司、分支组织和国家进行成功的管理，这也是 IPMA 一直致力于全球通用项目管理认证开发的基本目标和出发点。IPMA 四级证书体系就是建立在四十多个会员国组织认证的基础上，它要求尊重各国文化差异，并在其认证的每个要素中具有增加各国特色部分和反映国家间文化差异内容的空间。

表 1-1　国际项目管理能力基准的能力要素

范畴	技术能力要素（20 个）	行为能力要素（15 个）	环境能力要素（11 个）
要素	成功的项目管理、利益相关者、项目需求和目标、风险与机会、质量、项目组织、团队协作、问题解决、项目结构、范围与可交付物、时间和项目阶段、资源、成本和财务、采购与合同、变更、控制与报告、信息与文档、沟通、启动、收尾	领导、承诺与动机、自我控制、自信、缓和、开放、创造力、结果导向、效率、协商、谈判、冲突与危机、可靠性、价值评估、道德规范	面向项目，面向大型项目，面向项目组合，项目、大型项目、项目组合的实施，长期性组织，运营，系统、产品和技术，人力资源管理，健康、保障、安全与环境，财务，法律

IPMP 认证与其他项目管理认证的主要差别在于特别强调了对项目管理专业人员能力的认证

能力 = 知识 + 经验 + 个人素质

这是 IPMA 对能力的基本定义。从国家项目管理组织参与的情况看，IPMP 认证是国际上唯一一个由会员国专业组织共同参与、共同开发的项目管理专业认证，因此在国际上具有很强的代表性和广泛的国际性。众多的大型国际企业集团纷纷将这一证书作为其项目管理人员招聘和考核的主要因素之一。IPMP 除了得到广泛的国际认可之外，其突出的特点是有系统、完善的认证标准，并将项目管理专业人员的能力水平分为认证的特级项目经理、认证的高级项目经理、认证的项目经理、认证的助理项目管理四个等级，适应了不同层次项目管理专业人员的认证需要。

IPMA 的大家庭成员共同努力开发和维护一个通用的卓越标准，大多数协会会员国都与 IPMA 签订了全球项目管理四级证书体系的认定与推广协议，并且从事多级别的项目管理认证计划。IPMP 在各个会员国的认证工作，由各国加入 IPMA 的项目管理专业学术组织负责进行。IPMA 在考核与评估其成员国建立的项目管理知识体系（PMBOK）及基于 ICB 建立的国家能力基准（National Competence Baseline，NCB）的基础上，授权该国项目管理组织进行其四级证书体系的认证与推广工作。

1.2.2　项目管理发展历史

一、传统项目管理发展阶段

从 20 世纪 40 年代中期到 60 年代，项目管理主要是应用于发达国家的国防工程建设和工业与民用建筑工程建设方面。此时采用的传统项目管理方法被认为主要致力于项目预算、规划和为达到特定目标而借用的一些运营管理的方法，在相对较小的范围内所开展的一种管理活动。20 世纪 50 年代，在美国出现了关键路径法（CPM）和计划评审（PERT）技术。1957

年美国杜邦公司将 CPM 方法应用于设备维修，使维修停工时间由 125h 锐减为 7h；1958 年美国人在北极星导弹设计中，应用 PERT 技术，竟把设计完成时间缩短了两年；20 世纪 60 年代美国阿波罗登月计划使用了 PERT 技术，该项目耗资 300 亿美元，2 万多家企业参加，40 多万人参与，动用了 700 万个零部件，但由于使用了网络计划技术，使各项工作进行得有条不紊，取得了很大的成功。此时，大多数公司仅将项目当作偶然的事情，凡遇到项目，就将其临时交由常设的职能部门管理。进入 20 世纪 70 年代，各类项目日益复杂、规模日益增大，项目外部环境也经常变化莫测。同时，项目管理成了各大企业、政府部门经常性的事务，成了他们管理工作的主要组成部分。以往那种随时应付的办法已经行不通了。另一方面，计算机技术广泛应用也极大地推动了项目管理的发展。

二、现代项目管理阶段

现代项目管理通常被认为始于 20 世纪 80 年代。随着全球性竞争的日益加剧，项目活动的日益扩大和更为复杂，项目数量的急剧增加，项目团队规模的不断扩大，项目相关利益者的冲突不断增加，降低项目成本的压力不断上升等情况的出现，迫使作为项目业主的一些政府部门和企业，以及那些作为项目实施者的政府机构和企业先后投入大量的人力和物力去研究和认识项目管理的基本原理，开发和使用项目管理的具体方法。在这种背景下，现代项目管理逐渐形成了自己的理论和方法体系。早在 1965 年欧洲就成立了国际项目管理协会，1969 年美国也成立了项目管理学会。1976 年，美国项目管理学会在蒙特利尔召开研讨会，会议期间，人们开始议论将迄今为止项目管理的通用做法汇集一个标准。后来人们又提出应当把项目管理看作单独的职业。

1981 年，美国项目管理学会委员会同意成立一个小组，系统地整理有关项目管理职业的程序和概念。该项目的建议书提出了三个重点方面：

（1）从事项目管理的人员应具备的道德和其他行为（职业道德）。

（2）项目管理知识体系和内容与结构（标准）。

（3）对从事项目管理职业者成就的评价（评估）。

该小组的工作成果于 1983 年 8 月在美国《项目管理杂志》上以特别报告的形式发表，该报告后来就成了美国项目管理学会初步评估和认证计划的基础。1983 年对西卡罗莱纳大学的项目管理硕士课程进行了评估，并于 1984 年认证了第一批职业项目管理人员。此后，又对上述资料进行了一系列的修改，并于 1987 年由美国项目管理学会委员会批准。最终完成的文件在 1987 年 8 月以“项目管理知识体系”为标题发表。

1991 年 8 月，根据美国项目管理学会会员提出的意见再次修改。1994 年 8 月，美国项目管理学会标准委员会发布了《项目管理知识体系指南》的草稿，并于 1996 年正式颁布。《PMBOK 指南》已被公认为全球项目管理标准，是最具价值和用途最广的项目管理资料之一。《PMBOK 指南》讨论项目管理的基本方法，帮助项目经理取得卓越项目绩效。

1.2.3 项目管理知识体系

项目管理知识体系（Project Management the Body of Knowledge，PMBOK）是项目管理专业领域知识的总称，它是 20 世纪 80 年代由美国项目管理协会（PMI）总结了项目管理实践中成熟的理论、方法、工具和技术所提出的。PMBOK 主要讨论项目管理过程。过程就是基于一定输入，采用相关工具和技术，产生一定输出的活动集合。项目是由各种过程组成的，这些过程可分为两类：与项目管理有关的过程，涉及项目组织和管理；与产品有关的过程，涉及具体的项目产品生成。这两类过程结合起来，才能完成整个项目活动。

一、项目管理知识领域

PMBOK 重点从知识领域的角度将项目管理过程划分为九个项目管理知识领域（项目整合管理、项目范围管理、项目时间管理、项目成本管理、项目质量管理、项目人力资源管理、项目沟通管理、项目采购管理和项目风险管理），每个知识领域包括数量不等的项目管理过程（见表 1-2）。国际标准化组织以该文件为框架，制定了 ISO10006 关于项目管理的标准。

项目整合管理（Project Integration Management）定义用来整合项目管理各要素的过程和活动。它是为了正确地协调项目所有各组成部分而进行的各个过程的集成，是一个综合性过程。其核心就是在多个互相冲突的目标和方案之间做出权衡，以便满足项目利害关系者的要求。

项目范围管理（Project Scope Management）的基本内容是定义和控制列入或未列入项目的事项。包括确保项目做且只做成功完成项目所需的全部工作的各过程。

项目时间管理（Project Time Management）的作用是保证在规定时间内完成项目。聚焦于用来保证项目按时完成的各过程。

项目成本管理（Project Cost Management）是为了保证在批准的预算内完成项目所必需的诸过程的全体。为使项目在批准预算内完成，而对成本进行规划、估算、预算和控制所需的各过程。

项目质量管理（Project Quality Management）是为了保证项目能够满足原来设定的各种要求。包括规划、监督、控制和确保达到项目质量要求的各过程。

项目人力资源管理（Project Human Resource Management）是为了保证最有效地使用参加项目者的个别能力。包括规划、组建、建设和管理项目团队的各过程。

项目沟通管理（Project Communications Management）是在人、思想和信息之间建立联系，这些联系对于取得成功是必不可少的。识别为确保项目信息及时且恰当地生成、收集、发布、存储并最终处置所需的各过程。参与项目的每一个人都必须准备用项目“语言”进行沟通，并且要明白，他们个人所参与的沟通将会如何影响到项目的整体。项目沟通管理是保证项目信息及时、准确地提取、收集、传播、存储以及最终进行处置。

项目风险管理（Project Risk Management）需要的过程有识别、分析不确定的因素，并对这些因素采取应对措施。项目风险管理要把有利事件的积极结果尽量扩大，而把不利事件的后果降低到最低程度。

项目采购管理（Project Procurement Management）需要进行的过程都是为了从项目组织外部获取货物或服务，包括为项目采购或获取产品、服务或成果的各过程。

表 1-2　　PMBOK2008 中的项目管理知识领域与过程

知识领域	项目管理过程组				
	启动过程组	规划过程组	执行过程组	监控过程组	收尾过程组
项目整合管理	制订项目章程	制订项目管理计划	指导与管理项目执行	监控项目工作，实施整体变更控制	结束项目或阶段
项目范围管理		收集需求，定义范围，创建工作分解结构		核实范围、控制范围	

续表

知识领域	项目管理过程组				
	启动过程组	规划过程组	执行过程组	监控过程组	收尾过程组
项目时间管理		定义活动，排列活动顺序，估算活动资源，估算活动持续时间，制订进度计划		控制进度	
项目成本管理		估算成本，制订预算		控制成本	
项目质量管理		规划质量	实施质量保证	实施质量控制	
项目人力资源管理		制订人力资源计划	组建项目团队，建设项目团队，管理项目团队		
项目沟通管理	识别干系人	规划沟通	发布信息，管理干系人期望	报告绩效	
项目风险管理		规划风险管理，识别风险，实施定性风险分析，实施定量风险分析，规划风险应对		监控风险	
项目采购管理		规划采购	实施采购	管理采购	结束采购
合计	2	20	8	10	2

二、项目管理过程组

项目经理及其项目团队应认真考虑每一个过程及其输入和输出。项目管理是一种综合性工作，要求每一个项目和产品过程都同其他过程恰当地配合与联系，以便彼此协调。在一个过程中采取的行动通常会对这一过程和其他相关过程产生影响。例如，项目范围变更通常会影响项目成本，但不一定会影响沟通计划或产品质量。各过程间的相互作用往往要求在项目要求（目标）之间进行权衡。究竟如何权衡，会因项目和组织而异。成功的项目管理包括积极地管理过程间的相互作用，以满足发起人、客户和其他干系人的需求。在某些情况下，为得到所需结果，需要反复数次实施某个过程或某组过程。

项目存在于组织中，不是一个封闭系统。项目需要从组织内外部得到各种输入，并向组织交付所形成的能力。项目过程会产生出一些可用于改进未来项目管理的信息。

PMBOK（第 4 版）从各过程之间的整合、相互作用以及各过程的不同用途等方面，来描述项目管理过程。这些过程可归纳为 5 类，即 5 大项目管理过程组。

（1）启动过程组。获得授权，定义一个新项目或现有项目的一个新阶段，正式开始该项目或阶段的一组过程。

（2）规划过程组。明确项目范围，优化目标，为实现目标而制订行动方案的一组过程。

（3）执行过程组。完成项目管理计划中确定的工作以实现项目目标的一组过程。

（4）监控过程组。跟踪、审查和调整项目进展与绩效，识别必要的计划变更并启动相应变更的一组过程。

（5）收尾过程组。为完结所有过程组的所有活动以正式结束项目或阶段而实施的一组过程。

最新的第 4 版是 PMI 于 2008 年发布的，收录了最新的项目管理知识和经验，它对每个过程都增加了数据流向图，展示过程输入的来源和过程输出的去向。对各过程做了进一步优化，过程数从 44 个减少到 42 个（删除 2 个过程，新增 2 个过程，并将项目采购管理知识领域中的 6 个过程重组为 4 个）。还增加了一个附录，列出项目经理管理项目所需使用的关键人际技能。

三、中国工程项目管理知识体系

中国优选法统筹法与经济数学研究会项目管理研究委员会，简称中国（双法）项目管理研究委员会（Project Management Research Committee China，PMRC）成立于 1991 年 6 月，挂靠在西北工业大学。PMRC 是我国唯一跨行业的、非营利性的全国性项目管理专业学术组织，并作为中国项目管理专业组织的代表加入了国际项目管理协会（IPMA），成为 IPMA 的成员组织。PMRC 自成立以来，立足于我国项目管理学科基础的建设，建立了《中国项目管理知识体系》(C-PMBOK)，致力于推动我国项目管理的专业化发展及其与国际接轨，在 IPMA 的授权下全权负责 IPMP 在中国境内的考试、认证与推广工作。在建立中国项目管理国家能力基准（Chinese National Competence Baseline，C-NCB）3.0 的过程时，PMRC 完全接纳了 ICB 3.0 的要求，中国的国际项目管理专业资质认证基准与 ICB 3.0 完全一致，这一基准将作为在中国境内进行 IPMP 认证考核的标准。

在 C-NCB 3.0 中，包括 3 个相关能力要素的模块：①20 个技术能力要素，涉及专业人员从事项目管理所进行的工作内容；②15 个行为能力要素，涉及管理项目、大型项目、项目组合中个人以及团体之间的人际关系；③11 个环境能力要素，涉及项目管理与项目环境，尤其是长期性组织间的交互作用。对于每一个能力要素，都要进行知识和经验的评估，采用了从 0（没有能力）到 10（最好的专家）的分值度量方法。

《中国工程项目管理知识体系（第 2 版）》以《国际项目管理专业资质认证标准》(ICB 3.0）和《建设工程项目管理规范》(GB/T50326—2006）为主要依据，参照和吸收建筑业近些年来颁布实施的相关法律、法规、标准和规范的内容，充分体现中国工程建设管理的特点和近几年国内外工程项目管理的创新成果、实践经验。在第一版的基础上增加了工程项目经理责任制、工程项目资源管理、国际工程项目管理实务、工程项目管理综合案例等内容。

1.3 工程项目管理模式

工程项目的组织管理模式对建设工程的规划、控制和协调起着重要作用，不同的组织管理模式有不同的合同体系和管理特点。

1.3.1 我国传统的建设工程项目管理模式

我国传统上通常采用建设单位自筹自管和工程指挥部的建设工程项目管理模式。

一、建设单位自筹自管方式

新中国成立以来，我国一直采用按国家投资计划将建设资金分配给各部门和地方，再根据需要安排建设任务，由建设单位自筹自管实现工程项目，如图 1-3 所示。

建设单位自筹自管的传统模式与设计、施工单位和设备厂家的社会化、专业化的大生产方式不相称，使得建设项目管理主体与施工项目管理主体、设计项目管理主体之间在管理水平、技术水平上形成严重的失衡状态。在这种状态下，建设单位难以担当建设项目管理主体

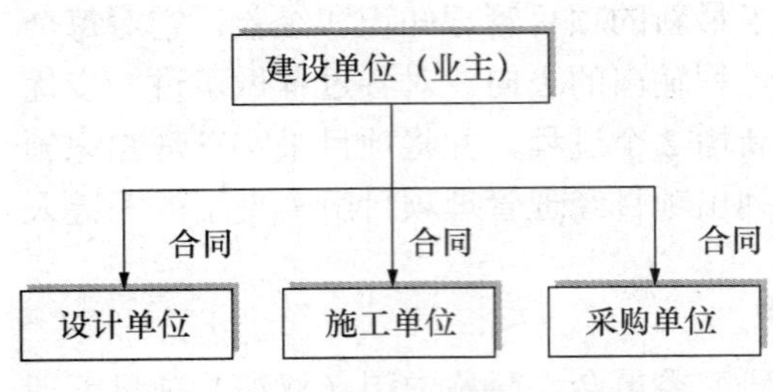

图 1-3 建设单位自管模式

的重任，当然也就难以提高建设水平。

二、工程指挥部形式

工程指挥部是高度集中的计划经济的产物，自从 1958 年我国首次出现工程指挥部以来，一直沿用至今，如图 1-4 所示。它曾经在一定历史时期的某些工程中的某些方面作出过成绩。

采用工程指挥部形式来组织工程建设也存在着种种弊端：

首先，它是政府直接组织管理生产的方式在工程建设领域中的集中表现。由于经常性地直接组织重大工程项目建设，影响了政府部门的“规划、协调、监督、服务”职能的发挥，也难于把主要精力放在制定政策、法律、法规和执法上来。

其次，工程指挥部的组织和管理不符合项目管理的原则。工程指挥部的组织机构由来自各单位的临时人员组成，主要负责人多由政府行政部门的领导兼职。这种临时性注定它的管理水平不高，不可能驾驭工程项目。而且，组织机构臃肿庞大，不能集中力量做好工程项目管理工作。同时，在管理过程中往往过于强调指挥职能而忽视或削弱其他管理职能，过于强调行政管理手段而忽视或削弱其他管理手段。

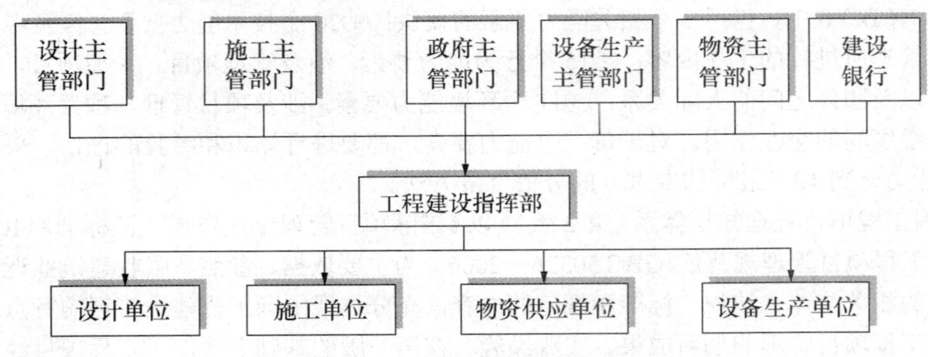

图 1-4 工程建设指挥部管理模式

1.3.2 设计—招标—建造模式

设计—招标—建造模式（Design-Bid-Build，DBB）是一种在国际上比较通用的传统模式，如图 1-5 所示。世界银行、亚洲开发银行贷款项目和采用国际咨询工程师联合会（FIDIC）的合同条件的项目均采用这种模式。这种模式最突出的特点是强调工程项目的实施必须按设计—招标—建造的顺序方式进行，只有一个阶段结束后另一个阶段才能开始。采用这种方法时，业主与设计机构（建筑师及工程师）签订专业服务合同，建筑师及工程师负责提供项目的设计和施工文件。在设计机构的协助下，通过竞争性招标将工程施工任务交给报价和质量都满足要求且最具资质的投标人（总承包商）来完成。在施工阶段，设计专业人员通常担任重要的监督角色，并且是业主与承包商沟通的桥梁。《FIDIC 土木工程施工合同条件》代表的是工程项目建设的传统模式，同传统模式一样采用单纯的施工发包，在施工合同管理方面，业主与承包商为合同双方，工程师处于特殊的合同地位，对工程项目的实施进行监督管理。

DBB 模式的优点是：参与项目的三方即业主、设计机构（建筑师及工程师）、承包商在各自合同的约定下，各自行使自己的权利，履行自己的义务。因而，这种模式可以使三方的责、权、利分配明确，避免了行政部门的干扰。由于受利益驱使以及市场经济的竞争，业主更愿意寻找信得过、技术过硬的咨询设计机构，这样具有一定实力的设计咨询公司应运而生。由于长期地、广泛地在世界各地采用，因而管理方法较成熟，各方都对有关程序熟悉；可自由选择咨询设计人员，对设计要求可进行控制；可自由选择监理人员监理工程。

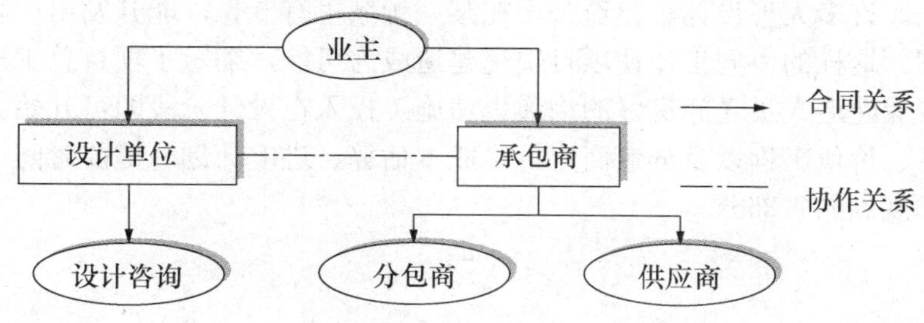

图 1-5 设计—招标—建造模式（DBB 模式）

这种模式从合同的角度为业主提供了相当的保护，施工的风险几乎全部分配给了承包商和分包商。业主避免了许多成本超支的风险，诸如劳动力低下，分包商不履约，通货膨胀，以及其他大的经济环境的反复无常。多数情况下，业主在工程施工之初就知道最终的成本，而成本超支则由承包商承担。然而在很大程度上，成本增加的风险取决于合同文件的准确性和完整性。如果合同文件不够明确，随之而来的变更将在相当程度上增加业主的成本。

此外，该传统模式为业主提供了自由市场竞争的所有好处。公开招标的过程中，最低价的投标人成为“赢家”，为业主提供了市场上最低廉的价格，可以说经济上是最划算的。

最后，业主无须过多地参与建设过程。业主必须参与设计阶段的工作，作出是否接受设计的关键决策；一旦施工开始，则由经业主授权的专业人员，以业主的名义代表业主提出建议。

DBB 模式的缺点是：这种模式在项目管理方面的技术基础是按照线性顺序进行设计、招标、施工的管理，建设周期长，投资成本容易失控，业主单位管理的成本相对较高，建筑师、工程师与承包商之间协调比较困难。由于建造商无法参与设计工作，设计的“可施工性”差，设计变更频繁，导致设计与施工的协调困难，可能发生争端，使业主利益受损。另外，项目周期长，业主管理费较高，前期投入较高；变更时容易引起较多的索赔。

总之，这种传统模式有着明显的优点和缺点，选择这一模式时，业主必须做好权衡。主要的优点是，业主在施工前清楚成本，但是，业主必须放弃通过快速施工可能节约的成本。业主还放弃了设计与施工协同工作的机会，通过协同工作可以提升质量并降低总的工程造价。成本的确定性取决于合同文件的质量。如果发布大量的变更令来完成合同中没有规定的工作，或者增加工作范围，实际成本将与预期成本有很大的差别。

1.3.3 设计—建造模式

对于业主来说，设计—建造模式（Design-Build，DB）提供了单一合同以及在项目生命周期内的责任（见图 1-6）。业主雇用的公司既要负责设计又要负责施工。提供服务的实体通常是内部拥有专业设计、建造人员的公司，或为实施项目而组建的联营公司。无论哪种情况，设计—建造实体都可以雇用分包商在现场完成实际施工。

这种模式在某些行业中广泛应用，尤其对于工业建筑。在建设诸如炼油厂、发电站这类工业项目时，项目的复杂性使设计—建造模式成为首选。事实上，在DBB传统模式流行前，几乎所有的项目都采用设计—建造的承发包模式，尽管并没有被命名为“传统模式”。业主雇用专业建造商来设计项目、采购材料、雇用并监督现场各种技术工人。

优点：项目可以从设计团队和建造团队之间良好的沟通中获益，是选择设计—建造模式的主要原因之一。许多大型设计、建造公司在某些领域里有专长，能开发出一套整合设计—施工阶段的流程。这样的协同工作使项目快速建造成为可能，缩短了项目总工期。

设计师与专业建造人员之间良好的沟通也使施工投入在设计阶段即可开始。这种投入包括可施工性分析、价值工程以及分包商定价。成本估算、进度计划、提前时间识别以及排序等都是项目总体规划的一部分。

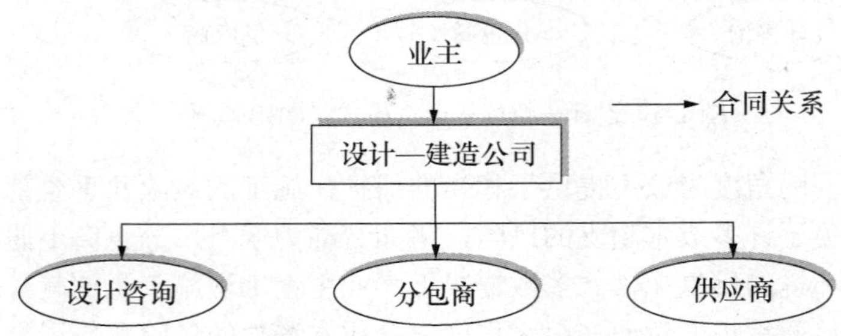

图1-6 设计—建造模式（DB模式）

一般来说，由于在同一合同实体中进行协调，这种模式使得由于范围变化或无法预见条件导致的变更更加容易进行。业主较少参与项目，无需参与设计师和承发包商之间的日常沟通。业主提供最少的人员，把沟通、解决问题、项目交付的责任完全交给了设计—建造团队。

缺点：尽管在项目开始前给业主一个固定价格是可能的，但实际上一般在设计—建造模式下很少这样做。因为公司在设计开始前就被雇用了，任何准确的报价都是不可能的。取而代之，通常业主只得到一个概念上的预算，而没有固定价格的保证。过早地确定价格使设计—建造团队处于这样的境地：以范围来适应价格，牺牲项目质量来保证利润。如果项目要求快速建造，业主可能直到项目完成了一部分，比如基础工程后，才大致清楚最终的价格。

业主较少参与项目既可以是优点，也可以是缺点。如果设计、建造公司有一支高效地团队实施项目，项目可以高速建设，如果在全过程中业主不能保持持续参与，将会在缺乏充分了解情况的前提下做出决策。一旦项目进入某种节奏，再来改变这种节奏是很困难的。而业主要是不合节拍，项目就可能驶入与预期不同的方向，而等到发现时已经为时过晚了。

另一个缺点是缺少检查和对比。在DBB传统模式下，设计师编制一套完整的合同文件，用以检测和评价承发包商在现场的实际表现。业主通常会雇用设计师来监督承发包商的工作，以保证有缺陷的工作得以识别并纠正。但在设计—建造模式下，设计师与建造商为同一公司工作。类似地，在施工过程中，有时建造商会忽略某些设计缺陷、错误和遗漏。按照合同规定，设计师需要无偿地纠正这些设计缺陷。在设计—建造模式下，专业设计人员和专业建造人员被推至批评同事的境地，也许这种批评会影响他们的底线。业主必须更多依赖于设计—建造公司的道德和品质，因为大多数的检测和评价都由设计/建造公司在内部进行的。

总之，设计—建造过程得益于设计师与建造商在同一公司内的流畅的协调。业主得以节省时间，并有机会完全置身其外。但是，项目的步伐经常让业主疲于追赶，预先无法得知成本，而且无法适当地进行检测和对比，最终的产品可能低于业主最初的期望。

设计—建造模式对于采用高新技术的项目很有意义，因为这类项目需要设计师与建筑商直接进行充分的沟通和协作。这一模式也允许快速建造，对于面临激烈竞争急于将新产品推向市场的行业来说具有很强的吸引力。设计—建造模式无法保证最低价格。但是，分包商仍是竞争性投标；由于可以分享节约的成本，通过激励性条款，分包商追求最佳价格的积极性很高。

1.3.4 CM 模式

一、CM 模式的含义

Construction Management（CM）模式的出发点是为了缩短建设周期。其基本思路是：通过设计与施工的充分搭接，采用“Fast Track”快速路径法，实现有条件的“边设计、边施工”。CM 模式不能直译为“施工管理模式”或“建设管理模式”，因这两个概念在我国均有其明确的内涵，目前难以准确反映 CM 模式的中文词语，故本书直接用英文字母缩写 CM 表示。

在这种承发包模式下，业主在项目建设前期阶段就雇用具有施工经验的 CM 公司（或 CM 经理）参与到建设工程实施过程中来，以便为设计人员提供施工方面的建议，随后负责管理施工过程。这种安排的目的是将建设工程的实施作为一个完整的过程来对待，并同时考虑设计和施工的因素，力求使建设工程在尽可能短的时间内、以尽可能经济的费用和满足要求的质量建成并投入使用。

需要注意的是，不能将 CM 模式与快速路径法混为一谈。因为快速路径法只是改进了传统模式条件下建设工程的实施顺序，不仅可在 CM 模式中使用，也可以在其他模式中使用，如平行承发包模式、项目总承包模式（此时设计与施工的搭接是在项目总承包商内部完成的，且不存在施工与招标的搭接）。而 CM 模式则是以使用 CM 单位为特征的建设工程组织管理模式，具有独特的合同关系和组织形式。

美国建筑师学会（AIA）和美国总承包商联合会（AGC）于 20 世纪 90 年代初共同制定了 CM 标准合同条件。

二、CM 模式的优点

这种模式的主要优点是业主、设计师、承包商在项目设计、建造过程的早期就建立起了良好的沟通，并一直延续到项目竣工。这一过程促进了合作，允许专业建造人员在招标之前对项目的设计提出批评并施加影响。设计师在选择承包商时有发言权，并有权监管现场工作。项目参与方的目的都是为了业主提供最好的产品，尽早开展合作有利于进度的协调安排，从而实现快速建造。

另一个优点是，业主获得分包商竞标所带来的利益。分包商受合同的约束，所以如果项目被分成 20 个投标工作包，每个工作包有 5 个投标人，则业主将获得 100 个分包商竞标所带来的利益。设计师和 CM 经理考查并推荐承包商，但是因为他们仅仅拿到一笔酬金，所以业主获得所有的财务收益。

在建设过程中，变更的履行不像传统模式下那么困难，因为设计师和 CM 经理之间有着密切的沟通。很多时候，变更可以先进行非正式的解决，在现场就可以节省时间，减少浪费。理论上，项目团队能够预期变更，尽量减少变更对于项目的影响。

三、CM 模式的缺点

这种模式要想运行良好，业主、设计师和 CM 经理之间充分的沟通和合作十分必要。如果其中任何一方态度僵硬、不合作或者不愿意交流，这种模式的所有优点都很快变为缺点。这一模式很大程度上依赖于参与者之间的相互尊重，在任何项目中，这一要求都被不断地得到验证。这一模式要求业主的高度参与。基本上，在设计师、CM 经理和业主组成了一个团队情况下甚至还要雇用 CM 管理公司，形成另一重关系。

CM 模式倾向于采用快速建造，因为 CM 团队（建设管理团队）很早就介入项目进程。然而，由于该公司可能不善于掌控快速建造，或者业主没有做好加速进度的准备，快速建造就要冒风险。如果团队忽略这些风险强行推进，业主可能会遭受巨大的经济损失。

总之，CM 模式给业主带来了许多优点，只要业主愿意积极参与项目进程，并选择优秀的设计师和 CM 经理组成项目团队。这种承发包模式对业主有利，可以节约成本，既包括竞标带来的好处，也包括快速建造的机会。

房地产开发商开发商业建筑时，通常选择此类承发包模式。有些情况下，项目以 CM 模式开始，然后随着设计接近完成，CM 经理与业主协商，达成一个固定价格，项目又变成了传统模式。在一些大型项目中，如阿拉斯加管理工程中，业主雇用一个项目经理来检查整个项目。这个经理需要做的是：将巨大的工程分成若干个小的工作包，分别由单独的设计师和建筑公司完成。

CM 模式要想获得成功，参与各方必须从一开始就做出全面的承诺。有些总承包商把自己作为 CM 经理推销给业主，在项目估算和进度计划完成后，再以总价合同的方式实际接手项目。有些建筑师在施工阶段控制方面比较棘手，对承包商晋级并以与自己平等的身份参与项目感到不满。业主需要预留出时间，随时参与项目的日常事务。

四、CM 模式的类型

CM 模式分为代理型 CM 模式和非代理型 CM 模式两种。

1. 代理型 CM 模式（CM/Agency）

这种模式又称为纯粹的 CM 模式。采用代理型 CM 模式时，CM 单位是业主的咨询单位，业主与 CM 单位签订咨询服务合同，CM 合同价就是 CM 费，其表现形式可以是百分率（以今后陆续确定的工程费用总额为基数）或固定数额的费用；业主分别与多个施工单位签订所有的工程施工合同。其合同关系和协调管理关系如图 1-7 所示。需要说明的是，CM 单位对设计单位没有指令权，只能向设计单位提出一些合理化建议，因而 CM 单位与设计单位之间是协调关系。这一点同样适用于非代理型 CM 模式。这也是 CM 模式与全过程建设项目管理的重要区别。

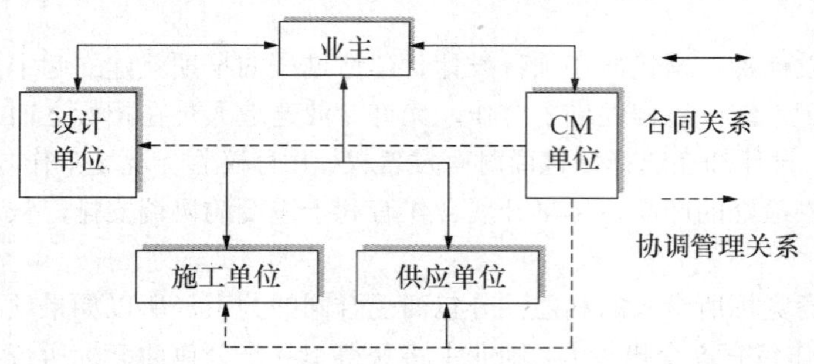

图 1-7　代理型 CM 模式的合同关系和协调管理关系

代理型 CM 标准合同条件被 AIA 定为“B801/CMa”，同时被 AGC 定为“AGC510”。代理型 CM 模式中的 CM 单位通常是由具有较丰富的施工经验的专业 CM 单位或咨询单位担任。

2. 非代理型 CM 模式（CM/Non-Agency）

这种模式又称为风险型 CM 模式（At-Risk CM），在英国则称为管理承包（Management

Contracting）。采用非代理型CM模式时，业主一般不与施工单位签订工程施工合同，但也可能在某些情况下，对某些专业性很强的工程内容和工程专用材料、设备，业主与少数施工单位和材料、设备供应单位签订合同。业主与CM单位所签订的合同既包括CM服务的内容，又包括工程施工承包的内容；而CM单位则与施工单位材料、设备供应单位签订合同。其合同关系和协调管理关系如图1-8所示。

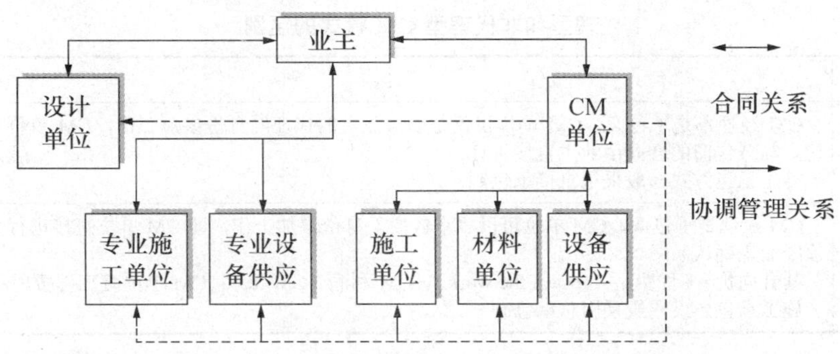

图1-8 非代理型CM模式的合同关系和协调管理关系

注意：非代理型CM单位与施工单位之间的关系与总承包模式下总包单位与分包单位的关系有本质的不同。其根本区别主要表现在：一是虽然CM单位与各个分包商直接签订合同，但CM单位对各分包商的资格预审、招标、议标和签约都对业主公开并必须经过业主的确认才有效；而总承包模式中，总包商与分包商签订合同不需业主确认。二是由于CM单位介入工程时间较早（一般在设计阶段介入）且不承担设计任务，所以CM单位并不向业主直接报出具体数额的价格，而是报CM费，至于工程本身的费用则是今后CM单位与各分包商、供应商的合同价之和。也就是说，CM合同价由以上两部分组成，但在签订CM合同时，该合同价尚不是一个确定的具体数据，而主要是确定计价原则和方式，本质上属于成本加酬金合同的一种特殊形式。另外，CM单位不承担设计任务；而在总承包模式中，总承包商需要承担设计任务。

在采用非代理型CM模式时，业主对工程费用不能直接控制，因而在这方面存在很大风险。为了促使CM单位加强费用控制工作，业主往往要求在CM合同中预先确定一个具体数额的保证最大价格（Guaranteed Maximum Price，GMP，包括总的工程费用和CM费）。而且，合同条款中通常规定，如果实际工程费用加CM费超过了GMP，超出部分由CM单位承担；反之，节余部分归业主。为了鼓励CM单位控制费用的积极性，也可在合同中约定对节余部分由业主和CM单位按一定比例分成。

GMP具体数额的确定就成为CM合同谈判中的一个焦点和难点。确定一个合理的GMP，一方面取决于CM单位的水平和经验，另一方面更主要的是取决于设计所达到的深度。因此，如果CM单位介入时间较早（如在方案设计阶段即介入），则可能在CM合同中暂不确定GMP的具体数额，而是规定GMP的时间（不是从日历时间而是从设计进度和深度考虑）。但是，这样会大大增加GMP谈判的难度和复杂性。

非代理型CM标准合同条件被AIA定为“A121/CMc”，同时被AGC定为“AGC565”。非代理型CM模式中的CM单位通常是由从过去的总承包商演化而来的专业CM单位或总承包商担任。

五、CM 模式的适用条件及两种 CM 模式的区别

CM 模式适用于：设计变更可能性较大的工程，时间因素最为重要的工程，因总的范围和规模不确定而无法准确定价的工程（此时，应采用 CM/Agency 模式）。

CM/Agency 和 CM/Non-Agency 两种模式的区别见表 1-3。

表 1-3 代理型和非代理型 CM 模式的区别

CM 模式	区　别
CM/Agency	CM 经理不是承包商，CM 单位仅仅是以“业主的代理”身份参加工作，CM 单位不负责分包的发包，与分包商的合同由业主直接签订。 施工承包方式一般采用直接承包制
CM/Non-Agency	CM 经理是承包商，CM 单位可以“承包商”身份参加工作，即 CM 单位直接进行分包的发包（但须经业主确认）。 其合同价=工程费用（cost of the work）+CM 利润（CM fee）；CM 单位对工程费用承担 GMP 责任。 施工承包方式一般采用总承包制

1.3.5 PPP 模式

PPP（Public-Private Partnership）模式，即公私合作模式，对某个“公共性的经营性工程项目”（对于一般性经营项目，适用于前文所述的模式），政府和私营公司通过特许合同，形成相互合作关系。政府和特许公司间的特许合同是核心，它明确了在特许期内政府和特许公司的权利与义务。具体有以下几种典型模式：

一、BOT 模式

BOT（Build-Operate-Transfer），即建设—经营—转让模式，一般适用于道路、桥梁、交通隧道、供水、港口、水电站、电信等基础设施项目。它是经政府特许，将某些基础设施项目转让给私营公司去融资、建造和运营，而不需要政府负责项目资金的计划和准备。私营公司在约定期（特许期）内对所建项目拥有所有权和经营管理权，特许期满后，项目的所有权和经营管理权由特许的私营公司转让给政府。

二、BTO 模式

BTO（Build-Transfer-Operate），即建设—转让—经营模式。政府与特许公司签订特许合同，由特许公司负责基础设施的融资和建设，完工后将该设施转移给政府；然后，政府根据协议把该基础设施租赁给特许公司，由其负责运营，以获取商业利润；或政府与特许公司共同经营。在这种模式下，不存在基础设施的公共产权问题，常用于某些关系国家安全的项目，如通信等项目，以及国家法律规定不能私有化的项目。

三、BOO 模式

BOO（Build-Own-Operate），即建设—拥有—经营模式。根据政府与私营公司的特许权协议，允许私营公司负责基础设施的融资、建设，并拥有该设施，对其永久性经营。

四、LBO 模式

LBO（Lease-Build-Operate），即租赁—建设—经营模式。根据政府与私营公司的特许权协议，允许私营公司租赁已经存在的基础设施，向政府缴纳一定的租赁费用；要求私营公司对已有的基础设施进行扩建，并负责该设施的维护和经营。在 LBO 模式下，也不存在基础设施的公共产权问题（属于政府）。

五、BBO 模式

BBO（Buy-Build-Operate），即购买—建设—经营模式。根据政府与私营公司的特许权协议，政府将该基础设施出售给私营公司；要求私营公司对已有的基础设施进行改、扩建，并拥有该设施的永久性经营权。

1.3.6 EPC 总承包模式

一、EPC 模式的含义

EPC 为英文 Engineering Procurement Construction 的缩写，EPC 总承包是指承包商负责工程项目的设计、采购、施工安装全过程的总承包，并负责试运行服务（由业主进行试运行）。EPC 模式于 20 世纪 80 年代首先在美国出现，得到了那些希望尽早确定投资总额和建设周期（尽管合同价格可能较高）的业主的青睐，在国际工程承包市场中的应用逐渐扩大，FIDIC 于 1999 年编制了标准的 EPC 合同条件，这有利于 EPC 模式的推广应用。在 EPC 模式中，不仅包括具体的设计工作（Design），而且可能包括整个建设工程内容的总体策划以及整个建设工程实施组织管理的策划和具体工作。与设计—建造（DB）模式相比，EPC 模式将承包（或服务）范围进一步向建设工程的前期延伸，业主只要大致说明一下投资意图和要求，其余工作均由 EPC 承包单位来完成。

EPC 模式特别强调适用于工厂、发电厂、石油开发和基础设施（Infrastructure）等建筑工程。EPC 模式在名称上突出了 Procurement（采购），表明在这种模式中，材料和工程设备的采购完全由 EPC 承包单位负责。

二、EPC 模式的特征

1. 承包商承担大部分风险

一般认为，在传统模式条件下，业主与承包商的风险大致是对等的。而在 EPC 模式条件下，由于承包商的承包范围包括设计，因而很自然地要承担设计风险。此外，在其他模式中均由业主承担的“一个有经验的承包商不可预见且无法合理防范的自然力的作用”的风险，在 EPC 模式中也由承包商承担。这是一类较为常见的风险，一旦发生，一般都会引起费用增加和工期延误。在其他模式中承包商对此所享有的索赔权在 EPC 模式中不复存在。这无疑大大增加了承包商在工程实施过程中的风险。

另外，在 EPC 标准合同条件中还有一些条款也加大了承包商的风险。例如，EPC 合同条件第 4.10 款［现场数据］规定：“承包商应负责核查和解释（业主提供的）此类数据。业主对此类数据的准确性、充分性和完整性不承担任何责任……”而在其他模式中，通常是强调承包商自己对此类资料的解释负责，并不完全排除业主的责任。又如，EPC 合同条件第 4.12 款［不可预见的困难］规定：①承包商被认为已取得了可能对投标文件或工程产生影响或作用的有关风险、意外事故和其他情况的全部必要的资料；②在签订合同时，承包商应已经预见到了为圆满完成工程今后发生的一切困难和费用；③不能因任何没有预见的困难和费用而进行合同价格的调整。而在其他模式中，通常没有上述②、③的规定，意味着如果发生此类情况，承包商可以得到费用和工期方面的补偿。

2. 业主或业主代表管理工程实施

在 EPC 模式条件下，业主不聘请“工程师”（即我国的监理工程师）来管理工程，而是自己或委派业主代表来管理工程。EPC 合同条件第 3 条规定，如果委派业主代表来管理，业主代表应是业主的全权代表。如果业主想更换业主代表，只需要提前 14 天通知承包商，不需征得承包商的同意。而在其他模式中，如果业主想更换工程师，不仅提前通知承包商的时间大大增加（如 FIDIC 施工合同条件规定为 42 天），且需得到承包商的同意。

由于承包商已承担了工程建设的大部分风险，所以，与其他模式条件下工程师管理的情况相比，EPC 模式条件下业主或业主代表管理工程显得较为宽松，不太具体和深入。例如，对承包商所应提交的文件仅仅是“审阅”，而在其他模式则是“审阅和批准”；对工程材料、工程设备的质量管理，虽然也有施工期间检验的规定，但重点是在竣工检验，必要时还可能做竣工后检验（排除了承包商不在场做竣工后检验的可能性）。

需要说明的是，虽然 FIDIC 在编制 EPC 合同条件时，其基本出发点是业主代表参与工程管理工作很少，对大部分施工图纸不需要经过业主审批，但在实践中，业主和业主代表参与工程管理的深度并不统一。通常，如果业主自己管理工程，其参与程度不可能太深。但是，如果委派业主代表则不同，在有的实际工程中，业主委派某个建设项目管理公司作为其代表，从而对建设工程的实施从设计、采购到施工进行全面的严格管理。

3. 总价合同

总价合同并不是 EPC 模式独有的，但是，与其他模式条件下的总价合同相比，EPC 合同更接近于固定总价合同（若法规变化仍允许调整合同价格）。通常，在国际工程承包中，固定总价合同仅用于规模小、工期短的工程。而 EPC 模式所适用的工程一般规模均较大、工期较长，但具有相当的技术复杂性。因此，在这类工程上采用接近固定的总价合同，也就称得上是特征了。另外，在 EPC 通用合同条件第 13.8 款［费用变化引起的调整］中，没有其他模式合同条件中规定的调价公式，而只是在专用条件中提到。这表明，在 EPC 模式条件下，业主允许承包商因费用变化而调价的情况是不多见的。而如果考虑到前述第 4.12 款的有关规定，则业主根本不可能接受在专用条件中规定调价公式。这一点是 EPC 模式与同样是采用总价合同的 D+B 模式的重要区别。

三、EPC 模式的适用条件

由于 EPC 模式具有上述特征，因而应用这种模式需具备以下条件：

（1）由于承包商承担了工程建设的大部分风险，因此，在招标阶段，业主应给投标人充分的资料和时间，以使投标人能够仔细审核“业主的要求”（这是 EPC 模式条件下业主招标文件的重要内容），从而详细了解该文件规定的工程目的、范围、设计标准和其他技术要求，在此基础上进行工程前期的规划设计、风险分析和评价以及估价等工作，向业主提交一份技术先进可靠、价格和工期合理的投标书。

另一方面，从工程本身的情况来看，所包含的地下隐蔽工作不能太多，承包商在投标前无法进行勘察的工作区域也不能太大。否则，承包商就无法判定具体的工程量，增加了承包商的风险，只能在报价中以估计的方法增加适当的风险费，难以保证报价的准确性和合理性，最终要么损害业主的利益，要么损害承包商的利益。

（2）虽然业主或业主代表有权监督承包商的工作，但不能过分地干预承包商的工作，也不用审批大多数的施工图纸。合同规定由承包商负责全部设计，并承担全部责任，因此其设计和所完成的工程符合“合同中预期的工程之目的”［EPC 合同条件第 4.1 款（承包商的一般义务）］，就应认为承包商履行了合同中的义务。这样做既有利于简化管理工程程序，又保证工程按预定的时间建成。而从质量控制的角度考虑，应突出对承包商过去业绩的审查，尤其是在其他采用 EPC 模式的工程上的业绩（如果有的话），并注重对承包商投标书中技术文件的审查以及质量保证体系的审查。

（3）由于采用总价合同，因而工程的期中支付款（Interim Payment）应由业主直接按照合同规定支付，而不是像其他模式那样先由工程师审查工程量和承包商的结算报告，再决定每次支付款占合同价的百分比。

如果业主在招标时不满足上述条件或不愿意接受其中某一条件，则该建设工程就不能采用 EPC 模式和 EPC 标准合同文件。在这种情况下，FIDIC 建议采用工程设备和设计—建造合同条件，即新黄皮书。

1.4 建设工程项目的政府监督

1.4.1 建设工程项目管理体制

我国工程项目管理体制是在政府有关部门（主要是建设行政主管部门）的监督管理之下，由项目业主、承包商和监理单位直接参加的"三方"管理体制，如图 1-9 所示。

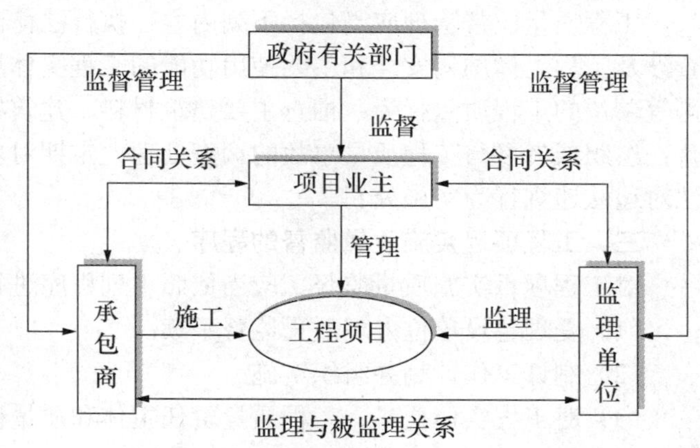

图 1-9 我国建设工程项目管理体系

我国政府对项目的监督管理包括对项目的决策阶段和项目的实施阶段的监督管理。按照我国政府机关行政分工的格局，大体上是项目的决策阶段由计划、规划、土地管理、环保和公安（消防）等部门负责；项目实施阶段主要由建设行政主管部门负责。它们代表国家行使或委托专门机构行使政府职能，依照法律法规、标准等依据，运用审查、许可、检查、监督和强制执行等手段，实现监督管理目标。

政府建设主管部门不直接参与工程项目的建设过程，而是通过法律和行政手段对项目的实施过程和相关活动实施监督管理。由于建筑产品所具有的特殊性，政府机构对工程项目的实施过程的控制和管理比对其他行业的产品生产都严格，它贯穿项目实施的各个阶段。

政府对工程项目的监督管理主要在工程项目和建设市场两个方面。主要内容包括：建立和完善工程质量管理法规，建立和落实工程质量责任制，建设活动主体资格的管理，工程承发包管理以及控制工程建设程序。

1.4.2 建设工程项目质量政府监督

为加强对建设工程质量的管理，我国《建筑法》及《建筑工程质量管理条例》明确政府行政主管部门设立专门机构对建设工程质量行使监督职能，其目的是保证建设工程质量、保证建设工程的使用安全及环境质量。国务院建设行政主管部门对全国的建设工程实施统一监督管理，国务院铁路、交通、水利等有关部门按照规定的职责分工，负责全国有关专业建设工程质量的监督管理。

根据《房屋建筑和市政基础设施工程质量监督管理规定》（自 2010 年 9 月 1 日起施行），国务院住房和城乡建设主管部门对全国新建、扩建、改建房屋建筑和市政基础设施工程实施质量监督管理，县级以上地方人民政府建设主管部门负责本行政区域内工程质量监督管理工作。工程质量监督管理的具体工作可以由县级以上地方人民政府建设主管部门委托所属的工程质量监督机构（以下简称监督机构）实施。

一、相关概念

工程质量监督管理，是指主管部门依据有关法律法规和工程建设强制性标准，对工程实体质量和工程建设、勘察、设计、施工、监理单位（以下简称工程质量责任主体）和质量检测等单位的工程质量行为实施监督。

工程实体质量监督，是指主管部门对涉及工程主体结构安全、主要使用功能的工程实体质量情况实施监督。

工程质量行为监督，是指主管部门对工程质量责任主体和质量检测等单位履行法定质量责任和义务的情况实施监督。

二、工程质量监督管理的内容

工程质量监督管理应当包括下列内容：执行法律法规和工程建设强制性标准的情况；抽查涉及工程主体结构安全和主要使用功能的工程实体质量；抽查工程质量责任主体和质量检测等单位的工程质量行为；抽查主要建筑材料、建筑构配件的质量；对工程竣工验收进行监督；组织或者参与工程质量事故的调查处理；定期对本地区工程质量状况进行统计分析；依法对违法违规行为实施处罚。

三、工程项目实施质量监督的程序

对工程项目实施质量监督，应当依照下列程序进行：

（1）受理建设单位办理质量监督手续；

（2）制订工作计划并组织实施；

（3）对工程实体质量、工程质量责任主体和质量检测等单位的工程质量行为进行抽查、抽测；

（4）监督工程竣工验收，重点对验收的组织形式、程序等是否符合有关规定进行监督；

（5）形成工程质量监督报告；

（6）组织或者参与工程质量事故的调查处理。

工程竣工验收合格后，建设单位应当在建筑物明显部位设置永久性标牌，载明建设、勘察、设计、施工、监理单位等工程质量责任主体的名称和主要责任人姓名。

四、相关规定

主管部门实施监督检查时，有权采取下列措施：要求被检查单位提供有关工程质量的文件和资料；进入被检查单位的施工现场进行检查；发现有影响工程质量的问题时，责令改正。

县级以上地方人民政府建设主管部门应当根据本地区的工程质量状况，逐步建立工程质量信用档案，应当将工程质量监督中发现的涉及主体结构安全和主要使用功能的工程质量问题及整改情况，及时向社会公布。

省、自治区、直辖市人民政府建设主管部门应当按照国家有关规定，对本行政区域内监督机构每三年进行一次考核。监督机构经考核合格后，方可依法对工程实施质量监督，并对工程质量监督承担监督责任。监督机构可以聘请中级职称以上的工程类专业技术人员协助实施工程质量监督，但本监督机构的监督人员应当占监督机构总人数的75%以上。

监督人员应当具备下列条件：具有工程类专业大学专科以上学历或者工程类执业注册资

格；具有三年以上工程质量管理或者设计、施工、监理等工作经历；熟悉掌握相关法律法规和工程建设强制性标准；具有一定的组织协调能力和良好职业道德。监督人员符合上述条件经考核合格后，方可从事工程质量监督工作。

省、自治区、直辖市人民政府建设主管部门应当每两年对监督人员进行一次岗位考核，每年进行一次法律法规、业务知识培训，并适时组织开展继续教育培训。

五、建设工程项目质量政府监督的实施

1. 建设工程质量监督申报

在工程项目开工前，监督机构接受建设工程质量监督的申报手续，并对建设单位提供的文件资料进行审查，审查合格后签发有关质量监督文件。

2. 开工前的质量监督

开工前召开项目参与各方参加的首次监督会议，公布监督方案，提出监督要求，并进行第一次监督检查。监督检查的主要内容为工程参与各方的工程质量保证体系建立和是否完善的情况的审查。具体内容为：检查项目参与各方的质保体系，包括组织机构、质量控制方案及质量责任制等制度；审查施工组织设计、监理规划等文件及审批手续；各方人员的资质证书；检查的结果记录保存。

3. 施工过程中的质量监督

在工程建设全过程中，监督机构按照监督方案对项目施工情况进行不定期的检查。其中在基础和结构阶段每月安排监督检查。检查内容为工程参与各方的质量行为及质量责任制的履行情况、工程实体质量和质保资料的检查。

对建设工程项目结构主要部位（如桩基、基础、主体结构）除了常规检查外，在分部工程验收时进行监督，即建设单位将施工、设计、监理、建设方分别签字的质量验收证明在验收后三天内报监督机构备案。

对施工过程中发生的质量问题、质量事故进行查处。根据质量检查状况，对查实的问题签发“质量问题整改通知单”或“局部暂停施工指令单”，对问题严重的单位也可根据问题情况发出“临时收缴资质证书通知书”等处理意见。

4. 竣工阶段的质量监督

按规定对工程竣工验收备案工作实施监督：竣工验收前，对质量监督检查中提出质量问题的整改情况进行复查，了解其整改情况；参与竣工验收会议，对验收过程进行监督；对不符合验收要求的责令改正。

5. 建立建设工程质量监督档案

建设工程质量监督档案按单位工程建立。要求归档及时，资料记录等各类文件齐全，经监督机构负责人签字后归档，按规定年限保存。

复习思考题

1. 简述项目及工程项目的特点。
2. 工程项目如何分解？
3. 简述建设项目周期的四个阶段。
4. 简述建设项目基本建设程序。

5．简述 PMBOK2008 中的项目管理领域与过程。
6．何为设计—招标—建造模式？分析其优缺点。
7．何为设计—建造模式？分析其优缺点。
8．何为 CM 模式？分析其优缺点。
9．何为 PPP 模式？简述其典型模式。
10．何为 EPC 模式？简述其特征及适用条件。
11．简述主要施工管理计划的编制要求。
12．简述我国建设工程项目管理体系。
13．简述工程质量监督管理的内容。
14．简述工程项目实施质量监督的程序。
15．如何实施建设工程项目质量的政府监督？

2 项目综合管理

本章提要

本章主要内容包括项目整合管理、项目范围管理、项目人力资源管理、项目沟通管理、项目目标管理、项目采购管理、项目环境管理、项目安全管理等。重点是项目整合管理的内容及其过程，项目范围管理的内容与过程，工作分解结构，人力资源的激励与使用，要求掌握提高项目沟通效果的途径。难点是绘制工程项目的工作分解结构，运用目标管理理论和激励理论进行项目人力资源管理。

2.1 项目整合管理

2.1.1 项目整合管理的内容

项目整合管理（Project Integration Management）是指为保证项目各组成部分恰当协调而必须进行的过程。项目整合管理就是在各个相互冲突的目标与方案之间权衡取舍，以达到或超过项目参与者的要求与期望。

项目经理对项目整合管理负责，主要完成以下工作：在正式批准项目阶段制订项目章程，制订项目初步范围说明书；确定、编写、协调与组合所有部分计划所需要的行动形成文件，使其成为项目管理计划；努力完成项目管理计划确定的工作，达到项目范围说明书确定的项目要求；对项目的启动、规划、执行和结束过程实施监控，实现项目管理计划中确定的实施目标；若有变更，审查所有的变更请求，批准变更并控制可交付成果和组织过程资产；最终完成所有项目管理过程组的活动，正式结束项目或项目阶段。项目整合管理的内容见表 2-1。

表 2-1　项目整合管理的内容

阶段 内容	项目计划的制订	项目计划的实施	全程变化控制
输入	其他计划输出、历史资料、组织管理政策、制约因素、假设	项目计划、辅助说明书、组织管理政策、纠正措施	项目计划、执行报告、改变要求
工具和技术	项目计划方法、参与者的技能和知识、项目管理信息系统（PMIS）	总的管理技能、输出技能和知识、工作分配系统、形势评论会、PMIS、组织管理的程序	改变控制系统、结构管理、绩效测量、附加的计划、PMIS
输出	项目计划、辅助说明	工作成果、改变要求	项目计划的更新、纠正措施、经验总结

项目整合管理包括以下主要程序：项目计划的开发（吸收其他规划程序的成果，制订内容充实、结构紧凑的项目文件）、项目计划的实施（通过项目执行组织的具体活动执行这项计划）和全程变化控制（协调全部项目内部的变化过程）。这些程序彼此相互影响，同其他知识领域中的程序也互相影响。根据项目计划的需要，每个程序都包括一个或多个个体或团体的努力。在每个项目阶段，每个程序通常至少发生一次。虽然这里提到的这些程序，是作为彼

此独立的因素而给予较好的界定，但是，在实践中它们是以某种方式重叠和影响的。项目整合管理的过程如图 2-1 所示。

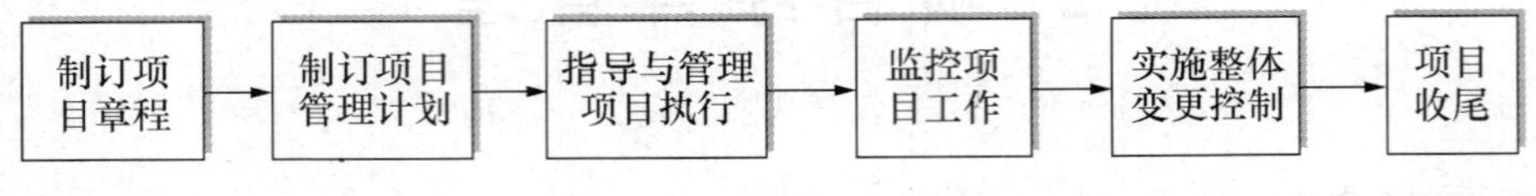

图 2-1 项目整合管理的过程

2.1.2 项目计划制订

项目计划是经批准的正式文件，能够引导项目的实施和控制。项目计划制订要动用包括战略计划在内的其他计划过程的产出，来制订一份可用以指导项目实施和项目控制的，前后一致、条理清晰的文件。此项过程经常需要反复进行若干次。

项目计划用于：引导项目的实施，编制项目规划的设想，记录项目计划讨论好的有关事宜，促进项目参与者之间的沟通，确定主要的管理问题（如内容、范围和时间等），为进一步提高测量和控制项目的水平提供一个标准。

所有已规定的工作都必须用挣值管理（Earned Value Management，EVM）（见第五章）过程中的详尽综合管理控制计划，即控制账目计划（Control Accounts Plan，CAP）进行计划、估算、安排进度并送交审批。所有综合管理控制计划的总和构成项目的总范围。

每个学科的专家、项目团队成员、职能经理或者项目办公室对项目做出计划，而作为综合集成者的项目经理，在必要时通过权衡，把组织的管理方针和约束条件考虑进去，将它们综合成为项目计划。

一、项目计划制订的投入

（1）其他计划的产出（Other planning outputs）：除项目整合管理过程外的其他知识领域计划过程的输出都是项目计划制订的投入。

（2）历史资料（Historical information）：现有的历史资料（如估算数据库、过去项目绩效记录）应在其他项目计划过程中已经查阅过。这些资料在项目计划过程中也应准备就绪，以供核实假设以及评估项目计划制订过程中提出的其他可供选择方案之用。

（3）组织方针（Organizational policies）：参与项目的组织都有正式或非正式的方针，其影响必须考虑。组织机构的几个主要方针包括：质量管理方针（过程审计，连续的改进目标）、人事管理方针（雇用和解雇原则，雇员表现评价）、财务控制方针（定期报告、要求的经费和支出情况分析、会计账目、标准合同条款）。

（4）制约因素（Constraints）：制约因素是指限制项目管理团队运行的因素。例如，预先确定预算被认为是影响项目团队对范围、职员人数和日程表选择的极其重要的因素。如果项目根据合同实施，则合同条款通常是制约因素。

（5）假设（Assumptions）：假设是指就计划而言被视为正确、真实或肯定的因素。为了项目规划目标的准确性，考虑到的假设因素必须有科学性、真实性或肯定性。假设影响到项目计划的所有方面，是项目逐步完善化的一个组成部分。项目班子经常地识别、记载和证实假设，作为其计划过程的一部分。假设通常涉及某种程度的风险。

二、项目计划制订的工具与技术

（1）项目计划方法（Project planning methodology）：项目计划方法是指在项目计划开发

期间，用于引导项目团队工作的一种结构分析方法。它可以简单到只是一些基本表格与样板，也可以复杂到要求进行一系列模拟（例如进度、风险的蒙特卡洛分析）。大多数项目计划方法都将项目管理软件这样的“硬”工具和由外界协助召开的动员会这样的“软”工具结合使用。

（2）参与者的技能与知识（Stakeholder skills and knowledge）：每个参与者所拥有的技能和知识，在项目计划开发中都能得到充分的利用。项目团队必须营造一个让参与者发挥自己才干的适当环境。

（3）项目管理信息系统（Project management information system，PMIS）：项目管理信息系统是用于搜集、综合和分发各个项目管理过程产出的工具与技术的总和。它用于支持项目从启动到收尾的所有方面，可以包括人工系统和自动化系统。

（4）挣值管理（Earned value management，EVM）：挣值管理是用于综合项目范围、进度和资源，并量度与报告项目从启动到收尾的绩效的一项技术。

三、项目计划制订的产出

（1）项目计划（Project plan）：项目计划是经正式批准的用于管理和控制项目实施的文件。项目计划和进度应按沟通管理计划的规定进行分发。在某些应用领域，这个文件常常称为综合项目计划。

注意项目计划与项目绩效量度基准两者的区别：项目计划是一个文件或文件的汇集，当得到有关项目的进一步的信息后，它会被改动，用于管理项目的实施。绩效量度基准（Performance Measurement Baseline）是一项经过核准的计划，用以在管理控制中作为量度偏差的基准，这个管理控制通常只会周期性地变化，而且通常只有当发生已批准的工作范围变更或可交付成果变更时，才会有变化。

项目计划的结构与表达有多种方式，但是一般均包括下列内容：项目章程；项目管理方法或策略的说明（其他知识领域各项管理计划的摘要）；范围说明书（包括项目各项目标和可交付成果）；作为基准范围文件的工作分解结构（WBS）；成本估算、进度计划的开始日期和责任分配，一直分解到工作分解结构（WBS）的控制系统可以操作的水平；技术范围、进度和成本的绩效量度基准（进度基准、成本基准）；主要的里程碑及其目标日期；关键的或必需的人员及其预期成本和（或）人力投入；风险管理计划，包括主要风险及其制约因素与假设，以及为其安排的应对与（必要的）应急措施；各过程的辅助管理计划，包括范围管理计划和进度管理计划等；已经公布的和悬而未决的决定。

上述每项计划必要时均可列入项目计划，其详细程度因每个具体项目的要求而异。

（2）详细辅助资料（Support detail）：项目计划详细辅助资料包括：未纳入项目计划的其他计划过程产出；项目计划制订期间产生的附加信息或文件（例如，过去未曾考虑到的制约因素和假设）；技术性文件、要求、特征和设计等方面的文件；有关标准文件。

应该根据需要对上述这些材料进行组织，以便于在项目计划实施过程中使用。

2.1.3 项目计划实施

项目计划实施是执行项目计划的主要过程，项目预算的绝大部分都将使用于这一过程。在此过程中，项目经理和项目团队必须协调和指导项目中的各个技术与组织问题。最直接地受到项目应用领域影响的就是这个过程，因为项目的产品是在这个过程中产生的。在此过程中，必须随时根据项目基准对实施绩效保持监测，以便比较实际绩效与项目计划，并以此为依据采取纠正措施。要对最终成本与进度结果进行定期预测，以支持上述分析。

项目控制的两个基本目标：将活动转化为结果和管理组织资产。

一、项目计划实施的投入

（1）项目计划（Project Plan）：具体项目的管理计划（范围管理计划、风险管理计划和采购管理计划等）和绩效测量基准是对项目计划实施的主要投入。

（2）详细辅助资料（Support detail）。

（3）组织方针（Organizational policies）。

（4）纠正措施（Preventive action）：纠正措施是指减少项目风险事件潜在后果发生概率的任何行动，它是使项目预期的未来绩效与项目计划重新恢复一致而采取的措施。纠正行为所做的是把未来项目的执行，按照人们的预期纳入与项目计划要求相一致的轨道进行运转。纠正措施是各种控制程序的一个输出（在这里，作为一种输入完成反馈环，这个反馈环是为确保项目管理有效）。

二、项目计划实施的工具与技术

（1）通用管理技能（General management skills）：诸如领导、沟通和协商等通用管理技能，对于项目计划的有效实施是至关重要的。

（2）生产技能和知识（Product skills and knowledge）：项目团队必须掌握一系列有关项目生产的技能与知识。这些必要的技能被作为项目计划的一部分得以确认，并通过人员的组织过程来获取、体现。

（3）工作授权系统（Work authorization system）：为确保工作按规定时间与顺序进行而采取的一套项目工作正式审批程序。基本的方式通常是对一项具体活动或者一组工作的书面动工核准书。一个工作授权系统的设计，应该权衡实施控制收入与成本之间的关系。例如，在一些比较小的项目上，一般口头核准就足够了。其主要机制通常是对一项具体活动或者一组工作的书面动工核准书。

（4）形势分析会（Status review meetings）：为交换项目的有关信息而举行的常规会议。对多数项目来说，形势分析会以各种不定期的和不同级别的形式召开（比如：项目管理团队自己可以每周碰头一次，而通过周会或月会的形式与客户沟通）。在构思和计划阶段，需要召开更多的会议确定目标和方法；在项目实施阶段，由于计划和客户需求都得到了明确，可以适当减少开会次数；在项目收尾阶段，会议的频率将增加以协调各方工作。

（5）项目管理信息系统（Project management information system）。

（6）组织程序（Organizational procedures）：项目的所有组织管理程序包括了运用在项目实施过程中的正式的和非正式的程序。

三、项目计划实施的产出

（1）工作结果（Work results）：为完成项目而进行的各项活动的结果，包括：已经完成哪些可交付成果，哪些尚未完成，满足质量标准的程度怎样，已经发生的成本或将要发生的成本是什么，等等。这些资料要作为项目计划实施的组成部分加以搜集，作为项目计划实施的一部分，并将其编入绩效报告的程序中。

（2）变更请求（Change requests）：改变项目要求（比如：扩大或修改项目合同范围，修改成本或进行估算等）通常是在项目工作实施时得到确认。变更请求一定是正式的。

2.1.4 项目全程变更控制

全程变更控制是关于：①影响造成项目变更的因素，并尽量使这些因素向有利的方向发展；②判断项目变更范围是否已经发生；③一旦范围变更已经发生，就要采取实际的处理措施。全程变更控制要求保持绩效测量标准的一致性。所有通过的变更应该能够反映在这个项目计划中，但是，只有项目范围界定的改变会影响绩效测量标准；要确保产品范围的变更要在已确定了的工作范围中反映出来（产品范围和工作范围是不同的），例如，一个工作进程表的改变，通常会影响成本、风险、质量和人员调整。

一、全程变更控制的投入

（1）项目计划（Project plan）：项目计划提供控制变更的基准。

（2）绩效报告（Performance reports）：绩效报告提供了项目绩效信息。绩效报告还可提醒项目团队注意将来可能出现的问题。

（3）变更请求（Change requests）：变更请求可以用多种形式提出，包括口头或者书面的，直接或者间接的，外部或者内部的，有法律强制性的或者有选择余地的请求。但是，变更请求一定是正式的。

二、全程变更控制的工具与技术

（1）变更控制系统（Change Control System）：变更控制系统是经权威项目文件认可了的正式文件程序。它包括书面工作，核准变更所需要表格的填写、系统追踪过程，授权进行审批的级别。变更控制系统还必须包括处理未经事前审查就已实施的变更程序，可以在紧急情况下实行"自动放行处理"许可。但这些变更必须形成记录，纳入档案，以便记载基准的演变过程。

（2）结构管理（Configuration Management）：结构管理是编制一些文件程序，对以下过程实行技术和行政指导与监督：识别工作项或系统的功能特性和物理特性，并形成文档；对于任何会改变的特征的变更进行控制；记录并报告这些变更及其实施状况；审核这个项目和系统的工作，检验它们是否符合要求。

在许多应用领域，结构管理只是变更控制系统的一个子系统，用它是为确保项目产品说明的正确性和完整性。然而，在一些应用领域，结构管理这个词是用来描述一些精确的变更控制系统的。结构管理不能自动"批准"变更。

（3）绩效测量（Performance measurement）：用挣值（EV）等绩效量度技术评估计划的偏差是否需要采取纠正措施。

（4）附加规划（Additional planning）：项目很难按照计划的要求精确地运转。未来所出现的变更，可能需要重新编制或者修改成本估算，调整活动顺序与进度，调整资源需求，分析风险应对方案选择，或者对项目计划进行其他调整。

（5）项目管理信息系统（Project management information system）。

三、全程变更控制的产出

（1）项目计划的更新（Project plan updates）：项目计划的更新是指对项目计划或者详细辅助资料的内容所做的任何修改。必要时必须将这些修改通知有关的参与者。

（2）纠正措施（Correction action）。

（3）经营总结（Lessons learned）：把各种变更的原因，纠正行为背后的理由和经验总结的其他类型编制成文件，以作为历史资料的一部分，为执行组织完成这个项目和其他项目服务。

2.2 项目范围管理

2.2.1 项目范围管理案例

一、失败案例

有个软件开发的项目，整个项目已经进行了两年多，项目何时结束还是处于不明确的状态。因为用户不断有新的需求出来，项目组也就要根据用户的新需求，不断去开发新的功能。这个项目实际是一个无底洞，没完没了地往下做，项目成员“肥的拖瘦，瘦的拖死”，实在做不下去只能跑了。大家对这样的项目已经完全丧失了信心。

这个项目其实就是一开始没有很明确地界定整个项目的范围，在范围没有明确界定的情况下，又没有一套完善的变更控制管理流程，任由用户怎么说，就怎么做，也就是说一开始游戏规则没有定好，从而导致整个项目成了一个烂摊子。

二、成功案例

同样是一个软件开发的项目，在一开始就明确用户需求，而且需求基本上都是量化的、可检验的。项目组在公司能力成熟度模型（Capability Maturity Model, CMM）的变更管理过程的框架指导下，制订了项目的范围变更控制管理过程，在项目的实施过程中，用户的需求变更都是按照事先制订好的过程执行的。因此，这个项目完成得比较成功，项目的时间和成本基本上是在一开始项目计划的完成时间及成本的情况下略有增加。

既然项目范围界定不清是一种很常见的现象，而这种现象又是大家所不想见到的。那么，我们必须分析出现这种现象的原因。造成这种现象的出现有以下三方面的原因：

第一，是企业这一级的责任——没有完善的项目管理体系来指导项目的管理。这种情况是最糟糕的，如果是这种原因，那么项目的成败往往需要靠项目经理个人的管理、领导能力。这种情况项目成功的可能性非常小，大部分项目都是以失败而告终。

第二，是企业及项目组共同的责任——对项目没能制订出清晰规范的范围变更控制过程。企业有管理体系，但不够完善和规范，对项目组的变更过程的制订没能起到有效的指导作用。变更是不可避免的，只要有效地加以管理、控制，同样可以达到各方满意的结果。

第三，是对范围的定义不够明确，做不到可量化、可验证程度。很多时候都是一些定性的要求，而不是定量的，例如“界面友好，可操作性强，提高用户满意度”等。类似这些模糊的需求就是导致后续项目扯皮的根源。项目范围的明确定义，有经验的项目经理及系统分析员将起到至关重要的作用。

由上述的失败与成功的案例可以看出：完善的项目范围管理是整个项目最终成败的关键。项目范围的制订及项目范围管理对于一个项目是否成功是非常重要的。

项目范围直接决定了项目的工作量和工作目标，所以项目经理必须管理项目的范围。项目范围管理的主要目的是：

（1）确定应完成的工程活动内容，以便做出详细定义和计划。

（2）确保在预定的项目范围内有计划地完整地进行项目的实施和管理工作（便于项目实施控制）。

（3）确保项目各项活动满足项目范围定义的要求。

（4）为进一步确定项目费用、时间和资源计划做准备。

（5）划定项目责任，方便对各项目的任务承担者进行监督、考核和评价。

2.2.2 项目范围管理的内容

项目的范围管理是项目九大管理知识模块之一，在实际工程建设项目管理实践中，如果我们稍做留意或观察，会发现有大量涉及合同、工作、任务范围界定不清，由此带来小则工作思路混乱、扯皮不断，大则造成额外承担不必要的经济损失。究其原因，就是管理当事者对项目（工作或任务）范围意识淡薄，概念不清，当然，对项目范围的管理更是无从谈起。因此，对项目范围的概念清醒认识和特别精细管理是做好项目、做好工作、完成好任务的第一要务。

项目范围是指为了成功达到项目的目标，完成项目可交付成果而必须完成的工作，即项目的行为系统范围（产品范围）。项目范围管理（Project Scope Management）是指定义项目包括哪些活动（工作），并通过控制与协调来确保成功地完成项目，项目要包括并且仅包括所要求完成工作的过程。这个过程用于确保项目组和项目参与者对作为项目结果的项目产品以及生产这些产品所用到的过程有一个共同的理解。项目范围管理的主要内容见表 2-2。

表 2-2　　项目范围管理的内容

阶段＼内容	输　入	工具和技术	输　出
启动阶段——收集需求	项目章程、干系人登记册	访谈、焦点小组会议、引导式研讨会、问卷调查、观察、原型法	需求文件、需求管理计划、需求跟踪矩阵
范围计划——定义范围	项目章程、需求文件、组织过程资产	产品分析、专家判断、备选方案识别	项目范围说明书、项目文件
范围界定——创建 WBS	项目范围说明书、需求文件、组织过程资产	分解	工作分解结构、范围基准、项目文件（更新）
核实范围	项目管理计划、需求文件、需求跟踪矩阵、确认的可交付成果	检查	验收的可交付成果、变更请求、项目文件（更新）
控制范围	项目管理计划、工作绩效信息、需求文件、需求跟踪矩阵、组织过程资产	偏差分析	工作绩效测量结果、组织过程资产（更新）、变更请求、项目管理计划（更新）、项目文件（更新）

尽管这里提到的这些程序是作为各自独立的因素给予了明确的界定，但是，同其项目整合管理的程序一样，这些程序彼此互相影响。根据项目计划的需要，每个程序可能会需要一个或多个个体或团体的努力。在每个项目阶段，每个程序通常至少发生一次。

“范围”这个词涉及两方面内容，即产品范围界定（产品范围的特征和功能包含在产品或服务中）和工作范围界定（项目工作的完成为的是能交付一个有特殊的特征和功能的产品）。

制约一个项目的“三约束条件”——范围、时间、成本，是相互影响、相互制约的。项目范围影响项目的时间和成本，是项目的主要约束条件。项目一开始确定的范围小，那么它需要完成的时间以及耗费的成本必然也小，反之亦然。很多项目在开始时都会粗略地确定项目的范围、时间以及成本，然而在项目进行到一定阶段之后往往会变成让人感觉到不知道项目什么时候才能真正结束，要使得项目结束到底还需要投入多少人力和物力，整个项目就好像一个无底洞，对项目的最后结束谁的心里也没有底。这种情况的出现对于公司的高层来说，是最不希望看到的，然而这样的情况出现并不罕见。造成这样的结果就是由于没有控制和管理好项目的范围。

在项目中，时间、成本和范围构成了一个稳固的三角形。对于该三角形来说，任何一边都不可能孤立地改变，也不能不成比例的变更，否则将破坏三角形的结构，违反项目的客观规律，最终导致项目失败。因此有效的范围管理更像一门艺术，可以帮助项目经理在已经确定的时间和成本下完成项目目标。

总之，项目范围管理，就是圆满完成一项任务或一项工作。所谓圆满，就是与要完成的任务和工作有关的事项全部、满意地完成，“全部”就是涉及任务的范围及范围的理解和变更，“满意”涉及任务的标准和质量，做到范围的全部和满意就需要对任务或工作范围进行管理。

2.2.3 项目范围管理过程

《项目管理知识体系指南》PMBOK（第 4 版）将项目范围管理的过程描述如下：

（1）范围计划。制订项目范围管理计划，记载如何确定、核实与控制项目范围，以及如何制订与定义工作分解结构（WBS）。

（2）范围定义。制订详细的项目范围说明书，作为将来项目决策的根据。

（3）制作工作分解结构。将项目大的可交付成果与项目工作划分为较小和更易管理的组成部分。

（4）范围确认。正式验收已经完成的项目可交付成果。

（5）范围控制。控制项目范围的变更。

上述过程不仅彼此之间相互作用，而且还与其他知识领域过程交互作用。根据项目需要，每个过程可能涉及一个或多个个人或集体所付出的努力。每个过程在每个项目或在多阶段项目中的每一阶段至少出现一次。

在范围管理过程中，范围定义、范围确认和范围控制是最核心的三项活动，缺一不可。范围定义是基础的活动，不进行范围定义就不能进行范围确认和范围控制。范围确认则是基线化已定义的范围，是范围控制的依据。范围控制的作用在于减少变更，保持项目范围的稳定性。

一、启动过程

启动是指组织正式开始一个项目或继续到项目的下一个阶段。启动过程的一个输出就是项目章程，它粗略地规定项目的范围，这也是项目范围管理后续工作的重要依据。项目章程中还将规定项目经理的权利以及项目组中各成员的职责，还有项目其他干系人的职责，这也使得在以后的项目范围管理工作中各个角色如何做好本职工作有一个明确的规定，以致后续工作可以更加有序地进行。

二、范围计划过程：定义范围

范围计划是指进一步形成各种文档，为将来项目决策提供基础，这些文档中包括用以衡量一个项目或项目阶段是否已经顺利完成的标准等。作为范围计划过程的输出，项目组要制定一个范围说明书和范围管理计划。

范围管理计划是描述项目范围如何进行管理，项目范围怎样变更才能与项目要求相一致等问题的。它也应该包括一个对项目范围预期的稳定而进行的评估。范围管理计划也应该包括对变更范围怎样确定，变更应归为哪一类等问题的清楚描述。

三、范围界定：创建工作分解结构（WBS）

项目范围界定是以实现某特定项目的目标为出发点，对该项目应完成的全过程、全部子项目（工作、任务、活动）的定义和描述。它将作为组织活动的任务分解、工作分配、计划安排、实施活动、费用预算、资源投入、检查控制、完成时间、风险防范、过程跟踪、控制和调整、成果交付、职责界定、权利划分、管理程序、项目评价等的重要依据。

任何一件事情，都存在且需要明确与该事情相关的范围问题，或应理解为项目（任务、工作）的范围是项目的基本属性，不谈范围就无从谈起项目、任务、工作、职责等。项目范围的描述和界定，是项目实施和管理的最基础性的工作和基本条件，一个项目没有清晰明确的范围界定，其管理必然不同程度地发生混乱无序、分歧百出、过程失控，最终导致偏离项目或工作的目标，导致项目不尽人意或失败。

可以从不同的角度和侧面（特征、需求）进行范围描述。可以是空间或部位范围，可以是完成的专业范围，可以是管理范围，可以是工作范围，可以是任务范围，可以是职责范围，也可以是时间或标准范围等。

项目的范围清晰确切描述，要求对项目目标指标明确，有分析研究，相关知识或概念理解深刻，环境因素和限制条件熟悉，有同类项目的相关资料和经验，熟知项目相关规范标准，并要求对项目范围描述的当事人具备项目一般管理知识与实践和应用领域的知识与实践，既包括哲学、逻辑、数理、思维、条理、程序等基本素质，也需要法律、经济、合同、造价等管理知识，还需要具备该项目相关的技术和专业知识。由此可见，真正做好一个项目的范围界定和描述并非易事。

只有范围清楚了，才能思路清晰、条理清楚、有序进行，才易于顺利完成，达到预期目标，得到认可。

这个过程中，项目组要建立一个工作分解结构（Work Breakdown Structure，WBS）。工作分解结构（WBS）的建立对项目来说意义非常重大，它使得原来看起来非常笼统、非常模糊的项目目标清晰下来，使得项目管理有依据，项目团队的工作目标清楚明了。如果没有一个完善的工作分解结构（WBS）或者范围定义不明确时，变更就不可避免地出现，很可能造成返工、延长工期、降低团队士气等一系列不利的后果。

四、范围核实过程

范围核实是指对项目范围的正式认定，项目主要干系人，如项目客户和项目发起人等要在这个过程中正式接受项目可交付成果的定义。这个过程是范围确定之后，执行实施之前各方相关人员的承诺问题。一旦承诺则表明你已经接受该事实，那么你就必须根据你的承诺去实现它。这也是确保项目范围能得到很好的管理和控制的有效措施。

五、范围变更控制过程

范围变更控制是指对有关项目范围的变更实施控制。其主要的过程输出是范围变更、纠正行动与教训总结。

再好的计划也不可能做到一成不变，因此变更是不可避免的，关键问题是如何对变更进行有效控制。控制好变更必须有一套规范的变更管理过程，在发生变更时遵循规范的变更程序来管理变更。通常对发生的变更，需要识别是否在既定的项目范围之内。如果是在项目范围之内，那么就需要评估变更所造成的影响，以及如何应对的措施，受影响的各方都应该清楚明了自己所受的影响；如果变更是在项目范围之外，那么就需要商务人员与用户方进行谈判，看是否增加费用，还是放弃变更。

因此，项目所在的组织（企业）必须在其项目管理体系中制定一套严格、高效、实用的变更程序。

2.2.4 WBS（工作分解结构）

一、WBS 的含义

WBS（Work Breakdown Structure，工作分解结构）就是把一个项目，按一定的原则分解，项目分解成任务，任务再分解成一项项工作，再把一项项工作分配到每个人的日常活动中，即项目→任务→工作→日常活动。

WBS 的最低层次的项目可交付成果称为工作包（Work Package），工作包具有以下特点：工作包可以分配给另一位项目经理进行计划和执行；工作包可以通过子项目的方式进一步分解为子项目的 WBS；工作包可以在制订项目进度计划时，进一步分解为活动；工作包可以由唯一的一个部门或承包商负责，用于在组织之外分包时，称为委托包（Commitment Package）。

工作包的定义应考虑 80 小时法则（80-Hour Rule）或两周法则（Two Week Rule），即任何工作包的完成时间应当不超过 80 小时。在每隔 80 小时或少于 80 小时结束时，只报告该工作包是否完成。通过这种定期检查的方法，可以控制项目的变更。

制订一个 WBS 的指导思想是逐层深入。先将项目成果框架确定下来，然后每层下面再把工作分解，这种方式的优点是结合进度划分直观，时间感强，评审中容易发现遗漏或多出的部分，也更容易被大多数人理解。

WBS 以可交付成果为导向对项目要素进行的分组，它归纳和定义了项目的整个工作范围，每下降一层代表对项目工作的更详细定义。WBS 总是处于计划过程的中心，也是制订进度计划、资源需求、成本预算、风险管理计划和采购计划等的重要基础。WBS 同时也是控制项目变更的重要基础。项目范围是由 WBS 定义的，所以 WBS 也是一个项目管理的综合工具。

二、任务分解的原则

按照实际工作经验和系统工作方法，项目结构分解应符合工程的特点及项目自身的规律，符合项目实施者的要求和后继管理工作的需要。在分解过程中应注意以下原则：

（1）项目结构分解应具有系统合理性。要能方便地应用工期、质量、成本、合同、信息等管理方法和手段，方便项目目标的跟踪和控制，符合计划和控制所要求的程度；要注意物流、工作流、资金流、信息流的效率和质量；要注意功能之间的有机组合和合理的归属；分解出的项目结构应有一定的弹性（包括编码），应能方便地扩展项目的范围、内容和变更项目的结构；符合所要求的详细程度。

（2）分解后的活动要结构清晰，从树根到树叶，一目了然；同时，在各层次上保持项目内容的完整性，不能遗漏任何必要的组成部分。逻辑上形成一个大的活动，集成了所有的关键因素，包含临时的里程碑和监控点，所有活动全部定义清楚；每个 WBS 项都必须文档化，以确保准确理解已包括和未包括的工作范围。

（3）一个项目单元只能从属于某一个上层单元，不能同时交叉属于多个上层单元，避免盘根错节。如果发生这种情况，有可能是在上层分解时存在界面不清楚的问题。相同层次的项目单元应有相同的性质。例如，某一层次是按照实施的过程进行分解的，则该层次的单元均应表示实施过程。

（4）某项任务应该在 WBS 中的一个地方且只应该在 WBS 中的一个地方出现；WBS 中某项任务的内容是其下所有 WBS 项的总和；WBS 必须与实际工作中的执行方式一致，必须在根据范围说明书正常地维护项目工作内容的同时也能适应无法避免的变更。

（5）项目单元应能区分不同的责任者和不同的工作内容，要细化到人、时间和资金投入。一个 WBS 项只能由一个人责任，即使许多人都可能在其上工作，也只能由一个人负责，其他人只能是参与者。

三、WBS 的作用

WBS 是项目结构分析的重要内容，也是项目计划的基础，其技术性非常强。WBS 是面向项目可交付成果的成组的项目元素，这些元素定义和组织该项目的总的工作范围，未在 WBS 中包括的工作就不属于该项目的范围。WBS 每下降一层就代表对项目工作更加详细的定义和描述。一个好的工作结构分解可以：①防止遗漏项目的可交付成果；②帮助项目经理关注项目目标和澄清职责；③建立可视化的项目可交付成果，以便估算工作量和分配工作；④帮助改进时间、成本和资源估计的准确度；⑤帮助项目团队的建立和获得项目人员的承诺；⑥为绩效测量和项目控制定义一个基准；⑦为其他项目计划的制订建立框架；⑧帮助分析项目的最初风险。

工程项目工作结构分解具有以下作用：

（1）WBS 是一个描述思路的规划和设计工具，它帮助项目经理和项目团队确定和有效地管理项目的工作。这可使项目管理者，甚至不懂项目管理的业主、投资者等也能把握整个项目，方便地观察、了解和控制整个项目过程。反过来，也可厘清项目目标可能存在的不明确性。

（2）WBS 是一个清晰地表示各项目工作之间的相互联系的结构设计工具，能明确地划分各单元和各项目参加者之间的界限，能方便地进行责任的分解、分配和落实。即对项目分解结构中的每个项目单元具体地落实责任者，并进行各部门、各专业的协调。

（3）WBS 是一个展现项目全貌，详细说明为完成项目所必须完成的各项工作的计划工具，是建立完整的项目保证体系的基础。在项目结构分解的基础上，将项目任务的重点、质量、工期、投资或成本目标分解到各项目单元，以进行详细的设计与计划，实行更有效的控制及跟踪，并可对项目单元进行工作量计算，确定实施方案，编制实施计划、成本计划、工期计划、资源计划及风险管理计划等。

（4）WBS 定义了里程碑事件，可以向高级管理层和客户报告项目完成情况，作为项目状况的报告工具。例如，费用结算、进度报告、账单、会谈纪要、文件的说明等，常常都是以项目单元为对象。

四、创建 WBS 的过程

WBS 可以由树形的层次结构图或者行首缩进的表格表示。树型结构图的 WBS 层次清晰，非常直观。结构性很强，但不是很容易修改，对于大的、复杂的项目也很难表示出项目的全景。在实际应用中，表格形式的 WBS 应用比较普遍，特别是在项目管理软件中。

WBS 的分解可以采用多种方式进行，包括按产品的物理结构分解，按产品或项目的功能分解，按照实施过程分解，按项目的地域分布分解，按照项目的各个目标分解，按部门分解和职能分解。

项目结构分解随项目的特点而变化，基本上是依靠项目管理者的经验和技能来定。分解结果的优劣也只有在项目设计、计划和实施控制过程中体现出来。常见的工程建设项目的分解过程和层次如下：

1. 按产品结构进行分解

如果项目的目标是建设一个生产一定产品的工厂，则可以将它按生产体系，按生产（或提供加工）一定产品（包括中间产品或服务）分解成各子项目（分厂生产体系）。

2. 按平面或空间位置进行分解

即一个项目中的子项目（分厂或大区）可以按几何形体分解。例如，一个分厂中有几个建筑物（车间、仓库、办公室），建筑物之间有过桥、过道，每个建筑物有室外和室内之分等。

3. 按功能进行分解

功能是项目建好后应具有的作用，它常常是在一定的平面和空间上起作用的，所以有时又称为功能面。实质上，整个项目、一个车间、一个大区等都可以作为一个功能面，但这里的功能是在局部被定义的。一般房屋建筑都具备建筑和主体结构这两个主要功能，而其他的功能与建筑的用途有关，例如一个工业厂房可能要划分为生产和服务的功能，如油漆、冲压、装配、运输、办公、供应等。对一个复杂的工程，功能还可能分为子功能。例如办公室又可分为各个科室，如人事处、财务科、工会等。

4. 按要素进行分解

一个功能面又可以分为各个专业要素。例如，一个车间的结构可分为厂房结构、吊车设施、设备基础和框架等；供排设施可以分为给排水、供暖、通风、清除垃圾等；各功能面上又可分为电气设施、器具、生产设备等。由此可见，分解的要素必须具有明显的专业特征。而要素还可以进一步分解为子要素。例如，厂房结构可分解为基础、柱、墙体、屋顶及饰面等，而电气设施又可分为供电系统和照明系统等。

在项目分解过程中，项目经理、项目成员和所有参与项目的职能经理都必须考虑该项目的所有方面。制订 WBS 的过程是：

（1）得到范围说明书（Scope Statement）或工作说明书（Statement of Work，承包子项目时）。

（2）召集有关人员，集体讨论所有主要项目工作，确定项目工作分解的方式。

（3）分解项目工作。如果有现成的模板，应该尽量利用。

（4）画出 WBS 的层次结构图。WBS 较高层次上的一些工作可以定义为子项目或子生命周期阶段。

（5）将主要项目可交付成果细分为更小的、易于管理的组分或工作包。工作包必须详细到可以对该工作包进行估算（成本和历时）、安排进度、做出预算、分配负责人员或组织单位。

（6）验证上述分解的正确性。如果发现较低层次的项没有必要，则修改组成成分。

（7）如果有必要，建立一个编号系统。

（8）随着其他计划活动的进行，不断地对 WBS 更新或修正，直到覆盖所有工作。

建立 WBS 需要考虑以下因素：确定适当的 WBS 层次，最低层 WBS 的元素需对应有形的交付物；对 WBS 生命周期的考虑，需要考虑在项目不同阶段的活动发展，包括项目管理，项目计划、绩效报告、整体变更控制、范围管理的需要，资源计划和风险管理的需要。

检验 WBS 是否定义完全、项目的所有任务是否都被完全分解可以参考以下标准：

每个任务的状态和完成情况是可以量化的；明确定义了每个任务的开始和结束；每个任务都有一个可交付成果；工期易于估算且在可接受期限内；容易估算成本；各项任务是独立的。

五、WBS 的三要素

工作分解结构图（表）主要有三个基本要素：分解层次结构、WBS 编码和分解结构词典（工作包说明书）。

1．分解层次结构

（1）WBS 的分解层次。由于进行工作分解既可按照项目的内在结构，又可按项目的实施顺序，并且由于项目本身的复杂程度、规模大小也各不相同，从而形成了工作分解结构图的不同层次。工作分解结构每细分一层次表示对项目元素更细致的描述。

（2）结构设计。WBS 结构的总体设计对于有效的工作系统来说是个关键。结构应以等级或树状来构成，使底层代表详细信息，而且其范围很长，逐层向上。WBS 结构底层是管理项目所需的最低层次的信息，在这一层次上能够满足用户对交流或监控的需要，这是项目经理、工程和建设人员管理项目所要求的最低水平；结构上的第二个层次将比第一层要窄，而且另一层次的用户所需的信息由本层提供，以后以此类推。

WBS 最底层的项目通常被称为工作包，这些工作包还可以由项目经理把一个工作范围分包给另一个组织，这个组织必须制订比主项目更详细的层次计划来管理这个范围。在项目计划和进度中这些工作包也可以进一步分解。

2．WBS 编码

工作分解结构中的每一项工作或者称为单元都要编上号码，用来唯一确定项目工作分解结构的每一个单元，这些号码的全体叫做编码系统。编码系统同项目工作分解结构本身一样重要，在项目规划和以后的各个阶段，项目各基本单元的查找、变更、费用计算、时间安排、资源安排、质量要求等各个方面都要参照这个编码系统。若编码系统不完整或编排不合适，就会引起很多麻烦。编码有多种方式，施工项目中大多以任务序号的形式进行编码。

3．分解结构词典（工作包说明书）

就是对工作分解结构中的每项工作给予定义，说明它所含的全部工作内容，确切地说，也就是对每个工作包的内容做进一步说明。

工作分解结构（WBS）在实际应用中，针对分解的对象不同派生出下列分解结构：产品分解结构（Product Breakdown Structure，PBS）、组织分解结构（Organizational Breakdown Structure，OBS）、资源分解结构（Resources Breakdown Structure，RBS）和文档分解结构（Document Breakdown Structure，DBS）等。

六、工程项目结构分解的级别与工作包

1．工程项目结构分解的级别

工程项目结构分解的级别因项目规模大小、复杂程度等的差异而不同。最常见的形式是六级别（层次）的关联结构，如图 2-2 所示。

第一级是总项目，由一系列单体项目（第二级）组成。单体项目活动和费用之和应与总体项目相等，每个单体项目能分解成许多项目任务（第三级），所有任务之和等于所有单体项目之和，同时构成总体项目，以下以此类推。这样分解的目的是为了便于控制。

级别（层次）		说明
管理层	1	总项目（Total Program）
	2	单体项目（Project）
	3	项目任务（Task）
技术层	4	子任务（Subtask）
	5	工作包（Work Package）
	6	作业层（Level of Effort）

图 2-2　项目结构分解级别结构图

从工程项目管理的角度看，项目分解结构的上面三级是项目组织者根据工程项目的可行性研究报告，以及业主的最高层决策进行的分解，主要用作项目组织者向业主报告进度和进行总进度控制。下面三级是由不同的承包商在其投标时或中标后，根据其工程投标文件或合同范围，在其以上级别分解的基础上继续进行分解，主要用作承包商的内部计划与控制。

2. 工作包

在结构分解的基础上可以把项目的目标（工程量、工期、成本、质量）逐一分解到工作包，用工作包来描述和定义该工作包的各项目标和计划内容。工作包是 WBS 中的一个关键级别。它构成了工程项目计划明确的活动，是承包商设计、计划、说明、控制和验收的对象。所以必须对工作包的进度、成本、质量责任方面进行明确地定义。

工作包的内容包括任务范围、前导活动，工作包所包含的工序及子网络、责任人、所需资源量，以及工期计划、费用计划、实际工期和费用对比等。同一 WBS 中，不同的工作内容（设计、准备、采购、施工、验收等），其工作包内涵的大小（工作范围）可以不同。工作包可用表 2-3 工作包说明表来表示。

表 2-3　工作包说明表

项目包： 子项目名：	工作包编码：	日期： 版次：
工作表名称： 结果： 前提条件： 工程活动（或事件）： 负责人：		
费用： 计划： 实际：	其他参加者：	工期： 计划： 实际：

下面以施工项目为例，对这些要素一一说明。

（1）工程（作）量。根据本工作包的工作范围，从图纸中计算得到，也可从总的工程量表中直接分解得到。

（2）质量。按照合同的质量等级，根据国家制定的规范及质量验收评定标准，结合企业 ISO9000 体系的实施情况，落实各工作包的质量要求，应提出保证质量的措施。

（3）工序及子网络。根据施工方案、工法、施工习惯等来确定工作包所含的工序及子网络。

（4）前导活动。根据施工部署和施工方案，判断出每一工作包的前导活动，它确定了工程活动之间的逻辑关系，是构成网络计划的基础。

（5）所需资源量。根据工作包中的工程量，通过工料分析，计算出所需各种资源的数量。

（6）持续时间。根据工程量的大小，视合同工期的要求，请有经验的工程技术人员估计，或通过工程量、劳动效率和投入人数等关系分析得到。与持续时间相适应的是完成该工作包所需的工人人数，这两个要素应互相调整，以满足工期要求。

（7）成本。可根据中标价或企业下达给项目部的成本目标分解落实到工作包中。可通过工程量比例分摊，或通过定额进行计算。

实际上，工作包形成了某一项目或某一部分工作任务的综合计划内容。工作包在做结构分解时，是用来帮助对结构分解的描述，并使总目标得以分解落实。除此之外，工作包还有其他用途：

（1）项目实施后，每一份工作包即是一份工作任务单，下达给实施责任人；

（2）责任人任务完成后，可作为对责任人的考核标准；

（3）所有任务完成后，即可作为已完工程输入计算机，并与计划进行对比，以实现计划的动态管理。

七、工程项目结构分解的步骤

不同性质、规模的工程项目，其结构分解的结果有很大的差别，但分解过程却很相近，其基本思路是：以项目目标体系为主导，以项目的技术系统说明为依据，由上而下，由粗到细进行。一般经过如下几个步骤：

（1）将项目分解成单个定义的、任务范围明确的子部分（子项目）；

（2）研究并确定每个子部分的特点、结构规则、执行结果以及完成所需的活动，以做进一步的分解；

（3）将各层次结构单元（直到最低层的工作包）收集于检查表上，评价各层次的分解结果；

（4）用系统规则，将项目单元分组，构成系统结构图（包括子结构图）；

（5）分析并讨论分解的完整性，如有可能让相关部门的专家或有经验的人员参加，并听取其意见；

（6）由决策者决定结构图，并编制相应的文件；

（7）在设计和计划过程中确定各单元的（特别是工作包）说明文件内容，研究并确定系统单元之间的内部联系。

八、工程项目结构分解的结果

工程项目结构分解的结果主要表现为树型结构图和结构分析表两种形式。

（1）树型结构图。常见的工程建设项目的树型结构如图 2-3 所示。

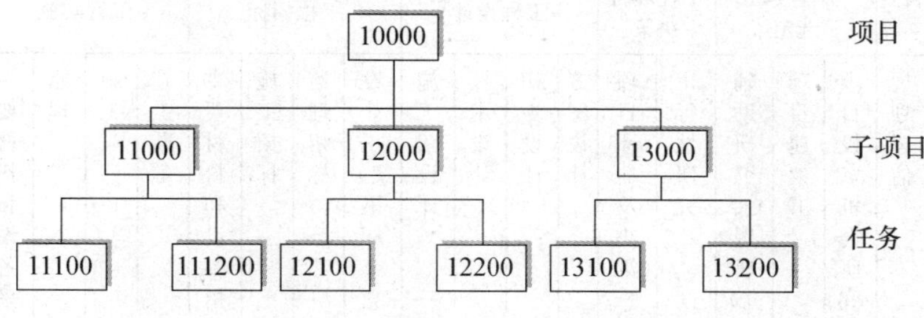

图 2-3 项目结构分解的树型结构图

其中每一个单元（不分层次）又统一称为项目单元。项目结构图表达了项目总体的结构框架。

（2）项目结构分析表。将项目结构图用表来表示则为项目结构分析表，见表 2-4。

表 2-4　　项目结构分析表

编码	名称	负责人	成本	××	××
10000					
11000 11100 11200					
12000 12100 12200					
……					

九、工程项目工作分解结构示例

项目是有一定生命周期的，在创建工程项目的 WBS 时，将工程项目生命周期各阶段对应的可交付成果细分为可计划和控制的工作包。工程项目 WBS 是一个比较复杂的结构，要考虑工程特点、外部环境因素等。

在创建房屋建筑工程项目的 WBS 分解结构时，要注意将它与我国住房和城乡建设部颁发的 GB50500—2008《建设工程工程量清单计价规范》的清单项目相结合，同时，在分解至工作包时，要考虑项目所在地的省级建设主管部门颁布的预算定额［如浙江省建筑工程预算定额（2010 版）］对工作内容的定义，以便于子项目的费用管理。

我国房屋建筑工程项目做如下两种类型的分解：第一种为工程项目全过程管理工作的 WBS 分解；另一种为工程项目的 WBS 分解。表 2-5 给出适用于我国房屋建筑工程项目全过程管理工作的三级 WBS 分解，遵循了我国有关法律规定的基本建设程序，是阶段性工作的分解。表 2-5 中的工程招标是整个项目全过程管理工作中反复需要的任务，除了在工程项目实施阶段前要有一个专门的工程招标任务外，在其他工作阶段也可能随时穿插招标任务，故将它单独划分出来。

表 2-5　　房屋建筑工程项目全过程管理工作的三级分解

<table>
<tr><td>第 1 级</td><td colspan="8">工程项目策划和决策阶段</td><td colspan="8">工程项目准备阶段</td><td colspan="4">工程项目实施阶段</td><td colspan="3">工程项目竣工验收和总结评价阶段</td></tr>
<tr><td>第 2 级</td><td colspan="3">工程项目规划</td><td colspan="3">工程项目选定</td><td colspan="2">工程项目决策</td><td colspan="4">工程设计</td><td colspan="4">工程招标</td><td colspan="4">工程实施</td><td colspan="3">工程验收和移交</td></tr>
<tr><td>第 3 级</td><td>区域开发规划</td><td>部门（行业）发展规划</td><td>规划评估</td><td>项目投资机会研究</td><td>项目建议书</td><td>辅助研究（专题研究）</td><td>可行性研究</td><td>项目评估及决策</td><td>方案设计</td><td>初步设计</td><td>技术设计</td><td>施工图设计</td><td>设计（方案）招标或竞赛</td><td>监理招标</td><td>施工招标</td><td>主要材料和设备招标</td><td>施工准备</td><td>施工</td><td>监理</td><td>主要材料和设备采购</td><td>竣工验收</td><td>运营及培训</td><td>质量保修</td></tr>
</table>

表 2-6 给出工程项目的 WBS 分解。工程项目可由一个或多个单项工程组成，形成第 1 级分解。任意一个单项工程进一步分解，形成第 2 级和第 3 级分解。除机电设备安装工程部分外，第 2 级分解基本类似于单位工程的分类，进一步按可独立交付的项目产品做第 3 级分解。对机电设备安装工程部分则按可独立交付的设施分类，结合我国的专业设计、施工资质要求。继续往下分解，除了满足前述分解原则外，还须满足我国现有的分部分项质量验收要求，这里略去后面的分解结构。

表 2-6　　房屋建筑工程项目的三级分解

第 1 级	某房屋建筑工程项目的单项工程																														
第 2 级	场地准备				地下结构			地上结构					室内				设施					设备陈设品		特殊施工拆除		市政、园林绿化					
第 3 级	平整场地	场地拆除和迁移	场地土石方工程	污染场地的治理	地基及地基处理	基础	地下室	改建、扩建工程	楼面工程	屋面工程	防腐隔热保温工程	外部围护及装修	楼梯及其装饰装修	室内装饰装修	厨房卫生间设施	其他室内设施	运输设备	给排水燃气设施	采暖通风空调设施	消防设施	建筑电气设施	设备	陈设品、家具	特殊施工	房屋局部拆除	道路工程	市政管网工程	绿化工程	园路园桥假山	园林景观工程	其他室外工程

如对表 2-5 所示的工程项目全过程管理工作 WBS 分解，可按 P-XXX 编码。第 1 位对应第 1 级，可取 1～4，第 2 位对应第 2 级，可取 1～3，第 3 位对应第 3 级，可取 1～4。如 121 表示工程项目策划和决策阶段—工程项目选定—项目投资机会研究。对第 3 级以下的分解，每增加一级就增加一个两位数的 XX 编码，表示对应的任务。

以上两种分解的相互关系是：后者在项目全过程管理工作的不同阶段，为前者提供不同的项目 WBS 分解的层次，以满足不同阶段计划和控制管理的需要。比如：从工程项目的造价计算来看，项目立项时，我们可能只有项目全过程管理工作的 WBS 分解；到项目可行性研究阶段，我们就会有项目 WBS 第 1～3 级分解，以完成估算造价；到项目初步设计结束，会形成整个项目的 WBS 分解结构，以完成概算造价；到项目施工阶段，WBS 分解最底层工作包的活动、施工工序也形成，以完成施工图预算造价或者竣工结算与决算造价。

建设工程项目的所有工作，可通过 WBS 的统一编码来识别、查询或追踪，利用计算机技术处理数据和信息。通过 WBS 分解和编码，形成统一的信息平台将大大缓解项目管理中信息沟通不规范的弊病。

为便于工程项目管理，可以将上述两种分解类型结合起来。以房屋建筑工程项目（一个单项工程）为分析对象，其 WBS 结构如图 2-4 所示。

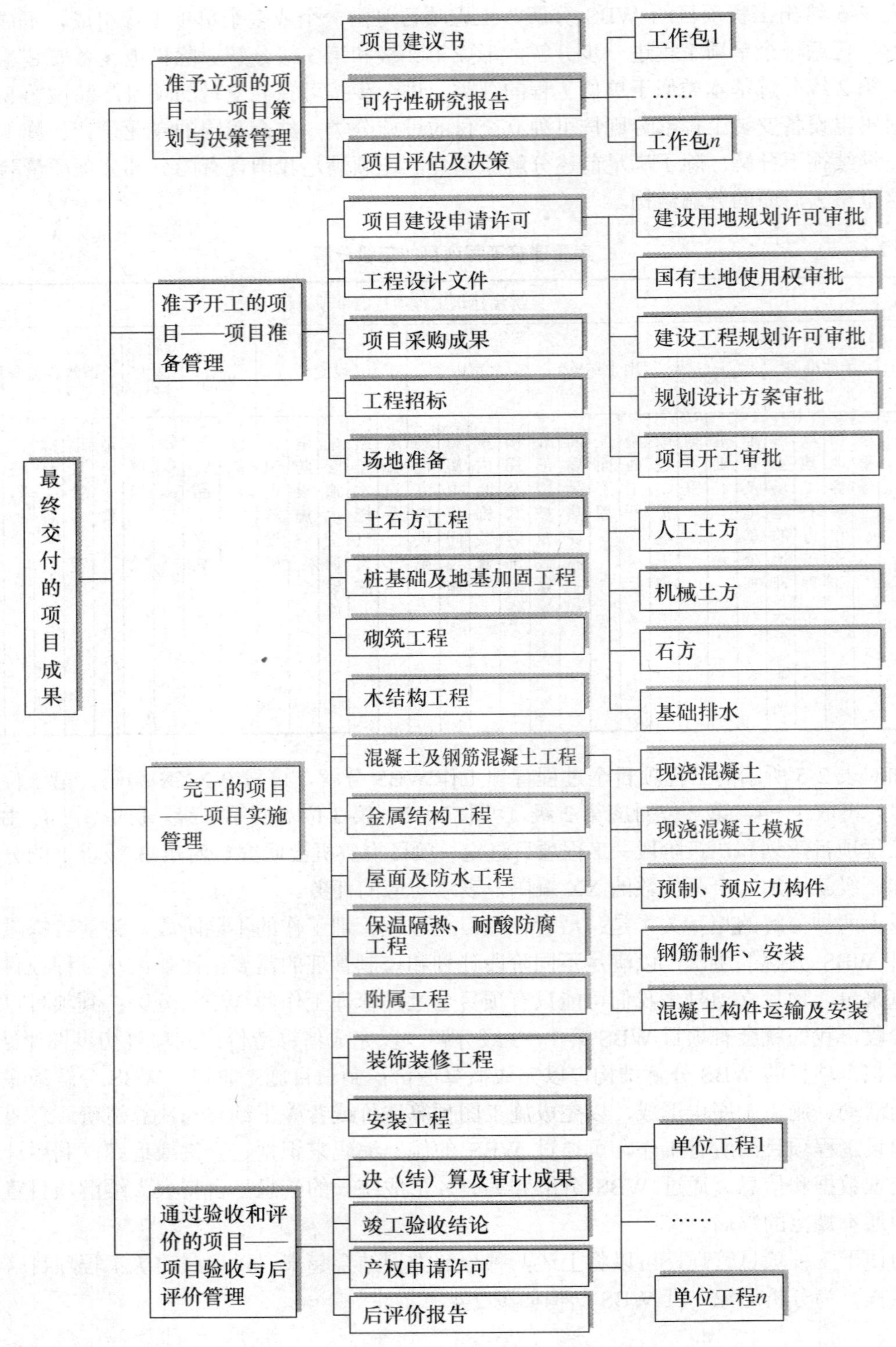

图 2-4　与项目管理相结合的工程项目分解结构

2.3 项目人力资源管理

天时、地利、人和一直被认为是成功的三大因素。因为项目中所有活动均是由人来完成的，在项目管理中，如何充分发挥“人”的作用，对于项目的成败起着至关重要的作用。做好项目人力资源管理，是项目管理的重要方面。

2.3.1 项目人力资源管理的含义

人力资源管理（Human Resource Management）是指根据企业发展战略的要求，有计划地对人力资源进行合理配置，通过对企业中员工的招聘、培训、使用、考核、激励、调整等一系列过程，调动员工的积极性，发挥员工的潜能，为企业创造价值，确保企业战略目标的实现。它是企业的一系列人力资源政策以及相应的管理活动。这些活动主要包括企业人力资源战略的制订，员工的招募与选拔，培训与开发，绩效管理，薪酬管理，员工流动管理，员工关系管理，员工安全与健康管理等。即企业运用现代管理方法，对人力资源的获取（选人）、开发（育人）、保持（留人）和利用（用人）等方面所进行的计划、组织、指挥、控制和协调等一系列活动，最终达到实现企业发展目标的一种管理行为。

项目人力资源管理（Project Human Resource Management），就是要在对项目目标、规划、任务、进展以及各种变量进行合理、有序的分析、规划和统筹的基础上，对项目过程中的所有人员，包括项目经理、项目班子其他成员、项目发起方、投资方、项目业主以及项目客户等予以有效的协调、控制和管理，实现人力资源与工作任务之间的优化配置，调动其积极性，使他们能够与项目班子紧密配合，尽可能地适合项目发展的需要，最终实现项目目标。

项目人力资源管理是最有效地发挥每个参与项目人员作用的过程，包括对所有项目干系人、发起人、客户、项目组成员、支持人员以及项目供应商的管理等。项目人力资源管理包括以下四个过程：

（1）人力资源规划，包括对项目角色、责任以及报告关系进行识别、分配和归档。这个过程的主要输出包括角色和责任、项目的组织结构图和人员配置管理计划。

（2）获取项目团队，包括获得项目所需的并被指派到项目工作的人员。这个过程的主要输出是项目人员的分配、人力资源可用性信息和更新的人员配置管理计划。

（3）建设项目团队，包括为提高项目绩效而对个人技能和项目团队技能的建设。团队建设技能对许多项目经理来说通常是一个挑战。这个过程的主要输出是团队绩效评估。

（4）管理项目团队，包括项目成员绩效跟踪、人员激励、提供实时反馈、解决问题和冲突以及协调变更来提高项目绩效。这个过程的输出包括请求变更、建议的纠正措施和禁止行为、更新的组织过程资产和更新的项目管理计划。

2.3.2 项目人力资源管理的特点

项目人力资源管理与传统意义上的人力资源管理相比较，具有以下几个方面的特征：

（1）项目的人力资源管理是企业人力资源管理的一部分。由于工程项目有时是在既有法人中开展的，一部分人力资源管理工作已由承担项目的法人内部相关部门承担。在这种情况下，项目的人力资源管理，只进行一般人力资源管理的工作内容中的一部分就可以了。具体内容还需视项目与承担项目的法人的有关情况而定。

（2）项目团队性。几乎每一个项目都是一个复杂的系统工程，除了本身结构的独特性、技术的复杂性之外，项目实施的时间、地点、环境、条件等都会有明显差别，建设过程中各种情况变化带来的风险因素较多，这些往往不是某个人可以单独解决的，需要整个项目团队齐心合力，共同攻克难关。这就需要团队中的每名成员为了目标的实现相互信任、相互支持，甚至是舍弃个人利益密切协作促使目标实现。对于一个规模小、周期短的工程项目，其人力资源管理的内容可能不会考虑项目团队发展；而对于一个规模较大，工作周期较长的项目来说，团队发展与调整则是必须进行的工作内容之一。

（3）工程项目的人力资源管理受项目组织结构形式的影响较大，根据项目所采取的组织结构形式不同而有所不同。例如，在职能式组织结构形式下，人力资源管理的主要工作可能以人员的分工与协调为主；项目式组织结构形式下的人力资源管理则还要包括人员的获取等工作。

（4）人员流动性。由于项目组织是一个临时性组织，在项目开始时成立，在项目结束后解散。在项目目标实现的过程中，各阶段任务变化大，人员变化大，流动性相对较强。项目组织是为了项目的实施而建立的一个临时性组织，它与项目同周期，当项目完成后项目组织也随之解散。它没有明晰的组织边界，项目组织成员可以根据项目进展情况的需要随时进行调整、更换，组织结构比较松散。

（5）管理的重点与工程项目的内容密切相关。例如工程施工的人力资源管理，其管理对象除了管理技术人员外，还有大量的建筑工人，人员的日常管理、工资、安全保障，以及团队的发展等可能成为工作的重点；对于工程设计或其他工程内容，人员的获取、分工和相互协作等可能成为其人力资源管理的重点。

2.3.3 项目人力资源管理的内容

项目人力资源管理包含组织规划、建立项目团队以及项目团队建设三个方面的内容。

1. 项目团队（组织）规划

项目组织规划是根据项目的目标，确定项目所需的人力资源在质量上、数量上、结构上的明确要求，包括进行工作分析、项目组织设计、职务岗位分析、人员配备计划等方面的内容。

2. 建立项目团队（组织）

建立项目组织就是根据项目实际需要，从各种途径物色项目成员后根据岗位设置编入项目团队，明确各自的职责分工、各角色应分担的责任、诸角色之间的相互关系，建立项目团队（组织）模型。矩阵型组织结构尤其要强调各角色之间相互协作配合。

3. 项目团队（组织）建设

项目组织建设就是对项目团队成员进行激励、绩效评估技能培训和科学的评价，培养、改进和提高团队协同配合工作能力，保持团队的相对稳定性，促进项目团队顺利运转，使每个人都为项目目标而努力，整个组织的工作更加默契。

项目人力资源管理工作要注意以下要点：

（1）充分发挥项目经理的作用。项目经理是企业法人在项目上的全权委托代理人，他对本项目的人力资源管理起着关键性的作用。在项目启动成立团队时，项目经理要充分考虑本项目特点、需要具备何种技能的专业技术人员和管理人员以及岗位设置情况等因素，择优选用项目成员。

（2）抓好项目团队内部协调工作。团队内部的协调工作就是要充分调动项目成员的积极性，使全体团队成员围绕项目管理工作中心工作密切配合，团结协作，从而顺利地实现项目目标。对项目中出现的质量、成本、进度方面的各种问题，项目经理要选用合适的人员去解决，实现利益的最大化。

（3）保持项目团队的相对稳定性。一个项目团队，其成员频繁地变动对项目目标的顺利实现是有害的。应完善绩效考核办法，建立业绩考核激励机制，以充分调动项目团队的积极性。

2.3.4 项目人力资源的激励、使用和考核

一、项目人力资源的激励

项目人力资源的激励是指运用多种方法调动人们的积极性，以使项目目标按计划完成。激励的方法很多，可以使用物质的手段，也可以是精神的鼓舞。常见的激励理论有以下八种：

（1）马斯洛（A. H. Maslow）的需要层次理论。该理论认为：人有生理、安全、社交、自尊和自我实现这五种由低到高的五个层次的需要，当一种需要得到满足后，另一种更高层次的需要就会占据主导地位。这五个层次是：

第一层次，生理需求，包括维持生活所必需的各种物质的需要，如衣食住行等；

第二层次，安全需求，如生活有保障，不会失业，没有威胁人身安全的因素等；

第三层次，感情和归属上的需求，社交需求，爱、交往和友谊等；

第四层次，尊严需求，需要被尊敬，也需要自尊以及地位和名誉的需求等；

第五层次，自我实现需求，即要尽量的发挥自己的能力，使自己生活有意义、有抱负。

（2）大卫·麦克莱兰（David McClelland）的三种需要理论（Three-needs theory）。该理论认为：个体在工作情景中有三种主要的动机或需求，即

成就需要（Need for achievement）：达到标准，追求卓越，争取成功的需要；

权利需要（Need for power）：影响或控制他人且不受他人控制的欲望；

归属需要（Need for affiliation）：建立友好、亲密的人际关系的需要。

（3）洛克（E. A. Locke）的目标设定理论（Goal setting theory）。洛克研究发现，外来的刺激因素如奖励、工作反馈、监督的压力等都是通过目标来影响动机的，因此，重视目标和争取完成目标是激发动机的重要过程。设定恰当而具有挑战性且能达到的目标是一种强有力的激励，是完成工作的最直接的动机，也是提高激励水平的重要过程。

组织的领导者应充分利用这一手段，使组织中所有的人员都能看到和达到个人目标；

组织的领导者应将组织目标与个人目标结合起来，并使个人目标在组织范围内有可能实现。

该理论适用于那些承诺并接受工作目标的人。

（4）斯达西·亚当斯（J. Stacay Adams）提出的公平理论（Equity theory）。该理论认为：一个人对报酬是否满意是个人对报酬结构是否觉得公平，即

$$\frac{\text{个人所得的报酬}}{\text{个人的投入}}=\frac{\text{(作为比较的)另一个人所得的报酬}}{\text{(作为比较的)另一个人的投入}}$$

员工的积极性不仅受其绝对收入的影响，而且受其相对收入的影响。

（5）弗鲁姆（Victor H. Vroom）的期望理论（Expectancy theory）。该理论认为：当人们预期到某一行为能给个人带来既定的结果，且这种结果对个体具有吸引力时，个人才会采取这一特定的行为。

激励是个人寄托在某一个目标的预期价值与他对实现目标的可能性的看法的乘积，即

激励=效价×期望值

期望理论符合目标的协调概率，即个人有个人的目标，不同于组织的目标，但它们是可以协调的。该理论与目标管理体系也是完全一致的。可用下式表达：

个人努力→[A]→个人绩效→[B]→组织奖赏→[C]→个人目标

式中：A 表示努力与绩效的联系（可能性）；B 表示绩效与奖赏的联系（信赖程度）；C 表示奖赏与个人目标的联系（吸引力）。

对期望理论的三种联系可以这样理解：

我必须付出多大努力以实现某一工作绩效水平？

我真的能达到这一绩效水平吗？………………A

当我达到这一绩效水平后会得到什么奖赏？…B

这种奖赏对我有多大的吸引力？

它是否有助于实现自己的目标？………………C

期望理论模式可以这样理解：

一个人从事工作的动机强度取决于他认为自己能够实现理想的工作绩效的信念程度。包括四个程度：

第一，员工感到这份工作能提供什么样的结果？（无论他的知觉是否正确）

第二，这些结果对员工的吸引力有多大？

第三，为得到这一结果，员工需采取什么样的行动？

第四，员工怎样看待这次工作机会的？

（6）波特和劳勒模式。在期望理论的基础上，波特（L. W. Portor）和劳勒（E. E. Lawler）提出了本质上更完善的激励模式，这种模型主要应用于管理人员，如图 2-5 所示。

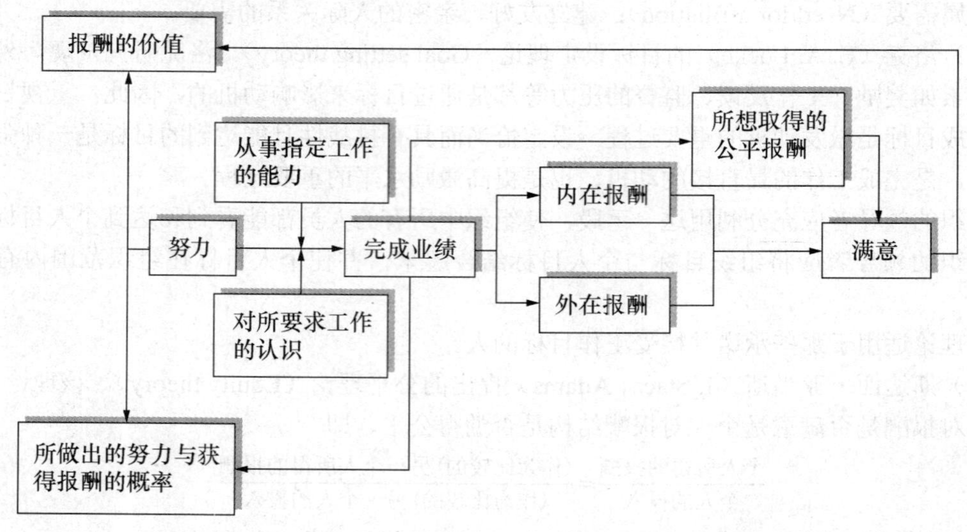

图 2-5 波特和劳勒的激励模式图

从该模式图看出，努力的程度（激励的强度和发挥出来的能力）取决于报酬的价值，加上他个人认为需做出的努力和获取报酬的概率。所做出的努力和实际获取报酬的概率，则反

过来受实际工作业绩的影响。

在管理实践中，该模式提示：激励不是简单的因果问题；管理人员应谨慎地评估报酬结构，并通过周密的规划、目标管理以及由良好的组织结构清楚地规定职务和职责，将努力—业绩—报酬—满意的体系融入整个管理工作系统。

（7）哈佛大学教授斯金纳（B. F. Skinner）的强化理论（Reinforcement theory）。该理论认为：人的行为是由外部因素控制的，人们作用于环境的结果，如果使他的需要得到满足，这种行为的频率就会增加。

凡能增强反应强度的刺激物，称为强化物。领导者可以通过控制强化物来控制其成员的行为，以求得行为的改造。一般有四种方式：

1）正强化，对组织成员某一行为的奖励和肯定，从而使该成员在类似条件下重复出现这一行为。

2）负强化，预先告知某种不符合要求的行为或不良绩效可能引起的后果，以避免不符合要求的行为。

3）自然消退，减少某种不希望发生的行为的频率，并最终使之消失的过程。即在管理过程中，对某种不希望发生的行为，不加理睬（不给正强化，也不给负强化）。

在管理实践中，通常采用“自然消退”来代替惩罚，以停止不称心的行为。

4）惩罚，在某种不符合要求的行为或不良绩效出现后，所采取的抑制性控制措施。在管理实践中，惩罚若长时间地、持续地采用，则可能出现一些不良的副作用：

①可能引起某些不利的情绪反应，甚至产生破坏性的行为；

②惩罚只能起短期的抑制作用，并不能使不良行为持久地消除；

③惩罚可导致今后设法回避或逃避惩罚；

④惩罚可能抑制组织成员的主动精神和灵活性；

⑤持续的惩罚会在成员中造成消极的自卑情绪，反过来又会影响到职工的自信心；

⑥惩罚还可能产生组织成员对管理人员的一种条件反射的畏惧心理。

（8）当代激励理论的综合。实践中，不能孤立地看待和运用单个理论。事实上，许多理论观点是互相补充的，须将各种理论融会贯通，才会加深对如何激励个体的理解，如图 2-6 所示。

二、项目人力资源的使用

项目人力资源的使用是指按照人力资源管理部门的规划，把人员分配到具体的岗位上，或对原来的分配做出调整，以适应项目的进展。

人的任用原则：人尽其才，事得其人，即能位匹配。为此要做到：通过教育和培训提高人的整体素质；建立健全人才调节市场（机制）；能位与责权利对应，做到责权利统一，把责任制、考核制、奖惩制结合起来。

人的任用标准：德才兼备。

人的任用艺术：识才知人是前提；用人所长是本质；善于授权是保证；提供梯子是措施；组合用人是策略；禁忌疑人、嫉才、唯亲。

人的任用程序：选拔、使用、教育培训、考核。

三、项目人力资源的考核

项目人力资源的考核就是指对项目组织人员的工作做出评价。绩效考核是一个动态的过程，受到各种因素的影响，具有过程性与非人为性特点，如图 2-6 所示。项目人力资源的绩效指标可分为效率性指标、效益性指标、递延性指标和风险性指标。

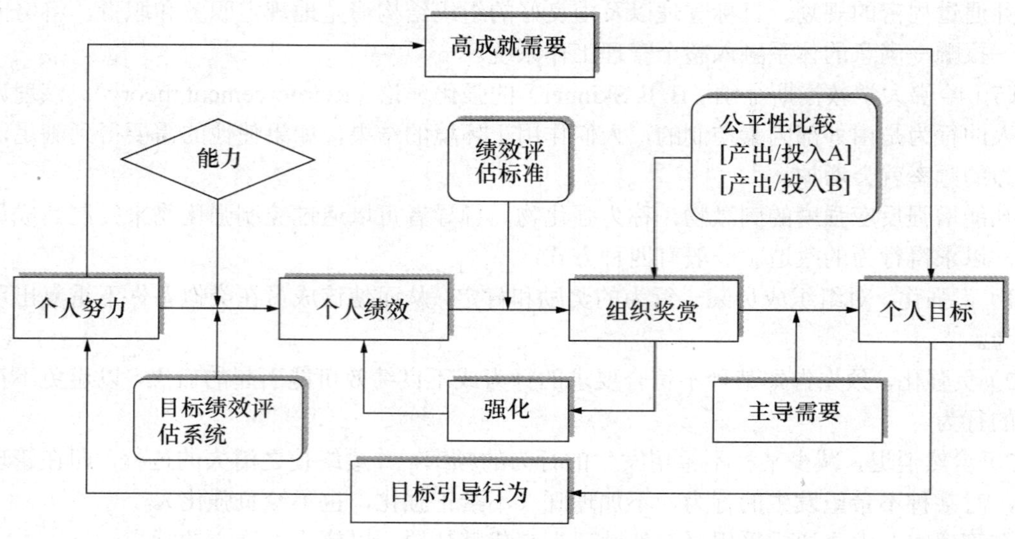

图 2-6 当代激励理论综合图

考核应从以下几个方面出发：

（1）技能：这一项含有技术水平和工作能力两方面的表现。

（2）激励：针对个人的不同需求做出不同的激励方法。

（3）环境：社会环境、法律法规、工资福利、消费水平等。

（4）机会：把握住的机会是与能力有关，还是零无关？

四、对项目经理的激励与薪酬

对项目经理的激励可采取目标激励、精神激励、薪酬福利激励。

薪酬的设计原则是：①竞争原则；②公平原则；③激励原则；④承认价值原则，即承认项目运行对组织的贡献和重要性；⑤管理权原则：项目股份化，让项目经理具有更高的积极性。

五、组织文化

组织文化（Organization culture）是指组织在长期生产经营活动中形成的以组织全体成员共同价值为基础的思想观念和行为观念的总和，其核心是价值观念。组织文化是组织的个性，具有内聚性、民族性、历史性、个体性等特点，其内容包括组织精神、组织哲学、组织道德、组织制度、组织形象，具有导向、凝聚、激励、规范和辐射功能。

在管理实践中应把握下列要点：①组织文化须与思想政治工作相结合；②注重文化背景差异对组织文化的影响；③克服不良组织文化的影响。

2.4 项目沟通管理

2.4.1 项目沟通管理的含义

项目沟通管理（Project Communication Management），就是为了确保项目信息合理收集和传输，以及最终处理所需实施的一系列过程。包括为了确保项目信息及时适当的产生、收集、传播、保存和最终配置所必需的过程。项目沟通管理把成功所必需的因素——人、想法和信息之间提供了一个关键连接。涉及项目的任何人都应准备以项目"语言"发送和接收信息并且必须理解他们以个人身份参与的沟通怎样影响整个项目。沟通就是信息交流。组织之间的沟通是指组织之间的信息传递。对于项目来说，要科学地组织、指挥、协调和控制项目的实施过程，就必须进行项目的信息沟通。好的信息沟通对项目的发展和人际关系的改善都有促进作用。

项目沟通管理具有复杂和系统的特征。著名组织管理学家巴纳德认为“沟通是把一个组织中的成员联系在一起，以实现共同目标的手段”。没有沟通，就没有管理。沟通不良几乎是每个企业都存在的老毛病，企业的机构越是复杂，其沟通越是困难。往往基层的许多建设性意见未来得及反馈至高层决策者，便已被层层扼杀，而高层决策的传达，常常也无法以原貌展现在所有人员之前。

项目沟通管理包括以下五个过程：识别干系人、规划沟通、发布信息、管理干系人期望、报告绩效。

2.4.2 项目中几种重要的沟通

项目经理是协调的中心和沟通的桥梁，项目经理要与其相关的干系人做好沟通。

（1）项目经理与业主的沟通。项目经理首先要理解总目标，理解业主的意图，反复阅读合同或项目任务文件。让业主一起投入项目全过程，而不仅仅是给他一个结果（竣工的工程）。业主在委托项目管理任务后，应将项目前期策划和决策过程向项目经理做全面的说明和解释，提供详细的资料。项目经理有时会遇到业主所属企业的其他部门或合资者各方都想来指导项目的实施，这是非常棘手的。项目经理应很好地倾听这些人的忠告，对他们做耐心的解释和说明。

（2）项目经理与承包商的沟通。应让承包商理解总目标、阶段目标以及各自的目标、项目的实施方案、各自的工作任务及职责等，增加项目的透明度。指导和培训各参加者和基层管理者适应项目工作，向他们解释项目管理程序、沟通渠道与方法，指导他们并与他们一起商量如何工作，如何把事情做得更好。项目管理者在观念上应该认为自己是提供管理服务、帮助，不能随便对承包商动用处罚权或经常以处罚相威胁。应强调各方面利益的一致性和项目的总目标。在招标、商签合同、工程施工中应让承包商充分掌握信息、了解情况，以作出正确的决策。为了减少对抗、消除争执，项目管理者应欢迎并鼓励承包商将项目实施状况的信息、实施结果和遇到的困难、自己心中的不平和意见向他做汇报，这样寻找和发现对计划、对控制有误解或有对立情绪的承包商和可能的干扰。

（3）项目经理与项目内部成员的沟通。项目经理与技术专家的沟通是十分重要的，他们之间也存在许多沟通障碍，所以要建立完备的项目管理系统，明确划分各自的工作职责，设计比较完备的管理工作流程，明确规定项目中正式沟通的方式、渠道和时间，使大家按程序、按规则办事。由于项目的特点，项目经理更应注意从心理学、行为科学的角度激励各个成员的积极性。对以项目作为经营对象的企业，应形成比较稳定的项目管理队伍，这样尽管项目是一次性的、常新的，但项目小组却是相对稳定的，可大大减少组织摩擦。建立公平、公正的考评工作业绩的方法、标准和可核实的目标管理标准，对成员进行业绩考评，在其中剔除运气，不可控制、不可预期的因素。鼓励职能人员对项目和对部门的双重忠诚。

（4）项目经理与企业职能部门的沟通。项目管理给原组织带来变化，必然要干扰已建立的管理规则和组织结构，机构模式是双重的。职能管理是企业管理等级的一部分，他被认为是“常任的”，代表“归宿”。项目经理与职能经理之间自然会产生矛盾，项目经理本身能完成的事极少，项目经理与职能经理主要的信息沟通工具是项目计划，项目经理制订项目的总体计划后应取得职能部门资源支持的承诺。他必须依靠职能经理的合作和支持，他们之间的协调是项目成功的关键。与职能经理之间建立一个清楚的有效的信息沟通渠道，发展与职能经理的良好工作关系是项目经理工作顺利进行的保证。项目经理与职能经理的基本矛盾根源大部分是经理间的权利和地位的斗争。

2.4.3 提高项目沟通效果的途径

1. 选好项目经理，组建一个好的项目团队

在组建项目部时，要视项目的复杂程度，根据知识、专业、能力、性格等要素优势互补的原则选配项目组的主要成员。高效的项目组织能形成良好的“项目精神”，减少不必要交流和合作的数量，以提高项目组的沟通效果。一个好的项目组应当具备完成项目任务，实现预期目标的能力，即使在项目遇到困难时，项目组也能发挥集体的力量去克服各种困难，使项目始终良好运行，这是一种系统能力，是通过项目组成员间的良好沟通和协作而体现出来的。

项目经理是项目部的核心，项目经理必须具备以下几方面的素质。

（1）有较强的沟通管理意识。项目经理要花 50%～70%的精力用于沟通，同时要掌握提高沟通有效性的基本原则，做到尽早沟通和主动沟通。定期和相关人员建立沟通，及时发现当前问题和潜在问题，采取有效措施，避免项目实施中不必要的损失。项目经理要利用好启动会议，促进项目组成员的相互了解、熟悉，明确各项目组成员角色分工、职责和权限，与其他成员的接口，并使所有成员对项目目标和工作计划充分了解。

（2）要熟悉专业技术。工程项目经理未必是样样精通的专才，但至少应该是样样都熟悉的通才，否则，很难将一个复杂的大型项目管好。对项目中某一专业领域一点也不懂的项目经理，就很难与项目组中该领域的成员沟通，难以监督和检查他们工作的效率和质量。

（3）有良好的沟通技巧。在沟通管理过程中一定要善于运用非语言信号为语言的效果进行铺垫，真诚的微笑，热烈的握手，专注的神态，尊敬的寒暄，都能给对方带来好感，活跃沟通气氛，以达到增进沟通的效果。常用的沟通技巧有：积极倾听，肯定对方合理的诉求；自我袒露，求同存异；利用身体语言、辅助语言、弦外之音和潜台词；注意文化与性别差异；融合直言不讳的表达和积极的倾听；不要怕合理的争吵，必要时要敢于发挥权威，终止争论。

2. 建立完善的项目沟通管理体系

项目组因开展项目而成立，因项目完成而解散，工程项目一次性的特点决定了项目组成员为该项目协同工作的临时性。由于项目组的成员来自于不同的利益关系方，即使总承包方内部也有来自于不同职能部门的成员，成员间并不完全了解，如果不进行有效的沟通，成员间就根本无法协作，因此只有形成有效的沟通体系，成员间才能充分交流，分享信息，相互信任，互相支持。

建立良好的项目沟通管理体系首先应构建项目组的沟通网络，决定项目各关系人的信息

沟通需求；明确网络沟通中各关系人的职责和权限；建立沟通反馈机制，信息发送出去并接收到之后，双方必须对理解情况做检查和反馈，确保沟通的正确性；建立定期检查项目沟通情况制度，保持信息沟通的顺畅和有效；做好沟通计划的编制、信息分发、绩效报告和管理收尾工作。

3. 正确处理工程项目各接口协调关系

（1）正确处理总承包方与业主的关系。总包方要正确理解业主的设计意图和要求，在设计中定期向业主汇报设计进展，交换意见，如果业主有好的建议，在不违反设计标准、规范、设计初衷的情况下，尽量满足业主的设计变更要求，以创造良好合作氛围。

（2）处理好与分包商的沟通协调关系。总包方应主动、积极、详细地向分包方介绍工程概况、技术要点和工程进度，并对分包方的工程进度和质量进行全程的跟踪控制，对各分包方施工平面及交叉施工方面进行综合协调；各分包方作为项目的建设者，在施工中遇到困难，例如场地、材料、机具等问题，要加强与总包方沟通，通过总包方的及时沟通解决施工中出现的各种问题。

（3）正确处理总承包方内部的协调关系。作为总承包方，内部是否协调一致尤为重要，由于项目涉及设计、采购、施工、设备安装等各项工作，各专业组之间的协调也相当重要，总承包方要加强内部的协调沟通，形成全面统筹、信息畅通的内部管理格局。如：设计组凭借技术优势，不但要对整个工程的技术负责，同时要对设备组订货提供技术支持，解决现场出现的各种技术问题；设备组要积极主动与设计沟通，了解设计人员的意图，并随时与施工组保持联系，根据施工工期的要求，积极组织货源，保证工程顺利按进度进行；施工组要借助与设计人员的交流，保证工程质量，满足设计要求，同时将施工进度及时反馈给设备组，以保证设备能及时组织到位。

此外，工程得以顺利完成还必须处理好与监理公司、主管部门的关系。

4. 采用正确的沟通形式，提高沟通的效率

工程项目中的沟通形式是多种多样的，通常分为书面和口头两种形式。书面沟通大多用来进行通知、确认和明确要求等活动，语言文字运用得是否恰当直接影响沟通的效果。使用语言文字时要简洁、明确。

口头沟通包括会议、评审、私人接触、自由讨论等。这一方式简单有效，更容易被大多数人接受，但是不像书面形式那样“白纸黑字”留下记录，因此不适用于类似确认这样的沟通。口头沟通过程中应该坦白、明确，避免由于文化背景、民族差异、用词表达等因素造成理解上的差异。此外，还可借助于形体语言进行沟通，像肢体语言、图形演示、视频会议都可以用来作为补充方式。它能摆脱口头表达的枯燥，在视觉上把信息传递给接受者，更容易理解。

在项目沟通中要特别注意克服不良的沟通习惯，该用书面沟通的不用口头沟通，该与项目经理沟通的不与组员沟通，该今天沟通的不拖到明天沟通，要严格执行沟通规则，避免出现项目沟通中的失误。

沟通方式的选择、沟通时机的把握、沟通范围的界定都会影响沟通的成本，进而会影响整个项目的成本和进度。所以，要尽量采取节省成本的方式达到沟通的目的，能网络会议、电话会议的就不宜集中开会；能邮件、电话达到目的的，不必面谈；能用规章制度标准化的事情，没必要个案沟通。

2.5 项目目标管理

2.5.1 目标管理的含义

目标管理（Management By Objectives，MBO）是一个全面的管理系统，它用系统的方法，使许多关键管理活动结合起来，有意识地瞄准组织目标和个人目标，并有效地实现它们。目标管理强调自我控制和自我选择，包括三个方面：目标体系的制订、目标的实施和目标成果的评价。

1954 年，德鲁克提出目标管理的理论和方法，有效地纠正了当时在管理实践中的三种错误观点。

第一种错误观点：过分强调个人技能第一，以至于组织成员都只关注自己的专业技能，而忽略了组织录用他们的目的，使组织整体变成一盘散沙。

第二种错误观点：过分强调集中，以至于组织成员尽力顺从上级的所言所行，忘却了工作的真正要求，使整个组织成为几个领导者喜怒哀乐的应声筒。

第三种错误观点：不同层次上的见仁见智，以至于上下意见不沟通，赏罚不一，是非没有一定的标准，从而使组织变成了争吵、抱怨、赌气的场合。

德鲁克认为，组织必须以目标来贯穿各阶层努力的方向、程度及奖惩标准，并且从组织的最高管理者到最基层的管理人员都必须向组织的目标集中力量。当组织的所有成员都拥有自己的努力目标后，他就能进行自我控制，以求个人的行为符合组织整体的目标。

2.5.2 目标体系的制订与实施

一、制订目标体系

自上而下，把组织的总体目标层层展开，最后落实到组织的每个成员，形成一个完整的目标连锁体系，共同为保证实现组织的总体目标而奋斗，如图 2-7 所示。

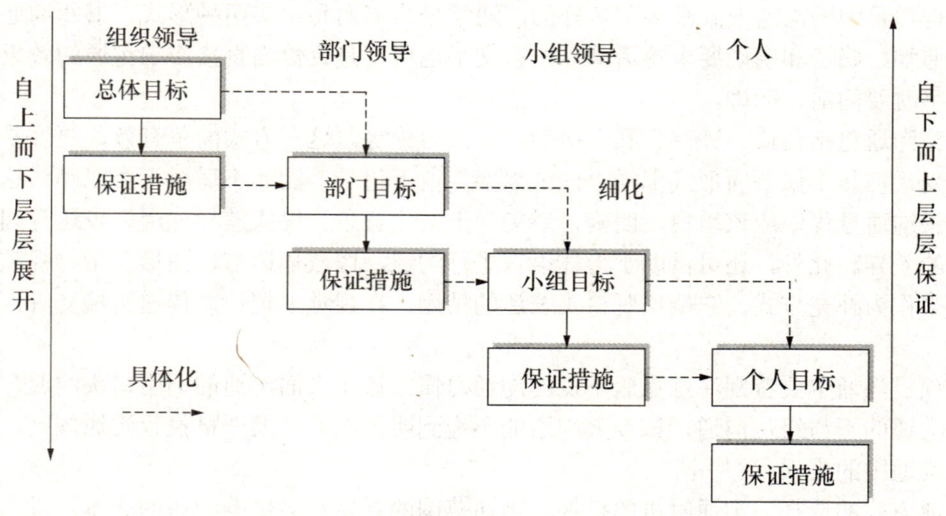

图 2-7 目标体系示意图

二、目标的实施

（1）通过对下级人员委任权限，使每个组织成员都能明确组织总目标中自己的责任，让他们在工作中能实现自我管理，独立自主地实现个人目标。

（2）加强与下级人员的意见交流和进行必要的指导，由下级人员自行选择实现目标的方法和手段，从而充分发挥各级人员的积极性、主动性、创造性和工作才能，提高工作效率，保证各级目标的实现。

（3）各级目标的实施者，都必须严格按照“目标实施计划”的要求开展工作，使每个工作岗位都能有条不紊、忙而不乱地进行工作，从而保证实现预期的各项目标值。

2.5.3 目标管理的过程

在理想情况下，目标管理这个过程开始于组织的最高层，并且得到总经理的积极支持。但是，制订目标开始于组织的最高层并不是实质性的，它可以从分公司一级开始，在项目经理这一级或者更低层开始。目标管理关键的要求是发展和传播那些协调一致的计划前提。

一、目标管理的过程

目标管理的过程是高层制订最初目标，明确组织的作用，制订下属人员的目标，拟订目标的反复循环。图 2-8 是以目标进行管理和考评的过程。

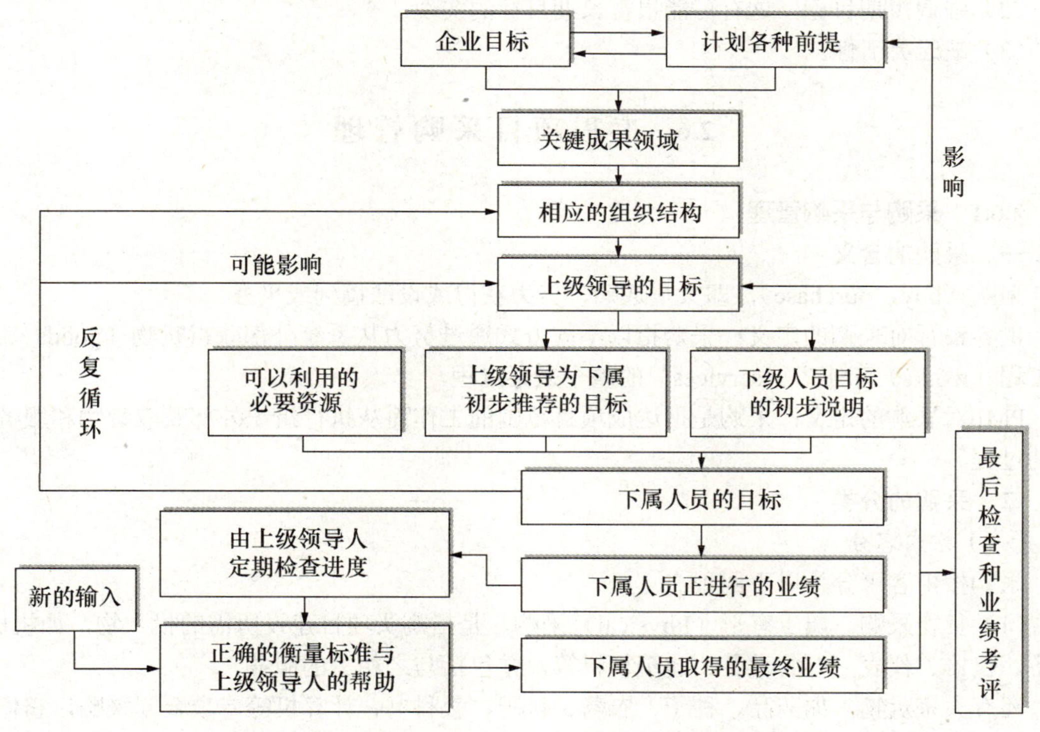

图 2-8 以目标进行管理和考评的过程图

二、项目成果的评价

对成果评价的目的是促进各级管理工作的改善，鼓舞组织全体成员的斗志，以便更好地为保证达到总目标而奋斗。评价步骤为：

目标实施者自我评定个人成果→上级对评定工作的指导→考核评定小组的综合评议→奖励与总结（目标成果的评价应与组织的人事制度和奖励制度相结合，目标的达成要有利于个人的发展，并与个人的经济利益挂起钩来，从而充分体现目标管理的激励作用）。

三、目标管理的优缺点

1. 目标管理的优点

（1）更好的管理：目标管理促进管理工作。目标管理（MBO）促进管理人员考虑关于计划的效果，而不是计划的活动或工作。为保证目标的实现，它也需要管理人员去考虑实施目标的方法，考虑需要这样做的组织和人员，以及所需要的资源和帮助，有利于更好地了解控制标准和控制激励。

（2）弄清楚组织结构：在可能的范围内，应该围绕所期望的关键成果，设立各个职位，各个职位应有人负责。

（3）鼓励个人投入：目标管理（MBO）能鼓励人们专心致志于他们的目标。

（4）有助于开展有效的控制工作：控制包括衡量结果，并采取行动纠正计划的偏差，以确定目标的实现；而目标管理（MBO）有一套明确的可考核目标，是进行监视的最好指导。

2. 目标管理的缺点

（1）制订目标较困难。真正可考核的目标是很难确定的，在实际应用中一定要切合实际。

（2）强调短期目标。这有可能损害长期目标的实现。

（3）缺乏灵活性。

2.6 工程项目采购管理

2.6.1 采购与采购管理

一、采购的含义

采购（buy，purchase），即大量选购，努力获得或设法搞到或采办。

世界银行对采购的定义：采购指以不同方式通过努力从系统外部获得货物（goods）、土建工程（works）和服务（services）的整个采办过程。

PMI 对采购的定义：采购是指达成项目范围的工作而从执行组织外部获取货物和服务所需的过程。

二、采购的分类

（一）按内容分

采购按内容可分为以下四种：

（1）货物采购。属于有形（Physical）采购，是指购买项目建设所需的投入物，如机械、设备、仪器、仪表、办公设备、建筑材料等，并包括与之相关的服务。

还有大宗货物，如药品、种子、农药、化肥、教科书、计算机等专项合同采购，它们采用不同的标准合同文本，可归入上述采购种类之中。

（2）工程项目采购。也是有形采购，是指通过招标或其他商定的方式选择工程承包单位，即选定合格的承包商承担项目工程施工任务。并包括与之相关的服务，如人员培训、维修等。

（3）咨询服务采购。咨询服务采购不同于一般的货物或工程项目采购，它属于无形采购。咨询服务采购包括聘请咨询公司或单个咨询专家。咨询服务的范围很广，大致可分以下四类：

1）项目投资前期准备工作的咨询服务，如做项目的预可研和可行性研究、工程项目现场勘察、设计等业务；

2）工程设计和招标文件编制服务；

3）项目管理、施工监理等执行性服务；

4）技术援助和培训等服务。

（4）IT 项目采购。包括单纯的 IT 咨询服务，现成 IT 产品的提供和维护，信息系统的设计、提供和安装，复杂的系统工程或系统集成。

（二）按采购方式

按采购方式可分为招标采购和非招标采购。

（1）招标采购包括公开竞争性招标、有限竞争性招标两种。

1）公开竞争性招标。公开竞争性招标是由招标单位通过报刊、广播、电视等媒体工具发布招标广告，凡对该招标项目感兴趣又符合投标条件的法人，都可以在规定的时间内向招标单位提交意向书，由招标单位进行资格审查，核准后购买招标文件，进行投标。

2）有限竞争性招标。有限竞争性招标，又称为邀请招标或选择招标。有限竞争性招标是由招标单位根据自己积累的资料，或由权威的咨询机构提供的信息，选择一些合格的单位发出邀请，应邀请单位（必须有 3 家以上）在规定时间内向招标单位提交投标意向，购买投标文件进行投标。

（2）非招标采购主要包括询价采购、直接采购（直接签订合同）、自营工程等。

1）询价采购。即比价方式，一般习惯称作“货比三家”。它适用于项目采购时即可直接取得的现货采购，或价值较小，属于标准规格的产品采购。有时也适用于小型、简单的工程承包。询价采购是根据来自几家供应商（至少 3 家）所提供的报价，然后将各个报价进行比较的一种采购方式。这种方式无需正式的招标文件，具体做法同一般的对外采购区别不大，只不过是要向几个供应商询价进行比较，最后确定采购的厂家。

2）直接签订合同。在特定的采购环境下，不进行竞争而直接签订合同的采购方法。这主要适用于不能或不便进行竞争性招标、竞争性招标优势性不存在的情况下。

3）自营工程（自制）。这种方式不是一种严格意义上的采购方式，而是由项目实施组织利用自己的人员和设备生产产品或承包建造工程。这可能是由于项目的一些特殊要求或是项目组织本着成本效益原则分析的结果所决定的。

三、项目采购管理

项目采购管理（Project Procurement Management）就是从项目组织外部采购或获得所需产品、服务或成果的各个过程。项目采购管理包括合同管理和变更控制过程。通过这些工程，编制合同或订购单，并由具有相应权限的项目团队成员加以签发，然后再对合同或订购单进行管理。项目采购管理还包括管理外部组织（买方）为从执行组织（卖方）获取产品、服务或成果而签发合同，以及管理该合同所规定的项目团队应承担的合同义务。

项目采购管理过程围绕合同进行。合同是买卖双方之间的法律文件，是对双方都具约束力的协议。它使卖方有义务提供规定的产品、服务或成果，使买方有义务支付货币或其他有价值的对价。合同可简可繁，应该与可交付成果和所需工作的简繁程度相适应。

项目采购管理是项目管理中的一个重要部分，有效的项目采购管理是保证项目成功实施的关键环节。如果项目采购不当或管理不善，所采购的产品达不到项目要求，不仅会影响项目的顺利实施，还会降低项目的预期效益，甚至导致整个项目的失败。健全的项目采购管理工作可以降低项目成本、避免合同纠纷、保证按期交付并防止贪污浪费。

项目采购管理包括以下四个过程：

（1）规划采购：记录采购决策、明确采购方法、识别潜质卖方的过程。

（2）实施采购：获取卖方应答、选择卖方并授予合同的过程。

（3）管理采购：管理采购关系、监督合同绩效以及采取必要的变更和纠正措施的过程。

（4）结束采购：完成单次项目采购的过程。

2.6.2 规划采购

一、规划采购的流程

规划采购是记录项目采购决策、明确采购方法、识别潜在卖方的过程，见表 2-7。它识别哪些项目需求最好或必须通过从项目组织外部采购产品、服务或成果来实现，而哪些项目需求可由项目团队自行完成。

在规划采购过程中，要决定是否需要取得外部支持。如果需要，则还要决定采购什么，如何采购，采购多少以及何时采购。如果项目需要从执行组织外部取得所需的产品、服务和成果，则每次采购都要经历从规划采购到结束采购的各个过程。

如果买方希望对采购决定施加一定影响或控制，那么在规划采购过程中，还应该考虑对潜在卖方的要求。同时，也应考虑由谁负责获得或持有法律、法规或组织政策所要求的相关许可证或专业执照。

项目进度计划会对规划采购过程中的采购策略制订产生重要影响。在编制采购管理计划过程中所做出的决定也会影响项目进度计划。应该把采购管理计划编制工作与制订进度计划、估算活动资源和自制或外购决策等整合起来。

在规划采购过程中，要考虑每个自制或外购决策所涉及的风险，也要审查为减轻风险（有时向卖方转移风险）而拟使用的合同类型。

表 2-7 规划采购的输入、工具与技术和输出

输入	工具与技术	输出
1．范围基准 2．需求文件 3．合作协议 4．风险登记册 5．与风险相关的合同决策 6．活动资源需求 7．项目进度计划 8．活动成本估算 9．成本绩效基准 10．事业环境因素 11．组织过程资产	1．自制或外购分析 2．专家判断 3．合同类型	1．采购管理计划 2．采购工作说明书 3．自制或外购决策 4．采购文件 5．供方选择标准 6．变更请求

二、自制或采购分析

一般而言，在采购之前首先要做自制或采购分析，以决定是否要采购，怎样采购，采购什么，采购多少以及何时采购等。

在采购分析中，主要对采购可能发生的直接成本、间接成本、自行制造能力、采购评标能力等进行分析比较，并决定是否从单一的供应商或从多个供应商采购所需的全部或部分货物和服务，或者不从外部采购而自行制造。

三、采购合同类型的选择

当决定需要采购时，合同类型的选择成为买卖双方关注的焦点，因为不同的合同类型决定了风险在买方和卖方之间分配。买方的目标是把最大的实施风险放在卖方，同时维护对项目经济、高效执行的奖励；卖方的目标是把风险降到最低，同时使利润最大化。

通常可把合同分为三大类，即总价合同、成本补偿合同及混合型的工料合同。不同合同类型适用于不同的情形，买方可根据具体情况进行选择。在实践中，通常合并使用两种甚至更多合同类型进行单次采购。

1. 总价合同

总价合同（Fixed-price Contracts）为既定产品或服务的采购设定一个总价。总价合同也可以为达到或超过项目目标（如进度交付日期、成本和技术绩效，或其他可量化、可测量的目标）而规定财务奖励条款。卖方必须依法履行总价合同，否则就要承担相应的违约赔偿责任。采用总价合同，买方必须准确定义要采购的产品或服务。虽然允许范围变更，但范围变更通常会导致合同价格提高。

（1）固定总价合同（Firm Fixed Price Contracts, FFP）。固定总价合同 FFP 是最常用的合同类型。大多数买方都喜欢这种合同，因为采购的价格在一开始就被确定，并且不允许改变（除非工作范围发生变更）。因合同履行不好而导致的任何成本增加都由卖方负责。在固定总价合同（FFP）下，买方必须准确定义要采购的产品和服务，对采购规范的任何变更都可能增加买方的成本。

（2）总价加激励费用合同（Fixed Price Incentive Fee Contracts, FPIF）。这种总价合同为买方和卖方都提供了一定的灵活性，它允许有一定的绩效偏离，并对实现既定目标给予财务奖励。通常，财务奖励都与卖方的成本、进度或技术绩效有关。绩效目标一开始就要制订好，而最终的合同价格要待全部工作结束后根据卖方绩效加以确定。在总价加激励费用合同（FPIF）中，要设置一个价格上限，卖方必须完成工作并且要承担高于上限的全部成本。

（3）总价加经济价格调整合同（Fixed Price with Economic Price Adjustment Contracts, FP-EPA）。如果卖方履约要跨越相当长的周期（数年），就应该使用本合同类型。如果买卖双方之间要维持多种长期关系，也可以采用这种合同类型。它是一种特殊的总价合同，允许根据条件变化（如通货膨胀、某些特殊商品的成本增加或降低），以事先确定的方式对合同价格进行最终调整。EPA 条款必须规定用于准确调整最终价格的、可靠的财务指数。总价加经济价格调整合同（FP-EPA）试图保护买方和卖方免受外界不可控情况的影响。

2. 成本补偿合同

成本补偿合同（Cost-reimbursable Contracts）向卖方支付为完成工作而发生的全部合法实际成本（可报销成本），外加一笔费用作为卖方的利润。成本补偿合同也可为卖方超过或低于预定目标（如成本、进度或技术绩效目标）而规定财务奖励条款。最常见的三种成本补偿合同是：成本加固定费用合同（CPFF）、成本加激励费用合同（CPIF）和成本加奖励费用合同（CPAF）。

如果工作范围在开始时无法准确定义，从而需要在以后进行调整，或者如果项目工作存在较高的风险，就可以采用成本补偿合同，使项目具有较大的灵活性，以便重新安排卖方的工作。

（1）成本加固定费用合同（Cost Plus Fixed Fee Contracts，CPFF）。为卖方报销履行合同工作所发生的一切可列支成本，并向卖方支付一笔固定费用，该费用以项目初始成本估算的某一百分比计算。费用只能针对已完成的工作来支付，并且不因卖方的绩效而变化。除非项目范围发生变更，费用金额维持不变。

（2）成本加激励费用合同（Cost Plus Incentive Fee Contracts，CPIF）。为卖方报销履行合同工作所发生的一切可列支成本，并在卖方达到合同规定的绩效目标时，向卖方支付预先确定的激励费用。在成本加激励费用合同（CPIF）中，如果最终成本低于或高于原始估算成本，则买方和卖方需要根据事先商定的成本分摊比例来分享节约部分或分担超出部分。例如，基于卖方的实际成本，按照 80/20 的比例分担（分享）超过（低于）目标成本的部分。

（3）成本加奖励费用合同（Cost Plus Award Fee Contracts，CPAF）。为卖方报销履行合同工作所发生的一切合法成本，但是只有在满足了合同中规定的某些笼统、主观的绩效标准的情况下，才能向卖方支付大部分费用。完全由买方根据自己对卖方绩效的主观判断来决定奖励费用，并且卖方通常无权申诉。

3. 工料合同

工料合同（T&M）是兼具成本补偿合同和总价合同的某些特点的混合型合同。在不能很快编写出准确工作说明书的情况下，经常使用工料合同来增加人员、聘请专家以及寻求其他外部支持。这类合同与成本补偿合同的相似之处在于，它们都是开口合同，合同价因成本增加而变化。在授予合同时，买方可能并未确定合同的总价值和采购的准确数量。因此，如同成本补偿合同，工料合同的合同价值可以增加。很多组织会在工料合同中规定最高价格和时间限制，以防止成本无限增加。另一方面，由于合同中确定了一些参数，工料合同又与固定单价合同相似。当买卖双方就特定资源类别的价格（如高级工程师的小时费率或某种材料的单位费率）取得一致意见时，买方和卖方就预先设定了单位人力或材料费率（包含卖方利润）。

四、采购计划编制

根据制造、采购分析的结果和所选择的合同类型编制采购计划，说明如何对采购过程进行管理。具体包括：合同类型、组织采购的人员、管理潜在的供应商、编制采购文档、制订评价标准等。

根据项目需要，采购管理计划可以是正式、详细的，也可以是非正式、概括的。

2.6.3 实施采购

实施采购是获取卖方应答、选择卖方并授予合同的过程，见表 2-8。在本过程中，团队收到投标书或建议书，并按事先确定的选择标准选出一家或多家有资格履行工作且可接受的卖方。

表 2-8 实施采购的输入、工具与技术和输出

输入	工具与技术	输出
1. 项目管理计划 2. 采购文件 3. 供方选择标准 4. 合格卖方清单 5. 卖方建议书 6. 项目文件 7. 自制或外购决策 8. 合作协议 9. 组织过程资产	1. 投标人会议 2. 建议书评价技术 3. 独立估算 4. 专家判断 5. 广告 6. 因特网搜索 7. 采购谈判	1. 选定的卖方 2. 采购合同授予 3. 资源日历 4. 变更请求 5. 项目管理计划（更新） 6. 项目文件（更新）

对于大宗采购，可以反复进行寻求卖方应答和评价应答的全过程。可根据初步建议书列

出一份合格卖方的短名单，随后再对他们所提交的更具体和全面的文件进行更详细的评价。

2.6.4 管理采购

一、管理采购的流程

管理采购是管理采购关系、监督合同绩效以及采取必要的变更和纠正措施的过程，见表2-9。买方和卖方都出于相似的目的而管理采购合同。任何一方都必须确保双方履行合同义务，确保各自的合法权利得到保护。管理采购过程旨在确保卖方的绩效达到采购要求，并且买方也按合同条款履约。合同关系的法律性质，要求项目管理团队清醒地意识到其管理采购的各种行动的法律后果。对于有多个供应商的较大项目，合同管理的一个重要方面就是管理各个供应商之间的界限。

由于组织结构不同，许多组织把合同管理当作与项目组织相分离的一种管理职能。虽然采购管理员可以是项目团队成员，但他通常向另一部门的经理报告。对于为外部客户实施项目的卖方（也是执行组织），情况通常都是这样的。

表 2-9 管理采购的输入、工具与技术和输出

输　入	工具与技术	输　出
1. 采购文件 2. 项目管理计划 3. 合同 4. 绩效报告 5. 批准的变更请求 6. 工作绩效信息	1. 合同变更控制系统 2. 采购绩效审查 3. 检查与审计 4. 绩效报告 5. 支付系统 6. 索赔管理 7. 记录管理系统	1. 采购文档 2. 组织过程资产（更新） 3. 变更请求 4. 项目管理计划（更新）

在管理采购过程中，需要把适当的项目管理过程应用于合同关系，并把这些过程的输出整合进项目的整体管理中。如果项目有多个卖方，涉及多个产品、服务或成果，这种整合就经常需要在多个层次上进行。需要应用的项目管理过程包括（但不限于）：

（1）指导与管理项目执行：授权卖方在适当时间开始工作。

（2）报告绩效：监督合同范围、成本、进度和技术绩效。

（3）实施质量控制：检查和验证卖方产品是否符合要求。

（4）实施整体变更控制：确保合理审批变更以及相关人员都了解变更的情况。

（5）监控风险：确保合理减轻风险。

在管理采购过程中，还需要进行财务管理工作，监督向卖方的付款。该工作旨在确保合同中的支付条款得到遵循，并按合同规定确保卖方所得的款项与实际工作进度相适应。向供应商支付时，需要重点关注的一个问题是，支付金额要与已完成工作紧密联系起来。

在管理采购过程中，应该根据合同来审查和记录卖方当前的绩效或截至目前的绩效水平，并在必要时采取纠正措施。可以通过这种绩效审查，考察卖方在未来项目中实施类似工作的能力。在需要确认卖方未履行合同义务，并且买方认为应该采取纠正措施时，也应进行类似的审查。管理采购还包括根据合同终止条款来管理合同工作的提前终止（因便利或违约）。

在合同收尾前，经双方共同协商，可以随时根据合同的变更控制条款对合同进行修改。这种修改并不总是同样有利于买卖双方。

2.6.5 结束采购

结束采购是完结单次项目采购的过程，见表2-10。要结束采购，就需要确认全部工作和可交付成果均可验收；因此，结束采购过程可以支持结束项目或阶段过程。

表2-10 结束采购的输入、工具与技术和输出

输入	工具与技术	输出
1. 项目管理计划 2. 采购文档	1. 采购审计 2. 协商解决 3. 记录管理系统	1. 结束的采购 2. 组织过程资产（更新）

结束采购过程还包括一些行政工作，例如，处理未决索赔、更新记录以反映最后的结果，以及把信息存档供未来使用等。需要针对项目或项目阶段中的每个合同，开展结束采购过程。在多阶段项目中，合同条款可能仅适用于项目的某个特定阶段。这种情况下，结束采购过程就只能结束该项目阶段的采购。采购结束后，未决争议可能需要进入诉讼程序。合同条款和条件可以规定结束采购的具体程序。

合同提前终止是结束采购的一个特例。合同可由双方协商一致而提前终止，或因一方违约而提前终止，或者为买方的便利而提前终止（如果合同中有这种规定）。合同终止条款规定了双方对提前终止合同的权利和责任。根据这些条款，买方可能有权因各种原因或仅为自己的便利而随时终止整个合同或合同的某个部分。但是，根据这些条款，买方应该就卖方为该合同或该部分所做的准备工作给予补偿，并就该合同或该部分中已经完成和验收的工作支付报酬。

2.6.6 降低采购成本的措施

1. 制订采购预算与估计成本

制订预算的行为就是对组织内部各种工作进行稀缺资源的配置。预算不仅仅是计划活动的一个方面，同时也不仅仅是组织政策的一种延伸，它还是一种控制机制，起着一种比较标准的作用。

制订采购预算是在具体实施项目采购行为之前对项目采购成本的一种估计和预测，是对整个项目资金的一种理性的规划。它不单对项目采购资金进行了合理的配置和分发，还同时建立了一个资金的使用标准，以便对采购实施行为中的资金使用进行随时的检测与控制，确保项目资金的使用在一定的合理范围内浮动。有了采购预算的约束，能提高项目资金的使用效率，优化项目采购管理中资源的调配，查找资金使用过程中的一些例外情况，有效的控制项目资金的流向和流量，从而达到控制项目采购成本的目的。

2. 供应商的选择

供应商是项目采购管理中的一个重要组成部分，项目采购时应该本着“公平竞争”的原则，给所有符合条件的承包商提供均等的机会，一方面体现市场经济运行的规则，另一方面也能对采购成本有所控制，提高项目实施的质量。因此，在供应商的选择方面就有如下两方面的问题值得关注。

第一，选择供应商的数量。

供应商数量的选择问题，实际上也就是供应商份额的分担问题。从采购方来说，单一货源增加了项目资源供应的风险，也不利于对供应商进行压价，缺乏采购成本控制的力度。而

从供应商来说，批量供货由于数量上的优势，可以给采购方以商业折扣，减少货款的支付和采购附加费用，有利于减少现金流出，降低采购成本。因而，在进行供应商数量的选择时既要避免单一货源，寻求多家供应，同时又要保证所选供应商承担的供应份额充足，以获取供应商的优惠政策，降低物资的价格和采购成本。这样既能保证采购物资供应的质量，又能有力地控制采购支出。一般来说，供应商的数量以不超过3～4家为宜。

第二，选择供应商的方式。

选择供应商的方式主要包括公开竞争性招标采购、有限竞争性招标采购、询价采购和直接签订合同采购四种不同的采购方式。按其特点来说分为招标采购和非招标采购。在项目采购中采取公开招标的方式可以利用供应商之间的竞争来压低物资价格，帮助采购方以最低价格取得符合要求的工程或货物；并且多种招标方式的合理组合使用，也将有助于提高采购效率和质量，从而有利于控制采购成本。

3. 采购环境的利用

项目的外部环境对采购策略的制订、采购计划的实施会产生重要的影响，外部环境包括宏观环境和微观环境。宏观环境是指能对项目组织怎样及如何采购产生影响的外部变化，包括市场季节性的变化、国家宏观经济政策的变化、国家财政金融政策的调整、市场利率及汇率的波动、通货膨胀的存在及战争罢工等各种因素。而微观环境则是指项目组织的内部环境，包括项目组织在采购中可能采取的组织政策、方式和程序，即实施采购的过程和程序。在符合微观环境原则的前提下，一个好的项目采购策略应当充分利用外部市场环境为项目整体带来利益。

充分利用采购环境的一个重要内容就是熟悉市场情况、了解市场行情、掌握有关项目所需要的货物及服务的多方面市场信息。比如，结合所采购货物或服务的种类、性能参数、质量、数量、价格的要求等，了解熟悉国内、国际市场的价格及供求信息，所购物品的供求来源、外汇市场情况、国际贸易支付办法、保险合同等有关国内、国际贸易知识和商务方面的情报和信息。这就要求项目组织建立有关的市场信息机制，以达到有效利用采购环境的目的。良好的市场信息机制包括：

（1）建立重要货物供应商信息的数据库，以便在需要时候能随时找到相应的供应商，以及这些供应商的产品或服务的规格性能及其他方面的可靠信息。

（2）建立同一类货物的价格目录，以便采购者能进行比较和选择，充分利用竞争的办法来获得价格上的利益。

（3）对市场情况进行分析和研究，作出市场变化的预测，使采购者在制订采购计划、决定如何发包及采取何种采购方式时，能有可靠而有效的依据作为参考。

只有建立了良好的市场信息机制，才能在项目采购中做到知己知彼，并对采购环境有充分的了解和把握，这使得采购者能处于供需双方的有利地位，获得价格上的优势，不仅取得高质量的货物或服务，也能取得成本上的利益。否则，如果缺乏了对相关信息的熟悉，会造成采购工作的延误、采购预算的超支，失去成本控制的优势。因此，在项目采购管理中充分利用采购环境，建立良好的市场信息机制，同样是有效降低采购成本的途径之一。

4. 供应商的管理

第一，与供应商建立直接的战略伙伴关系。

对于采购方来说，一旦确定了可以长期合作的供应商，应该与供应商之间建立直接的战略伙伴关系。双方本着“利益共享、风险共担”的原则，建立一种双赢的合作关系，使采购方在长期的合作中获得货源上的保证和成本上的优势，也使供应商拥有长期稳定的大客户，以保证其产出规模的稳定性。这种战略伙伴关系的确立，能给采购方带来长期而有效的成本控制利益。

第二，供应商行为的绩效管理。

在与供应商的合作过程中应该对供应商的行为进行绩效管理，以评价供应商在合作过程中供货行为的优劣。比如：建立供应商绩效管理的信息系统，对供应商进行评级，建立量化的供应商行为绩效指标等，并利用绩效管理的结果衡量与供应商的后续合作：增大或减少供应份额、延长或缩短合作时间等，对供应商以激励和奖惩。这样能促使供应商持续改善供货行为，保证优质及时的供货，从而有效地降低项目采购总成本。

5. 全流程成本概念，控制总成本

在探讨项目采购管理中降低成本的问题时，应该确立采购全流程成本的概念，应该关注的是整个项目采购流程中的成本降低，是对总成本的控制，而不是单一的针对采购货物或服务的价格。获得了低价的采购物品固然是成本的降低，但获得优质的服务、及时快速的供货、可靠的货源保证等也无疑是获得了成本上的利益。同时，降低采购成本不仅指降低采购项目本身的成本，还要考虑相关方面的利益，成本就像在U形管中的水银，压缩这边的成本，那边的成本就增加。单独降低某项成本而不顾及其他方面的反应，这种成本降低是不会体现在项目采购管理的利润之中的。所以，需要建立这种全流程成本的概念，来达到对整个项目采购管理总成本的控制和降低。不应该仅仅只看到最直接的成本降低，还应该从项目采购的全过程来衡量成本上的收效，从项目采购的全过程来探求降低总成本的有效措施。只有这样，才能在采购过程中发掘无处不在的降低成本的机会。

2.7 工程项目环境安全管理

2.7.1 环境安全管理体系

环境管理体系（Environmental Management System，EMS）是一个组织内全面管理体系的组成部分，它包括制订、实施、实现、评审和保持环境方针所需的组织机构、规划活动、机构职责、惯例、程序、过程和资源。还包括组织的环境方针、目标和指标等管理方面的内容。

环境管理体系是一个有组织、有计划而且协调动作的管理活动，其中有规范的动作程序，文件化的控制机制。它通过有明确职责、义务的组织结构来贯彻落实，目的在于防止对环境的不利影响。环境管理体系是一项内部管理工具，旨在帮助组织实现自身设定的环境表现水平，并不断地改进环境行为，不断达到更新更佳的高度。

一、ISO 14000 系列标准

ISO 14000 系列标准是由国际标准化组织（ISO）第 207 技术委员会（ISO/TC 207）组织制定的环境管理体系标准，其标准号从 14001 至 14100，共 100 个标准号，统称为 ISO14000 系列标准。它是顺应国际环境保护的发展，依据国际经济贸易发展的需要而制定的。目前正式颁布的有 ISO14001、ISO14004、ISO14010、ISO14011、ISO14012、ISO14040 6 个标准，其中 ISO14001 是系列标准的龙头标准，也是唯一可用于第三方认证的标准。

ISO14001 标准中文名称是《环境管理体系——要求及使用指南》，于 1996 年 9 月首次颁布，新版（2004 版）ISO14001 标准于 2004 年 11 月 15 日颁布实施。ISO14001 是组织规划、实施、检查、评审的规范性环境管理运作系统，该系统包含五大部分 17 个要素。

五大部分内容概括如下：环境方针、规划、实施与运行、检查、管理评审。这五个基本部分包含了环境管理体系的建立过程和建立后有计划的评审及持续改进的循环，以保证组织内部环境管理体系的不断完善和提高。

17 个要素是指环境方针，环境要素，法律与其他要求，目标与指标，环境管理方案，机构和职责，培训、意识与能力，信息交流，环境管理体系文件编制，文件管理，运行控制，应急准备和响应，监测，违章、纠正与预防措施，记录，环境管理体系审核，管理评审。

我国的国家标准《环境管理体系—要求及使用指南》（GB/T 24001—2004/ISO 14001:2004）等同采用 ISO 14001:2004《环境管理体系——要求及使用指南》。本标准基于策划—实施—检查—改进（PDCA 循环）的“过程方法”运行模式，与国家标准《质量管理体系标准——要求》（GB/T 19001—2008/ ISO 9001：2008）是兼容的。

生命周期思想贯穿 ISO 14000 认证标准的主题，ISO14000 认证要求组织或公司对产品设计、生产、使用、报废和回收全过程中影响环境的因素加以控制。ISO 14000 认证基本环境方针应体现生命周期思想的思路。TC 207 专门成立了生命周期评估技术委员会，用以评价产品在每个生产阶段对环境影响的大小，使组织或公司能够加以分析改进。

ISO 14000 认证标准是为促进全球环境质量的改善而制定的，它是通过一套环境管理的框架文件来加强组织或公司的环境意识、管理能力和保障措施，从而达到改善环境质量的目的。ISO 14000 认证是组织自愿采用的标准，是组织或公司的自觉行为。在我国是采取第三方独立认证来验证组织或公司所生产的产品是否符合要求。ISO 14000 认证的目标是通过建立符合各国的环境保护法律、法规要求的国际标准，在全球范围内推广 ISO 14000 认证标准，达到改善全球环境质量，促进世界贸易，消除贸易壁垒的最终目标。

ISO14000 环境管理体系认证是由 ISO 国际环境管理技术委员会负责制定的一个国际通行的环境管理体系认证标准，它包括环境管理体系、环境审核、环境标志、生命周期分析等国际环境管理领域内的许多焦点问题。其目的是指导各类组织或企业取得正确的环境行为。但不包括制定污染物试验方法标准、污染及污水极限值标准及产品标准等。

ISO14000 认证标准不仅适用于制造业和加工业，而且适用于建筑、运输、废弃物管理、维修及咨询等服务业。ISO 14000 认证标准共预留一百个标准号，共分七个系列，其编号为 ISO 14000～ISO 14100。

二、职业健康安全管理体系

职业健康安全管理体系（Occupational Health and Safety Management Systems，OHSMS）是 20 世纪 80 年代后期国际上兴起的现代安全生产管理模式，与 ISO 9000 和 ISO 14000 等标准化管理体系一样，是后工业化时代的管理方法。它的产生有两个原因：一是企业自身发展的需要；二是国际上劳动安全卫生标准一体化的要求。它的出现，使企业的安全生产管理实现了科学化、标准化，并做到了与国际劳动安全卫生标准一体化，适合当前世界经济发展的需求。

职业健康安全管理体系（OHSMS）是一种管理方式，目标是通过科学管理使企业的安全卫生工作符合安全卫生标准的要求。企业通过建立职业健康安全管理体系（OHSMS），并将其与 ISO 9000、ISO 14000 一起融入总的管理体系中，可实现劳动安全卫生工作的自主管理。而政府通过评估、认证和审查，对企业的安全卫生工作也可实施宏观管理。一般情况下，它包含如下内容：初始状态评审、安全卫生工作方针、规划、实施与运行、检查与纠正、审核与评审。

一般状态下，职业健康安全管理体系（OHSMS）的运行是一个动态的循环过程，它从初始状态评审开始，依次进行到评审总结，完成了第一次循环。第二次循环的初始状态评审是在第一次循环的基础上开始，高于第一次循环的起点线。而第三次循环的初始状态评审又高于第二次循环的起点线。通过不断地循环，实现了逐次提高，持续改进。

三、国际安全考评系统

国际安全考评系统（International Safety Rating System，ISRS）是由北美国保险公司于 1969 年推出的，现已作为国际损失控制协会（International Loss Control Institute，ILCI）推选的模式。国际损失控制协会（ILCI）已在世界各国设立许多代理处普及该系统。使用该系统，可使企业的安全管理水平呈阶梯式提高。

国际安全考评系统（ISRS）工作思路是将企业或组织划分为 20 个大单元，每个单元包含若干项检查内容。国际安全考评系统（ISRS）的具体内容有：领导与管理、主管人员训练、定期检查、作业分析及步骤、事故调查、作业观察、紧急应变布置、安全作业规章、事故分析、员工训练、个体防护器具、健康控制、计划评估系统、工程控制、小组会议、一般宣传、雇用及配工、采购控制和下班安全。

四、安全施工过程中的四种关系

安全与危险是相互对立、相互依赖的。因为有危险，所以必须要进行安全管理。安全施工过程中要正确处理以下四种关系：

（1）安全与生产的关系：生产过程中，安全与生产既有矛盾性，又有统一性。所谓矛盾性，首先表现为生产过程中的不安全、不卫生因素与生产顺利进行的矛盾；其次是安全工作与生产工作的矛盾，表现为采取安全措施时会影响生产，增加成本。但这些矛盾只是暂时的，从长远看，矛盾一解决，很快就会促进生产，提高劳动生产率。另外，这种矛盾只是一种表面的浅层次的矛盾，而从本质上看，安全与生产是统一的。严格执行安全规定，表面上降低劳动生产率，但如果从深层次看，一旦发生事故，将会损失更多工时，将会造成生命和财产损失。而且，事故的发生将会影响企业生产和形象，给企业带来不可估量的损失。另一方面，生产的发展，又为安全创造必要物质条件。所以安全与生产互为条件，相互依存，本质上是辩证统一的。没有生产活动，安全问题就不可能存在；没有安全条件，生产也不能顺利进行。安全促进生产，生产必须安全。对安全与生产的关系要辩证地看，绝不能将两者对立起来。工作中要坚决反对要么为了安全就放弃生产，要么为了生产就忽视安全，这样的做法实际上是走向了极端。

（2）安全与质量的关系：从广义上看，质量包含安全工作，安全概念也内含着质量，交互作用，互为因果。

（3）安全与速度的关系：安全与速度成反比例关系，一味强调速度，置安全于不顾的做法是极其有害的。当速度与安全发生矛盾时，暂时减缓速度，保证安全才是正确的做法。速度应以安全做保障，安全就是速度。

（4）安全与效益的关系：安全技术措施的实施，定会改善劳动条件，调动职工的积极性，带来经济效益，足以使原来的投入得以补偿。从这个意义上说，安全与效益完全是一致的，安全促进了效益的增长。

五、安全施工过程中的四项基本原则

安全施工过程中要坚持安全管理四项基本原则，即：

（1）必须坚持预防为主的方针：安全生产的方针是“安全第一、预防为主”。

（2）生产与安全同时管：安全管理是生产管理的重要组成部分，安全与生产在实施过程中，两者存在着密切的联系，存在着进行共同管理的基础。

（3）坚持安全管理的目标：安全管理的内容是对生产中的人、物、环境因素状态的管理，有效地控制人的不安全行为和物的不安全状态，消除或避免事故，达到保护劳动者的安全与健康的目标。

（4）安全管理重在过程控制：在安全管理的主要内容中，虽然都是为了达到安全管理的目的，但是对生产因素状态过程的控制，与安全管理目标关系更直接，显得更为突出。

六、发生安全事故原因

安全事故的发生有其基本的规律，即人员伤亡的结果是由人的不安全行为或物的不安全状态所致，人的不安全行为或物的不安全状态是人为因素造成的，人为因素是由于不良环境诱发或者由先天的遗传因素造成的。建筑企业安全工作的中心就是防止人的不安全行为，消除物的不安全状态。发生安全事故的主要原因有：

（1）工人的安全施工意识淡薄。目前建筑企业雇用的工人基本上都是一些没有组织的民工，他们安全意识差，缺乏基本的安全知识和操作技能，“三违”（违章指挥、违章作业、违反劳动纪律）现象时有发生。据统计，建筑行业70%以上的事故都是因“三违”造成的。

（2）岗前系统的安全培训教育不够，时间短，效果差；班前安全教育没有真正落实，即使有也是流于形式，工人的安全施工意识没有得到有效的提高。

（3）现场的安全管理不到位，安全施工责任制没有真正落实也是造成事故的原因之一。施工现场的安全管理是一种动态管理。建筑施工现场物的不安全因素在减少，但人的不安全行为却没有得到有效的监控。

（4）民工的流动性大，往往一个民工同时在几个工地干活，没有相对的稳定，造成管理上困难。

七、施工安全管理的对策

（1）以预防事故为中心。预防事故的根本在于认识危险，进行危险性预测，运用科学知识和手段，对工程项目、施工系统和作业中实际存在的危险及可能发生的事故及其严重程度进行分析和推断，并进一步做出估计和评价，以便查明系统的薄弱环节和危险所在并加以改进，同时也可对各种设计方案能否满足系统安全性的要求进行评价，作为制订措施的依据。

（2）从总体出发，实行系统安全管理。在施工过程中，导致发生灾害性事故的原因是很多的，包括人、设备和环境等因素。因此，安全是同施工过程中的许多环节和条件发生联系并受其制约的，孤立地从个别环节或在某一局部范围内分析和研究安全保障是难以奏效的。

（3）落实安全施工责任制。安全施工责任制是搞好安全工作的重要组织措施。多年实践证明：安全施工责任制落实得好，安全状况就好，反之安全状况就差。

（4）加强安全教育、培训工作，提高人员素质。提高人员素质不仅仅是安全施工管理的要求，也是建筑企业整体发展的需要。

总之，施工单位要认真执行国家有关安全施工的法律、法规，健全各项规章制度，层层落实安全施工责任制，加强安全施工的日常管理和现场安全检查，严格按有关规定组织施工经营活动；及时查出隐患，认真进行整改，制订安全防范措施，保证安全施工所需的人力、物力和资金的投入，防止出现新的事故隐患；加强职工的安全教育培训，不得安排没有取得特种作业资格的职工从事特种作业；制订应急救援体系；全面推行现代安全施工管理，真正做到“以人为本、安全第一、预防为主”。

2.7.2 企业安全生产标准化基本规范

《企业安全生产标准化基本规范》(AQ/T 9006—2010)，于2010年4月15日公布，自2010年6月1日起施行。该规范采用国际通用的策划、实施、检查、改进动态循环的现代安全管理模式。要求企业安全生产标准化工作采用“策划、实施、检查、改进”动态循环的模式，依据本规范的要求，结合企业自身特点，建立并保持安全生产标准化系统；通过企业自我检查、自我纠正和自我完善，建立安全绩效持续改进的安全生产长效机制。

一、相关术语

安全生产标准化（Work Safety Standardization）：通过建立安全生产责任制，制定安全管理制度和操作规程，排查治理隐患和监控重大危险源，建立预防机制，规范生产行为，使各生产环节符合有关安全生产法律法规和标准规范的要求，人、机、物、环等处于良好的生产状态，并持续改进，不断加强企业安全生产规范化建设。

安全绩效（Safety Performance)：根据安全生产目标，在安全生产工作方面取得的可测量结果。

相关方（Interested Party)：与企业的安全绩效相关联或受其影响的团体或个人。

资源（Resources)：实施安全生产标准化所需的人员、资金、设施、材料、技术和方法等。

二、遵循原则

企业开展安全生产标准化工作，要遵循“安全第一、预防为主、综合治理”的方针，以隐患排查治理为基础，提高安全生产水平，减少事故发生，保障人身安全健康，保证生产经营活动的顺利进行。

三、评定和监督

企业安全生产标准化工作实行企业自主评定、外部评审的方式。企业应当根据本标准和有关评分细则，对本企业开展安全生产标准化工作情况进行评定；自主评定后申请外部评审定级。安全生产标准化评审分为一级、二级、三级，一级为最高。安全生产监督管理部门对评审定级进行监督管理。

四、核心要求

（1）企业根据自身安全生产实际，制订总体和年度安全生产目标。应按规定设置安全生产管理机构，配备安全生产管理人员。企业主要负责人应按照安全生产法律法规赋予的职责，全面负责安全生产工作，并履行安全生产义务。企业应建立安全生产责任制，明确各级单位、部门和人员的安全生产职责。企业应建立安全生产投入保障制度，完善和改进安全生产条件，按规定提取安全费用，专项用于安全生产，并建立安全费用台账。

（2）企业应建立健全安全生产规章制度，并发放到相关工作岗位，规范从业人员的生产作业行为。企业应确定安全教育培训主管部门，按规定及岗位需要，定期识别安全教育培训需求，制订、实施安全教育培训计划，提供相应的资源保证。

企业建设项目的所有设备设施应符合有关法律法规、标准规范要求；安全设备设施应与建设项目主体工程同时设计、同时施工、同时投入生产和使用。

（3）企业应加强生产现场安全管理和生产过程的控制。对生产过程及物料、设备设施、器材、通道、作业环境等存在的隐患，应进行分析和控制。对动火作业、受限空间内作业、临时用电作业、高处作业等危险性较高的作业活动实施作业许可管理，严格履行审批手续。作业许可证应包含危害因素分析和安全措施等内容。企业应加强生产作业行为的安全管理。对作业行为隐患、设备设施使用隐患、工艺技术隐患等进行分析，采取控制措施。企业应根据作业场所的实际情况，按照《安全标志及其使用导则》（GB 2894—2008）及企业内部规定，在有较大危险因素的作业场所和设备设施上，设置明显的安全警示标志，进行危险提示、警示，告知危险的种类、后果及应急措施等。

（4）企业应组织事故隐患排查工作，对隐患进行分析评估，确定隐患等级，登记建档，及时采取有效的治理措施。根据隐患排查的结果，制订隐患治理方案，对隐患及时进行治理。隐患治理方案应包括目标和任务、方法和措施、经费和物资、机构和人员、时限和要求。重大事故隐患在治理前应采取临时控制措施并制订应急预案。隐患治理措施包括工程技术措施、管理措施、教育措施、防护措施和应急措施。治理完成后，应对治理情况进行验证和效果评估。

（5）企业应按照法律法规、标准规范的要求，为从业人员提供符合职业健康要求的工作环境和条件，配备与职业健康保护相适应的设施、工具。应定期对作业场所职业危害进行检测，在检测点设置标志牌予以告知，并将检测结果存入职业健康档案。对可能发生急性职业危害的有毒、有害工作场所，应设置报警装置，制订应急预案，配置现场急救用品、设备，设置应急撤离通道和必要的泄险区。各种防护器具应定点存放在安全、便于取用的地方，并有专人负责保管，定期校验和维护。应对现场急救用品、设备和防护用品进行经常性的检测维修，定期检测其性能，确保其处于正常状态。

（6）企业应按规定建立安全生产应急管理机构或指定专人负责安全生产应急管理工作。发生事故后，应按规定及时向上级单位、政府有关部门报告，并妥善保护事故现场及有关证据。必要时向相关单位和人员通报；应按规定成立事故调查组，明确其职责与权限，进行事故调查或配合上级部门的事故调查。

（7）企业应每年至少一次对本单位安全生产标准化的实施情况进行评定，验证各项安全生产制度措施的适宜性、充分性和有效性，检查安全生产工作目标、指标的完成情况。应根据安全生产标准化的评定结果和安全生产预警指数系统所反映的趋势，对安全生产目标、指标、规章制度、操作规程等进行修改完善，持续改进，不断提高安全绩效。

复习思考题

1．何谓项目整合管理？简述其内容及过程。

2．简述项目计划制订的工具与技术。

3．简述项目计划实施的工具与技术。

4．简述项目全程变更控制的工具与技术。

5．简述项目范围管理的目的。

6．简述项目范围管理的内容。

7．简述将项目范围管理的过程。

8．何谓 WBS（工作分解结构）？简述制订 WBS 的过程，建立 WBS 需要考虑的因素及检验标准。

9．考察一个你熟悉的工程，创建其 WBS，阐述如何对其进行范围管理。

10．简述项目人力资源管理的过程及特点。

11．简述常见的激励理论。

12．简述项目人力资源管理的内容及注意要点。

13．假设你是某土建项目的项目经理，你将如何进行项目人力资源管理？

14．假设你是某工程项目的项目经理，你将如何与项目干系人进行沟通？

15．何为目标管理？简述目标管理的优缺点。

16．何为采购？简述采购的分类。

17．何为项目采购管理？简述项目采购管理的过程。

18．简述降低采购成本的措施。

19．简述《环境管理体系——要求及使用指南》的主要内容及其作用。

20．简述《企业安全生产标准化基本规范》的核心要求。

3 工程项目策划与风险管理

本章提要

本章主要内容包括工程项目策划的基本概念、目的、特点、程序和内容，以及工程项目风险管理的定义、基本原则，工程项目风险管理的过程，工程项目的保险，工程项目保险的特点，工程项目保险的种类和工程项目保险类型的选择等。重点是工程项目策划的程序及内容和工程项目风险管理的过程。难点是工程项目风险分析的方法。

3.1 工程项目策划

3.1.1 项目策划的含义与特征

工程项目策划是工程项目管理的一个重要组成部分，是项目建设成功的前提。无数建设项目成功的经验证明，科学、严谨的前期策划将为项目建设的决策和实施增值。

一、工程项目策划的基本概念

工程项目策划是指把项目建设意图转换成定义明确、系统清晰、目标具体且具有策略性运作思路的系统活动过程。具体来说是项目策划人员根据业主的总目标要求，通过对工程项目进行系统分析，对项目活动的整体战略进行运筹规划，以便在项目建设活动的时间、空间、结构、资源多维关系中选择最佳的结合点，并展开项目运作，为保证项目完成后获得满意的经济效益、环境效益和社会效益提供科学的依据。

二、工程项目策划的目的

我国工程项目建设一般遵循图 1-2 的基本建设程序。工程项目立项之前可称为工程项目决策阶段，立项之后为工程项目实施阶段。然而在建设项目实践中尚存在不少问题。首先，以项目建议书和可行性研究作为审批的依据存在不足。可行性研究虽然进行了经济分析和技术分析，但由于前期环境调查和分析不够，往往是为了立项和报批而做，因而可行性研究常常变成可批性研究，其真实性、可靠性和科学性值得怀疑，其分析的广度和深度不够，以可行性研究作为决策的依据，决策所需的信息不足。

其次，在工程项目实施阶段，设计任务书往往可有可无，缺乏组织、管理、经济和技术等方面对项目的准备和科学论证，未能对设计工作提出准确、详细的要求，设计工作依据不足，往往造成设计结果偏离目标的现象。

由上述分析可见，无论是在工程项目决策阶段进行策划，为工程项目决策提供依据；还是在工程项目实施阶段进行策划，为工程项目实施提供依据都是十分必要的。建设项目策划就是把建设意图转换成定义明确、要求清晰、目标明确且具有强烈可操作性的项目策划文件的活动过程，回答为什么要建、建什么以及怎么建项目的问题，从而为项目的决策和实施提供全面完整的、系统性的计划和依据。工程项目策划的意义在于其工作成果使项目的决策和实施有据可依。工程项目实施过程中任何一个阶段、任何一个方面的工作都经过各方面专业人员的分析和计划，既具体入微，又不失其系统性，不会有无谓的重复浪费，也不会有严重的疏漏缺失，使工程项目实施的目标、过程、组织、方法、手段等都更具系统性和可行性，避免随意性和盲目性。

目前，我国的大部分工程项目并没有进行严格、全面的工程项目策划，国家对工程项目策划的内容和工作程序没有明确的规定，工程项目策划的工作时间和内容与国家的基本建设程序不完全对应，大多是根据业主方的需要分项、分阶段对工程项目的某个方面进行策划，策划工作缺乏系统性。因此对工程项目策划的理论研究和实践总结是非常迫切的。

三、工程项目策划的特点

工程项目策划的基础是充分占有信息和资料，因此策划工作应十分重视对工程项目有关环境和条件的调查与分析。任何建设项目都处于社会经济系统中，项目的决策和实施与社会、政治、经济及自然环境紧密相关，必须对建设环境和条件进行全面、深入地调查和分析。只有在充分的环境调查与分析的基础上进行分析，才有可能获得一个实事求是、优秀的策划方案，避免夸夸其谈、形式主义的空谈。归纳起来，建设项目策划工作具有以下特点：

（1）重视类同建设项目的经验和教训的分析。项目策划是对拟建项目的一种早期预测，因此类同建设项目的经验和教训就显得尤为重要。对国内外类同建设项目的经验和教训进行全面、深入地分析，是环境调查和分析的重要方面，也是整个项目策划工作的重要部分，应贯穿项目策划全过程。

（2）坚持开放型的工作原则。建设项目策划需要整合多方面专家的知识，包括组织知识、管理知识、经济知识、技术知识、设计经验、施工经验、项目管理经验和项目策划经验等。建设项目策划可以委托专业咨询单位进行，从事策划的专业咨询单位往往也是开放型组织，政府部门、教学科研单位、设计单位、供货单位和施工单位等往往都拥有某一方面的专家，策划组织者的任务是根据需要把这些专家组织和集成起来。

（3）策划是一个知识管理的过程。策划是专家知识的组织和集成，更是信息的组织和集成的过程。策划的实质就是对知识的集成，这实质上就是一种知识管理的过程，即通过知识的获取，经过知识的编写、组合和整理而形成新的知识。

（4）策划是一个创新求增值的过程。策划是“无中生有”的过程，是一种创造过程。项目策划是根据现实情况和以往经验，对事物变化趋势做出判断，对所采取的方法、途径和程序等进行周密而系统的构思和设计，是一种超前性的高智力活动。创新的目的是为了增值，通过创新，带来经济效益。

（5）策划是一个动态过程。策划工作往往是在项目前期，但是策划成果不是一成不变的。一方面，项目策划所做的分析往往还是粗略的估计，随着项目的开展，项目策划的内容根据项目需要和实际可能性不断丰富和深入；另一方面，项目早期策划工作的假设条件往往随着项目进展不断变化，必须对原来的假设不断验证，所以策划结果需要根据环境和条件不断发生的变化，不断进行论证和调整，逐步提高准确性。

3.1.2 工程项目策划程序

工程项目策划是一个相当复杂的过程，不同性质的项目策划的内容不一样，工作步骤也不完全一样，它的大致程序如图 3-1 所示。

一、工程项目构思

（一）构思的产生

项目的构思是指对策划整体的抽象描述，是一个成功策划的关键。工程项目构思是一种概念性策划，它是在企业的系统目标的指向下，从现实和经验中得出项目策划的系列前提和假设，在此基础上形成项目的大致的策划轮廓，对这些策划的轮廓进行论证和选择才形成项目的构思。策划轮廓不是具体的创意，也不是策划的具体计划，只是一种希望做成某种具体策划的印象。这些策划的印象往往是丰富多彩的，而且很少一开始就完全正确，需要经过反复的论证，才逐步变得清晰、明朗。因此，有了策划的轮廓后，应进行调查研究，收集资料，收集策划线索，并逐步把策划印象清晰化，进行选择，使策划轮廓变成项目构思。

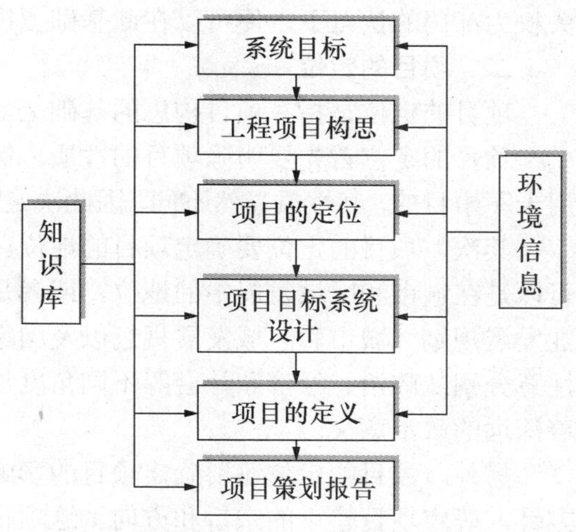

图 3-1 项目策划方案形成示意图

工程项目的构思是工程项目建设的基本构想，是项目策划的初始步骤。项目构思产生的原因很多。不同性质的工程项目，构思产生的原因也不尽相同。例如，工业型项目的构思是可能发现了新的投资机会，而城市交通基础设施建设项目的构思的产生一般是为了满足城市交通的需要。总之项目构思的产生一般出于以下情况。

（1）企业发展的需要。对于企业而言，任何工程项目构思基本上都是出于企业自身生存和发展的需要，为了获得更好的投资收益而形成的。企业要生存和发展，就必须通过不断地扩大再生产来减低生产成本，扩大市场占有率，从而取得更多的投资收益，这是企业投资建设项目的主要原因。

（2）城市、区域和国家发展的需要。任何城市、区域和国家在发展过程中都离不开建设，建设是发展的前提。某些工程项目构思的产生是与城市的建设和发展密切相关的。这些项目构思的产生都需要与国民经济发展计划、区域和流域发展规划，城市发展战略规划相一致。

（3）其他情况。除了上述两种情况下产生的项目构思以外，还有一些构思是处于某些特殊情况而形成的。例如出于军事的需要产生的项目构思等。

在国际工程中，许多承包商通过调查研究，在业主尚没有项目意识时就提出项目构思，并帮助业主进行目标设计、可行性研究、技术设计，以获得这个项目的全包权。这样业主和承包商都能获得非常高的经济效益。

项目构思的产生是十分重要的。它在初期可能仅仅是一个“点子”，但却是一个项目的萌芽，投资者、企业家及项目策划者对它要有敏锐的感觉，要有艺术性、远见和洞察力。

（二）构思的选择

构思的选择首先要考察项目的构思是否具有现实性，即是否是可以实现的，如果是建空中楼阁，尽管设想很好，也必须删除；其次还要考虑项目是否符合法律法规的要求，如果项目的构思违背了法律法规的要求，则必须剔除；另外，项目构思的选择需要考虑项目的背景和环境条件，并结合自身的能力，来选择最佳的项目构思。项目构思选择的结果可以是某个构思，也可以是几个不同构思的组合。当项目的构思经过研究认为是可行的，合理的，在有关权力部门的认可下，便可以在此基础上进行下一步的工程项目。

二、项目的定位

项目的定位是指在项目构思的基础上，确定项目的性质、地位和影响力。

项目的定位首先要明确项目的性质。例如同是建一座机场，该机场是用于民航运输还是用于军事目的，其性质显然不同，因此决定了今后项目的建设目标和建设内容也会有所区别。

其次，项目的定位要确定项目的地位。项目的地位可以是项目在企业发展中的地位，也可以是在城市和区域发展中的地位，或者是在国家发展中的地位。项目地位的确定应该与企业发展规划、城市和区域发展规划以及国家发展的规划紧密结合。在确定项目的地位时，应注意分别从政治、经济和社会等不同角度加以分析。某些项目虽然经济地位不高，但可能有着深远的政治意义。

另外，项目的定位还要确定项目的影响力。项目定位的最终目的是明确项目建设的基本方针，确定项目建设的宗旨和方向。这项目构思策划的关键环节，也是项目目标设计的前提条件。

三、项目的目标系统设计

项目目标是可行性研究的尺度，经过论证和批准后作为项目设计和计划、实施控制的依据，最后作为项目后评估的标准。准确地设定项目目标，是整个策划活动解决问题、取得效果的必要前提。

工程项目的目标系统设计是工程项目前期策划的重要内容，也是工程项目实施的依据。工程项目的目标系统由一系列工程建设目标构成。按照性质不同，这些目标可以分为工程建设投资目标、工程建设质量目标和工程建设进度目标；按照层次不同，这些目标可以分为总目标和子目标。工程项目的目标系统设计需按照不同的性质和不同的层次定义系统的各级控制目标。因此，工程项目的目标系统设计是一项复杂的系统工程。具体步骤包括情况分析、问题定义、目标要素的提出和目标系统的建立等。

（一）情况分析

工程项目的情况分析是工程项目目标系统设计的基础。工程项目的情况分析是指以项目构思为依据对工程项目系统内部条件和外部环境进行调查并作出综合分析与评价。它是对工程项目构思的进一步确认，并可以为项目目标因素的提出奠定基础。工程项目的情况分析需要进行大量的调查工作。在工程背景资料充分的前提下，需要做好工程项目的内部条件分析和外部环境分析两方面的工作。

情况分析有以下作用：

（1）可以进一步研究和评价项目的构思，将原来的目标建议引导到实用的理性的目标，使目标建议更符合上层系统的需求。

（2）可以对上层系统的目标和问题进行定义，从而确定项目的目标因素。

（3）确定项目的边界条件状况。

（4）为目标设计、项目定义、可行性研究及详细设计和计划提供信息。

（5）可以对项目中的一些不确定因素即风险进行分析，并对风险提出相应的防护措施。

情况分析可以采用调查表、现场观察法、专家咨询法、ABC 分类法、决策表、价值分析法、敏感性分析法、企业比较法、趋势分析法、回归分析法、产品份额分析法和对过去同类项目的分析法等。

（二）问题定义

经过情况分析可以从中认识和引导出上层系统的问题，并对问题进行定界和说明。经过详细而缜密的情况分析，就可以进入问题定义阶段。问题定义是目标设计的依据，是目标设计的诊断阶段，其结果是提供项目拟解决问题的原因、背景和界限。问题定义的过程同时也是问题识别和分析的过程，工程项目拟解决的问题可能是由几个问题组成，而每个问题可能又是由几个子问题组成。针对不同层次的问题，可以采用因果关系分析来发现问题的原因。另外，有些问题会随着时间的推移而减弱，而有些问题则会随着时间的发展而日趋严重，问题定义的关键就是要发现问题的本质并能准确预测出问题的动态变化趋势，从而制订有效的策略和目标来达到解决问题的目的。

（三）目标因素的提出

问题定义完成后，在建立目标系统前还需要确定目标因素。目标因素应该以工程项目的定位为指导，以问题定义为基础加以确定。工程项目的目标因素有三类：第一类是反映工程题目解决问题程度的目标因素，例如工程项目的建成能解决多少人的居住问题或工程项目的建成能解决多大的交通流量等；第二类是工程项目本身的目标因素，如工程项目的建设规模、投资收益率和项目的时间目标等；第三类是与工程项目相关的其他目标因素，如工程项目对自然和生态环境的影响，工程项目增加的就业人数等。

在目标因素的确定过程中，要注意以下问题。

（1）要建立在情况分析和问题定义的基础上。

（2）要反映客观实际，不能过于保守，也不能过于夸大。

（3）目标因素需要一定的弹性。

（4）目标因素是动态变化的，具备一定的时效性。

目标因素的确立可以根据实际情况，有针对性地采用头脑风暴法、相似情况比较法、指标计算法、费用—效益分析和价值工程法等加以实现。

（四）目标系统的建立

在目标因素确立后，经过进一步的结构化，即可形成目标系统。

工程项目的目标可以分成不同的种类，按照控制内容的不同，可以分为投资目标、工期目标和质量目标等。投资、进度和质量目标被认为是工程项目实施阶段的三大目标。按照重要性不同可以分为强制性目标和期望性目标等。强制性目标一般是指法律、法规和规范标准规定的工程项目必须满足的目标。例如，工程项目的质量目标必须符合工程相关的质量验收标准的要求等。期望性目标则是指应尽可能满足的可以进行优化的目标。按照目标的影响范围分，可以分成项目系统内部目标和项目系统外部目标。系统内部目标是直接与项目本身相关的目标，如工程的建设规模等；系统外部目标则是控制项目对外部环境影响而制订的目标，如工程项目的污染物排放控制目标等。按照目标实现的时间分可以分成长期目标和短期目标；按照层次的不同，可以分为总目标、子目标和操作性目标等。

在工程项目目标系统建立过程中，应注意以下问题。

（1）理清目标层次结构。目标系统的设计应首先理清目标系统的层次结构。工程项目的目标可以分为三个层次，即系统总目标、子目标和操作性目标。项目的总目标是项目概念性的目标，也是项目总控的依据。项目的总目标可以分解成若干个子目标，根据项目某一方面子系统的特点来制订相应的目标要求。将子目标进一步分解可以得到操作性目标，操作性目标是贯穿项目总目标和其上一级子目标的意图而制订的指导具体操作的目标。

工程项目目标系统的各级目标是逐层扩展并逐级细化的。

（2）分清目标主次关系。在目标系统中各目标的制订过程中，要将主要目标和次要目标区分开来，其目的是在今后的目标控制过程中有所侧重，便于抓住关键问题。同时，还要注意将强制性目标与期望性目标区分开。尤其在目标之间存在冲突时，应首先满足强制性目标，必要时可以放弃并重新制订期望性目标。

（3）重视目标系统优化。目标系统的设计过程中，各目标之间往往既有对立关系，又有统一关系。例如要保证较高的质量目标，可能会引起投资的增加，在制订投资目标时就不一定和期望值相一致。质量目标和投资目标之间存在着一定的对立性，另一方面，如果质量出现问题，也会影响投资。质量目标和投资目标之间又有统一性。因此，在项目目标系统的设计过程中，应根据项目具体的实际情况和约束条件，正确认识项目各目标之间的关系，使项目各个目标组成的目标系统达到最优。

（4）协调内外目标关系。项目的目标既有项目内部目标，又有与项目相关的外部目标。一般情况下，项目的内部目标与项目的外部目标是相辅相成的，有时实现项目内部目标的同时也相应促进了项目外部目标的实现。例如：控制项目的施工噪声对周围居民的影响是项目的外部目标，而项目工期、成本是项目的内部目标。这种情况下为了满足外部目标的要求而采取一些噪声控制和处理措施，可能会影响项目的工期和成本目标。在外部目标与内部目标有冲突时，要正确处理和协调好项目的内部目标和外部目标间的关系，争取使项目的内外各方都能满意。

四、工程项目的定义

工程项目定义是指以工程项目的目标体系为依据，在项目的界定范围内以书面的形式对项目的性质、用途和建设内容进行的描述。项目定义应包括以下内容：

（1）项目的名称、范围和构成定界。

（2）拟解决的问题以及解决问题的意义。

（3）项目的目标系统说明。

（4）项目的边界条件分析。

（5）关于项目环境和对项目有重大影响的因素的描述。

（6）关于解决问题的方案和实施过程的建议。

（7）关于项目总投资、运营费用的说明等。

将经过定义的项目，在时间、空间、结构、资源多维关系中进行运筹安排，找出实施的最佳结合点，形成项目策划的实施系统。项目系统应能详细描述项目的总体功能、项目系统内部各单项单位工程的构成以及各自的功能和相互关系、项目内部系统与外部系统的协调和配套关系、实施方案及其可能性分析。

可以看出，项目定义是对项目构思和目标系统设计工作的总结和深化，也是项目建议书的前导。它是项目前期策划的重要环节，为了保证项目定义的科学性和客观性，必须要对其进行审核和确认。

项目定义的审核。经过定义的项目必须经过审核才能被最终确定。一般项目定义的审查应包括以下内容。第一，项目的范围和拟解决问题的一致性；第二，项目目标系统的合理性；第三，项目环境和各种影响因素分析的客观性；第四，解决问题方案和实施过程建议的可操作性等。项目定义审核可以作为提出项目建议书的依据，当项目审核过程中发现不符合要求的项目定义时，要重新进行项目的定义，项目定义完成后再进行审核，经过反复确认后，才能据此提出项目建议书。然后通过可行性研究对项目进行决策。

【案例 3-1】

在某软件园的策划中，根据内外部条件的调查结果对该软件园进行如下项目定义：

（1）该软件园的项目总体构思为：通过软件园的建设，以自身良好的资源、设施和环境，协同国内外软件产业界，从行业协调、引导着手，为业界提供技术和产品研发、评测认证、产品项目孵化、出口企业成长培育、良好的行业环境等支持和服务，使本项目成为该省软件产业技术及产品研发的重要基地，创新技术、创新产品、创新人才集散枢纽，软件产品评测和质量认证服务中心，软件企业、资本、人才、技术、产品、项目、市场等资源交流及整合服务中心，国内外知名的软件出口基地。

（2）该软件园的宏观产业策划为：成为该省进行软件产业技术、产品、项目研发和孵化的基地，推动该省软件产业的规模化发展，为该省软件行业交流、软件出口企业成长等提供优越的资源、设施、环境和运营条件；协调、引导该省软件行业，充分发挥业界资源总体效益的服务机构；为该省软件企业提高管理水平，培训高层次技术人才，提高软件产品质量，实现与国际接轨提供协助及相关服务。

（3）该软件园的发展战略确定为：依靠政府引导和政策支持，政府投入启动资金进行首期关键基础设施、资源和环境建设。以良好基础资源为启动发展基础，以合作联营及股份制经营方式引入国内外软件业界相关资源，进行规模运营和发展，以高品质的资源服务和业务服务实现经济效益目标，以公益和支持性服务实现社会效益目标。

五、策划报告

策划报告的拟定是将整个策划工作逻辑化、文件化、资料化和规范化的过程，它的结果是项目策划工作的总结和表述。项目策划报告书不但要有丰富、翔实的内容，能够完全表达项目策划人的意图，而且要具有简洁、生动、吸引人的表达方式。

3.1.3 工程项目策划的内容

工程项目策划贯穿从构思、立项、建设到运营的全过程。工程项目策划包括项目发展策划、项目实施策划以及项目建成后的运营策划。

一、项目的发展策划

项目的发展策划，在项目建设前期制定项目开发总体策略的过程，包括项目的构思策划、项目的融资策划和项目合同策划。

（一）项目的构思策划

项目构思策划过程，从项目最初构思方案的产生到最终构思方案形成的过程，即项目构思的产生、项目定位、项目目标系统设计、项目定义并提出项目建议书的全过程。

在项目构思策划过程中，首先是项目构思的产生。项目构思的产生可以是企业发展的需要，例如发现了新的投资机会，也可以是城市发展的需要，例如某城市轨道交通线的建设是为了满足城市交通发展的需要等。经过选择的项目构思需要进行项目的定位，项目的定位是根据国家、地区或企业发展的总体规划，在环境分析的基础上，明确项目建设的地位、影响力和档次规格标准。项目定位将决定项目的建设目标。项目目标系统设计主要包括情况分析、问题定义、目标因素的提出和目标系统的建立四个步骤。在目标系统形成的基础上，可以进行项目定义。工程项目定义是以工程项目的目标体系为依据，在项目的界定范围内以书面的形式对项目的性质、用途和建设内容进行的描述，并可以据此提出工程的项目建设书。

【案例 3-2】

在某软件园的策划中，分别进行了人群功能需求分析和软件企业的功能需求分析。

1. 软件园人群的功能需求分析

软件园的活动主体是在软件园中生活和工作的人群，其人群需求的功能应是软件园主要提供的功能。首先将软件园的人群分为内部人员、外来人员、园区管理人员以及其他人员；其次将软件园区人群的需求分为工作需求、生活需求以及其他需求。再将上述各种类型的人群对软件园的具体需求分为：

（1）工作需求，包括办公、会议、生产、展销、展示、培训等；

（2）生活需求，包括居住、餐饮、购物、娱乐健身、文化以及卫生、医疗等；

（3）其他需求，包括交流、学习、教育需求等。

2. 软件企业的具体功能需求分析

根据企业的工作特点和成长过程，不同企业的工作需求不尽相同，可以简单地把这些企业分为 IT 企业和非 IT 企业两种类型，并对他们的工作需求分别进行分析。

（1）IT 企业的功能需求分析。软件的研发和生产是 IT 企业的主要活动，软件园建设的目的就是为其提供一个相对集中的、物质环境良好的、创新氛围较浓的场所，以促进 IT 企业和软件产业的发展。那么对于 IT 企业本身来说，需要提供什么样的硬件设施和环境才能满足企业活动的需求？这是软件园在开发建设时应该着重考虑的问题。

（2）非 IT 企业的功能需求分析。软件园中除 IT 企业之外的企业统称为非 IT 企业，它们包括软件园开发方组建的开发公司（如果投资开发方为企业）、园区的物业管理公司（通常开发建设和物业管理分离）、各种为软件国提供服务的第三产业的服务公司以及软件学院、医院等。他们对软件目的物质环境建设没有特殊的要求，环境优美、设施先进的办公场所即能满足工作需要。

对园区人群的功能需求和企业的功能需求进行了分析，把这两者的功能需求进行归纳与整合，即可得到软件园的整体功能需求，共分为六个方面，即生产功能、生活功能、园区管理功能、公共服务功能、教育培训功能和环境功能。

（二）项目的融资策划

工程项目建设具有投资大、回收期长的特点。项目资金的筹措是项目得以顺利实施的基本保证。因此，在项目的发展阶段就必须进行项目的融资策划。项目融资策划是在项目的发展阶段通过项目融资渠道的选择、项目融资风险分析等来确定项目融资方案的过程和活动。项目的融资渠道有很多种，项目的融资渠道要根据项目的特点和项目的运作方式加以选用。在制订项目的融资方案时，还要注意进行项目融资的风险分析，尽量使项目的融资风险降到最低，并据此确定项目的还款方式。

项目融资方案策划主要包括融资组织与融资方式的策划、项目开发融资模式的策划等。

（1）融资组织与融资方式策划。融资组织与融资方式策划主要包括确定项目融资的主体以及融资的具体方式。不同项目的融资主体应有所不同，需要根据实际情况进行最佳组合和选择。

如某园区整体融资方式主要有以下几种，如图 3-2 所示。

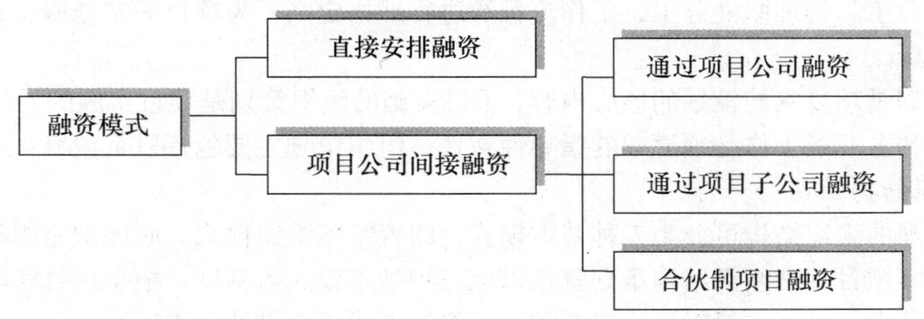

图 3-2 某园区整体融资模式图

（2）项目开发融资模式策划。项目融资主体确定以后，需要对项目开发时具体的融资模式进行策划。如某总部园区单个项目的开发融资模式主要有以下几种，如图 3-3 所示。

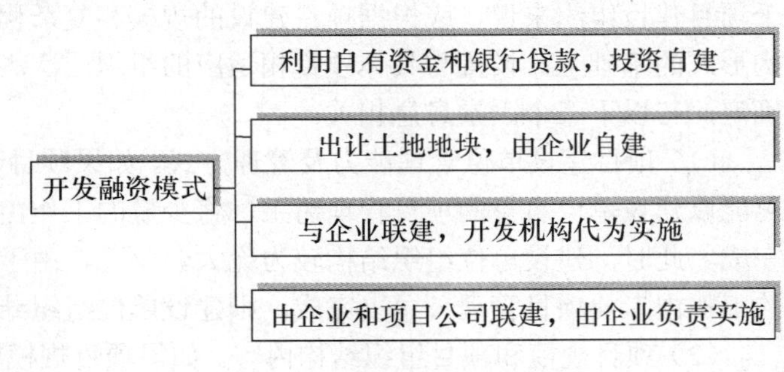

图 3-3 单个项目开发融资模式

（三）项目的合同策划

合同管理是项目管理中另一项非常重要的工作，合同管理的好坏将直接影响项目的投资、进度、质量目标能否实现。管理的内容包括合同结构的确定、合同文本的选择、招标模式、合同跟踪管理、索赔与反索赔等。其中合同结构的确定是非常关键的环节之一。

许多大型建设项目的项目管理实践证明，一个项目建设能否成功，能否进行有效的投资控制、进度控制、质量控制及组织协调，很大程度上取决于合同结构模式的选择，因此应该慎重考虑。

二、项目的实施策划

项目策划的目的是将项目构思策划所形成的建设意图变成可操作的行动方案。项目的实施策划包括项目的组织策划、项目的目标控制策划和项目的采购策划。

（一）项目的组织策划

大型工程项目的建设离不开科学的项目组织。项目组织策划的目的是根据现代企业组织模式建立项目管理的组织机构，组织强有力的项目领导班子，然后通过合理的项目实施方式确定项目的设计方、施工方和材料供货方，并通过项目参与各方的有机组织与相互协调来实现项目的建设目标。

项目的目标决定了项目的组织，组织是目标能否实现的决定性因素。国际和国内许多大型建设项目的经验和教训表明，只有在理顺项目参与各方之间，业主方和代表业主利益的工程管理咨询方之间，业主方自身工程管理班子各职能部门之间的组织结构、任务分工和管理职能分工的基础上，整个工程管理系统才能高效运转，项目目标才有可能被最优化实现。

项目实施的组织策划是指为确保项目目标的实现，在项目开始实施之前以及项目实施前期，针对项目的实施阶段，逐步建立一整套项目实施期的科学化、规范化的管理模式和方法，即对项目参与各方、业主方和代表业主利益的项目管理方在整个建设项目实施过程中的组织结构、任务分工和管理职能分工、工作流程等进行严格定义，为项目的实施服务，使之顺利实现项目目标。

组织策划是项目实施策划的核心内容，项目实施的组织策划是项目实施的“立法”文件，是项目参与各方开展工作必须遵守的指导性文件。组织策划主要包括以下内容：

1. 组织结构策划

项目管理的组织结构可分为三种基本模式，即直线型组织模式、职能型组织模式和矩阵型组织模式。项目管理组织结构策划就是以这三种基本模式为基础，根据项目实际环境情况分析，应用其中一种基本组织形式或多种基本组织形式组合设计而成。

对于一般项目，确定组织结构的方法为：首先确定项目总体目标，然后将目标分解成能实现该目标所需要完成的各项任务，再根据各项不同的任务，选定合适的组织结构形式。对于项目建设组织来说，应根据项目建设的规模和复杂程度等各种因素，在分析现有的组织结构形式的基础上，设置与具体项目相适应的组织层次。针对具体项目，项目实施组织结构的确定，与以下三个因素息息相关。

（1）项目建设单位管理能力及管理方式。如果项目建设单位管理能力强，人员构成合理，可能以建设单位自身的项目管理为主，将少量的工作由专业项目管理公司完成或完全由自身完成。此时，建设单位组织结构较为庞大。反之，由于建设单位自身管理能力较弱，将大量的工作由专业项目管理公司去完成，则建设单位组织结构较简单。

（2）项目规模和项目组织结构内容。如果项目规模较小，项目组织结构也不复杂，那么，项目实施采用较为简单的直线型组织结构，即可达到目的。反之，如果规模较大，项目组织复杂，建设单位组织上也应采取相应的对策加以保证，如采用矩阵型组织结构。

（3）项目实施进度规划。现实工作中，由于建设项目的特点，既可以同时进行、全面展开，又可以根据投资规划而确定分期建设的进度规划，因此项目建设单位组织结构也应与之相适应。如果项目同时实施，则需要组织结构强有力的保证，因而组织结构扩大。如果分期开发，则相当于将大的建设项目划分为几个小的项目组团，逐个进行，因而组织结构可以减少。从以上的分析可以看出，项目建设组织结构的确定要根据主客观条件来综合考虑，不能一概而论。

【案例 3-3】

某卷烟厂技术改造项目的组织结构如图 3-4 所示。

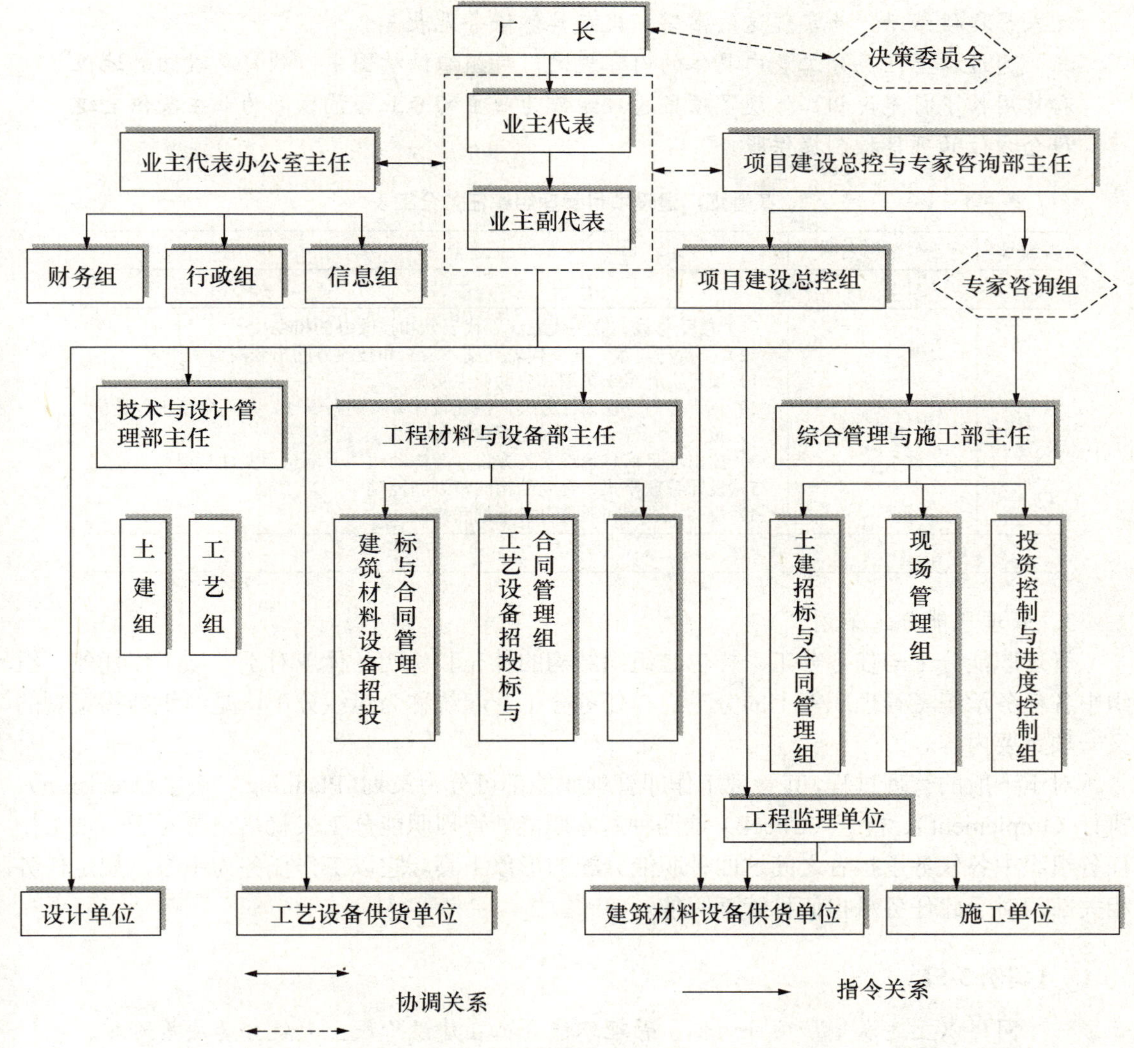

图 3-4 某卷烟厂技术改造项目组织结构图

2. 任务分工策划

在组织结构策划完成后，应对各单位部门或个体的主要职责进行分工。项目管理任务分工就是对项目组织结构的说明和补充，将组织结构中各单位部门或个体的职责进行细化扩展，它也是项目管理组织策划的重要内容。项目管理任务分工体现组织结构中各单位部门或个体的职责任务范围，从而为各单位部门或个体指出工作的方向，将多方向的参与力量整合到同一个有利于项目开展的合力方向。

【案例 3-4】

在某卷烟厂建设项目中，对应于组织结构图，项目总控组作为业主的主要参谋，利用专业的理论和丰富的经验为业主提供全方位的咨询，深入业主班子中协助业主对项目进行全过程全方位的项目控制，并为项目的另一目标——为业主培养项目管理人员提供帮助。为实现这些宗旨，规定具体任务见表 3-1。

通过以上任务分工表内具体的内容规定，对组织结构图中，项目总控组的地位和作用作了补充说明，体现了项目总控组作为业主的专业咨询顾问为业主提供全过程全方位的项目控制提供服务。

表 3-1　　某香烟厂建设项目管理组织任务分工表

编号	工作部门名称	主 要 任 务
……		
B1	项目总控组	（1）接受总裁、业主代表（副代表）和技改办的指令 （2）负责与总裁、业主代表（副代表）和技改办的指令沟通和协调 1）项目实施组织策划和协助业主实施 2）负责参与论证设计方案，保证设计方案的科学性，从而降低工程造价 3）负责工程咨询，确保工程质量优良 4）提出项目信息管理实施方案，并协助业主方信息和文件管理 5）设计管理模式、合同结构的策划和控制 6）投资、进度和质量目标规划和控制
……		

3. 管理职能分工策划

管理职能分工与任务分工一样也是组织结构的补充和说明，体现对于一项工作任务，组织中各任务承担者管理职能上的分工，与任务分工一起统称为组织分工，是组织结构策划的又一项重要内容。

对于一般的管理过程，其管理工作即管理职能都可分为策划（Planning）、决策（Decision）、执行（Implement）、检查（Check）这四种基本职能。管理职能分工表就是记录对于一项工作任务组织中各任务承担者之间这四种职能分配的形象工具。它以工作任务为中心，规定任务相关部门对于此任务承担何种管理职能。

【案例 3-5】

同样以上述卷烟厂项目为例，管理职能分工在建设阶段上大致分为决策阶段、施工前准备阶段和施工阶段三个部分，在每个阶段都会有些重点任务，而这一任务在不同的部门中有不同的管理职能分配，见表 3-2。如在施工前准备阶段中编号为 20 的一项任务——组织土建招标，就需要由建筑组策划，并作为主要实施者召集设计单位、工艺组和综合组配合实施，再上报给业主代表，由业主代表作出决策；而总控组作为专家受业主委托对该工作进行相应的检查。

表 3-2　　某香烟厂建设项目管理组织管理职能分工表

工作任务分类			任务承担者的管理职能分工							
主项	项次	子项系统	……	A 业主代表	D 工艺组	E 建筑组	I 综合组	B1 总控组	M 设计单位	……
决策阶段	10	项目立项书编制		D，C			P，I			
	11	编制项目组织策划		D，C			P			
		……						I		

续表

工作任务分类			任务承担者的管理职能分工							
主项	项次	子项系统	……	A 业主代表	D 工艺组	E 建筑组	I 综合组	B1 总控组	M 设计单位	……
施工前准备阶段	20	组织土建招标		D	I	P，I	I	C	I	
	21	组织土建工程合同谈判		D，C		I	P，I	I		
	22	工程报批手续办理		D，C			I			
		……								
施工阶段	30	组织协调土建施工		D		P，I		C		
	31	组织工艺设备安装		D，C	P，I	I				
		……								

注：P—策划；D—决策；I—执行；C—检查。

组织结构图、任务分工表、管理职能分工表是组织结构策划的三个形象工具。其中组织结构图从总体上规定了组织结构框架，体现了部门划分；任务分工表和管理职能分工表作为组织结构图的说明和补充，详细描绘了各部门成员的组织分工。这三个基本工具从三个不同角度规定了组织结构的策划内容。

4. 工作流程策划

项目管理涉及众多工作，其中就必然产生数量庞大的工作流程，依据建设项目管理的任务，项目管理工作流程可分为投资控制、进度控制、质量控制、合同与招投标管理工作流程等，每一流程组又可随工程实际情况细化成众多子流程。

投资控制流程包括：①投资控制整体流程；②投资计划、分析、控制流程；③工程合同进度款付款流程；④变更投资控制流程；⑤建筑安装工程结算流程等。

进度控制工作流程包括：①里程碑节点、总进度规划编制与审批流程；②项目实施计划编制与审批流程；③月度计划编制与审批流程；④周计划编制与审批流程；⑤项目计划的实施、检查与分析控制流程；⑥月度计划的实施、检查与分析控制流程；⑦周计划的实施、检查与分析控制流程等。

质量控制工作流程包括：①施工质量控制流程；②变更处理流程；③施工工艺流程；④竣工验收流程等。

合同与招投标管理工作流程包括：①标段划分和审定流程；②招标公告的拟定、审批和发布流程；③资格审查、考察及入围确定流程；④招标书编制审定流程；⑤招标答疑流程；⑥评标流程；⑦特殊条款谈判流程；⑧合同签订流程等。

【案例 3-6】

某建设项目的成本控制流程，如图 3-5 所示，该流程组依次由工程估价、投资计划、变更控制、支付管理和工程结算五个主要流程构成，其中支付管理流程又包括承包商提出申请、监理审核、业主审核到支付这四个主要环节。

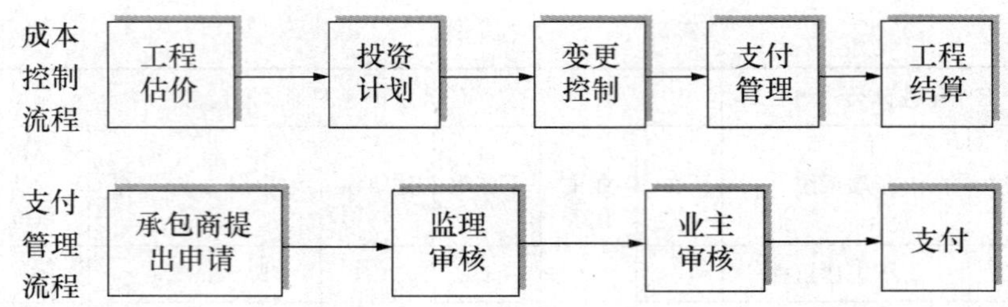

图 3-5 成本控制流程扩展示例图

每一个节点又有一个独立的子流程，如此划分下去，活动可以一直细分下去，分到什么程度才停止？一般来说，如果流程模型中的活动没有让三个不同岗位感到很烦恼的话，就没有必要把它作为一个子流程，只需要把它作为一项活动就可以。比如支付管理子流程，其活动包括承包商提出申请、监理审核、业主审核并支付。但从工程实践来看，流程的划分和绘制往往由实际情况而定，流程的目的是方便项目管理人员落实任务，明白自己的位置和工作范围。建设项目的具体情况不同，其流程策划的细度也不同。

项目管理工作流程策划就是对这些项目管理的众多工作流程进行计划和规定，以此指导项目管理人员的行为，流程图是流程策划的主要工具。流程图通过箭头、方框等形象的表示，表现工作在部门人员间的流转，从而利于工作的贯彻执行。

（二）项目的目标控制策划

从某种意义上讲，工程项目的建设过程就是通过目标控制使工程项目的建设目标得以实现的过程。项目的目标控制策划是通过制订科学的目标控制计划和实施有效的目标控制策略使项目构思阶段形式的项目预定目标得以实现的过程和活动。

项目实施目标控制策划是项目实施策划的重要内容。它是依据项目目标规划，制订项目实施中的质量、投资、进度目标控制的方案与实施细则。

1. 项目目标控制策划的依据

（1）项目定义中项目分解结构、项目总体目标；

（2）建设外部环境分析；

（3）建设组织策划；

（4）项目合同的有关数据和资料等。

2. 项目目标控制策划应遵循的原则

（1）从系统的角度出发，全面把握控制目标。对于投资目标、进度目标、质量目标这三者而言，无法说哪一个最为重要。这三个目标是对立统一的关系，有矛盾的一面，也有统一的一面。尽管如此，三个目标仍处于一个系统之中，寓于一个统一体。

鉴于三大目标的系统性，项目实施阶段的目标控制策划也应坚持系统的观点，在矛盾中求得统一。既要注意到多方目标策划的均衡，又要充分保证各阶段目标策划的质量。

（2）明确项目目标控制体系的重心。项目目标体系的均衡并不排除其各个组成部分具有一定的优先次序，出现个别的或一定数量的重点目标，形成项目目标体系的重心。这往往是项目决策领导层的明确要求。澄清这种优先次序，尽可能地符合项目领导层的要求。但要注意，虽然项目目标体系重心的存在与项目目标体系整体的均衡之间并没有根本的冲突，然而，过分的强调会形成不合理的重心，破坏项目目标体系的均衡。

（3）采用灵活的控制手法、手段及措施。由于不同目标控制策划在项目建设不同时期的内容，应该有不同的控制方法、灵活的控制手段、多样化的控制措施与之相适应。不同的方法、手段和措施有着不同的作用和效果。

（4）主动控制与被动控制相结合。目标控制分为主动控制与被动控制。在项目目标控制策划中应考虑将主动控制和被动控制充分结合，即项目实施阶段的目标组合控制策划。

3. 项目实施目标控制策划应采取的措施

（1）技术措施。技术措施是指在项目控制中从技术方面对有关的工作环节进行分析、论证，或者进行调整、变更，确保控制目标的完成。

采用技术措施需要投入的资源主要是专门的技术、专业技术人员以及相应的管理组织力量和费用支出。例如，聘请各方面的专家，组织进行技术方案的分析、评审。或者针对项目实施中出现的问题，向专业技术人员征求咨询意见，进行技术上的调整。

技术措施的作用大多直接表现为对质量、投资、进度等方面目标的影响，其效果可以用控制目标的各种指标变化直接表示出来。

（2）经济措施。经济措施是指从项目资金安排和使用的角度对项目实施过程进行调节、控制、保证控制目标的完成。

经济措施的主要方法是在一定范围进行资金的调度、安排和管理。因而，在项目目标控制策划中，多考虑将经济措施和技术措施结合起来使用，利用两种措施对项目实施过程和项目实施组织的双重作用，进行组合控制。

（3）合同措施。合同措施是指利用合同策划和合同管理所提供的各种控制条件对项目实施组织进行控制，从而实现对项目实施过程的控制，保证项目目标的完成。

合同措施主要是利用合同条款进行有关的控制工作，所需要的资源也主要是合同管理及法律方面的专业技术力量。例如，通过制订合同中费用支付条款来控制项目实施时，就需要熟悉有关的合同条件和法律知识的专业技术人员来完成这一工作。

合同措施直接对有关的项目实施组织产生作用，对项目实施过程或项目控制目标的作用则比较间接。它在最后会表现出强制性，可以作为项目控制的一个可靠保障。但在一般情况下，不宜将合同措施作为项目控制的唯一手段。进行过多强制性的控制，会对项目实施形成不利的干扰，影响项目实施过程的正常稳定性。

（4）组织措施。组织措施是指通过对项目系统内有关组织的结构进行安排和调整，对不同组织的工作进行协调，改变项目实施组织的状态，从而实现对项目实施过程的调整和控制。

组织措施所需要的主要资源是与项目组织有关的技术力量和管理力量。例如，通过设置职能部门来加强某方面的目标控制，就需要调用有关的技术人员和管理人员。

组织措施对项目系统中的有关组织直接产生作用，但与合同措施相比，组织措施的影响范围比较大，消极作用与积极作用总是不可避免地同时出现，产生的连锁反应也比较明显。其影响效果在控制目标上表现出来要迟缓一些，具有一定程度的时滞性。

【案例 3-7】

某房地产项目其目标控制策划的主要内容如下：

（1）投资控制，包括：①投资分解结构和编码体系；②不同阶段投资数据比较；③概算、预算审核；④资金规划和控制；⑤投资控制软件的应用等。

（2）进度控制，包括：①进度分解结构和编码体系；②进度计划审核；③进度数据比较；④进度控制软件的应用等。

（3）质量控制，包括：①设计质量控制；②招投标质量控制；③设备、材料采购质量控制；④施工质量控制等。

（三）项目的采购策划

工程项目的采购策划是指从工程项目系统外部获得物质资料和服务的整个采办过程。工程项目的采购策划目的是根据项目的特点，通过详细的调查分析来制订合理的采购策略。工程项目采购策划直接关系到项目的成功与否，是工程项目实施策划的重要环节。因此必须在采购前进行采购方案策划，并在采购策划的基础上制订详细而周密的采购计划，因而确保工程项目的顺利建设和实施。

三、项目的运营策划

项目的运营阶段是项目生命周期内时间经历最长的阶段，也是直接产生投资效益的阶段。项目运营质量决定了项目投资方的根本利益，也是实现投资收益的直接保证。项目的运营策划就是要通过制订良好的项目运营管理模式为投资方带来丰厚的回报，并且使项目的物业获得保证和增值。

四、工程项目策划中要注意的两个问题

（一）重视项目前期策划

长期以来，前期策划阶段的工作在国内外都没有引起人们足够的重视，项目管理专家、财务专家和工程经济专家也没有加以重视。在许多项目前期策划过程中存在如下现象：

（1）不按科学的程序办事，投资者、政府官员拍脑袋上项目，直接构思项目方案，直接下达指令做可行性研究，甚至直接做技术设计。

（2）在这个阶段不愿意花费时间、金钱和精力。一个构思一经产生，立即就要上马这个项目，不做详细的系统的调查和研究，不做细致的目标和方案的论证，常常仅做一些概念性的定性的分析和研究。在我国的建设项目中这个阶段的花费很少，这个阶段的持续时间也很短。

（3）在做项目目标设计时，许多人过多地考虑到自己的局部利益。为了使项目能够获得上层的批准，做非常乐观的计划，甚至罗列和提供假的数据。我国在相当长时间以来，由于上述原因导致项目失败的例子比比皆是。

在现代工程项目中，人们越来越重视这个阶段的工作。项目管理专家介入项目的时间也逐渐提前。在国际工程中，咨询工程师甚至承包商在项目目标设计甚至在项目构思阶段就进入项目。这样不仅能够防止决策失误，而且保证项目管理的连续性，进而能够保证项目的成功，提高项目的整体效益。

一般在项目的前期策划阶段，上层管理者的任务是提出解决问题的期望，或将总的战略目标和计划分解，而不必过多地考虑目标的细节以及如何去完成目标，更不能立即提出解决问题的方案。

许多上层管理者喜欢在项目的早期，甚至在构思阶段就提出具体的实施方案甚至提出技术方案，这会带来如下问题：

（1）如果在构思时就急于确定一个明确的目标和研究完成目标的手段（措施或方案），就

会冲淡或损害对问题、对环境的充分研究、调查和对目标的充分优化，妨碍集思广益和正确的选择。

（2）在这个阶段的工作主要由高层战略管理者承担，由于行政组织和人们行为心理的影响，高层管理者如果提出实施方案常常很难被否决，尽管它可能是一个不好的方案，或还存在更好的方案。这使得后面的可行性研究常常流于形式。

（3）过早构思方案，缺少对情况和问题充分的调查，缺少目标系统设计的项目有可能是一个“早产儿”，会对这个项目的生命期带来无法弥补的损害。

一个项目的实施和运行，达到项目目标需要许多条件。这些条件构成项目的要素，对一般的工程项目，这些要素包括：产品或服务的市场、资金、技术（专利、生产技术、工艺等）、原材料、生产设备、劳动力和管理人员、土地、厂房、工程建设力量等。获得这些要素是使项目顺利实施的必要保证；要使项目有高的经济效益，必须对这些要素进行优化组合。在前期策划中应考虑，如何获得这些要素，如何对这些要素进行优化组合。随着国际经济的一体化，人们有越来越多的机会和可能性在整个国际范围内取得这些项目要素。

在项目前期策划中应注重充分开发项目产品的市场，边界条件的优化，充分利用环境条件，选择有利地址，合理利用自然资源和当地的供应条件、基础设施，充分考虑与其他单位的合作机会和可能性。

在项目的前期策划中应注意上层系统的问题、目标和项目的联系与区别。例如，问题：某处交通拥挤，随着社会发展越来越严重；目标：解决交通拥挤问题，达到每天40000辆车的通行量，通行速度120公里/小时；项目：该处路和桥梁的建设。

（二）争取高层的支持

这里有两方面问题：

（1）工程项目的立项必须由高层人士，如投资者、政府官员、权力部门、企业管理者决策。所以在这个阶段他们起着主导作用。实践证明，上层的支持不仅决定项目是否能够成立，而且是在项目过程中能否得到实施所必需的资源和条件的关键，所以国外有人将它作为项目成功的关键因素之一。

（2）由于项目是由上层驱动的，常常政治因素在左右项目。上层管理者以及项目经理的政治目的、形象、政绩要求，甚至他们的知识结构、文化层次、生活水平、与项目的关系都会产生对项目不同的评价，进而影响项目的决策。这种状况会造成项目决策的失误。许多人为了使得项目上马，提出十分诱人的理想化的市场前景和财务数据，忽视工程中潜在的风险。这会导致项目决策的失误。

上层管理者不一定懂项目管理，也不一定是技术经济或财务专家，但要作项目决策，这是项目的一个基本矛盾。他们决策的依据必须建立在科学的基础上，必须有财务和工程经济、项目管理专家的支持。所以在项目前期就应在组织上、工作责任和工作流程上建立战略层和项目层之间的关系，使项目策划工作有条不紊地进行。

3.2 工程项目风险管理

工程项目是在复杂的自然和社会环境中进行的，其建设是一个周期长、投资多、技术要求高、内部结构复杂、外部联系广泛的生产过程，在该过程中，不确定因素大量存在，并不断变化，由此产生的风险常常影响工程项目的顺利实施。随着社会生产力的提高和科学技术的发展，工程项目的规模和复杂性日益增大，风险所致损失也随之增大，甚至成为项目成败的关键。因此对项目的风险进行管理变得尤为重要。

工程建设项目作为社会经济活动的重要组成部分，在实施过程中受到各个方面的风险干扰和威胁，使项目在成本、工期、功能和运行效益等方面达不到预期目标。这些风险因素通常来自项目的技术复杂性、规模大型化、投资与管理的多元化和国际化、项目实施环境的多变性、合同条件的严格性等诸多方面。由此产生了各种风险分析与管理技术，并在现代工程项目风险管理中得到了日益广泛的应用。

3.2.1 工程项目风险

一、风险的含义

“天有不测风云”，风险的存在是客观的，风险对人们普遍存在的威胁性引起许多专家学者对其深入研究的兴趣，他们给“风险（Risk）”这一术语下了多种定义。但目前尚无一个适用于各个领域的、统一的风险定义。比较有代表性的风险定义主要有：

（1）风险一词在字典中的解释是“损失或伤害的可能性”，该定义中的“可能性”表达出了损失或伤害的不确定性。

（2）以研究风险问题著称的美国学者 A．H．威雷特认为：“风险是关于不愿发生的事件发生的不确定性之客观体现。”

（3）美国经济学家 F. H. 奈特认为：“风险是在特定环境中和特定期间内自然存在的导致经济损失的变化。”

（4）日本学者武井勋认为：“风险是在特定环境中和特定期间内自然存在的导致经济损失的变化。”

（5）台湾地区学者郭明哲认为：“风险是指决策面临的状态为不确定性产生的结果。”

（6）美国人韦氏给出了比较经典的风险定义：“风险是遭受损失的一种可能性。”

综合上述对风险的不同描述，风险的基本要素可以概括为以下两个方面：①风险因素的存在性；②风险事件（损失或伤害）及其产生的损失量的不确定性。

二、风险的特点

（1）风险的客观存在性。无论是自然界中的风险，如地震、滑坡、特大暴风雨等，还是社会领域中的风险，如政变、经济政策出台或变更、通货膨胀等，都不以个人的意志为转移，是独立于意识之外的客观存在。尽管人们无力控制客观状态，却可以认识并掌握客观状态变化的规律性，对相关的客观状态做出科学的预测，这是风险管理的前提。

（2）风险存在的普遍性。无论是组织或是个人都面临着各种各样的风险。如组织面临自然风险、市场风险、技术风险、破产风险；个人则面临疾病、失业、意外事故等风险。

（3）具体风险事件发生的随机性。就某一具体风险事件而言，它的发生是偶然的，是一种随机现象。在发生之前，人们无法准确预测具体风险何时会发生，以及发生的后果。具体风险事件的发生是诸多风险因素和其他因素共同作用的结果。

（4）风险发生的统计规律。个别风险事件的发生是偶然的，但一定范围内的风险发生满足统计规律，可以利用概率论和数理统计方法去计算风险发生概率和损失。

（5）风险的可变性。在一定条件下风险可转化，包括：风险性质的变化；风险后果的变化；随着时间的推移，某些风险在一定的空间范围内被消除，但同时又可能产生新的风险。

【案例3-8】 信息不完备的决策

某项目的业主委托了一名环境设计师来对已有房屋进行总体规划以达到新的使用要求。在设计阶段设计师提出了一个完全崭新的房屋策略和设计上的重大变更。为了顺利实施该项目，业主聘请了一个项目公司对修改的建筑方案提供必要的管理和监督，其后，项目管理人员发现环境设计师的策略和变更是不可行的。事实证明，业主聘用的这名环境设计师经验不足，所进行的决策是在忽视了许多重要因素的情况下作出的，是在信息不完备的条件下进行的变更，业主不得不按照新的设计要求重新进行了设计。最终，由于这项失误导致了这项工程成本超支40%，工期延长50%。

三、风险的本质

风险的本质通过风险因素、风险事件和风险损失三者的关系得以揭示。如图3-6所示。

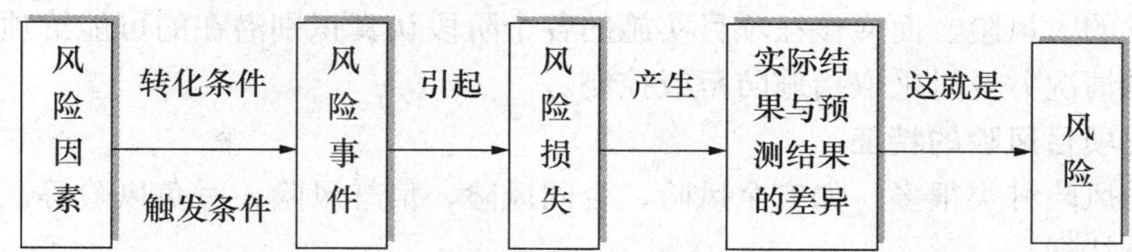

图3-6 风险的作用链

其中，风险因素可分为两类：①实质类风险因素，如建材涨价等；②人为类风险因素，如承包商违约、施工突发事故等。

风险事件是指活动或事件的主体未曾预料到或虽然预料到其发生，但未预料到其后果的事件。但有时风险因素与风险事件很难严格划分。

风险损失是指非故意的、非计划性的和非预期性的经济价值的减少。损失可分为直接损失和间接损失。前者是指实质的、直接的损失，包括风险事件直接导致的财产损毁和人员伤亡。后者则包括额外成本损失、收入损失和责任损失三种。

了解风险由潜在转变为现实的转化条件、触发条件及其过程，对于控制风险十分重要。控制风险实际上就是控制风险事件的转化条件和触发条件。当风险事件只能造成损失时，应设法消除转化条件和触发条件；当风险事件可能会带来机会时，则应努力创造转化条件和触发条件，促使其实现。

四、承担风险的基本准则

任何分析不管是多么好或多么复杂，最终决策者是人。以下是一些承担风险的基本准则：

（1）不要为蝇头小利去冒过大的风险。

（2）始终事先制订计划。

（3）既要分析风险的来源，又要分析其后果。

（4）制订备选方案以作为应急措施。

（5）不要埋怨他人没采取行动。

（6）不要机械地根据理论去承担风险。

（7）不要为了怕丢面子而去承担风险。

（8）绝不要去承担超过自己能力限度的风险。

（9）多征询专家的意见。

（10）根据经验和直觉认真考虑成败的可能性。

（11）认真考虑风险中可控制的部分和不可控制的部分。

五、工程项目风险的含义

工程项目风险（Project Risk），是指工程项目建设的各个阶段发生伤害或损失的可能性。在工程项目建设的各个阶段，风险因素（如缺陷设计、施工方案不合理、工艺设计落后、工艺流程不合理、安全措施不当、法规变化、市场动荡、通货膨胀、合同纠纷、人员素质不高、材料问题、组织问题、设备故障、资金短缺、自然不可抗力因素等）是客观、普遍存在的。这些风险因素可能导致工程项目实施失控，项目最终成果偏离既定项目目标，工程经济效益降低甚至项目失败等现象。而工程项目的一次性，更使其不确定性要比其他一些社会经济活动大许多，可以说任何工程项目都存在着不确定性（风险）。我们要做的远不仅仅是发现像火灾、水灾这样的大风险，而应该在项目实施的各个阶段认真识别潜在的可能给项目带来损失或伤害的种种情况并及时采取措施防范或控制。

六、工程项目风险的特征

工程项目风险种类很多，如安全风险、合同风险、信誉风险、亏负风险等，这些风险都具有以下基本特征：

（1）客观性。工程项目风险的引发因素，例如自然灾害、战争、意外事故或故障、人为矛盾冲突等，客观地存在于项目活动的各个方面。这些风险因素的存在是不以人的意志为转移的，不管人们是否意识到，它们都是客观存在的。只要决定风险的各种因素客观存在，风险就是不以人的意志为转移的客观存在。因此，及早发现可能导致风险的因素，科学进行工程项目风险管理很有必要。

（2）不确定性。工程项目风险的发生不是必然的，带有较大的不确定性。风险事件是否发生、何时发生、何地发生、产生影响等都是不确定的。风险的不确定性，使风险常常给人突发感，让人措手不及，应该加强风险的预警和防范研究。

（3）可变性。工程项目风险会随着风险因素的变化，而发生相应的变化，即工程项目风险是动态变化的。工程项目风险的可变性集中表现在：①风险性质的变化；②风险后果的变化；③出现了新的风险或风险因素已经消除。工程项目风险的可变性，要求我们应该实施动态、柔性的风险管理。

（4）相对性。项目风险的大小是相对而言的，不同的风险管理主体对风险的承受能力不同，相应地，对风险大小和影响程度有不同的感受和判断。例如：某工程项目投资总额为1.5亿元，对于实力雄厚的大型企业或企业集团来说，其巨额履约保证金潜在风险影响较小；但对于中小型企业而言，这样巨额的履约保证金很可能引发流动资金紧张。若出现一些偏差，其赔偿金额可能使企业致命。

（5）阶段性。工程项目风险的发展是分阶段的，主要包括三个阶段：

1）风险潜在阶段：这一阶段，风险处于酝酿中，尚未真实地发生。这一阶段的风险尚未造成损失，但可能逐步发展变化成为现实的风险。

2）风险发生阶段：这一阶段，风险变成了现实风险，但尚未产生后果。但若不及时、不正确地应对风险，风险就会进一步发展，造成各种损失。

3）造成后果阶段：这一阶段，风险损失已经造成。通常风险后果无法挽回，只能尽量采取措施减轻危害。

七、工程项目风险管理的定义

工程项目风险管理（Project Risk Management）是在追求工程项目安全保障的目标下，在经济学、管理学、行为科学、运筹学、概率统计、计算机科学、系统论、控制论等学科和现代工程技术的基础上发展起来的一门新学科。

关于工程项目风险管理的定义，不同的组织或专家有些不同的认识。根据美国项目管理学会的报告，项目风险管理有三种表述：

（1）风险管理是系统识别和评估风险因素的形式化过程；

（2）风险管理是识别和控制能够引起不希望变化的潜在领域和事件的形式、系统的方法；

（3）风险管理是在项目期间识别、分析风险因素，采取必要对策的决策科学与艺术的结合。

简单地说，工程项目风险管理就是指工程项目管理团队运用科学的方法和手段，通过风险识别、风险评估、风险应对和风险控制等环节，争取以最小的成本，追求工程项目安全保障的管理过程。

小知识 项目风险管理的发展历程[32]

发达国家在工程建设领域开展风险管理的研究和实践始于20世纪50年代，伴随着西方社会战后重建，投资大量增加，巨大的投资促使管理者加强对众多的项目不确定因素的管理。风险管理受到欧美各国的普遍重视，其研究内容逐步向系统化、专业化方向发展。70年代，国外学者主要研究业主与承包商在合同中的风险责任问题。80年代，研究内容开始涉及工程保险、地质及环境不确定风险、费用超支风险、工期延误中的责任、技术风险和设计风险等领域。

八、工程项目风险管理的基本原则

（1）经济性原则。工程项目风险管理应争取最小的成本，尽可能避免或减少损失的发生。所以，制订工程项目风险管理计划时应充分考虑经济性原则，对各种效益和费用应进行科学分析和严格核算，以总成本最低为重要目标。

（2）满意原则。此处，“满意”是与“最佳”相对而言的。由于工程项目风险的不确定性和信息的不完全性，不可能消灭一切潜在风险，即无论采取什么方法手段都不可能实现最佳。因此，在风险管理过程中，不苛求最佳，满意就好；应针对不同风险的特点采取恰当的应对方法，只有风险管理成本小于风险可能损失的应对方法才是可行的。

（3）重视与蔑视相结合的原则。在工程项目实施的整个过程中，风险是普遍存在、危害较大的。我们应高度重视并及时识别风险，采取恰当的风险应对措施，将工程项目风险损失控制到最低程度。但过分地重视或恐惧往往会造成紧张等不良情绪，不利于发挥正常的工作效率。因此，在充分认识各种不确定因素，并作出妥当处理或安排的基础上，我们要蔑视风险，有条不紊地推进工程项目风险管理工作。

（4）社会性原则。对抗工程项目风险的措施和方法应该是合乎国家法律法规和相关规章制度的。同时，这些措施和方法不应该给工程项目周边地区或其他单位个人带来不良影响。在制订工程项目风险管理计划和措施时，应该考虑到工程项目周边地区、与工程项目相关的单位或个人对该工程项目风险管理的要求。

九、工程项目风险管理的作用

工程项目风险管理是工程项目管理的一部分，目的是保证工程项目总目标的实现，风险管理对工程项目管理的作用表现为：

（1）通过风险分析，可加深对项目的认识和理解，澄清各方案的利弊，了解风险对项目的影响，以便减少和分散风险。

（2）通过检查所有的资料、信息，可明确项目的各有关前提和假设。

（3）通过风险分析，不但可以提高项目各种计划的可信度，还有利于改善项目执行组织的内部和外部之间的沟通。

（4）编制应急计划时更有针对性。

（5）能够将处理风险后果的各种方式更灵活地组合起来，在工程项目管理中减少被动，增加主动。

（6）为以后的计划和设计工作提供反馈，以便在计划和设计阶段就采取措施，防止和避免风险损失。

（7）风险无法避免，也能够明确工程项目到底应该承受多大损失和损害。

（8）为工程项目施工、运营选择合同形式和制订应急计划提供依据。

（9）通过深入地研究和了解情况，可以使决策更有把握，更符合项目的方针和目标，从总体上使工程项目减少风险，保证项目目标的实现。

（10）可推动工程项目执行组织和项目管理团队积累有关风险的资料和数据，以便改进将来的工程项目管理经验。

3.2.2 工程项目风险管理的过程

对于工程项目风险管理的过程，不同组织或个人的认识有一些差异。美国系统工程研究所（SEI）把风险管理的过程分成风险识别、风险分析、风险计划、风险跟踪、风险控制和风险管理沟通六个主要环节。美国项目管理协会（PMI）制定的 PMBOK（2000 版）将风险管理过程分为：风险管理规划、风险识别、风险定性分析、风险量化分析、风险应对设计、风险监视和控制六个主要环节。

工程项目风险管理可以分为以下基本过程：工程项目风险识别、工程项目风险评估、工程项目风险应对和工程项目风险控制。

一、工程项目风险识别

工程项目风险识别（Project Risk Identification），是指对工程项目可能存在的风险种类、性质、特征等进行判断、鉴定和描述的过程。工程项目风险识别是工程项目风险管理的基础，没有风险识别为基础的风险管理工作是盲目的。工程项目风险因素遍布工程项目管理的各个知识领域，见表 3-3，项目管理各知识领域各阶段的工作人员都应该充分重视工程项目风险识别工作，及时发现潜在的风险因素，分析判断可能产生的风险，鉴定并描述潜在风险的各种特性，为工程项目风险管理工作奠定基础。

表 3-3 工程项目风险因素分布

知识领域	风险因素
范围管理	目标不明确，范围不清，工作不全面，范围控制不恰当
进度管理	错误估算时间，浮动时间的管理失误，进度安排不合理

续表

知识领域	风险因素
成本管理	成本估算错误，资源短缺，成本预算不合理
质量管理	设计、材料和工艺不符合标准，质量控制不当
采购管理	没有实施的条件或合同条款，物料的单价变高
风险管理	忽略了风险，风险评估错误，风险管理不完善
沟通和冲突管理	沟通计划编制不合理，缺乏与重要干系人的协商，冲突管理不完善
人力资源管理	项目组织责任不明确，没有高层管理者支持
整体管理	整体计划不合理，进度、成本、质量协调不当

（一）风险影响识别

风险影响可以分为四个层次：整体环境、市场与行业、公司、项目。

1．整体环境

整体环境将影响一定社会范围内的所有组织。整体环境风险可以分为两大部分：一部分是自然环境风险，另一部分是政治、社会以及经济风险。

自然环境包括天气状况以及诸如滑坡和地震等自然现象。自然环境可能会对建造过程产生显著的影响。例如，连续的降雨会导致不得不对室内和室外的工作程序进行调整；大风可能会导致需要修改钢结构的安装计划；低温天气会影响混凝土的施工。虽然自然环境是不可控制的，但我们可以识别由其所引起的风险，并可以进一步采取措施来减轻风险的影响。例如对计划进行调整，将特别易受此类风险影响的工作安排在最合适的天气情况下进行。

政治、社会和经济环境是可部分控制的。政治、社会和经济环境所具有的显著特征是其改变的速度，当今的变化速度比以往任何时期都要快。经济和社会环境是由政府控制的，政府关于这些方面的决策对有些行业来说影响是相当大的。例如，如果政府实施了对在市中心开发写字楼项目的限制之后，将对开发商和建筑业造成严重的影响。此类环境风险是可控制的，但只能由政府来加以控制。没有人会忽视环境风险。尽管对政府施加压力会影响其制定的决策，但总体来说，绝大多数此类事件对个人和公司来说是不可控制的。在这种情况下，必须重视对所面临的风险进行评估。

【案例 3-9】 暴雨造成工程事故

一自来水厂的输水管道在敷设过程中，采取了分段施工的方法。其中的 460m 管道已经敷设就位，两端用堵板封死，准备试压。但由于施工管理不善，忽视了基坑排水，没有及时进行注水压重或回填覆土工作。在此期间遇台风、暴雨，地表水充注满沟，加上回填土夯实不够、土壤浸水饱和、自由水压大，使水管受到的浮力大于其重力及回填土的摩擦力，造成了水管漂浮事故。

【案例 3-10】 政局不稳定影响投资

中东国家由于自身国家体制和宗教信仰的原因，多年来一直存在大量的不稳定因素，加上该地区资源丰富，是石油等重要战略物资的出产地，因此，一直是外国势力虎视眈眈的地区。国内教派的冲突、恐怖活动不断、经济环境恶化，极大地制约了当地经济的发展，成为了投资人寻求发展的最大风险。

【案例 3-11】 政府政策变更影响投资

20 世纪 90 年代初期，房地产市场刚刚在中国建立，房地产开发行业里有很多不合法的情况，泡沫现象严重，对国家经济构成重大威胁。因此，1993 年全国开始实施经济宏观调控政策，包括对房地产发展的融资紧缩，限制银行业务贷款。该政策的变化对房地产开发商造成沉重打击，尤其是经济实力较弱的开发商，致使很多工程未完成，出现大批的烂尾楼。直到现在，一些地方仍然存在很多的未完工建筑物。

【案例 3-12】 国家法律必须遵守

某市的一个镇政府，为了吸引外商投资企业在该镇投资一个大型的家用电器厂，不顾国家关于环境保护方面的法律，对外方做出很多违反国家法令的承诺，允许该厂建设使用电镀车间，但该车间位于该市的自然水源保护区中，电镀排放的污水对水质构成严重威胁，该厂建成投产后，电镀车间被政府环保部门勒令停产，不得不在较远的地方重新建设电镀车间。为此，投资企业受到严重损失。

【案例 3-13】 国家关系影响投资

伊拉克的战后重建是世界瞩目的焦点。伊拉克总共对美国、法国、德国、日本、俄罗斯等属于巴黎俱乐部的国家负有 400 亿美元的债务，另外对其他国家还有 800 亿美元的外债。美国国防部于 2003 年 12 月 9 日公布一份备忘录，列出伊拉克重建中的 26 项大型工程，总价值为 186 亿美元，只允许支持对伊拉克动武国家的公司竞标。德国、法国、俄罗斯和加拿大等许多国家的公司被排除在外，引起了德、法、俄等国家的强烈不满。

2. 市场与行业风险

市场风险是指那些会对全行业造成影响的事件，如建筑工人的全国性大罢工。在所有发达国家，建筑业都是一种典型的寡头垄断模式，通常包括为数很少的几家大型公司和大量的小公司。大公司会以一种比小公司更为系统化的方式分析他们所面临的风险。不管是设计公司还是施工企业，所有公司都试图确保其市场份额。这意味着他们必须不断对其所面临的竞争和价格水平进行评价。所有公司都面临着市场风险，但因为他们是相互独立的，任何公司在确定对市场风险的对策时都必须考虑行业内其他公司可能采取的行动。

3. 公司风险

所有企业都是在市场内运作。一个企业可能在任何时候都有几个项目在实施，通常每一个项目就是一个盈利点。企业风险和项目风险之间存在着内在联系，因为企业必须最终承担一个风险性项目所产生的后果。因此，风险方案通常是由集体研究决定的。为了避免面临过大的风险，一些企业可能会针对某一项目而成立一家专门的公司。

【案例 3-14】 合作伙伴不当

上海的一家中外合资企业开发的一项商品房工程中，外方建议通过投标选择施工承包商，但是中方坚持用自身的一家子公司。由于该公司技术实力较差、建筑方法使用不当，致使相邻工厂的基础因施工活动发生了沉降，其工厂的生产线在项目的基础挖掘施工期间被迫停工。工厂控告了这家合资企业并要求赔偿，然而承包商拒绝赔偿，并且拒绝出席任何为解决这一问题而举办的协商和解决会议。最终，这件事虽通过调解得到了解决，但这家合资企业不得不赔偿工厂的所有损失。

4. 项目风险

许多项目风险从作业层或企业的底层的角度来看，是最容易被发现的。一个项目在这一层次可能包括上百个子项和工作。实际操作人员对其每天遇到的困难有最直观的了解。但要求这一层次的人员对整个项目有一个完整的概念是不现实的。他们只关心自己的工作，很少能将其所面临的不确定性与其他项目的类似情况联系起来。任何一个风险管理系统都必须认识到这一点，以确保其能自下而上和自上而下地得以运用。

【案例 3-15】 良好的组织和管理

明确的管理目标、合理的组织机构、细致的职责分工、有效的协调机制是监理组织管理的基本保证。尽管有高素质的人才资源，但如果管理机制不健全，监理工程师仍然有可能面对较大的风险，这种管理上的风险主要来自两个方面：

（1）监理单位和监理机构之间的管理约束机制。由于监理工作的特殊性，项目监理机构往往远离监理单位本部，在日常的监理工作中，代表监理单位和工程有关方面打交道的是总监，总监的工作行为对监理单位的声誉和形象起到决定性的作用。一方面，监理单位必须让总监有职有权、放手工作，才取得总监负责制应有的效果；但另一方面，监理单位对总监的工作行为进行必要的监督和管理同样是非常重要的，也就是说，监理单位和总监之间应该建立完善、有效的约束机制。

（2）项目监理机构的内部管理机制、监理机构中各个层次的人员，职责分工必须明确、沟通渠道必须有效。如果总监不能在监理机构内部实行有效的管理，则风险依然是无法避免的。

【案例 3-16】 设计方案不合理

某县医院会议室结构为砖墙承重、轻钢屋架，屋面为圆木檩条，屋架的构造不合理，且屋架之间缺乏可靠的支撑系统。圆木檩条未与屋架上弦锚固，很难起到系杆或支撑的作用。屋架间虽设有 3 道钢筋系杆，但过于柔软，不能起到支撑作用；即使能起支撑作用，由于间距过大，使上弦杆的平面外长细比达 302，和规范要求相差甚远；加上屋架支座处与墙体无锚固措施，整个屋架的空间稳定性很差。工程尚未验收，医院即启用，当天约 130 人在该会议室开会时，5 间房的屋盖全部倒塌，造成 8 人死亡、7 人重伤、3 人轻伤的重大事故。

（二）风险后果识别

风险的后果包括：①最大可能损失；②最可能的损失额；③如果不投保的话可能的损失额；④为防范事件发生所需的保险费；⑤对事件所做预测的可靠性。

对风险后果的识别，大多数专业人士都倾向于依赖其专业判断和知识，以及过去事件的信息。例如承包商准备项目现场材料每年失窃情况的统计，但是必须权衡超出其保险计划的保险费用与采用安全措施所增加的额外费用，以确定采用何种方式。

对于不同来源的许多风险来说，可能无法提供可靠的数据。

（三）工程项目风险识别的方法

工程项目风险识别的方法主要有现场调查法、列表检查法、组织结构图分析法、事故树法、面谈法等。

（1）现场调查法。主要步骤如下：

第一步，调查前的准备工作。

首先，要确定调查的时间，即确定何时调查，需耗费多少时间。

然后，考虑调查对象本身。需要注意的是，每个调查对象都具有潜在的风险。应尽可能避免忽略某些重要事项，这里可采用一种方法，即在巡视时对所见到的每项事物填写表格。

第二步，现场调查和访问。

第三步，调查结束。将调查发现的情况通知有关方面。

以上是现场调查步骤，它的优点是明显的。首先，可以获得第一手资料而不依赖他人的报告。其次，可以与项目基层管理人员建立和维持良好的关系，这在管理中是很重要的。现场调查法的最大缺点是耗费时间多，意味着成本提高。

（2）列表检查法。在实际调查中，常常采用填写一份检查表或其他形式的问卷等方法。风险管理人员可寄给项目施工管理人员填写，也可亲自到现场填写。列表检查法的优点是：相对于现场调查法，在时间和成本上比较节省，执行简单、迅速，而且表格设计灵活性大。缺点是：填写的结果可能会出现错误，衡量表格内容的标准不易确定，而且表格的回复率不高。

（3）组织结构图分析法。分析步骤如下：

第一步，画出工程项目整体结构图。

第二步，识别风险区域。

采用组织结构图进行分析，寻找风险可能区域。

（4）事故树法。事故树也称为故障树。决策树法本质是定量分折方法，但也可作为定性分析的工具。事故树是一种图表，用来表示所有可能产生事故的风险事件。它由一些节点和连接这些节点的线组成，每个节点表示某一具体事件，而连线则表示事件之间的某种特定关系。决策树法从结果分析原因。

事故树法的作用有：

1）事故树是一种描述复杂系统的运动过程的好方法。

2）在绘制事故树的同时就可识别风险。

3）可以用来判断系统内部发生变化的灵敏度，或者确定在风险的影响下系统的各部分或工序的情况。

4）事故树可以计算主事件发生的各种途径，可以得出导致主事件发生的各子事件的最小组合数，判断哪些事件最有可能发生。

（5）面谈法。风险管理人员通过和项目相关人员直接进行交流面谈，收集不同人员对项目风险的认识和建议，了解项目进行过程中的各项活动，这将有助于识别那些在常规计划中容易被忽视的风险因素。进行访谈时的记录，往往是识别风险的良好素材。

【案例 3-17】 有组织的面谈会达到更好效果

如果所关心的问题需要专家的介入，就可以组织一次有资格的专业面谈，但面谈的内容和方式必须进行以下一些相应的策划，否则难以达到希望的效果。例如：

（1）准备一系列未决的问题（也就是，避免期望只有一个答案的问题）。

（2）提前把问题送到面谈者手中，使其对要谈的问题有所准备。

（3）如参加面谈者同意，可使用磁带录音方式，但必须注意保密。

（4）以你自己能理解的形式来记录结果，如果有必要的话，可以给面谈者一份备份来进行确认。

（四）风险识别的步骤

工程项目风险识别主要包括收集资料、估计项目风险形势、识别风险并归类、编制风险识别报告等环节。

1. 收集资料

（1）收集历史资料。历史资料是项目风险识别的重要依据之一，以往类似项目的风险数据资料往往能为现有项目的风险识别提供重要信息。

一般来说，对工程项目风险管理有借鉴作用的项目历史资料可以从历史项目的各种原始记录、本项目与其他相关项目的档案文件、公用信息渠道、项目团队成员的经验等处获得。项目管理人员应该重视任何可能显示潜在问题的历史资料，例如工程系统的文件记录、技术绩效测评计划或分析、专家分析或判断、历史事故记录、进度计划、工作结构分解、相关文件规定、成本分析、产业分析或研究等资料。

（2）收集项目环境数据资料。项目实施及建成后运行的环境中存在着多种不确定性，这些不确定性在某种程度上决定了项目可能遇到什么样的风险，我们可以通过识别项目环境的不确定性来识别项目的潜在风险。项目环境既包括自然环境（如气象、地质、水文等），又包括社会环境（如政治、经济、文化等）。例如：经常下雨可能造成工期拖延，甚至影响到工程项目的质量和成本；材料价格上涨会增大工程项目成本等。因此，与项目实施和运行环境相关的资料是项目风险识别必不可少的资料。

（3）收集项目自身资料。工程项目自身资料，包括工程项目的可行性分析文件、项目各方面的计划文件（如项目范围管理计划、项目资源需求计划、项目采购与合同管理计划等）、设计文件、施工文件等。通过这些资料，我们应明确项目实现的前提、假设和制约因素，审查项目目标的适中性、项目所需资源的可及时获得性、项目合同所采取计价形式的合理性等，熟悉设计文件和施工文件，为估计项目风险形势奠定基础。

2. 估计项目风险形势

估计项目风险形势，也就是在明确项目目标、实施方案和技术手段、资源供应情况等基本情况的基础上，估计项目及其环境的变数或不确定性。其主要内容有：

（1）判断和确定项目目标是否明确，是否具有现实性，有多大的不确定性。工程项目建设中，影响质量、进度、成本三大目标的因素各有不同，应根据实际情况，对不同目标的不确定性做出较为客观的分析。

（2）估计项目各阶段的实施方案和技术手段存在的变数或不确定性。工程项目有明显的阶段性，每个阶段的实施方案和技术手段的不确定性及其影响程度不同，应针对工程项目建设各阶段的特点分别分析估计。

（3）估计项目资源供应存在的变数或不确定性。

（4）估计项目实施和建成后运行环境的变数或不确定性。无论是自然环境，还是社会环境，都是重要的工程项目风险因素，应该尽可能详尽估计未来建设环境的变数和不确定性，并进一步分析其对工程项目的可能影响。表 3-4 列出了一般项目风险形势估计的具体内容。

表 3-4 项目风险形势估计的内容

依据：项目计划、项目预算、项目进度等	
1．项目及其分析	（1）为什么要搞这个项目?本项目的积极性来自何方? （2）本项目的目标说明 （3）将本项目的目的同项目执行组织的目的进行比较 （4）研究本项目的目的 ①明确项目目标，包括经济的、非经济的；②说明本项目对项目执行组织的目标的贡献；③说明本项目的主要组成部分；④约束、机会和假设 （5）说明本项目同其他项目或项目有关方面的关系 （6）说明总的竞争形势 （7）归纳项目分析要点
2．对行动路线有影响的各方面考虑（对于每一个因素都应该说明它对项目的进行产生怎样的影响）	（1）总的形势 （2）项目执行过程的特点 ①一般因素：政治的、经济的、组织的；②不变因素：设施、人员、其他资源 （3）研究项目的要求 ①比较已有资源量和对资源的需求；②比较项目的质量要求和复杂性；③比较组织的现有能力；④比较时间和预算因素 （4）对外部因素进行评价 ①查明缺乏哪些信息资料；②列出优势和劣势；③初步判定已有资源是否足够
3．分析阻碍项目的行动路线	（1）阻碍项目成功的因素 ①列出并衡量妨碍项目实现其目标的因素；②衡量妨碍因素发生的相对概率；③如果妨碍目标实现的因素发生作用的话，估计其严重程度 （2）项目的行动路线 ①列出项目的初步行动路线；②列出项目行动路线的初步方案；③检查项目行动路线和初步方案是否合适，是否可行，能否被人接受；④列出保留的项目行动路线和初步方案 （3）分析阻碍项目的行动路线 以下步骤可反复进行，每次反复都经过这四步： ①可能会促进上述阻碍项目成功的因素出现的行动；②当上述阻碍项目成功的因素出现时，为了实施上述行动路线，仍然必须采取行动；③因上述两种行动而发生的行动；④针对上述行动的可能后果做出结论，以此为基础判断上述行动路线是否可行，能否被人接受，并将其优点与其他行动路线相比较
4．项目行动路线的比较	（1）列出并考虑各行动路线的优点和缺点 （2）最后检查行动路线和初步方案是否合适、可行、能否被人接受 （3）衡量各行动路线相对优点并选定项目的行动路线 （4）列出项目的最后目标、战略、战术和手段

3．识别风险并归类

在上述分析估计的基础上，根据直接或间接的症状识别潜在的工程项目风险，然后对这些风险进行归纳和分类。为便于工程项目风险管理，对于这种分类，首先，按工程项目内、外部进行分类；其次，按技术和非技术进行分类，或按工程项目目标进行分类。

4．编制风险识别报告

在工程项目风险分类的基础上，应编制工程项目风险识别报告。该报告应包括已识别出的工程项目风险、潜在的工程项目风险和工程项目风险征兆三个主要部分。

（1）已识别出的工程项目风险。已识别出的工程项目风险，是指已经根据直接或间接症状识别出的工程项目风险，通常用风险清单列出，见表 3-5。表中有关风险事件的描述应该包括：①已识别出的工程项目风险发生概率的估计；②工程项目风险可能的影响范围；③工程项目风险发生的可能时间、范围；④工程项目风险事件可能带来的损失。

表 3-5　　工程项目风险清单（格式）

工程项目名称：		
概　述： 负责人： 日　期：		
风险事件名称	风险事件描述	风险事件应对计划和措施

（2）潜在的工程项目风险。潜在的工程项目风险，是指尚不能根据直接或间接症状识别出，但根据人们的主观判断可能发生的风险。潜在的工程项目风险一般是一些独立的工程项目风险事件，例如：自然灾害、工程项目团队重要成员辞职等带来的风险。潜在的工程项目风险虽然不能较明确地识别出，但其发生却是有可能的，因此，不能疏于防范。特别是对于发生可能性较大的或者危害较大的潜在工程项目风险，应该注意跟踪和评估。

（3）工程项目风险的征兆。在工程项目风险识别报告中，还应该根据工程项目的自身条件及其面临的内外环境，分析工程项目风险发展变化的可能趋向，即工程项目风险征兆。工程项目风险征兆是工程项目可能发生的风险趋向，例如：工期太紧的项目有可能发生相应质量、成本风险的趋向；通货膨胀应该视为发生工程项目投资风险的一种征兆等。预先分析并提出工程项目风险征兆，有助于项目人员及早考虑相应的应对计划和措施，并于项目实施过程中密切注视。

二、工程项目风险评估

工程项目风险评估（Project Risk Estimate），是指对工程项目各个阶段风险的发生概率、发生时间、影响范围及其后果的严重程度进行估计和评价的过程。

（一）风险分析方法

风险分析方法有许多，常见的主要有调查和专家打分法、决策树法、层次分析法、模糊数学法、敏感性分析法、蒙特卡罗模拟法等。

1. 调查和专家打分法

调查和专家打分法是一种最常用、最简单的分析方法。它的应用由两步组成：首先，辨识出某一特定工程项目可能遇到的所有重要风险，列出风险调查表；其次，利用专家经验，对可能的风险因素的重要性进行评价，综合成整个项目风险。具体的步骤如下：

第一步，确定每个风险因素的权重，以表示其对项目风险的影响程度。

第二步，确定每个风险的等级值，按可能性很大、较大、中等、较小、很小 5 个等级，分别以 0.9，0.7，0.5，0.3 和 0.1 打分。

第三步，将每项风险因素的权数与等级值相乘，求出该项风险因素的得分，最后求出此工程项目风险因素的总分。显然，总分越高说明风险越大。

表 3-6 是对某工程是否投标的风险调查表，$\sum WC$ 称为风险度，表示一个项目的风险程度。由 $\sum WC=0.45$ 可知，该项目的风险属于中等水平，可以投标，报价时风险费可取中等水平。

如果多名专家评分，则可以给各专家评价一个权重值，根据专家的权威性取值，如0.5～1.0之间，1.0代表专家最高水平，其他专家取值可相应减少。

项目的最后风险度取值为专家评定的风险度的加权平均值。

该方法适用于项目决策前期。这个时期往往缺乏项目具体的数据资料，主要依据专家经验和决策者的意向，得出的结论是一种大致的程度值，是进一步分析的基础。

表3-6　某工程风险调查表

可能发生的风险因素	权数（W）	风险因素发生的可能性（C）					WC
		很大0.9	较大0.7	中等0.5	较小0.3	很小0.1	
资金回收困难	0.20			√			0.100
业主付款不及时	0.15		√				0.105
分包商技术力量差	0.05				√		0.015
政府部门效率低、审批不及时	0.05	√					0.045
地方保护主义	0.10		√				0.070
工程技术难度高	0.15				√		0.045
业主不合理工期要求	0.10				√		0.030
供货商供货突然延期	0.05			√			0.025
通货膨胀，物价变化	0.15					√	0.015
$\Sigma WC = 0.45$							

2. 决策树法

为了应用决策树方法，需要确定每一个可能结果的价值。通常采用的就是期望货币价值（EMV），即收益乘以其相应概率所得到的值。因此，决策者须确定每一种可能结果所对应的概率。这个概率可能仅是粗略的估计或凭直觉，但重要的是，通过运用决策树方法提供了一种确定决策方案的结构方法。

【案例3-18】

某种产品市场预测，在10年中销路好的概率为0.7，销路不好的概率为0.3。相关工厂的建设有两个方案：

（1）新建大厂需投入5000万元，如果销路好每年可获得利润1600万元；销路不好，每年亏损500万元。

（2）新建小厂需投入2000万元，如果销路好每年可获得利润600万元的利润；销路不好，每年可获得200万元的利润。

解　决策树如图3-7所示。

对A方案的收益期望为

$$E_A=1600\times10\times0.7+(-500)\times10\times0.3-5000=4700 \text{ 万元}$$

对B方案的收益期望为

$$E_B=600\times10\times0.7+200\times10\times0.3-2000=2800\text{ 万元}$$

由于 A 方案的收益期望比 B 高，所以 A 方案是有利的。

这仅是对项目方案的粗略的分析和评价，尚没考虑到收益的时间价值等其他方面的因素。

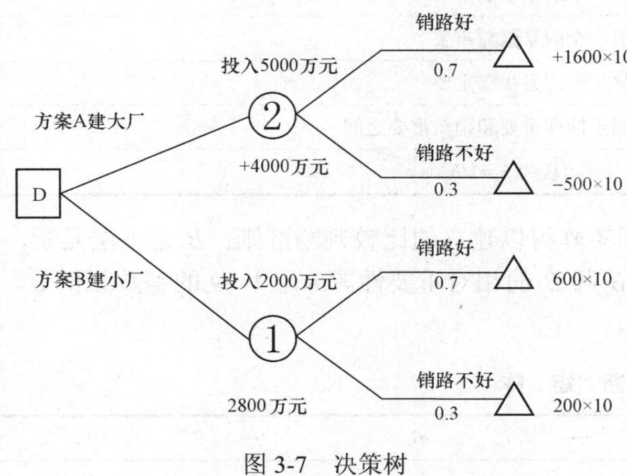

图 3-7 决策树

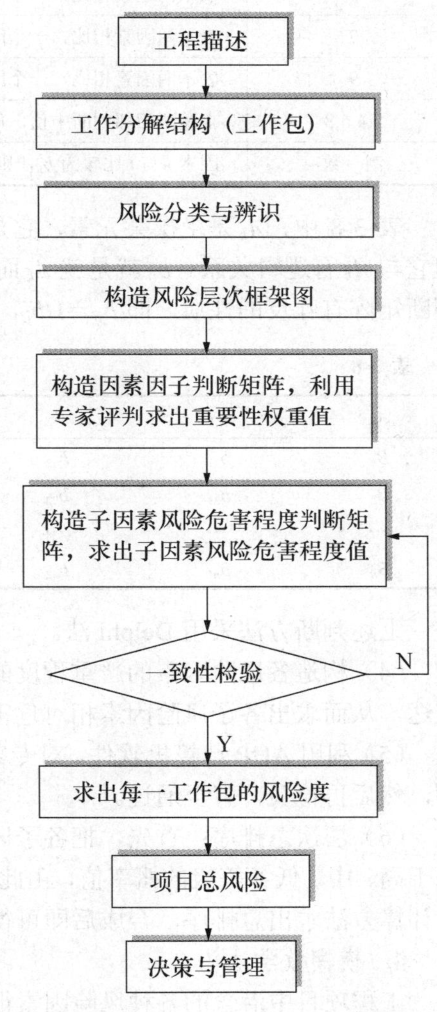

图 3-8 AHP 法在风险分析中的应用过程

3. 层次分析法

在工程风险分析中，层次分析法（Analytic Hierarchy Process，AHP）提供了一种灵活的、易于理解的工程评价方法。

工程风险的分析和评价是个主观、客观相结合的过程，而对某些过程中潜在的风险因素或子因素的评价也很难用定量数字来描述。层次分析法用于工程项目风险分析与评价正好恰当地解决了这个困难。

AHP 的应用思路是，首先找出问题相关的主要因素，将这些因素按其关联隶属关系构造成阶梯层次模型，通过对层次结构中各因素之间相对重要性的判断及简单的排序，计算解决问题。应用 AHP 方法进行项目风险评价的过程如图 3-8 所示。

（1）建立可描述项目的概念。这些概念就是复杂系统的组成部分或因素。依靠这些因素就可把整个项目分解成可管理的工作包。

（2）建立项目的阶梯层次并进行风险辨识。

根据第一步建立的概念构造项目的阶梯层次结构，然后应用前面所述的风险辨识方法对每一个工作包进行风险辨识，并根据所识别的风险整理出该工作包的风险图。

（3）构造风险因素判断矩阵，就每一个上层元素对与其有逻辑关系的下层元素进行一对一的成对比较，即通过分析，判断确定下层元素就上层某一元素而言的相对重要性。判断结果显示在判断矩阵中。判断准则可按表 3-7 进行。

表 3-7 评判准则

标　度	意　义
1	表示两因素相比，具有同样重要性
2	表示两因素相比，一个因素比另一个因素稍微重要
5	表示两因素相比，一个因素比另一个因素明显重要
7	表示两因素相比，一个因素比另一个因素强烈重要
9	表示两因素相比，一个因素比另一个因素极端重要
2,4,6,8	上述两相邻判断中值，如 2 为属于同样重要和稍微重要之间
例　数	因素 i 与 j 比较为 b_{ij}，则因素 j 与 i 比较为 $b_{ji}=1/b_{ij}$

表 3-8 中，A_k 是上层某元素，它是判断矩阵得以建立的比较判断准则；B_j 是下层元素，但它与 A_k 有逻辑关系。b_{ij} 就是就 A_k 而言，B_i 与 B_j 的相对重要性。b_{ij} 取 1～9 的整数或倒数。判断矩阵有互反的性质，即 $b_{ij=}=1/b_{ji}$，$b_{ij}=1$。

表 3-8 判断矩阵

A_k	B_1	B_2	…	B_j	…	B_n
B_1	b_{11}	b_{12}	…	…	…	b_{1n}
B_2	b_{21}	b_{22}	…	…	…	b_{2n}
…	…	…	…	b_{ij}	…	…
B_n	b_{n1}	b_{n2}	…	…	…	b_{nn}

上述判断方法采用 Delphi 法。

（4）构造各风险因素的严重程度的判断矩阵：严重程度可用高、中、低风险三个标准来表达，从而求出各子风险因素相对危害程度值。

（5）利用 AHP 计算机软件，对专家评判的一致性检验，一致性检验通不过则需要重做评判，然后再检验，直至通过。

（6）层次总排序：首先，把各子风险的相对危害程度统一起来，就可求出工作包的风险处于高、中、低各等级的概率值，由此可判断各风险包的风险大小，然后按照 AHP 合成权重的计算方法求出总排序，合成后即可得出项目总的风险水平。

4. 模糊数学法

工程项目中潜含的各种风险因素很大一部分很难用数字来准确地加以定量描述，但可以利用历史经验或专家知识，用语言描述出它们的性质及其可能的影响结果。现有的绝大多数风险分析模型都是基于需要数字的定量技术，而与风险分析相关的大部分信息很难用数字表示，这种性质最适合于采用模糊数学模型（Fuzzy Sets）来解决问题。模糊数学把定性的问题巧妙地转化为定量描述，为工程管理和风险分析提供了一条新的思路。

5. 敏感性分析法

敏感性分析法（Sensitivity Analysis）与前几种风险分析方法不同之处在于，它只考虑影响工程目标成本的几个主要因素的变化，如利率、投资额、运营成本等，而不是采用工作分解结构把总成本按工作性质细分为各子项目成本，从子项目成本角度考虑风险因素的影响，再综合成整个项目风险。

敏感性分析法的结果可以为决策者提供：工程目标成本对哪个成本单项因素的变化最为敏感，哪个其次，可以相应排出对成本单项的敏感性顺序。使用敏感性分析法分析工程风险不可能得出具体的风险影响程度资金值，它只能说明一种影响的程度。因此，敏感性分析为进一步研究奠定基础。

6. 蒙特卡罗模拟法

蒙特卡罗（Monte Carlo）方法又称随机抽样技术或统计试验方法，是估计经济风险和工程风险常用的一种方法，应用蒙特卡罗方法可以直接处理每一个风险因素的不确定性，并把这种不确定性在成本方面的影响以概率分布的形式表示出来，是一种多元素变化分析方法，在该方法中所有的元素都同时受风险不确定性的影响。另外，可以编制计算机程序来对模拟过程进行处理。该技术的难点在于对风险因素相关性的辨识与评价。总之，该方法既有对项目结构分析，又有对风险因素的定量评价，因此是比较适合分析或模拟项目的随机性。

综上所述，每一种风险分析技术都有其特点，在工程实际应用中可根据特定的风险环境，选择适用的风险分析方法；或者用多种风险分析方法分析所面临的风险，取长补短，以便对风险有一个更全面和深入的认识，为风险管理决策提供依据。

（二）工程项目风险评估的环节

工程项目风险评估主要包括收集数据资料、建立风险模型、估计风险概率和后果、评价项目风险等环节。

1. 收集数据资料

与工程项目风险事件相关的数据资料是进行工程项目风险评估的基础和依据。与工程项目风险事件相关的数据资料较多，来源如工程项目风险识别报告，项目设计、施工等文件资料，以往类似工程项目的各种相关记录或文件，政治、经济、文化的相关资料，气象、地质、水文的相关资料，相关试验研究和勘测资料等。收集的数据资料应该客观、真实，最好具有可统计性（可量化分析）。若无法收集到完备的数据资料供分析估计和评价，也可以采用专家调查等方法获得具有经验性的主观评价资料（主观判断数据）。

2. 建立风险模型

运用概率和数理统计方法及理论模型，利用收集或分析得到的客观统计数据和主观判断数据，对工程项目各个阶段风险的发生概率和可能损失进行量化的描述，即建立工程项目风险模型。风险模型又分为风险概率模型和损失模型。风险概率模型用以描述不确定因素与风险事件发生概率的关系；损失模型用以描述不确定因素与可能损失的关系。

3. 估计风险发生概率和后果

通过风险概率模型和损失模型，我们可以分析得到工程项目各种风险发生的概率和可能后果的估计值。工程项目风险可能后果，通常采用费用损失或者建设工期拖后来表示。

4. 评价工程项目风险

评价工程项目风险，也就是综合分析评价工程项目整体风险的过程。各风险事件共同作用可能对工程项目实施产生哪些综合影响？风险事件可能引起哪些综合后果？工程项目主体能否接受这些风险的综合作用？这些问题都是工程项目风险评价时应该讨论与评价的。

通过工程项目风险评价，一般应该达到以下几个目的：①比较分析和综合评价工程项目各种风险，确定风险大小的先后次序；②从项目整体出发，分析各种风险实践间的内在联系，保障工程项目风险的系统管理；③研究不同风险间相互转化的条件，争取化威胁为机会；

④进一步量化分析已估计的风险概率和可能损失，减少风险估计过程中的不确定性。

三、工程项目风险应对

所谓工程项目风险应对（Project Risk Response），是指编制切实可行的风险应对规划，通过采取一定策略和措施，力图降低风险损失或化风险为机会的过程。

（一）风险类型

经过风险评估，项目整体风险有项目整体风险超过可接受水平和项目整体风险在可接受范围之内两种情况，如图 3-9 所示。

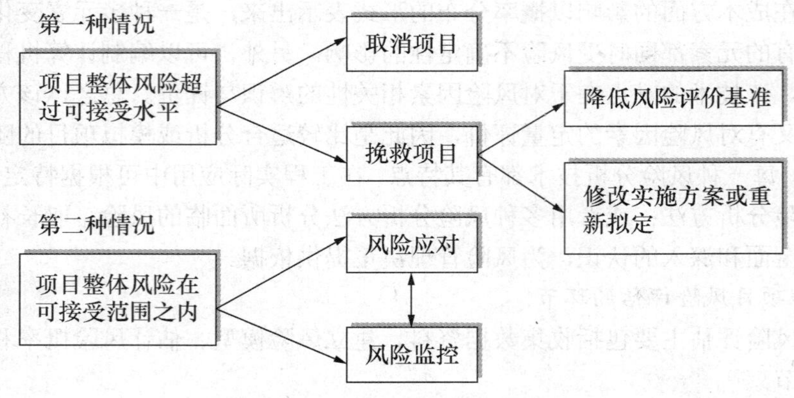

图 3-9 项目整体风险情况图

1. 项目整体风险超过可接受水平

若是项目整体风险超过可接受水平情况，项目管理者有两种选择：

（1）当整体风险超过评价基准很多时，立即停止，取消项目。

（2）当整体风险超过评价基准不多时，采取挽救措施。挽救措施有两种：第一，降低风险评价基准；第二，修改原有项目实施方案或重新拟定。无论采取哪一种措施，都要重做风险分析，并且风险评价基准降低后，项目一般不能达到原定目标。

2. 项目整体风险在可接受范围之内

项目整体风险水平在可接受范围之内，则不必改变项目原定计划，而应采取必要的措施控制已识别的风险，制订风险应对计划。在计划执行过程中，集中注意力监控应对措施的有效性，深入查找尚未显露的新风险，努力提高项目取得成功的可能性。这时如果有个别单个风险大于相应的评价基准，则可以进行成本效益分析，争取择优选择风险小的替代方案。

（二）风险应对策略和措施

风险应对技术分为两大类：控制性技术和财务性技术。控制性技术主要作用是避免、消除和减少风险事故发生的机会，限制已发生的损失继续扩大。具体策略包括风险回避、非保险转移、缓解和利用。

财务性技术是在风险发生后通过财务安排来减轻风险对项目目标实现程度的影响，具体策略包括保险性风险转移和风险自留。风险应对计划实际是多种应对策略的优化组合。

常用的工程项目风险应对策略和措施有风险回避、风险转移、风险缓解、风险自留和风险利用等。

1. 风险回避（Risk Avoidance）

通过风险评价，发现项目某风险潜在威胁太大，又没有其他更好的策略或措施时，可以通过改变项目活动计划、目标或行为方案，甚至放弃项目，来回避风险的发生。风险回避是一种最彻底地消除风险影响的方法。对于某些特定的风险，有可能在它发生之前就消除其发生的机会或其可能造成的种种损失。

回避风险的具体方法有终止法、工程法、程序法和教育法。

终止法是风险回避的基本方法，是通过终止（或放弃）项目的实施来避免风险的一种方法。这是一种消极的方法，在避免风险的同时也失去了获利的机会。

工程法是有形的回避风险的方法，是以工程技术为手段，消除物质性风险的威胁。该法在回避项目安全风险方面应用较广泛。如在高空作业下方设置安全网，在楼梯口、预留孔洞、坑井口设置围栏和盖板等。工程法的特点是：每一种措施总与具体的工程设施相连，因此，采用该法回避风险成本较高。

程序法是无形的风险回避方法，要求用标准化、制度化和规范化的方式从事工程项目活动，以避免可能引发的风险。

教育法就是通过对项目人员广泛开展教育，提高大家的风险意识，使大家认识或了解工程项目目前所面临的风险，了解和掌握处置风险的方法和技术。这是避免项目风险的有效方法。

采用风险回避策略和措施时应该注意：①有些风险是不能回避的，如自然灾害、自然死亡等。②当项目潜在风险发生可能性太大，不利后果可能太严重，项目人员找不到更好的应对办法，甚至连保险公司都因为风险太大而拒绝承保时，只能采用风险回避策略和措施。③回避一种风险有时会带来另一种风险（如为了回避质量风险，某项目高价采购优质原材料，却可能因此引发成本风险，应该统筹考虑。

【案例 3-19】 项目进行过程中的风险回避

美国加州政府招标进行该州一条主干河流的清淤工程，要拓宽河道、增加河流抵御洪水的能力，这本是一个对公众有利的项目，但该河流上游为一处湖泊，是许多动物栖息的自然保护区。河道拓宽，上游湖泊水位下降，改变了动物生存的环境。因而，在工程进行不到两个月，动物保护组织向州政府提出抗议，州政府被迫终止工程。虽然，该工程已经进入施工阶段，业主终止工程意味着面临对承包商的巨额索赔，但州政府的行为一方面保护了动物，另一方面赢得了当地居民的信任，避免了一次政治危机。

2. 风险转移（Risk Transference）

工程风险应对策略中采用最多的是风险转移。风险转移是设法将某风险的结果连同对风险应对的权利和责任转移给他方。风险转移并不意味着一定是将风险转移给了他人，他人肯定会受到风险损失。各人的优劣势不一样，对风险的承受能力也不一样。在某些环境下，风险转移者和接受风险者会取得双赢。

风险转移可以通过工程的发包与分包、工程保险以及工程担保来实现。

工程的发包与分包属于非保险性风险转移，通过具体合同条款的签订、合同计价方式的选择，能够有效转移风险。例如采用总价合同时，承包商要承担很大风险，而业主的风险相对而言要小得多。采用成本加酬金合同时，业主要承担很大的成本风险。采用单价合同时，承包商和业主承担的风险相当。

工程保险的实施手段是购买保险，通过保险，投保人将本应自己承担的责任转移给保险公司；工程担保的实施手段是通过担保公司或银行或其他机构与组织开具保证书或保函，在被担保人不能履行合同时，由担保人代为履行或做出赔偿。工程担保和保险都是一种补偿机制，其中担保主要是对人为责任的补偿，而保险则是对非人为或非故意人为责任的补偿。

我国对项目实施过程中风险的转移主要停留在工程的发包以及分包这一层面上。在国际上，与建设工程有关的险种非常丰富，几乎涵盖了所有的工程风险。建设项目的业主不但自己为建设项目施工中的风险向保险公司投保，而且还要求承包商也向保险公司投保。在发达国家或地区，工程担保作为建筑工程社会保障体系上个极其重要的部分，已形成了一套完整而健全的体系。

采用风险转移策略和措施时应该注意：①采用风险转移，应该让分担风险的第三方获得与其承担的风险相匹配的利益；②当项目风险发生概率小，后果较严重，较难得到减轻或缓解时，采用风险转移策略和措施效果较好；③转移风险方为了将风险转移给第三方，也应该付出一定的代价。

3. 风险缓解（Risk Mitigation）

风险缓解，又称减轻风险，是指将工程项目风险的发生概率或后果降低到某一可以接受的程度。风险缓解的前提是承认风险事件的客观存在，然后采取适当措施降低风险出现的概率或者消减风险所造成的损失。因此，风险缓解与风险规避及转移的效果是不一样的，它不能消除风险，而只能减轻风险。

风险缓解采用的形式可能是选择一种减轻风险的新方案，采取更有把握的施工技术，运用熟悉的施工工艺，或者选择更可靠的材料或设备。风险缓解还可能涉及变更环境条件，以使风险发生的概率降低。

分散风险也是有效缓解风险的措施。通过增加风险承担者，减轻每个个体承担的风险压力。如联合投标承包大型复杂工程，不需要单独的投标者完全承担失标的风险，分散了失标损失；中标后，风险因素也很多，若由一家承包商承担则十分不利，由多家承包商以联合体的形式共同承担，可以减轻各自的压力，并进一步将风险转化为发展的机会。

在制订缓解风险措施时，必须将风险缓解的程度具体化，即要确定风险缓解后的可接受水平。至于将风险具体减轻到什么程度，这主要取决于项目的具体情况、项目管理的要求和对风险的认识程度。在实施缓解措施时，应尽可能将项目每一个具体风险减轻至可接受水平，从而减轻项目总体风险水平。表 3-9 给出了减轻项目技术风险、成本风险和进度风险的常用方法。

表 3-9　　减轻项目风险常用方法[32]

技术风险	成本风险	进度风险
强调团队支持 改善问题处理和沟通 经常进行项目监督 咨询项目管理专家	经常进行项目监督 使用 WBS 理解项目目标 团队支持	经常进行项目监督 使用 WBS 选择最具经验的项目经理

采用风险缓解策略和措施时应该注意：采用风险缓解策略和措施，常常需要花费一定的成本，花费的成本应该小于其降低风险损失而带来的收益。

【案例 3-20】 减轻风险

某桥梁项目需要使用一种混凝土的连续浇灌技术，该技术是由澳大利亚企业开发的，能节省大量资金和时间，主要的风险是主要部件的连续浇灌过程不能被打断，任何中断都需要拆毁整个部件来重新浇筑。经过风险分析，可能的风险主要集中在混凝土厂的交付上，卡车可能会延误，从而导致浇筑构件中断。这种风险可以通过以下方法降低，即在桥梁项目 20km 内不同的高速公路旁准备两个额外的可拆卸混凝土搅拌站，以备在主要的工厂供给中断时使用，这两个可拆卸的混凝土搅拌站带有整个桥梁构件所需的原材料，而且每次进行连续浇灌时都在附近装备有额外的卡车。

【案例 3-21】 风险分散

在一个工期相对较短的项目中，往往采用固定总价合同，将工程量不准确和材料价格上涨的风险全部交由承包商来承担，业主不承担任何风险。但如果是工期较长的大型工程项目，由于风险难以预测和控制，业主和承包商都难以独立承担工程量和材料价格上涨的风险。因此，采用可调值总价合同，事先约定调值公司和调值条款，由业主承担工程施工期间材料价格变动的风险，而其余风险由承包商承担。这样，承包商不会因为风险太高而提高合同报价，从而降低了对业主产生的经济风险，双方风险得到分担。在国际工程中，更多的是采用单价合同，在这种合同形式下，由业主提出工程量清单，承包商以此为基础填报工程单价。在工程结算时，将承包商实际完成并经监理工程师批准的工程数量和工程量清单中的单价相乘，得出应付的价款。由于工程量清单由业主统一提出，承包商只要经过复核并填上适当的单价即可，同样只承担工程价格波动的风险；而业主按承包商实际完成工程量结算，承担了工程量变动的风险。上述两种合同都对项目风险进行了合理的分担，双方承担的风险都得到了降低。

4. 风险自留（Risk Retention）

风险自留，是一种由项目团队接受风险，有意识地自行承担风险后果的一种风险应对策略。当项目团队认为自己有能力承担风险后果时，出于经济性和可行性的考虑，可以采取这种策略和措施，其意味着项目团队不改变项目计划去应对某一风险。风险自留可以是主动的，也可以是被动的。主动的风险自留，是指在风险规划阶段已经对风险有了准备，当风险实际发生时，马上执行相应的风险应急计划；被动的风险自留，是指当风险事件后果不严重、不影响项目大局时，项目团队对相应风险不作准备，而将风险损失列为项目的一种费用。

采用风险自留策略和措施时应该注意：①风险自留虽然是一种最省事的风险应对方法，但也需要准备一笔费用，当风险实际发生时，可将这笔费用用于补偿损失；②从经济性上说，采取其他风险应对方法的花费大于风险事件本身造成的损失额时，可采取风险自留策略和措施；③从可行性上说，对发生概率小、影响小、后果可接受的风险，可采取风险自留策略和措施。

5. 风险利用

风险利用仅针对投机风险而言。原则上投机风险大部分有被利用的可能，但并不是轻而易举就能取得成功，因为投机风险具有两面性，有时利大于弊，有时弊大于利。风险利用就是促进投机风险向有利的方向发展。

当考虑是否利用某投机风险时，首先应分析该风险利用的可能性和利用的价值；其次，必须对利用该风险所需付出的代价进行分析，在此基础上客观地检查和评估自身承受风险的能力。如果得失相当或得不偿失，则没有承担的意义，或者效益虽然很大，但风险损失超过自己的承受能力，也不宜硬性承担。

当决定利用该风险后，风险管理人员应制订相应的具体措施和行动方案。既要研究充分利用、扩大战果的方案，又要考虑退却的部署，毕竟投机风险具有两面性。在实施期间，不可掉以轻心，应密切监控风险的变化，若出现危机，要及时采取转移或缓解等措施；若出现机遇，要当机立断，扩大战果。

利用风险中蕴藏的机会是完全必要的，不去冒这种风险，就意味着放弃发展和生存的机会。但风险利用本身就是一项风险工作，风险管理者既要有胆略，又要小心谨慎。

【案例 3-22】 风险的价值

欧洲北海的海上管道敷设项目与天气有关，存在很大的不确定性。相对于项目预期的（正常的）执行效果而言，长期恶劣的天气可能产生重大的、持久的影响。意识并处理好这种“威胁”很重要，同时意识到下述这一点同样很重要：可能会遇到异常好的天气，它们是与“威胁”相抵消的机会。显然，在这种情况下保证管材的及时供应从而满足快速敷设管道的要求十分重要。同样很重要的一点是，如果可能的话需要把后续活动向前移，这样整体管线项目就可以提前竣工。如果不能抓住好运气所带来的机会，只是对坏运气做了充足的准备，那么这样做的累计效果就显而易见了。

四、工程项目风险控制

工程项目风险控制（Project Risk Control），是指在项目实施全程中，根据工程项目风险管理计划，控制风险事件，把损失降低到最小，并在必要时根据实际情况修订风险计划的过程。

工程项目风险控制的一般过程为：

（1）建立项目风险控制体系。为了顺利推进工程项目风险控制工作，应当在实施工程项目风险控制前，根据项目风险识别和评估的结果，建立起项目风险控制体系。工程项目风险控制体系包括：工程项目风险控制的目标、工程项目风险控制的程序、工程项目风险信息报告制度、工程项目风险控制决策制度以及工程项目风险控制的计划和方案等要素。

（2）确定项目要控制的风险事件。实际工作中，我们不必要也不可能对所有的工程项目风险事件实施控制。确定是否应该对某项风险事件实施控制，通常考虑如下方面：①风险性质：有些风险无法控制，如战争、暴乱等。②风险发生概率：发生概率极小的风险可以先不考虑。③风险后果和控制成本：任何一项风险控制工作都需要花费一定费用，只有控制成本小于该风险可能造成的损失的风险控制工作在经济上才是可行的。

（3）落实项目风险控制的责任。将工程项目风险控制的具体工作落实到具体的责任人，不遗漏，不重复，要求人尽其责、违者必罚，保证工程项目风险控制工作顺利展开。

（4）实施和跟踪项目风险的控制。落实工程项目风险控制工作，并在实施过程中，将控制结果比照工程项目控制目标、工程项目控制计划，跟踪风险控制效果，及时根据反馈信息采取改善措施。

（5）确定项目风险控制目标是否实现。对比工程项目风险控制结果与工程项目风险控制目标，若目标已实现，则某项工程项目风险控制工作已经结束；若目标适中但没有实现，需要实施新一轮工程项目风险控制；还有一种情况，就是目标或计划与实际情况不符合，应该根据实际情况修订工程项目风险管理计划和目标。

（6）项目风险控制效果的评价。科学分析和评价工程项目风险控制方案的效果，其中，应着重分析和评价工程项目风险控制技术的实用性和工程项目风险控制的收益。

3.2.3　工程项目保险

工程项目保险是通过向保险公司交纳保险费建立保险基金，当工程项目发生意外损失或伤害时，可以通过保险公司获得相应补偿的工程项目风险转移方式。采用这种方式，参加者付出一定的小量保险费，可以将发生大量损失或伤害的风险转移给保险公司，达到分散风险、补偿损失的目的。

一、工程项目保险的特点

由于工程项目固有的规模较大、投资较大、一次性、固定性、生产周期较长、环境变化较大等特殊性，工程项目保险较其他财产和人身保险具有以下特点：

1. 保险的多样性

工程项目保险的多样性，主要体现在两个方面：其一是投保人的多样性，工程项目投保人既可以是业主，又可以是承包商。其二是保险类型的多样性，例如建筑工程一切险、安装工程一切险、人身保险、货物运输保险等。

2. 投保人的规定性

对于工程项目某一具体的风险，应该在合同中规定有明确的责任主体及风险的分配方式。因此，采用保险方式应对工程项目某一具体风险时，其投保人是确定的。

3. 保险内容的规定性

不论是业主投保，还是承包商投保，保险人对于承保工程项目的责任和补偿方法都通过保险合同，做出明确而具体的规定。

4. 保险的阶段性

大多数大中型工程项目采用分项承包制，保险一般以合同工程为单位，不同合同工程是分别进行保险的，即使是同一合同工程，当工程项目施工周期较长时，业主或承包商在工程项目合同期内，也可以分阶段进行保险，并将各种险别进行衔接，使在工程建设中形成完整的保险体系。这样分阶段的投保，有利于投保人根据工程项目各阶段的具体情况考虑不同工程险别投保，以较经济的方式提高抵御工程项目风险的能力。

5. 计费基础和保险费率的不确定性

在保险法律法规和通行做法的指导下，根据工程项目所处的地区和环境特点、工程项目风险因素、承保人要求承保的年限，不同工程项目同一险种的保险计费基础和保险费率（特别是保险费率）可以有所不同。一般来说，承保的风险责任大，时间长，保险费率就相应提高。

二、工程项目保险的种类

工程项目保险的种类较多，按照其保障范围可以分为：

1. 建筑工程一切险（包括第三者责任险）

建筑工程一切险，是以各种建筑工程项目为标的，既对在施工期间工程本身、施工机具或工地设备所遭受的损失予以赔偿，也对因施工而给第三者造成的物质或人员伤亡承担赔偿责任的一种险。

建筑工程一切险适用于房屋工程和公共工程，多由承包商负责投保。如果承包商因故未办理或拒不办理投保，业主可代为投保，费用由承包商承担。如果总承包商未曾为分包工程投保，相应分包商也应该为其分包部分投保。

建筑工程一切险承保的内容有：

（1）建筑工程本身（指由总承包商和分包商为履行合同而实施的全部工程），包括预备工程、临时工程、全部存放于工地的为施工所必需的材料等；

（2）施工用设施和设备，包括活动房、存料库、搅拌站、脚手架、水电供应及其他类似设施；

（3）施工机具（含租赁机具），包括大型陆上运输和施工机械、吊车及不能在公路上行驶的工地用车辆；

（4）场地清理费，即为清理发生灾害事故后场地上产生大量的残砾而必须支付的一笔费用；

（5）第三者责任，指在保险期内对因工程意外事故造成的应由被保险人负责的工地上及邻近地区的第三者人身伤亡、疾病或财产损失，以及被保险人因此而支付的诉讼费用和事先经保险公司书面同意支付的其他费用等赔偿责任；

（6）工地内现有的建筑物，指不在承保的工程范围内的、业主或承包人所有的工地内已有的建筑物或财产；

（7）由被保险人看管或监护的停放于工地的财产。

建筑工程一切险承保的危险与损害涉及面很广，凡保险单中列举的“除外情况”之外的一切事故损失全在保险范围内。

2. 安装工程一切险

安装工程一切险，是以机械和设备为标的，承保机械和设备在安装过程中因自然灾害或意外事故所造成的物质损失、费用损失及第三者损害的一种险。

安装工程一切险属于技术险种，主要适用于安装各种工厂用的机器、设备、储油罐、钢结构、起重机、吊车以及包含机械工程因素的各种建造工程。投保安装工程一切险的主要目的是：为各种机器的安装及钢结构工程的实施提供尽可能全面的专门保险。

与建筑工程一切险一样，安装工程一切险也是多由承包商负责投保。如果承包商因故未办理或拒不办理投保，业主可代为投保，费用由承包商承担。如果总承包商未曾为分包工程投保，相应分包商也应该为其分包部分投保。

安装工程一切险承保的内容包括物质损失和第三者责任两大部分。如果投保的安装工程包括土建部分，其保额应为安装完成时的总价值（包括运输、安装费、关税等）；若不包括土建部分，则保额为设备购货合同价、安装合同价和各种其他费用之和；安装建筑用机器、设备、装置应按安装价值确定保额；第三者责任的赔偿限额按危险程度由保险双方商定。

3. 人身保险

人身保险，是以人的生命或身体为标的，承保保险人在保险有效期内意外伤害或死亡的一种险。

4. 职业责任保险

职业责任保险，是以各种专业技术人员（如设计人员、监理工程师等）的职业责任造成的人身伤亡或财产损失为标的，承保各种专业技术人员因为工作上的疏忽或过失而造成自身或他人的人身伤亡或财产损失的一种险。

5. 货物运输保险

货物运输保险，是以货物运输风险为标的，承保工程所需货物材料运输过程中可能发生的危险损失的一种险。货物运输保险通常由买主投保，卖方通常不承担货物运输风险责任，但如果买主要求，也可以由卖方投保，其保险费计入货物报价中。

货物运输保险分为海（河）上、陆上（火车、汽车）、航空三种，保险条款大致相同。保险费率视不同的运输方式、货物特性、运距、险种等不同因素而定。

三、工程项目保险类型的选择

为工程项目风险选择保险类型，首先应该明确某种风险是否属于可保风险。可保风险（Insurable Risk），即可以保险的风险。并不是所有的伤害或损失都可以得到经济补偿，即并不是所有的风险都是可保风险。一般来说，可保风险应该具有如下特性：

（1）风险因素是客观存在的，伤害与损失的发生是可能的；

（2）风险是偶然的、不可预知的、意外的；

（3）风险是非投机性的；

（4）风险预期的损失较大，且是可以计算的。对于损失小、影响小、无威胁的工程项目风险，投保并不经济，可以采用风险自留策略。

即便面对可保风险，保险也不是唯一的途径，还可以采用风险规避、缓解、自留等策略。在实际工作中，我们应该根据标书中合同条件的规定、项目的工程性质和具体实情、项目所处的外部条件和业主与承包商对风险的评价和分析等来决定是否选择保险以及选择哪些险种。而合同中规定或要求保险的项目一般都是强制性的。

为了经济合理地进行工程项目投保，人们在实践中进行不断探索并形成了一些为工程项目管理界和保险业所认可的通常做法。表 3-10 给出了国际咨询工程师联合会（FIDIC）土木工程合同条件中所列风险及保险应用情况。

表 3-10　　FIDIC 土木工程合同条件中所列风险及保险应用情况表[33]

风险类型	投保主体		
	业主	工程师	承包商
1. 工程的重要损失或破坏			
（1）战争，暴乱、骚乱或混乱	不保险	不保险	不保险
（2）核装置和压力波、危险爆炸	不保险	不保险	不保险
（3）不可预见的自然力	建筑工程一切险		
（4）运输中的损失或损坏			货物运输保险
（5）不合格的工艺和材料			建筑工程一切险

续表

风险类型	投保主体		
	业主	工程师	承包商
(6) 工程师的粗心设计 (7) 工程师的非疏忽缺陷设计 (8) 已被业主使用或占用 (9) 其他原因	 按业主正常保险计划 风险自留，不保险 	职业责任保险 	 建筑工程一切险
2. 对工程设备的损失或损坏 (1) 战争，暴乱、骚乱或混乱 (2) 核装置和压力波、危险爆炸 (3) 运输中的损失和损坏 (4) 其他原因	 不保险 不保险 	 不保险 不保险 	 不保险 不保险 货物运输保险 建筑工程一切险
3. 第三方的损失 (1) 执行合同中无法避免的结果 (2) 业主的疏忽 (3) 承包商的疏忽 (4) 工程师的职业疏忽 (5) 工程师的其他疏忽	 业主的第三者责任 业主的第三者责任 	 职业责任保险 工程师的第三者责任	 承包商的第三者责任
4. 承包方/分包方的人身伤害 (1) 承包商的疏忽 (2) 业主的疏忽 (3) 工程师的职业疏忽 (4) 工程师的其他疏忽	 业主的第三者责任 	 职业责任保险 工程师的第三者责任 	 承包商的除外责任

复习思考题

1. 工程项目策划的概念是什么？

2. 工程项目策划有哪些特点？

3. 工程项目策划的程序是什么？

4. 工程项目策划的内容有哪些？

5. 什么是项目的构思策划？

6. 项目的融资策划包括哪些内容？

7. 项目实施目标控制策划应采取的措施有哪些？

8. 项目的实施策划包括哪些？

9. 结合自己的理解，说明什么是风险？举例说明自己曾经历的风险事件。

10. 风险的作用链对控制风险有什么积极意义？请绘图列举一次施工现场火灾事故产生的主要风险因素，以及风险因素发生后可能造成的后果。

11. 风险识别的方法有哪些？请针对一个具体项目，识别其面临的各种风险。

12. 风险评估的主要方法有哪些？评估的流程是什么？

13. 风险应对措施有哪些？各有何不同？

14. 工程项目风险控制的一般过程是什么？

15. 工程保险的特点？

16. 工程项目保险的种类有哪些？

17. 简述可保风险的特征。

4 工程项目进度管理

本章提要

本章主要内容包括工程项目进度管理的基本概念、影响因素、任务、原理和工程项目的活动定义，流水施工原理，网络计划技术及网络计划的优化，工程项目进度控制的方法等。重点是进度管理的概念与原理，流水施工原理，网络计划的编制、计算与优化，进度控制方法。难点是流水施工的组织，网络计划的编制、计算与优化等。

4.1 工程项目进度管理概述

4.1.1 工程项目进度管理的概念及影响因素

1. 工程项目进度管理的概念

工程项目进度管理是指项目管理者围绕目标工期的要求编制计划，付诸实施并在实施过程中不断检查计划的实际执行情况、分析进度偏差原因、进行相应调整和修改，通过对进度影响因素实施控制及各种关系协调，综合运用各种可行方法、措施，将项目的计划工期控制在事先确定的目标工期范围之内，在兼顾费用、安全、质量控制目标的同时，努力缩短建设工期。工程项目进度管理的对象是项目建设工期。

由于在工程项目建设过程中存在着许多影响进度的因素，因此，进度管理人员必须事先对这些影响因素进行调查分析，预测其影响程度，确定合理的进度管理目标，编制可行的进度计划，使工程建设工作始终按计划进行。但不管进度计划的周密程度如何，有时很难照原定的进度计划执行。为此，进度管理人员必须掌握控制原理，在分析进度偏差及其产生原因的基础上，通过采取组织、技术、合同、经济等措施，尽量维持原进度计划。如果采取措施后仍不能维持原计划，则需要对原进度计划进行调整或修正，再按新的进度计划实施。只有这样不断地检查和调整，才能保证工程项目进度得到有效控制与管理。

2. 影响工程项目进度的因素

由于工程项目具有规模庞大、工程结构与工艺技术复杂、建设周期长及相关单位多等特点，决定了工程项目进度将受到许多因素的影响。要想对工程项目进度进行有效地管理，就必须对影响进度的有利因素和不利因素进行全面、细致的分析和预测，以实现对工程项目进度的主动控制和动态控制。

对工程项目进度管理产生负面影响的主要是不利因素。影响工程项目进度的不利因素有很多，大体可以包括人员因素、技术因素、影响因素、材料、设备和构配件因素、资金因素、水文、地质与气象因素、环境、社会因素及其他事先难以预料的因素等。若按产生根源的不同，可归结为来自于业主单位、设计单位、施工单位、建筑材料和构配件等生产和供应单位、政府及建设和主管部门、质量监督和检测机构、建设监理单位、工程建设有关配合协作单位及项目建设所在地区周边邻近单位与社区人群等的各种影响因素。若按不利因素起因的不同，可归结为：①错误地估计了项目的实际情况及项目的实现条件，包括过高估计了有利因素和过低估计了不利因素，缺乏周密的项目风险分析过程；②发生了项目决策、筹备或实施过程中某些方面工作的失误；③发生了不可预见事件。若根据 FIDIC 合同条件下对造成工程进度拖延进行的责任区分及处理办法，又可归结为工程延误和工程延期。若工程项目为国际工程，在一些国家常见的法律制度变化，经济制裁，战争、骚乱、罢工，企业倒闭，汇率浮动和通货膨胀等，都会对工程项目的进度产生不利影响。

4.1.2 工程项目进度管理的措施和主要任务

1. 工程项目进度管理的措施

为了实施进度管理，项目管理人员必须根据工程项目的具体情况，认真制定进度管理措施，以确保进度管理目标的实现。进度管理的措施应包括组织措施、合同措施、技术措施及经济措施。

（1）组织措施。主要包括：建立进度管理目标体系，明确工程项目组织机构中进度管理人员及其职责分工；编制进度管理工作细则，指导进度管理人员实施进度控制；建立工程进度报告制度及进度信息沟通网络；建立进度计划审核制度和进度计划实施中的检查与分析制度；建立进度协调会议制度；建立施工图审查、工程变更及设计变更管理等制度。

（2）合同措施。主要包括：推行新型承发包模式，选择有利于进度管理的合同类型；加强合同管理，协调合同工期与进度计划之间的关系，保证合同种进度目标的实现；严格控制合同变更，对各方提出的工程变更和设计变更，应严格审查后再补充到合同文件中；加强风险管理，在合同中充分考虑风险因素及其对进度的影响，并采取相应措施。

（3）技术措施。主要包括：优化建设方案与施工方案，编制科学、合理、可行的进度计划；加强进度计划的审查，严格计划执行管理；采用网络计划技术、信息技术及其他科学适用的措施，对工程进度实施动态控制。

（4）经济措施。主要包括：编制与项目进度计划相适应的资源需求计划与资金需求计划，分析进度计划实现的可能性；编制经济激励措施，及时支付工程预付款及工程进度款，合理确定应急赶工费用，设置工期提前奖及误期损失赔偿金；加强索赔管理，及时、公正地处理索赔。

2. 工程项目实施阶段进度管理的主要任务

建设工程项目的全寿命周期包括项目的决策阶段、实施阶段和使用阶段（或称运营阶段、运行阶段），其中，对实施阶段的管理属于项目管理的范畴。工程实施阶段包括设计前的准备阶段、设计阶段、施工阶段、动用前的准备阶段和保修期等既相对独立又紧密联系的阶段，不同阶段进度管理的主要任务各有侧重。其中，设计准备、设计及施工三个主要阶段的任务如下：

（1）设计准备阶段进度管理的任务主要任务是：收集有关工期的信息，进行工期目标和进度管理决策；编制工程项目建设总进度计划；编制设计准备阶段详细工作计划并控制其执行；进行环境及施工现场条件的调查和分析。

（2）设计阶段进度管理的任务主要任务是：编制设计阶段工作计划并控制其执行，编制详细的出图计划并控制其执行。

（3）施工阶段进度管理的任务主要任务是：编制施工总进度计划并控制其执行，编制单位工程施工进度计划并控制其执行，编制工程年、季、月实施计划并控制其执行。

4.1.3 工程项目进度管理原理

工程项目进度管理始于进度计划的编制。但由于项目实施过程中主客观条件的变化是绝对的，不变则是相对的，因此，在项目的实施中必须随着情况的变化，进行项目进度目标的动态控制。项目目标的动态控制是项目管理最基本的方法论。除此之外，工程项目进度控制还必须遵循系统原理、信息反馈原理、弹性原理、封闭循环原理及网络计划技术等原理。

（1）动态控制原理。将项目的进度目标进行分解，以确定进度目标控制的计划值；在项目实施中，收集项目的实际进度值，定期进行目标进度与实际进度的比较；通过比较，若存在偏差，则分析产生偏差的原因，采取纠偏措施，在一定期限内使偏差得到纠正，使计划恢复正常；否则，就要根据实际情况调整原计划，甚至当项目目标无法实现时，还要修订原计划目标。调整后的计划就是下一阶段进度控制的目标计划，项目进度控制就是这样一个不断反复循环进行的过程，直至整个项目全部完成。这就是工程项目进度管理的动态控制原理。

（2）系统原理。将系统原理运用于进度管理的主要含义是：①按工程项目不同的建设阶段分别编制计划，从而形成严密的进度计划系统；②建立由各个不同管理主体及其不同管理层次组成的进度管理组织实施系统管理；③进度管理自计划编制开始，经过计划实施中的跟踪检查，发现进度偏差，分析偏差原因，制订调整或修正措施等一系列环节，再回到对原进度计划的执行或调整，从而构成一个封闭的循环系统；④采用工程网络计划技术编制进度计划并对其执行情况实施严格的量化管理。

（3）信息反馈原理。信息反馈是工程项目进度管理的主要环节。工程的实际进度通过信息反馈给项目进度管理的工作人员，在分工的职责范围内，经过对其加工，再将信息逐级向上反馈，直到项目经理部，项目经理部整理统计各方面的信息，经比较分析做出决策，调整进度计划，使其仍符合预定工期目标。

（4）弹性原理。进度计划编制者充分掌握影响进度的原因，并根据统计经验估计出其影响的程度和出现的可能性，并在确定进度目标时，进行实现目标的风险分析，这样编制工程项目计划时就会留有余地，使工程进度计划具有弹性。在进行工程项目进度管理时，便可以利用这些弹性，缩短有关工作的时间，或者改变它们之间的搭接关系，使拖延了的工期，通过缩短剩余计划工期的方法，仍然达到预期的计划目标。

（5）封闭循环系统。工程项目进度管理计划的全过程是计划、实施、检查、比较分析、确定调整措施、再计划。从编制项目进度计划开始，通过实施过程中的跟踪检查，收集有关实际进度的信息，比较和分析实际进度与计划进度的偏差，找出产生偏差的原因和解决方法，制订调整措施，再修改原进度计划，形成一个封闭的循环系统。

（6）网络计划技术原理。在工程项目进度管理中利用网络计划技术原理编制进度计划，根据收集的实际进度信息，比较和分析进度计划，再利用网络技术的工期优化、费用优化和资源优化的理论调整计划。网络计划技术原理是工程项目进度管理的完整的计划管理和分析计算理论基础。

4.2 工程项目进度计划的编制

4.2.1 工程项目进度计划的表示方法

一、工作活动的逻辑关系

在工程项目结构分解后，就要确定各项工作活动之间的逻辑关系，这是编制工程项目进度计划的基础。

在工程项目活动中，各项工作之间的先后顺序及其相互制约的关系称为逻辑关系。逻辑关系又分为工艺逻辑关系（简称工艺关系）和组织逻辑关系（简称组织关系）。

1. 工艺关系

工艺关系是由生产工艺客观上决定的各项工作之间的先后顺序关系。这种关系是不能随意改变的，例如，建设一般的住宅，按照通常的施工工艺，总是做完基础才能砌墙，砌完墙才能铺楼板，盖完一层才能盖二层……只要生产工艺不变，则工艺顺序就不会改变。

2. 组织关系

组织关系是在生产组织安排中，考虑劳动力、机具、材料或工期的影响，在各项工作间主观上安排的先后顺序关系。这类关系是人为安排的，常常可以随着生产条件和组织方法的改变而改变。例如组织两栋住宅楼的施工，先挖甲栋的地槽再挖乙栋地槽，做完甲栋的基础再做乙栋的基础，这样先甲后乙的顺序关系，就是由于采用了流水施工的组织方法而决定的，也很可能是因为施工力量有限，不能齐头并进地同时进行两栋住宅楼的施工。如果有足够的施工力量，其他条件也许可，为了缩短总工期，两栋住宅楼也可同时进行施工。

明确逻辑关系，就是要明确项目必须遵循的顺序，这种顺序不能随意改变。以工艺关系为基础，考虑项目的实际情况和条件，包括实际投入的资源量和具体采取的组织方法，再加上相应的组织关系，就可以画出可供实施的网络计划。在项目施工准备阶段，进行施工组织设计时，往往只能根据既定的施工部署和施工方案，确定各施工工序之间的工艺逻辑关系，画出工艺网络。由于工艺网络一般只考虑工艺要求，是在假定资源无限的条件下，凡是工艺上允许同时施工的工作，都按平等作业安排，因而工期一般都较短。但是，实际上，资源总是有限的，如何提高资源的效率，降低施工成本，则是编制计划时必须重点考虑实际问题，在项目施工中用来指导施工。

二、工程项目进度计划的表示方法

工程项目进度计划的表示方法有多种，常用的有横道图和网络图两种。

（一）横道图

横道图也称甘特图，是美国 Frankford 兵工厂顾问 H.L.Gantt 在 20 世纪 20 年代提出的。这是最早对进度计划安排的科学表达方式，由于其形象、直观，且易于编制和理解，因而长期被广泛应用于工程项目进度管理中。

用横道图表示的工程项目进度计划，一般包括两个基本部分，即左侧的工作名称及工作的持续时间等基本数据部分和右侧的横线部分。表 4-1 所示即为用横道图表示的某桥梁工程施工进度计划。该计划明确地表示出各项工作的划分、工作的开始时间和完成时间、工作的持续时间、工作之间的相互搭接关系，以及整个工程项目的开工时间、完工时间和总工期。

表 4-1　某桥梁工程施工进度横道计划

序号	工作名称	持续时间（d）	进度（天）										
			5	10	15	20	25	30	35	40	45	50	55
1	施工准备	5											
2	预制梁	20											
3	运输梁	2											
4	东侧桥台基础	10											

续表

序号	工作名称	持续时间（d）	进度（天）										
			5	10	15	20	25	30	35	40	45	50	55
5	东侧桥台	8				——	——						
6	东桥台后填土	5					——	——					
7	西侧桥台基础	25		——	——	——	——	——					
8	西侧桥台	8							——	——			
9	西桥台后填土	5								——	——		
10	架梁	7									——	——	
11	与路基连接	5											——

利用横道图表示工程进度计划，存在下列缺点：

（1）不能明确地反映出各项工作之间错综复杂的相互关系，因而在计划执行过程中，当某些工作的进度由于某种原因提前或拖延时，不便于分析其对其他工作及总工期的影响程度，不利于工程项目进度的动态控制。

（2）不能明确地反映出影响工期的关键工作和关键线路，也就无法反映出整个工程项目的关键所在，因而不便于进度控制人员抓住主要矛盾。

（3）不能反映出工作所具有的机动时间，看不到计划的潜力所在，无法进行最合理的组织和指挥。

（4）不能反映工程费用与工期之间的关系，因而不便于缩短工期和降低工程成本。

由于横道计划存在上述不足，给工程项目进度控制工作带来很大不便。即使进度控制人员在编制计划时已充分考虑了各方面的问题，在横道图上也不能全面地反映出来，特别是当工程项目规模大、工艺关系复杂时，横道图就很难充分暴露矛盾。而且在横道计划的执行过程中，对其进行调整也是十分繁琐和费时的。由此可见，利用横道计划控制工程项目进度有较大的局限性。

（二）网络图

网络图是由箭线和节点（圆圈）组成的，用来表示工作流程的有向、有序网状图形。用网络图形式编制的进度计划称为网络计划。以网络计划为基础，对工程项目进度进行的系统化管理过程称为网络计划技术。

1. 网络计划技术的产生和发展

网络计划技术起源于美国，是项目计划管理的重要方法。1957 年，美国杜邦公司在国家通用电子计算机研究中心的协助下，研究出一种新的计划管理方法，即关键线路法（Critical path method，CPM），极大加快了工程项目进度，第一年就节约了 100 多万美元，相当于该公司用于研发 CPM 所花费用的 5 倍以上。1958 年，美国海军部武器局在编制“北极星导弹”计划时，针对项目遍及美国 48 个州的 200 多家主要承包商和 11 000 多个参与企业的复杂状况，应用了一种被称为计划评审技术（Program evaluation and review technique，PERT）的计划方法，使该项目原计划 8 年的工期缩短了约 2 年，并节约了大量的资金。统计资料表明，在不增加人力、物力、财力的既定条件下，采用 PERT 就可以使进度提前 15%～20%，节约成本 10%～15%。

网络计划技术一经产生，就以其极为显著的应用效果轰动了世界，在各国得到了迅速、广泛地应用，相应的研究也层出不穷，出现了许多其他的网络计划方法，见表4-2。

表4-2 网络计划技术类型及发明时间

逻辑关系＼持续时间	肯定型	非肯定型
肯定型	关键线路法（CPM）（1956年） 搭接网络法（1960年） 流水网络法（1980年）	计划评审技术（PERT）（1958年）
非肯定型	决策树型网络法（1960年） 决策关键线路法（DCPM，1960年）	图示评审技术（GERT，1966年） 随机网络技术（QERT，1979年） 风险型随机网络技术（VERT，1981年）

20世纪60年代初，首先由华罗庚教授将网络计划技术引入我国。由于网络计划方法具有统筹兼顾、合理安排的思想，华罗庚教授概括地称其为统筹法。在华教授的倡导下，网络计划技术在各个行业尤其是建筑业中得到了广泛推广和应用，一些大工程应用该技术取得了良好的效果。20世纪80年代初，国家及全国各地的建筑行业相继成立了研究和推广工程网络计划技术的组织机构。

我国于现行的《工程网络计划技术规程》（JGJ/T 121—1999），为网络计划技术在计划的编制与控制管理中提供了一个可以遵循的、统一的技术标准。

2. 网络计划的特点

利用网络计划控制工程项目进度，可以弥补横道计划的许多不足。与横道计划相比，网络计划具有以下主要特点：

（1）网络计划能够明确表达各项工作之间的逻辑关系。工作之间的逻辑关系是编制进度计划的基础，明确表达各项工作之间的逻辑关系，对于分析各项工作之间的相互影响及处理它们之间的协作关系具有非常重要的意义，同时也是网络计划先进的主要特征。

（2）通过网络计划时间参数的计算，可以找出关键线路和关键工作。在关键线路法（CPM）中，关键线路是指在网络计划中从起点节点开始，沿箭线方向通过一系列箭线与节点，最后到达终点节点为止所形成的通路上所有工作持续时间总和最大的线路。关键线路上各项工作持续时间总和即为网络计划的工期，关键线路上的工作就是关键工作，关键工作的进度将直接影响到网络计划的工期。通过时间参数的计算，能够明确网络计划中的关键线路和关键工作，也就明确了工程进度控制中的工作重点，这对提高工程项目进度控制的效果具有非常重要的意义。

（3）通过网络计划时间参数的计算，可以明确各项工作的机动时间。所谓工作的机动时间，是指在执行进度计划时除完成任务所必须的时间外尚剩余的、可供利用的富余时间，也称时差。在一般情况下，除关键工作外，其他各项工作（非关键工作）均有富裕时间。这种富余时间可视为一种“潜力”，既可用来支援关键工作，也可用来优化网络计划，降低单位时间资源需求量。

（4）网络计划可以利用电子计算机进行计算、优化和调整。对进度计划进行优化和调整是工程进度控制工作中的一项重要内容。如果仅靠手工进行计算、优化和调整是非常困难的，必须借助于电子计算机。而且由于影响工程项目进度的因素有很多，只有利用电子计算机进行进度计划的优化和调整，才能适应实际变化的要求。网络计划就是这样一种模型，他能使进度控制人员利用电子计算机对工程进度计划进行计算、优化和调整。正是由于网络计划的这一特点，使其成为最有效的进度控制方法，从而受到普遍重视。

当然，网络计划也有其不足之处，比如不像横道计划那么直观明了等，但这可以通过绘制时标网络计划得到弥补。

4.2.2 工程项目进度计划的编制程序

应用网络计划技术编制工程项目进度计划时，其编制程序一般包括四个阶段十个步骤，见表 4-3。

表 4-3 工程项目进度计划编制程序

编制阶段	编制步骤	编制阶段	编制步骤
Ⅰ 计划准备阶段	1. 调查研究	Ⅲ 计算时间参数及确定关键线路阶段	6. 计算工作持续时间
	2. 确定网络计划目标		7. 计算网络计划时间参数
Ⅱ 绘制网络图阶段	3. 进行项目分解		8. 确定关键线路和关键工作
	4. 分析逻辑关系	Ⅳ 编制正式网络计划阶段	9. 优化网络计划
	5. 绘制网络图		10. 编制正式网络计划

一、计划准备阶段

1. 调查研究

调查研究的目的是为了掌握足够充分、准确的资料，从而为确定合理的进度目标，编制科学的进度计划提供可靠依据。调查研究的内容包括：①工程任务情况、实施条件、设计资料；②有关标准、定额、规程、制度；③资源需求与供应情况；④资金需求与供应情况；⑤有关统计资料、经验总结及历史资料等。

调查研究的方法有：①实际观察、测算、询问；②会议调查；③资料检索；④分析预测等。

2. 确定网络计划目标

网络计划的目标由工程项目的目标所决定，一般可分为以下三类。

（1）时间目标。时间目标即工期目标，是指工程项目合同中规定的工期或有关主管部门要求的工期。工期目标的确定应以建筑设计周期定额和建筑安装工程工期定额为依据，同时充分考虑类似工程实际进展情况、气候条件以及工程难以成度和建设条件的落实情况的因素。工程项目设计和施工进度安排必须以建筑设计周期定额和建筑安装工程工期定额为最高时限。

（2）时间—资源目标。所谓资源，是指在工程建设过程中所需要投入到劳动力、原材料及施工机具等。在一般情况下，时间—资源目标分为两类：

1）资源有限，工期最短。即在一种或几种资源供应能力有限的情况下，寻求工期最短的计划安排。

2）工期固定，资源均衡。即在工期固定的前提下，寻求资源需用量尽可能均衡的计划安排。

（3）时间—成本目标。时间—成本目标是指以定的工期寻求最低成本或最低成本时的工期安排。

二、绘制网络图阶段

1. 进行项目分解

将工程项目由粗到细进行分解，是编制网络计划的前提。如何进行工程项目的分解，工作划分的粗细程度如何，将直接影响到网络图的结构。对于控制性网络计划，其工作划分得粗一些，而对于实施性网络计划，工作应划分的细一些。工作划分的粗细程度，应根据实际需要来确定。

2. 分析逻辑关系

分析各项工作之间的逻辑关系是，既要考虑施工程序或工艺技术工程，又要考虑组织安排或资源调配需要。对施工进度计划而言，分析其工作之间的逻辑关系是，应考虑：①施工工艺的要求；②施工方法和施工机械的要求；③施工组织的要求；④施工质量的要求；⑤当地的气候条件；⑥安全技术的要求。分析逻辑关系的主要依据是施工方案、有关资源供应情况和施工经验等。

3. 绘制网络图

根据已确定的逻辑关系，即可按绘图规则绘制网络图。既可以绘制单代号网络图，也可以绘制双代号网络图，还可以根据需要，绘制双代号时标网络计划或单代号搭接网络计划等。

三、计算时间参数及确定关键线路阶段

1. 计算工作持续时间

工作持续时间是指完成该工作所花费的时间。其计算方法有多种，既可以凭以往的经验进行估算，也可以通过试验推算。当有定额可用时，还可以利用时间定额或产量定额进行计算。对于搭接网络计划，还需要按最优施工顺序及施工需要，确定出各项工作之间的搭接时间。如果有些工作有时限要求，则应确定其时限。

2. 计算网络计划时间参数

网络计划是指在网络图上加注各项工作的时间参数而成的工作进度计划。网络计划时间参数一般包括：工作开始时间、工作最早完成时间、工作最迟开始时间、工作最迟完成时间、工作总时差、工作自由时差、节点最早时间、节点最迟时间、相邻两项工作之间的时间间隔、计算工期等。应根据网络计划的类型及其使用要求选算上述时间参数。网络计划时间参数的计算方法有图上计算法、表上计算法、公式法等。

3. 确定关键线路和关键工作

在计算网络计划时间参数的基础上，便可根据有关时间参数确定网络计划中的关键线路和关键工作。

四、编制正式网络计划阶段

1. 优化网络计划

当初始网络计划的工期满足所要求的工期及资源需求量能得到满足而无须进行网络优化时，初始网络计划即可作为正式的网络计划。否则，需要对初始网络计划进行优化。

根据所追求的目标不同，网络计划的优化包括工期优化、费用优化和资源优化三种。应根据工程的实际需要选择不同的优化方法。

2．编制正式网络计划

根据网络计划的优化结果，便可绘制正式的网络计划，同时编制网络计划说明书。网络计划说明书的内容应包括：①编制原则和依据；②主要计划指标一览表；③执行计划的关键问题；④需要解决的重要问题及其主要措施；⑤以及其他需要的问题。

4.3 流水施工原理

4.3.1 流水施工的基本概念

生产实践已经证明，在所有的生产领域中，建立在分工协作基础上的流水作业法是组织产品生产的理想方法，流水施工也是项目施工最有效的科学组织方法。但是，由于建筑产品及其生产特点的不同，流水施工的概念、特点和效果与其他产品的流水作业也有所不同。

一、建筑工程施工组织方式

在组织同类项目或将一个项目分成若干个施工区段进行施工时，可以采用不同的施工组织方式，如依次施工、平行施工和流水施工等组织方式。

1．依次施工

依次施工组织方式是将拟建工程项目的整个建造过程分解成若干个施工过程，按照一定的施工顺序，前一个施工过程完成后，后一个施工过程才开始施工；或前一个工程完成后，后一个工程才开始施工。它是一种最基本、最原始的施工组织方式。

【例 4-1】 某住宅区拟建三幢结构相同的住宅楼，其编号分别为Ⅰ、Ⅱ、Ⅲ。它们的基础工程量都相等，且均可分解为挖土方、浇混凝土基础和回填土三个施工过程，分别由相应的专业施工队按施工工艺要求依次完成，每个专业工作队在各幢住宅楼上完成各自施工任务的持续时间均为 5 周，各专业队的人数分别为 10 人、16 人和 8 人。三幢住宅楼基础工程施工的组织方式如表 4-4 中“依次施工”栏所示。

表 4-4　　施工组织方式比较表

编号	施工过程	人数	施工周数	进度计划（周）									进度计划（周）			进度计划（周）				
				5	10	15	20	25	30	35	40	45	5	10	15	5	10	15	20	25
Ⅰ	挖土方	10	5																	
	浇基础	16	5																	
	回填土	8	5																	
Ⅱ	挖土方	10	5																	
	浇基础	16	5																	
	回填土	8	5																	
Ⅲ	挖土方	10	5																	
	浇基础	16	5																	
	回填土	8	5																	
资源需要量（人）				10	16	8	10	16	8	10	16	8	30	48	24	10	26	34	24	8
施工组织方式				依次施工									平行施工			流水施工				
工期（周）				$T=3\times(3\times5)=45$									$T=3\times5=15$			$T=(3-1)\times5+3\times5=25$				

由表 4-4 可以看出，依次施工组织方式具有以下特点：

（1）由于没有充分地利用工作面去争取时间，所以工期较长；

（2）若按专业组建工作队，各专业工作队及其生产工人不能连续作业；

（3）若组建混合工作队，则不能实现专业化生产，不利于提高工程质量和劳动生产率；

（4）单位时间内投入的资源量比较少，有利于资源供应的组织工作；

（5）施工现场的组织、管理比较简单。

2. 平行施工

在拟建工程项目任务十分紧迫、工作面允许以及资源能够保证供应的条件下，可以组织几个相同的工作队，在同一时间、不同的空间上进行施工，这样的施工组织方式称为平行施工组织方式。在例 4-1 中，如果采用平行施工组织方式，其施工进度计划表如表 4-4 中“平行施工”栏所示。

由表 4-4 可以看出，平行施工组织方式具有以下特点：

（1）充分利用了工作面，争取了时间，缩短了工期；

（2）若按专业组建工作队，各专业工作队及其生产工人不能连续作业；

（3）若组建混合工作队，则不能实现专业化生产，不利于提高工程质量和劳动生产率；

（4）单位时间投入施工的资源数量大，现场临时设施也相应增加；

（5）施工现场组织、管理复杂。

3. 流水施工

将施工项目的建造过程分解为若干个施工过程，按施工过程成立相应的专业工作队；在空间上将施工项目划分为若干个施工对象，采取分段流水作业，各专业工作队依次在各施工段上连续完成各自的施工过程，并且相邻两专业工作队最大限度地平行搭接施工。这种施工组织方式称为流水施工组织方式。

在［例 4-1］中，如果采用流水施工组织方式，其施工进度计划如表 4-4 中流水施工栏所示。

由表 4-4 可以看出，与依次施工、平行施工相比较，流水施工组织方式具有以下特点：

（1）科学地利用了工作面，争取了时间，工期比较短；

（2）工作队及其生产工人实现了专业化施工，可使工人的操作技术熟练，更好地保证工程质量，提高劳动生产率；

（3）各专业工作队及其生产工人能够连续作业；

（4）单位时间内投入施工的资源数量较为均衡，有利于资源供应的组织工作；

（5）为工程项目的科学管理创造了有利条件。

流水施工是一种科学有效的工程项目组织方式，其基本特征是使建筑生产过程具有连续性和均衡性。流水施工在工艺划分、时间排列和空间布置上的统筹安排，必然会给项目带来显著的经济效果和综合经济效益。组织流水施工必须具备以下条件：

（1）工程项目必须分解为若干个施工对象（划分施工段）；

（2）每个施工对象分解为若干个施工过程，且不同施工对象的施工过程相同；

（3）在所有施工对象上，不同施工过程由不同专业施工队（组）完成，即专业化分工；

（4）主要施工过程连续、均衡的施工；

（5）不同施工过程尽可能组织平行搭接施工。

二、流水施工的分级和表达方式

1. 流水施工分级

根据流水施工组织的范围划分，流水施工通常可分为：

（1）分项工程流水施工。分项工程流水施工，也称为细部流水施工，是在一个专业工种内组织起来的流水施工。

（2）分部工程流水施工。分部工程流水施工，也称为专业流水施工，是在一个分部工程内部，各分项工程之间组织起来的流水施工。

（3）单位工程流水施工。单位工程流水施工，也称为综合流水施工，是在一个单位工程内部，各分部工程之间组织起来的流水施工。

（4）群体工程流水施工。群体工程流水施工，也称为大流水施工，是在若干单位工程之间组织起来的流水施工。

2. 流水施工表达方式

流水施工主要有横道图和网络图两种表达方式。

4.3.2 流水参数

在组织拟建工程项目流水施工时，用以表达流水施工在工艺流程、空间布置和时间排列等方面开展状态的参数，称为流水参数。

流水参数按其性质的不同可分为工艺参数、空间参数和时间参数三类。

（一）工艺参数

在组织流水施工时，用以表达流水施工在施工工艺上开展顺序及其特征的参数，称为工艺参数。具体地说是指在组织流水施工时，将施工项目的整个建造过程分解为施工过程的种类、性质和数目的总称。工艺参数通常包括施工过程和流水强度。

1. 施工过程

施工过程是项目建设的必经环节。施工过程的分解是组织专业化施工队伍进行施工的基础，因而，是组织流水施工的前提条件之一。在工程项目施工中，施工过程所包含的范围可大可小，既可以是分项工程，又可以是分部工程，也可以是单位工程或单项工程。根据工艺性质不同，施工过程可分为制备类施工过程、运输类施工过程和砌筑安装类施工过程三种。施工过程数一般用 n 来表示，它是流水施工的基本参数之一。

（1）制备类施工过程。制备类施工过程是指为了提高施工项目产品的装配化、工厂化、机械化和生产能力而形成的施工过程。如砂浆、混凝土、构配件、制品和门窗等的制备过程。它一般不占用施工对象的空间，不影响项目总工期，因此一般在工程施工进度表上不表示；只有当其占有施工对象的空间并影响项目总工期时，在项目施工进度表上才列入，如在拟建车间、实验室等场地内预制或组装的大型构件等。

（2）运输类施工过程。运输类施工过程是指将建筑材料、构配件、（半）成品、制品和设备等运到工地仓库或现场操作使用地点而形成的施工过程。它一般不占用施工对象的空间，不影响项目总工期，通常也不列入项目施工进度计划中；只有当其占有施工对象的空间并影响项目总工期时，才列入项目施工进度计划中，如结构安装工程中，采取随运随吊方案的运输过程。

（3）砌筑安装类施工过程。砌筑安装类施工过程是指在施工对象的空间上，直接进行加工，最终形成建筑产品的施工过程，如地下工程、主体工程、结构安装工程、屋面工程和装饰工程等施工过程。它占有施工对象的空间，影响工期的长短，因此必须列入项目施工的进度计划中，而且是项目施工进度计划表的主要内容。

施工过程的数目（n）是根据编制施工进度计划的对象范围和作用确定的。

当编制控制性施工进度计划时，组织流水施工的施工过程划分可以粗一些，一般只列出分部工程名称，如基础工程、主体结构工程、装饰工程、屋面工程等。

当编制实施性施工进度计划时，施工过程可以划分得细一些，将分部工程再分解为若干分项工程。

2. 流水强度

某施工过程在单位时间内所完成的工程量，称为该施工过程的流水强度。可分为机械操作流水强度和人工操作流水强度。一般用 V_i 表示。

（1）机械操作流水强度，见式（4-1）

$$V_i = \sum_{j=1}^{x} R_i S_i \tag{4-1}$$

式中 V_i——某施工过程 i 的机械操作流水强度；

R_i——投入施工过程 i 的某种施工机械的台数；

S_i——投入施工过程 i 的某种施工机械的产量定额；

x——投入施工过程 i 的施工机械类数。

（2）人工操作流水强度，见式（4-2）

$$V_i = R_i S_i \tag{4-2}$$

式中 V_i——某施工过程 i 的人工操作流水强度；

R_i——投入施工过程 i 的专业工作队工人数；

S_i——投入施工过程 i 的专业工作队平均产量定额。

（二）空间参数

在组织流水施工时，用以表达流水施工在空间布置上所处状态的参数，称为空间参数。空间参数主要有工作面、施工段和施工层三种类型。

1. 工作面

某专业工种的工人或施工机械在从事施工作业活动时，所必须具备的活动空间称为工作面。工作面的大小，决定能安排的作业人数或机械台数的多少，可根据相应工种单位时间内的产量定额、建筑安装操作规程和安全规程等的要求确定。工作面确定的合理与否，直接影响专业工种工人的劳动生产率。因此，必须认真加以对待，合理确定。主要工种专业的工作面参考数据见表 4-5。

表 4-5　主要工种工作面参考数据

工作项目	每个技工的工作面	单位	说明
砖基础	7.6	m/人	以“三七墙”（1 砖半）计，2 砖乘以 0.8，3 砖乘以 0.55
砌砖墙	8.5	m/人	以“二四墙”（1 砖）计，“三七墙”乘以 0.71，2 砖乘以 0.57
毛石墙基	3	m/人	以 600mm 厚计
毛石墙	3.3	m/人	以 400mm 厚计

续表

工作项目	每个技工的工作面	单位	说明
混凝土柱、墙基础	8	m^2/人	机拌、机捣
混凝土设备基础	7	m^2/人	机拌、机捣
现浇钢筋混凝土柱	2.45	m^2/人	机拌、机捣
现浇钢筋混凝土梁	3.20	m^2/人	机拌、机捣
现浇钢筋混凝土墙	5	m^2/人	机拌、机捣
现浇钢筋混凝土楼板	5.3	m^2/人	机拌、机捣
预制钢筋混凝土柱	3.6	m^2/人	机拌、机捣
预制钢筋混凝土梁	3.6	m^2/人	机拌、机捣
预制钢筋混凝土屋架	2.7	m^2/人	机拌、机捣
预制钢筋混凝土平板、空心板	1.91	m^2/人	机拌、机捣
预制钢筋混凝土大型屋面板	2.62	m^2/人	机拌、机捣
混凝土地坪及面层	40	m^2/人	机拌、机捣
外墙抹灰	16	m^2/人	
内墙抹灰	18.5	m^2/人	
卷材屋面	18.5	m^2/人	
防水水泥砂浆屋面	16	m^2/人	
门窗安装	11	m^2/人	

2. 施工段

为了有效地组织流水施工，通常把拟建工程项目在平面上划分成若干个劳动量大致相等的施工段落，这些施工段落称为施工段。施工段的数目通常用 m 表示，它是流水施工的基本参数之一。通过施工段的划分，可将体型庞大的“单件产品”分解成相对独立的多个工作面，每个工作面即一个施工段。一般情况下，一个施工段内只能安排一个施工专业工作队进行施工。在一个施工段上，只有前一个施工过程的工作队提供了合适的工作面，后一个施工过程的工作队才能进入该段，从事下一个施工过程的施工。

（1）划分施工段的目的。划分施工段是组织流水施工的前提条件之一。在保证工程质量的前提下，通过施工段的划分，可为专业工作队提供合理的空间活动范围，使其按流水施工的原理，集中人力和物力，依次、连续地完成各施工段的任务，为后续专业工作队尽早地提供工作面，达到缩短工期的目的。

（2）划分施工段的原则。施工段的划分，在不同的分部工程中，可以采用相同或不同的划分办法。同一分部工程中最好采用统一的划分段数，但也不排除特殊情况，如在单层工业厂房的预制工程中，柱和屋架的施工段划分就不一定相同。

施工段划分的数量要适当。段数过多，每段的工作面相应减小，势必要减少专业工作队的工人人数而延长工期；段数过少，又会造成资源供应的过分集中，不利于组织流水施工。因此，为了使施工段划分的更科学、更合理，通常应遵循以下原则：

1）专业工作队在各个施工段上的劳动量要大致相等，其相差幅度不宜超过 10%～15%；

2）为了充分发挥工人、主导机械的效率，每个施工段要有足够的工作面，使其所容纳的劳动力人数或机械台数，能满足合理劳动组织的要求；

3）为了保证施工项目的结构整体性，施工段的分界线应尽可能与结构的自然界线（如沉降缝、伸缩缝等）相一致。如果必须将分界线设在墙体中间时，应将其设在对结构整体性影响少的门窗洞口等部位，以减少留槎，便于修复；

4）对多层或高层的拟建建筑物，既要划分施工段又要划分施工层，施工段的数目，要满足合理流水施工组织的要求，即 $m \geqslant n$，以保证相应的专业工作队在施工段与施工层之间，组织有节奏、连续、均衡地流水施工。

（3）多层或高层拟建建筑中施工段数（m）与施工过程数（n）的关系。若拟建项目为多层或高层建筑时，施工段数（m）与施工过程数（n）有三种可能的关系，即 $m>n$、$m=n$ 和 $m<n$，其流水组织分别具有不同的特点。

1）当 $m>n$ 时

【例 4-2】 某局部二层的现浇钢筋混凝土结构的建筑物，主体结构工程对进度起控制性作用的施工过程为支模板、绑钢筋和浇筑混凝土，即 $n=3$；按照划分施工段的原则，在平面上将其划分成四个施工段，即 $m=4$；在竖向上划分两个施工层，即结构层与施工层相一致；每个施工过程在各施工段上的持续时间均为 3 天，即 $t_i=3$。则流水施工的开展状况见表 4-6。

由表 4-6 可见，当 $m>n$ 时，各专业工作队能够连续施工，但施工段有空闲。图中各施工段在第一层浇完混凝土后均空闲 3 天，即工作面空闲 3 天。这种空闲可用于弥补由于技术间歇、组织管理间歇和备料等要求所必须的时间，所以可以组织流水施工。

表 4-6 **$m>n$ 时流水施工的开展状况**

施工层	施工过程名称	施工进度（天）									
		3	6	9	12	15	18	21	24	27	30
I	支模板	①	②	③	④						
	绑扎钢筋		①	②	③	④					
	浇混凝土			①	②	③	④				
II	支模板					①	②	③	④		
	绑扎钢筋						①	②	③	④	
	浇混凝土							①	②	③	④

2）当 $m=n$ 时

【例 4-3】 在例 4-2 中，如果将该建筑物在平面上划分成三个施工段，即 $m=3$，其他不变，则此时流水施工的开展状况见表 4-7。

表 4-7 **$m=n$ 时流水施工的开展状况**

施工层	施工过程名称	施工进度（天）							
		3	6	9	12	15	18	21	24
I	支模板	①	②	③					
	绑扎钢筋		①	②	③				
	浇混凝土			①	②	③			

续表

施工层	施工过程名称	施工进度（天）							
		3	6	9	12	15	18	21	24
II	支模板				①	②	③		
	绑扎钢筋					①	②	③	
	浇混凝土						①	②	③

由表 4-7 可见，当 $m=n$ 时，各专业工作队均能连续施工，而且施工段没有空闲。这是理想化的流水施工方案，如果采用这种方案，则要求项目管理者必须具有较高的管理水平，不允许有任何的时间拖延。

3）当 $m<n$ 时

【例 4-4】［例 4-3］中，如果将其在平面上划分成两个施工段，即 $m=2$，其他不变，则流水施工的开展状况见表 4-8。

表 4-8　$m<n$ 时流水施工的开展状况

施工层	施工过程名称	施工进度（天）						
		3	6	9	12	15	18	21
I	支模板	①	②					
	绑扎钢筋		①	②				
	浇混凝土			①	②			
II	支模板				①	②		
	绑扎钢筋					①	②	
	浇混凝土						①	②

由表 4-8 可见，当 $m<n$ 时，施工段没有空闲，专业工作队不能连续作业，有窝工现象，对多层或高层建筑组织流水施工是不适用的。由于一个施工段只能供一个专业工作队施工，这样，在转换楼层时，超过施工段数的专业工作队就因无工作面而停工。在表 4-7 中，各专业工作队在完成第一施工层第二施工段的任务后，不能连续地进入第二施工层继续施工。这种情况对于有数幢同类型建筑物的施工，可组织各建筑物之间的大流水，以弥补上述窝工现象；但对单一建筑物的流水施工是不适宜的，应加以杜绝。

从上述的三种情况可以看出，施工段数的多少，直接影响工期的长短，而且，若存在有层间关系时，要想保证专业工作队能够连续施工，必须满足施工段数大于或等于施工过程数，即 $m \geqslant n$ 的要求。

应当指出，当无层间关系或无施工层（如某些单层建筑物、基础工程等）时，则施工段数不受 $m \geqslant n$ 的限制，可按前面所述划分施工段的原则确定施工段数 m。

3. 施工层

在组织流水施工时，为了满足专业工种对操作高度和施工工艺的要求，将拟建工程项目在竖向上划分为若干个操作层，这些操作层称为施工层。施工层一般用 r 表示。

施工层的划分，要考虑施工项目的具体情况，根据建筑物的高度、楼层等来确定。如砌筑工程的施工层高度一般为1.2～1.4m（一步架高）；混凝土结构、室内抹灰、木装饰、油漆玻璃和水电安装等的施工高度，可按楼层进行施工层的划分。

（三）时间参数

在组织流水施工时，用以表达流水施工在时间排序上所处状态的参数，称为时间参数。时间参数通常包括流水节拍、流水步距、平行搭接时间、技术间歇时间、组织间歇时间和流水工期等。

1. 流水节拍

在组织流水施工时，某一专业工作队在一个施工段上完成相应的施工任务所需要的工作延续时间，称为流水节拍，通常用t_i来表示。它是流水施工的基本参数之一。

流水节拍的大小，可以反映出流水施工速度的快慢、节奏感的强弱和资源消耗量的多少。影响流水节拍数值大小的因素主要有：项目施工时所采取的施工方案，该施工段工程量的多少，该施工段在工作面允许的情况下投入的劳动力人数或施工机械台数，以及工作班次。为避免专业工作队转移时浪费工时，流水节拍在数值上最好是一个（或半个）班的整数倍。其数值的大小，可以按以下三种方法确定。

（1）定额计算法。根据各施工段的工程量、能够投入的资源量（工人数、机械台数和材料量等），按式（4-3）和式（4-4）进行计算：

$$t_i = \frac{Q_i}{S_i R_i N_i} = \frac{P_i}{R_i N_i} \tag{4-3}$$

或

$$t_i = \frac{Q_i H_i}{R_i N_i} = \frac{P_i}{R_i N_i} \tag{4-4}$$

式中 t_i——某专业工作队在第i施工段的流水节拍；

Q_i——某专业工作队在第i施工段要完成的工程量（m^3，m^2，t…）；

S_i——某专业工作队的计划产量定额（m^3，m^2，t… / 工日或台班）；

H_i——某专业工作队的计划时间定额（工日或台班 / m^3，m^2，t…）；

R_i——投入施工过程i的专业工作队工人数；

N_i——某专业工作队的工作班次；

P_i——某专业工作队在第i施工段需要的劳动量（工日）或机械台班数量（台班）。

$$P_i = \frac{Q_i}{S_i}\ （或 P_i = Q_i \cdot H_i） \tag{4-5}$$

（2）经验估算法。它是根据以往的施工经验估算流水节拍的方法。一般为了提高估算的准确程度，往往先后估算出该流水节拍的最长、最短和正常（即最可能）三种时间，然后据此求出期望时间，作为某专业工作队在某施工段上的流水节拍。所以，本法也称为三时估算法。起计算公式如下：

$$t_i = \frac{a_i + 4c_i + b_i}{6} \tag{4-6}$$

式中 t_i——某施工过程i在某施工段上的流水节拍；

a_i——某施工过程i在某施工段上的最短估算时间；

b_i——某施工过程 i 在某施工段上的最长估算时间；

c_i——某施工过程 i 在某施工段上的正常估算时间。

这种方法多适用于采用新工艺、新方法和新材料等没有定额可循的施工过程。

（3）工期计算法。对某些在规定日期内必须完成的工程项目，往往采用按工期倒排进度法。具体步骤如下：

1）根据工期倒排进度，确定某施工过程的工作持续时间；

2）确定某施工过程在某施工段上的流水节拍。若同一施工过程的流水节拍不相等，可用上述方法进行估算；若流水节拍相等，则用式（4-7）计算：

$$t_i = \frac{T_i}{m} \tag{4-7}$$

式中 t_i——某施工过程 i 在某施工段上的流水节拍；

T_i——某施工过程 i 的施工持续时间；

m——某施工过程划分的施工段数。

2. 流水步距

在组织流水施工时，相邻个专业工作队在保证施工顺序、满足连续施工、最大限度搭接和保证工程质量要求的条件下，相继投入施工的最小时间间隔，称为流水步距。流水步距以 $K_{j,j+1}$ 来表示，它是流水施工的基本参数之一。

（1）确定流水步距的原则。确定流水步距应遵循以下原则：

1）流水步距要满足两个相邻专业工作队在施工顺序上的相互制约关系；

2）流水步距要保证各专业工作队都能连续作业；

3）流水步距要保证相邻两个专业工作队在开工时间上最大限度地、合理地搭接；

4）流水步距的确定要保证工程质量，满足安全生产的要求。

（2）确定流水步距的方法。确定流水步距的方法很多，如图上分析法、分析计算法和潘特考夫斯基法等。流水步距在等节奏专业流水、异节奏专业流水和无节奏专业流水中呈现出不同的规律特征，其计算方法也各不相同，在随后的流水施工组织方式中将详细介绍。

3. 平行搭接时间

在组织流水施工时，有时为了缩短工期，在工作面允许的条件下，如果前一个专业工作队完成部分施工任务后，能够提前为后一个专业工作队提供一部分工作面，使后者提前进入前一个施工段，两者则可在同一施工段上平行搭接施工，这个搭接时间称为平行搭接时间，通常用 $C_{j,j+1}$ 来表示。

4. 技术间歇时间

在组织流水施工时，除要考虑相邻专业工作队之间的流水步距外，有时根据建筑材料或现浇构件等的工艺性质，还要考虑合理的工艺等待间歇时间，这个等待时间称为技术间歇时间，常用 $Z_{j,j+1}$ 来表示。

5. 组织间歇时间

在流水施工的组织中，由于施工组织的原因造成的在流水步距以外增加的间歇时间，称为组织间歇时间。如墙体砌筑前的墙身位置弹线所需时间，施工人员、机械转移所需时间，回填土前地下管道检查验收所需时间等。组织间歇时间用 $G_{j,j+1}$ 来表示。

6. 流水工期

流水工期是指从第一个专业工作队投入流水施工开始，到最后一个专业工作队完成流水施工为止的整个持续时间。由于一项建设项目往往包含许多流水组，故流水工期一般均不是整个项目的总工期。流水工期可按下式计算：

$$T=\sum K+\sum t_n+\sum Z+\sum G-\sum C \tag{4-8}$$

式中 T——流水工期；

$\sum K$——各施工过程（或专业工作队）之间的流水步距之和；

$\sum t_n$——最后一个施工过程（或专业工作队）在各施工段上的流水节拍之和；

$\sum Z$——技术间歇时间之和；

$\sum G$——组织间歇时间之和；

$\sum C$——平行搭接时间之和。

4.3.3 流水施工的组织方式

在建筑工程流水施工的组织中，流水节拍是主要流水参数之一，它决定着流水施工的节奏性。流水节拍的规律不同，流水施工的流水步距、施工工期的计算方法也有所不同，各施工过程相应需成立的专业工作队数目也可能受到影响，从而形成不同节奏特征的流水施工组织方式。所以，根据各施工过程流水节拍和流水步距的不同特点，可将流水施工进行如下分类，如图 4-1 所示。

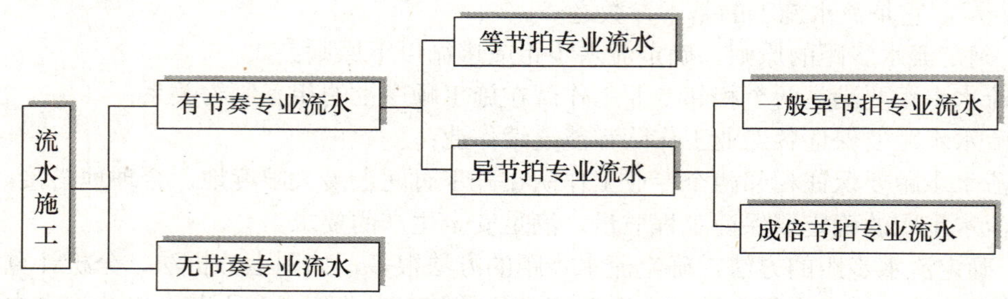

图 4-1 流水施工的分类

（一）等节拍专业流水

等节拍专业流水是指在组织流水施工时，所有施工过程在各个施工段上的流水节拍彼此相等的组织方式，也称为固定节拍流水或全等节拍流水或同步距流水。它是一种最理想的流水施工组织方式。

1. 基本特点

（1）流水节拍彼此相等。

如果有 n 个施工过程，流水节拍为 t_i，则

$$t_1=t_2=\cdots=t_i=\cdots=t_{n-1}=t_n=t\text{（常数）} \tag{4-9}$$

（2）流水步距彼此相等，且等于流水节拍。即

$$K_{1,2}=K_{2,3}=\cdots=K_{n-1,n}=\cdots=K=t\text{（常数）} \tag{4-10}$$

（3）每个专业工作队都能够连续作业，施工段没有空闲。

（4）专业工作队数（n_1）等于施工过程的数目（n）。

2. 组织步骤

（1）确定施工顺序，分解施工过程。

（2）确定施工起点流向，划分施工段。

划分施工段时，其数目 m 的确定方法如下：

1）无层间关系或无施工层时，可取 $m=n$；

2）有层间关系或施工层时，施工段数目 m 分下面两种情况确定。

①无技术和组织间歇时，取 $m=n$；

②有技术和组织间歇时，为了保证各专业队连续施工，应取 $m>n$。此时，每层施工段空闲数为 $m-n$，一个空闲施工段的时间为 t，则每层的空闲时间为

$$(m-n)\,t=(m-n)\,K \tag{4-11}$$

若一个楼层内各施工过程的技术间歇、组织间歇之和为 $\sum Z_1$，楼层间技术间歇、组织间歇为 Z_2，如果每层的 $\sum Z_1$ 均相等，Z_2 也相等，而且为了保证连续施工，施工段上除 $\sum Z_1$ 和 Z_2 外无空闲，则

$$(m-n)\,K=\sum Z_1+Z_2 \tag{4-12}$$

所以每层的施工段数 m 可按式（4-13）确定：

$$m=n+\frac{\sum Z_1}{K}+\frac{Z_2}{K} \tag{4-13}$$

如果每层的 $\sum Z_1$ 不完全相等，Z_2 也不完全相等，应取各层中最大的 $\sum Z_1$ 和 Z_2，并按下式确定施工段数：

$$m=n+\frac{\max(\sum Z_1)}{K}+\frac{\max(Z_2)}{K} \tag{4-14}$$

（3）组建专业工作队，并按等节拍专业流水的要求，确定流水节拍。

（4）确定流水步距 $K=t$。

（5）计算流水工期。流水工期可按式（4-8）计算，也可按下式计算：

1）不分施工层时

$$T=(m+n-1)\,K+\sum Z_{j,j+1}+\sum G_{j,j+1}-\sum C_{j,j+1} \tag{4-15}$$

式中 T——流水工期；n——施工段数；m——施工过程数；

K——流水步距；j——施工过程编号，$1\leqslant j\leqslant n$；

$Z_{j,j+1}$——j 与 $j+1$ 两个施工过程间的技术间歇时间；

$G_{j,j+1}$——j 与 $j+1$ 两个施工过程间的组织间歇时间；

$C_{j,j+1}$——j 与 $j+1$ 两个施工过程间的平行搭接时间。

2）分施工层时

$$T=(mr+n-1)K+\sum Z_{j,j+1}^{1}+\sum G_{j,j+1}^{1}-\sum C_{j,j+1} \tag{4-16}$$

式中 r——施工层数；

$\sum Z_{j,j+1}^{1}$——第一个施工层内各施工过程之间的技术间歇时间之和；

$\sum G_{j,j+1}^{1}$——第一个施工层内各施工过程之间的组织间歇时间之和。

其他符号的含义同前。

在式（4-16）中，没有二层及二层以上的 $\sum Z_1$ 和 Z_2，是因为它们均已包括在式中的 $m\cdot r\cdot K$ 项内，见表 4-9。

（6）绘制流水施工进度表。

表 4-9　分层并有技术、组织间歇时间等节拍专业流水进度表

施工层	施工过程编号	进度计划／天															
		1	2	3	4	5	6	7	8	9	10	11	12	13	14	15	16
1	Ⅰ	①	②	③	④	⑤	⑥										
	Ⅱ		①	②	③	④	⑤	⑥									
	Ⅲ			Z_1	①	②	③	④	⑤	⑥							
	Ⅳ					①	②	③	④	⑤	⑥						
2	Ⅰ						Z_2	①	②	③	④	⑤	⑥				
	Ⅱ								①	②	③	④	⑤	⑥			
	Ⅲ									Z_1	①	②	③	④	⑤	⑥	
	Ⅳ											①	②	③	④	⑤	⑥
		$(n-1)k+Z_1$				$m \cdot r \cdot t$											

3. 应用举例

【例 4-5】 某分部工程由 4 个分项工程组成，流水节拍均为 2 天，无技术、组织间歇时间。试确定流水步距，计算工期并绘制流水施工进度表。

解　由已知条件 $t_i = t = 2$ 知，本分部工程宜组织等节拍专业流水施工。

（1）确定流水步距。

由等节拍专业流水的特点知

$$K = t = 2\text{（天）}$$

（2）确定施工段数。

根据题意

$$m = n = 4$$

（3）计算工期。

$$T = (m+n-1)\cdot K + \sum Z_{j,j+1} + \sum G_{j,j+1} - \sum C_{j,j+1}$$
$$= (4+4-1)\times 2 + 0 + 0 - 0 = 14\text{（天）}$$

（4）绘制流水施工进度表，见表 4-10。

表 4-10　等节拍专业流水施工进度表

分项工程编号	进度计划（天）						
	2	4	6	8	10	12	14
A	①	②	③	④			
B		①	②	③	④		
C			①	②	③	④	
D				①	②	③	④
	T=（4+4-1）×2=14						

【例 4-6】 某项目由Ⅰ、Ⅱ、Ⅲ、Ⅳ 4 个施工过程组成，划分两个施工层组织流水施工。

施工过程Ⅱ完成后需养护 1 天，下一个施工过程才能施工，层间技术间歇为 1 天，流水节拍均为 1 天。为了保证工作队连续作业，试确定施工段数，计算工期，绘制流水施工进度表。

解 由已知条件 $t_i = t = 1$ 知，本项目宜组织等节拍专业流水施工。

（1）确定流水步距。

由等节拍专业流水的特点知：

$$K = t = 1 \text{（天）}$$

（2）确定施工段数。

因该项目分两层施工，其施工段数确定公式为

$$m = m + \frac{\sum Z_1}{K} + \frac{Z_2}{K} = 4 + \frac{1}{1} + \frac{1}{1} = 6 \text{（段）}$$

（3）计算工期。

由公式（4-16）

$$\begin{aligned} T &= (m \cdot r + n - 1) \cdot K + \sum Z_{j,j+1}^{1} + \sum G_{j,j+1}^{1} - \sum C_{j,j+1} \\ &= (6 \times 2 + 4 - 1) \times 1 + 1 + 0 - 0 = 16 \text{（天）} \end{aligned}$$

（4）绘制流水施工进度表，见表 4-9。

（二）异节拍专业流水

通常情况下，组织等节拍专业流水是比较困难的。因为不同施工过程的性质、复杂程度不同，影响因素也各异，可能会出现某些施工过程所需要的人数或机械台数，超出施工段上工作面所能容纳数量的情况，很难使各施工过程的流水节拍都彼此相等。这时，只能按施工段所能容纳的人数或机械台数确定这些施工过程的流水节拍。但如果施工段划分得合适，保持同一施工过程各施工段的流水节拍相等是不难实现的，从而形成各专业工作队有节奏但节奏各异的异节拍专业流水。

异节拍专业流水是指在组织流水施工时，如果同一施工过程各施工段上的流水节拍彼此相等，不同施工过程的流水节拍彼此不等，而且均为某一常数的整数倍的情况下的专业流水组织方式，也称为成倍节拍专业流水。

根据流水施工的组织原则，可组织一般异节拍专业流水，其进度计划见表 4-11。

表 4-11　　一般异节奏专业流水施工进度表

施工过程名称	施工进度（天）											
	5	10	15	20	25	30	35	40	45	50	55	60
基础	①	②	③	④								
结构安装	$K_{1,2}$	①		②		③		④				
室内装修		$K_{2,3}$		①		②		③		④		
室外工程						$K_{3,4}$			①	②	③	④
	$\sum K$							$\sum t_n$				

有时，为了加快流水施工速度，在资源供应满足需求的前提下，对流水节拍长的施工过程，可组织几个同工种的专业工作队，来完成同一施工过程在不同施工段上的作业任务，从而形成一个工期最短的、类似于等节拍专业流水的等步距的异节拍专业流水施工方案，也称

为加快的成倍节拍专业流水。这里主要讨论等步距的异节拍专业流水。

1. 基本特点

（1）同一施工过程在各施工段上的流水节拍彼此相等，不同施工过程在同一施工段上的流水节拍彼此不等，但均为某一常数的整数倍。

（2）流水步距彼此相等，且等于各流水节拍的最大公约数。

（3）各专业工作队能连续施工，施工段没有空闲。

（4）专业工作队数大于施工过程数，即 $n_1>n$。

2. 组织步骤

（1）确定施工顺序，分解施工过程。

（2）确定施工起点流向，划分施工段。

划分施工段时，其数目 m 的确定如下：

1）不分施工层时，可按划分施工段的原则确定施工段数目。

2）当分施工层时，每层的施工段数可按式（4-17）确定：

$$m = n_1 + \frac{\max\sum Z_1}{K_b} + \frac{\max\sum Z_2}{K_b} \tag{4-17}$$

式中 n_1——专业工作队总数；

K_b——等步距异节拍专业流水的流水步距。

其他符号含义同前。

（3）按异节拍专业流水的要求，确定各施工过程的流水节拍。

（4）确定流水步距。

按式（4-18）计算：

$$K_b = \text{最大公约数}\{t_1, t_2, \cdots, t_n\} \tag{4-18}$$

（5）确定专业工作队数。

按式（4-19）和式（4-20）确定：

$$b_j = \frac{t_j}{K_b} \tag{4-19}$$

$$n_1 = \sum_{j=1}^{n} b_j \tag{4-20}$$

式中 t_j——施工过程 j 在各施工段上的流水节拍；

b_j——施工过程 j 所要组织的专业工作队数；

j——施工过程编号，$1 \leqslant j \leqslant n$。

（6）计算流水工期。

等步距异节拍专业流水的工期按式（4-21）计算：

$$T = (mr + n_1 - 1)K_b + \sum Z_1 - \sum C_{j,j+1} \tag{4-21}$$

式中 r——施工层数（不分层时，r=1；分层时，r=实际施工层数）。

其他符号含义同前。

（7）绘制流水施工进度计划。

3. 应用举例

【例 4-7】 某项目由Ⅰ、Ⅱ、Ⅲ 3 个施工过程组成，流水节拍分别为 2 天、6 天、4 天，试组织等步距异节拍专业流水施工。

解 根据题意，本项目宜采用等步距异节拍专业流水。

（1）确定流水步距。

$$K_b = \text{最大公约数}\{2,4,6\}=2\text{（天）}$$

（2）确定专业工作队数。

$$b_1 = \frac{t_1}{K_b} = \frac{2}{2} = 1\text{（队）}$$

$$b_2 = \frac{t_2}{K_b} = \frac{6}{2} = 3\text{（队）}$$

$$b_3 = \frac{t_3}{K_b} = \frac{4}{2} = 2\text{（队）}$$

故

$$n_1 = \sum_{j=1}^{3} b_j = 1+3+2 = 6\text{（队）}$$

（3）确定施工段数。为了使各专业工作队连续施工，取

$$m = n_1 = 6\text{（段）}$$

（4）计算流水工期。

$$\begin{aligned} T &= (m \cdot r + n_1 - 1) \cdot K_b + \sum Z_1 - \sum C_{j,j+1} \\ &= (6\times1+6-1)\times2+0-0 \\ &= 22\text{（天）} \end{aligned}$$

（5）绘制流水施工进度计划，见表 4-12。

表 4-12　等步距异节拍专业流水施工进度表

施工过程编号	工作队	进度计划（天）										
		2	4	6	8	10	12	14	16	18	20	22
Ⅰ	Ⅰ	①	②	③	④	⑤	⑥					
Ⅱ	$Ⅱ_a$			①			④					
	$Ⅱ_b$				②			⑤				
	$Ⅱ_c$					③			⑥			
Ⅲ	$Ⅲ_a$						①		③		⑤	
	$Ⅲ_b$							②		④		⑥

$(n-1)\cdot K_b$　　$m\cdot K_b$

$T=22$

【例 4-8】 某两层现浇钢筋混凝土工程，施工过程分为安装模板、帮扎钢筋和浇筑混凝土。已知每段每层各施工过程流水节拍分别为：$t_{模}$=2 天，$t_{扎}$=2 天，$t_{混}$=1 天。当安装模板专业工作队转移到第二结构层的第一段施工时，需待第一层第一段的混凝土养护 1 天后才能进行。在保证各专业工作队连续施工的条件下，确定该工程每层最少的施工段数，并绘制流水

施工进度表。

解 根据题意，本项目宜采用等步距异节拍专业流水。

（1）确定流水步距

$$K_b = \text{最大公约数}\{2,2,1\}=1\text{（天）}$$

（2）确定专业工作队数

$$b_{模}=\frac{t_{模}}{K_b}=\frac{2}{1}=2\text{（队）；}\quad b_{扎}=\frac{t_{扎}}{K_b}=\frac{2}{1}=2\text{（队）；}\quad b_{混}=\frac{t_{混}}{K_b}=\frac{1}{1}=1\text{（队）；}$$

故

$$n_1=\sum_{j=1}^{3}b_j=2+2+1=5\text{（队）}$$

（3）确定每层的施工段数。为保证各专业工作队连续施工，其施工段数可按下式确定：

$$m=n_1+\frac{Z_2}{K_b}=5+\frac{1}{1}=6\text{（段）}$$

（4）计算流水工期

$$\begin{aligned}T&=(m\cdot r+n_1-1)\cdot K_b+\sum Z_1-\sum C_{j,j+1}\\&=(6\times2+5-1)\times1+0-0\\&=16\text{（天）}\end{aligned}$$

（5）绘制流水施工进度计划，见表 4-13。

表 4-13　　等步距异节拍专业流水施工进度表（两层）

施工过程名称	工作队	进度计划(天)															
		1	2	3	4	5	6	7	8	9	10	11	12	13	14	15	16
安装模板	Ⅰ$_a$		①		③		⑤		①		③		⑤				
	Ⅰ$_b$			②		④		⑥		②		④		⑥			
绑扎钢筋	Ⅱ$_a$				①		③		⑤		①		③		⑤		
	Ⅱ$_b$					②		④		⑥		②		④		⑥	
浇混凝土	Ⅲ					①	②	③	④	⑤	⑥	①	②	③	④	⑤	⑥

$(n_1-1)\cdot K_b$　　　$m\cdot r\cdot K_b$

注 ———— ════ 施工层

（三）无节奏专业流水

在工程项目实际施工中，经常由于工程结构形式、施工条件不同等原因，使得同一施工过程在各个施工段上的工程量彼此不等，加之不同专业工作的生产效率也相差较大，无法组织等节拍专业流水或异节拍专业流水。在这种情况下，各流水节拍虽然杂乱无章，但仍可根据流水施工的组织原则，在保证施工工艺、满足施工顺序要求的前提下，按照一定的计算方法，确定相邻专业工作队之间的流水步距，使其在开工时间上最大限度地、合理地搭接起来，形成每个专业工作队都能连续作业的流水施工方式。这种将流水节拍无序的施工项目组织成专业流水的方式称为无节奏专业流水，也称分别流水，它是工程项目流水施工的普遍形式。

1. 基本特点

（1）每个施工过程在各个施工段上的流水节拍不尽相等。

（2）多数情况下，流水步距彼此不相等，但流水步距与流水节拍二者之间存在着某种函数关系。

（3）各专业工作队都能连续施工，个别施工段可能有空闲。

（4）每个施工过程由一个专业工作队完成，即施过程数 n 等于专业工作队数 n_1。

2. 组织步骤

（1）确定其施工顺序，分解施工过程。

（2）确定施工起点、流向，划分施工段。

（3）确定各施工过程在各施工段上的流水节拍。

（4）确定相邻两个专业工作队之间的流水步距。

计算流水步距可用“累加数列向后错位相减取最大差法”（也称最大差法），由于它是苏联专家潘特考夫斯基提出的，所以又称潘氏方法。其计算流水步距的步骤是：

第一步，累加各施工过程的流水节拍，形成累加数据系列；

第二步，相邻两施工过程的累加数据系列向后错位相减；

第三步，取最大差作为这两个施工过程间的流水步距；

第四步，用同样方法计算出所有相邻施工过程间的流水步距。

【例 4-9】 某工程的流水节拍见表 4-14，试确定个流水步距。

表 4-14　　某工程项目的流水节拍

施工过程	流 水 节 拍（天）			
	第一施工段	第二施工段	第三施工段	第四施工段
甲	3	3	4	4
乙	5	4	3	3
丙	2	5	4	4

解 首先求甲、乙两个施工过程间的流水步距。

$$\begin{array}{rrrrrr} & 3 & 6 & 10 & 14 & \\ -) & & 5 & 9 & 12 & 15 \\ \hline & 3 & 1 & 1 & 2 & - \end{array}$$

可见，其最大差值为 3，故甲、乙施工过程间的流水步距取 3 天。

同理可求乙、丙两个施工过程间的流水步距。

$$\begin{array}{rrrrrr} & 5 & 9 & 12 & 15 & \\ -) & & 2 & 7 & 11 & 15 \\ \hline & 3 & 7 & 5 & 4 & - \end{array}$$

故乙、丙施工过程间的流水步距取 7 天。

由以上计算过程可见，用该法计算的，实质上是相邻两个施工过程的专业队在每一个施工段上开始工作的最大等待时间。取该时间为流水步距，既可使前后两个施工专业队在满足工艺顺序的条件下连续施工，同时，也能保证其最大限度地搭接，因而，所组织的流水工期最短。

（5）计算流水工期。

$$T=\sum K_{j,j+1}+\sum t_n+\sum Z_{j,j+1}+\sum G_{j,j+1}-\sum C_{j,j+1} \tag{4-22}$$

式中 $\sum K_{j,j+1}$ ——流水步距之和；

$\sum t_n$ ——最后一个施工过程的流水持续时间。

其他符号含义同前。

（6）绘制流水施工进度表。

3. 应用举例

【例 4-10】 某工程包括Ⅰ、Ⅱ、Ⅲ、Ⅳ、Ⅴ5 个施工过程，分 4 个施工段施工，每个施工过程在各施工段上的流水节拍见表 4-12。根据该项目施工组织设计，施工过程Ⅱ完成后，其相应施工段至少要养护 2 天；施工过程Ⅳ完成后，其相应施工段要留有 1 天的准备时间；为了尽早完工，允许施工过程Ⅰ与Ⅱ之间搭接施工 1 天。试编制该项目流水施工方案。

表 4-15 **施工过程流水节拍参数表**

施工段	流水节拍（天）				
	Ⅰ	Ⅱ	Ⅲ	Ⅳ	Ⅴ
①	3	1	2	4	3
②	2	3	1	2	4
③	2	5	3	3	2
④	4	3	5	3	1

解 根据已知条件，该工程可组织无节奏专业流水施工。

（1）计算各流水节拍累加数列。

Ⅰ：3 5 7 10

Ⅱ：1 4 9 12

Ⅲ：2 3 6 11

Ⅳ：4 6 9 12

Ⅴ：3 7 9 10

（2）确定流水节拍。

1）$K_{Ⅰ,Ⅱ}$

$$\begin{array}{rrrrr} 3 & 5 & 7 & 11 & \\ -) & 1 & 4 & 9 & 12 \\ \hline 3 & 4 & 3 & 2 & - \end{array}$$

所以，$K_{Ⅰ,Ⅱ}=\max\{3,4,3,2\}=4$（天）

2）$K_{Ⅱ,Ⅲ}$

$$\begin{array}{rrrrr} 1 & 4 & 9 & 12 & \\ -) & 2 & 3 & 6 & 11 \\ \hline 1 & 2 & 6 & 6 & - \end{array}$$

所以，$K_{Ⅱ,Ⅲ}=\max\{1,2,6,6\}=6$（天）

3）$K_{Ⅲ,Ⅳ}$

$$\begin{array}{rrrrr} 2 & 3 & 6 & 11 & \\ -) & 4 & 6 & 9 & 12 \\ \hline 2 & -1 & 0 & 2 & - \end{array}$$

所以，$K_{\text{III},\text{IV}}=\max\{2,-1,0,2\}=2$（天）

4）$K_{\text{IV},\text{V}}$

$$
\begin{array}{rrrrrr}
 & 4 & 6 & 9 & 12 & \\
-) & & 3 & 7 & 9 & 10 \\
\hline
 & 4 & 3 & 2 & 3 & -
\end{array}
$$

所以，$K_{\text{IV},\text{V}}=\max\{4,3,2,3\}=4$（天）

（3）计算流水工期。

$$
\begin{aligned}
T &= \sum K_{j,j+1}+\sum t_n+\sum Z_{j,j+1}+\sum G_{j,j+1}-\sum C_{j,j+1} \\
&=(4+6+2+4)+(3+4+2+1)+2+1-1 \\
&=28\text{（天）}
\end{aligned}
$$

（4）绘制流水施工进度计划表，见表 4-16。

表 4-16　无节奏专业流水施工进度表

施工过程	进度计划（天）																											
	1	2	3	4	5	6	7	8	9	10	11	12	13	14	15	16	17	18	19	20	21	22	23	24	25	26	27	28
I		①			②		③			④																		
II		$K_{\text{I},\text{II}}-C_{\text{I},\text{II}}$		①		②				③				④														
III								$K_{\text{II},\text{III}}+Z_{\text{II},\text{III}}$					①	②		③				④								
IV												$K_{\text{III},\text{IV}}$				①			②		③			④				
V																$K_{\text{IV},\text{V}}+G_{\text{IV},\text{V}}$				①				②			③	④

$\sum K_{j,j+1}+Z_{\text{II},\text{III}}+G_{\text{IV},\text{V}}-C_{\text{I},\text{II}}$　　$\sum t_n$

$T=28$

4.4 工程网络计划技术

工程网络计划技术是采用网络图的形式编制工程进度计划，并在计划实施过程中加以控制，以使预定目标得以实现的科学的计划管理技术。工程网络计划技术的应用包括四个主要环节。首先，绘制网络图，以此表达各项工作的先后顺序；其次，通过计算，找出关键线路及关键工作，并分析各项工作的特点；再次，按预定目标进行网络优化，选择最优方案，确定正式网络计划并报批；最后，将计划付诸实施，并在计划执行过程中进行有效的控制和调整，实现项目的预期进度目标。

4.4.1 网络计划的分类

工程网络计划可按如下几种方法分类。

1. 按网络计划的编制对象分类

（1）总体网络计划。总体网络计划是以整个建设项目为对象编制的网络计划，如一座新建工厂、一个建筑群的施工网络计划。

（2）单位工程网络计划。单位工程网络计划是以一个单位工程为对象编制的网络计划，如一幢办公楼、教学楼、住宅楼的施工网络计划。

（3）局部网络计划。局部网络计划是以单位工程中的某一分部工程或某一建设阶段为对象编制的网络计划，如按基础、主体、装饰等不同施工阶段编制或按不同专业编制的网络计划。

2. 按网络计划的性质和作用划分

（1）控制性网络计划。控制性网络计划的工作划分较粗，其主要作用是控制工程建设总体进度，作为决策层领导和上级管理机构指导工作、检查和控制工程进度的依据。

（2）实施性网络计划。实施性网络计划的工作划分较细，其主要作用是具体指导现场施工作业，应以控制性网络计划为依据编制。

3. 按工作的逻辑关系和持续时间肯定与否划分

（1）肯定型网络计划。逻辑关系肯定型网络计划是指表示在网络计划中的各项工作肯定要按图示的顺序发生的计划；持续时间肯定型网络计划是指表示在网络计划中的各项工作的持续时间可以根据一定的方法预先明确的计算出来，在计划执行过程中，如果客观条件没有发生较大变化，各项工作是能够按预先计算出的持续时间完成的。

（2）非肯定型网络计划。逻辑关系非肯定型网络计划是指表示在网络计划中的各项工作不一定按图示的顺序发生的计划；持续时间非肯定型网络计划是指表示在网络计划中的各项工作的持续时间预先无法明确的计算出来，只能采取某种方法估算（估计）出一个数值，在计划执行过程中，既使实际的客观条件与预先考虑的完全一致，工作的实际完成时间也可能与预先估算（估计）的持续时间不一样。

4. 按网络计划的时间表达方式划分

（1）无时标网络计划。这种网络计划中的各项工作的持续时间通常以数字的形式标注在工作箭线（或工作节点）的下边（也称标时网络计划），箭线的长短与持续时间无关。

（2）时标网络计划。这种网络计划是以横坐标为时间坐标，箭线的长度受时标的限制，箭线在时间坐标上的投影长度可直接反映工作的持续时间。

5. 按工作的表达方式划分

按工作表达方式的不同，网络图可划分为双代号网络图和单代号网络图。

我国《工程网络计划技术规程》（JGJ/T 121—1999）推荐的常用工程网络计划包括四类：双代号网络计划、单代号网络计划、双代号时标网络计划、单代号搭接网络计划。

4.4.2 双代号网络计划

一、双代号网络图构成要素

双代号网络图是以箭线及其两端节点的编号表示工作的网络图，它由工作、事件和线路三个基本要素组成。

（一）箭线（工作）

工作是指能够独立存在的实施性活动。如工序、施工过程或施工项目等实施性活动。双代号网络图中，每一条箭线表示一项工作。箭线的箭尾节点 i 表示该工作的开始，箭线的箭头节点 j 表示该工作的完成。工作名称标注在箭线的上方，完成该项工作所需要的持续时间标注在箭线的下方。由于一项工作需要一条箭线和其箭尾和箭头处两个圆圈中的号码来表示，故称为双代号表示法。

工作可分为：需要消耗时间和资源的工作、只消耗时间而不消耗资源的工作和不消耗时间及资源的工作三种。前两种为实工作，最后一种为虚工作；在双代号网络图中，为了正确地表达图中工作之间的逻辑关系，往往需要应用虚工作。虚工作一般起到联系、区分、断路的作用。

（1）联系作用是指应用虚箭线正确表达工作之间相互依存的关系，如图 4-2 所示。

例：A 工作结束后可同时进行 B、D 两项工作，C 工作结束后进行 D 工作。

（2）区分作用是指双代号网络图中的每一项工作都必须用一条箭线和两个代号表示，若两项工作的代号相同时应使用虚工作加以区分，如图 4-3 所示。

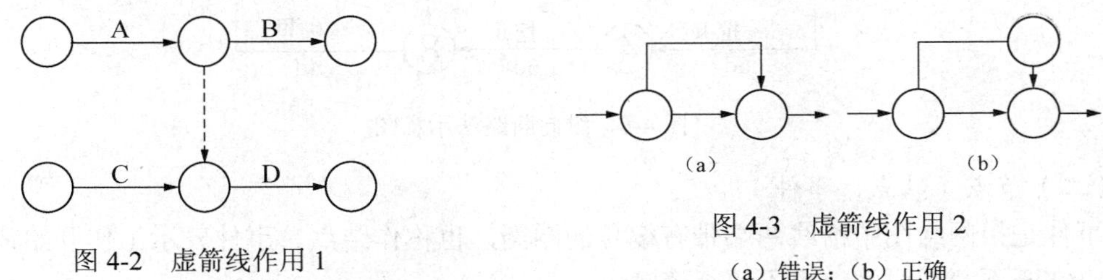

图 4-2 虚箭线作用 1

图 4-3 虚箭线作用 2

（a）错误；（b）正确

（3）断路作用是用虚箭线断掉多余联系，即在网络图中把无联系的工作联系起来时应使用虚工作，如图 4-4 所示。绘制双代号网络图时，最容易产生的错误是把本来没有逻辑关系的工作联系起来了，使网络图发生错误。产生错误的地方总是在同时有多条内向和外向箭线的节点处。遇到这种情况，就必须使用虚箭线加以处理，以隔断不应有的工作联系。

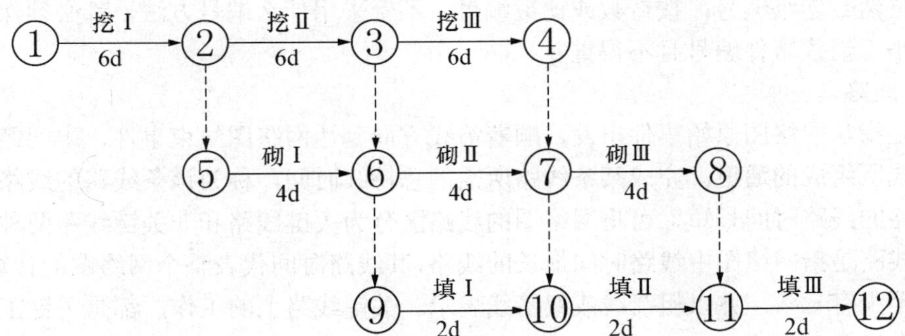

图 4-4 某工程双代号网络图的错误画法

由图 4-4 看出，该图虽然排列规则，但逻辑关系有误。因为回填土Ⅰ不应该受挖地槽Ⅱ控制，回填土Ⅱ也不应该受挖地槽Ⅲ控制。这是错误是由虚工作的联系作用导致，可以采用横向断路法或纵向断路法将其加以改正，前者用于无时间坐标网络图，后者用于有时间坐标网络图，如图 4-5 和图 4-6 所示。

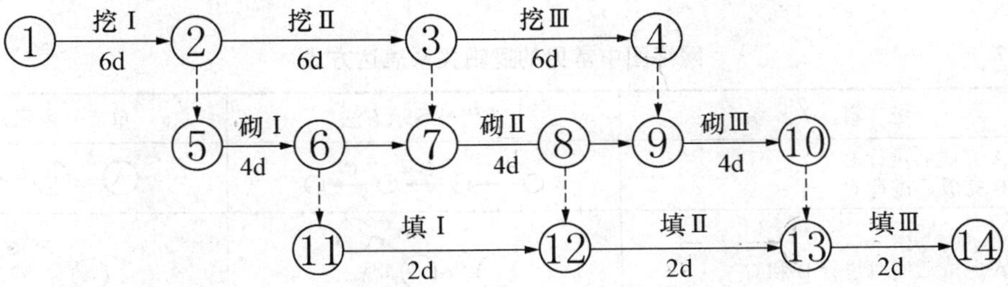

图 4-5 横向断路法示意图

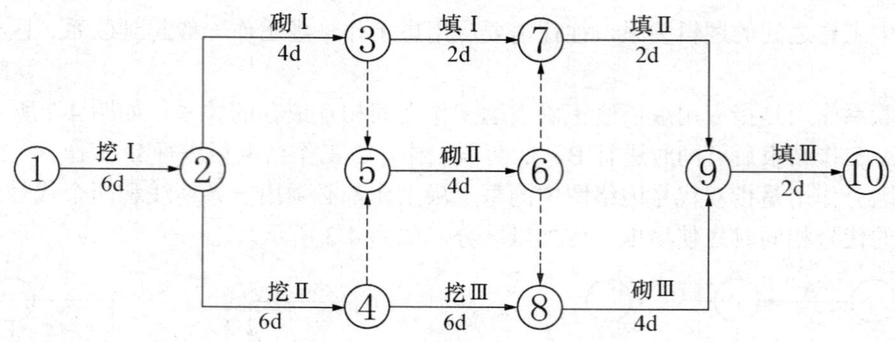

图 4-6 纵向断路法示意图

（二）节点（结点、事件）

事件是指网络图中箭线两端带有编号的圆圈，也称作结点。事件表示工作开始或结束的时刻，它既不消耗时间，也不消耗资源。

在双代号网络图中有三个类型的节点。第一个事件称为原始事件（起点节点），它只有外向箭头，一般表示一项任务或一个项目的开始。最后一个事件称为结束事件（终点节点），它只有内向箭头，一般表示一项任务或一个项目的完成。其余事件均称为中间事件（中间节点），它既有内向箭线，又有外向箭线。事件编号方法有：沿水平方向或沿垂直方向编号，或间断编号；按自然数连续编号；按奇数或偶数编号。不管采用什么编号方法，都必须保证：箭尾事件编号小于箭头事件编号且不得重复。

（三）线路

线路是指从网络图原始事件出发，顺着箭线方向到达网络图结束事件，中间经由一系列事件和箭线所组成的通道。完成某条线路所需的总持续时间，称为该条线路的线路时间。根据每条线路的线路时间长短，可将网络图的线路区分为关键线路和非关键线路两种。

关键线路是指网络图中线路时间最长的线路，其线路时间代表整个网络图的计算总工期。关键线路至少有一条，并以粗箭线或双箭线表示。关键线路上的工作，都是关键工作，关键工作都没有机动时间。

在网络图中，除了关键线路之外，其余线路都是非关键线路。在非关键线路上，除了关键工作之外，其余工作均为非关键工作，非关键工作都有机动时间。

在一定条件下，关键工作与非关键工作、关键线路与非关键线路都可以相互转化。

二、双代号网络图绘制规则

（1）必须正确地表达已经确定的逻辑关系。网络图中常见的各种工作逻辑关系的表示方法见表 4-17。

表 4-17 网络图中常见的逻辑关系表达方式

序号	逻辑关系	双代号表示方法	单代号表示方法
1	A 完成后进行 B B 完成后进行 C	A B C	A B C
2	A 完成后同时进行 B 和 C	A B C	A B C

续表

序号	逻辑关系	双代号表示方法	单代号表示方法
3	A和B都完成后进行C		
4	A和B都完成后同时进行C和D		
5	A完成后进行C A和B都完成后进行D		
6	H的紧前工作为A和B M的紧前工作为B和C		
7	M的紧后工作为A、B和C N的紧后工作为B、C和D		

（2）在双代号网络图中，不允许出循环回路。所谓循环回路是指从网络图中的某一个节点出发，顺着箭线方向又回到原来出发节点的线路，如图4-7所示。

（3）在节点之间严禁出现带双向箭头或无箭头的箭线，如图4-8所示。

（4）双代号网络图中严禁出现无箭头或无箭尾节点的箭线，如图4-8所示。

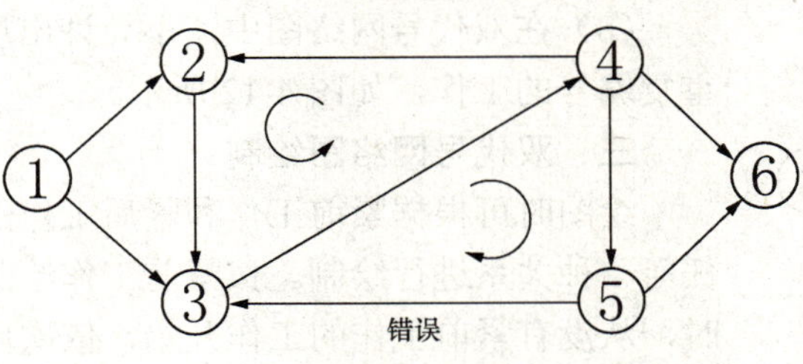

图4-7 闭合回路示意图

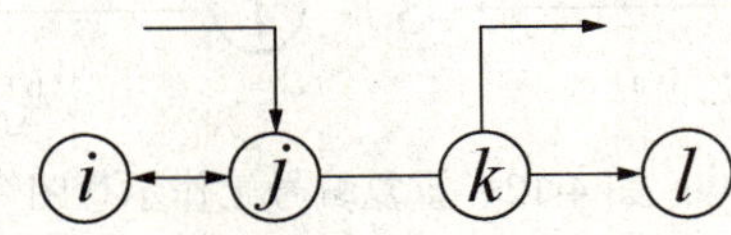

图4-8 错误的表示

（5）严禁在箭线中间引入或引出箭线。这样的箭线不能表示它所代表的工作在何处开始。当网络图的起点节点有多条外向箭线，或终点节点有多条内向箭线时，可用母线法绘制，如图4-9所示。

（6）绘制网络图时，箭线不宜交叉，当交叉不可避免时，可用过桥法或指向法，如图4-10所示。

（7）双代号网络图中应只有一个起点节点；在不分期完成任务的单目标网络图中，应只有一个终点节点，如图 4-11 所示。

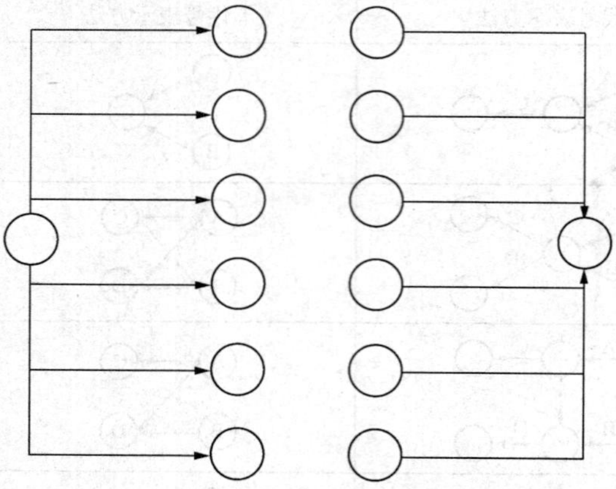

图 4-9 用母线法绘制

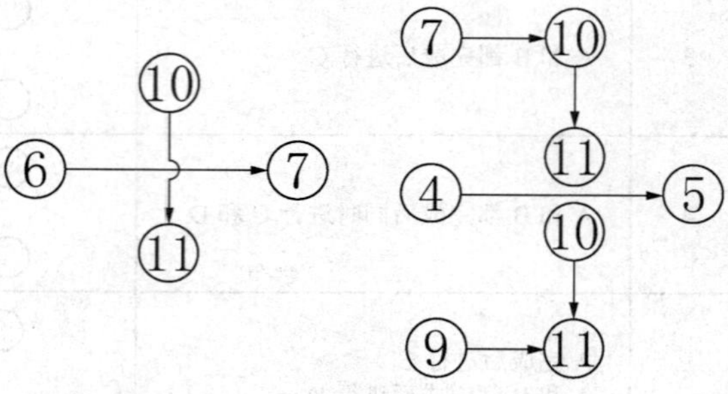

图 4-10 用过桥法或指向法绘制

（a）过桥法交叉；（b）指向法交叉

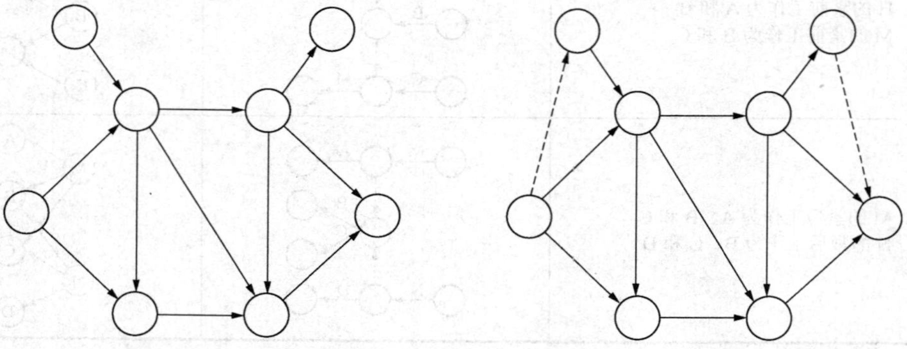

图 4-11 只有一个起点、一个终点示意图

（a）错误；（b）正确

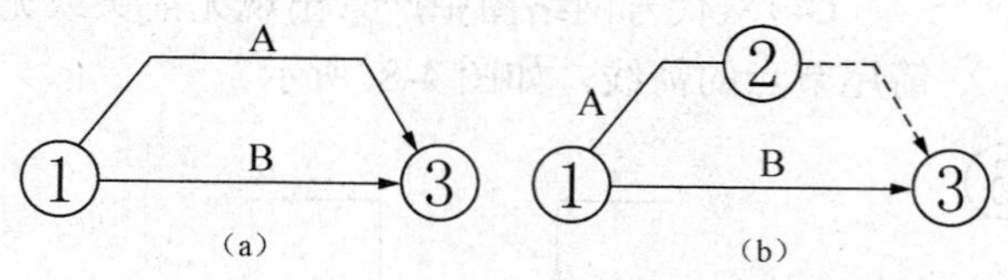

图 4-12 重复编号工作示意图

（a）错误；（b）正确

（8）在双代号网络图中，不允许出现重复编号的工作，如图 4-12 所示。

三、双代号网络图绘制

绘图时可根据紧前工作和紧后工作的任何一种关系进行绘制。按紧前工作绘制时，从没有紧前工作的工作开始，依次向后，将紧前工作一一绘出，注意用好虚箭线，不要把没有关系的拉上了关系，并将最后工作结束于一点，以形成一个终点节点；按紧后工作进行绘制时，也应从没有紧前工作的工作开始，依次向后，将紧后工作逐一绘出，直到没有紧后工作的工作绘完为止，形成一个终点节点。

通常是使用一种关系绘完图后，可利用另一种关系检查，无误后再自左向右编号。

在绘制过程中可采用以下绘制步骤：逻辑关系表→绘制草图→整理→正式网络图。现结合两个例题介绍双代号网络图的绘制方法。

【例 4-11】 根据给出的关系绘制出的双代号网络图。

表 4-18 各工作逻辑关系表

工作名称	A	B	C	D	E	F	G	H	I	J	K
紧前工作		A	A	B	B	E	A	D，C	E	F，G，H	I，J
紧后工作	B，C，G	D，E	H	H	F，I	J	J	J	K	K	

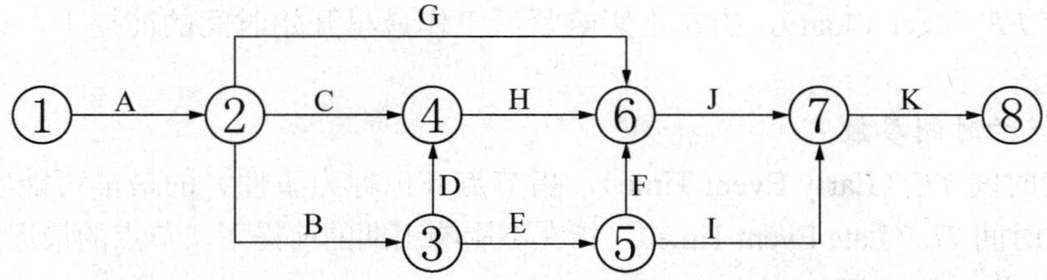

图 4-13 根据表 4-18 绘制的双代号网络图

【例 4-12】 根据给出的关系绘制出的双代号网络图。

表 4-19 各工作逻辑关系表

工作代号	持续时间	紧前工作	紧后工作	工作代号	持续时间	紧前工作	紧后工作
A	3	—	B，C，D	G	7	D	J
B	2	A	E	H	4	E，F	I
C	6	A	F	I	5	H	K
D	5	A	G	J	4	G	K
E	3	B	H	K	7	I,J	—
F	2	C	H				

解 先绘制草图，再对网络图进行整理，最后进行节点编号，如图 4-14 所示：

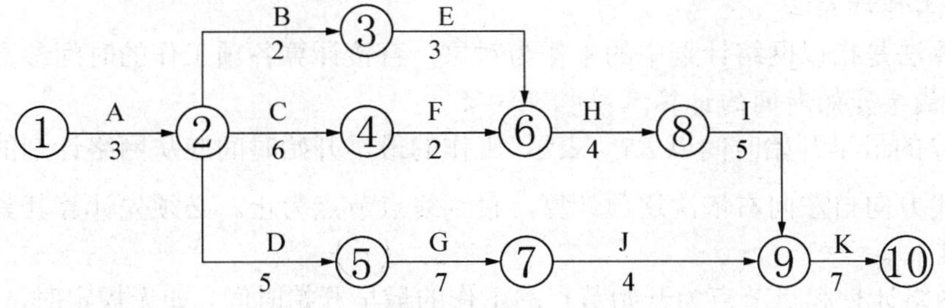

图 4-14 根据表 4-19 绘制的双代号网络

四、双代号网络计划时间参数

网络计划的时间参数是确定工程计划工期、确定关键线路、关键工作的基础，也是判定非关键工作机动时间和进行优化、计划管理的依据。

时间参数计算应在各项工作的持续时间确定之后进行。网络计划的时间参数主要有三类。

（一）工作的时间参数

最早开始时间 *ES*（Early Start），指该工作最早可能开始工作的时间。

最早完成时间 EF（Early Finish），指该工作最早可能完成的时间。

最迟开始时间 LS（Late Start），指在不影响工期的前提下，该工作最迟必须开始工作的时间。

最迟完成时间 LF（Late Finish），指在不影响工期的前提下，该工作最迟必须完成的时间。

总时差 TF（Total Float），在不影响工期的前提下，该工作所具有的机动时间。

自由时差 FF（Free Float），指在不影响紧后工作最早开始时间的前提下，该工作所具有的机动时间。

（二）节点的时间参数

最早开始时间 TE（Early Event Time），指节点（也称为事件）的最早可能发生时间。

最早完成时间 TL（Late Event Time），指在不影响工期的前提下，节点的最迟发生的时间。

（三）网络计划的工期

（1）计算工期（T_c），指通过计算求得的网络计划的工期。

（2）计划工期（T_p），指完成网络计划的计划（打算）工期。

（3）要求工期（T_r），指合同规定或业主要求、企业上级要求的工期。

在计算各种时间参数时，为了与数字坐标轴的规定一致，规定工作的开始时间或结束时间都是指时间终了时刻。如坐标上某工作的开始（或完成）时间为第 5 天，是指第 5 个工作日的下班时，即第 6 个工作日的上班时。在计算中，规定网络计划的起始工作从第 0 天开始，实际上指的是第 1 个工作日的上班开始。

五、双代号网络计划时间参数的计算

双代号网络计划时间参数计算的目的在于通过计算各项工作的时间参数，确定网络计划的关键工作、关键线路和计算工期，为网络计划的优化、调整和执行提供明确的时间参数。双代号网络计划时间参数的计算方法很多，一般常用的有按工作计算法、按节点计算法和标号法进行计算。

（一）按工作计算法

工作计算法是指以网络计划中的工作为对象，直接计算各项工作的时间参数。

1. 工作最早开始时间的计算

工作 $i-j$ 的最早开始时间以 ES_{i-j} 表示。工作的最早开始时间应从网络计划的起点节点开始，顺着箭线方向自左向右依次逐项计算，直到终点节点为止。必须先计算其紧前工作，然后再计算本工作。

（1）以网络计划起点节点为开始节点的工作的最早开始时间，如无规定时，其值等于零。如网络计划起点节点代号为 i，则

$$ES_{i-j}=0 \tag{4-23}$$

（2）其他工作的最早开始时间等于其紧前工作的最早开始时间加上该紧前工作的工作历时所得之和的最大值，即

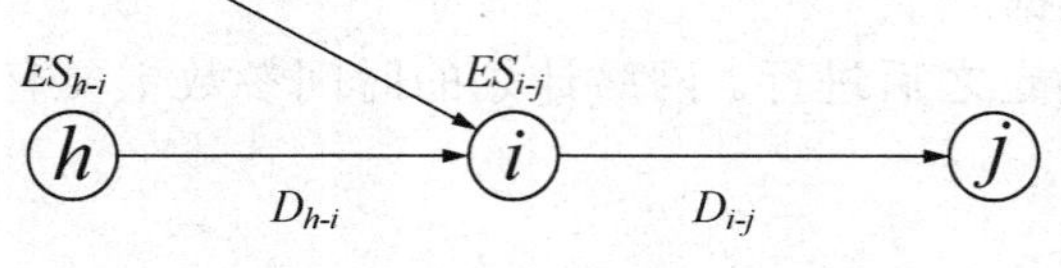

图 4-15 计算示意图 1

当工作 $i-j$ 与其紧前工作 $h-i$ 之间无虚工作时（见图 4-15），有多项工作时取最大值：

$$ES_{i-j}=\max\{ES_{h-i}+D_{h-i}\} \tag{4-24}$$

当工作 $i-j$ 通过虚工作 $h-i$ 与其紧前工

作 $g-h$ 相连时（见图 4-16），有多项工作时取最大值：

$$ES_{i-j} = \max\left\{ES_{g-h} + D_{g-h}\right\} \tag{4-25}$$

式中 $ES_{h-i}\left(ES_{g-h}\right)$——工作 $i-j$ 的紧前工作 $h-i$（$g-h$）的最早开始时间；

$D_{h-i}\left(D_{g-h}\right)$——工作 $i-j$ 的紧前工作 $h-i$（$g-h$）的工作历时。

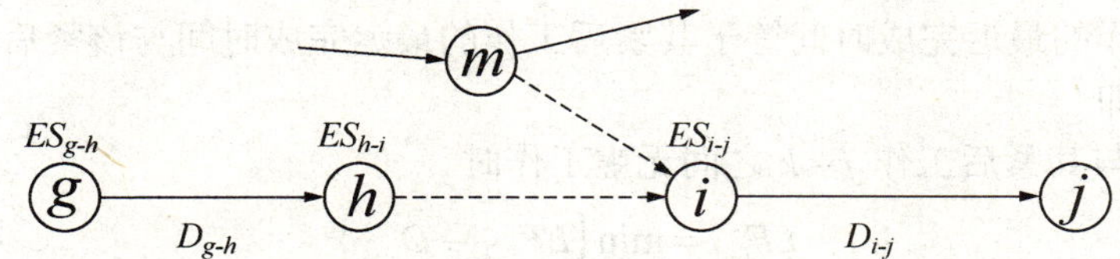

图 4-16 计算示意图 2

2. 工作最早完成时间的计算

工作最早完成时间等于其最早开始时间与该工作持续时间之和，见图 4-17。工作 $i-j$ 的最早完成时间以 EF_{i-j} 表示，即

$$EF_{i-j} = ES_{i-j} + D_{i-j} \tag{4-26}$$

3. 网络计划计算工期的确定

网络计划的计算工期（calculated project duration）是指根据时间参数计算得到的工期，以 T_c 表示。它等于以网络计划终点节点 n 为完成节点的工作的最早开始时间加上该工作的工作历时之和的最大值，见图 4-18，即

$$T_c = \max\left\{ES_{i-n} + D_{i-n}\right\} \tag{4-27}$$

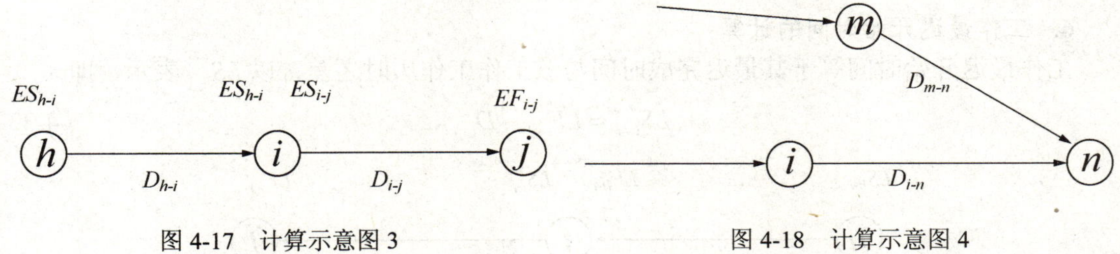

图 4-17 计算示意图 3　　图 4-18 计算示意图 4

4. 网络计划的计划工期

网络计划的计划工期（planned project duration）是指根据要求工期和计算工期所确定的作为实施目标的工期，以 T_p 表示。计划工期应小于或等于要求工期。

当未规定要求工期 T_r 时，可取计划工期 T_p 等于计算工期 T_c，即

$$T_p = T_c \tag{4-28}$$

当已规定要求工期 T_r 时，则计划工期 T_p 不应超过要求工期 T_r，即

$$T_p \leqslant T_r \tag{4-29}$$

所谓要求工期 T_r（required project duration）是指任务委托人所提出的指令性工期。

5. 工作最迟完成时间的计算

工作的最迟完成时间是指在不影响工程工期的条件下，该工作必须完成的最迟时间。工

作 $i-j$ 的最迟完成时间以 LF_{i-j} 表示。规定：工作的最迟完成时间应从网络计划的终点节点开始，逆着箭线方向自右向左依次进行计算，直到起点节点为止。必须先计算其紧后工作，然后再计算本工作。

（1）以网络计划终点节点 n 为完成节点的工作的最迟完成时间，即

$$LF_{i-n} = T_{\mathrm{p}} \tag{4-30}$$

（2）其他工作的最迟完成时间等于其紧后工作的最迟完成时间与该紧后工作的工作历时之差的最小值，即

当工作 $i-j$ 与其紧后工作 $j-k$ 之间无虚工作时

$$LF_{i-j} = \min\left\{LF_{j-k} - D_{j-k}\right\} \tag{4-31}$$

当工作 $i-j$ 通过虚工作 $j-k$ 与其紧后工作 $k-l$ 相连时（见图 4-19）

$$LF_{i-j} = \min\left\{LF_{k-l} - D_{k-l}\right\} \tag{4-32}$$

式中 $LF_{j-k}\left(LF_{k-l}\right)$——工作 $i-j$ 的紧后工作 $j-k$（$k-l$）的最迟完成时间；

$D_{j-k}\left(D_{k-l}\right)$——工作 $i-j$ 的紧后工作 $j-k$（$k-l$）的工作历时。

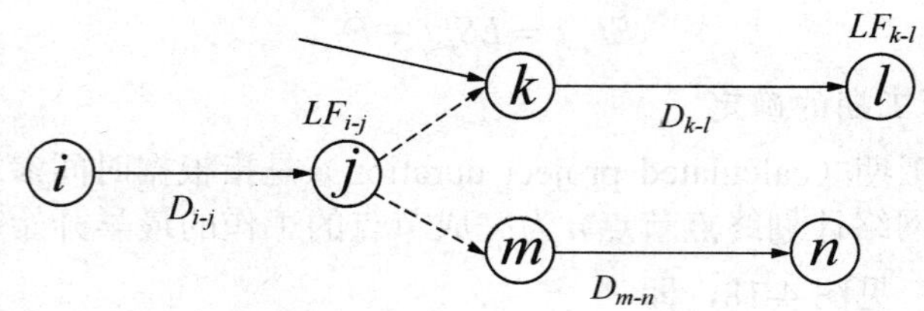

图 4-19 计算示意图 5

6. 工作最迟开始时间的计算

工作最迟开始时间等于其最迟完成时间与该工作工作历时之差，以 LS_{i-j} 表示，即

$$LS_{i-j} = LF_{i-j} - D_{i-j} \tag{4-33}$$

图 4-20 计算示意图 6

7. 工作总时差的计算

工作总时差是在不影响工期的前提下，一项工作所拥有的机动时间的极限值，以 TF_{i-j} 表示。根据含义，工作总时差应按式（4-34）计算

$$TF_{i-j} = LS_{i-j} - ES_{i-j} = LF_{i-j} - EF_{i-j} \tag{4-34}$$

图 4-21 计算示意图 7

8. 工作自由时差的计算

工作自由时差是指在不影响其紧后工作最早开始时间的前提下可以机动的时间，以 FF_{i-j} 表示。这时工作活动的时间范围被限制在本身最早开始时间与其紧后工作的最早开始时间之间，从这段时间中扣除本身的工作历时后，所剩余时间的最小值，即为自由时差。

根据含义，工作自由时差应按式（4-35）计算：

当工作 $i-j$ 与其紧后工作 $j-k$ 之间无虚工作时

$$FF_{i-j} = \min\left\{ES_{j-k} - EF_{i-j}\right\} \tag{4-35}$$

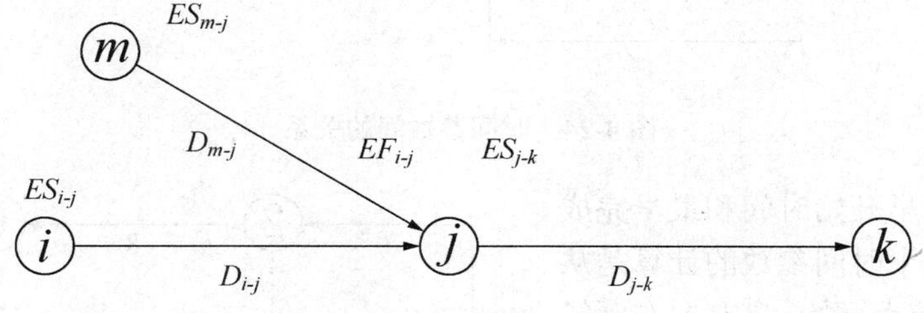

图 4-22 计算示意图 8

当工作 $i-j$ 通过虚工作 $j-k$ 与其紧后工作 $k-l$ 相连时

$$FF_{i-j} = \min\left\{ES_{k-l} - EF_{i-j}\right\} \tag{4-36}$$

式中 $ES_{j-k}(ES_{k-l})$——工作 $i-j$ 的紧后工作 $j-k$（$k-l$）的最早开始时间；

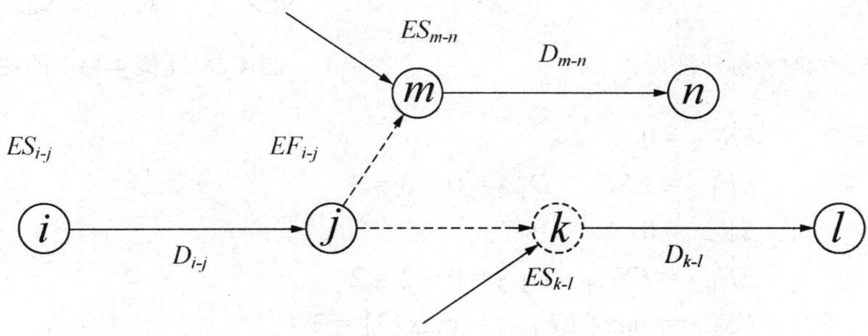

图 4-23 计算示意图 9

注：工作的自由时差是该工作总时差的一部分，当其总时差为零时，其自由时差也必然为零。

在一般情况下，网络图中各项时间参数的关系可用图 4-24 表示。

9. 工作计算法的图上标注的方式

工作计算法一般直接在图上进行标注，计算结果标注在箭线之上，标注方式（即六时标形式）如图 4-25 所示。

【例 4-13】 下面结合图 4-26 所示的网络计划，介绍采用图上计算的六时标注法计算双代号网络计划的时间参数。此法是利用前面介绍的时间参数计算公式，计算每项工作的最早开始时间、最早完成时间、最迟开始时间、最迟完成时间、总时差、自由时差六个时间参数和网络计划的计算工期、计划工期。并且每计算出一个时间参数，就随即将其标注在图上。六时标标注法的图上标注方法如图 4-25 所示。

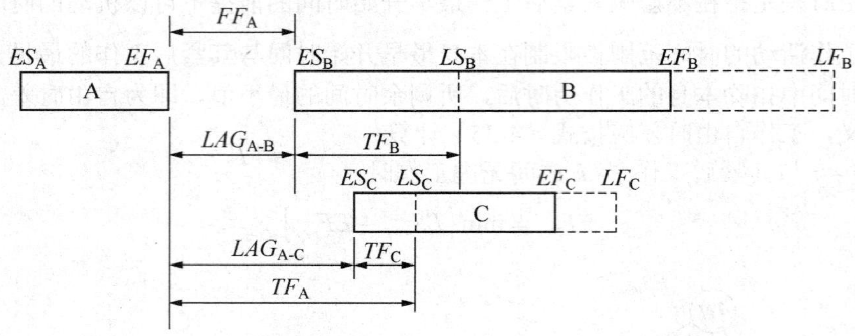

图 4-24 时间参数间的关系

（1）工作的最早开始时间和最早完成时间的计算。这两个时间参数的计算是从网络计划的起点节点开始，自左向右顺箭头方向依次计算，计算过程如下：

$ES_{i\text{-}j}$	$LS_{i\text{-}j}$	$TF_{i\text{-}j}$
$EF_{i\text{-}j}$	$LF_{i\text{-}j}$	$FF_{i\text{-}j}$

h 工作名称 持续时间$D_{i\text{-}j}$ i

图 4-25 六时标标注法形式

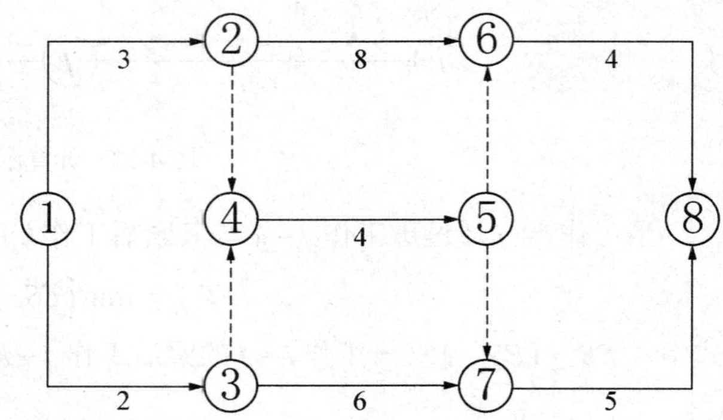

图 4-26 ［例 4-13］的图

$$ES_{1-2} = 0$$
$$EF_{1-2} = ES_{1-2} + D_{1-2} = 0 + 3 = 3$$
$$ES_{1-3} = 0$$
$$EF_{1-3} = ES_{1-3} + D_{1-3} = 0 + 2 = 2$$
$$ES_{2-6} = \max\{EF_{1-2}\} = \max\{3\} = 3$$
$$EF_{2-6} = ES_{2-6} + D_{2-6} = 3 + 8 = 11$$
$$ES_{4-5} = \max\{EF_{1-2}，EF_{1-3}\} = \max\{3，2\} = 3$$
$$EF_{4-5} = ES_{4-5} + D_{4-5} = 3 + 4 = 7$$
$$ES_{3-7} = \max\{EF_{1-3}\} = \max\{2\} = 2$$
$$EF_{3-7} = ES_{3-7} + D_{3-7} = 2 + 6 = 8$$
$$ES_{6-8} = \max\{EF_{2-6}，EF_{4-5}\} = \max\{11，7\} = 11$$
$$EF_{6-8} = ES_{6-8} + D_{6-8} = 11 + 4 = 15$$
$$ES_{7-8} = \max\{EF_{4-5}，EF_{3-7}\} = \max\{7，8\} = 8$$
$$EF_{7-8} = ES_{7-8} + D_{7-8} = 8 + 5 = 13$$

将上述计算结果标注在每项工作上边的 ES_{i-j}、EF_{i-j} 的位置上。

（2）网络计划工期的计算。

$$T_c = \max\{EF_{6-8}，EF_{7-8}\} = \max\{15，13\} = 15$$

本题无工期要求，令 $T_p = T_c = 15$

将计算和确定的工期标注在网络计划结束节点右侧的方框内。

（3）工作的最迟开始时间和最迟完成时间的计算。这两个时间参数的计算是从网络计划的终点节点开始的，自右向左逆箭头方向依次计算，计算过程如下：

$$LF_{7\text{–}8} = T_p = 15$$
$$LS_{7\text{–}8} = LF_{7\text{–}8} - D_{7\text{–}8} = 15 - 5 = 10$$
$$LF_{6\text{–}8} = T_p = 15$$
$$LS_{6\text{–}8} = LF_{6\text{–}8} - D_{6\text{–}8} = 15 - 4 = 11$$
$$LF_{3\text{–}7} = \min\{LS_{7\text{–}8}\} = \min\{10\} = 10$$
$$LS_{3\text{–}7} = LF_{3\text{–}7} - D_{3\text{–}7} = 10 - 6 = 4$$
$$LF_{2\text{–}6} = \min\{LS_{6\text{–}8}\} = \min\{11\} = 11$$
$$LS_{2\text{–}6} = LF_{2\text{–}6} - D_{2\text{–}6} = 11 - 8 = 3$$
$$LF_{4\text{–}5} = \min\{LS_{6\text{–}8}，LS_{7\text{–}8}\} = \min\{11，10\} = 10$$
$$LS_{4\text{–}5} = LF_{4\text{–}5} - D_{4\text{–}5} = 10 - 4 = 6$$
$$LF_{1\text{–}3} = \min\{LS_{3\text{–}7}，LS_{4\text{–}5}\} = \min\{4，6\} = 4$$
$$LS_{1\text{–}3} = LF_{1\text{–}3} - D_{1\text{–}3} = 4 - 2 = 2$$
$$LF_{1\text{–}2} = \min\{LS_{2\text{–}6}，LS_{4\text{–}5}\} = \min\{3，6\} = 3$$
$$LS_{1\text{–}2} = LF_{1\text{–}2} - D_{1\text{–}2} = 3 - 3 = 0$$

将上述结果标注在每项工作上边的 $LS_{i\text{–}j}$、$LF_{i\text{–}j}$ 的位置上。

（4）工作的总时差的计算。工作的总时差可以从网络计划的任一部位开始，但一般采用从网络计划的起点节点开始自左向右依次计算

$$TF_{1\text{–}2} = LS_{1\text{–}2} - ES_{1\text{–}2} = 0 - 0 = 0$$
$$TF_{1\text{–}3} = LS_{1\text{–}3} - ES_{1\text{–}3} = 2 - 0 = 2$$
$$TF_{2\text{–}6} = LS_{2\text{–}6} - ES_{2\text{–}6} = 3 - 3 = 0$$
$$TF_{4\text{–}5} = LS_{4\text{–}5} - ES_{4\text{–}5} = 6 - 3 = 3$$
$$TF_{3\text{–}7} = LS_{3\text{–}7} - ES_{3\text{–}7} = 4 - 2 = 2$$
$$TF_{6\text{–}8} = LS_{6\text{–}8} - ES_{6\text{–}8} = 11 - 11 = 0$$
$$TF_{7\text{–}8} = LS_{7\text{–}8} - ES_{7\text{–}8} = 10 - 8 = 2$$

将工作的总时差的计算结果标注在每项工作上边的 $TF_{i\text{–}j}$ 的位置上。

（5）工作的自由时差的计算。工作的自由时差应从网络计划的终点节点开始自右向左依次计算

$$FF_{7\text{–}8} = T_p - EF_{7\text{–}8} = 15 - 13 = 2$$
$$FF_{6\text{–}8} = T_p - EF_{6\text{–}8} = 15 - 15 = 0$$
$$FF_{3\text{–}7} = \min\{ES_{7\text{–}8}\} - ES_{3\text{–}7} = \min\{8\} - 8 = 8 - 8 = 0$$
$$FF_{4\text{–}5} = \min\{ES_{7\text{–}8}，ES_{6\text{–}8}\} - EF_{4\text{–}5} = \min\{8，11\} - 7 = 8 - 7 = 1$$
$$FF_{1\text{–}3} = \min\{ES_{6\text{–}8}\} - ES_{2\text{–}6} = \min\{11\} - 11 = 11 - 11 = 0$$
$$FF_{1\text{–}3} = \min\{ES_{3\text{–}7}，ES_{4\text{–}5}\} - EF_{1\text{–}3} = \min\{2，3\} - 2 = 2 - 2 = 0$$
$$FF_{1\text{–}2} = \min\{ES_{2\text{–}6}，ES_{4\text{–}5}\} - EF_{1\text{–}2} = \min\{3，3\} - 3 = 3 - 3 = 0$$

将工作的自由时差的计算结果标注在每项工作上边的 $FF_{i\text{–}j}$ 的位置上。

至此，时间参数计算工作结束，结果如图 4-27 所示。

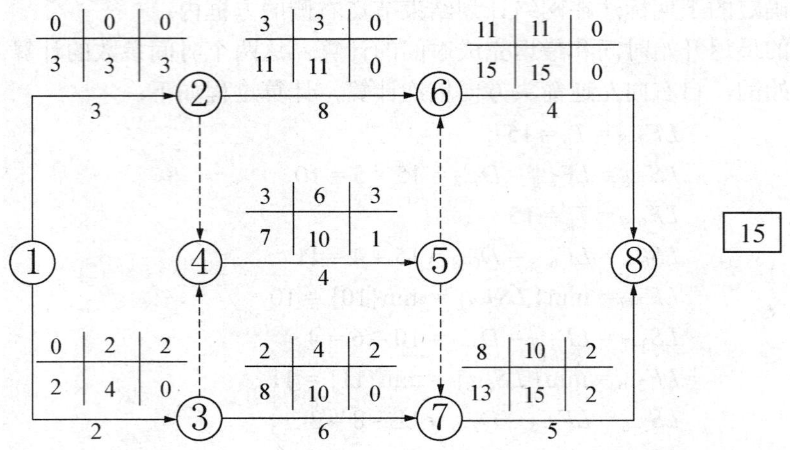

图 4-27 例 4-13 的计算结果

（二）按节点法计算时间参数

节点计算法是以节点为讨论对象，先计算节点的最早时间和最迟时间，再据之计算出六个时间参数。节点计算法也可在图上直接进行计算，它的计算过程如下。

1. 节点最早时间的计算

在双代号网络计划中，节点时间是工作历时的开始或完成时刻的瞬间。节点的最早时间是指该节点后各个工作统一的最早开始时间，以 ET_i 表示。节点的最早时间应从网络计划的起点节点开始，顺着箭线方向逐个计算。

（1）网络计划的起点节点的最早时间如无规定时，其值等于零，即

$$ET_1 = 0$$

（2）其他节点的最早时间等于其紧前各工作开始节点的最早时间加上以该节点为起始节点的相应工作的各个工作历时之和的最大值，即

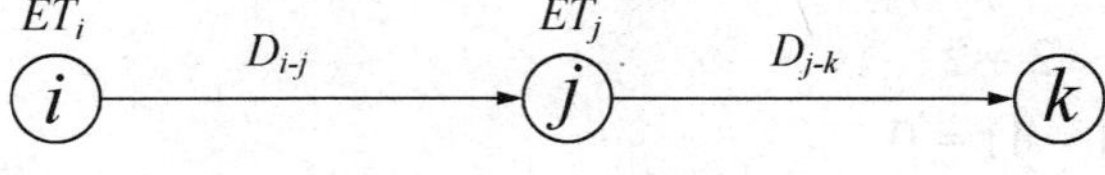

图 4-28 计算示意图 10

当节点 j 与其紧前工作的开始节点 i 之间无虚工作时，如图 4-28 所示。

$$ET_j = \max\{ET_i + D_{i-j}\} \tag{4-37}$$

当节点 j 通过虚工作 $i-j$ 与其紧前工作 $h-i$ 的开始节点 h 相连时，如图 4-29 所示。

$$ET_j = \max\{ET_h + D_{h-i}\} \tag{4-38}$$

图 4-29 计算示意图 11

2. 网络计划的计算工期

网络计划的计算工期等于其终点节点 n 的最早时间，即 $T_c = ET_n$。

3. 网络计划的计划工期

网络计划的计划工期如未规定要求工期，其值等于计算工期，即$T_{\mathrm{p}}=T_{\mathrm{c}}=ET_n$。

4. 节点最迟时间的计算

节点的最迟时间是指该节点前各内向工作的最迟完成时刻，以LT_i表示。应由网络图的终点节点开始，逆着箭线的方向依次逐项计算。

（1）终点节点的最迟时间应等于网络计划的计划工期，即

$$LT_n=T_p \tag{4-39}$$

（2）其他节点的最迟时间等于其紧后各工作完成节点的最迟时间减去各个该节点相应工作的工作历时之差的最小值，即

当节点i与其紧后工作的开始节点j之间无虚工作时，如图4-30所示。

$$LT_i=\min\left\{LT_j-D_{i-j}\right\} \tag{4-40}$$

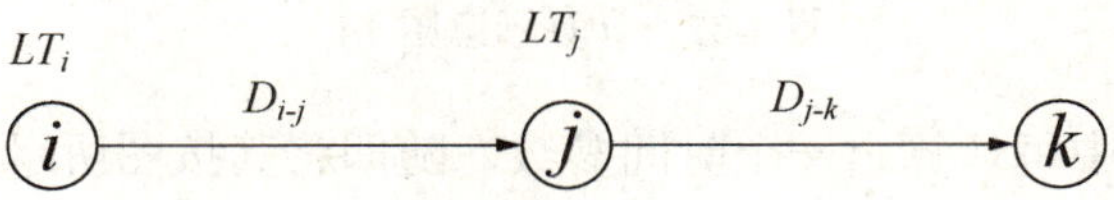

图4-30 计算示意图12

当节点i通过虚工作$i-j$与其紧后工作$j-k$的完成节点k相连时，如图4-31所示。

$$LT_i=\min\left\{LT_k-D_{j-k}\right\} \tag{4-41}$$

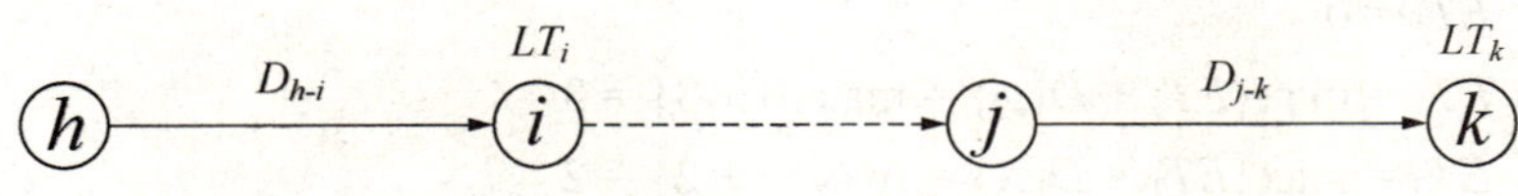

图4-31 计算示意图13

5. 工作最早开始时间的计算

工作的最早开始时间等于该工作开始节点的最早时间，即

$$ES_{i-j}=ET_i \tag{4-42}$$

6. 工作最早完成时间的计算

工作的最早完成时间等于该工作的最早开始时间与该工作工作历时之和，即

$$EF_{i-j}=ES_{i-j}+D_{i-j} \tag{4-43}$$

7. 工作最迟完成时间的计算

工作的最迟完成时间等于该工作完成节点的最迟时间，即

$$LF_{i-j}=LT_j \tag{4-44}$$

8. 工作最迟开始时间的计算

工作的最迟开始时间等于该工作的最迟完成时间与该工作工作历时之差，即

$$LS_{i-j}=LF_{i-j}-D_{i-j} \tag{4-45}$$

9. 工作总时差的计算

根据工作总时差的含义，工作总时差等于该工作完成节点的最迟时间减去该工作开始节点的最早时间和工作历时，即

$$TF_{i-j}=LT_j-ET_i-D_{i-j} \tag{4-46}$$

或

$$TF_{i-j}=LT_j-(ET_i-D_{i-j}) \tag{4-47}$$

10. 工作自由时差的计算

根据工作自由时差的含义，工作自由时差等于该工作完成节点的最早时间减去该工作开始节点的最早时间和工作历时，即

$$FF_{i-j} = ET_j - ET_i - D_{i-j} \tag{4-48}$$

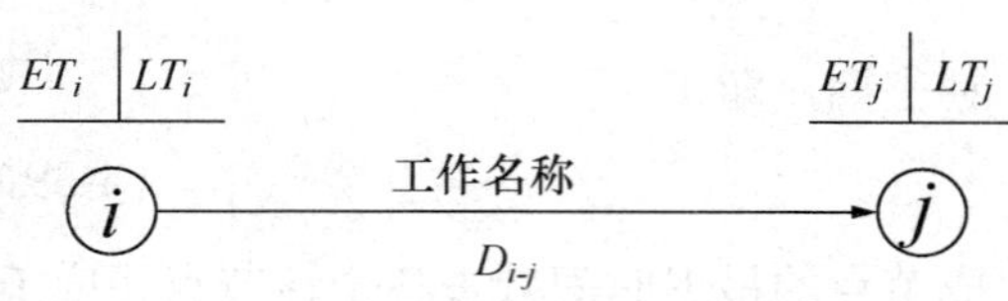

图 4-32　计算示意图 14

11. 节点计算法的图上标注方式

节点计算法图上标注方法是，节点时间标注在节点之上，工作时间参数同上，标注方式如图 4-32 所示。

【例 4-14】 仍结合图 4-26 所示的网络计划介绍按节点计算时间参数的过程。在计算过程中每计算出一个时间参数，随即将其按图所示的标注方法标在图上。因为工作的最早开始时间、最早完成时间、最迟开始时间、最迟完成时间很容易通过对节点时间参数的分析得出，故这四个时间参数不再标注出来。

解　(1) 节点的最早时间的计算。节点最早时间从网络计划的起点节点开始，自左向右以此计算如下：

$$ET_1 = 0$$
$$ET_2 = \max\{ET_1 + D_{1-2}\} = \max\{0 + 3\} = 3$$
$$ET_3 = \max\{ET_1 + D_{1-3}\} = \max\{0 + 2\} = 2$$
$$ET_4 = \max\{ET_2 + D_{2-4}，ET_3 + D_{3-4}\} = \max\{3 + 0，2 + 0\} = 3$$
$$ET_5 = \max\{ET_4 + D_{4-5}\} = \max\{3 + 4\} = 7$$
$$ET_6 = \max\{ET_2 + D_{2-6}，ET_5 + D_{5-6}\} = \max\{3 + 8，7 + 0\} = 11$$
$$ET_7 = \max\{ET_3 + D_{3-7}，ET_5 + D_{5-7}\} = \max\{2 + 6，7 + 0\} = 8$$
$$ET_8 = \max\{ET_6 + D_{6-8}，ET_7 + D_{7-8}\} = \max\{11 + 4，8 + 5\} = 15$$
$$T_c = ET_8 = 15$$
$$T_p = T_c = 15$$

(2) 节点的最迟时间的计算。节点的最迟时间从网络计划的终点节点开始，自右向左依次计算

$$ET_8 = T_p = 15$$
$$LT_7 = \min\{LT_8 - D_{7-8}\} = \min\{15 - 5\} = 10$$
$$LT_6 = \min\{LT_8 - D_{6-8}\} = \min\{15 - 4\} = 11$$
$$LT_5 = \min\{LT_7 - D_{5-7}，LT_6 - D_{5-6}\} = \min\{10–0，11–0\} = 10$$
$$LT_4 = \min\{LT_5 - D_{4-5}\} = \min\{10 - 4\} = 6$$
$$LT_3 = \min\{LT_4 - D_{3-4}，LT_7 - D_{3-7}\} = \min\{6–0，10–6\} = 4$$
$$LT_2 = \min\{LT_4 - D_{2-4}，LT_6 - D_{2-6}\} = \min\{6–0，11–8\} = 3$$
$$LT_1 = \min\{LT_2 - D_{1-2}，LT_3 - D_{1-3}\} = \min\{3–3，4–2\} = 0$$

(3) 工作的最早开始时间、最早完成时间、最迟开始时间、最迟完成时间的计算。

$$ES_{1-2} = ET_1 = 0 \qquad EF_{1-2} = ET_1 + D_{1-2} = 0 + 3 = 3$$
$$LF_{1-2} = LT_2 = 3 \qquad LS_{1-2} = LT_2 - D_{1-2} = 3 - 3 = 0$$

$ES_{1-3}=ET_1=0 \quad EF_{1-3}=ET_1+D_{1-3}=0+2=2$

$LF_{1-3}=LT_3=4 \quad LS_{1-3}=LT_3-D_{1-3}=4-2=2$

$ES_{2-6}=ET_2=3 \quad EF_{2-6}=ET_2+D_{2-6}=3+8=11$

$LF_{2-6}=LT_6=11 \quad LS_{2-6}=LT_6-D_{2-6}=11-8=3$

$ES_{4-5}=ET_4=3 \quad EF_{4-5}=ET_4+D_{4-5}=3+4=7$

$LF_{4-5}=LT_5=10 \quad LS_{4-5}=LT_5-D_{4-5}=10-4=6$

$ES_{3-7}=ET_3=2 \quad EF_{3-7}=ET_3+D_{3-7}=2+6=8$

$LF_{3-7}=LT_7=10 \quad LS_{3-7}=LT_7-D_{3-7}=10-6=4$

$ES_{6-8}=ET_6=11 \quad EF_{6-8}=ET_6+D_{6-8}=11+4=15$

$LF_{6-8}=LT_6=15 \quad LS_{6-8}=LT_8-D_{6-8}=15-4=11$

$ES_{7-8}=ET_7=8 \quad EF_{7-8}=ET_7+D_{7-8}=8+5=13$

$LF_{7-8}=LT_8=15 \quad LS_{7-8}=LT_8-D_{7-8}=15-5=10$

（4）工作的总时差的计算。工作的总时差一般从网络计划的起点节点开始自左向右依次计算如下：

$TF_{1-2}=LT_2-(ET_1+D_{1-2})=3-(0+3)=0$

$TF_{1-3}=LT_3-(ET_1+D_{1-3})=4-(0+2)=2$

$TF_{2-6}=LT_6-(ET_2+D_{2-6})=11-(3+8)=0$

$TF_{4-5}=LT_5-(ET_4+D_{4-5})=10-(3+4)=3$

$TF_{3-7}=LT_7-(ET_3+D_{3-7})=10-(2+6)=2$

$TF_{6-8}=LT_8-(ET_6+D_{6-8})=15-(11+4)=0$

$TF_{7-8}=LT_8-(ET_7+D_{7-8})=15-(8+5)=2$

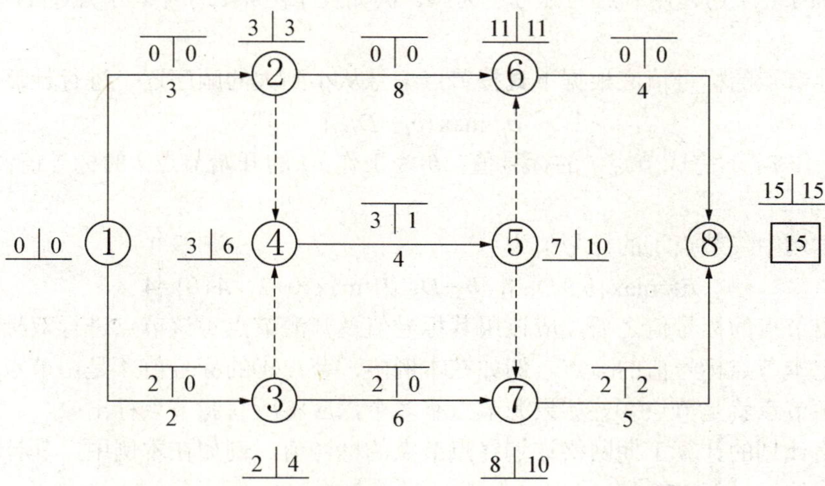

图 4-33 ［例 4-14］的计算结果图

（5）工作的自由时差的计算。工作的自由时差应从网络计划的终点节点开始，自右向左依次计算如下：

$FF_{7-8}=ET_8-(ET_7+D_{7-8})=15-(8+5)=2$

$FF_{6-8}=ET_8-(ET_6+D_{6-8})=15-(11+4)=0$

$$FF_{4-5} = \min\{ET_6, ET_7\}-(ET_4 + D_{4-5})= \min\{11, 8\}-(3+4)=1$$
$$FF_{3-7} = ET_7 -(ET_3 + D_{3-7})= 8 -(2 + 6)= 0$$
$$FF_{2-6} = ET_6 -(ET_2 + D_{2-6})= 11 -(3 + 8)= 0$$
$$FF_{1-3} = ET_3 -(ET_1 + D_{1-3})= 2 -(0 + 2)= 2$$
$$FF_{1-2} = ET_2 -(ET_1 + D_{1-2})= 3 -(0 + 3)= 0$$

（三）按标号法计算时间参数

标号法是一种快速寻求网路计划计算工期和关键线路的方法。它利用按节点计算法的基本原理，对网络计划中的每一节点进行标号，然后利用标号值确定网络计划的计算工期和关键线路。

【例 4-15】 计算以下网络计划（图 4-34）的工期，并确定关键线路。

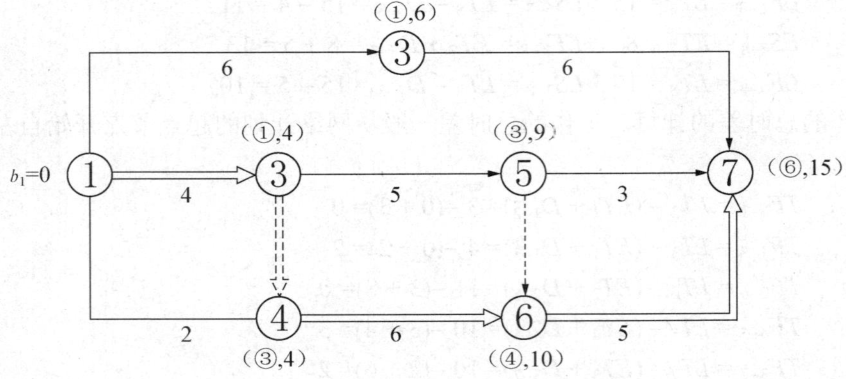

图 4-34 标号法计算示例

解 （1）网络计划起点节点的标号值为零。例如在［例 4-15］中，节点①的标号值为零，即 $b_1=0$。

（2）其他节点的标号值应根据下式按节点编号从小到大的顺序逐个进行计算，即

$$b_j=\max\{b_i+ D_{i-j}\}$$

式中：b_j 为工作 i-j 的完成节点 j 的标号值；b_i 为工作 i-j 的开始节点 i 的标号值；D_{i-j} 为工作 i-j 的持续时间。

例如在本例中，节点④的标号值为

$$b_4=\max\{b_1+D_{1-4}, b_3+D_{3-4}\}=\max\{0+2, 4+0\}=4$$

当计算出节点的标号值之后，应该用其标号值及其源节点对该节点进行双标号。源节点就是用来确定本节点标号值的节点。例如在本例中，节点④的标号值 4 是由节点③所确定，故节点④的源节点就是节点③。如果源节点有多个，应将所有源节点标出。

（3）网络计划的计算工期网络计划终点节点的标号值。例如在本例中，其计算工期就等于终点节点⑦的标号值 15。

（4）关键线路应从网络计划的终点节点开始，逆着箭头方向按源节点可以找出关键线路为①→③→④→⑥→⑦。

六、关键工作与关键线路的确定

（一）关键工作与关键线路的概念

在网络计划中总时差最小的工作称为关键工作，当网络计划的计划工期等于计算工期时，

总时差等于零的工作（即没有机动时间的工作）就是关键工作。

从网络计划的起点节点开始，经过一系列箭线、节点到达终点节点的通道称为线路。将每条线路所包括的各项工作的持续时间相加，即得到每条线路的总持续时间，其中总持续时间最长的线路称为关键线路。

位于关键线路上的工作均为关键工作，或者说，关键线路是由关键工作组成的，在每一个网络计划中，至少存在一条关键线路，也可能存在多条关键线路。关键线路通常应用双线、粗线或彩线标出。

（二）确定关键线路的方法

确定关键线路的方法很多，本书介绍如下三种：

1. 比较线路长度法

这是根据关键线路的概念寻找关键线路的方法。具体做法是，找出网络计划中的所有线路，并比较各条线路的总持续时间长短，其中总持续时间最长的线路即为关键线路。

2. 计算总时差法

这是通过对网络计划时间参数的计算，找出总时差最小的工作，这些工作为关键工作，由关键工作组成的线路即为关键线路。

3. 标号法

这是直接在网络计划图上寻找关键线路的一种方法。具体做法是，从网络计划的起点节点开始，对每个节点用源节点和标号值进行标号，标号完毕后，从网络计划的终点节点开始，自右向左按源节点寻找出关键线路。网络计划的终点节点的标号值即为计算工期。

4.4.3 单代号网络计划

单代号网络图是以节点及其编号表示工作，以箭线表示工作之间逻辑关系的网络图。在单代号网络图中加注工作的持续时间，便形成单代号网络计划。

一、单代号网络图的特点

单代号网络图与双代号网络图相比，具有以下特点：

（1）工作之间的逻辑关系容易表达，且不用虚箭线，故绘图较简单；

（2）网络图便于检查和修改；

（3）由于工作的持续时间表示在节点之中，没有长度，故不够形象直观；

（4）表示工作之间逻辑关系的箭线可能产生较多的纵横交叉现象。

二、单代号网络图的基本符号

1. 节点

单代号网络图中的每一个节点表示一项工作，节点宜用圆圈或矩形表示。节点所表示的工作名称、持续时间和工作代号等应标注在节点内，如图 4-35 所示。

单代号网络图中的节点必须编号。编号标注在节点内，其号码可间断，但严禁重复。箭线的箭尾节点编号应小于箭头节点的编号。一项工作必须有唯一的一个节点及相应的一个编号。

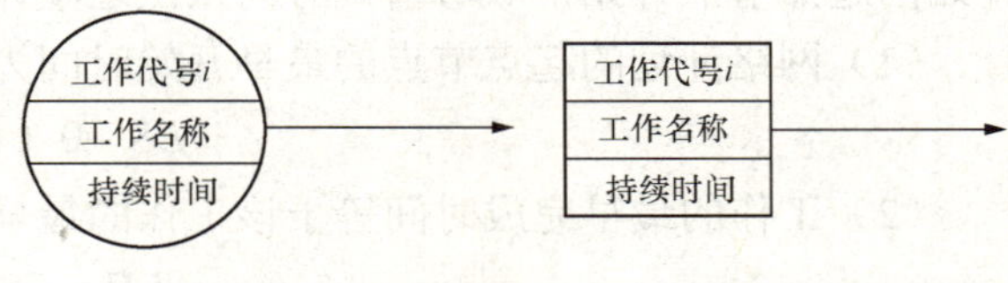

图 4-35 单代号网络图中工作的表示方法

2. 箭线

单代号网络图中的箭线表示紧邻工作之间的逻辑关系，既不占用时间，也不消耗资源。

箭线应画成水平直线、折线或斜线。箭线水平投影的方向应自左向右，表示工作的行进方向。工作之间的逻辑关系包括工艺关系和组织关系，在网络图中均表现为工作之间的先后顺序。

3. 线路

单代号网络图中，各条线路应用该线路上的节点编号从小到大依次表述。

三、单代号网络图的绘图规则

（1）单代号网络图必须正确表达已定的逻辑关系。

（2）单代号网络图中，严禁出现循环回路。

（3）单代号网络图中，严禁出现双向箭头或无箭头的连线。

（4）单代号网络图中，严禁出现没有箭尾节点的箭线和没有箭头节点的箭线。

（5）绘制网络图时，箭线不宜交叉，当交叉不可避免时，可采用过桥法或指向法绘制。

（6）单代号网络图只应有一个起点节点和一个终点节点；当网络图中有多项起点节点或多项终点节点时，应在网络图的两端分别设置一项虚工作，作为该网络图的起点节点（S_t）和终点节点（F_{in}），如图 4-36 所示。

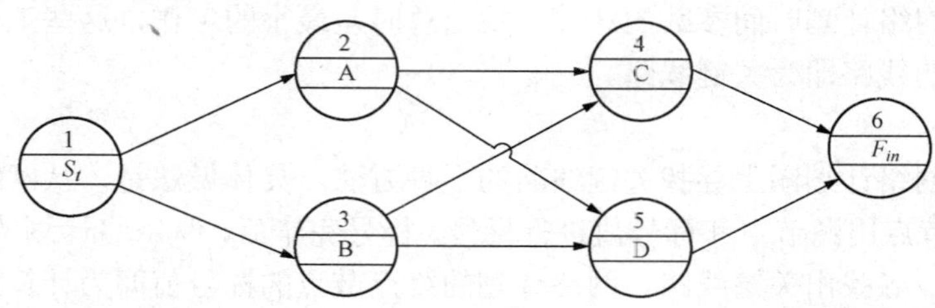

图 4-36 单代号网络示意图

单代号网络图的绘图规则大部分与双代号网络图的绘图规则相同，故不再进行解释。

四、单代号网络计划时间参数的计算

单代号网络计划时间参数的计算应在确定各项工作的持续时间之后进行。时间参数的计算顺序和计算方法基本上与双代号网络计划时间参数的计算相同。单代号网络计划时间参数的标注形式如图 4-37 所示。

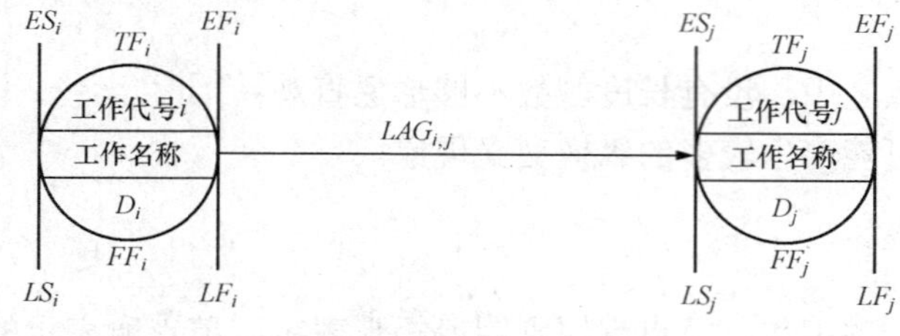

图 4-37 单代号网络计划时间参数的标注

单代号网络计划时间参数的计算步骤如下。

1. 计算最早开始时间和最早完成时间

网络计划中各项工作的最早开始时间和最早完成时间的计算应从网络计划的起点节点开始，顺着箭线方向依次逐项计算。

（1）网络计划的起点节点的最早开始时间为零。如起点节点的编号为 1，则

$$ES_i = 0\ (i=1) \tag{4-49}$$

（2）工作的最早完成时间等于该工作的最早开始时间加上其持续时间：

$$EF_i = ES_i + D_i \tag{4-50}$$

（3）工作的最早开始时间等于该工作的各个紧前工作的最早完成时间的最大值。如工作 j 的紧前工作的代号为 i，则

$$ES_j = \max\{EF_i\} \tag{4-51}$$

或

$$ES_j = \max\{ES_i + D_i\} \tag{4-52}$$

式中 ES_i——工作 j 的各项紧前工作的最早开始时间。

（4）网络计划的计算工期 T_C。

T_C 等于网络计划的终点节点 n 的最早完成时间 EF_n，即

$$T_C = EF_n \tag{4-53}$$

2. 计算相邻两项工作之间的时间间隔 $LAG_{i,j}$

相邻两项工作 i 和 j 之间的时间间隔 $LAG_{i,j}$，等于紧后工作 j 的最早开始时间 ES_j 和本工作的最早完成时间 EF_i 之差，即

$$LAG_{i,j} = ES_j - EF_i \tag{4-54}$$

3. 计算工作总时差 TF_i

工作 i 的总时差 TF_i 应从网络计划的终点节点开始，逆着箭线方向依次逐项计算。

（1）网络计划终点节点 n 所代表的工作的总时差 TF_n 应等于计划工期（T_P）与计算工期（T_c）之差，即

$$TF_n = T_P - T_c \tag{4-55}$$

如计划工期等于计算工期，其值为零。

（2）其他工作 i 的总时差 TF_i 等于该工作的各个紧后工作 j 的总时差 TF_j 加该工作与其紧后工作之间的时间间隔 $LAG_{i,j}$ 之和的最小值，即

$$TF_i = \min\{TF_j + LAG_{i,j}\} \tag{4-56}$$

4. 计算工作自由时差 FF_i

（1）工作 i 若无紧后工作，其自由时差 FF_i 等于计划工期 T_P 减该工作的最早完成时间 EF_n，即

$$FF_n = T_P - EF_n \tag{4-57}$$

（2）当工作 i 有紧后工作 j 时，其自由时差 FF_i 等于该工作与其紧后工作 j 之间的时间间隔 $LAG_{i,j}$ 最小值，即

$$FF_i = \min\{LAG_{i,j}\} \tag{4-58}$$

5. 计算工作的最迟开始时间和最迟完成时间

（1）工作 i 的最迟开始时间 LS_i 等于该工作的最早开始时间 ES_i 加上其总时差 TF_i 之和，即

$$LS_i = ES_i + TF_i \tag{4-59}$$

（2）工作 i 的最迟完成时间 LF_i 等于该工作的最早完成时间 EF_i 加上其总时差 TF_i 之和，即

$$LF_i = EF_i + TF_i \tag{4-60}$$

6. 关键工作和关键线路的确定

（1）关键工作：总时差最小的工作是关键工作。

（2）关键线路的确定按以下规定：从起点节点开始到终点节点均为关键工作，且所有工

作的时间间隔为零的线路为关键线路。

【例 4-16】 已知单代号网络计划如图 4-38 所示，若计划工期等于计算工期，试计算单代号网络计划的时间参数，将其标注在网络计划上；并用双箭线标示出关键线路。

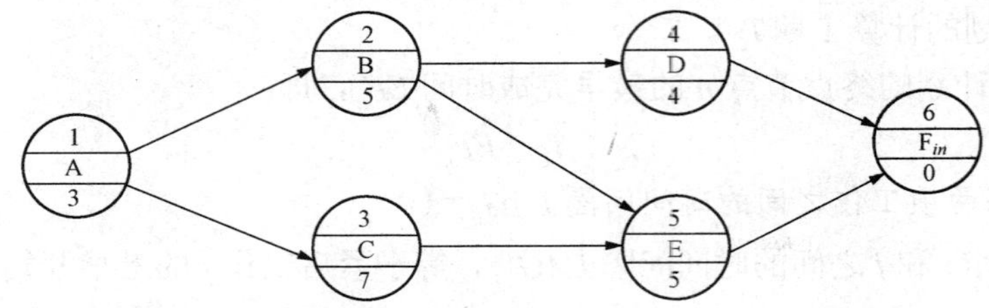

图 4-38 单代号网络计划算例

解 （1）计算最早开始时间和最早完成时间。

$ES_1=0$ $EF_1=ES_1+D_1=0+3=3$

$ES_2=EF_1=3$ $ES_2=ES_2+D_2=3+5=8$

$ES_3=EF_1=3$ $EF_3=ES_3+D_3=3+7=10$

$ES_4=EF_2=8$ $EF_4=ES_4+D_4=8+4=12$

$ES_5=\text{Max}\{EF_2，EF_3\}=\max\{8，10\}=10$ $EF_5=ES_5+D_5=10+5=15$

$ES_6=\text{Max}\{EF_4，EF_5\}=\max\{12，15\}=15$ $EF_6=ES_6+D_6=15+0=15$

已知计划工期等于计算工期，故有：$T_P=T_C=EF_6=15$

（2）计算相邻两项工作之间的时间间隔 $LAG_{i,j}$。

$$LAG_{1,2}=ES_2-EF_1=3-3=0$$
$$LAG_{1,3}=ES_3-EF_1=3-3=0$$
$$LAG_{2,4}=ES_4-EF_2=8-8=0$$
$$LAG_{2,5}=ES_5-EF_2=10-8=2$$
$$LAG_{3,5}=ES_5-EF_3=10-10=0$$
$$LAG_{4,6}=ES_6-EF_4=15-12=3$$
$$LAG_{5,6}=ES_6-EF_5=15-15=0$$

（3）计算工作的总时差 TF_i。

已知计划工期等于计算工期：$T_P=T_C=15$，故终点节点⑥节点的总时差为零，即

$$TF_6=0$$

其他工作总时差为：

$TF_5=TF_6+LAG_{5,6}=0+0=0$

$TF_4=TF_6+LAG_{4,6}=0+3=3$

$TF_3=TF_5+LAG_{3,5}=0+0=0$

$TF_2=\min\{(TF_4+LAG_{2,4})，(TF_5+LAG_{2,5})\}=\min\{(3+0)，(0+2)\}=2$

$TF_1=\min\{(TF_2+LAG_{1,2})，(TF_3+LAG_{1,3})\}=\min\{(2+0)，(0+0)\}=0$

（4）计算工作的自由时差 FF_i。

已知计划工期等于计算工期：$T_P = T_C = 15$，故终点节点⑥节点的自由时差为：

$FF_6 = T_P - EF_6 = 15-15=0$

$FF_5 = LAG_{5,6} = 0$

$FF_4 = LAG_{4,6} = 3$

$FF_3 = LAG_{3,5} = 0$

$FF_2 = \min\{LAG_{2,4}，LAG_{2,5}\} = \min\{0，2\} = 0$

$FF_1 = \min\{LAG_{1,2}，LAG_{1,3}\} = \min\{0，0\} = 0$

（5）计算工作的最迟开始时间 LS_i 和最迟完成时间 LF_i。

$LS_1 = ES_1 + TF_1 = 0+0=0$　　$LF_1 = EF_1 + TF_1 = 3+0=3$

$LS_2 = ES_2 + TF_2 = 3+2=5$　　$LF_2 = EF_2 + TF_2 = 8+2=10$

$LS_3 = ES_3 + TF_3 = 3+0=3$　　$LF_3 = EF_3 + TF_3 = 10+0=10$

$LS_4 = ES_4 + TF_4 = 8+3=11$　　$LF_4 = EF_4 + TF_4 = 12+3=15$

$LS_5 = ES_5 + TF_5 = 10+0=10$　　$LF_5 = EF_5 + TF_5 = 15+0=15$

$LS_6 = ES_6 + TF_6 = 15+0=15$　　$LF_6 = EF_6 + TF_6 = 15+0=15$

将以上计算结果标注在下图中的相应位置。

（6）关键工作和关键线路的确定。

根据计算结果，总时差为零的工作为 A、C、E，且其时间间隔也均为零。

或由起点节点①节点开始到终点节点⑥节点止，由所有时间间隔为零的箭线连接而成的线路，即为关键线路。关键线路用双箭线标示如图 4-39 所示。

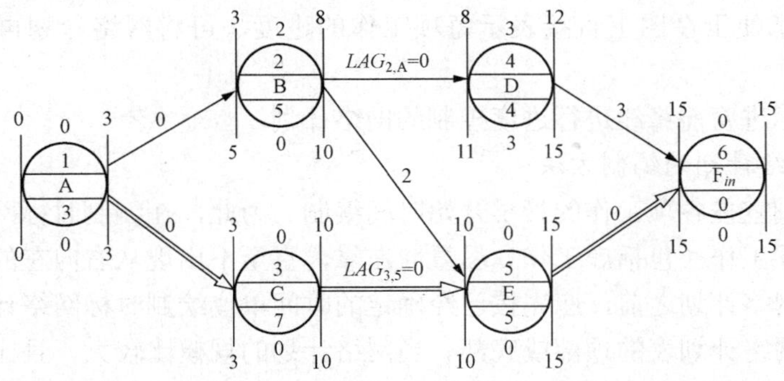

图 4-39　单代号网络计划时间参数计算结果

4.4.4　双代号时标网络计划

（一）时标网络计划的特点和应用范围

双代号时标网络计划简称时标网络计划，是以时间坐标为尺度编制的双代号网络计划。既具有网络计划的优点，又具有横道图直观易懂的优点，它将网络计划的时间参数直观的表达出来。

1. 时标网络计划的特点

（1）时标网络计划既是一个网络计划，又是一个水平进度计划。能够清楚的标明计划的时间进程，便于使用。

（2）时标网络计划能在图上直接显示出各项工作的开始与完成时间、工作的自由时差及关键线路。在使用过程中，可以随时确定哪些工作已经完成，哪些工作正在进行以及哪些工作就要开始。

（3）可以直接统计同一时间对材料、机械、设备以及人力的需要量。因为时标网络图能清楚地表示出哪些工作需要同时进行，有利于资源优化。

（4）修改调整比较麻烦。当情况发生变化时，如资源的变动或工期的拖延，就需要对时标网络计划进行修改调整，因为改变工作持续时间就需要改变箭杆的长度和位置，这会引起整个网络图的变动，往往要重新绘图。

（5）计划必须以时间坐标为尺度表示工作时间。时标的时间单位应根据需要在编制网络计划之前确定，可以为时、天、周、旬、月或季。

（6）不易产生循环回路之类的逻辑错误。因为时标网络计划在绘图中受到时间坐标的限制。

2. 时标网络计划的应用范围

时标网络图比较接近于习惯使用的横道图，有直观性的优点，所以在项目施工中是比较受欢迎的。目前时标网络计划多应用于以下几种情况：

（1）编制工作项目较少，且工艺过程较简单的工程项目施工计划。能迅速地边绘、边算、边调整。

（2）局部网络计划和作业性网络计划。对于大型复杂的工程，特别是不使用电子计算机时，可以先用时标网络图的形式绘制各分部分项工程的网络计划，然后再综合起来绘制总网络计划；也可先编制一个总的施工网络计划，再对需要的施工区段绘制详细的时标网络计划。如果进度有变化，则不必改动整个网络计划，而只对这一阶段的时标网络进行修订。

（3）有时为了便于在图上直接表示每项工作的进度，可将网络计划再复制成时标网络计划。

（4）使用实际进度前锋线进行进度控制的网络计划。

（二）时标网络计划的编制方法

时标网络计划宜按各项工作的最早开始时间编制。为此，在编制时标网络计划时应使每一个节点和每一项工作（包括虚工作）尽量向左靠，直至不出现从右向左的逆向箭线为止。

在编制时标网络计划之前，应先按已经确定的时间单位绘制时标网络计划表。时间坐标可以标注在时标网络计划表的顶部或底部。当网络计划的规模比较大，且比较复杂时，可以在时标网络计划表的顶部和底部同时标注时间坐标。表中部的刻度线宜为细线。为使图面清晰简洁，此线也可不画或少画。编制时标网络计划应先绘制无时标的网络计划草图，然后按间接绘制法和直接绘制法进行。

1. 间接绘制法

间接绘制法是指先根据无时标的网络计划草图计算其时间参数并确定关键线路，然后在时标网络计划表中进行绘制。在绘制时应先将所有节点按其最早时间定位在时标网络计划表中的相应位置，然后再用规定线型（实箭线和虚箭线）按比例绘出工作和虚工作。当某些工作箭线的长度不足以到达该工作的完成节点时，须用波形线补足，箭头应画在与该工作完成节点的连接处。

2. 直接绘图法

直接绘图法是指不计算时间参数而直接按无时标的网络计划草图绘制时标网络计划。现以图 4-34 所示网络计划为例，说明时标网络计划的绘制过程。为表述简便，图中工作 1-2、工作 1-3、工作 1-4、工作 3-5、工作 4-6、工作 2-7、工作 5-7 和工作 6-7 分别用 A、B、C、D、E、G、H 和 I 来代表。

具体绘图步骤为：

（1）将网络计划的起点节点定位在时标网络计划表的起始刻度线上。例如在本例中，将节点①定位在时标网络计划表的起始刻度线“0”位置上。

（2）按工作的持续时间绘制以网络计划起点节点为开始节点的工作箭线。例如在本例中，分别绘出工作箭线 A、B 和 C。

（3）除网络计划的起点节点外，其他节点必须在所有以该节点为完成节点的工作箭线均绘出后，定位在这些工作箭线中最迟的箭线末端。当某些工作箭线的长度不足以到达该节点时，须用波形线补足，箭头画在与该节点的连接处。例如在本例中，节点②直接定位在工作箭线 A 的末端；节点③直接定位在工作箭线 B 的末端；节点④的位置需要在绘出虚箭线 3-4 之后，定位在工作箭线 C 和虚箭线 3-4 中最迟的箭线末端，即坐标“4”的位置上。此时，工作箭线 C 的长度不足以到达节点④，因而用波形线补足。

（4）当某个节点的位置确定之后，可绘制以该节点为开始节点的工作箭线。例如在本例中，在第 3）项的基础之上，可以分别以节点②、节点③和节点④为开始节点绘制工作箭线 G、工作箭线 D 和工作箭线 E。

（5）利用上述方法从左至右依次确定其他各个节点的位置，直至绘出网络计划的终点节点。例如在本例中，在第（4）项基础上，可以分别确定节点⑤和节点⑥的位置，并在它们之后分别绘制工作箭线 H 和工作箭线 I。

最后，根据工作箭线 G、工作箭线 H 和工作箭线 I 确定出终点节点的位置。本例所对应的时标网络计划如图 4-40 所示，图中双箭线表示的线路为关键线路。

在绘制时标网络计划时，特别需要注意的问题是处理好虚箭线。首先，应将虚箭线与实箭线等同看待，只是其对应工作的持续时间为零；其次，尽管它本身没有持续时间，但可能存在波形线，因此，要按规定画出波形线。在画波形线时，其垂直部分仍应画为虚线，如图 4-40 所示的虚箭线 5-6。

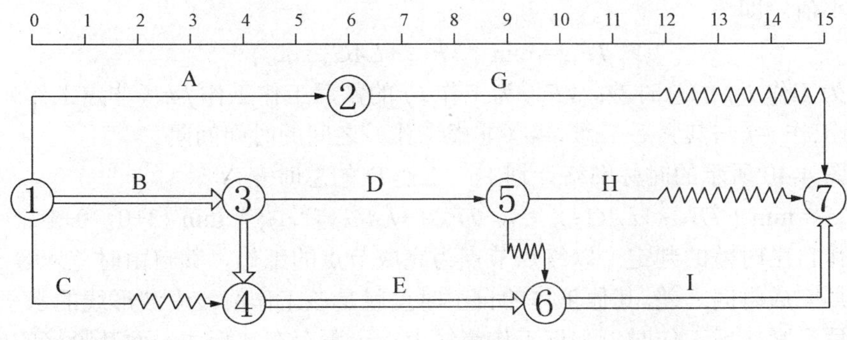

图 4-40 双代号时标网络图

（三）时标网络计划中时间参数的判定

1. 关键线路和计算工期的判定

（1）关键线路的判定。关键线路可从时标网络计划的终点节点开始，逆着箭线方向进行判定。凡自始至终不出现波形线的线路即为关键线路。因为没有出现波形线，就说明在这条线路上相邻两项工作之间的时间间隔全部为零，也就是在计算工期等于计划工期的前提下，这些工作的总时差和自由时差全部为零。例如在图 4-40 中，线路①—③—④—⑥—⑦即为关键线路。

（2）计算工期的判定。网络计划的计算工期应等于终点节点所对应的时标值与起点节点所对应的时标值之差。例如图 4-40 所示时标网络计划的计算工期为：T_c=15–0=15。

2. 相邻两项工作之间时间间隔的判定

除以终点节点为完成节点的工作外，工作箭线中波形线的水平投影长度表示工作与其紧后工作之间的时间间隔。例如，图 4-40 中，工作 C 和工作 E 之间的时间间隔为 2；工作 D 和工作 I 之间的时间间隔为 1；其他工作之间的时间间隔均为零。

3. 工作六个时间参数的判定

（1）工作最早时间和最早完成时间的判定。工作箭线左端节点中心所对应的时标值为该工作的最早开始时间。当工作箭线中不存在波形线时，其右端节点中心所对应的时标值为该工作的最早完成时间；当工作箭线中存在波形线时，工作箭线实线部分右端点所对应的时标值为该工作的最早完成时间。例如，图 4-40 中，工作 A 和工作 H 的最早开始时间分别是 0 和 9，而它们的最早完成时间分别为 6 和 13。

（2）工作总时差的判定。工作总时差的判定应从网络计划的终点节点开始，逆着箭线方向依次进行。

1）以终点节点为完成节点的工作，其总时差应等于计划工期与本工作最早完成时间之差，即

$$TF_{i-n}=T_p-EF_{i-n} \tag{4-61}$$

式中：TF_{i-n} 为网络计划终点节点 n 为完成节点的工作的总时差；T_p 为网络计划的计划工期；EF_{i-n} 为以网络计划终点节点 n 为完成节点的工作的最早完成时间。

例如，图 4-40 所示的时标网络计划中，假设计划工期为 15，则工作 G 的总时差为

$$TF_{2-7}=T_p-EF_{2-7}=15-12=3$$

2)其他工作的总时差等于其紧后工作的总时差加本工作与该紧后工作之间的时间间隔所得之和的最小值。即

$$TF_{i-j}=\min\{TF_{j-k}+LAG_{i-j,\ j-k}\} \tag{4-62}$$

式中：TF_{i-j} 为工作 $i–j$ 的总时差；TF_{j-k} 为工作 i-j 的紧后工作工作 j-k（非虚工作）的总时差；$LAG_{i-j,\ j-k}$ 为工作 $i–j$ 与其紧后工作 $j–k$（非虚工作）之间的时间间隔。

例如，图 4-40 所示的时标网络计划中，工作 D 的总时差为

$$TF_{3-5}=\min\{TF_{5-7}+LAG_{3-5,\ 5-7},\ TF_{6-7}+LAG_{3-5,\ 6-7}\}=\min\{3+0,\ 0+1\}=1$$

（3）工作自由时差的判定。以终点节点为完成节点的工作，其自由时差应等于计划工期与本工作最早完成时间之差。其他工作的自由时差就是该工作箭线中波形线的水平投影长度，但当工作之后只紧接虚工作时，则该工作箭线上一定不存在波形线，而其紧接的虚箭线中波形线水平投影长度的最短者为该工作的自由时差。例如在图 4-40 所示的时标网络计划中，工作 A、工作 B、工作 D 和工作 E 的自由时差均为零，工作 C 的自由时差为 2，而工作 G 的自由时差为

$$FF_{2-7}=T_p-EF_{2-7}=15-12=3$$

（4）工作最迟开始时间和最迟完成时间的判定。工作的最迟开始时间等于本工作的最早开始时间与其总时差之和，工作的最迟完成时间等于本工作的最早完成时间与其总时差之和。例如，如图 4-40 所示的时标网络计划中，工作 H 的最迟开始时间和最迟完成时间分别为

$$LS_{5-7} = ES_{5-7} + TF_{5-7} = 9 + 3 = 12$$

$$LF_{5-7} = EF_{5-7} + TF_{5-7} = 12 + 3 = 15$$

时标网络计划中的时间参数的判定结果应与网络计划的时间参数的计算结果一致。

4.4.5 单代号搭接网络计划

（一）搭接网络计划的特点

双代号和单代号网络计划所表达的工作之间的逻辑关系是一种衔接关系，即只有当其紧前工作全部完成之后，本工作才能开始。但在工程建设实践中，有许多工作的开始并不是以其紧前工作的完成为条件的。只要其紧前工作开始一段时间后，即可进行本工作，而不需要等其紧前工作全部完成之后再开始，工作之间的这种关系称为搭接关系。在工程项目建设实践中，搭接关系是大量存在的，然而传统的单代号和双代号网络计划却不能表示这种搭接关系。遇到搭接关系，不得不将前一项工作进行分段处理，以符合前面工作不完成后面工作不能开始的要求，这就使得网络计划变得复杂起来，绘制、调整都不方便。针对这一重大问题和普遍需要，各国陆续出现了许多表示搭接关系的网络计划，统称为搭搭接网络计划法。其共同特点是：当前一项工作没有结束的时候，后一项工作即可插入进行，将前后工作搭接起来；符合实际情况，大大简化了网络计划的编制工作；工作的时间参数计算复杂化，大型的复杂项目可借助电子计算机进行计算。搭接网络计划一般都采用单代号网络图的表示法，即以节点表示工作，以节点之间的箭线表示工作之间的逻辑顺序和搭接关系。

（二）搭接关系

在搭接网络计划中，工作之间的搭接关系是由相邻两项工作之间的不同时距决定的。时距是指在搭接网络计划中相邻两项工作之间的时间差值。常见的搭接关系有五种。

（1）结束到开始（*FTS*）。从结束到开始的搭接关系如图 4-41（a）所示，这种搭接关系在网络计划中的表达方式如图 4-41（b）所示。例如，在房屋装修工程中，油漆干燥后才安玻璃，油漆与安玻璃之间的等待时间就是 *FTS* 时距。当 *FTS* 时距为零时，就说明本工作与其紧后工作之间紧密衔接。当网络计划中所有相邻工作只有 *FTS* 一种搭接关系且其时距均为零时，整个搭接网络计划就成为前述的单代号网络计划。

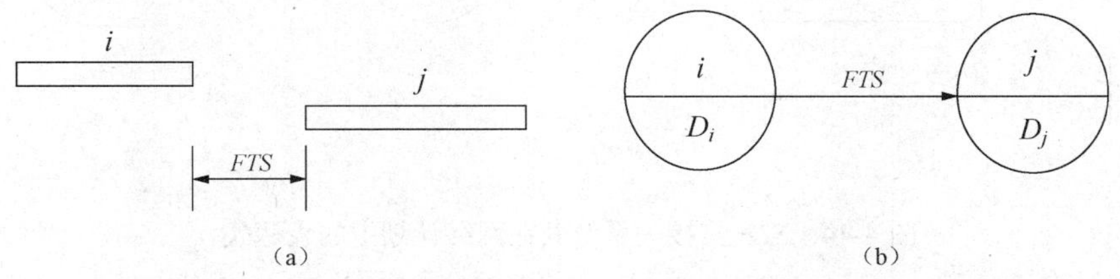

图 4-41 *FTS* 搭接关系及其在网络计划中的表达式

（a）搭接关系；（b）网络计划中的表达方式

（2）开始到开始（*STS*）。从开始到开始的搭接关系如图 4-42（a）所示，这种搭接关系在网络计划中的表达方式如图 4-42（b）所示。例如在道路工程中，当路基铺设工作开始一

段时间为路面浇筑工作创造一定条件之后，路面浇筑工作即可开始，路基铺设工作的开始时间与路面浇筑工作的开始时间之间的差值就是 *STS* 时距。

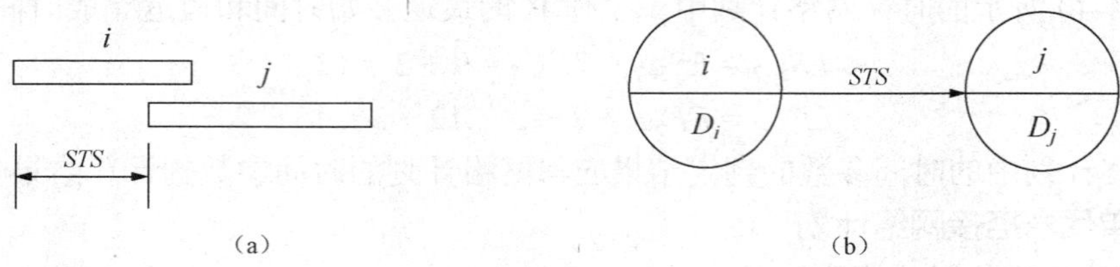

图 4-42 *STS* 搭接关系及其在网络计划中的表达式

（a）搭接关系；（b）网络计划中的表达方式

（3）结束到结束（*FTF*）。从结束到结束的搭接关系如图 4-43（a）所示，这种搭接关系在网络计划中的表达方式如图 4-43（b）所示。例如在前述道路工程中，如果路基铺设工作的进展速度小于路面浇筑工作的进展速度时，须考虑为路面浇筑工作留有充分的工作面；否则，路面浇筑工作就因没有工作面而无法进行。路基铺设工作的完成时间与路面浇筑工作的完成时间之间的差值就是 *FTF* 时距。

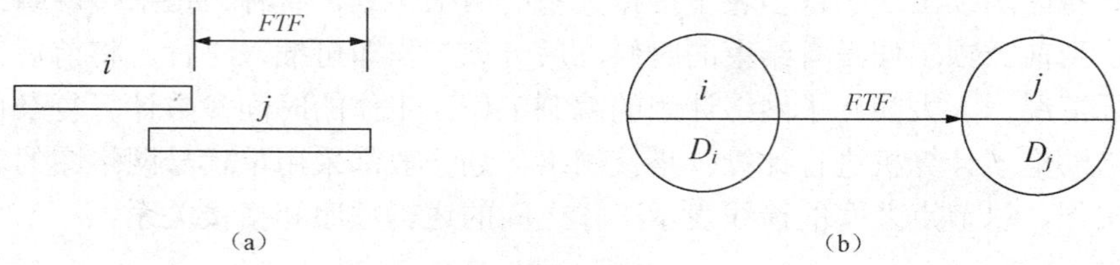

图 4-43 *FTF* 搭接关系及其在网络计划中的表达式

（a）搭接关系；（b）网络计划中的表达方式

（4）开始到结束（*STF*）。从开始到结束的搭接关系如图 4-44（a）所示，这种搭接关系在网络计划中的表达公式如图 4-44（b）所示。

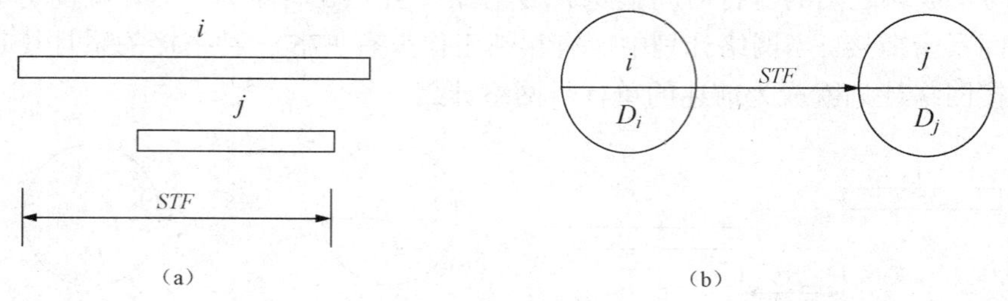

图 4-44 *STF* 搭接关系及其在网络计划中的表达式

（a）搭接关系；（b）网络计划中的表达方式

（5）混合搭接关系。在搭接网络计划中，除上述四种基本搭接关系外，相邻两项工作之间有时还会同时出现两种以上的基本搭接关系。如工作 i 和工作 j 之间可能同时存在 *STS* 时距和 *FTF* 时距，或同时存在 *STF* 时距和 *FTS* 时距等，其表达方式如图 4-45 和 4-46 所示。

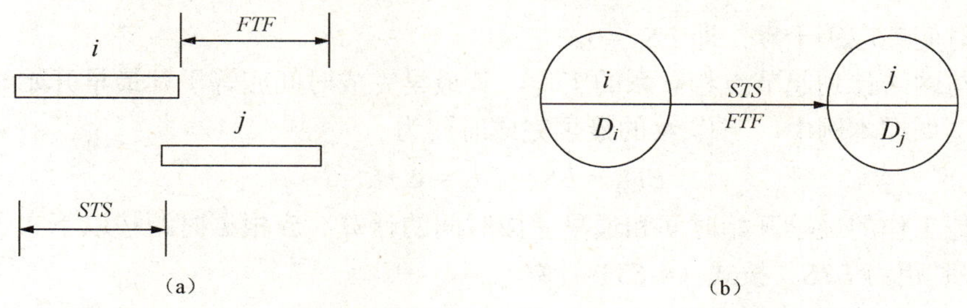

图 4-45 *STS* 和 *FTF* 混合搭接关系及其在网络计划中的表达式

（a）搭接关系；（b）网络计划中的表达方式

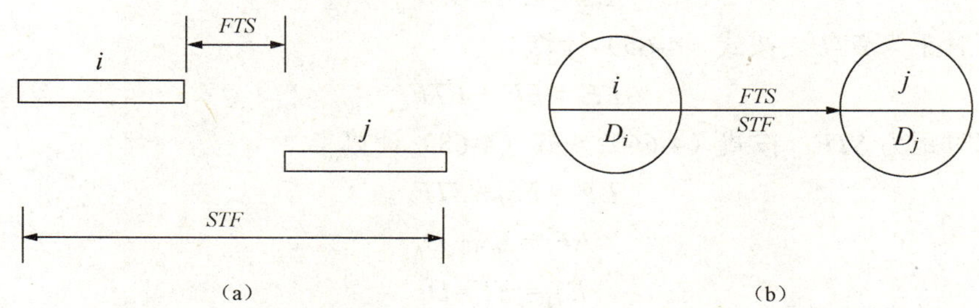

图 4-46 *FTS* 和 *STF* 混合搭接关系及其在网络计划中的表达式

（a）搭接关系；（b）网络计划中的表达方式

（三）搭接网络计划时间参数的计算

单代号搭接网络计划时间参数的计算与前述单代号网络计划和双代号网络计划时间参数的计算原理基本相同。现以图 4-47 所示单代号搭接网络计划为例，说明其计算方法。

【例 4-17】 1. 计算工作的最早开始时间和最早完成时间

解 工作最早开始时间和最早完成时间的计算应从网络计划的起点节点开始，顺着箭线方向依次进行。

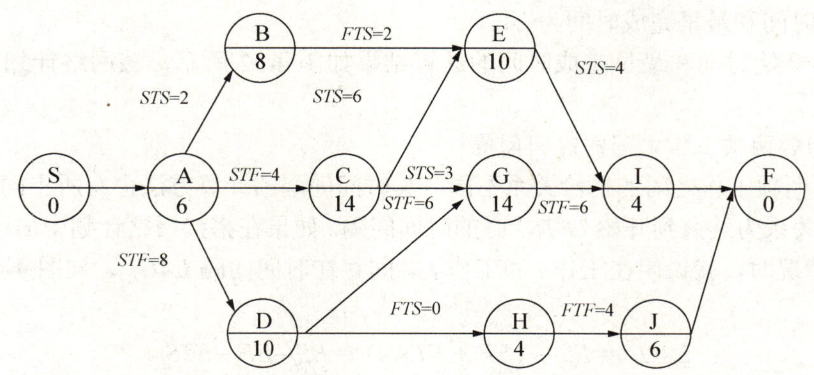

图 4-47 单代号搭接网络计划

（1）起点节点。因其在单代号搭接网络计划中一般都代表虚拟工作，故最早开始时间和最早完成时间均为零，即 $ES_s = EF_s = 0$。

（2）凡与网络计划起节点相联系的工作，其最早开始时间为零。例如在本例中，工作 A

的最早开始时间就应等于零，即 $ES_A=0$。

（3）凡与网络计划起节点相联系的工作，其最早完成时间应等于其最早开始时间与持续时间之和。例如在本例中，工作 A 的最早完成时间为

$$EF_A=ES_A+D_A=0+6=6$$

（4）其他工作的最早开始时间和最早完成时间的计算。应根据时距按以下式子计算。

1）相邻时距为 FTS。按式（4-63）计算

$$ES_j=EF_i+FTS_{i,j} \tag{4-63}$$

2）相邻时距为 STS。按式（4-64）计算

$$ES_j=ES_i+STS_{i,j} \tag{4-64}$$

3）相邻时距为 FTF。按式（4-65）计算

$$EF_j=EF_i+FTF_{i,j} \tag{4-65}$$

4）相邻时距为 STF。按式（4-66）～式（4-68）计算

$$EF_j=ES_i+STF_{i,j} \tag{4-66}$$

$$EF_j=ES_j+D_j \tag{4-67}$$

$$ES_j=EF_j-D_j \tag{4-68}$$

在本例中工作 C 和工作 D 的最早开始时间出现负值，应将工作 C 和工作 D 与虚拟工作 S（起点节点）用虚箭线相连，重新计算工作 C 和工作 D 的最早开始时间和最早完成时间。工作 E 和工作 I 同时有两项紧前工作，应根据其之间的搭接关系分别计算其最早开始时间，然后从中取最大值。工作 G 不仅有两项紧前工作 C 和 D，而且在该工作与其紧前工作 C 之间存在着两种搭接关系，这时也应分别计算最早开始时间后取其中的最大值。

（5）终点节点所代表的工作。其最早开始时间按理应等于该工作紧前工作最早完成时间的最大值。但由于在搭接网络计划中，决定工期的工作不一定是最后进行的工作。例如在本例中，由于工作 G 的最早完成时间 24 为最大，故网络计划的计算工期是由工作 G 的最早完成时间决定的。为此，应将工作 G 与虚拟工作 F（终点节点）用虚箭线相连，于是得到工作 F 的最早开始时间和最早完成时间为 24。

工作最早开始时间和最早完成时间的计算结果如图 4-52 所示，该网络计划的计算工期为 24。

2. 计算相邻两项工作之间的时间间隔

由于相邻两项工作之间的搭接关系不同，其时间间隔的计算方法也有所不同。

（1）搭接关系为结束到开始（FTS）时的时间间隔。如果在搭接网络计划中出现 $ES_j>(EF_i+FTS_{i,j})$ 的情况时，就说明在工作 i 和工作 j 之间存在时间间隔 $LAG_{i,j}$，如图 4-48 所示，由图 4-48 可得：

$$LAG_{i,j}=ES_j-(EF_i+FTS_{i,j})=ES_j-EF_i-FTS_{i,j} \tag{4-69}$$

（2）搭接关系为开始到开始（STS）时的时间间隔。如果在搭接网络计划中出现 $ES_j>(ES_i+STS_{i,j})$ 的情况时，就说明在工作 i 和工作 j 之间存在时间间隔 $LAG_{i,j}$，如图 4-57 所示，由图 4-57 可得

$$LAG_{i,j}=ES_j-(ES_i+STS_{i,j})=ES_j-ES_i-STS_{i,j} \tag{4-70}$$

（3）搭接关系为结束到结束（FTF）时的时间间隔。如果在搭接网络计划中出现 $EF_j>(EF_i$

$+FTF_{i,j}$）的情况时，就说明在工作 i 和工作 j 之间存在时间间隔 $LAG_{i,j}$，如图 4-58 所示，由图 4-58 可得

$$LAG_{i,j}=EF_j-(EF_i+FTF_{i,j})=EF_j-EF_i-FTF_{i,j} \tag{4-71}$$

（4）搭接关系为开始到结束（STF）时的时间间隔。如果在搭接网络计划中出现 $EF_j>(ES_i+STF_{i,j})$ 的情况时，就说明在工作 i 和工作 j 之间存在时间间隔 $LAG_{i,j}$，如图 4-51 所示，由图 4-51 可得：

$$LAG_{i,j}=EF_j-(ES_i+STF_{i,j})=EF_j-ES_i-STF_{i,j} \tag{4-72}$$

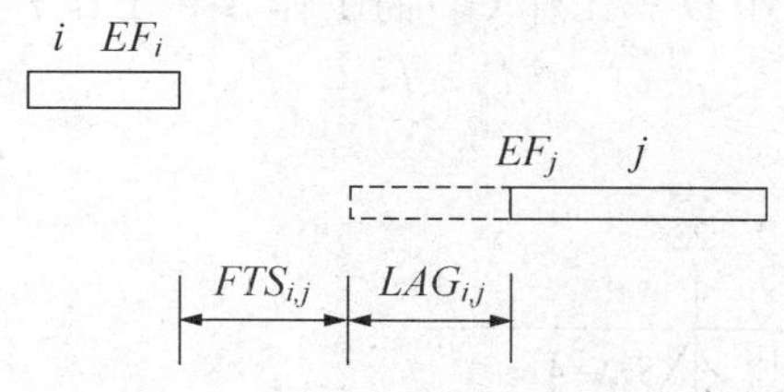

图 4-48 时距为 FTS 时的时间间隔

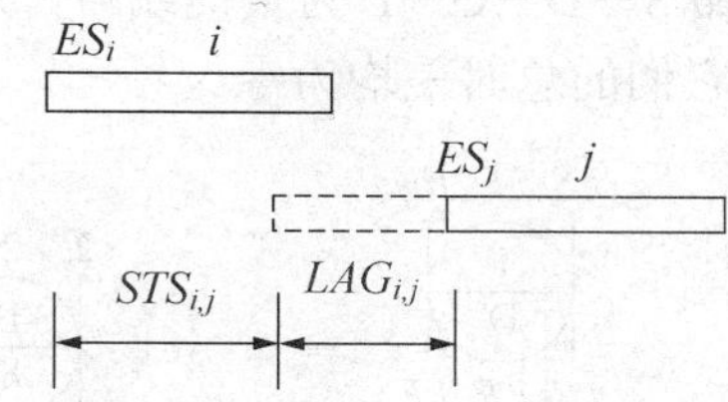

图 4-49 时距为 STS 时的时间间隔

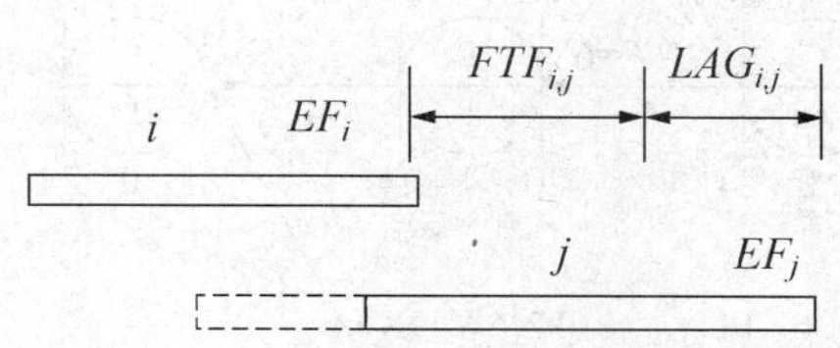

图 4-50 时距为 FTF 时的时间间隔

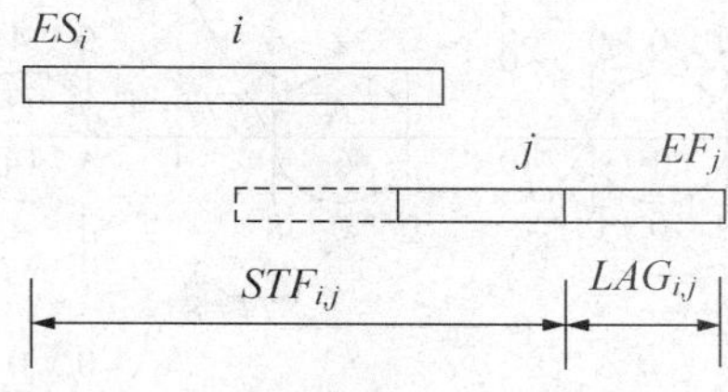

图 4-51 时距为 STF 时的时间间隔

（5）混合搭接关系时的时间间隔。当相邻两项工作之间存在两种时距及以上的搭接关系时，应分别计算出时间间隔，然后取其中的最小值，即

$$LAG_{i,j}=\min\begin{Bmatrix}ES_j-EF_i-FTS_{i,j}\\ES_j-ES_i-STS_{i,j}\\EF_j-EF_i-FTF_{i,j}\\EF_j-ES_i-STF_{i,j}\end{Bmatrix} \tag{4-73}$$

根据上述计算公式即可计算出本例中相邻两项工作之间的时间间隔。

3. 计算工作的时差

搭接网络计划同前述简单的网络计划一样，其工作的时差也有总时差和自由时差两种。

（1）工作的总时差。搭接网络计划中工作的总时差可利用式（4-55）和式（4-56）计算。但在计算出总时差后，需要判别该工作的最迟完成时间是否超出计划工期。例如在本例中，按上述方法进行计算可得，工作 E 的总时差是 4，其最迟完成时间为 22+4=26，将超出计划工期 24，这显然不合理。为此，将工作 E 与虚拟工作 F（终点节点）用虚箭线相连，如图 4-52 所示。此时，工作 E 与虚拟工作 F 之间的时间间隔为 2，而工作的总时差也为 2。工作总时差的计算结果如图 4-52 所示。

（2）工作的自由时差。搭接网络计划中工作的自由时差可利用式（4-57）和式（4-58）计算，其结果如图 4-52 所示。

4. 计算工作的最迟完成时间和最迟开始时间

工作的最迟完成时间和最迟开始时间可利用式（4-59）和式（4-60）计算，其结果如图4-52所示。

5. 确定关键线路

同前述简单的单代号网络计划一样，可以利用相邻两项工作之间的时间间隔来判定关键线路。即从搭接网络计划的终点节点开始，逆着箭线方向依次找出相邻两项工作之间时间间隔为零的线路是关键线路。关键线路上的工作即为关键工作，关键工作的总时差最小。在本例中，线路S→D→G→F为关键线路。关键工作是工作D和工作G，而工作S和工作F为虚拟工作，它们的总时差均为零。

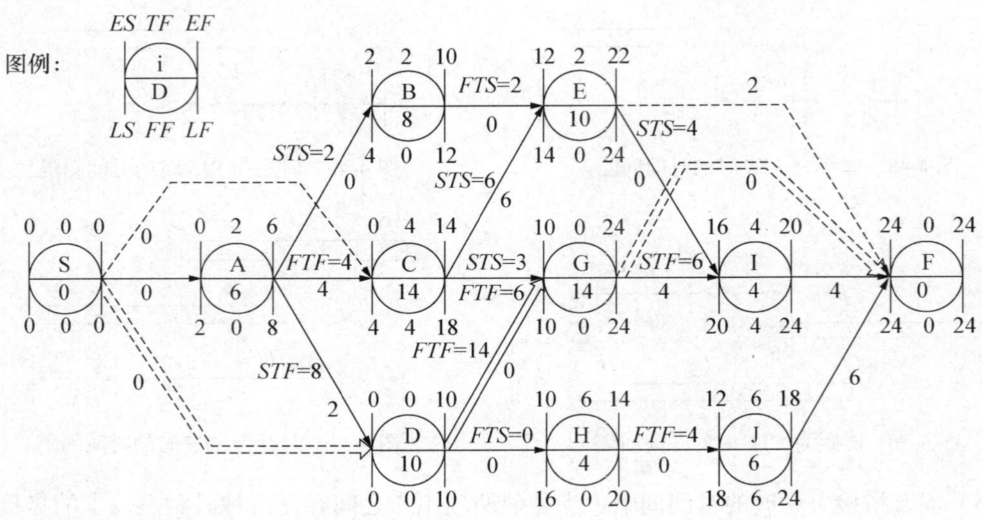

图4-52 单代号搭接网络计划时间参数的计算结果

4.5 工程网络计划的优化

工程网络计划的优化是指在计划编制阶段，在一定的约束条件下，按既定目标对工程网络计划进行不断调整，寻找满意结果的过程。

工程网络计划优化的目标一般包括工期目标、费用目标和资源目标。根据既定目标，工程网络计划优化的内容分为工期优化、费用优化和资源优化三类。

4.5.1 工期优化

一、工期优化的概念

工期优化是指当网络计划的计算工期不能满足要求工期时，通过压缩关键工作的持续时间以满足要求工期目标，或在一定约束条件下使工期最短的过程。

由于网络计划的工期由关键工作的持续时间决定，所以，在工期优化时应注意以下原则：

（1）工期优化一般通过压缩关键工作的持续时间来达到优化目标；

（2）在优化过程中，应注意不能将关键工作压缩成非关键工作；

（3）在优化过程中，当出现多条关键线路时，必须将各条关键线路的持续时间压缩同一数值，否则，不能有效地缩短工期。

二、工期优化的步骤和方法

工期优化的步骤和方法如下。

（1）找出网络计划中的关键线路并求出计算工期。一般可用标号法确定出关键线路及计算工期。

（2）按要求工期计算应缩短的时间（ΔT）。应缩短的时间等于计算工期与要求工期之差。即

$$\Delta T = T_c - T_r \tag{4-74}$$

（3）选择应优先缩短持续时间的关键工作（或一组关键工作）。选择时应考虑下列因素：① 缩短持续时间对质量和安全影响不大的工作；② 有充足备用资源的工作；③ 缩短持续时间所需增加的费用最少的工作。

（4）将应优先缩短的关键工作压缩至最短持续时间，并找出关键线路。若被压缩的关键工作变成了非关键工作，则应将其持续时间再适当延长，使之仍为关键工作。

（5）若计算工期仍超过要求工期，则重复以上步骤，直到满足工期要求或工期已不能再缩短为止。

（6）当所有关键工作或部分关键工作已达最短持续时间而寻求不到继续压缩工期的方案但工期仍不能满足要求工期时，应对计划的原技术、组织方案进行调整，或对要求工期重新审定。

【例 4-18】 已知网络计划如图 4-53 所示，图中箭线下方为正常持续时间，括号内为最短持续时间，箭线上方括号内为优选系数，优先系数愈小愈应优先选择，若同时缩短多个关键工作，则该多个关键工作的优先系数之和（称为组合优选系数）最小者也应优先选择。设要求工期为 15 天，试对其进行工期优化。

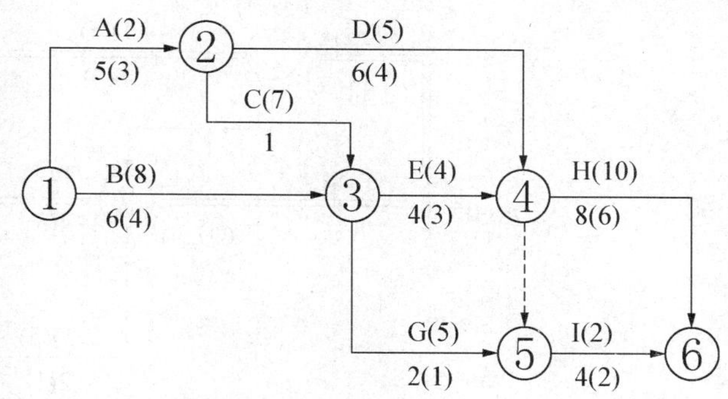

图 4-53 某网络计划图

解 （1）用标号法求出正常持续时间下的计算工期和关键线路。如图 4-54 所示。

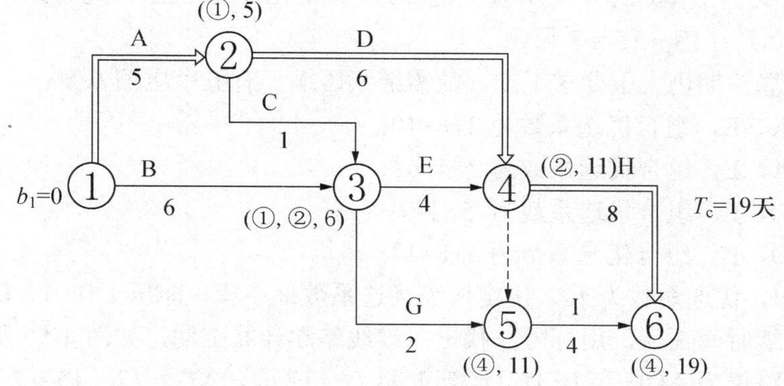

图 4-54 初始网络计划图

（2）应缩短时间：$\Delta T = T_c - T_r = 19 - 15 = 4$ 天。

（3）应优先缩短优选系数小的关键工作 A 的持续时间。

（4）将关键工作 A 压至最短持续时间 3 天，用标号法求出关键线路，如图 4-55 所示。

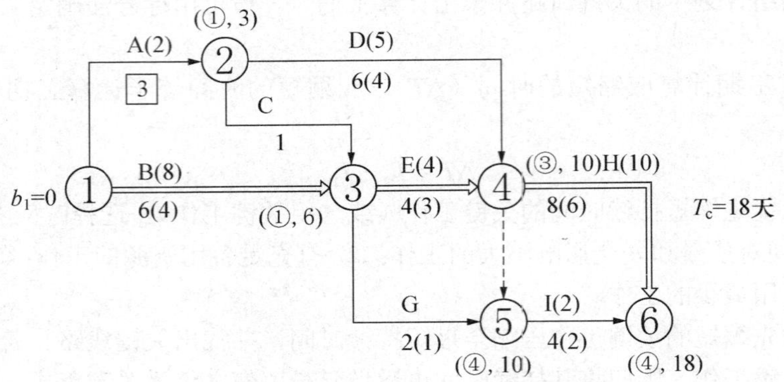

图 4-55　工作 A 缩短至最短持续时间的网络计划

此时关键工作 A 压缩后成了非关键工作，说明有无效压缩，故需将其松弛，使之仍成为关键工作。现将其松弛至 4 天，找出关键线路如图 4-56 所示。

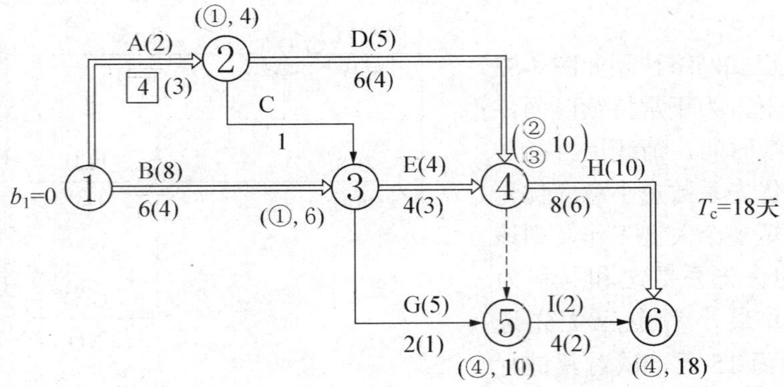

图 4-56　第一次压缩后的网络计划

此时 A 成了关键工作。图中有两条关键线路，即 ADH 和 BEH。此时计算工期

$T_c = 18$ 天，$\Delta T_1 = 18 - 15 = 3$ 天。

（5）由于计算工期仍大于要求工期，故需继续压缩。有五个压缩方案：

1）压工作 A、B，组合优选系数为 2+8=10；

2）压工作 A、E，组合优选系数为 2+4=6；

3）压工作 D、E，组合优选系数为 5+4=9；

4）压工作 D、B，组合优选系数为 5+8=13；

5）压工作 H，优选系数为 10。决定压缩优选系数最小者，即压工作 A、E。这两个工作均压缩至最短持续时间 3 天。用标号法找出关键线路和计算工期，如图 4-57 所示。

此时关键线路仍为 ADH 和 BEH。计算工期 $T_c = 17$ 天，$\Delta T_2 = 17 - 15 = 2$ 天。

由于工作 A 和 E 已达最短持续时间，不能再压缩，可假定它们的优选系数为无穷大。

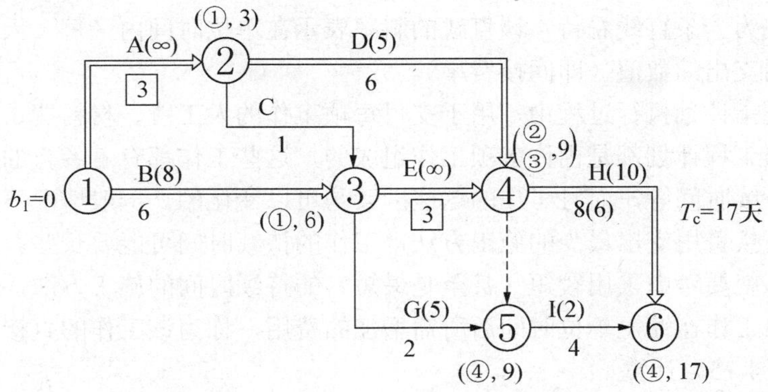

图 4-57 第二次压缩后的网络计划

（6）由于计算工期仍大于要求工期，故需继续压缩。在前述的五个压缩方案中，前三个方案的优选系数已变为无穷大，现只有压工作 B、D 方案，优选系数为 13；压工作 H 方案，优选系数为 10。故采取压缩工作 H 的方案，将工作 H 压缩 2 天。则计算工期为 15 天，等于要求工期的优化方案，如图 4-58 所示。

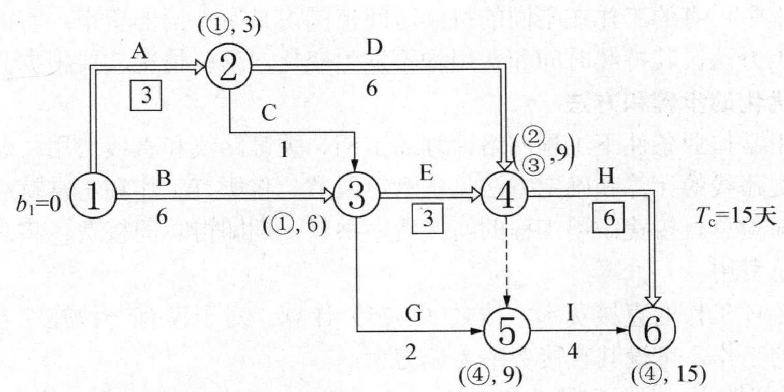

图 4-58 优化的网络计划

4.5.2 工期—费用优化

一、费用优化的概念

一项工程的总费用包括直接费用和间接费用两部分。在一定范围内，直接费用随工期的延长而减少，而间接费用则随工期的延长而增加，见图 4-59 所示的直接费用和间接费用曲线。将该两条曲线叠加，就形成了总费用曲线。总费用曲线上的最低点所对应的工期（*TQ*）就是费用优化所要追求的最优工期。因此，费用优化也可称为工期—费用优化（或工期—成本优化）。

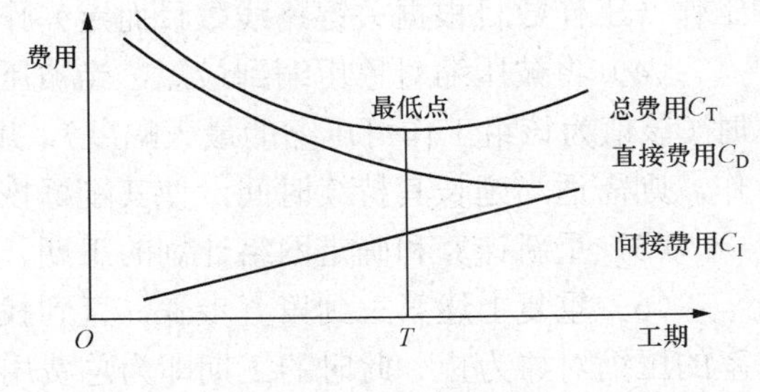

图 4-59 费用曲线图

由图 4-59 不难看出，要想求得总费用最低的工期方案，必须首先研究直接费用、间接费用与工期的关系，求出这两条曲线。

间接费用是指计划执行过程中，用于工程经营管理方面的费用。间接费用的多少与施工单位的施工条件、施工组织管理水平有关。在优化过程中，通常因该曲线的曲率不大，为简化计算，将其视为一条直线看待。该直线的斜率表示在单位时间内（每一天、每一周、每一月等）间接费用支出的数值（即间接费率）。

直接费用是指计划执行过程中，用于支付每项工作的人工费、材料费、机械台班使用费等费用。每一项工程计划都是由许多项工作组成的，这些工作都有着各自的施工方法、施工机械、材料及持续时间等，而且工作的这些因素是可以变化的。一般情况下，通常考虑采用使每项工作的直接费用支出最少的施工方法，工作的持续时间可能要长些。在考虑加快施工时，对某些工作就要考虑采用较短（甚至是最短）的持续时间的施工方法，其直接费用支出就要增加。每项工作在缩短单位时间后所需增加的费用，称为该工作的直接费率。工作的直接费率可用式（4-75）计算

$$e_{i-j}=\frac{C_{i-j}^{C}-C_{i-j}^{N}}{D_{i-j}^{N}-D_{i-j}^{C}} \tag{4-75}$$

式中 e_{i-j}——工作 $i-j$ 的直接费率；

D_{i-j}^{C}，C_{i-j}^{C}——分别为工作 $i-j$ 的最短持续时间及相应的直接费用；

D_{i-j}^{N}，C_{i-j}^{N}——分别为工作 $i-j$ 的正常持续时间及相应的直接费用。

在实际工程中，有的工作在不同的持续时间范围内具有不同的费率；有的工作可能只有唯一的一种施工方法，其持续时间和费用均不发生变化。这些情况均要根据具体工作而定。

二、费用优化的步骤和方法

（1）计算正常作业条件下工程网络计划的工期、关键路线和直接费用、总间接费及总费用。工期和关键路线的计算和确定方法见本章第四节。将所有工作在正常持续时间条件下的直接费用相加即得总直接费；用工程的间接费率乘以工期即得总间接费；将总直接费与总间接费相加即得总费用。

（2）计算各项工作的直接费率，按式（4-75）计算。对于仅有一种施工方法，其持续时间和费用不变的工作，可设其直接费率为无穷大。

（3）在关键线路上，选择直接费率最小并且不超过工程间接费率的工作作为被压缩对象。当网络计划存在多条关键路线时，选择组合直接费率最少并且不超过工程间接费率的若干项工作（工作数目根据关键路线数目而定）作为被压缩对象。

（4）将被压缩对象压缩到最短，当被压缩对象为一组工作时，将该组工作压缩同一数值时（该值为该组工作可压缩的最大幅度），并找出关键线路。如果被压缩对象变成了非关键工作，则需适当延长其持续时间，使其刚好恢复为关键工作为止。

（5）重新计算和确定网络计划的工期、关键线路和总直接费、总间接费、总费用。

（6）重复上述第三到第五步骤，直到找不到直接费率或组合直接费率不超过工程间接费率的压缩对象为止。此时的工期即为总费用最低的最优工期。

（7）绘制出优化后的网络计划。在每项工作上注明优化的持续时间和相应的直接费用。

上述优化过程可采用表 4-20 所示的表格形式描述。

表 4-20 费用优化过程表

压缩次数	压缩对象	直接费率或组合直接费率	费率差	缩短时间	工期	总费用	备注
（1）	（2）	（3）	（4）	（5）	（6）	（7）	（8）

【例 4-19】 已知某工程网络计划如图 4-60 所示。图中箭线下方括号外为正常持续时间，括号内为最短持续时间；箭线上方括号外为正常持续时间的直接费用，括号内为最短持续时间的直接费用。工程间接费率为 0.8 千元/天，试对其进行费用优化。

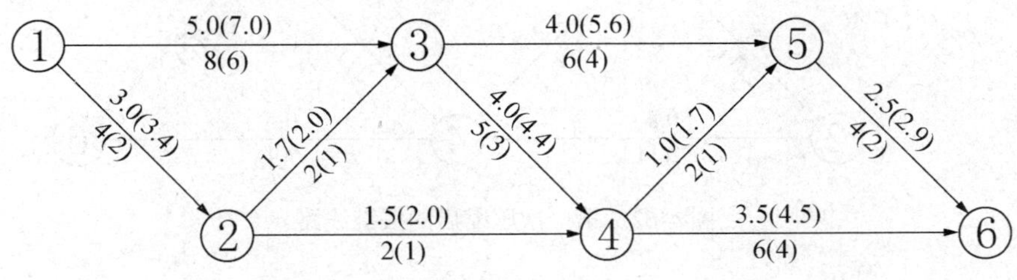

图 4-60 例 4-19 初始图

解 （1）计算和明确正常作业条件下的网络计划工期、关键线路和总直接费、总间接费、总费用。

工期为 19 天，关键线路如图 4-61 中双线所示。

总直接费为每项工作箭线上方括号外的数值相加得 26.2（千元）；

总间接费：0.8×19=15.2（千元）

总费用：26.2+15.2=41.4（千元）

计算各项工作的直接费率

$$e_{1-2}=\frac{C_{1-2}^{C}-C_{1-2}^{N}}{D_{1-2}^{N}-D_{1-2}^{C}}=\frac{3.4-3.0}{4-2}=0.2\text{（千元/天）}$$

$$e_{1-3}=\frac{C_{1-3}^{C}-C_{1-3}^{N}}{D_{1-3}^{N}-D_{1-3}^{C}}=\frac{7.0-5.0}{8-2}=1.0\text{（千元/天）}$$

$$e_{2-3}=\frac{C_{2-3}^{C}-C_{2-3}^{N}}{D_{2-3}^{N}-D_{2-3}^{C}}=\frac{2.0-1.7}{2-1}=0.3\text{（千元/天）}$$

同理可得 $e_{2-4}=0.5$（千元/天）；$e_{3-4}=0.2$（千元/天）；$e_{3-5}=0.8$（千元/天）；$e_{4-5}=0.7$（千元/天）；$e_{4-6}=0.5$（千元/天）；$e_{5-6}=0.2$（千元/天）。

将计算结果标于每项工作箭线的上方，如图 4-61 所示。

（2）第一次压缩。在关键线路上选择直接费率最低的工作 3-4［e_{3-4}=0.2（千元/天）<0.8（千元/天）］作为被压缩对象。先将工作 3-4 压缩至最短持续时间，找出关键线路，则此时关键线路为图 4-62 中双箭线所示，工期为 18 天。关键线路发生了变化，将工作 3-4 的持续时间由最短的 3 天延长至 4 天，使其恢复为关键工作如图 4-63 所示。至此，第一次压缩结束。

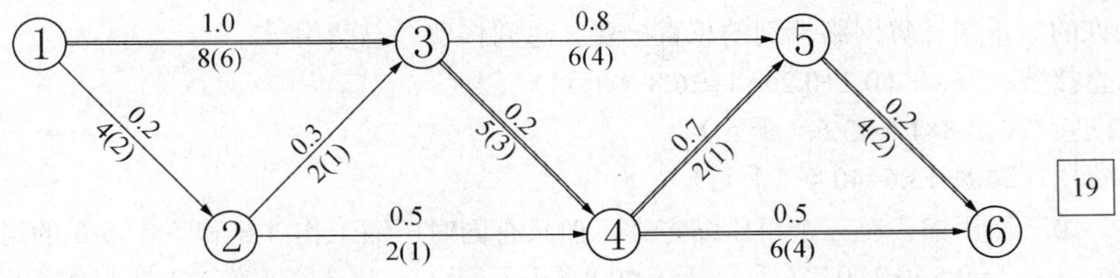

图 4-61 初始关键线路

重新计算网络计划的总直接费、总间接费、总费用。

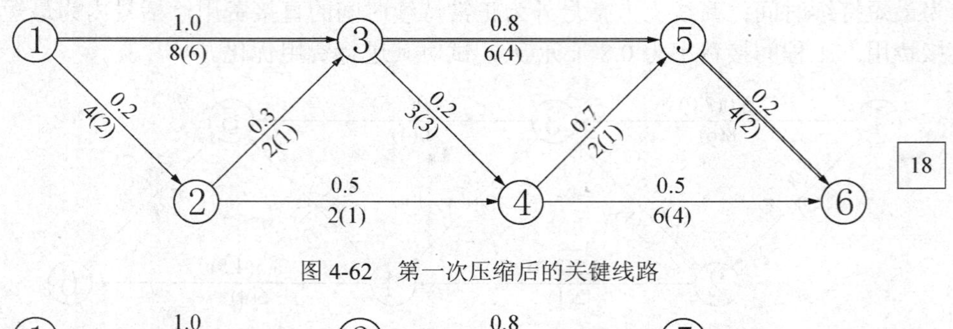

图 4-62 第一次压缩后的关键线路

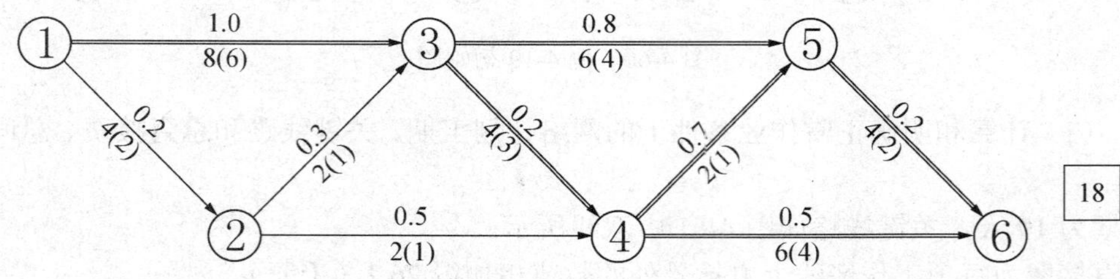

图 4-63 恢复第一次压缩的关键线路

总直接费：26.2+1×0.2=26.4（千元）

总间接费：0.8×18=14.4（千元）

总费用：26.4+14.4=40.8（千元）

（3）第二次压缩。有五个可压缩方案，其中同时压缩工作 3-4 和工作 5-6 的组合直接费率最小［$e_{3-4}+e_{5-6}$=0.2+0.2=0.4（千元/天）<0.8（千元/天）］，将其作为被压缩对象。将这两项工作压缩相同的天数（1 天）。第二次压缩后的网络计划如图 4-64 所示。

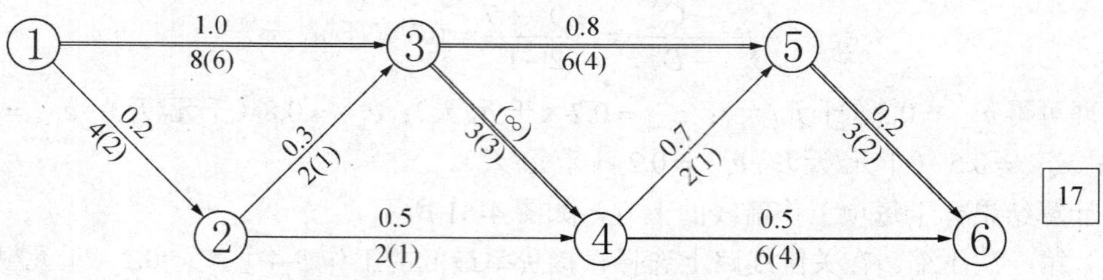

图 4-64 第二次压缩后的网络图

第二次压缩后，网络计划的工期为 17 天；工作 3-4 已压缩至最短持续时间，将其直接费率改写为无穷大；工作 4-5 未经压缩，却因其他工作的压缩使其变成了非关键工作，这种情况是允许的。重新计算网络计划的总直接费、总间接费、总费用。

总直接费：26.4+（0.2+0.2）×1=26.8（千元）

总间接费：0.8×17=13.6（千元）

总费用：26.8+13.6=40.4（千元）

（4）第三次压缩。有三个可压缩方案，但只有同时压缩工作 4-6 和工作 5-6 的组合直接费率（$r_{i-j}+e_{5-6}$=0.5+0.2=0.7（千元/天）<0.8（千元/天）），故选择工作 4-6 和工作 5-6 作为被压缩对象。这两项工作可同时压缩 1 天。这次压缩后的总直接费、总间接费、总费用如下：

总直接费：26.8+0.7×1=27.5（千元）

总间接费：0.8×16=12.8（千元）

总费用：27.5+12.8=40.3（千元）

第三次压缩的网络计划如图 4-65 所示。

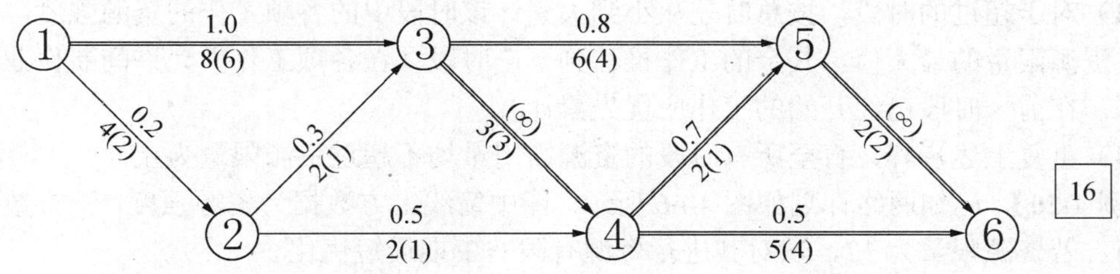

图 4-65 第三次压缩后的网络图

至此优化结束。优化过程见表 4-21。

表 4-21 优化过程表

压缩次数	压缩对象	直接费率或组合直接费率	费率差（千元/天）	缩短时间（天）	工期（天）	总费用（天）
（1）	（2）	（3）	（4）	（5）	（6）	（7）
0	—	—	—	—	19	41.4
1	3-4	0.2	–0.6	1	18	40.8
2	3-4 5-6	0.4	–0.4	1	17	40.4
3	4-6 5-6	0.7	–0.1	1	16	40.3
4	1-3	1.0	+0.2	—	—	—

假设该工程的优化目标是以尽可能低的费用实现最短工期，该优化过程应继续进行（同学们可以自己练习）。

4.5.3 资源优化

在计划执行过程中，所需的人力、材料、机械设备和资金等统称为资源。完成一项工程计划所需的资源总量是不变的。资源优化的目标不是减少资源总量，而是通过调整计划中某些工作投入作业的开始时间，使资源分布满足某种要求。

在资源优化中，通常将某项工作在单位时间内所需某种资源数量称为资源强度（用 r_{i-j} 表示）；将整个计划在某单位时间内所需某种资源数量称为资源需用量（用 Q_t 表示）；将在单位时间内可供使用的某种资源的最大数量称为资源限量（用 Q_a 表示）。

资源优化的内容有“资源有限—工期最短优化”和“工期固定—资源均衡优化”两个方面。

一、资源有限—工期最短优化

在实施计划过程中，可供使用的某种资源的数量总是有限的。资源有限—工期最短优化的目标就是在满足有限资源的条件下，通过调整某些工作的投入作业的开始时间，使工期不延误或最少延误。

资源有限—工期最短优化的步骤与方法如下：

（1）绘制时标网络计划，逐时段计算资源需用量 Q_t（t=1，…，T）。

（2）逐时段检查资源需用量是否超过资源限量，若有超过者，进入第 3 步，否则检查下一时段。

（3）对于超过的时段，按总时差从小到大累计该时段中的各项工作的资源强度，累计到不超过资源限量的最大值，其余的工作推移到下一时段（在各项工作不允许间断作业的假定条件下，在前一时段已经开始的工作应优先累计）。

（4）重复上述步骤，直至所有时段的资源需用量均不超过资源限量为止。

【例 4-20】 已知网络计划如图 4-66 所示。图中箭线上方数据为资源强度，下方数据为持续时间。若资源限量为 12，试对其进行资源有限—工期最短优化。

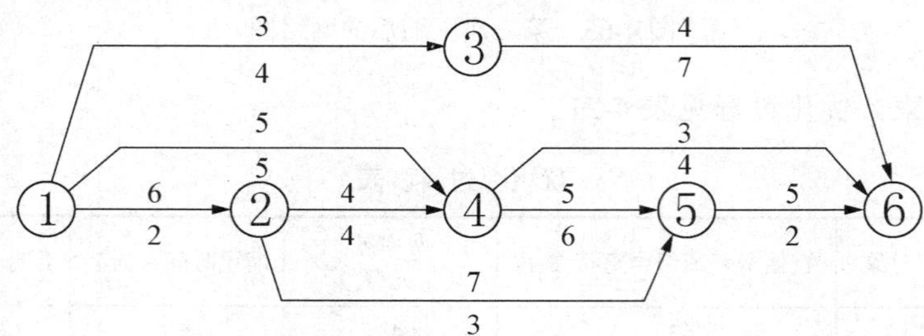

图 4-66　某工程网络计划

解　（1）绘制时标网络计划，计算每天资源需用量，如图 4-67 所示。

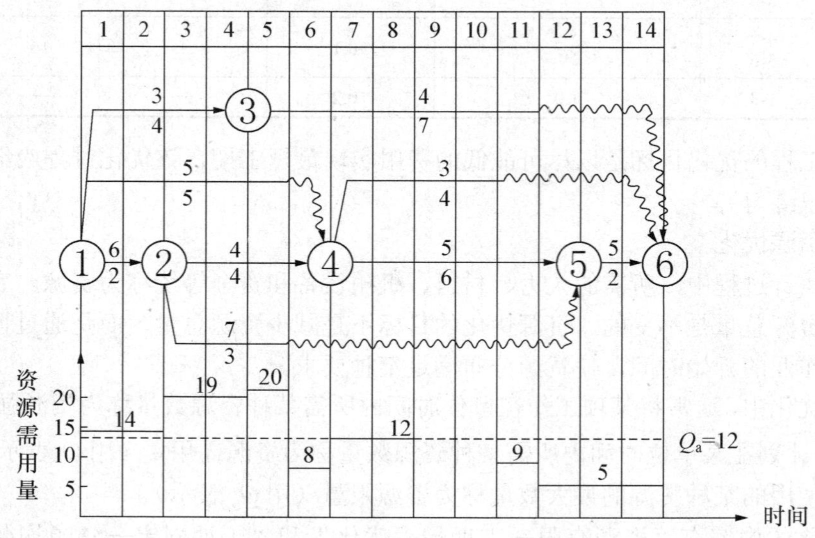

图 4-67　时标网络计划与资源曲线图

（2）逐时段将资源需用量与资源限量对比，发现 0-2，2-4，4-5 三个时段的资源需用量均超过资源限量，需要调整。

（3）首先调整 0-2 时段，将该时段同时进行的工作按总时差从小到大对资源强度进行累计，累计到不超过资源限量（Q_a=12）的最大值，即 $r_{1-2}+r_{1-4}$=6+5=11<12，将工作 1-3 推移至

下一时段，调整结果见图 4-68 所示。

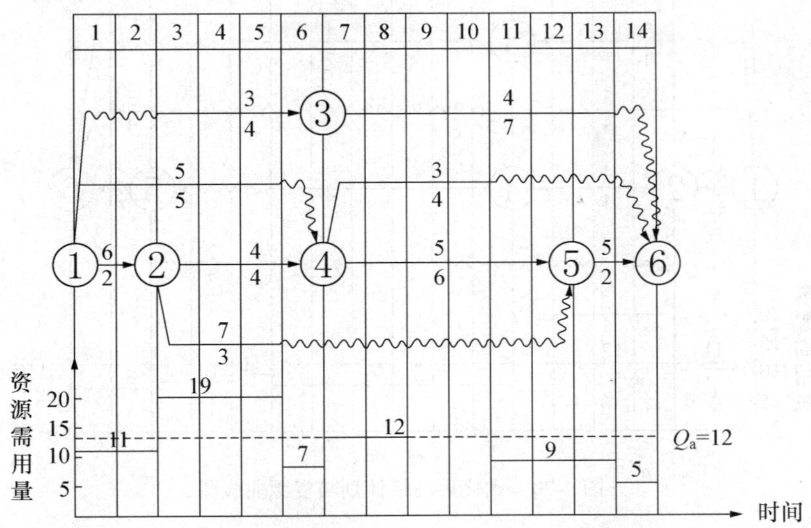

图 4-68 0-2 时段调整后的网络计划与资源曲线图

（4）从图 4-68 中看出，0-2 时段的资源需用量已不超过资源限量，2-5 时段仍超出，需要调整。资源强度累计：

$r_{1-4}+r_{2-4}+r_{1-3}=5+4+3=12$，将工作 2-5 推移至下一时段，调整结果如图 4-69 所示。

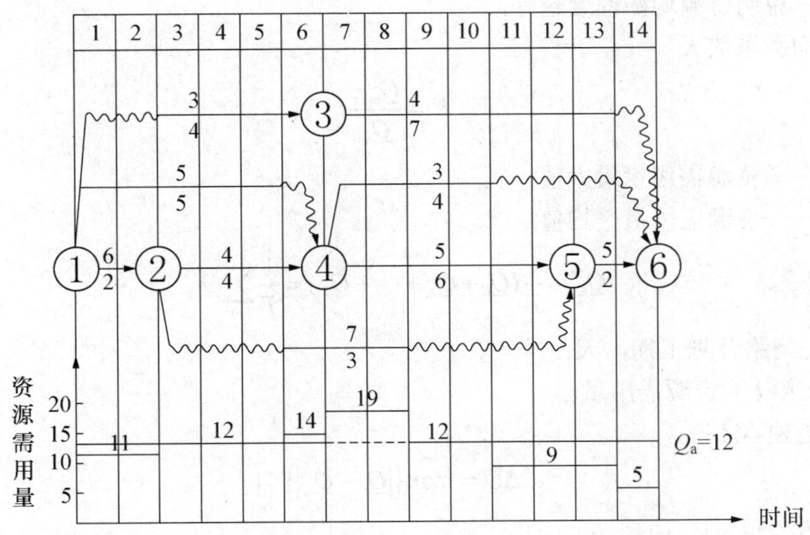

图 4-69 2-5 时段调整后的网络计划与资源曲线图

（5）从图 4-69 中看出，0-2，2-5 时段已满足资源限量要求，5-6，6-8 时段仍超出，需要调整，调整过程从略。

该网络计划的资源有限—工期最短优化的最后结果见图 4-70 所示。

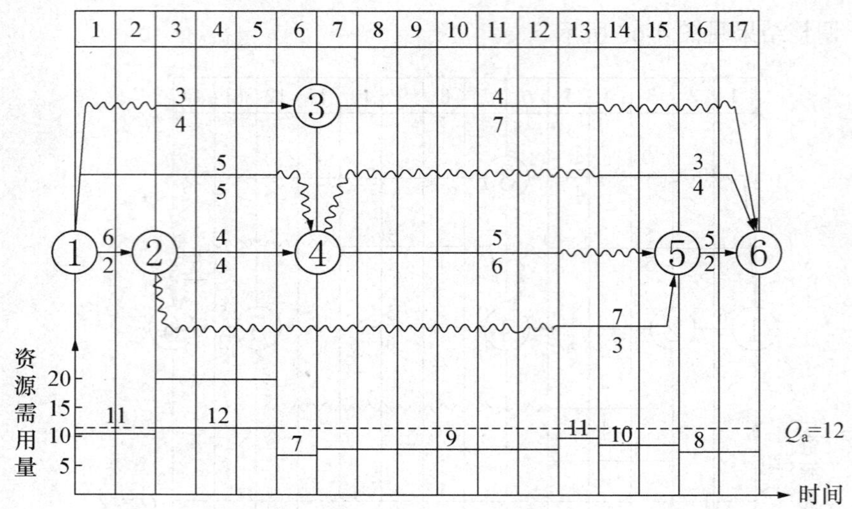

图 4-70 优化后网络计划与资源曲线图

二、工期固定—资源均衡优化

在工期不变的条件下，尽量使资源需用量均衡，既有利于工程施工组织与管理，又有利于降低工程施工费用。

1. 衡量资源需用量均衡程度的指标

衡量资源需用量均衡程度的指标有三个，分别为不均衡系数、极差值、均方差值。这些指标值越小，说明资源均衡程度越好。

（1）不均衡系数 K

$$K=\frac{Q_{\max}}{Q_m} \tag{4-76}$$

式中 $Q_{\max}$——资源需用量最大值；

Q_m——资源需用量平均值。

$$Q_m=\frac{1}{T}(Q_1+Q_2+\cdots+Q_T)=\frac{1}{T}\sum_{t=1}^{T}Q_t \tag{4-77}$$

式中 T——网络计划工期，天；

Q_t——第 t 天资源需用量。

（2）极差值 ΔQ

$$\Delta Q=\max\left\{\left|Q_t-Q_m\right|\right\} \tag{4-78}$$

（3）均方差值 σ^2

$$\sigma^2=\frac{1}{T}\sum_{t=1}^{T}\left(Q_t-Q_m\right)^2 \tag{4-79}$$

为简化计算，式（4-79）可变换为

$$\sigma^2=\frac{1}{T}\sum_{t=1}^{T}Q_t^2-Q_m^2 \tag{4-80}$$

若σ^2最小，须使$\sum_{t=1}^{T}Q_t^2=Q_1^2+Q_2^2+\cdots+Q_T^2$最小。

2. 优化步骤与方法

工期固定—资源均衡优化步骤与方法如下：

（1）绘制时标网络计划，计算资源需用量；

（2）计算资源均衡性指标，本书主要使用均方差来衡量资源均衡程度；

（3）从网络计划的终点节点开始，按非关键工作最早开始时间的后先顺序进行调整（关键工作不得调整）。

对于任一项工作$k\text{–}l$，设其在第i天开始，第j天结束，资源强度为r_{k-l}。若工作$k\text{–}l$向右移一天，那么第i天资源需用量减少r_{k-l}，第j+1天资源需用量增加r_{k-l}，$\sum_{t=1}^{T}Q_t^2=Q_1^2+Q_2^2+\cdots+Q_T^2$的变化值$\varDelta$为

$$\varDelta=[(Q_{j+1}+r_{k-l})^2-Q_{j+1}^2]-[Q_i^2-(Q_i-r_{k-l})^2]$$

整理得

$$\varDelta=2r_{k-l}[Q_{j+1}-(Q_i-r_{k-l})] \tag{4-81}$$

若将工作$k\text{–}l$向右移1天使$\varDelta<0$，说明移动后的资源均衡性好于移动前，就应将其向右移动1天。在此基础上再考虑工作$k\text{–}l$能否再向右移动，直至不能移动为止。

若将工作$k\text{–}l$向右移1天使$\varDelta>0$，说明移动后的资源均衡性差于移动前，不应移动。但如果工作$k\text{–}l$还有自由时差，则应继续考虑能否向右移2天、3天……直至不能移动为止。

在具体计算过程中，通常仅利用式（4-81）中右端方括号中的表达式，即调整判别式为

$$\varDelta'=Q_{j+1}-(Q_i-r_{k-l}) \tag{4-82}$$

如果将工作$k\text{–}l$向右移动使$\varDelta'<0$，就应移动。

在从网络计划的终点节点开始，自右向左调整一次后，还要第二次、第三次……调整，直至所有的工作均不能移动为止。

（4）绘制调整后的网络计划。

【例4-21】 仍以图4-66所示的网络计划为例，说明工期固定—资源均衡优化的步骤和方法。

解 （1）绘制时标网络计划，计算资源需用量，如图4-67所示。

（2）计算资源均衡性指标。本例仅计算均方差值

$$\sigma_0^2=\frac{1}{T}\sum_{t=1}^{T}Q_t^2-Q_m^2$$

式中

$$Q_m=\frac{1}{T}\sum_{t=1}^{T}Q_t=\frac{1}{14}(14\times2+19\times2+20\times1+8\times1+12\times4+9\times1+5\times3)=11.86$$

$$\frac{1}{T}\sum_{t=1}^{T}Q_t^2=\frac{1}{14}(14^2\times2+19^2\times2+20^2\times1+8^2\times1+12^2\times4+9^2\times1+5^2\times3)=165.00$$

则

$$\sigma_0^2=165.00-11.86^2=24.34$$

（3）优化调整。

第一次调整

1）调整以终节点 6 为结束节点的工作

首先调整工作 4-6，利用判别式（4-82）判别能否向右移动。

$Q_{11}-(Q_7-r_{4-6})=9-(12-3)=0$ 可右移 1 天，$ES_{4-6}=7$

$Q_{12}-(Q_8-r_{4-6})=5-(12-3)=-4$ 累计可右移 2 天，$ES_{4-6}=8$

$Q_{13}-(Q_9-r_{4-6})=5-(12-3)=-4$ 累计可右移 3 天，$ES_{4-6}=9$

$Q_{14}-(Q_{10}-r_{4-6})=5-(12-3)=-4$ 累计可右移 4 天，$ES_{4-6}=10$

至此，工作 4-6 调整完毕（此图略），在此基础上考虑调整工作 3-6。

$Q_{12}-(Q_5-r_{3-6})=8-(20-4)=-8<0$ 可右移 1 天，$ES_{3-6}=5$

$Q_{13}-(Q_6-r_{3-6})=8-(8-4)=4>0$ 不能右移

$Q_{14}-(Q_7-r_{3-6})=8-(9-4)=3>0$ 不能右移

因此工作 3-6 只能向右移动 1 天。

工作 4-6 和工作 3-6 调整完毕后的网络计划如图 4-71 所示。

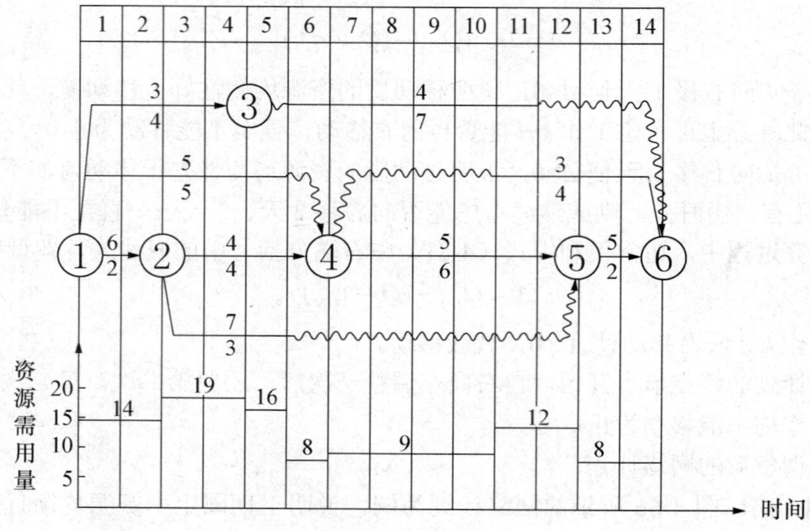

图 4-71 调整以终节点 6 为结束节点的工作

2）调整以节点 5 为结束节点的工作

根据图 4-71，只有工作 2-5 可考虑调整

$Q_6-(Q_3-r_{2-5})=8-(19-7)=-4<0$ 可右移 1 天，$ES_{2-5}=3$

$Q_7-(Q_4-r_{2-5})=9-(19-7)=-3<0$ 累计可右移 2 天，$ES_{2-5}=4$

$Q_8-(Q_5-r_{2-5})=9-(16-7)=0$ 累计可右移 3 天，$ES_{2-5}=5$

$Q_9-(Q_6-r_{2-5})=9-(15-7)=1>0$ 不能右移

$Q_{10}-(Q_7-r_{2-5})=9-(16-7)=0$ 不能右移

$Q_{11}-(Q_8-r_{2-5})=12-(15-7)=4>0$ 不能右移

$Q_{12}-(Q_9-r_{2-5})=12-(16-7)=3>0$ 不能右移

因此工作 2-5 只能向右移动 3 天。

3）调整以节点 4 为结束节点的工作

只能考虑调整工作 1-4，通过计算不能调整。

4）调整以节点 3 为结束节点的工作

只有工作 1-3 可考虑调整。

$$Q_5-(Q_1-r_{1-3})=9-(14-3)=-2<0 \qquad \text{可右移 1 天，} ES_{1-3}=1$$

至此，第一次调整完毕。调整后的网络计划如图 4-72 所示。

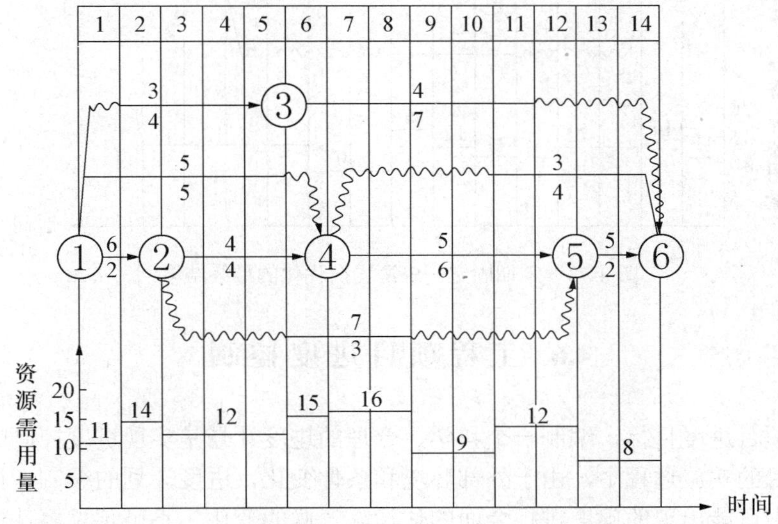

图 4-72 第一次调整后的网络计划图

第二次调整

在图 4-72 的基础上，再次自右向左调整。

1）调整以节点 6 为结束节点的工作

只有工作 3-6 可考虑调整。

$$Q_{13}-(Q_6-r_{3-6})=8-(15-4)=-3<0 \qquad \text{可右移 1 天，} ES_{3-6}=6$$

$$Q_{14}-(Q_7-r_{3-6})=8-(16-4)=-4<0 \qquad \text{可右移 2 天，} ES_{3-6}=7$$

工作 3-6 再次右移后的网络计划如图 4-73 所示。

2）分别调整以节点 5，4，3，2 为结束节点的非关键工作，均不能再右移。

至此优化结束。图 4-73 即为工期固定—资源均衡优化的最终结果。

（4）计算优化后的资源均衡性指标

$$\sigma^2=\frac{1}{14}(11^2\times1+14^2\times1+12^2\times3+11^2\times1+12^2\times1+16^2\times1+9^2\times2+12^2\times4)-11.82^2$$
$$=2.77<\sigma_0^2=24.34$$

σ^2 降低百分率：

$$\frac{24.34-2.77}{24.34}\times100\%=88.62\%$$

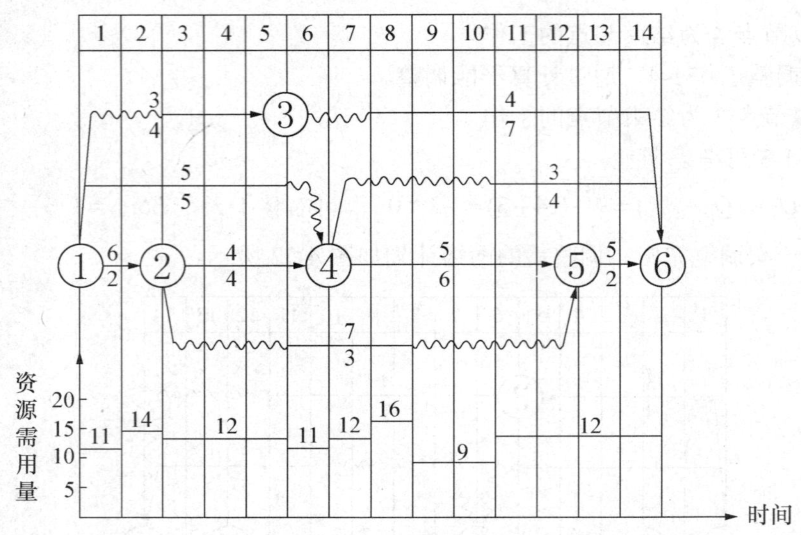

图 4-73 工期固定—资源均衡优化的最终结果

4.6 工程项目进度控制

确定工程项目进度目标，编制一个科学、合理的进度计划是实现进度控制的首要前提。但是在工程项目的实施过程中，由于外部环境和条件变化，进度计划的编制者很难事先对项目在实施过程中可能出现的问题进行全面的估计。气候的变化、不可预见事件的发生及其他条件的变化均会对工程计划的实施产生影响，从而造成实际进度偏离计划进度。如果实际进度与计划进度的偏差得不到及时的纠正，势必影响进度总目标的实现。为此，在进度计划的执行过程中，必须采取有效的监测手段对进度计划的实施过程进行监控，以便及时发现问题，并运用行之有效的调整方法来解决问题。

4.6.1 工程项目进度计划的实施、监测与调整

一、工程项目进度计划的实施

工程项目进度计划的实施就是工程项目活动的开展，也就是用项目进度计划指导项目活动、落实和完成计划的过程。项目进度计划逐步实施的进程就是项目建造逐步完成的过程。为了保证项目进度计划的实施，并且尽量按编制的计划时间逐步进行，保证各项进度目标的实现。以施工项目为例，其进度计划的实施应做好以下工作。

（一）施工进度计划的实施准备

1. 检查各层次的计划，形成严密的计划保证系统

施工项目的所有进度计划包括施工总进度计划、单位工程施工进度计划、分部分项工程施工进度计划等，它们都是围绕一个总任务而编制的；它们之间的关系是高层次的计划是低层次计划的依据，低层次计划是高层次计划的具体化。在其贯彻执行时应当首先检查各层次计划是否协调一致，计划目标是否层层分解，互相衔接，组成一个计划实施的保证体系，并以施工任务书的方式下达施工队以保证实施。

2. 层层签订承包合同或下达施工任务书

施工项目经理、施工队和作业班组之间分别签订承包合同，按计划目标明确规定合同工

期、相互承担的经济责任、权限和利益，或者采用下达施工任务书，将作业下达到施工班组，明确具体施工任务，技术措施，质量要求等内容，使施工班组必须保证按作业计划时间完成规定的任务。

3. 计划全面交底，发动群众实施计划

施工进度计划的实施是全体工作人员的共同的行动，要使有关人员都明确各项计划的目标、任务、实施方案和措施，使管理层和作业层协调一致，将计划变成群众的自觉行动，充分发动群众，发挥群众的干劲和创造精神。在计划实施前要进行计划交底工作，可以根据计划的范围召开全体职工代表大会或各级生产会议进行交底落实。

（二）施工项目进度计划的实施

1. 编制月（旬）作业计划

为了实施施工进度计划，将规定的任务结合现场施工条件，如施工场地的情况、劳动力机械等资源条件和施工的实际进度，在施工开始前和过程中不断地编制本月（旬）的作业计划，这是便施工计划更具体、切合实际和可行。在月（旬）计划中要明确本月（旬）应完成的任务，所需要的各种资源量，提高劳动生产率和节约措施。

2. 签发施工任务书

编制好月（旬）作业计划以后，将每项具体任务通过签发施工任务书的方式使其进一步落实。施工任务书是向班组下达任务实行责任承包、全面管理和原始记录的综合性文件。施工班组必须保证指令任务的完成。它是计划和实施的纽带。

3. 做好施工进度记录，填好施工进度统计表

在计划任务完成的过程中，各级施工进度计划的执行者都要跟踪做好施工记录，记载计划中的每项工作开始日期、工作进度和完成日期。为施工项目进度检查分析提供信息，因此要求实事求是记载，并填好有关图表。

4. 做好施工中的调度工作

施工中的调度是组织施工中各阶段、环节、专业和工种的互相配合、进度协调的指挥核心。调度工作是使施工进度计划实施顺利进行的重要手段。其主要任务是掌握计划实施情况，协调各方面关系，采取清施，排除各种矛盾，加强各薄弱环节，实现动态平衡，保证完成作业计划和实现进度目标。

调度工作内容主要有：监督作业计划的实施、调整协调各方面的进度关系；监督检查施工准备工作；督促资源供应单位按计划供应劳动力、施工机具、运输车辆、材料构配件等，并对临时出现问题采取调配措施;按施工平面图管理施工现场，结合实际情况进行必要调整，保证文明施工；了解气候、水、电、气的情况，采取相应的防范和保证措施；及时发现和处理施工中各种事故和意外事件；调节各薄弱环节；定期召开现场调度会议，贯彻施工项目主管人员的决策，发布调度令。

二、工程项目进度计划的监测

在工程项目的实施过程中，为了进行进度控制，进度控制人员应经常地、定期地跟踪检查施工实际进度情况，主要是收集施工项目进度资料，进行统计整理和对比分析，确定实际进度与计划进度之间的关系。进度监测的系统过程如图 4-74 所示。

1. 进度计划执行中的跟踪检查

对进度计划的执行情况进行跟踪检查是计划执行信息的主要来源，是进度分析和调整的

依据，也是进度控制的关键步骤。其目的是收集实际施工进度的有关数据。跟踪检查的时间和收集数据的质量，直接影响控制工作的质量和效果。

一般检查的时间间隔与施工项目的类型、规模、施工条件和对进度执行要求程度有关。通常可以确定每月、半月、旬或周进行一次。若在施工中遇到天气、资源供应等不利因素的严重影响，检查的时间间隔可临时缩短，次数应频繁，甚至可以每日进行检查，或派人员驻现场督阵。检查和收集资料的方式一般采用进度报表方式或定期召开进度工作汇报会。为了保证汇报资料的准确性，进度控制的工作人员，要经常到现场察看施工项目的实际进度情况，从而保证经常地、定期地准确掌握施工项目的实际进度。

2. 整理统计检查数据

收集到的施工项目实际进度数据，要进行必要的整理、按计划控制的工作项目进行统计，形成与计划进度具有可比性的数据。一般可以按实物工程量、工作量和劳动消耗量以及累计百分比整理和统计实际检查的数据，以便与相应的计划完成量相对比。例如，对检查时段实际完成工作量的进度数据进行整理、统计和分析，确定本期累计完成的工作量、本期已完成的工作量占计划总工作量的百分比等。

3. 对比实际进度与计划进度

将收集的资料整理和统计成与计划进度具有可比性的数据后，可以确定工程项目实际执行状况与计划目标之间的差距。为了直观反映实际进度偏差，通常采用表格或图形进行实际进度与计划进度的对比分析，从而得出实际进度比计划进度超前、滞后还是一致的结论。常用的比较方法有横道图比较法、S形曲线比较法、香蕉形曲线比较法、前锋线比较法和列表比较法等。

三、工程项目进度计划的调整

在工程项目实施进度检测过程中，一旦发现实际进度偏离计划进度，即出现进度偏差时，必须认真分析产生偏差的原因及其对后续工作和总工期的影响，必要时采取合理、有效的进度计划调整措施，确保进度总目标的实现。进度调整的系统过程如图4-75所示。

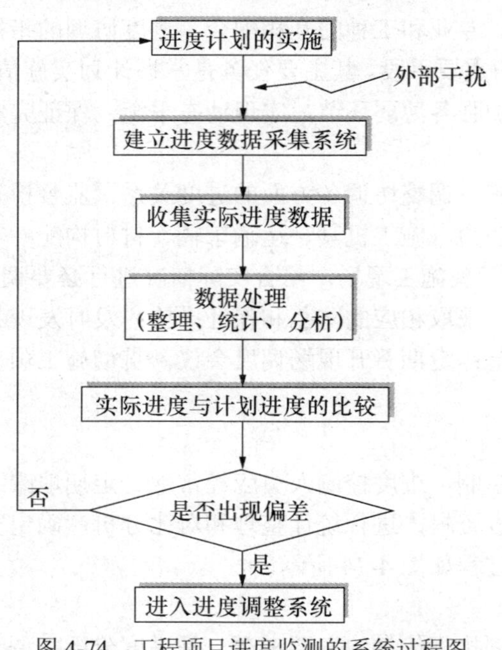

图4-74 工程项目进度监测的系统过程图

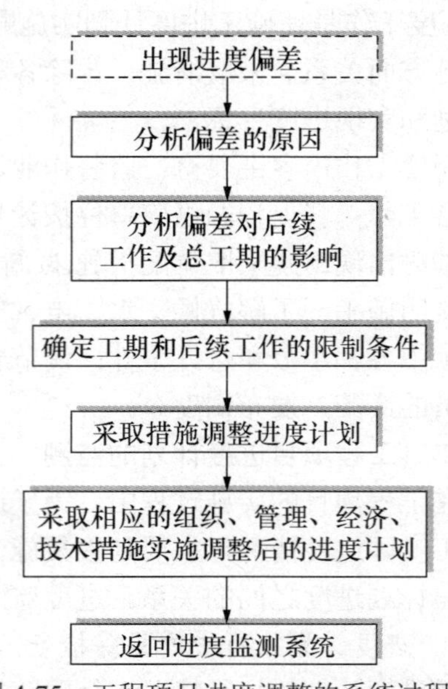

图4-75 工程项目进度调整的系统过程图

1. 分析进度偏差产生的原因

通过实际进度与计划进度的比较，发现进度偏差时，为了采取有效措施调整进度计划，必须深入现场进行调查，分析产生进度偏差的原因。

2. 分析进度偏差对后续工作和总工期的影响

当查明进度偏差产生的原因之后，要分析进度偏差对后续工作和总工期的影响程度，以确定是否应采取措施调整进度计划。

3. 确定后续工作和总工期的限制条件

当出现的进度偏差影响到后续工作或总工期而需要采取进度调整措施时，应当首先确定可调整进度的范围，主要指关键节点、后续工作的限制条件以及总工期允许变化的范围。这些限制条件往往与合同条件有关，需要认真分析后确定。

4. 采取措施调整进度计划

采取进度调整措施，应以后续工作和总工期的限制条件为依据，确保要求的进度目标得到实现。

5. 实施调整后的进度计划

进度计划调整之后，应采取相应的组织、经济、技术措施执行它，并继续监测其执行情况。

四、工程项目进度控制报告

工程项目进度控制报告是把进度检查比较的结果及项目进度现状和发展趋势，提供给项目经理及各级业务职能负责人的最简单的书面形式报告。

根据报告对象的不同，进度控制报告的编制范围和内容也有所差异。一般分为项目概要级进度控制报告、项目管理级进度控制报告和业务管理级进度控制报告。

项目概要级的进度报告是报给项目经理、企业经理或业务部门以及建设单位或业主的。它是以整个施工项目为对象说明进度计划执行情况的报告。

项目管理级的进度报告是报给项目经理及企业的业务部门的。它是以单位工程或项目分区为对象说明进度计划执行情况的报告。

业务管理级的进度报告是就某个重点部位或重点问题为对象编写的报告，供项目管理者及各业务部门为其采取应急措施而使用的。

进度报告由计划负责人或进度管理人员与其他项目管理人员协作编写。报告时间一般与进度检查时间相协调，也可按月、旬、周等间隔时间进行编写上报。

进度控制报告的内容主要包括：项目实施概况、管理概况、进度概要；项目施工进度、形象进度及简要说明；施工图纸提供进度；材料、物资、构配件供应进度；劳务记录及预测；日历计划；对建设单位、业主和施工者的变更指令等。

4.6.2 工程项目进度检查方法

进度的检查与进度计划的执行是融汇在一起的。进度计划的检查方法主要是对比法，即实际进度与计划进度进行对比。一般最好是在图表上进行对比，计划图形的不同便产生了多种检查方法。常用的进度比较方法有横道图、S 形曲线、香蕉形曲线、前锋线、列表比较法和网络计划比较法等几种。

一、横道图比较法

横道图比较法是指将项目实施过程中检查实际进度收集到的数据，经加工整理后直接用横道线平行绘于原计划的横道线处，进行实际进度与计划进度的比较方法。采用横道图比较法，可以形象、直观地反映实际进度与计划进度的比较情况。

另外，横道图比较法还可以用双比例单侧横道图比较法和双比例双侧横道图比较法两种形式，如图 4-76 和图 4-77 所示。两种方法的相同之处是在工作计划横道线上下两侧作两条时间坐标线，并在两坐标线内侧逐日（或每隔一个单位时间）分别书写与记载相应工作的计划与实际累计完成比例即形成所谓的双比例；其不同之处是前一方法用单侧附着于计划横道线的涂黑粗线表示相应工作的实际起止时间与持续天数，后一方法则是以计划横道线总长表示计划工作量的 100%，再将每日（或每单位时间）实际完成的工作量占计划工作总量的百分比逐一用相应比例长度的涂黑粗线交替画在计划横道线的上下两侧，借以直观反映计划执行过程中每日（或每单位时间）实际完成工作量的数量比例。

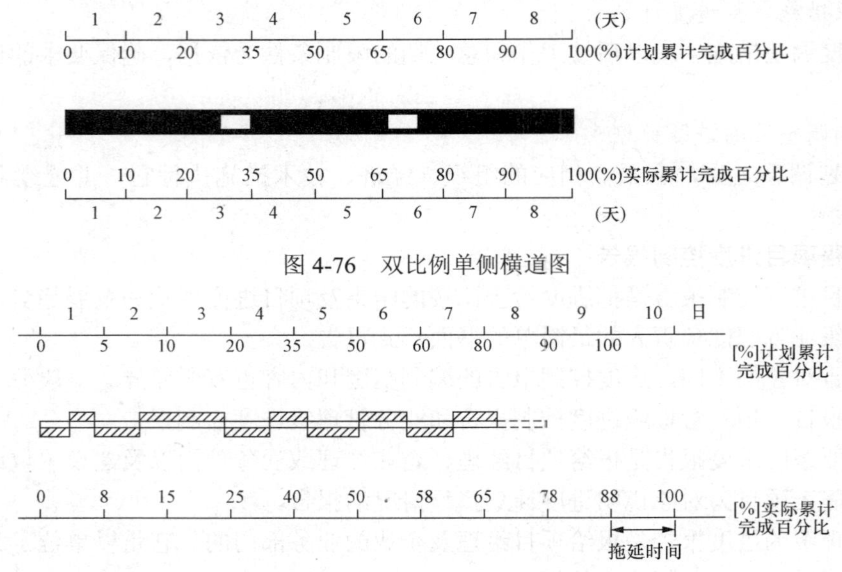

图 4-76　双比例单侧横道图

图 4-77　双比例双侧横道图

由图 4-76 可知，原计划用 9 天完成的一项工作其实际完成时间为 10 天，实际与计划相比拖延一天，工作实际开始时间比计划推迟半天，且在第 7 天停工 1 天；而图 4-77 则表示计划用 9 天完成的一项工作其实际完成时间为 10 天，实际与计划相比拖延一天（计划横道线延长部分表示实际完成这项工作尚需的作业天数），同时通过该图计划横道线两侧涂黑粗线长度的相互比较还可一目了然地观察每天实际完成工作量的多少。最后，通过以上两图中两条时间坐标线上计划与实际累计完成百分比数的比较，还可直观反映计划执行中的每一天实际进度较计划进度的超前或滞后幅度。

二、S 形曲线比较法

从工程项目建设进展的全过程看，单位时间内完成的工作任务量一般都随着时间的递进而呈现出两头少、中间多的分布规律，即工程的开工和收尾阶段完成的工作任务量少而中间阶段完成的工作任务量多。这样以横坐标表示进度时间，以纵坐标表示累计完成工作任务量而绘制出来的曲线将是一条 S 形曲线，如图 4-78 所示。S 形曲线比较法就是将进度计划确定的计划累计完成工作任务量和实际累计完成工作任务量分别绘制成 S 形曲线，并通过两者的比较借以判断实际进度与计划进度相比是超前还是滞后，并可得出其他各种有关进度信息的进度计划执行情况的检查方法。应用S形曲线比较法比较实际和计划两条S形曲线可以得出以下分析与判断结果：

（1）实际进度与计划进度比较情况。对应于任意检查日期，与相应的实际进展S形曲线上的一点，若位于计划S形曲线左侧表示此时实际进度比计划进度超前，位于右侧则表示实际进度比计划进度滞后。在图4-78中，ΔT_a表示T_a时刻实际进度超前的时间，ΔT_b表示T_b时刻实际进度滞后的时间。ΔQ_a表示T_a时刻超额完成的工作任务量，ΔQ_b表示在T_b时刻拖欠的工作任务量。

（2）预测工作进度。若后期工程按原计划速度进行，则可做出后期工程计划S形曲线如图4-78中虚线部分，从而可以确定此项工程总计拖延时间的预测值为ΔT_c。

三、香蕉形曲线比较法

根据网络计划的原理，网络计划中的任何一项工作均可具有最早开始和最迟开始两种不同开始时间，而一项计划工作任务随着时间的推移其逐日累计完成的工作任务量可以用S形曲线表示。于是，对工程网络计划而言，其逐日累计完成的工作任务量就必须都可借助于两条S形曲线概括表示：一是按工作的最早开始时间安排计划进度而绘制的S形曲线称*ES*曲线；二是按工作的最迟开始时间安排计划进度而绘制的S形曲线称*LS*曲线。两条曲线除在开始点和结束点相重合外，*ES*曲线的其余各点均落在*LS*曲线的左侧，使得两条曲线围合成一个形如香蕉的闭合曲线圈，故称为香蕉形曲线，如图4-79所示。

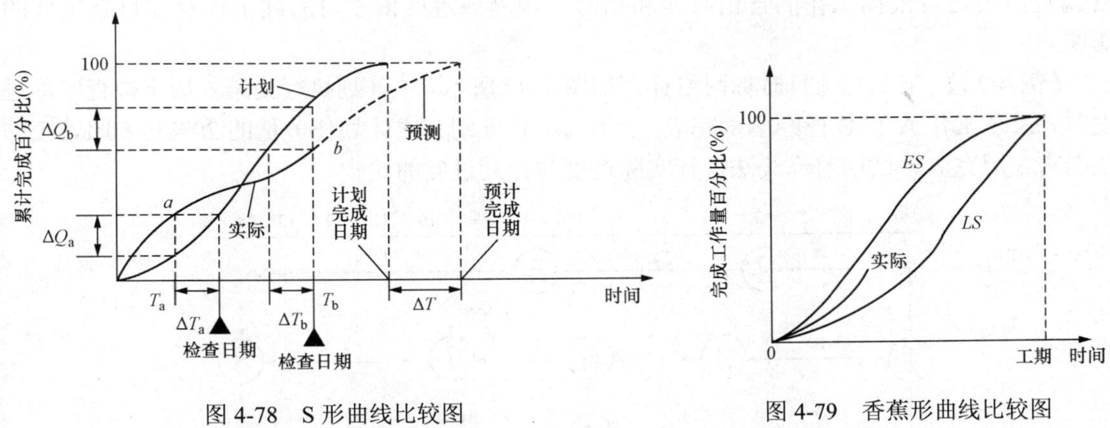

图4-78 S形曲线比较图　　图4-79 香蕉形曲线比较图

在项目实施过程中进度管理的理想状况是在任一时刻按实际进度描出的点均落在香蕉形曲线区域内，呈正常状态。而一旦按实际进度描出的点落在*ES*曲线的上方（左侧）或*LS*曲线的下方（右侧），则说明与计划要求相比实际进度超前或滞后，已产生进度偏差。进度超前或滞后的时间与超额或拖欠的工作任务量均可直接从图中量测或计算得到。香蕉形曲线的作用还可用于对工程实际进度进行合理的调整与安排，或确定在计划执行情况检查状态下后期工程的*ES*曲线和*LS*曲线的变化趋势。

四、前锋线比较法

前锋线是指在原时标网络计划上，从检查时刻的时标点出发，用点划线依此将各项工作实际进展位置点连接而成的折线。前锋线比较法就是在时标网络计划中通过绘制某检查时刻工程项目实际进度前锋线，并与原进度计划中各工作箭线交点的位置来判断工作实际进度与计划进度的偏差，进而判定该偏差对后续工作及总工期的影响程度的一种方法。采用前锋线比较法进行实际进度与计划进度的比较，其步骤为：

（1）绘制时标网络计划图。实际进度前锋线是在时标网络计划图上标示，为清楚起见，可在时标网络计划图的上方和下方各设一时间坐标。

（2）绘制实际进度前锋线。一般从时标网络计划图上方时间坐标的检查日期开始绘制，依次连接相邻工作的实际进展位置点，最后与时标网络计划图下方坐标的检查日期相连接。工作实际进展位置点的标定方法有按该工作已完任务量比例进行标定和按尚需作业时间进行标定两种。

（3）进行实际进度与计划进度的比较。前锋线可以直观地反映出检查日期有关工作实际进度与计划进度之间的关系。对某项工作来说，其实际进度与计划进度之间的关系可能存在三种情况：

1）工作实际进展位置点落在检查日期的左侧，表明该工作实际进度拖后，拖后时间为两者之差。

2）工作实际进展位置点与检查日期重合，表明该工作实际进度与计划进度一致。

3）工作实际进展位置点落在检查日期的右侧，表明该工作实际进度超前，超前时间为两者之差。

（4）预测进度偏差对后续工作及总工期的影响。通过实际进度与计划进度的比较确定进度偏差后，还可根据工作的自由时差和总时差预测该进度偏差对后续工作及项目总工期的影响。

【例 4-22】 某工程项目时标网络计划如图 4-80 所示。该计划执行到第 6 周末检查实际进度时，发现工作 A 和 B 已经全部完成，工作 D、E 分别完成计划任务量的 20%和 50%，工作 C 尚需 3 周完成，试用前锋线法进行实际进度与计划进度的比较。

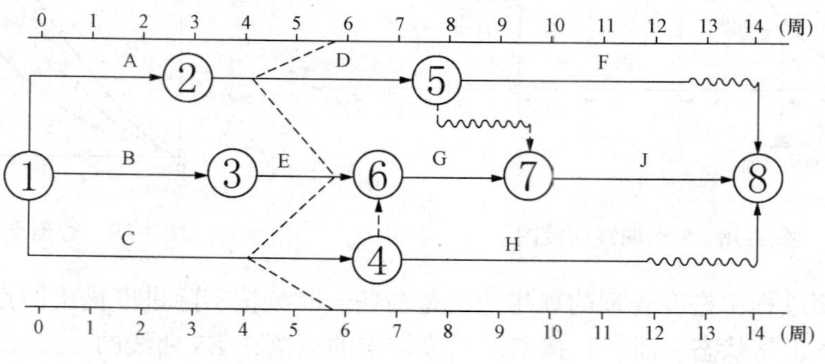

图 4-80 某工程前锋线比较图

解 根据第 6 周末实际进度的检查结果绘制前锋线，如图 4-80 中点画线所示。通过比较可以看出：①工作 D 实际进度拖后 2 周，将使其后续工作 F 的最早开始时间推迟 2 周，使总工期延长 1 周；②工作 E 实际进度拖后 1 周，既不影响总工期，又不影响其后续工作的正常进行；③工作 C 实际进度拖后 2 周，将使其后续工作 G、H、J 的最早开始时间推迟 2 周。由于工作 G、J 开始时间的推迟，从而使总工期延长 2 周；④如果不采取措施加快进度，该工程项目的总工期将延长 2 周。

五、列表比较法

若工程进度计划用非时标网络图表示时，可以采用列表比较法进行实际进度的比较。这种方法是记录检查日期应该进行的工作名称及其已经作业的时间，然后列表计算有关事件参数，并根据工作总是差进行实际进度与计划进度的比较，其步骤如下：

（1）对于实际进度检查日期应该进行的工作，根据已经作业的时间，确定其尚需作业的时间。

（2）根据原进度计划计算检查日期应该进行的工作从检查日期到原计划最迟完成时尚余的时间。

（3）计算工作尚有总时差。其值等于工作从检查日期到原计划最迟完成时间尚余时间与该工作尚需作业时间之差。

（4）比较实际进度与计划进度。可能有以下几种情况：

1）如果工作尚有总时差与原有总时差相等，说明该工作实际进度与计划进度一致。

2）如果工作尚有总时差大于原有总时差，说明该工作实际进度超前，超前的时间为两者之差。

3）如果工作尚有总时差小于原有总时差，且其差值为非负值，说明该工作实际进度拖后，拖后的时间为两者之差，但不影响总工期。

4）如果工作尚有总时差小于原有总时差，且其差值为负值，说明该工作实际进度拖后，拖后的时间为两者之差，此时工作实际进度偏差将影响总工期。

例如，某工程项目进度计划仍如图 4-80 所示。该计划执行到第 10 周末检查实际进度时，发现工作 A、B、C、D、E 已经全部完成，工作 F 已进行 1 周，工作 G 和工作 H 均已进行 2 周，试用列表比较法进行实际进度与计划进度的比较。

根据工程项目进度计划及实际进度检查结果，可以计算出检查日期应进行工作的尚需作业时间、原有总时差及尚有总时差等，计算结果见表 4-22。通过比较尚有总时差与原有总时差，即可判断目前工程实际进展状况。

表 4-22 计算结果

工作代号	工作名称	检查计划需要周数	到计划最迟完成需要周数	原有总时差	尚有总时差	情况判断
5-8	F	4	4	1	0	拖后一周，但不影响工作
6-7	G	1	0	0	–1	拖后一周，影响工作一周
4-8	H	3	4	2	1	拖后一周，但不影响工作

4.6.3 工程项目进度计划实施中的调整

当工程项目的实际进度与计划进度相比出现偏差时，首先应分析该偏差对后续工作及总工期的影响程度，以确定是否需要调整及如何调整。

一、分析进度偏差对后续工作及总工期的影响

在工程项目实施过程中，当通过实际进度与计划进度的比较，发现有进度偏差时，需要分析该偏差对后续工作及总工期的影响，从而采取相应的调整措施对原进度计划进行调整，以确保工期目标的顺利实现。进度偏差的大小及其所处的位置不同，对后续工作和总工期的影响程度是不同的，分析是需要利用网络计划中工作总时差和自由时差的概念进行判断。分

析步骤如下。

1. 分析出现进度偏差的工作是否为关键工作

如果出现进度偏差的工作位于关键线路上，即该工作为关键工作，则无论其偏差有多大，都将对后续工作和总工期产生影响，必须采取相应的调整措施；如果出现偏差的工作是非关键工作，则需要根据进度偏差值与总时差和自由时差的关系作进一步分析。

2. 分析进度偏差是否超过总时差

如果出现的进度偏差大于该工作的总时差，则此进度偏差必将影响其后续工作和总工期，必须采取相应的调整措施；如果工作的进度偏差未超过该工作的总时差，则此进度偏差不影响总工期。至于对后续工作的影响程度，还需要根据偏差值与其自由时差的关系作进一步分析。

3. 分析进度偏差是否超过自由时差

如果工作的进度偏差大于该工作的自由时差，则此进度偏差将对其后续工作产生影响，此时应根据后续工作的限制条件确定调整方法；如果工作的进度偏差未超过该工作的自由时差，则此进度偏差不影响后续工作，因此，原进度计划可以不做调整。

进度偏差的分析判断过程如图 4-81 所示。通过分析，进度控制人员可以根据进度偏差的影响程度，制订相应的纠偏措施进行调整，以获得符合实际进度情况和计划目标的新进度计划。

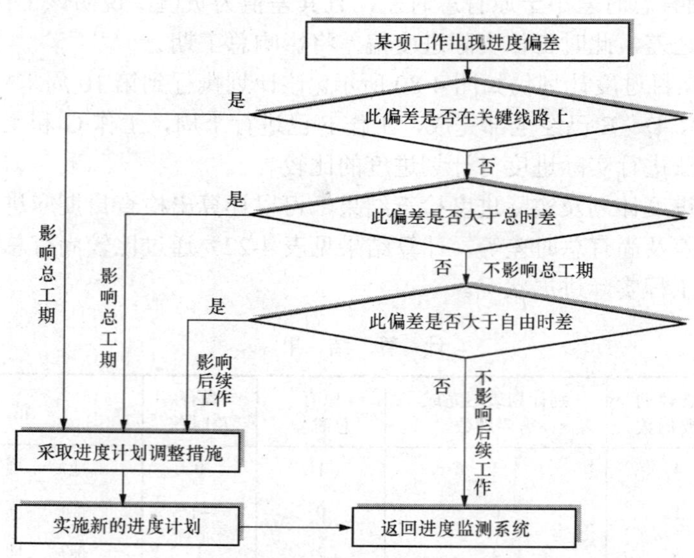

图 4-81 进度偏差对后续工作及总工期的影响分析过程图

二、进度计划的调整方法

当实际进度偏差影响到后续工作或总工期而需要调整进度计划时，其调整方法主要有两种。

（一）改变某些工作时间的逻辑关系

当工程项目实施中产生的进度偏差影响到总工期，且有关工作的逻辑关系允许改变时，可以改变关键线路和超过计划工期的非关键线路上的有关工作之间的逻辑关系，达到缩短工期的目的。例如，将顺序进行的工作改为平行作业、搭接作业以及分段组织流水作业等，都可以有效的缩短工期。

【例 4-23】 某工程项目基础工程包括挖基槽、做垫层、砌基础、回填土 4 个施工过程，各施工过程的持续时间分别为 21 天、15 天、18 天和 9 天，如果采取顺序作业方式进行施工，则其总工期为 63 天。为缩短该基础工程总工期，如果在工作面及资源供应允许的条件下，将基础工程划分为工程量大致相等的 3 个施工段组织流水作业，试绘制该基础工程流水作业网络计划，并确定其计算工期。

解 该基础工程流水作业网络计划如图 4-82 所示。通过组织流水作业，使得该基础工程的计算工期由 63 天缩短为 35 天。

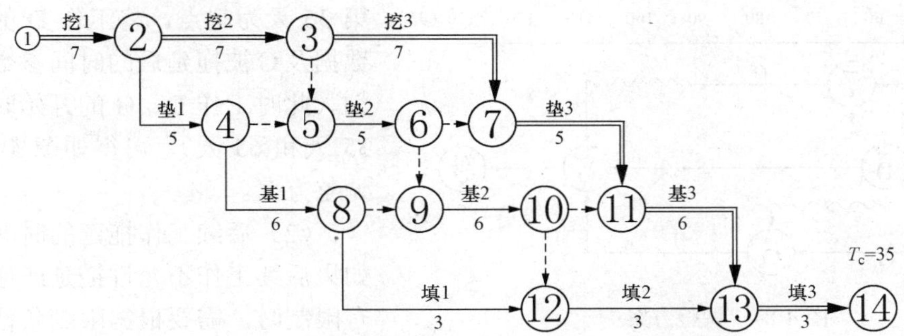

图 4-82 某基础工程流水施工网络计划

（二）缩短某些工作的持续时间

这种方法是不改变工程项目中各项工作之间的逻辑关系，而通过采取增加资源投入、提高劳动效率等措施来缩短某些工作的持续时间，使工程进度加快，以保证按计划工期完成该工程项目。这些被压缩持续时间的工作是位于关键线路和超过计划工期的非关键线路上的工作。同时，这些工作又是其持续时间可被压缩的工作。这种调整方法通常可以在网络图上直接进行。其调整方法视限制条件及对其后续工作的影响程度的不同而有所区别，一般可分为以下三种情况。

1. 计划中某项工作进度拖延的时间已超过其自由时差但未超过其总时差

如前所述，此时该工作的实际进度不会影响总工期，而只对其后续工作产生影响。因此，在进行调整前。需要确定其后续工作允许拖延的时间限制，并以此作为进度调整的限制条件。该限制条件的确定常常较复杂，尤其是当后续工作由多个平行的承包单位负责实施时更是如此。后续工作如不能按原计划进行，在时间上产生的任何变化都可能使合同不能正常履行，而导致蒙受损失的一方提出索赔。因此，寻求合理的调整方案，把进度拖延对后续工作的影响减少到最低程度。

【例 4-24】 某工程项目双代号时标网络计划如图 4-83 所示。该计划到第 35 天下班时刻检查时，其实际进度如图中前锋线所示。试分析目前实际进度对后续工作和总工期

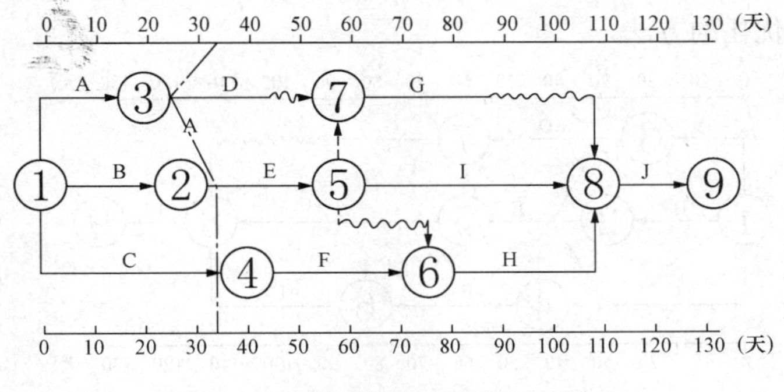

图 4-83 某工程项目时标网络计划

的影响，并提出相应的进度调整措施。

解 从图中可以看出，目前只有工作 D 的开始时间拖后 15 天，而影响其后续工作 G 的最早开始时间，其他工作的实际进度均正常。由于工作 G 的总时差为 20 天，故此时工作 D 的实际进度不影响总工期。

该进度计划是否需要调整，取决于工作 D 和 G 的限制条件。

（1）后续工作拖延的时间无限制。如果后续工作拖延的时间完全被允许时，可将拖延后的时间参数带入原计划，并化简网络图（即去掉已执行部分，以进度检查日期为起点，将实际数据带入，绘制出未实施部分的进度计划），即可得调整方案。例如在本例中，以检查时刻第 35 天为起点，将工作 D 的实际进度数据及 G 被拖延后的时间参数带入原计划（此时工作 D、G 的开始时间分别为 35 天和 65 天），可得如图 4-84 所示的调整方案。

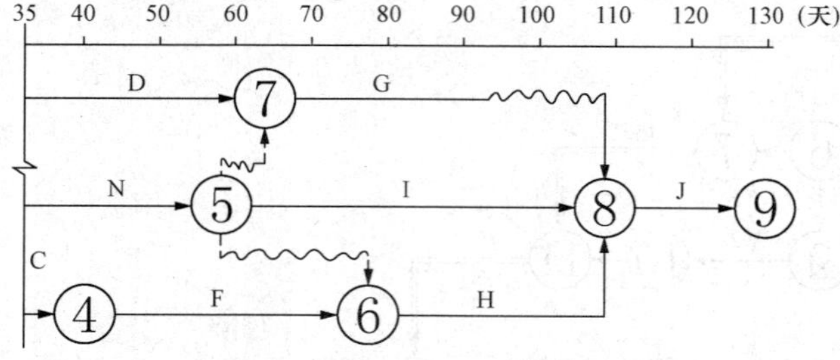

图 4-84 调整方案

（2）后续工作拖延的时间有限制。如果后续工作不允许拖延或拖延的时间有限制时，需要根据限制条件对网络计划进行调整，寻求最优方案。例如在本例中，如果工作 G 的开始时间不允许超过第 60 天，则只能将其紧前工作 D 的持续时间压缩为 25 天，调整后的网络计划如图 4-85 所示。如果在工作 D、G 之间还有多项工作，则可以利用工期优化的原理定应压缩的工作，得到满足 G 工作限制条件的最优调整方案。

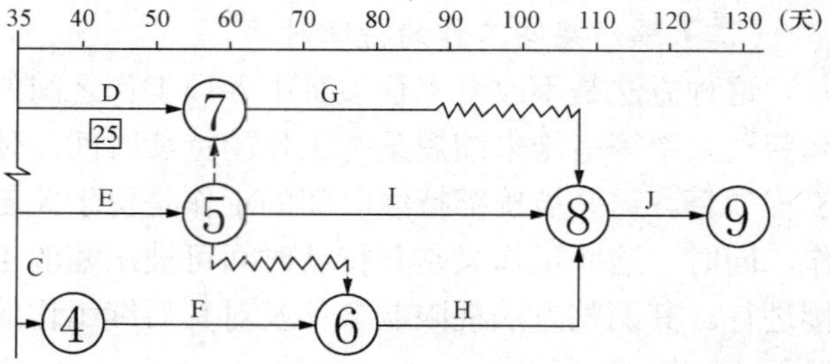

图 4-85 调整后的网络计划图

2. 网络计划中某项工作进度拖延的时间超过其总时差

如果网络计划中某项工作进度拖延时间超过其总时差，则无论该工作是否为关键工作，其实际进度都将对后续工作和总工期产生影响。此时，进度计划的调整方法又可分为以下三种情况。

（1）项目总工期不允许拖延。如果工程项目必须按照原计划工期完成，则只能采取缩短关键线路上后续工作持续时间的方法来达到调整计划的目的。这种方法实质上就是前述工期优化的方法。

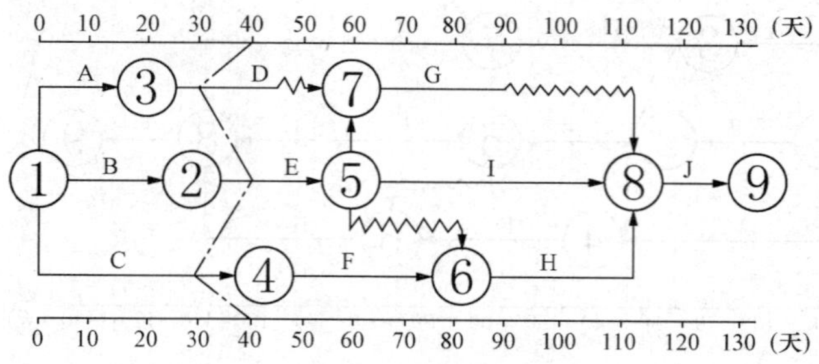

图 4-86 某工程实际进度前锋线

【例 4-25】 以图 4-86 所示网络计划为例，如果在计划执行到第 40 天下班时刻检查时，其实际进度如图 4-86 中的前锋线所示，试分析目前实际进度对后续工作和总工期的影响，并提出相应的进度调整措施。

解 从图中看出：

1）工作 D 实际进度拖后 10 天，

但不影响其后续工作，也不影响总工期。

2）工作E实际进度正常，既不影响后续工作，也不影响总工期。

3）工作C实际进度拖后10天，由于其为关键工作，故其实际进度将使总工期延长10天，并使其后续工作F、H和J的开始时间推迟10天。

如果该工程项目总工期不允许拖延，则为了保证其按原计划工期130天完成，必须采用工期优化的方法，缩短关键线路上后续工作的持续时间。现假设工作C的后续工作F、H和J均可以压缩10天，通过比较，压缩工作H的持续时间所需付出的代价最小，故将工作H的持续时间由30天缩短为20天。调整后的网络计划如图4-87所示。

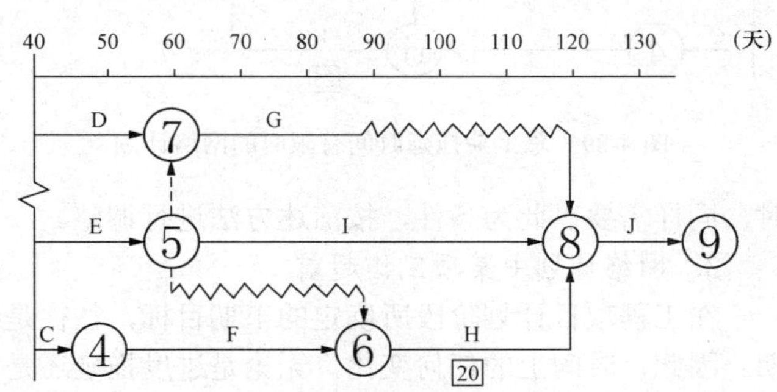

图4-87 调整后工期不拖延的网络计划

（2）项目总工期允许拖延。如果项目总工期允许拖延，则此时只需以实际数据取代原计划数据，并重新绘制实际进度检查日期之后的简化网络计划即可。

【例4-26】 以图4-86所示前锋线为例，如果项目总工期允许拖延，此时只需以检查日期第40天为起点，用其后各项工作尚需作业时间取代相应的原计划数据，绘制出网络计划如图4-88所示。方案调整后，项目总工期为140天。

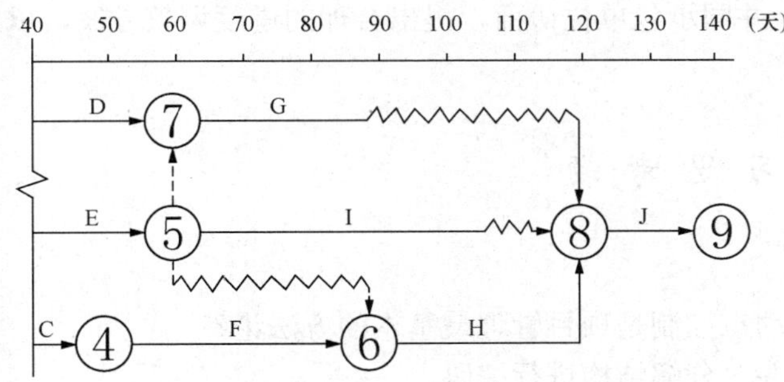

图4-88 调整后拖延工期的网络计划

（3）项目总工期允许拖延的时间有限。如果项目总工期允许拖延，但允许拖延的时间有限。则当实际进度拖延的时间超过此限制时，也需要对网络计划进行调整，以便满足要求。

具体的调整方案是以总工期的限制时间作为规定工期，对检查日期之后尚未实施的网络计划进行工期优化，即通过缩短关键线路上后续工作持续时间的方法来使总工期满足规定工期的要求。

【例4-27】 以图4-86所示前锋线为例，如果项目总工期只允许拖延至135天，则可按以下步骤进行调整：

（1）绘制简化的网络计划，如图4-88所示。

（2）确定需要压缩的时间。从图4-88中可以看出，在第40天检查实际进度时发现总工期将延长10天，该项目至少需要140天才能完成。而总工期只允许延长至135天，故需将总工期压缩5天。

（3）对网络计划进行工期优化。从图4-88中可以看出，此时关键线路上的工作为C、F、H和J。现假设通过比较，压缩关键工作H的持续时间所需付出的代价最小，故将其持续时间由原来的30天压缩为25天，调整后的网络计划如图4-89所示。

以上三种情况均是以总工期为限制条件调整进度计划的。值得注意的是，当某项工作实

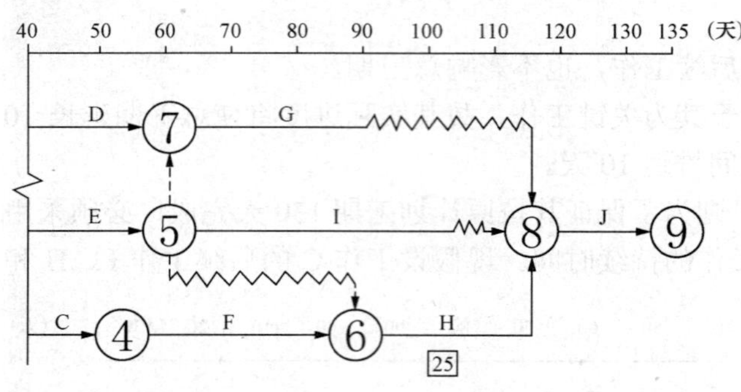

图 4-89 总工期拖延时间有限时的网络计划

际进度拖延的时间超过其总时差而需要对进度计划进行调整时，除需考虑总工期的限制条件外，还应考虑网络计划中后续工作的限制条件，特别是对总进度计划的控制更应注意这一点。因为在这类网络计划中，后续工作也许就是一些独立的合同段。时间上的任何变化，都会带来协调上的麻烦或者引起索赔。因此，当网络计划中某些后续工作对时间的拖延有限制时，同样需要以此为条件，按前述方法进行调整。

3. 网络计划中某项工作超前

在工程项目计划阶段所确定的工期目标，往往是综合考虑了各方面因素而确定的合理工期。因此，时间上的任何变化，无论是进度拖延还是超前，都可能造成其他目标的失控。例如，在一个工程项目施工总进度计划中，由于某项工作的进度超前，致使资源的需求发生变化，而打乱了原计划对人、材、物等资源的合理安排，亦将影响资金计划的使用和安排；特别是当多个平行的承包单位进行施工时，由此引起后续工作时间安排的变化，势必给协调工作带来许多麻烦。因此，如果工程项目实施过程中出现进度超前的情况，进度控制人员必须综合分析进度超前对后续工作产生影响，并同承包单位协商，提出合理的进度调整方案，以确保工期总目标的顺利实现。

复习思考题

一、思考题

1. 什么是动态控制原理？为什么说动态控制是项目管理最基本的方法论？
2. 举例说明工程项目的结构分解，并对分解结构进行编码。
3. 什么是流水施工？与依次施工、平行施工相比有何特点？
4. 简述流水施工主要参数的种类。
5. 什么是施工段？划分施工段有哪些原则？
6. 什么是流水节拍？其数值如何确定？
7. 什么是流水步距？确定其数值应遵循哪些原则？
8. 流水施工的基本组织方式有哪些？各自有何特点？
9. 如何组织等节拍专业流水、异节拍专业流水、无节奏专业流水？
10. 如何确定一般异节拍专业流水的流水步距？试推导其计算公式。
11. 简述网络图的绘制规则与要求。
12. 什么是关键工作和关键线路？
13. 简述网络图时间参数的种类。
14. 什么是总时差？总时差对项目工期有何影响？
15. 什么是自由时差？自由时差在现场进度管理中有何作用？

16．网络计划的优化包括哪几个方面？试述其步骤。

17．简述单位工程施工组织设计的编制内容。

18．简述单位工程施工应遵循的顺序。

19．简述项目进度计划的编制依据和步骤。

20．简述项目进度计划监测与调整的系统过程。

21．工程项目实际进度与计划进度的比较方法有哪些？各有何特点？

22．利用 S 形曲线比较法可以获得哪些信息？

23．香蕉形曲线是怎样形成的？其作用有哪些？

24．实际进度前锋线如何绘制？

25．如何分析进度偏差对后续工作及总工期的影响？

26．进度计划的调整方法有哪些？如何进行调整？

二、习题

1．某工程由 A、B、C 三个分项工程组成，在平面上划分为 4 个施工段。每个分项工程在各个施工段上的流水节拍均为 3 天。施工过程 B 完成后，其相应施工段至少应有技术间歇时间 2 天。试编制流水施工方案。

2．某工程包括 4 项施工过程，各施工过程按最合理的流水施工组织确定的流水节拍为：

（1）$t_1=t_2=t_3=t_4=2$ 天，并有 $Z_{2,3}=1$ 天，$C_{3,4}=1$ 天；

（2）$t_1=4$ 天，$t_2=2$ 天，$t_3=4$ 天，$t_4=2$ 天，并有 $Z_{2,3}=2$ 天。

试分别组织流水施工，绘制施工进度表。

3．某基础工程分三段流水施工，其施工过程及节拍为：挖槽 2d，打灰土垫层 1d，砌砖基础 3d，地圈梁施工 2d，基槽回填 2d，试绘制双代号网络图。

4．某工程项目由 3 个分项工程组成，划分为 6 个施工段。各分项工程在各个施工段上的持续时间依次为 6 天、2 天和 4 天。试编制成倍节拍流水施工方案。

5．试组织某两层框架结构工程的流水施工，并绘制施工进度表。该工程平面尺寸为 17.4m×144.14m，沿长度方向每隔 48m 留设伸缩缝一道（缝宽 70mm），已确定的流水节拍分别为 $t_{模}=4$ 天，$t_{筋}=2$ 天，$t_{混凝土}=2$ 天。第一层混凝土浇筑后要求养护 2 天，才允许在其上支设模板。

6．某工程包括 4 项施工过程，根据工程具体情况，可分为 4 个施工段组织流水施工，每一施工过程在各施工段上的作业时间见表 4-23。若施工过程Ⅰ、Ⅱ之间需 1 天技术间歇时间，施工过程Ⅲ、Ⅳ之间允许搭接施工 2 天，试组织流水施工，绘制出施工进度表。

表 4-23

施工过程 \ 施工段	①	②	③	④
Ⅰ	3	4	3	5
Ⅱ	2	2	4	2
Ⅲ	3	4	2	4
Ⅳ	4	2	2	3

7．根据表 4-24 和表 4-25 中的逻辑关系，绘制双代号网络图。

表 4-24

工作名称	A	B	C	D	E	F
紧前工作	—	—	A、B	—	C、D	B、E

表 4-25

工作名称	A	B	C	D	E	F	G	H
紧后工作	C、D、E	E	F	F	G、H	—	—	—

8．用图上计算法计算图 4-90 的六个时间参数，并求出工期，找出关键线路。

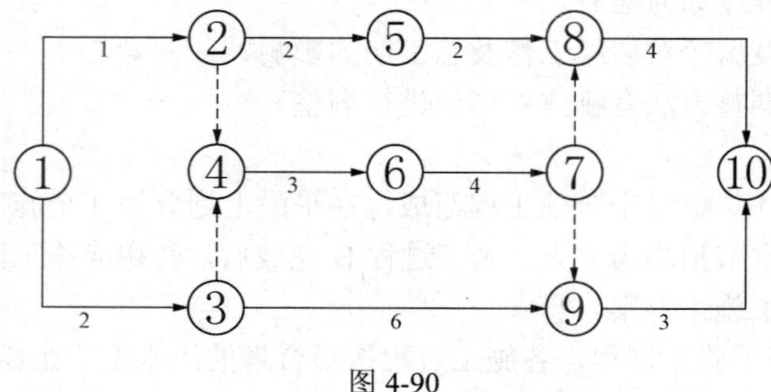

图 4-90

9．根据表 4-26 给出的条件，绘制双代号网络图，并计算其各工作的时间参数，求出工期，找出关键线路。

表 4-26

工作代号	延续时间	紧后工作	工作代号	延续时间	紧后工作
A	9	无	E	6	H
B	4	D、E	G	4	无
C	2	E	H	5	无
D	5	G、H			

10．将第 9 题改绘成单代号网络图，并计算各工作的时间参数，求出工期，找出关键线路。

11．计算如图 4-91 所示单代号网图的六个时间参数。

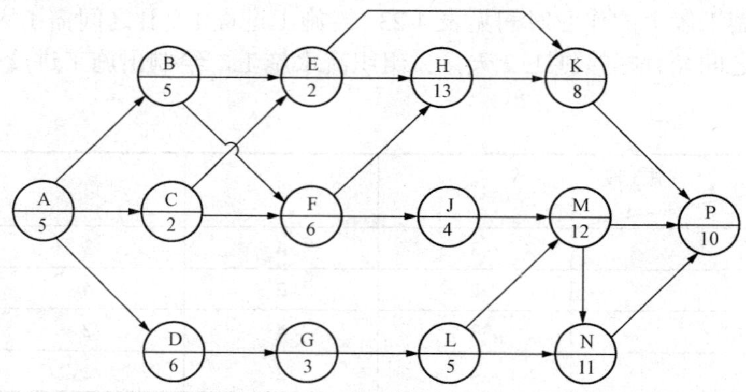

图 4-91

5 工程项目费用管理

本章提要

本章主要内容包括工程项目费用及费用管理的概念、工程项目费用控制的原则、建筑安装工程费的构成及计价程序、工程项目决策、设计及施工阶段的费用控制、工程量清单、费用索赔及现场签证等。学习时应重点掌握基本概念及原理，熟悉工程项目费用的构成与计算方法，熟悉工程项目不同阶段费用控制的特点及方法；本章难点为挣值法和索赔费用的计算。

5.1 工程项目费用

5.1.1 基本概念

1. 工程项目费用

工程项目费用即工程项目的建造费用，是工程项目建设过程中各种消耗的货币表现，也称工程项目投资、工程造价、工程项目成本等。从不同的角度出发，工程项目费用有两种含义。

第一种含义，从投资者、业主的角度而言，工程项目费用是指进行某项工程建设，预期或实际花费的全部建设投资。投资者为了获得投资项目的预期效益，进行项目策划、决策及实施，直至竣工验收、交付使用的一系列投资活动所花费的全部费用即工程项目费用。

从上述意义上讲，工程项目费用的第一种含义，就是指建设项目总投资，也称投资费用或称投资额，包括设备及工具器具购置费、建筑安装工程费、工程建设其他费用等全部建设投资。

第二种含义，从市场交易的角度而言，工程费用是指为完成某项工程的建设，预计或实际在工程承发包市场等交易活动中所形成的工程价格，或称合同价、承包价。

通常，人们将工程费用的第二种含义理解为建筑安装工程费用。这是因为，第一，建筑安装工程费用是在建筑市场通过招投标，有需求主体（投资者）和供给主体（承包商）共同认可的价格；第二，建筑安装工程费用在项目建设总投资中占有 50%～60%以上的份额，是建设项目投资的主体；第三，建筑安装施工企业是工程建设的实施者，并具有重要的市场主体地位。因此，将建筑安装工程费用界定为工程项目费用的第二种含义，具有重要的现实意义。但同时需要注意的是，这种对工程项目费用定义是一种狭义的理解。

理解工程费用的两种含义是从两个不同的角度把握同一事物的本质。对建设工程投资者来说，市场经济条件下的工程费用就是项目投资，是"购买"项目需要支付的价格；对承包商、供应商和规划、设计等机构而言，工程费用是他们作为建筑市场的供给主体出售商品和劳务的价格的总和，或者是特指范围的工程费用，如建筑安装工程费用。

此外，工程项目费用对投资者、业主而言一般称为投资，而对承包商则通常称为成本。

2. 工程项目费用管理

工程项目费用管理是指在工程建设的各个阶段，对工程项目费用进行预测、计划、执行、检查、协调、控制等的总称。工程项目费用管理在整个工程项目管理中占有重要地位，对工程项目投资效益有重要影响。

工程项目费用管理包括项目成本和项目价值两方面的管理，是为保障以最小项目成本实现最大项目价值而进行的一系列项目专项管理工作。

以项目施工阶段的施工成本管理为例，我国通常把施工项目成本管理划分为相互联系的六个环节，即成本预测、成本计划、成本控制、成本核算、成本分析和成本考核。在欧美国家，施工项目成本管理的基本步骤包括成本估算、成本预算、成本计划、成本控制、数据分析及归类。可以看出，无论我国还是欧美国家都强调了成本预测与计划的重要性，即通过科学的预测（估算）来制订项目成本计划，确定成本管理目标。

5.1.2 工程项目费用控制原则

1. 分阶段设置明确的费用控制目标

由于工程项目周期长、涉及因素多、投资大，项目管理者不可能在项目的开始时就确定一个具体明确且一成不变的费用控制目标，而只能设置一个大致的目标，即投资估算。然后随着项目的发展，该控制目标一步步清晰、明确，从而形成设计概算、施工图预算以及承包合同价等。具体来说，投资估算应是设计方案选择和进行初步设计的项目费用目标；设计概算应是进行技术设计和施工图设计的项目费用控制目标；施工图预算或建筑安装工程承包合同价则是施工阶段控制建筑安装工程费用控制的目标。有机联系的各个阶段目标相互制约，相互补充，前者控制后者，后者补充前者，共同组成建设工程费用控制目标系统。

2. 以设计阶段为费用控制重点

项目费用控制贯穿于项目建设全过程，但不同建设阶段的工作对项目费用的影响不同。在项目决策之后，初步设计影响项目总投资的可能性为 75%～95%；技术设计影响项目总投资的可能性为 35%～75%；施工图设计影响项目总投资的可能性则为 5%～35%。很显然，项目费用控制的关键在于施工以前的投资决策阶段和设计阶段，而在项目做出投资决策后，费用控制的关键就在设计阶段。

3. 主动控制

费用控制应立足于事先主动采取措施，尽可能减少或避免目标值与实际值的偏离。而当出现偏离再采取措施时，由于偏离或纠正偏离而造成的损失已无法弥补，这种被动控制对减少损失或避免出现更大的损失虽然也有实际意义，但费用控制更应采取积极主动的控制方法。最好的主动控制就是在费用预测的基础上，事先编制合理、可行的费用控制计划，并在计划执行中定期检查实际情况与计划的吻合情况，尽可能控制费用偏差的出现。

4. 技术与经济相结合

工程项目的建设从最初的决策开始，经过策划、设计、施工，直至竣工投产交付使用的全过程中，需要采用各种各样的技术与方法，这些技术与方法对建设方案的选择具有重要影响，而同一项目的不同建设方案将导致项目投资、项目建设进程、项目成果与后期使用效果的差异，这些差异都可以反映到对项目经济性的影响。因此，在工程项目的建设中，应尽可能的将技术与经济相结合，通过技术比较、经济分析和效果评价等，正确处理技术先进与经济合理的对立统一关系，力求实现在技术先进条件下的经济合理，以及在经济合理基础上的技术先进，把费用控制渗透到决策、设计和施工等的各个环节中。

5. 费用控制要与质量控制和进度控制同时进行

费用控制不是单一目标的控制，不能简单地把费用控制理解为将工程项目实际发生的费用控制在计划投资范围内，而应认识到，费用控制是与质量控制和进度控制同时进行的，在实施费用控制的同时要兼顾质量目标和进度目标。在确定费用目标时，不仅应使项目总投资目标满足业主的要求，还应使进度目标和质量目标也能满足业主的需求；在进行费用控制的过程中，应协调好与质量和进度的关系。当采用限额设计进行费用控制时，要力争使实际的项目设计投资限定在投资额度内，同时又要保障项目的功能、使用要求和质量标准。

5.1.3 建筑安装工程项目费用构成

根据建标［2003］206 号关于印发《建筑安装工程费用项目组成》的通知的规定，建筑安装工程费用由直接费、间接费、利润和税金组成，见表 5-1。

一、直接费

由直接工程费和措施费组成。

（一）直接工程费

直接工程费指施工过程中耗费的构成工程实体的各项费用，包括人工费、材料费、施工机械使用费。

（1）人工费：是指直接从事建筑安装工程施工的生产工人开支的各项费用，包括以下内容：

1）基本工资：是指发放给生产工人的基本工资。

2）工资性补贴：是指按规定标准发放的物价补贴，煤、燃气补贴，交通补贴，住房补贴，流动施工津贴等。

3）生产工人辅助工资：是指生产工人年有效施工天数以外非作业天数的工资，包括职工学习、培训期间的工资，调动工作、探亲、休假期间的工资，因气候影响的停工工资，女工哺乳时间的工资，病假在六个月以内的工资及产、婚、丧假期的工资。

4）职工福利费：是指按规定标准计提的职工福利费。

5）生产工人劳动保护费：是指按规定标准发放的劳动保护用品的购置费及修理费，徒工服装补贴，防暑降温费，在有碍身体健康环境中施工的保健费用等。

表 5-1　建筑安装工程费用项目组成表

<table>
<tr><td rowspan="6">建筑安装工程费用</td><td rowspan="2">直接费</td><td>直接工程费</td><td>1. 人工费；2. 材料费；3. 施工机械使用费</td></tr>
<tr><td>措施费</td><td>1. 环境保护；2. 文明施工；3. 安全施工；4. 临时设施；5. 夜间施工；6. 二次搬运；7. 大型机械设备进出场及安拆；8. 混凝土；钢筋混凝土模板及支架；9. 脚手架；10. 已完工程及设备保护；11. 施工排水、降水</td></tr>
<tr><td rowspan="2">间接费</td><td>规费</td><td>1. 工程排污费；2. 工程定额测定费；3. 社会保障费：①养老保险费、②失业保险费、③医疗保险费；4. 住房公积金；5. 危险作业意外伤害保险</td></tr>
<tr><td>企业管理费</td><td>1. 管理人员工资；2. 办公费；3. 差旅交通费；4. 固定资产使用费；5. 工具用具使用费；6. 劳动保险费；7.工会经费；8.职工教育经费；9. 财产保险费；10. 财务费；11. 税金；12. 其他</td></tr>
<tr><td>利润</td><td></td><td></td></tr>
<tr><td>税金</td><td></td><td></td></tr>
</table>

（2）材料费：是指施工过程中耗费的构成工程实体的原材料、辅助材料、构配件、零件、半成品的费用。包括以下内容。

1）材料原价（或供应价格）。

2）材料运杂费：是指材料自来源地运至工地仓库或指定堆放地点所发生的全部费用。

3）运输损耗费：是指材料在运输装卸过程中不可避免的损耗。

4）采购及保管费：是指为组织采购、供应和保管材料过程中所需要的各项费用。包括：采购费、仓储费、工地保管费、仓储损耗。

5）检验试验费：是指对建筑材料、构件和建筑安装物进行一般鉴定、检查所发生的费用，包括自设试验室进行试验所耗用的材料和化学药品等费用。不包括新结构、新材料的试验费和建设单位对具有出厂合格证明的材料进行检验，对构件做破坏性试验及其他特殊要求检验试验的费用。

（3）施工机械使用费：是指施工机械作业所发生的机械使用费以及机械安拆费和场外运费。施工机械台班单价应由下列七项费用组成。

1）折旧费：指施工机械在规定的使用年限内，陆续收回其原值及购置资金的时间价值。

2）大修理费：指施工机械按规定的大修理间隔台班进行必要的大修理，以恢复其正常功能所需的费用。

3）经常修理费：指施工机械除大修理以外的各级保养和临时故障排除所需的费用。包括为保障机械正常运转所需替换设备与随机配备工具附具的摊销和维护费用，机械运转中日常保养所需润滑与擦拭的材料费用及机械停滞期间的维护和保养费用等。

4）安拆费及场外运费：安拆费指施工机械在现场进行安装与拆卸所需的人工、材料、机械和试运转费用以及机械辅助设施的折旧、搭设、拆除等费用；场外运费指施工机械整体或分体自停放地点运至施工现场或由一施工地点运至另一施工地点的运输、装卸、辅助材料及架线等费用。

5）人工费：指机上司机（司炉）和其他操作人员的工作日人工费及上述人员在施工机械规定的年工作台班以外的人工费。

6）燃料动力费：指施工机械在运转作业中所消耗的固体燃料（煤、木柴）、液体燃料（汽油、柴油）及水、电等。

7）养路费及车船使用税：指施工机械按照国家规定和有关部门规定应缴纳的养路费、车船使用税、保险费及年检费等。

（二）措施费

措施费是指为完成工程项目施工，发生于该工程施工前和施工过程中非工程实体项目的费用，一般包括下列项目。

（1）环境保护费：是指施工现场为达到环保部门要求所需要的各项费用。

（2）文明施工费：是指施工现场文明施工所需要的各项费用。

（3）安全施工费：是指施工现场安全施工所需要的各项费用。

（4）临时设施费：是指施工企业为进行建筑工程施工所必须搭设的生活和生产用的临时建筑物、构筑物和其他临时设施费用等。

临时设施包括：临时宿舍、文化福利及公用事业房屋与构筑物，仓库、办公室、加工厂以及规定范围内道路、水、电、管线等临时设施和小型临时设施。临时设施费用包括：临时设施的搭设、维修、拆除费或摊销费。

（5）夜间施工费：是指因夜间施工所发生的夜班补助费、夜间施工降效、夜间施工照明设备摊销及照明用电等费用。

（6）二次搬运费：是指因施工场地狭小等特殊情况而发生的二次搬运费用。

（7）大型机械设备进出场及安拆费：是指机械整体或分体自停放场地运至施工现场或由一个施工地点运至另一个施工地点，所发生的机械进出场运输及转移费用及机械在施工现场进行安装、拆卸所需的人工费、材料费、机械费、试运转费和安装所需的辅助设施的费用。

（8）混凝土、钢筋混凝土模板及支架费：是指混凝土施工过程中需要的各种钢模板、木模板、支架等的支、拆、运输费用及模板、支架的摊销（或租赁）费用。

（9）脚手架费：是指施工需要的各种脚手架搭、拆、运输费用及脚手架的摊销（或租赁）费用。

（10）已完工程及设备保护费：是指竣工验收前，对已完工程及设备进行保护所需费用。

（11）施工排水、降水费：是指为确保工程在正常条件下施工，采取各种排水、降水措施所发生的各种费用。

特别注意：GB 50500—2008《建筑工程量清单计价规范》将措施项目分为通用措施项目和专业工程的措施项目。其中，通用措施项目包括九项：①安全文明施工（含环境保护、文明施工、安全施工、临时设施）；②夜间施工；③二次搬运；④已完工程及设备保护；⑤冬雨季施工；⑥大型机械设备进出场及安拆；⑦施工排水；⑧施工降水；⑨地上、地下设施，建筑物的临时保护设施。专业工程的措施项目包括三项：①混凝土、钢筋混凝土模板及支架；②脚手架；③垂直运输机械。专业工程的措施项目根据工程是实际情况列项，若出现上述三项以外的措施项目，可以补充。

二、间接费

由规费、企业管理费组成。

（一）规费：是指政府和有关权力部门规定必须缴纳的费用，简称规费。包括以下内容。

（1）工程排污费：是指施工现场按规定缴纳的工程排污费。

（2）工程定额测定费：是指按规定支付工程造价（定额）管理部门的定额测定费。

（3）社会保障费。

1）养老保险费：是指企业按规定标准为职工缴纳的基本养老保险费。

2）失业保险费：是指企业按照国家规定标准为职工缴纳的失业保险费。

3）医疗保险费：是指企业按照规定标准为职工缴纳的基本医疗保险费。

（4）住房公积金：是指企业按规定标准为职工缴纳的住房公积金。

（5）危险作业意外伤害保险：是指按照建筑法规定，企业为从事危险作业的建筑安装施工人员支付的意外伤害保险费。

（二）企业管理费：是指建筑安装企业组织施工生产和经营管理所需费用。包括以下内容。

（1）管理人员工资:是指管理人员的基本工资、工资性补贴、职工福利费、劳动保护费等。

（2）办公费：是指企业管理办公用的文具、纸张、账表、印刷、邮电、书报、会议、水电、烧水和集体取暖（包括现场临时宿舍取暖）用煤等费用。

（3）差旅交通费：是指职工因公出差、调动工作的差旅费、住勤补助费，市内交通费和误餐补助费，职工探亲路费，劳动力招募费，职工离退休、退职一次性路费，工伤人员就医路费，工地转移费以及管理部门使用的交通工具的油料、燃料、养路费及牌照费。

（4）固定资产使用费：是指管理和试验部门及附属生产单位使用的属于固定资产的房屋、设备仪器等的折旧、大修、维修或租赁费。

（5）工具用具使用费：是指管理使用的不属于固定资产的生产工具、器具、家具、交通工具和检验、试验、测绘、消防用具等的购置、维修和摊销费。

（6）劳动保险费：是指由企业支付离退休职工的易地安家补助费、职工退职金、六个月以上的病假人员工资、职工死亡丧葬补助费、抚恤费、按规定支付给离休干部的各项经费。

（7）工会经费：是指企业按职工工资总额计提的工会经费。

（8）职工教育经费：是指企业为职工学习先进技术和提高文化水平，按职工工资总额计提的费用。

（9）财产保险费：是指施工管理用财产、车辆保险。

（10）财务费：是指企业为筹集资金而发生的各种费用。

（11）税金：是指企业按规定缴纳的房产税、车船使用税、土地使用税、印花税等。

（12）其他：包括技术转让费、技术开发费、业务招待费、绿化费、广告费、公证费、法律顾问费、审计费、咨询费等。

三、利润

是指施工企业完成所承包工程获得的盈利。利润是根据拟建单位工程类别确定的，即按其建筑性质、规模大小、施工难易程度等因素实施差别利率。建筑业企业可依据本企业经营管理水平和建筑市场供求情况，自行确定本企业的利润水平。

四、税金

是指国家税法规定的应计入建筑安装工程造价内的营业税（其税率为含税工程造价的3%）、城市维护建设税（根据工程地点的不同，其税率分别为营业税的7%、5%、1%）及教育费附加（其税率为营业税的 3%）等。国家为了集中必要的资金，保证重点建设，加强基本建设管理，控制固定资产投资规模，对各施工企业承包工程的收入征收营业税，以及对承建工程单位征收的城市建设维护税和教育附加费。该费用由施工企业代收，与税务部门进行结算。

5.1.4 建筑安装工程计价程序

根据建设部第 107 号部令《建筑工程施工发包与承包计价管理办法》的规定，发包与承包价的计算方法分为工料单价法和综合单价法。

一、工料单价法计价程序

工料单价法是以分部分项工程量乘以单价后的合计为直接工程费，直接工程费以人工、材料、机械的消耗量及其相应价格确定。直接工程费汇总后另加间接费、利润、税金生成工程发承包价，其计算程序分为三种，分别见表 5-2～表 5-4。

表 5-2 以直接费为计算基础

序　号	费　用　项　目	计　算　方　法	备　　注
1	直接工程费	按预算表	
2	措施费	按规定标准计算	

续表

序 号	费 用 项 目	计 算 方 法	备 注
3	小计	（1）+（2）	
4	间接费	（3）×相应费率	
5	利润	[（3）+（4）]×相应利润率	
6	合计	（3）+（4）+（5）	
7	含税造价	（6）×（1+相应税率）	

表 5-3 以人工费和机械费为计算基础

序 号	费 用 项 目	计 算 方 法	备 注
1	直接工程费	按预算表	
2	其中人工费和机械费	按预算表	
3	措施费	按规定标准计算	
4	其中人工费和机械费	按规定标准计算	
5	小计	（1）+（3）	
6	人工费和机械费小计	（2）+（4）	
7	间接费	（6）×相应费率	
8	利润	（6）×相应利润率	
9	合计	（5）+（7）+（8）	
10	含税造价	（9）×（1+相应税率）	

表 5-4 以人工费为计算基础

序 号	费 用 项 目	计 算 方 法	备 注
1	直接工程费	按预算表	
2	直接工程费中人工费	按预算表	
3	措施费	按规定标准计算	
4	措施费中人工费	按规定标准计算	
5	小计	（1）+（3）	
6	人工费小计	（2）+（4）	
7	间接费	（6）×相应费率	
8	利润	（6）×相应利润率	
9	合计	（5）+（7）+（8）	
10	含税造价	（9）×（1+相应税率）	

二、综合单价法计价程序

综合单价法是分部分项工程单价为全费用单价，全费用单价经综合计算后生成，其内容包括直接工程费、间接费、利润和税金（措施费也可按此方法生成全费用价格）。

各分项工程量乘以综合单价的合价汇总后，生成工程发承包价。

由于各分部分项工程中的人工、材料、机械含量的比例不同，各分项工程可根据其材料费占人工费、材料费、机械费合计的比例（以字母“C”代表该项比值）在以下三种计算程序中选择一种计算其综合单价。

（1）当 $C>C_0$（C_0 为本地区原费用定额测算所选典型工程材料费占人工费、材料费和机械费合计的比例）时，可采用以人工费、材料费、机械费合计为基数计算该分项的间接费和利润。见表 5-5。

表 5-5 以直接费为计算基础

序号	费用项目	计算方法	备注
1	分项直接工程费	人工费+材料费+机械费	
2	间接费	（1）×相应费率	
3	利润	[（1）+（2）]×相应利润率	
4	合计	（1）+（2）+（3）	
5	含税造价	（4）×（1+相应税率）	

（2）当 $C<C_0$ 值的下限时，可采用以人工费和机械费合计为基数计算该分项的间接费和利润。见表 5-6。

表 5-6 以人工费和机械费为计算基础

序号	费用项目	计算方法	备注
1	分项直接工程费	人工费+材料费+机械费	
2	其中人工费和机械费	人工费+机械费	
3	间接费	（2）×相应费率	
4	利润	（2）×相应利润率	
5	合计	（1）+（3）+（4）	
6	含税造价	（5）×（1+相应税率）	

（3）如该分项的直接费仅为人工费，无材料费和机械费时，可采用以人工费为基数计算该分项的间接费和利润。见表 5-7。

表 5-7 以人工费为计算基础

序号	费用项目	计算方法	备注
1	分项直接工程费	人工费+材料费+机械费	
2	直接工程费中人工费	人工费	
3	间接费	（2）×相应费率	
4	利润	（2）×相应利润率	
5	合计	（1）+（3）+（4）	
6	含税造价	（5）×（1+相应税率）	

5.2 工程项目决策和设计阶段费用控制

5.2.1 决策和设计阶段费用控制的意义

项目投资决策是选择和决定投资行动方案的过程，是对拟建项目的必要性和可行性进行技术经济论证，对不同建设方案进行技术经济比较及做出判断和决定的过程。正确的项目投资行动来源于正确的项目投资决策。项目决策正确与否，直接关系到项目建设的成败，关系到工程造价的高低及投资效果的好坏。正确决策是合理确定与控制工程造价的前提。项目决策阶段确定出决策结果，是对投资活动的成果目标（使用功能）、基本实施方案和主要投入要素作出总体策划。这个阶段的产出对总投资影响，一般工业建设项目的经验数据 60%～70%，估计产出对项目使用功能的影响在 70%～80%。这表明项目决策阶段对项目投资和使用功能具有决定性的影响。

工程设计是指在工程开始施工之前，设计者根据已批准的设计任务书，为具体实现拟建项目的技术和经济要求，拟订建筑、安装及设备制造等所需的规划、图纸、数据等技术文件的工作。设计是建设项目由计划变为现实具有决定意义的工作阶段。设计文件是建筑安装施工的依据。拟建工程在建设过程中能否保证质量、进度和节约投资，在很大程度上取决于设计质量的优劣。工程建成后，能否获得满意的经济效果，除了项目决策之外，设计工作起着决定性的作用。项目设计阶段的产出，一般是用图纸表示的具体设计方案。在这个阶段，项目成果的功能、基本实施方案和主要投入要素就基本确定了。这个阶段的产出对总投资影响，一般工业建设项目的经验数据为 20%～30%；对项目使用功能的影响在 10%～20%。这表明项目设计阶段对项目投资和使用功能具有重要影响。

决策和设计阶段费用控制的意义主要有以下几点。

一、提高资金利用效率和投资控制效率

决策和设计阶段工程造价的表现形式是投资估算和设计概、预算，通过编制与审核投资估算和设计概、预算，可以了解工程造价的构成，分析资金分配的合理性。在投资决策阶段，进行多方案的技术经济分析比较，选出最佳方案，为合理确定和有效控制工程造价提供良好的前提条件；在项目设计阶段，利用价值工程理论分析项目各个组成部分功能与成本的匹配程度，调整项目功能与成本，使工程造价构成更趋于合理，提高资金利用效率。此外，通过对投资估算和设计概、预算的分析，可以了解工程各组成部分的投资比例，进而将投资比例比较大的部分作为投资控制的重点，提高投资控制效率。

二、使工程造价确定与控制工作更主动

项目决策阶段确定工程造价，是设定项目投资的一个期望值；项目设计阶段确定工程造价，是实现设定项目投资期望值方案的具体表现；项目施工建设阶段确定工程造价，是实现设定项目投资期望值的具体操作。长期以来，人们把控制理解为目标值与实际值的比较，以及当实际值偏离目标值时分析产生差异的原因，确定下一步对策。这对于批量性生产的制造业而言，是一种有效的管理方法。但是对于建筑业而言，由于建筑产品的生产具有单件性的特点，这种管理方法只能发现差异，不能消除差异，也不能预防差异的发生，而且差异一旦发生，损失往往很大，因此是一种被动的控制方法。我们在项目决策和设计阶段进行工程造价确定与控制，是为了使投资造价管理工作具有预见性和前瞻性，如在设计阶段，可以先按

一定的质量标准，提出新建建筑物每一部分或分项的计划支出费用的报表，即造价计划，然后当详细设计制定出来以后，对工程的每一部分或分项的估算造价，对照造价计划中所列的指标进行审核，预先发现差异，主动采取一些控制方法消除差异，使设计更经济。由此，做好项目决策和设计阶段工程造价确定与控制会使整个投资造价管理工作更加主动。

三、便于设计与经济相结合

由于体制和传统习惯原因，我国的项目建议书、可行性研究报告、初步设计文件、施工图设计等都是由技术人员牵头完成，很容易造成他们在这期间更注重项目规模大、技术先进、建设标准高等，而忽视了经济因素。如果在项目决策和设计阶段吸收技术经济人员参与，使项目决策和设计从一开始就建立在投资造价合理、效益最佳基础之上，进行充分的方案比选和设计优化，会使投资发挥更大的效益，项目建设取得最佳效果。在方案比选和设计优化过程中技术人员和经济人员经过探讨与论证选择最佳方案，既体现技术先进性，又体现经济合理性，做到技术与经济相结合。

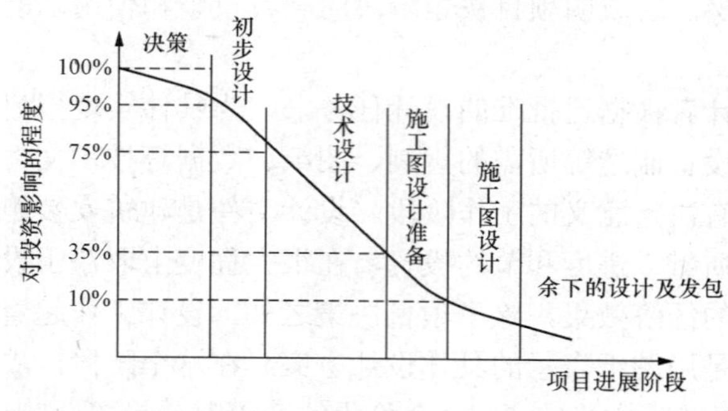

图 5-1 建设过程各阶段对投资的影响

四、在决策和设计阶段控制工程造价效果最显著

工程造价确定与控制贯穿于项目建设全过程，图 5-1 反映了各阶段影响工程项目投资的一般规律。从图中可以看出，决策与设计阶段是整个工程造价确定与控制的关键。

5.2.2 决策和设计阶段影响工程造价的主要因素

一、决策阶段影响工程造价的主要因素

建设项目决策阶段影响工程造价的主要因素有：项目建设规模、建设地区及建设地点（厂址）、技术方案、设备方案、工程方案和环境保护措施等。

1. 项目建设规模

项目建设规模是指项目设定的正常生产营运年份可能达到的生产能力或者使用效益。项目规模的合理选择关系着项目的成败，决定着工程造价合理与否，其制约因素有：市场因素、技术因素、环境因素。

（1）市场因素。市场因素是项目规模确定中需考虑的首要因素。首先，项目产品的市场需求状况是确定项目生产规模的前提。通过市场分析与预测，确定市场需求量、了解竞争对手情况，最终确定项目建成时的最佳生产规模，使所建项目在未来能够保持合理的盈利水平和可持续发展的能力。其次，原材料市场、资金市场、劳动力市场等对项目规模的选择起着程度不同的制约作用。如项目规模过大可能导致材料供应紧张和价格上涨，造成项目所需投资资金的筹集困难和资金成本上升等，将制约项目的规模。

（2）技术因素。先进实用的生产技术及技术装备是项目规模效益赖以存在的基础，而相应的管理技术水平则是实现规模效益的保证。若与经济规模生产相适应的先进技术及其装备的来源没有保障，或获取技术的成本过高，或管理水平跟不上，则不仅预期的规模效益难以实现，还会给项目的生存和发展带来危机，导致项目投资效益低下，工程支出浪费严重。

（3）环境因素。项目的建设、生产和经营都是在特定的社会经济环境下进行的，项目规模确定中需考虑的主要环境因素有：燃料动力供应，协作及土地条件，运输及通信条件。其中，政策因素包括产业政策、投资政策、技术经济政策、国家和地区及行业经济发展规划等。特别是国家对部门行业的新建项目规模作了下限规定，选择项目规模时应遵照执行。

2. 建设地区及建设地点（厂址）

一般情况下，确定某个建设项目的具体地址（或厂址），需要经过建设地区选择和建设地点选择（厂址选择）这样两个不同层次的、相互联系又相互区别的工作阶段。这两个阶段是一种递进关系。其中，建设地区选择是指在几个不同地区之间对拟建项目适宜配置在哪个地域范围的选择；建设地点选择是指对项目具体坐落位置的选择。

3. 技术方案

生产技术方案是指产品生产所采用的工艺流程和生产方法。技术方案不仅影响项目的建设成本，也影响项目建成后的运营成本。因此，技术方案的选择直接影响项目的工程造价，必须认真选择和确定。

4. 设备方案

在生产工艺流程和生产技术确定后，就要根据工厂生产规模和工艺过程的要求，选择设备的型号和数量。设备的选择与技术密切相关，二者必须匹配。没有先进的技术，再好的设备也没用；没有先进的设备，技术的先进性则无法体现。

5. 工程方案

工程方案选择是在已选定项目建设规模、技术方案和设备方案的基础上，研究论证主要建筑物、构筑物的建造方案，包括对于建筑标准的确定。一般工业项目的厂房、工业窑炉、生产装置等建筑物、构筑物的工程方案，主要研究其建筑特征（面积、层数、高度、跨度），建筑物构筑物的结构形式，以及特殊建筑要求（防火、防爆、防腐蚀、隔声、隔热等），基础工程方案，抗震设防等。工程方案应在满足使用功能、确保质量的前提下，力求降低造价、节约资金。

6. 环境保护措施

建设项目一般会引起项目所在地自然环境、社会环境和生态环境的变化，对环境状况、环境质量产生不同程度的影响。因此，需要在确定场址方案和技术方案中，调查研究环境条件，识别和分析拟建项目影响环境的因素，研究提出治理和保护环境的措施，比选和优化环境保护方案。在研究环境保护治理措施时，应从环境效益、经济效益相统一的角度进行分析论证，力求环境保护治理方案技术可行和经济合理。

二、设计阶段影响工程造价的主要因素

1. 工业项目

（1）总平面设计。总平面设计中影响工程造价的因素有占地面积、功能分区和运输方式的选择。占地面积的大小一方面影响征地费用的高低，另一方面也会影响管线布置成本及项目建成运营的运输成本；合理的功能分区既可以使建筑物的各项功能充分发挥，又可以使总平面布置紧凑、安全，避免大挖大填，减少土石方量的节约用地，降低工程造价；不同的运输方式其运输效率及成本不同，从降低工程造价的角度来看，应尽可能选择无轨运输，可以减少占地，节约投资。

（2）工艺设计。工艺设计是工程设计的核心，是根据工业企业生产的特点、生产性质和功能来确定的。工艺设计一般包括生产设备的选择、工艺流程设计、工艺定额的制定和生产方法的确定。工艺设计标准的高低，不仅直接影响工程建设投资的大小和建设进度，而且还决定着未来企业的产品质量、数量和经营费用。在工艺设计过程中影响工程造价的因素主要包括生产方法、工艺流程和设备选型。在工业建筑中，设备及安装工程投资占有很大的比例，设备的选型不仅影响着工程造价，而且对生产方法及产品质量也有着决定作用。

（3）建筑设计。建筑设计部分，要在考虑施工过程的合理组织和施工条件的基础上，决定工程的立体平面设计和结构方案的工艺要求。在建筑设计阶段影响工程造价的主要因素有平面形状、流通空间、层高、建筑物层数、柱网布置、建筑物的体积与面积和建筑结构。一般地说，建筑物平面形状越简单，它的单位面积造价就越低，建筑物周长与建筑面积比 $K_{周}$（即单位建筑面积所占外墙长度）越低，设计越经济。在建筑面积不变的情况下，建筑层高增加会引起各项费用的增加。据有关资料分析，单层厂房层高每增加 1m，单位面积造价增加1.8%～3.6%，年度采暖费用增加月3%；多层厂房的层高每增加0.6m，单位面积造价提高8.3%左右。由此可见，随着层高的增加，单位建筑面积造价也不断增加。建筑物层数对造价的影响，因建筑类型、形式和结构不同而不同。如果增加一个楼层不影响建筑物的结构形式，单位建筑面积的造价可能会降低。工业厂房层数的选择应该重点考虑生产性质和生产工艺的要求。确定多层厂房的经济层数主要有两个因素：一是厂房展开面积的大小，展开面积越大，层数越可提高；二是厂房宽度和长度，宽度和长度越大，则层数越能增高，造价也随之相应降低。柱网布置是确定柱子的行距（跨度）和间距（每行柱子中相邻两个柱子间的距离）的依据。柱网布置是否合理，对工程造价和厂房面积的利用效率都有较大的影响。对于单跨厂房，当柱间距不变时，跨度越大单位面积造价越低。对于多跨厂房，当跨度不变时，中跨数量越多越经济。随着建筑物体积和面积的增加，工程总造价会提高。对于工业建筑，在不影响生产能力的条件下，厂房、设备布置力求紧凑合理；要采用先进工艺和高效能的设备，节省厂房面积；要采用大跨度、大柱距的大厂房平面设计形式，提高平面利用系数。建筑材料和建筑结构选择是否合理，不仅直接影响到工程质量、使用寿命、耐火抗震性能，而且对施工费用、工程造价有很大的影响。尤其是建筑材料，一般占直接费的70%，降低材料费用，不仅可以降低直接工程费，而且也会导致措施费和间接费的降低。采用各种先进的结构形式和轻质高强度建筑材料，能减轻建筑物自重，简化基础工程，减少建筑材料和构配件的费用及运费，并能提高劳动生产率和缩短建设工期，经济效益十分明显。

2. 民用项目

（1）住宅小区规划。住宅小区规划中影响工程造价的主要因素有占地面积和建筑群体的布置形式。占地面积不仅直接决定着土地费的高低，而且影响着小区内道路、工程管线长度和公共设备的多少，而这些费用对小区建设投资的影响通常很大。因而，用地面积指标在很大程度上影响小区建设的总造价。建筑群体的布置形式对用地的影响也不容忽视，通过采取高低搭配、点条结合、前后错列以及局部东西向布置、斜向布置或拐角单元等手法节省用地。在保证小区居住功能的前提下，适当集中公共设施，合理布置道路，充分利用小区内的边角用地，有利于提高建筑密度，降低小区的总造价。

（2）住宅建筑设计。住宅建筑设计中影响工程造价的主要因素有建筑物平面形状和周长系数、层高和净高、层数、单元组成、户型和住户面积、建筑结构等。与工业项目建筑设计类似，虽然圆形建筑 $K_{周}$ 最小，但由于施工复杂，施工费用较矩形建筑增加 20%～30%，故其墙体工程量的减少不能使建筑工程造价降低，而且使用面积有效利用率不高和用户使用不便。因此，一般都建造矩形和正方形住宅，既有利于施工，又能降低造价和方便使用。在矩形住宅建筑中，又以长:宽=2:1 为佳。一般住宅单元以 3～4 个住宅单元、房屋长度 60～80m 较为经济。住宅的层高和净高，直接影响工程造价。根据不同性质的工程综合测算住宅层高每降低 10cm，可降低造价 1.2%～1.5%。层高降低还可提高住宅区的建筑密度，节约土地成本及市政设施费。但是，层高设计中还需考虑采光与通风问题，层高过低不利于采光及通风。民用住宅的层高一般不宜超过 2.8m。随着住宅层数的增加，单方造价系数在逐渐降低，即层数越多越经济。但是边际造价系数也在逐渐减小，说明随着层数的增加，单方造价系数下降幅度减缓，当住宅超过 7 层，就要增加电梯费用，需要较多的交通面积（过道、走廊要加宽）和补充设备（供水设备和供电设备等）。特别是高层住宅，要经受较强的风力荷载，需要提高结构强度，改变结构形式，使工程造价大幅度上升。因此，中小城市以建造多层住宅较为经济，大城市可沿主要街道建设一部分高层住宅，以合理利用空间，美化市容。对于土地特别昂贵的地区，为了降低土地费用，中、高层住宅是比较经济的选择。衡量单元组、户型设计的指标是结构面积系数（住宅结构面积与建筑面积之比），系数越小设计方案越经济。结构面积系数除与房屋结构有关外，还与房屋外形及其长度和宽度有关，同时也与房间平均面积大小和户型组成有关。房屋平均面积越大，内墙、隔墙在建筑面积所占比重就越小。随着我国工业化水平的提高，住宅工业化建筑体系的结构形式多种多样，考虑工程造价时应根据实际情况，因地制宜、就地取材，采用适合本地区经济合理的结构形式。

5.2.3 设计方案的评价与比选

建设项目设计方案比选的内容在宏观方面有建设规模、建设场址、产品方案等；对于建设项目本身有厂区（或居住小区）总平面布置、主题工艺流程选择、主要设备选型等；小的方面有工程设计标准、工业与民用建筑的结构形式、建筑安装材料的选择等。一般在设计方案评价、比选时，应以单位或分部分项工程为对象，通过主要技术经济指标的对比，确定合理的设计方案。

一、设计方案评价与比选的原则

《建设项目经济评价方法与参数》（第三版）要求：建设项目可行性研究阶段的经济评价，应系统分析、计算项目的效益和费用，通过多方案经济比选推荐最佳方案，对项目建设的必要性、财务可行性、经济合理性、投资风险等进行全面的评价。由此，作为寻求合理的经济和技术方案的必要手段——设计方案评价、比选应遵循如下原则：

（1）建设项目设计方案评价、比选要协调好技术先进性和经济合理性的关系。即在满足设计功能和采用合理先进技术的条件下，尽可能降低投入。

（2）建设项目设计方案评价、比选除考虑一次性建设投资的比选，还应考虑项目运营过程中的费用比选，即项目寿命期的总费用比选。

（3）建设项目设计方案评价、比选要兼顾近期与远期的要求。即建设项目的功能和规模应根据国家和地区远景发展规划，适当留有发展余地。

二、设计方案评价、比选应注意的问题

（1）工期的比较。工程施工工期的长短涉及管理水平、投入劳动力的多少和施工机械的配备情况，故应在相似的施工资源条件下进行工期比较，并应考虑施工的季节性。由于工期缩短而工程提前竣工交付使用所带来的经济效益，应纳入分析评价范围。

（2）采用新技术的分析。设计方案采用某项新技术，往往在项目的早期经济效益较差，

因为生产率的提高和生产成本的降低需要有一段时间来掌握和熟悉新技术后方可实现。故此进行设计方案技术经济分析评价时应预测其预期的经济效果，不能仅由于当前的经济效益指标较差而限制新技术的采用和发展。

（3）对产品功能的分析评价。对产品功能的分析评价是技术经济评价内容不能缺少而又常常被忽视的一个指标。必须明确评比对象应在相同功能条件下才有可比性。当参与对比的设计方案功能项目和水平不同时，应对之进行可比性换算，使之满足下列几个方面的可比条件：①需要可比；②费用消耗可比；③价格可比；④时间可比。

三、设计方案评价、比选对工程造价确定和控制的影响

工程建设项目由于受资源、市场、建设条件等因素的限制，拟建项目可能存在建设场址、建设规模、产品方案、所选用的工艺流程不同等多个整体设计方案，而在一个整体设计方案中亦可存在厂区总平面布置、建筑结构形式等不同的多个设计方案。显然，不同的设计方案工程造价各不相同，必须对多个不同设计方案进行全面的技术经济评价分析，为建设项目投资决策者提供方案比选意见，帮助他们选择最合理的设计方案，才能确保建设项目在经济合理的前提下做到技术先进，从而为合理确定和有效控制工程造价提供前提和条件，最终达到提高工程建设投资效果的目的。此外，对于已经确定的设计方案，造价工作人员也可依据有关技术经济资料对设计方案进行评价，提出优化设计的建议与意见，通过优化设计和深化设计使技术方案更加经济合理，使工程造价能得到合理的确定和有效的控制。

四、提高设计方案经济合理性的途径

提高设计方案经济合理性的途径包括执行设计标准、推行标准设计、推行限额设计、设计方案优选等。

1. 执行设计标准

设计标准是国家经济建设的重要技术规范，是进行工程建设勘察、设计、施工及验收的重要依据。各类建设的设计部门制定与执行相应的不同层次的设计标准规范，对于提高工程设计阶段的投资控制水平是十分必要的。

2. 推行标准设计

工程标准设计通常是指工程设计中，可在一定范围内通用的标准图、通用图和复用图，一般统称为标准图。在工程设计中采用标准设计可促进工业化水平、加快工程进度、节约材料、降低建设投资。据统计，采用标准设计一般可加快设计进度的1～2倍，节约建设投资15%以上。

3. 推行限额设计

限额设计就是按批准的投资估算控制初步设计，按批准的初步设计总概算控制施工图设计。即将上阶段设计审定的投资额和工程量先行分解到各专业，然后再分解到各单位工程和分部工程。各专业在保证使用功能的前提下，按分配的投资限额控制设计，严格控制技术设计和施工图设计的不合理变更，以保证总投资限额不被突破。

将上一阶段审定的投资额作为下一设计阶段投资控制的总体目标。将该项总体限额目标层层分解后确定各专业、各工种或各分部分项工程的分项目标。该项工作中，提高投资估算的合理性与准确性是进行限额设计目标设置的关键环节，特别是各专业、各单位工程或分部、分项工程如何合理划分、分解到的限额数量的多少、设计指标制定的高低等都将约束项目投资目标的实现，都将会对项目的建造标准、使用功能、工程质量等方方面面产生影响。

限额设计体现了设计标准、规模、原则的合理确定和有关概算基础资料的合理取定，是衡量勘察设计工作质量的综合标志，应将之作为提高设计质量工作的管理目标。

限额设计贯穿项目可行性研究、初步勘察、初步设计、详细勘察、技术设计、施工图设计各个阶段，而在每一个阶段中贯穿于各个专业的每一道程序。在每个专业，每项设计中都应将限额设计作为重点工作内容。明确限额目标，实行工序管理。各专业限额设计的实现是限额目标得以实现的重要保证。限额设计控制工作包括以下内容。

（1）重视初步设计的方案选择。初步设计应为多方案比较选择的结果，是项目投资估算的进一步具体化。在初步设计开始时，项目总设计师应将可行性研究报告的设计原则、建设方案和各项控制经济指标向设计人员交底，对关键设备、工程流程、总图方案、主要建筑和各项费用指标提出技术经济比选方案，要研究实现可行性研究报告中投资限额的可能性。特别要注意对投资有较大影响的因素并将任务与规定的投资限额分专业下达到设计人员，促使设计人员进行多方案比选。如果发现重大设计方案或某项设计指标超出批准可行性研究报告中的投资限额，应及时反映并提出解决的办法。不应待概算编出后发现超投资再压低投资，或减项目、减设备，以致影响设计进度，造成设计上得不合理，给施工图设计埋下超出限额的隐患。

在初步设计限额中，各专业设计人员应强化控制建设投资意识，在拟定设计原则、技术方案和选择设备材料过程中应先掌握工程的参考造价和工程量，严格按照限额设计所分解的投资额和控制工程量进行设计，并以单位工程为考核单元，事先做好专业内部平衡调整，提出节约投资的措施，力求将造价和工程量控制在限额范围之内。

如因采用新技术、新设备、新工艺确能降低运行成本，有符合“安全、可靠、经济、适用、符合国情”的原则而使工程投资有所增加，或因可行性研究深度不够造成初步设计阶段修改方案而增加投资，应将对其进行技术经济综合评价，经必要的审查并获得通过后总设计师在投资分解时解决。

（2）严格控制施工图预算。施工图设计是指导工程建设的主要文件，是设计单位的最终产品。限额设计控制就是将施工图预算严格控制在批准的设计概算范围以内并有所节约。

施工图设计必须严格按照批准的初步设计确定的原则、范围、内容、项目和投资额进行。施工图阶段限额设计的重点应放在初步设计工程量控制方面；控制工程量一经审定，即作为施工图设计工程量的最高限额，不得突破。

当初步设计受外界设计的限制时，如地质报告、工程地质、设备、材料的供应、协作条件、物资采购供应价格变化以及人们的主观认识的局限性等，往往会造成施工图设计阶段乃至在建设施工过程中的局部修改、变更，可能引起已经确定的概算价值的变化，这种正常的变化在一定范围内允许，但是须经核算与调整。当建设规模、产品方案、工艺方案、工艺流程或设计方案发生重大变更时，原初步设计已失去指导施工图设计的意义，此时必须重新编制或修改初步文件，另行编制修改初步设计的概算报原审批单位审批。

（3）加强设计变更管理。除非不得不进行设计变更，否则任何人员不得擅自更改设计。如若预料到将要发生变更，则设计变更发生越早越好。若在设计阶段变更，只需修改图纸，其他费用尚未发生，损失有限；若在采购阶段变更，则不仅要修改图纸，还需重新采购设备和材料；若在施工期间发生变更，除发生上述费用外，已建工程还可能将被拆除，势必造成重大变更损失。

为做好限额设计控制工作，应建立健全相应的设计管理制度，尽可能将设计变更控制在设计阶段，对影响工程造价的重大设计变更，需进行由多方人员参加的技术经济论证，获得有关管理部门批准后方可进行，使建设投资得到有效控制。

4. 设计方案优选

设计方案选择就是通过对工程设计方案的经济分析，从若干设计方案中选出最佳方案的过程。由于设计方案的经济效果不仅取决于技术条件，而且还受不同地区的自然条件和社会条件的影响，设计方案选择时，须综合考虑各方面因素，对方案进行全方位技术经济分析与比较，须结合当时当地的实际条件，选择功能完善、技术先进、经济合理的设计方案。

设计方案选择最常用的方法是比较分析方法。下面以两个建筑设计方案比较实例介绍设计方案选择的具体过程。

【例 5-1】 某住宅工程项目设计为 6 层单元式住宅，现有如下两个方案可供选择。

方案一：砖混结构，一梯三户由 3 个单元组成，共 54 户。建筑面积 3949.6m^2（含 1/2 阳台面积）。浅埋砖砌条形基础。按该地区建筑节能减排要求，外墙为 240mm 厚砖墙，内做保温层。内墙为 240mm 厚砖墙。结构按 8 度抗震设防设计，沿外墙和内墙、纵墙的楼板处及基础处均设圈梁，沿外墙的拐角及内外墙的交接处均设构造柱。现浇钢筋混凝土楼板。

方案二：将砖混结构改为内浇外砌结构体系。经设计人员核定，内横墙厚度为 140mm，内纵墙为 160mm，选 C20 混凝土。其他部位的做法、选材及建筑标准均按原方案不变。

解 1. 根据两个方案建立对比条件，进行技术经济分析与比较

（1）平面技术经济指标。因方案一与方案二的外墙做法相同，建筑面积不变。但方案二的内墙厚度减薄，所以增加了使用面积。其对比参见表 5-8。

表 5-8 平面技术经济指标对比表

结构类型	建筑面积（m^2）		使用面积（m^2）		使用系数（%）	使用面积净增	
	总面积	每户	总面积	每户		m^2	增加率（%）
砖混	3949.62	73.14	2797.20	51.80	70.82		
内浇外砌	3949.62	73.14	2881.98	53.37	72.97	84.78	3.03

从对比可以看出，在保持方案一的平面布局、使用功能不变的原则上，方案二由于墙厚度减薄，增加使用面积 84.78m^2，每户平均增加 1.57m^2，增加率为 3.03%。

（2）造价。按当时当地市场价格计算，方案一的概算总值为 4108494 元（含基础、设备、电气下同），每平方米建筑面积折合 1040.23 元；方案二概算总值为 4272695 元，每平方米建筑面积折合 1081.80 元。如按使用面积计算，单方造价方案一为 1468.79 元，方案二为 1482.56 元。参见表 5-9。

表 5-9 方案造价比较表

结构类型	概算总值	单方造价（元）					
		建筑面积			使用面积		
		每平方米面积折合	差额	差率（%）	每平方米面积折合	差额	差率（%）
砖混	4108494	1040.23			1468.79		
内浇外砌	4272695	1081.80	41.57	4	1482.56	13.77	0.94

按单方建筑面积计算，方案二比方案一高 41.57 元，约高 4%。如按使用面积计算，每平方米高 13.77 元，约高 0.94%，大大缩小了两者的差距。

（3）综合比较。从平面技术经济指标和造价两个因素的分析比较看，方案二增加使用面积较多，增加造价较少。

2. 将其他有关费用计入后进行比较

按该地区有关规定，砖混结构住宅每平方米建筑面积需交 14 元黏土砖限制使用费，内浇外砌结构需交 7 元。方案一计交 55295 元，方案二计交 27647 元，计入该项费用后的造价比较参见表 5-10。

表 5-10　计入费用后造价比较表　元

结构类型	黏土砖限制使用费	计入使用费后概算总值	建筑面积			使用面积		
			每平方米面积折合	差额	差率（%）	每平方米面积折合	差额	差率（%）
砖混	55295	4163789	1054.23			1488.56		
内浇外砌	27647	4300342	1088.80	34.57	3.28	1492.15	3.59	0.24

将实心黏土砖限制使用费计入后，两者的差距又进一步缩小。按面积计算，方案二未计入该项费用前的 4%降至 3.28%。按使用面积计算，由原来的 0.94%降至 0.24%。综合比较后的结果是：每户增加使用面积 1.57m^2，多投入 252.45 元，综合经济效果较好。

3. 经济效益

当每平方米建筑面积的售价为 4000 元时，折算后使用面积售价的经济效益参见表 5-11。

表 5-11　售价的经济效益表

结构类型	建筑面积（m^2）	使用面积（m^2）	建筑面积售价（元/m^2）	售价总值（元）	折合使用面积售价（元/m^2）
砖混	3949.62	2797.20	4000	15798480	5647.96
内浇外砌	3949.62	2881.98	4000	15798480	5481.81

在总售价不变的情况下，方案二还可以降低单方售价。按使用面积计价方法计算，方案二的每平方米使用面积售价比方案一低 166.15 元，即低 2.94%。

单方售价不变的情况下，使用面积计价的总售价值的对比参见表 5-12。

表 5-12　总售价比较表

结构类型	使用面积（m^2）	单方售价（元）	总售价（元）	比较	
				差额（元）	差率（%）
砖混	2797.20	5647.96	15789474		
内浇外砌	2881.98	5647.96	16277308	478834	3.03

单方使用面积售价不变，方案二的全楼总售价比方案一多 478834 元，约多收入 3.03%，经济效益可观。

综合上述分析，在同等级、同标准的情况下，将砖混结构方案改为内浇外砌，平均每户可增加使用面积 1.57m^2，多投入 252.45 元。作为商品房，在原单方使用面积售价不变的情况下，全楼可多 3.03%收益，能收到较好的经济效益。

5.2.4 价值工程

一、价值工程原理

1. 价值工程的含义

价值工程是通过各相关领域的协作，对所研究对象的功能与成本进行系统分析，不断创新，旨在提高所研究对象价值的思想方法和管理技术。这里“价值”定义可以用公示表示：

$$V = \frac{F}{C} \tag{5-1}$$

式中：V 为价值（value）；F 为功能（function）；C 为成本或费用（cost）。

价值工程的定义包括以下几方面的含义：价值工程的性质属于一种思想方法和管理技术；价值工程的核心内容是对“功能与成本进行系统分析”和“不断创新”；价值工程的目的旨在提高产品的价值。若把价值的定义结合起来，便应理解为旨在提高功能对成本的比值；价值工程通常是由多个领域协作而开展的活动。

2. 价值工程的特点

（1）以使用者的功能需求为出发点。价值工程出发点的选择应满足使用者对功能的需求。

（2）对所研究对象进行功能分析、并系统研究功能与成本之间的关系。价值工程对功能进行分析的技术内容特别丰富，既要辨别必要功能或不必要功能、过剩功能或不足功能，又要计算出不同方案的功能量化值；还要考虑功能与其载体的有分有合问题。通过功能与成本进行比较，形成比较价值的概念和量值。由于功能与成本关系的复杂性，必须用系统的观点和方法对其进行深入研究。

（3）致力于提高价值的创造性活动。提高功能与成本的比值是一项创造性活动，要有技术创新。提高功能或降低成本，都必须创造出新的功能载体或者创造新的载体加工制造的方法，否则，提高价值只是一句空话。

（4）有组织、有计划、有步骤地开展工作。开展价值工程活动的过程涉及各个部门的各方面人员。在他们之间，要沟通思想、交换意见、统一认识、协调行动，要步调一致地开展工作。

3. 价值工程的一般工作程序

开展价值工程活动一般分为 4 个阶段 12 个步骤，见表 5-13。

表 5-13　价值工程的一般工作程序

阶　段	步　　骤	应回答的问题
准备阶段	对象选择；组成工作价值小组；制定工作计划	VE 的对象是什么？
分析阶段	搜集整理信息资料；功能系统分析；功能评价	该对象的用途是什么？ 成本和价值是多少？
创新阶段	方案创新；方案评价；提案编写	是否有替代方案；新方案的成本是多少？能否满足要求？
实施阶段	审批；实施与检查；成果鉴定	

二、价值工程主要工作内容

1. 对象选择

（1）对象选择的一般原则。选择价值工程对象时一般应遵循以下两条原则：一是优先考虑企业生产经营上迫切要求改进的主要产品，或是对国计民生有重大影响的项目；二是对企业经济效益影响大的产品（或项目）。具体包括以下几方面：

1）设计方面：选择结构复杂、体大量重、技术性能差、能源消耗高、原材料消耗大或是稀有、贵重的奇缺产品。

2）施工生产方面：选择产量大、工序繁琐、工艺复杂、工装落后、返修率高、废品率高、质量难于保证的产品。

3）销售方面：选择用户意见大、退货索赔多、竞争力差、销售量下降或市场占有率低的产品。

4）成本方面：选择成本高、利润低的产品或在成本构成中比重大的产品。

（2）对象选择的方法。对象选择的方法有多种，每种方法有各自的优点和适应性。

1）经济分析法：也称因素分析法，是一种定性分析的方法，即凭借开展价值工程活动人员的经验和智慧，根据对象选择应考虑的因素，通过定性分析来选择对象的方法。其优点是能综合、全面地考虑问题且简便易行，不需特殊训练，特别是在时间紧迫或信息资料不充分的情况下，利用此法较为简便。缺点是缺乏定量依据，分析质量受工作人员的工作态度和知识经验水平的影响较大。若本方法与其他定量方法相结合使用往往能取得较好效果。

2）百分比法：即按某种费用或资源在不同项目中所占的比重大小来选择价值工程对象的方法。

3）ABC 分析法：运用数理统计分析原理，按局部成本在总成本中比重的大小选择价值工程对象。一般来说，企业产品的成本往往集中在少数关键部件上。在选择对象产品或部件时，为便于抓重点，把产品（或部件）种类按成本大小顺序划分 ABC 三类。部件数量占 10%～15%、成本占 70%～80%的为 A 类；部件数量占 15%～20%、成本占 10%～20%的为 B 类；部件数量占 60%～80%、成本占 5%～10%的为 C 类。

ABC 分析法的优点在于简单易行，能抓住成本中的主要矛盾。但企业在生产多品种、各品种之间不一定表现出均匀分布规律时须用其他方法。该方法的缺点是有时部件虽属 C 类，但功能却较重要，有时因成本在部件或要素项目之间分配不合理，则会发生遗漏或顺序推后而未被选上。这种情况可通过结合运用其他分析方法来避免。

4）强制确定法：该方法在选择价值工程对象、功能评价和方案评价中都可以使用。在对象选择中，通过对每个部件与其他各部件的功能重要程度进行逐一对比打分，相对重要的得 1 分，不重要的得 0 分，即 01 法。以各部件功能得分占总分的比例确定功能评价系数，根据功能评价系数和成本系数确定价值系数。

$$\text{部件功能系数}F_i = \frac{\text{某部件的功能得分值}}{\text{全部部件功能得分值}} \tag{5-2}$$

$$\text{部件成本系数}C_i = \frac{\text{该部件目前成本}}{\text{全部部件成本}} \tag{5-3}$$

$$\text{部件价值系数}V_i = \frac{\text{部件功能评价系数}}{\text{部件成本系数}} \tag{5-4}$$

当 $V_i<1$ 时，部件 i 作为 VE 对象；当 $V_i=1$ 时不作为 VE 对象；当 $V_i>1$ 时视情况而定。

2. 信息资料的搜集

明确搜集资料的目的，确定资料的内容和调查范围，有针对性的搜集信息。搜集信息资料的首要目的就是要了解活动的对象，明确价值工程对象的范围，信息资料有利于帮助价值工程人员统一认识、确保功能、降低物耗。只有在充分的信息作为依据的基础上，才能创造性地运用各种有效手段，正确地进行对象选择、功能分析和创新方案。

不同价值工程对象所需搜集的信息资料内容不尽相同。一般包括市场信息、用户信息、竞争对手信息、设计技术方面的信息、制造及外协方面的信息、经济方面的信息、本企业的基本信息、国家和社会方面的情况等。搜集信息资料是一项周密而系统的调查研究活动，应有计划、有组织、有目的进行。

搜集信息资料的方法通常有：①面谈法：通过直接交谈搜集信息资料；②观察法：通过直接观察 VE 对象搜集信息资料；③书面调查法：将所需资料以问答形式预先归纳为若干问题，然后通过资料问卷的回答来取得信息资料。

3. 功能系统分析

功能系统分析是价值工程活动的中心环节。具有明确用户的功能要求、转向对功能的研究、可靠实现必要的功能三个方面的作用。功能系统分析中的功能定义、功能整理、功能计量紧密衔接、有机地结合一体运行。三者的作用和相互关系如表 5-14 所示。

表 5-14　功能系统分析步骤

分析步骤	分析目的	分析类别	回答问题
功能定义	部件的功能本质	功能单元的定性分析	它的功能是什么
功能整理	功能之间的相互关系	功能相互关系的定性分析	它的目的或手段是什么
功能计量	必要功能的价值标准	单元功能的量化	它的功能是多少

4. 功能评价

功能评价包括研究对象的价值评价和成本评价两方面的内容。价值评价着重计算、分析、研究对象的成本与功能间的关系是否协调、平衡，评价功能价值的高低，评定需要改进的具体对象。功能价值的一般计算公式与对象选择时价值的基本计算公式相同，所不同的是功能价值计算所用的成本按功能统计，而不是按部件统计。

$$V_i=\frac{F_i}{C_i} \tag{5-5}$$

式中 F_i——对象的功能评价值，元；

C_i——对象 i 功能的目前成本，元；

V_i——对象的价值（系数）。

成本评价是计算对象的目前成本和目标成本，分析、测算成本降低期望值，排列改进对象的优先顺序。成本评价的计算公式如下：

$$\Delta C=C-C' \tag{5-6}$$

式中 C'——对象的目标成本，元；

C——对象的目前成本，元；

ΔC——成本降低期望值，元。

5. 方案创新的技术方法

方案创新的方法很多，都强调发挥人的聪明才智，积极地进行思考，设想出技术经济效果更好的新方案。下面为常用的两种方法。

（1）头脑风暴法。头脑风暴法原指精神病人的胡思乱想，后转意为无约无束、自由奔放地思考问题的方法。具体步骤如下：

① 组织对本问题有经验的专家召开会议；

② 会议鼓励对本问题自由鸣放，相互不指责批判；

③ 希望提出大量方案；

④ 结合他人意见提出设想。

（2）哥顿法。哥顿法是会议主持人将拟解决的问题抽象后抛出，与会人员讨论并充分发表看法，当时机会议主持人再将原问题抛出继续讨论的方法。

6. 方案评价与提案编写

方案评价就是从众多的备选方案中选出价值最高的可行方案。方案评价可分为概略评价和详细评价，均包括技术评价、经济评价和社会评价等方面的内容。将这三个方面联系起来进行权衡，则称为综合评价。技术评价是对方案功能的必要性及必要程度和实施的可能性进行分析评价；经济评价是对方案实施的经济效果进行分析评价；社会评价是方案为国家和社会带来影响和后果的分析评价；综合评价又称价值评价，是根据以上三个方面评价内容，对方案价值大小所做的综合评价。

为争取决策部门的理解和支持、使提案获得批准，要有侧重地撰写出具有充分说服力的提案书（表）。提案编写应扼要阐明提案内容，如改善对象的名称及现状、改善的原因及效果、该善后方案将达到的功能水平与成本水平、功能的满足程度、试验途径和办法以及必要的测试数据等。提案应具有说服力，是决策者理解并采纳提案。

三、价值工程应用示例

【例 5-2】 北方某城市建筑设计院在建筑设计中用价值工程方法进行住宅设计方案优选，具体应用程序如下所示。

解 1. 选择价值工程对象

该院承担设计的工程种类繁多，表 5-15 是该院近三年各种建筑设计项目类别统计表。从表中可以看出住宅所占比重最大，因此将住宅作为价值工程的主要研究对象。

表 5-15　各类建筑设计项目比重统计表

工程类别	比重（%）	工程类别	比重（%）	工程类别	比重（%）
住宅	22.19	实验楼	3.87	体育建筑	1.89
综合楼	10.86	宾馆	3.10	影剧院	1.85
办公楼	9.35	招待所	2.95	仓库	1.42
教学楼	5.26	图书馆	2.55	医院	1.31
车间	4.24	商业建筑	2.10	其他 38 类	27.06

2. 资料收集

主要收集以下几方面资料：①工程回访，收集用户对住宅的意见；②对不同地质情况和基础形式的住宅进行定期沉降观测，获取地基方面的资料；③了解有关住宅施工方面的情况；④收集大量有关住宅建设的新工艺和新材料等数据资料；⑤分地区按不同地质情况、基础形式和类型标准统计分析近年来住宅建筑的各种技术经济指标。

3. 功能分析

由设计、施工及建筑单位的有关人员组成价值工程研究小组，共同讨论，对住宅的以下各种功能进行定义、整理和评价分析：①平面布局；②采光通风、保温、隔热、隔声等；③层高与层数；④牢固耐久；⑤三防设施（防火、防震和防空）；⑥建筑造型；⑦室内外装饰；⑧环境设计；⑨技术参数。

在功能分析中，用户、设计人员、施工人员以百分形式分别对各功能进行评分，即假设住宅功能合计为 100 分（也可 10 分、1 分等），分别确定各项功能占总体功能中所占比例，然后将所选定的用户、设计人员、施工人员的评分意见进行综合，三者的权重分别为 0.6、0.3、0.1，各项功能重要性系数参见表 5-16 所示。

表 5-16　　功能评分及重要性系数

功能		用户评分		设计人员评分		施工人员评分		功能重要性系数
		得分 f_{i1}	0.6 得分 f_{i1}	得分 f_{i2}	0.3 得分 f_{i2}	得分 f_{i3}	0.1 得分 f_{i3}	
适用	平面布局	38.25	22.95	31.63	9.489	33.25	3.325	0.3575
	采光通风	17.375	10.43	14.38	4.314	15.5	1.55	0.1628
	层高层数	2.875	1.725	4.25	1.275	3.875	0.388	0.0338
安全	牢固耐用	20.25	12.15	14.25	4.275	21.63	2.163	0.1858
	三防设施	4.375	2.625	5.25	1.575	2.875	0.288	0.0448
美观	建筑造型	3.25	1.95	6.875	2.062	5.30	0.530	0.0453
	室外装修	2.75	1.65	5.50	1.65	3.975	0.398	0.0368
	室内装饰	6.25	3.75	6.625	1.988	5.875	0.588	0.0631
其他	环境设计	3.025	1.815	8.00	2.40	5.5	0.55	0.0476
	技术参数	1.60	0.96	3.25	0.975	3.225	0.3225	0.0225
总计		100	60	100	30	10	10	1.0000

表中，功能重要性系数

$$\phi_i=\frac{0.6f_{i1}+0.3f_{i2}+0.1f_{i3}}{100} \tag{5-7}$$

4. 方案设计与评价

在某住宅小区设计中，该地块的地质条件较差，上部覆盖层较薄，地下淤泥较深。根据收集的资料及上述功能重要性系数的分析结果，价值工程研究推广小组集思广益，创造设计了十余个方案。在采用优缺点列举法进行定性分析筛选后，对所保留的五个较优方案进行定量评价选优，见表 5-17～表 5-19。其中：

$$\text{成本系数}C_k=\frac{\text{方案成本}}{\text{各方案成本总和}} \tag{5-8}$$

$$\text{方案总分}Y_k=\sum_{i=1}^{10}\text{重要系数}\phi_i\times\text{方案功能评分值}P_{ik} \tag{5-9}$$

$$功能评价系数F_k = \frac{各方案总分Y_k}{各方案总分之和} \tag{5-10}$$

5. 效果评价

根据对所收集资料的分析结果表明，近年来，该地区在建设条件与该工程该工程大致相同的住宅，每平方米建筑面积造价一般平均为1080元，方案二只有894元，节约186元，可节约投资17.2%。该小区18.4万m^2的住宅可节约投资为3422.4万元。

表5-17 方案成本及成本系数

方 案	主 要 特 征	单位造价	成本系数
方案一	7层混合结构，层高3m，240内外砖墙，预制桩基础，半地下室储存间，外装修一般，内装饰好，室内设备较好	1176	0.2342
方案二	7层混合结构，层高2.9m，240内外砖墙，120非承重内砖墙，条形基础（基地经过真空预压处理），外装修一般，内装饰较好	894	0.1780
方案三	7层混合结构，层高3m，240内外砖墙，沉管灌注桩基础，外装修一般，内装饰和设备较好	1110	0.2210
方案四	5层混合结构，层高3m，空心砖内外墙，满堂基础，装修及室内设备一般，屋顶无水箱	906	0.1804
方案五	层高3m，其他特征同方案二	936	0.1864

表5-18 方案功能评分

评价因素		方案功能评价值 P_{ik}				
功能因素	重要系数	方案一	方案二	方案三	方案四	方案五
F1	0.3575	10	10	9	9	10
F2	0.1628	10	9	10	10	10
F3	0.0338	9	8	9	10	9
F4	0.1858	10	10	10	8	10
F5	0.0448	8	7	8	7	7
F6	0.0453	10	8	9	7	6
F7	0.0368	6	6	6	6	6
F8	0.0631	10	8	8	6	6
F9	0.0476	9	8	9	8	8
F10	0.0225	8	10	9	2	10
方案总分		9.6368	9.1535	9.1303	8.3258	8.9930

表5-19 最佳方案的选择

方 案	方案功能得分	功能评价系数	成本系数	价值系数	选 择
方案一	9.6368	0.2130	0.2342	0.9095	
方案二	9.1535	0.2024	0.1780	1.1370	*
方案三	9.1303	0.2018	0.2210	0.9131	
方案四	8.3258	0.1840	0.1804	1.0199	
方案五	8.9930	0.1988	0.1864	1.0665	

方案总分中由于功能评价系数分数越高说明方案越满足功能要求，据此计算的价值系数也就越大越好。因此，方案二为最佳方案。

5.3 工程项目施工阶段费用控制

5.3.1 施工阶段费用控制概述

施工阶段费用控制是以工程项目为对象，在既定的预算成本的基础上，在施工生产的动态过程中，统筹计划施工各阶段、各部分的工程成本，科学有效地实施动态控制，确保工程顺利实施和项目总目标实现的过程。

一、施工阶段费用控制的目标与原理

施工阶段进行费用控制的基本原理是把计划投资额作为费用控制的目标值，在工程施工过程中定期地进行投资实际值与目标值的比较，通过比较发现并找出实际支出额与费用控制目标值之间的偏差，分析产生偏差的原因，并采取有效措施加以控制，以保证费用控制目标的实现。这个阶段费用控制的任务是按设计要求实施，使实际支出控制在施工图预算之内，减少设计变更，努力降低造价，竣工后搞好结算和决算。如图 5-2 所示。

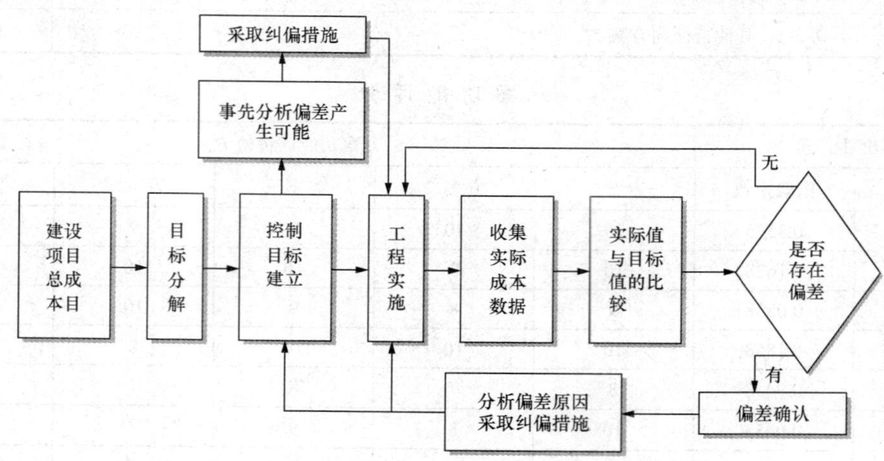

图 5-2 施工阶段成本计划与控制的原理

二、施工阶段工程费用控制的依据

1. 工程承包合同

工程费用控制要以工程承包合同为依据，围绕降低工程成本这个目标，从预算收入和实际成本两个方面，努力挖掘增收节支潜力，以求获得最大的经济效益。

2. 工程费用计划

工程费用计划是，针对各分项工程、分部工程、总工程计划费用、人工、材料、资金计划等根据施工项目的具体情况制定的工程费用控制方案。既包括预定的具体成本控制目标，又包括实现控制目标的措施和规划，是施工成本控制的指导文件。费用计划是费用控制的基础。

3. 进度报告

工程进度报告提供了每个时段工程实际完成量，工程费用实际支付情况等重要信息，工程费用控制工作正是通过实际完成情况与工程费用计划相比较，找出两者之间的差别，分析偏差产生的原因，从而采取措施改进以后的工作。另外，进度报告能让管理者及时发现工程实施中存在的隐患，并在事态还未造成重大损失之前采取有效措施，尽量避免损失。

4. 工程变更

由于各方面的原因，项目实施过程中时常伴随着工程变更。为了达到不超过计划费用的目的，工程费用控制工作必须贯穿始终。工程变更一般包括设计变更、进度计划变更、施工条件变更、技术规范与标准变更、施工次序变更和工程数量变更等。一旦出现工程变更，工程量、工期、成本都必将发生变化。因此，项目管理人员就应当通过对变更要求当中各类数据的计算、分析、随时掌握变更情况，包括已发生工程量、将要发生工程量、工期是否拖延、支付情况等重要信息，判断变更以及变更可能带来的索赔额度等。

除了上述几种施工成本控制工作的主要依据以外，有关施工组织设计、分包合同等也都是施工阶段成本控制的依据。

三、施工阶段费用控制的措施

建设工程施工阶段需要投入大量的人力、物力和资金等，是工程项目建设费用消耗最多的时期，浪费投资的可能性比较大。因此，精心地组织施工，挖掘各方面潜力，节约资源消耗，仍可以收到节约投资的明显效果。对施工阶段的投资控制应给予足够的重视，仅仅靠控制工程款的支付是不够的，应从组织、经济、技术和合同等多方面采取措施控制费用。

（一）组织措施

（1）在项目管理班子中落实从投资控制角度进行施工跟踪的人员、任务分工和职能分工。

（2）编制本阶段投资控制工作计划和详细的工作流程图。

（二）经济措施

（1）编制资金使用计划，确定、分解投资控制目标。对工程项目造价目标进行风险分析，并制订防范性对策。

（2）进行工程计量。

（3）复核工程付款账单，签发付款证书。

（4）在施工过程中进行费用跟踪控制，定期地进行投资实际支出值与计划目标值的比较；发现偏差，分析产生偏差的原因，采取纠偏措施。

（5）协商确定工程变更的价款，审核竣工结算。

（6）对工程施工过程中的费用支出做好分析与预测，经常或定期向建设单位提交项目投资控制及其存在的问题报告。

（三）技术措施

（1）对设计变更进行技术经济比较，严格控制设计变更。

（2）继续寻找通过设计挖潜节约投资的可能性。

（3）审核承包商编制的施工组织设计，对主要施工方案进行技术经济分析。

（四）合同措施

（1）做好工程施工记录，保存各种文件图纸，特别是注意有实际施工变更情况的图纸，注意积累素材，为正确处理可能发生的索赔提供依据。参与处理索赔事宜。

（2）参与合同修改、补充工作，着重考虑它对投资控制的影响。

四、施工阶段费用控制的任务

施工阶段费用控制的关键是施工成本。施工成本是指在建设工程项目的施工过程中所发生的全部生产费用的总和，包括消耗的原材料、辅助材料、构配件等费用，周转材料的摊销费或租赁费，施工机械的使用费或租赁费，支付给生产工人的工资、奖金、工资性质的津贴等，以及进行施工组织与管理所发生的全部费用支出。建设工程项目施工成本由直接成本和间接成本组成。

直接成本是指施工过程中耗费的构成工程实体或有助于工程实体形成的各项费用支出，是可以直接计入工程对象的费用，包括人工费、材料费、施工机械使用费和施工措施费等。

间接成本是指为施工准备、组织和管理施工生产的全部费用的支出，是非直接用于也无法直接计入工程对象，但为进行工程施工所必须发生的费用，包括管理人员工资、办公费、差旅交通费等。

施工成本管理就是要在保证工期和质量满足要求的情况下，采取相应管理措施，包括组织措施、经济措施、技术措施、合同措施把成本控制在计划范围内，并进一步寻求最大程度的成本节约。施工成本管理的任务和环节主要包括：成本预测、成本计划、成本控制、成本核算、成本分析和成本考核。

（1）施工成本预测。施工成本预测就是根据成本信息和施工项目的具体情况，运用一定的专门方法，对未来的成本水平及其可能发展趋势做出科学的估计，其实质就是在施工以前对成本进行估算。通过成本预测，可以使项目经理部在满足业主和施工企业要求的前提下，选择成本低、效益好的最佳成本方案，并能够在施工项目成本形成过程中，针对薄弱环节，加强成本控制，克服盲目性，提高预见性。因此，施工项目成本预测是施工项目成本决策与计划的依据。预测时，通常是对施工项目计划工期内影响其成本变化的各个因素进行分析，比照近期已完工施工项目或将完工施工项目的成本（单位成本），预测这些因素对工程成本中有关项目（成本项目）的影响程度，预测出工程的单位成本或总成本。

（2）施工成本计划。施工成本计划是以货币形式编制施工项目在计划期内的生产费用、成本水平、成本降低率以及为降低成本所采取的主要措施和规划的书面方案，它是建立施工项目成本管理责任制，开展成本控制和核算的基础。一般来说，一个施工项目成本计划应包括从开工到竣工所必需的施工成本，它是该施工项目降低成本的指导文件，是设立目标成本的依据，可以说，成本计划是目标成本的一种形式。

（3）施工成本控制。施工成本控制是指在施工过程中，对影响施工项目成本的各种因素加强管理，并采用各种有效措施，将施工中实际发生的各种消耗和支出严格控制在成本计划范围内，随时揭示并及时反馈，严格审查各项费用是否符合标准，计算实际成本和计划成本（目标成本）之间的差异并进行分析，消除施工中的损失浪费现象，发现和总结先进经验。

施工项目成本控制应贯穿于施工项目从投标阶段开始直到项目竣工验收的全过程，它是企业全面成本管理的重要环节。因此，必须明确各级管理组织和各级人员的责任和权限，这是成本控制的基础之一，必须给以足够的重视。

施工成本控制可分为事先控制、事中控制（过程控制）和事后控制。

（4）施工成本核算。施工成本核算是指按照规定开支范围对施工费用进行归集，计算出施工费用的实际发生额，并根据成本核算对象，采用适当的方法，计算出该施工项目的总成本和单位成本。施工项目成本核算所提供的各种成本信息是成本预测、成本计划、成本控制、成本分析和成本考核等各个环节的依据。

（5）施工成本分析。施工成本分析是在成本形成过程中，对施工项目成本进行的对比评价和总结工作。它贯穿于施工成本管理的全过程，主要利用施工项目的成本核算资料，与计划成本、预算成本以及类似施工项目的实际成本等进行比较，了解成本的变动情况，同时也要分析主要技术经济指标对成本的影响，系统地研究成本变动原因，检查成本计划的合理性，深入揭示成本变动的规律，以便有效地进行成本管理。

影响施工项目成本变动的因素有两个方面，一是外部的属于市场经济的因素，二是内部的属于企业经营管理的因素。作为项目经理，应该了解这些因素，但应将施工项目成本分析的重点放在影响施工项目成本升降的内部因素上。

成本分析的基本方法包括比较法、因素分析法、差额计算法和比率法。

（6）施工成本考核。施工成本考核是指施工项目完成后，对施工项目成本形成中的各责任者，按施工项目成本目标责任制的有关规定，将成本的实际指标与计划、定额、预算进行对比和考核，评定施工项目成本计划完成情况和各责任者的业绩，并以此给以相应的奖励和处罚。通过成本考核，做到有奖有惩，赏罚分明，才能有效地调动企业的每一个职工在各自的施工岗位上努力完成目标成本的积极性，为降低施工项目成本和增加企业的积累，做出自己的贡献。

5.3.2 施工阶段费用控制方法

一、施工成本的过程控制方法

施工阶段是控制建设工程项目成本发生的主要阶段，它通过确定成本目标并按计划成本进行施工、资源配置，对施工现场发生的各种成本费用进行有效控制，其具体的控制方法如下。

（一）人工费的控制

人工费的控制实行“量价分离”的方法，将作业用工及零星用工按定额工日的一定比例综合确定用工数量与单价，通过劳务合同进行控制。

（二）材料费的控制

材料费控制同样按照“量价分离”原则，控制材料用量和材料价格。

1. 材料用量的控制

在保证符合设计要求和质量标准的前提下，合理使用材料，通过定额管理、计量管理等手段有效控制材料物资的消耗，具体方法如下：

（1）定额控制。对于有消耗定额的材料，以消耗定额为依据，实行限额发料制度。在规定限额内分期分批领用，超过限额领用的材料，必须先查明原因，经过一定审批手续方可领料。

（2）指标控制。对于没有消耗定额的材料，则实行计划管理和按指标控制的办法。根据以往项目的实际耗用情况，结合具体施工项目的内容和要求，制定领用材料指标，据以控制发料。超过指标的材料，必须经过一定的审批手续方可领用。

（3）计量控制。准确做好材料物资的收发计量检查和投料计量检查。

（4）包干控制。在材料使用过程中，对部分小型及零星材料（如钢钉、钢丝等）根据工程量计算出所需材料量，将其折算成费用，由作业者包干控制。

2. 材料价格的控制

材料价格主要由材料采购部门控制。由于材料价格是由买价、运杂费、运输中的合理损耗等所组成，因此控制材料价格，主要是通过掌握市场信息，应用招标和询价等方式控制材料、设备的采购价格。

施工项目的材料物资，包括构成工程实体的主要材料和结构件，以及有助于工程实体形成的周转使用材料和低值易耗品。从价值角度看，材料物资的价值，约占建筑安装工程造价的 60%～70%以上，其重要程度自然是不言而喻。由于材料物资的供应渠道和管理方式各不相同，所以控制的内容和所采取的控制方法也将有所不同。

（三）施工机械使用费的控制

合理选择施工机械设备，合理使用施工机械设备对成本控制具有十分重要的意义，尤其是高层建筑施工。据某些工程实例统计，高层建筑地面以上部分的总费用中，垂直运输机械费用约占 6%～10%。由于不同的起重运输机械各有不同的用途和特点，因此在选择起重运输机械时，首先应根据工程特点和施工条件确定采取何种不同起重运输机械的组合方式。在确定采用何种组合方式时，首先应满足施工需要，同时还要考虑到费用的高低和综合经济效益。

施工机械使用费主要由台班数量和台班单价两方面决定，为有效控制施工机械使用费支出，主要从以下几个方面进行控制：

（1）合理安排施工生产，加强设备租赁计划管理，减少因安排不当引起的设备闲置；

（2）加强机械设备的调度工作，尽量避免窝工，提高现场设备利用率；

（3）加强现场设备的维修保养，避免因不正确使用造成机械设备的停置；

（4）做好机上人员与辅助生产人员的协调与配合，提高施工机械台班产量。

（四）施工分包费用的控制

分包工程价格的高低，必然对项目经理部的施工项目成本产生一定的影响。因此，施工项目成本控制的重要工作之一是对分包价格的控制。项目经理部应在确定施工方案的初期就要确定需要分包的工程范围。决定分包范围的因素主要是施工项目的专业性和项目规模。对分包费用的控制，主要是要做好分包工程的询价、订立平等互利的分包合同、建立稳定的分包关系网络、加强施工验收和分包结算等工作。

二、赢得值（挣值）法

赢得值法（Earned Value Management，EVM）作为一项先进的项目管理技术，最初是美国国防部于 1967 年首次确立的。到目前为止国际上先进的工程公司已普遍采用赢得值法进行工程项目的费用、进度综合分析控制。用赢得值法进行费用、进度综合分析控制，基本参数有三项，即已完工作预算费用、计划工作预算费用和已完工作实际费用。

（一）赢得值法的三个基本参数

1. 已完工作预算费用

已完工作预算费用（Budgeted Cost of Work Performed，*BCWP*），是指在某一时间已经完成的工作（或部分工作），以批准认可的预算为标准所需要的资金总额，由于业主正是根据这个值为承包人完成的工作量支付相应的费用，也就是承包人获得（挣得）的金额，故称赢得值或挣值

$$\text{已完工作预算费用}(BCWP)=\text{已完成工作量}\times\text{预算（计划）单价} \tag{5-11}$$

2. 计划工作预算费用

计划工作预算费用（Budgeted Cost for Work Scheduled，*BCWS*），即根据进度计划在某一时刻应当完成的工作（或部分工作），以预算为标准所需要的资金总额，一般来说，除非合同有变更，计划工作预算费用在工程实施过程中应保持不变

计划工作预算费用（*BCWS*）= 计划工作量 × 预算（计划）单价 （5-12）

3. 已完工作实际费用

已完工作实际费用（Actual Cost of Work Performed，*ACWP*），即到某一时刻为止，已完成的工作（或部分工作）所实际花费的总金额

已完工作实际费用（*ACWP*）= 已完成工作量 × 实际单价 （5-13）

（二）赢得值法的四个评价指标

在上述三个基本参数的基础上，可以确定赢得值法的四个评价指标，它们也都是时间的函数。

1. 费用偏差 *CV*（Cost Variance）

费用偏差（*CV*）= 已完工作预算费用（*BCWP*）– 已完工作实际费用（*ACWP*） （5-14）

当费用偏差 *CV* 为负值时，即表示项目运行超出预算费用；当费用偏差 *CV* 为正值时，表示项目运行节支，实际费用没有超出预算费用。

2. 进度偏差 *SV*（Schedule Variance）

进度偏差（*SV*）= 已完工作预算费用（*BCWP*）– 计划工作预算费用（*BCWS*） （5-15）

当进度偏差 *SV* 为负值时，表示进度延误，即实际进度落后于计划进度；当进度偏差 *SV* 为正值时，表示进度提前，即实际进度快于计划进度。

3. 费用绩效指数（*CPI*）

费用绩效指数（*CPI*）= 已完工作预算费用（*BCWP*）/ 已完工作实际费用（*ACWP*） （5-16）

当费用绩效指数（*CPI*）<1 时，表示超支，即实际费用高于预算费用；当费用绩效指数（*CPI*）>1 时，表示节支，即实际费用低于预算费用。

4. 进度绩效指数（*SPI*）

进度绩效指数（*SPI*）= 已完工作预算费用（*BCWP*）/ 计划工作预算费用（*BCWS*） （5-17）

当进度绩效指数（*SPI*）<1 时，表示进度延误，即实际进度比计划进度拖后；当进度绩效指数（*SPI*）>1 时，表示进度提前，即实际进度比计划进度快。

费用（进度）偏差反映的是绝对偏差，结果很直观，有助于费用管理人员了解项目费用出现偏差的绝对数额，并依此采取一定措施，制订或调整费用支出计划和资金筹措计划。但是，绝对偏差有其不容忽视的局限性。如同样是 10 万元的费用偏差，对于总费用 1000 万元的项目和总费用 1 亿元的项目而言，其严重性显然是不同的。因此，费用（进度）偏差仅适合于对同一项目作偏差分析。费用（进度）绩效指数反映的是相对偏差，它不受项目层次的限制，也不受项目实施时间的限制，因而在同一项目和不同项目比较中均可采用。

在项目的费用、进度综合控制中引入赢得值法，可以克服过去进度、费用分开控制的缺点，即当我们发现费用超支时，很难立即知道是由于费用超出预算，还是由于进度提前。相反，当我们发现费用低于预算时，也很难立即知道是由于费用节省，还是由于进度拖延。而引入赢得值法即可定量地判断进度、费用的执行效果。

三、偏差分析的表达方法

偏差分析可以采用不同的表达方法，常用的有横道图法、表格法和曲线法。

（一）横道图法

用横道图法这行费用偏差分析，是用不同的横道标识已完工作预算费用（*BCWP*）、计划工作预算费用（*BCWS*）和已完工作实际费用（*ACWP*），横道的长度与其金额成正比例，如

图 5-3 所示。

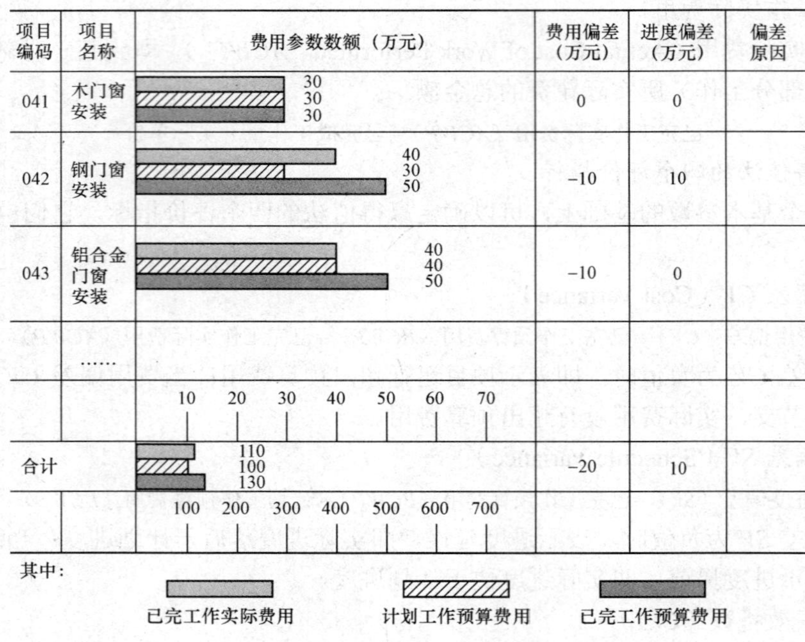

图 5-3 费用偏差分析的横道图法

横道图法具有形象、直观、一目了然等优点，它能够准确表达出费用的绝对偏差，而且能一眼感受到偏差的严重性。但这种方法反映的信息量少，一般在项目的较高管理层应用。

（二）表格法

表格法是进行偏差分析最常用的一种方法。它将项目编号、名称、各费用参数以及费用偏差数综合归纳入一张表格中，并且直接在表格中进行比较。由于各偏差参数都在表中列出，使得费用管理者能够综合地了解并处理这些数据，见表 5-20。

表 5-20 费用偏差分析表

项目编码	（1）	041	042	043
项目名称	（2）	木门窗安装	钢门窗安装	铝合金门窗安装
单位	（3）			
预算（计划）单价	（4）			
计划工作量	（5）			
计划工作预算费用（*BCWS*）	（6）=（5）×（4）	30	30	40
已完成工程量	（7）			
已完工作预算费用（*BCWP*）	（8）=（7）×（4）	30	40	40
实际单价	（9）			
其他款项	（10）			
已完工作实际费用（*ACWP*）	（11）=（7）×（9）+（10）	30	50	50
费用局部偏差	（12）=（8）−（11）	0	−10	−10

续表

项目编码	（1）	041	042	043
项目名称	（2）	木门窗安装	钢门窗安装	铝合金门窗安装
单位	（3）			
费用绩效指数（*CPI*）	（13）=（8）÷（11）	1	0.8	0.8
费用累计偏差	（14）=∑（12）	−20		
进度局部偏差	（15）=（8）−（6）	0	10	0
进度绩效指数（*SPI*）	（16）=（8）÷（6）	1	1.33	1
进度累计偏差	（17）=∑（15）	10		

用表格法进行偏差分析具有如下优点。

（1）灵活、适用性强。可根据实际需要设计表格，进行增减项。

（2）信息量大。可以反映偏差分析所需的资料，从而有利于费用控制人员及时采取针对性措施，加强控制。

（3）表格处理可借助于计算机，从而节约大量数据处理所需的人力，并大大提高速度。

（三）曲线法

在项目实施过程中，以上三个参数可以形成三条曲线，即计划工作预算费用（*BCWS*）、已完工作预算费用（*BCWP*）、已完工作实际费用（*ACWP*）曲线。通过曲线对比，即可得出进度偏差和费用偏差。采用曲线法进行费用、进度综合控制，还可以根据当前的进度、费用偏差情况，通过原因分析，对趋势进行预测，预测项目结束时的进度、费用情况，如图 5-4 所示。

应当指出的是，以上三者所依据的原理是相同的，它们实际上都是运用挣值分析的方法来进行投资偏差分析，只不过它们借助的工具不同，表现形式不一样而已。

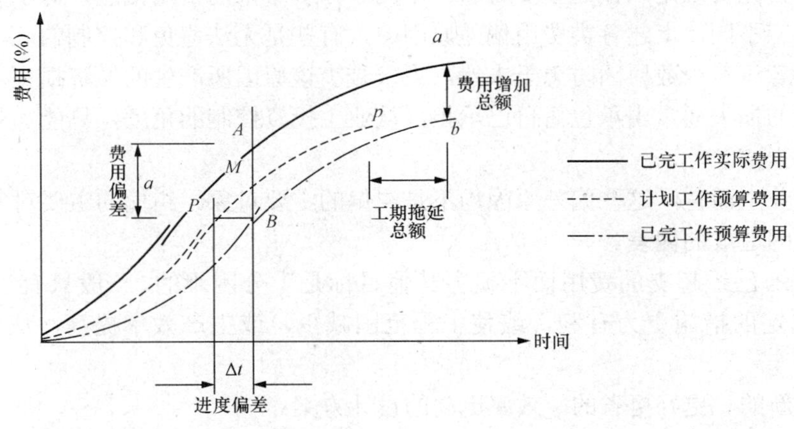

图 5-4 费用偏差分析的曲线法

四、偏差原因分析与纠偏措施

（一）偏差原因分析

在实际执行过程中，最理想的状态是已完工作实际费用（*ACWP*）、计划工作预算费用（*BCWS*）、已完工作预算费用（*BCWP*）三条曲线靠得很近、平稳上升，表示项目按预定计划目标进行。如果三条曲线离散度不断增加，则预示可能发生关系到项目成败的重大问题。

偏差分析的一个重要目的就是要找出引起偏差的原因，从而有可能采取有针对性的措施，减少或避免相同原因的再次发生。在进行偏差原因分析时，首先应当将已经导致和可能导致偏差的各种原因逐一列举出来。导致不同工程项目产生费用偏差的原因具有一定共性，因而可以通过对已建项目的费用偏差原因进行归纳、总结，为该项目采用预防措施提供依据。一般地，费用偏差的产生，有客观、业主、设计、施工等方面的原因，如图 5-5 所示。

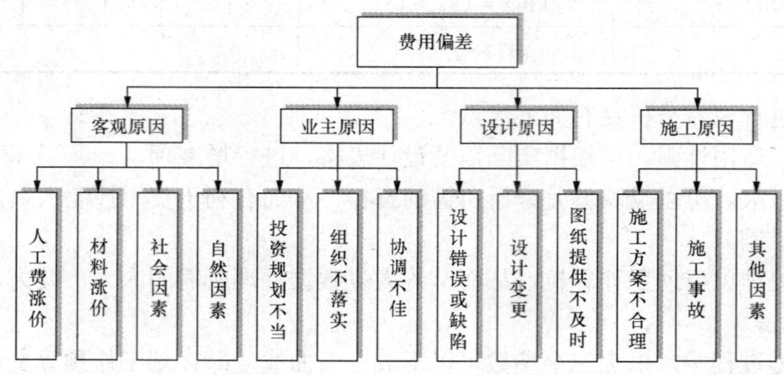

图 5-5　费用偏差原因分析

原因分析可以采用因果关系分析图、ABC 分类法等方法进行定性分析，在此基础上又可利用因素差异分析法进行定量分析。

（二）纠偏措施

对偏差原因进行分析的目的是为了有针对性地采取措施，从而实现费用的动态控制和主动控制。纠偏首先要确定纠偏的主要对象。不同原因所带来的费用偏差，对于不同的控制主体，控制程度应不同。上述各类费用偏差原因中，有些是无法避免和控制的，如客观原因，只能加强风险意识对少数原因防患于未然，力求减少该原因所产生的经济损失。而对于承包商原因所导致的损失通常由承包商自己承担，从业主投资控制的角度，只能加强合同管理，避免被承包商索赔。

所以，就业主而言，这些偏差原因均不是纠偏的主要对象。纠偏的主要对象应是业主的原因和设计原因造成的偏差。

通常要压缩已经超支的费用而不损害其他目标是十分困难的，一般只有当给出的措施比原计划已选定的措施更为有利，或使工程范围减少，或生产效率提高，成本才能降低，例如：

（1）寻找新的、更好更省的、效率更高的设计方案；

（2）购买部分产品，而不是采用完全由自己生产的产品；

（3）重新选择供应商，但会产生供应风险，选择需要时间；

（4）改变实施过程；

（5）变更工程范围；

（6）索赔，例如向业主、承（分）包商、供应商索赔以弥补费用超支。

5.4 工程量清单计价

5.4.1 工程量清单计价规范概述

一、工程量清单计价规范简介

工程量清单计价是一种主要由市场定价的计价模式。为适应我国投资体制改革和建设管理体制改革的需要，加快我国建筑工程计价模式与国际接轨，自2003年起开始在全国范围内逐步推广工程量清单计价方法。规定全部使用国有资金投资或国有资金投资为主（二者简称"国有资金投资"）的工程建设项目，必须采用工程量清单计价；对于非国有资金投资的工程建设项目，是否采用工程量清单方式计价由项目业主自主确定。

为深入推行工程量清单计价改革工作，规范建设工程工程量清单计价行为，统一建设工程工程量清单的编制和计价方法，建设部标准定额司组织在对《建设工程工程量清单计价规范》（GB 50500—2003）进行修订的基础上，推出了新版《建设工程工程量清单计价规范》（GB 50500—2008）（以下简称《计价规范》）。该《计价规范》包括规范条文和附录两部分。规范条文共五章：总则、术语、工程量清单编制、工程量清单计价和工程量清单计价表格，具体内容涵盖了从工程招标投标开始到工程竣工结算办理完毕的全过程，包括工程量清单的编制、招标控制价和投标报价编制、合同价款的约定、工程计量与价款支付、索赔与现场签证、工程价款调整、竣工结算的办理以及对工程价格争议的处理等。附录共有六个，是编制工程量清单的依据。附录A为建筑工程工程量清单项目及计算规则，适用于工业与民用建筑物和构筑物工程；附录B为装饰装修工程工程量清单项目及计算规则，适用于工业与民用建筑物和构筑物的装饰装修工程；附录C为安装工程工程量清单项目及计算规则，适用于工业与民用安装工程；附录D为市政工程工程量清单项目及计算规则，适用于城市市政建设工程；附录E为园林绿化工程工程量清单项目及计算规则，适用于园林绿化工程；附录F为矿山工程工程量清单项目及计算规则，适用于矿山工程。

二、工程量清单的作用

工程量清单是指建设工程的分部分项工程项目、措施项目、其他项目、规费项目和税金项目的名称和相应数量等的明细清单。工程量清单是工程量清单计价的基础，贯穿于建设工程的招投标阶段和施工阶段，是编制招标控制价、投标报价、计算工程量、支付工程款、调整合同价款、办理竣工结算以及工程索赔的依据。工程量清单的主要作用如下：

（1）工程量清单为投标人的投标竞争提供了一个平等和共同的基础；

（2）工程量清单是建设工程计价的依据；

（3）工程量清单是工程付款和结算的依据；

（4）工程量清单是调整工程价款、处理工程索赔的依据。

三、工程量清单计价的基本过程

工程量清单计价过程可以分为两个阶段：工程量清单编制和工程量清单运用两个阶段。工程量清单编制程序如图5-6所示，工程量清单应用过程如图5-7所示。

四、工程量清单计价规范的特点

工程量清单计价规范具有以下特点。

（1）强制性。主要表现在两个方面，一是规定全部使用国有资金投资或国有资金投资为主的工程建设项目，必须采用工程量清单计价；二是规定招标人要做到“五统一”，即统一项目编码、统一项目名称、统一计量单位、统一工程量计算规则、统一项目特征。

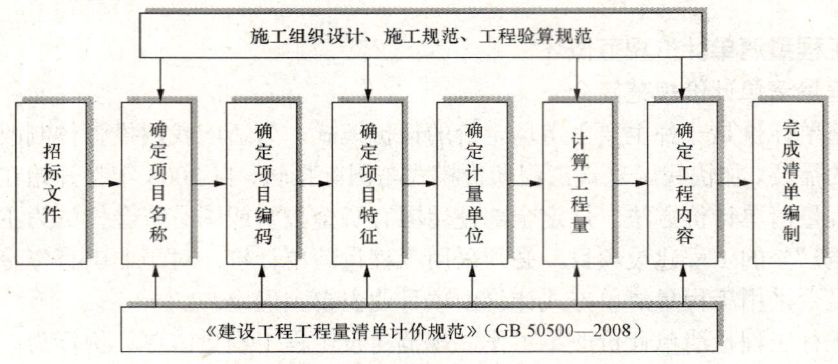

图 5-6 工程量清单编制程序

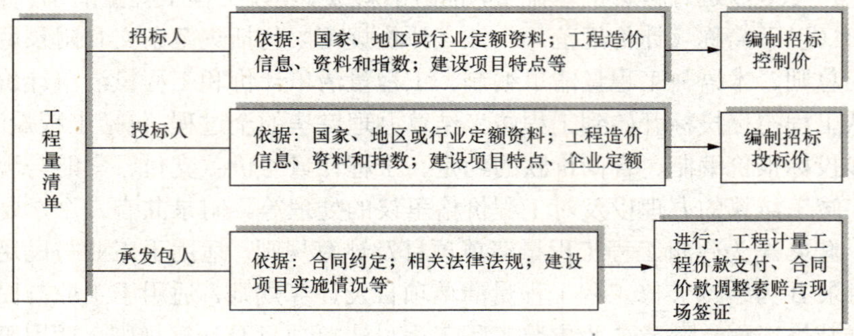

图 5-7 工程量清单计价应用过程

（2）实用性。附录中工程量项目及计算规则的名称表现的是工程实体项目，项目名称明确清晰，工程量计算规则简洁明了；特别还列有项目特征和工程内容，易于编制工程量清单时确定具体项目名称和投标报价。

（3）竞争性。主要体现在两个方面，一是“计价规范”中的措施项目，在工程量清单中只列“措施项目”一栏，具体采用什么措施，视具体情况报价，因为这些项目在各个企业间各有不同，是企业竞争项目，是留给企业竞争的空间。二是“计价规范”中人工、材料和施工机械没有具体的消耗量，投标企业可以依据企业的定额的市场价格信息，也可以参照建设行政主管部门发布的社会平均消耗量定额进行报价，“计价规范”将报价权交给了企业。

（4）通用性。采用工程量清单计价将与国际惯例接轨，符合工程量计算超标准化、工程量计算规则统一化、工程造价确定市场化的要求。

5.4.2 工程量清单编制要求

一、一般规定

工程量清单应由具有编制能力的招标人或受其委托，具有相应资质的工程造价咨询人编制。采用工程量清单方式招标，工程量清单必须作为招标文件的组成部分，其准确性和完整性由招标人负责。

工程量清单是工程量清单计价的基础，应作为标准招标控制价、投标报价、计算工程量。

支付工程款、调整合同价款、办理竣工结算以及工程索赔等的依据。

工程量清单应由分部分项工程量清单、措施项目清单、其他项目清单、规范项目清单、税金项目清单组成。

工程量清单根据以下依据编制：本规范；国家或省级、行业建设主管部门颁发的计价依据和办法；建设工程设计文件；与建设工程项目有关的标准、规范、技术资料；招标文件及其补充通知、答疑纪要；施工现场情况、工程特点及常规施工方案；其他相关资料。

二、分部分项工程量清单

分部分项工程量清单应包括项目编码、项目名称、项目特征、计量单位和工程量，应根据附录规定的项目编码、项目名称、项目特征、计量单位和工程量计算规则进行编制。

分部分项工程量清单的项目编码，应采用十二位阿拉伯数字表示。一至九位应按附录的规定设置，十至十二位应根据拟建工程的工程量清单项目名称设置，同一招标工程的项目编码不得有重码。

分部分项工程量清单的项目名称应按《计价规范》附录（以下简称“附录”）的项目名称结合拟建工程的实际确定。分部分项工程量清单中所列工程量应按附录中规定的工程量计算规则计算。分部分项工程量清单的计量单位应按附录中规定的计量单位确定。分部分项工程量清单项目特征应按附录中规定的项目特征，结合拟建工程项目的实际予以描述。

编制工程量清单出现附录中未包括的项目，编制人应作补充，并报省级或行业工程造价管理机构备案，省级或行业工程造价管理机构应汇总报往住房和城乡建设部标准定额研究所。补充项目的编码由附录的顺序码与 B 和三位阿拉伯数字组成，并应从×B001 起顺序编制，同一招标工程的项目不得重码。工程量清单中需附有补充项目的名称、项目特征、计量单位、工程量计算规则、工程内容。

三、措施项目清单

措施项目清单应根据拟建工程的实际情况列项。通用措施项目可按表 5-21 选择列项，专业工程的措施项目可按附录中规定的项目选择列项。若出现本规范未列的项目，可根据工程实际情况补充。

表 5-21　　通用措施项目一览表

序　号	项　目　名　称
1	安全文明施工（含环境保护、文明施工、安全施工、临时设施）
2	夜间施工
3	二次搬运
4	冬雨季施工
5	大型机械设备进出场及安拆
6	施工排水
7	施工降水
8	地上、地下设施，建筑物的临时保护设施
9	已完工程及设备保护

措施项目中可以计算工程量的项目清单宜采用分部分项工程量清单的方式编制，列出项

目编码、项目名称、项目特征、计量单位和工程量计算规则；不能计算工程量的项目清单，以“项”为计量单位。

四、其他项目清单

其他项目清单宜按照下列内容列项：暂列金额；暂估价（包括材料暂估价、专业工程暂估价）；计日工；总承包服务费。当出现前面未列的项目时，可根据工程实际情况补充。

五、规费项目清单

规费项目清单应按照下列内容列项：工程排污费；工程定额测定费；社会保障费：包括养老保险费、失业保险费、医疗保险费；住房公积金；危险作业意外伤害保险。当出现前面未列的项目时，应根据省级政府或省级有关权力部门的规定列项。

六、税金项目清单

税金项目清单应包括下列内容：营业税；城市维护建设税；教育费附加。当出现前面未列的项目，应根据税务部门的规定列项。

5.4.3 工程量清单计价的规定

一、一般规定

采用工程量清单计价，建设工程造价由分部分项工程费、措施项目费、其他项目费、规费和税金组成。分部分项工程量清单应采用综合单价计价。

招标文件中的工程量清单标明的工程量是投标人投标报价的共同基础，竣工结算的工程量按发、承包双方在合同中约定应予计量且实际完成的工程量确定。

措施项目清单计价应根据拟建工程的施工组织设计，可以计算工程量的措施项目，应按分部分项工程量清单的方式采用综合单价计价；其余的措施项目可以“项”为单位的方式计价，应包括除规费、税金外的全部费用。措施项目清单中的安全文明施工费应按照国家或省级、行业建设主管部门的规定计价，不得作为竞争性费用。

其他项目清单应根据工程特点按下列规定计算：

（1）暂列金额应根据工程特点，按有关计价规定估算；暂列金额应按招标人在其他项目清单中列出的金额填写；暂列金额应减去工程价款调整与索赔、现场签证金额计算，如有余额归发包人。

（2）暂估价中的材料单价应根据工程造价信息或参照市场价格估算；暂估价中的专业工程金额应分不同专业，按有关计价规定估算；材料暂估价应按招标人在其他项目清单中列出的单价计入综合单价；专业工程暂估价应按招标人在其他项目清单中列出的金额填写；暂估价中的材料单价应按发、承包双方最终确认价在综合单价中调整；专业工程暂估价应按中标价或发包人、承包人与分包人最终确认价计算。

（3）计日工应根据工程特点和有关计价依据计算；计日工按招标人在其他项目清单中列出的项目和数量，自主确定综合单价并计算计日工费用；计日工应按发包人实际签证确认的事项计算。

（4）总承包服务费应根据招标文件列出的内容和要求估算；总承包服务费根据招标文件中列出的内容和提出的要求自主确定；总承包服务费应依据合同约定金额计算，如发生调整的，以发、承包双方确认调整的金额计算。

（5）索赔费用应依据发、承包双方确认的索赔事项和金额计算。

（6）现场签证费用应依据发、承包双方签证资料确认的金额计算。

招标人在工程量清单中提供了暂估价的材料和专业工程属于依法必须招标的，由承包人和招标人共同通过招标确定材料单价与专业工程分包价。若材料不属于依法必须招标的，经发、承包双方协商确认单价后计价。若专业工程不属于依法必须招标的，由发包人、总承包人与分包人按有关计价依据进行计价。

规费和税金应按国家或省级、行业建设主管部门的规定计算，不得作为竞争性费用。

采用工程量清单计价的工程，应在招标文件或合同中明确风险内容及其范围（幅度），不得采用无限风险、所有风险或类似语句规定风险内容及其范围（幅度）。

二、招标控制价

国有资金投资的工程建设项目应实行工程量清单招标，并应编制招标控制价。招标控制价超过批准的概算时，招标人应将其报原概算部门审核。投标人的投标报价高于招标控制价的，其投标应予以拒绝。

招标控制价应由具有编制能力的招标人，或受其委托具有相应资质的工程造价咨询人编制。

招标控制价应根据下列依据编制：本规范；国家或省级、行业建设主管部门颁发的计价定额和计价办法；建设工程设计文件及相关资料；招标文件中的工程量清单及有关要求；与建设项目相关的标准、规范、技术资料；工程造价管理机构发布的工程造价信息；工程造价信息没有发布的参照市场价；其他的相关资料。

分部分项工程费应根据招标文件中的分部分项工程量清单项目的特征描述及有关要求，按本规范对“招标控制价”的规定确定综合单价计算。综合单价中应包括招标文件中要求投标人承担的风险费用。招标文件提供了暂估单价的材料，按暂估的单价计入综合单价。

招标控制价应在招标时公布，不应上调或下浮，招标人应将招标控制价及有关资料报送工程所在地工程造价管理机构备查。投标人经复核认为招标人公布的招标控制价未按照本规范的规定编制的，应在开标前 5 天向招投标监督机构或（和）工程造价管理机构投诉。招投标监督机构应会同工程造价管理机构对投诉进行处理，发现有错误的，应责成招标人修改。

三、投标价

除本规范强制性规定外，投标价由投标人自主确定，但不得低于成本。投标价应由投标人或受其委托具有相应资质的工程造价咨询人编制。投标人应按招标人提供的工程量清单填报价格。填写的项目编码、项目名称、项目特征、计量单位、工程量必须与招标人提供的一致。

投标报价应根据下列依据编制：本规范；国家或省级、行业建设主管部门颁发的计价办法；企业定额，国家或省级、行业建设主管部门颁发的计价定额；招标文件、工程量清单及其补充通知、答疑纪要；建设工程设计文件及相关资料；施工现场情况、工程特点及拟定的投标施工组织设计或施工方案；与建设项目相关的标准、规范等技术资料；市场价格信息或工程造价管理机构发布的工程造价信息；其他的相关资料。

分部分项工程费应依据本规范对综合单价的组成内容，按招标文件中分部分项工程量清单项目的特征描述确定综合单价计算。综合单价中应考虑招标文件中要求投标人承担的风险费用。招标文件中提供了暂估单价的材料，按暂估的单价计入综合单价。

投标人可根据工程实际情况结合施工组织设计，对招标人所列的措施项目进行增补。措施项目费应根据招标文件中的措施项目清单及投标时拟定的施工组织设计或施工方案按本规范的规定自主确定。其中安全文明施工费，不得作为竞争性费用。

投标总价应当与分部分项工程费、措施项目费、其他项目费和规费、税金的合计金额一致。

四、工程合同价款的约定

实行招标的工程合同价款应在中标通知书发出之日起30天内，由发、承包人双方依据招标文件和中标人的投标文件在书面合同中约定。不实行招标的工程合同价款，在发、承包人双方认可的工程价款基础上，由发、承包人双方在合同中约定。

实行招标的工程，合同约定不得违背招投标文件中关于工期、造价、质量等方面的实质性内容。招标文件与中标人投标文件不一致的地方，以投标文件为准。

实行工程量清单计价的工程，宜采用单价合同。

发、承包人双方应在合同条款中对下列事项进行约定：预付工程款的数额、支付时间及抵扣方式；工程计量与支付工程进度款的方式、数额及时间；工程价款的调整因素、方法、程序、支付及时间；索赔与现场签证的程序、金额确认与支付时间；发生工程价款争议的解决方法及时间；承担风险的内容、范围以及超出约定内容、范围的调整办法；工程竣工价款结算编制与核对、支付及时间；工程质量保证（保修）金的数额、预扣方式及时间；与履行合同、支付价款有关的其他事项等。

合同中没有约定或约定不明的，由双方协商确定；协商不能达成一致的按本规范执行。

五、工程计量与价款支付

发包人应按照合同约定支付工程预付款。支付的工程预付款，按照合同约定在工程进度中抵扣。发包人支付工程进度款，应按照合同约定计量和支付，支付周期同计量周期。

工程计量时，若发现工程量清单中出现漏项、工程量计算偏差，以及工程变更引起工程量的增减，应按承包人在履行合同义务过程中实际完成的工程量计算。

承包人应按照合同约定，向发包人递交已完工程量报告。发包人应在接到报告后按合同约定进行核对。

承包人应在每个付款周期末，向发包人递交进度款支付申请，并附相应的证明文件。除合同另有约定外，进度款支付申请应包括下列内容：本周期已完成工程的价款；累计已完成的工程价款；累计已支付的工程价款；本周期已完成计日工金额；应增加和扣减的变更金额；应增加和扣减的索赔金额；应抵扣的工程预付款；应扣减的质量保证金；根据合同应增加和扣减的其他金额；本付款周期实际应支付的工程价款。

发包人在收到承包人递交的工程进度款支付申请及相应的证明文件后，发包人应在合同约定时间内核对和支付工程进度款。发包人应扣回的工程预付款，与工程进度款同期结算抵扣。发包人未在合同约定时间内支付工程进度款，承包人应及时向发包人发出要求付款的通知，发包人收到承包人通知后仍不按要求付款，可与承包人协商签订延期付款协议，经承包人同意后延期支付。协议应明确延期支付的时间和从付款申请生效后按同期银行贷款利率计算应付款的利息。发包人不按合同约定支付工程进度款，双方又未达成延期付款协议，导致施工无法进行时，承包人可停止施工，由发包人承担违约责任。

六、索赔与现场签证

合同一方向另一方提出索赔，应有正当的索赔理由和有效证据，并应符合合同的相关约定。若承包人认为非承包人原因发生的事件造成了承包人的经济损失，承包人应在确认该事件发生后，按合同约定向发包人发出索赔通知。

承包人索赔按下列程序处理：

（1）承包人在合同约定的时间内向发包人递交费用索赔意向通知书；

（2）发包人指定专人收集与索赔有关的资料；

（3）承包人在合同约定的时间内向发包人递交费用索赔申请表；

（4）发包人指定的专人初步审查费用索赔申请表，若有正当的索赔理由和有效证据，并符合合同的相关约定时，可予以受理；

（5）发包人指定的专人进行费用索赔核对，经造价工程师复核索赔金额后，与承包人协商确定并由发包人批准；

（6）发包人指定的专人应在合同约定的时间内签署费用索赔审批表，或发出要求承包人提交有关索赔的进一步详细资料的通知，待收到承包人提交的详细资料后，按本条第（4）、（5）款的程序进行。

若承包人的费用索赔与工程延期索赔要求相关联时，发包人在作出费用索赔的批准决定时，应结合工程延期的批准，综合作出费用索赔与工程延期的决定。

若发包人认为由于承包人的原因造成额外损失，发包人应在确认引起索赔的事件后，按合同约定向承包人发出索赔通知。

承包人在收到发包人索赔通知后并在合同约定时间内，未向发包人作出答复，视为该项索赔已经认可。

承包人应发包人要求完成合同以外的零星工作或非承包人责任事件发生时，承包人应按合同约定及时向发包人提出现场签证。

发、承包人双方确认的索赔与现场签证费用与工程进度款同期支付。

七、工程价款调整

工程价款调整内容详见本书 5.5.3 节。

八、竣工结算

工程完工后，发、承包双方应在合同约定时间内办理工程竣工结算。工程竣工结算由承包人或受其委托具有相应资质的工程造价咨询人编制，由发包人或受其委托具有相应资质的工程造价咨询人核对。

工程竣工结算应依据：本规范；施工合同；工程竣工图纸及资料；双方确认的工程量；双方确认追加（减）的工程价款；双方确认的索赔、现场签证事项及价款；投标文件；招标文件；其他依据。

分部分项工程量费应依据双方确认的工程量、合同约定的综合单价计算；如发生调整的，以发、承包双方确认调整的综合单价计算。

措施项目费应依据合同约定的项目和金额计算；如发生调整的，以发、承包双方确认调整的金额计算，其中安全文明施工费不得作为竞争性费用。

其他项目费用应按下列规定计算：

计日工应按发包人实际签证确认的事项计算；暂估价中的材料单价应按发、承包双方最终确认价在综合单价中调整；专业工程暂估价应按中标价或发包人、承包人与分包人最终确认价计算；总承包服务费应依据合同约定金额计算，如发生调整的，以发、承包双方确认调整的金额计算；索赔费用应依据发、承包双方确认的索赔事项和金额计算；现场签证费用应依据发、承包双方签证资料确认的金额计算；暂列金额应减去工程价款调整与索赔、现场签证金额计算，如有余额归发包人。

承包人应在合同约定时间内编制完成竣工结算书，并在提交竣工验收报告的同时递交给发包人。承包人未在合同约定时间内递交竣工结算书，经发包人催促后仍未提供或没有明确答复的，发包人可以根据已有资料办理结算。

发包人在收到承包人递交的竣工结算书后，应按合同约定时间核对。同一工程竣工结算核对完成，发、承包双方签字确认后，禁止发包人又要求承包人与另一个或多个工程造价咨询人重复核对竣工结算。

发包人或受其委托的工程造价咨询人收到承包人递交的竣工结算书后，在合同约定时间内，不核对竣工结算或未提出核对意见的，视为承包人递交的竣工结算书已经认可，发包人应向承包人支付工程结算价款。

承包人在接到发包人提出的核对意见后，在合同约定时间内，不确认也未提出异议的，视为发包人提出的核对意见已经认可，竣工结算办理完毕。

发包人应对承包人递交的竣工结算书签收，拒不签收的，承包人可以不交付竣工工程。

承包人未在合同约定时间内递交竣工结算书的，发包人要求交付竣工工程，承包人应当交付。

竣工结算办理完毕，发包人应将竣工结算书报送工程所在地工程造价管理机构备案。竣工结算书作为工程竣工验收备案、交付使用的必备文件。

竣工结算办理完毕，发包人应根据确认的竣工结算书在合同约定时间内向承包人支付工程竣工结算价款。

发包人未在合同约定时间内向承包人支付工程结算价款的，承包人可催告发包人支付结算价款。如达成延期支付协议的，发包人应按同期银行同类贷款利率支付拖欠工程价款的利息。如未达成延期支付协议，承包人可以与发包人协商将该工程折价，或申请人民法院将该工程依法拍卖，承包人就该工程折价或者拍卖的价款优先受偿。

九、工程计价争议处理

在工程计价中，对工程造价计价依据、办法以及相关政策规定发生争议事项的，由工程造价管理机构负责解释。

发包人以对工程质量有异议，拒绝办理工程竣工结算的，已竣工验收或已竣工未验收但实际投入使用的工程，其质量争议按该工程保修合同执行，竣工结算按合同约定办理；已竣工未验收且未实际投入使用的工程以及停工、停建工程的质量争议，双方应就有争议的部分委托有资质的检测鉴定机构进行检测，根据检测结果确定解决方案，或按工程质量监督机构的处理决定执行后办理竣工结算，无争议部分的竣工结算按合同约定办理。

发、承包双方发生工程造价合同纠纷时，应通过下列办法解决：双方协商；提请调解，工程造价管理机构负责调解工程造价问题；按合同约定向仲裁机构申请仲裁或向人民法院起诉。

在合同纠纷案件处理中，需作工程造价鉴定的，应委托具有相应资质的工程造价咨询人进行。

5.5 工程项目合同价款管理

5.5.1 合同计价方式

《建筑工程施工发包与承包计价管理办法》规定，合同价可以采用三种方式：固定价、可调价和成本加酬金。建设工程承包合同的计价方式按国际通行做法，又可分为总价合同、单价合同和成本加酬金合同。

一、固定价

固定价，是指合同总价或者单价，在合同约定的风险范围内不可调整，即在合同的实施期间不因资源价格等因素的变化而调整的价格。

（一）固定总价

固定总价合同的价格计算是以设计图纸、工程量及规范等为依据，发承包双方就承包工程协商一个固定的总价，即承包方按投标时发包方接受的合同价格实施工程，并一笔包死，无特定情况不作变化。

采用这种合同，合同总价只有在设计和工程范围发生变更的情况下才能随之作相应的变更，除此之外，合同总价一般不能变动。因此，采用固定总价合同，承包方要承担合同履行过程中的主要风险，要承担实物工程量、工程单价等变化而可能造成损失的风险。在合同执行过程中，发承包双方均不能以工程量、设备和材料价格、工资等变动为理由，提出对合同总价调值的要求。因此，作为合同总价计算依据的设计图纸、说明、规定及规范需对工程做出详尽的描述，承包方要在投标时对一切费用上升的因素做出估计并将其包含在投标报价之中。承包方因为可能要为许多不可预见的因素付出代价，所以往往会加大不可预见费用，致使这种合同的投标价格可能较高。

固定总价合同的适用条件一般为：

（1）招标时的设计深度已达到施工图设计要求，工程设计图纸完整齐全，项目范围及工程量计算依据确切，合同履行过程中不会出现较大的设计变更，承包方依据的报价工程量与实际完成的工程量不会有较大的差异。

（2）规模较小，技术不太复杂的中小型工程，承包方一般在报价时可以合理地预见到实施过程中可能遇到的各种风险。

（3）合同工期较短，一般为工期在一年之内的工程。

（二）固定单价

1\. 估算工程量单价

这种合同是以工程量清单和工程单价表为基础和依据来计算合同价格的，亦可称为计量估价合同。估算工程量单价合同通常是由发包方提出工程量清单，列出分部分项工程量，由承包方以此为基础填报相应单价，累计计算后得出合同价格。但最后的工程结算价应按照实际完成的工程量来计算，即按合同中的分部分项工程单价和实际工程量，计算得出工程结算和支付的工程总价格。采用这种合同时，要求实际完成的工程量与原估计的工程量不能有实质性的变更。因为承包方给出的单价是以相应的工程量为基础的，如果工程量大幅度增减可能影响工程成本。不过在实践中往往很难确定工程量究竟有多大范围的变更才算实质性变更，这是采用这种合同计价方式需要考虑的一个问题。有些固定单价合同规定，如果实际工程量与报价表中的工程量相差超过±10%时，允许承包方调整合同单价。此外，也有些固定单价合同在材料价格变动较大时允许承包方调整单价。

这种合同计价方式较为合理地分担了合同履行过程中的风险。承包方据以报价的清单工程量为估计工程量，这样可以避免实际完成工程量与估计工程量有较大差异时，若以总价合同承包，可能导致发包方过大的额外支出或是承包方的亏损。此外，承包方在投标时可不必将不能合理准确预见的风险计入投标报价内，有利于发包方获得较为合理的合同价格。采用估算工程量单价合同时，工程量是统一计算出来的，承包方只要经过复核后填上适当的单价，承担风险较小；发包方也只需审核单价是否合理即可，对双方都较为方便。由于具有这些特点，估算工程量单价合同是比较常见的一种合同计价方式。

估算工程量单价合同大多用于工期长、技术复杂、实施过程中可能发生较多不可预见因素的工程项目；或发包方为了缩短项目建设周期，在施工图不完善或当准备招标的工程内容、技术经济指标一时尚不能明确、具体予以规定时，往往采用这种合同计价方式。这样，在不能精确的计算出工程量的条件下，可以避免使发包或承包的任何一方承担过大的风险。实施这种合同的工程，在施工时要求建立施工日志，施工过程中及时计量并建立月份明细账目，以便确定实际工程量。

2. 纯单价

采用这种计价方式的合同时，发包方只向承包方给出发包工程的有关分部分项工程以及工程范围，不对工程量作任何规定。即在招标文件中仅给出工程内各个分部分项工程一览表、工程范围和必要的说明，而不必提供实物工程量。承包方在投标时只需要对这类给定范围的分部分项工程做出报价即可，合同实施过程中按实际完成的工程量进行结算。

这种合同计价方式主要适用于没有施工图，工程量不明，却急需开工的紧迫工程，如设计单位来不及提供正式施工图纸，或虽有施工图但由于某些原因不能比较准确地计算工程量等。当然，对于纯单价合同来说，发包方必须对工程范围的划分做出明确的规定，以使承包方能够合理地确定工程单价。

二、可调价

可调价，是指合同总价或者单价，在合同实施期内根据合同约定的办法调整，即在合同的实施过程中可以按照约定，随资源价格等因素的变化而调整的价格。

（一）可调总价

可调总价合同的总价一般也是以设计图纸及规定、规范为基础，在报价及签约时，按招标文件的要求和当时的物价计算合同总价。但合同总价是一个相对固定的价格，在合同执行过程中，由于通货膨胀而使所用的工料成本增加，可对合同总价进行相应的调整。可调总价合同的合同总价不变，只是在合同条款中增加调价条款，如果出现通货膨胀这一不可预见的费用因素，合同总价就可按约定的调价条款作相应调整。

可调总价合同列出的有关调价的特定条款，往往是在合同专用条款中列明。调价工作必须按照这些特定的调价条款进行。这种合同与固定总价合同的不同之处在于，它对合同实施中出现的风险做了分摊，发包方承担了通货膨胀的风险，而承包方承担合同实施中实物工程量、成本和工期因素等的其他风险。

可调总价适用于工程内容和技术经济指标规定很明确的项目，由于合同中列有调值条款，所以工期在一年以上的工程项目较适于采用这种合同计价方式。

（二）可调单价

合同单价的可调，一般是在工程招标文件中规定。在合同中签订的单价，根据合同约定的条款，可作调值。有的工程在招标或签约时，因某些不确定因素而在合同中暂定某些分部分项工程的单价，在工程结算时，再根据实际情况和合同约定对合同单价进行调整，确定实际结算单价。

三、成本加酬金

成本加酬金合同是将工程项目的实际投资划分成直接成本费和承包方完成工作后应得酬金两部分。工程实施过程中发生的直接成本费由发包方实报实销，再按合同约定的方式另外支付给承包方相应报酬。

这种合同计价方式主要适用于工程内容及技术经济指标尚未全面确定，投标报价的依据尚不充分的情况下，发包方因工期要求紧迫，必须发包的工程；或者发包方与承包方之间有着高度的信任，承包方在某些方面具有独特的技术、特长或经验。由于在签订合同时，发包方提供不出可供承包方准确报价所必需的资料，报价缺乏依据，因此，在合同内只能商定酬金的计算方法。成本加酬金合同广泛地适用于工作范围很难确定的工程和在设计完成之前就开始施工的工程。

以成本加酬金方式签订的工程承包合同有两个明显的缺点：一是发包方不能有效控制工程总价；二是承包方对降低成本也不太感兴趣。因此，采用这种合同计价方式时，其合同条款必须非常严格。

按照酬金的计算方式不同，成本加酬金合同又分为以下几种形式。

（一）成本加固定比例酬金

采用这种合同计价方式，承包方的实际成本实报实销，同时按照实际成本的固定比例付给承包方一笔酬金。工程的合同总价表达式为：

$$C = C_d + C_d P \tag{5-18}$$

式中 C——合同价；

C_d——实际发生的成本；

P——双方事先商定的酬金比例。

这种合同计价方式，工程总价及付给承包方的酬金随工程成本而水涨船高，这不利于鼓励承包方降低成本，正是由于这种弊病所在，因而很少采用。一般在工程初期很难描述工作范围和性质，或工期迫切，无法按常规编制招标文件招标时采用。

（二）成本加固定金额酬金

采用这种合同计价方式与成本加固定百分比酬金合同相似。其不同之处仅在于在成本上所增加的费用是一笔固定金额的酬金。酬金一般是按估算工程成本的一定百分比确定，数额是固定不变的。计算表达式为：

$$C = C_d + F \tag{5-19}$$

式中 F——双方约定的酬金。

这种计价方式的合同虽然也不能鼓励承包商关心和降低成本，但从尽快获得全部酬金、减少管理投入出发，会有利于缩短工期。

采用上述两种合同计价方式时，为了避免承包方企图获得更多的酬金而对工程成本不加控制，往往在承包合同中规定一些补充条款，以鼓励承包方节约工程费用的开支，降低成本。

（三）成本加奖罚

采用成本加奖罚合同，在签订合同时双方事先约定该工程的预期成本或称目标成本和固定酬金，以及实际发生的成本与预期成本比较后的奖罚计算办法。在合同实施后，根据工程实际成本的发生情况，确定奖罚的额度，当实际成本低于预期成本时，承包方除可获得实际成本补偿和酬金外，还可根据成本降低额得到一笔奖金；当实际成本大于预期成本时，承包方仅可得到实际成本补偿和酬金，并视实际成本高出预期成本的情况，被处于一笔罚金。成本加奖罚合同的计算表达式为：

$$C=C_d+F \quad (C_d=C_0) \tag{5-20}$$

$$C=C_d+F+\Delta F \quad (C_d<C_0) \tag{5-21}$$

$$C=C_d+F-\Delta F \quad (C_d>C_0) \tag{5-22}$$

式中 C_0——签订合同时双方约定的预期成本；

ΔF——奖罚金额（可以是百分数，也可以是绝对数，而且奖与罚可以是不同计算标准）。

这种合同计价方式可以促使承包方关心和降低成本，缩短工期，而且目标成本可以随着设计的进展而加以调整，所以发承包双方都不会承担太大的风险，故这种合同计价方式应用较多。一般在招标时，当图纸、规范等准备不充分，不能据以确定合同价，而仅能制定一个估算指标时可采用这种形式。

（四）最高限额成本加固定最大酬金

在这种计价方式的合同中，首先要确定最高限额成本、报价成本和最低成本，当实际成本没有超过最低成本时，承包方花费的成本费用及应得酬金等都可得到发包方的支付，并与发包方分享节约额；如果实际工程成本在最低成本和报价成本之间，承包方只有成本和酬金可以得到支付；如果实际工程成本在报价成本与最高限额成本之间，则只有全部成本可以得到支付；实际工程成本超过最高限额成本，则超过部分，发包方不予支付。

这种合同计价方式有利于控制工程投资，并能鼓励承包方最大限度地降低工程成本，但需要在签订合同时合理确定最高限额成本和最低成本，要求设计达到可以报总价的深度。

四、影响合同计价方式选择的因素

在工程实践中，采用哪一种合同计价方式应根据建设工程的特点，业主对筹建工作的设想，对工程费用、工期和质量的要求等，综合考虑后进行确定。具体应考虑以下因素。

1. 项目的复杂程度

规模大且技术复杂的工程项目，承包风险较大，各项费用不易估算准确，不宜采用固定总价合同。或者有把握的部分采用固定总价合同，估算不准的部分采用单价合同或成本加酬金合同。有时，在同一工程中采用不同的合同形式，是业主和承包商合理分担工程实施中不确定风险因素的有效办法。

2. 工程设计工作的深度

工程招标时所依据的设计文件的深度，即工程范围的明确程度和预计完成工程量的准确程度，经常是选择合同计价方式时应考虑的重要因素。因为招标图纸和工程量清单的详细程度是否能让投标人合理报价，取决于已完成的设计工作的深度。

3. 工程施工的难易程度

如果施工中有较大部分采用新技术和新工艺，当发包方和承包方在这方面过去都没有经验，且在国家颁布的标准、规范、定额中又没有可作为依据的标准时，为了避免投标人盲目地提高承包价格或由于对施工难度估计不足而导致承包亏损，不宜采用固定总价合同，较为保险的做法是选用成本加酬金合同。

4. 工程进度要求的紧迫程度

在招标过程中，对一些紧急工程，如灾后恢复工程、要求尽快开工且工期较紧的工程等，可能仅有实施方案，还没有施工图纸，因此不可能让承包商报出合理的价格。此时，采用成本加酬金合同比较合理，可以以邀请招标的方式选择有信誉、有能力的承包商及早开工。

五、工程量清单计价下合同价款的约定

（一）工程量清单计价下的合同形式

《计价规范》总则规定，实行工程量清单计价的工程，宜选用单价合同。单价合同包括固定单价合同和可调单价合同。

1. 固定单价合同

固定单价合同是指双方在合同中约定综合单价包含的风险范围和风险费用的计算方法，在约定的风险范围内综合单价不再调整。风险范围以外的综合单价调整方法，应当在合同中约定。其特点如下：

（1）以工程量清单和工程单价表为基础和依据来计算合同价格；

（2）通常是由发包方委托工程造价咨询机构提出总工程量估算表，即暂估工程量清单，列出分部分项工程量，由承包方以此为基础填报单价；

（3）最后工程的总价应按照实际完成工程量计算，由合同中分部分项工程单价乘以实际工程量，得出工程结算的总价。

2. 可调单价合同

可调单价合同指在合同中签订的单价，根据合同约定的条款可做调值。可调价格包括可调综合单价和措施费等。《建设工程价款结算暂行办法》第八条中规定调整的因素包括：

（1）法律、行政法规和国家有关政策变化影响合同价款；

（2）工程造价管理机构的价格调整；

（3）经批准的设计变更；

（4）发包人更改经审定批准的施工组织设计（修正错误除外）造成费用增加；

（5）双方约定的其他因素。

（二）工程量清单计价下的合同约定

《清单计价规范》总则中规定：实行工程量清单计价方式的工程，发、承包双方应在合同条款中对下列 9 项事项进行约定。

（1）预付工程款的数额、支付时间及抵扣方式；

（2）工程计量与支付工程进度款的方式、数额及时间；

（3）工程价款的调整因素、方法、程序、支付及时间；

（4）索赔与现场签证的程序、金额确认与支付时间；

（5）发生工程价款争议的解决方法及时间；

（6）承担风险的内容、范围以及超出约定内容、范围的调整办法；

（7）工程竣工价款结算编制与核对、支付及时间；

（8）工程质量保证（保修）金的数额、预扣方式及时间；

（9）与履行合同、支付价款有关的其他事项等。

若合同中没有对这 9 项内容进行约定或约定不明的，由双方协商确定；协商不能达成一致的，按《计价规范》执行。

5.5.2 工程计量与现场签证

工程计量与现场签证都是对工程项目施工中实际发生的工程量的确认，但两者的对象不

同。工程计量主要确认承包方实际完成的合同约定范围内的工作，而现场签证则主要确认承包方实际完成的合同约定范围以外的工作。

一、工程计量

（一）工程计量的重要性

1. 工程计量是控制项目费用的关键环节

工程计量是指根据设计文件及承包合同中关于工程量计算的规定，发包人或监理工程师对承包商申报的已完成工程的工程量进行的核验。《计价规范》中明确规定，工程量清单中的工程量是该工程的估算工程量，不能作为承包商应予完成的实际和确切的工程量。因为工程量表中的工程量是在编制招标文件时，在图纸和规范的基础上估算的工作量，不能作为结算工程价款的依据，而必须通过项目监理机构对已完的工程量进行计量。经过项目监理机构计量所确定的数量是向承包商支付任何款项的凭证。

2. 工程计量是约束承包商履行合同义务的手段

FIDIC 合同条件规定，业主对承包商的付款，是以工程师批准的付款证书为凭据的，工程师对计量支付有充分的批准权和否决权。对于不合格的工作和工程，工程师可以拒绝计量。同时，工程师通过按时计量，可以及时掌握承包商工作的进展情况和工程进度。当工程师发现工程进度严重偏离计划目标时，可要求承包商及时分析原因、采取措施、加快进度。因此，在施工过程中，项目监理机构可以通过计量支付手段，控制工程按合同进行。

（二）工程计量的程序

1.《建设工程施工合同（示范文本）》约定的程序

按照《建设工程施工合同（示范文本）》规定，工程计量的一般程序是：承包人应按专用条款约定的时间，向工程师提交已完工程量的报告，工程师接到报告后 7 天内按设计图纸核实已完工程量，并在计量前 24 小时通知承包人，承包人为计量提供便利条件并派人参加。承包人收到通知后不参加计量，计量结果有效，作为工程价款支付的依据。工程师收到承包人报告后 7 天内未进行计量，从第 8 天起，承包人报告中开列的工程量既视为已被确认，作为工程价款支付的依据。工程师不按约定时间通知承包人，使承包人不能参加计量，计量结果无效。对承包人超出设计图纸范围和因承包人原因造成返工的工程量，工程师不予计量。

2. 建设工程监理规范规定的程序

（1）承包单位统计经专业监理工程师质量验收合格的工程量，按施工合同的约定填报工程量清单和工程款支付申请表；

（2）专业监理工程师进行现场计量，按施工合同的约定审核工程量清单和工程款支付申请表，并报总监理工程师审定；

（3）总监理工程师签署工程款支付证书，并报建设单位。

3. FIDIC 施工合同约定的工程计量程序

按照 FIDIC 施工合同约定，当工程师要求测量工程的任何部分时，应向承包商代表发出合理通知，承包商代表应：①及时亲自或另派合格代表，协助工程师进行测量；②提供工程师要求的任何具体材料。如果承包商未能到场或派代表，工程师（或其代表）所作测量、应作为准确予以认可。

除合同另有规定外，凡需根据记录进行测量的任何永久工程，此类记录应由工程师准备。承包商应根据约定或被提出要求时，到场与工程师对记录进行检查和协商，达成一致后应在记录上签字。如承包商未到场，应认为该记录准确，予以认可。如果承包商检查后不同意该记录，和（或）不签字表示同意，承包商应向工程师发出通知，说明认为该记录不准确的部分。工程师收到通知后，应审查该记录，进行确认或更改。如果承包商被要求检查记录 14 天内，没有发出此类通知，该记录应作为准确予以认可。

（三）工程计量的依据

计量依据一般有质量合格证书，工程量清单前言，技术规范中的“计量支付”条款和设计图纸。

1. 质量合格证书

对于承包商已完的工程，并不是全部进行计量，而只是质量达到合同标准的已完工程才予以计量。所以工程计量必须与质量监理紧密配合，经过专业工程师检验，工程质量达到合同规定的标准后，由专业工程师签署报验申请表（质量合格证书），只有质量合格的工程才予以计量。所以说质量监理是计量监理的基础，计量又是质量监理的保障，通过计量支付，强化承包商的质量意识。

2. 工程量清单规范和技术规范

工程量清单规范和技术规范是确定计量方法的依据。因为工程量清单规范和技术规范的“计量支付”条款规定了清单中每一项工程的计量方法，同时还规定了按规定的计量方法确定的单价所包括的工作内容和范围。

3. 设计图纸

采用工程量清单计价的合同以实际完成的工程量进行结算，但被工程师计量的工程数量，并不一定是承包商实际施工的数量。计量的几何尺寸要以设计图纸为依据，工程师对承包商超出设计图纸要求增加的工程量和自身原因造成返工的工程量，不予计量。

（四）工程计量的方法

工程师一般只对以下几方面的工程项目进行计量：

（1）工程量清单中的全部项目；

（2）合同文件中规定的项目；

（3）工程变更项目。

此外，根据《计价规范》，工程计量时，若发现工程量清单中出现漏项、工程量计算偏差，以及工程变更引起工程量的增减，应按承包人在履行合同义务过程中实际完成的工程量计算。

根据 FIDIC 合同条件的规定，一般可按照以下方法进行计量。

1. 均摊法

所谓均摊法，就是对清单中某些项目的合同价款，按合同工期平均计量。如：为监理工程师提供宿舍，保养测量设备，保养气象记录设备，维护工地清洁和整洁等。这些项目都有一个共同的特点，即每月均有发生。所以可以采用均摊法进行计量支付。例如：保养气象记录设备，每月发生的费用是相同的，如本项合同款额为 2000 元，合同工期为 20 个月，则每月计量、支付的款额为：2000 元/20 月=100 元/月。

2. 凭据法

所谓凭据法，就是按照承包商提供的凭据进行计量支付。如建筑工程险保险费、第三方责任险保险费、履约保证金等项目，一般按凭据法进行计量支付。

3. 估价法

所谓估价法，就是按合同文件的规定，根据工程师估算的已完成的工程价值支付。如为工程师提供办公设施和生活设施，为工程师提供用车，为工程师提供测量设备、天气记录设备、通讯设备等项目。这类清单项目往往要购买几种仪器设备，当承包商对于某一项清单项目中规定购买的仪器设备不能一次购进时，则需采用估价法进行计量支付。其计量过程如下：

（1）按照市场的物价情况，对清单中规定购置的仪器设备分别进行估价；

（2）按式（5-23）计量支付金额：

$$F = A \cdot \frac{B}{D} \tag{5-23}$$

式中 F——计算支付的金额；

A——清单所列该项的合同金额；

B——该项实际完成的金额（按估算价格计算）；

D——该项全部仪器设备的总估算价格。

从式（5-23）可知：

1）该项实际完成金额 B 必须按估算各种设备的价格计算，它与承包商购进的价格无关。

2）估算的总价与合同工程量清单的款额无关。

当然，估价的款额与最终支付的款额无关，最终支付的款额总是合同清单中的款额。

4. 断面法

断面法主要用于取土坑或填筑路堤土方的计量。对于填筑土方工程，一般规定计量的体积为原地面线与设计断面所构成的体积。采用这种方法计量，在开工前承包商需测绘出原地形的断面，并需经工程师检查，作为计量的依据。

5. 图纸法

在工程量清单中，许多项目采取按照设计图纸所示的尺寸进行计量。如混凝土构筑物的体积，钻孔桩的桩长等。

6. 分解计量法

所谓分解计量法，就是将一个项目，根据工序或部位分解为若干子项。对完成的各子项进行计量支付。这种计量方法主要是为了解决一些包干项目或较大的工程项目的支付时间过长，影响承包商的资金流动等问题。

二、现场签证

工程项目的施工过程具有很大的不确定性。各种不确定因素对工程项目的影响可能表现在工期、费用或质量等不同方面，但从合同价款管理的角度来看，这些影响最终将以费用的形式体现在实际工程费用中。作为对工程实际实施情况的书面描述，现场签证是施工过程中的常见环节。现场签证的正确与否，直接影响到工程造价。

（一）现场签证的概念与作用

现场签证是指发包人现场代表与承包人现场代表根据承包合同的约定，就工程施工过程中超出合同范围以外工作内容所作的签认证明。现场签证是承、发包双方承包合同以外的工程质、量变化的实际情况记录，也是工程项目在施工期间的各种因素和条件发生变化情况的真实记录和证明。它是计算工程签证费用的原始依据，是工程项目施工阶段费用管理的主要组成部分。

工程项目现场签证的作用主要体现在以下几方面。

（1）现场签证是保障工程顺利进行的法律武器。工程建设是个周期长、技术性强、涉及面广的系统工程，在实施过程中，由于诸多不确定因素的影响必然会发生调整，现场签证作为工程项目合同文件的一部分，其内容、形式等的规范化要求有利于工程的顺利实施。

（2）现场签证是处理工程内容修改与补充的有效手段。工程项目投资规模大，建设周期长，技术含量高，设备及材料型号规格多、价格变化快，工程合同不可能对整个施工期间可能出现的情况作出完整的预见和约定，加之实施过程中主、客观条件的变化，致使施工过程具有很大的不确定性，对工程内容的修改与补充不可避免，现场签证是对实际工程调整情况的真实记录。

（3）现场签证是工程结算的依据。工程项目的承包合同价（即结算价）等于中标价加签证费用、变更费用及合同规定允许调整的有关费用。其中的现场签证费用是不包括在合同价款之内，在施工过程中因工程实际需要而发生的各项费用。这部分费用涉及面广，具有临时性和无规律性等特点，且人为因素多，可能引起的争议也大，管理比较困难，是影响工程费用的关键因素之一。严格现场签证管理有利于工程费用的控制。根据国家的有关规定，现场签证费用属于预备费的范畴，一般来说不能超过工程总价的1%。

（二）现场签证的原则

现场签证是一项技术性、专业性、政策性很强的工作，贯穿于工程施工的全过程。在签证中应坚持以下原则。

（1）量价分离原则。工程量签证要尽可能做到详细，不能笼统或含糊其辞，以预算审批部门进行工程量计算方便为原则。凡能明确计算工程量的内容，只能签工程量而不能签人工工日和机械台班数量。

（2）实事求是原则。首先未经核实不能盲目签证，内容要与实际相符。若无法计算工程量的内容，可只签所发生的人工工日或机械台班数量，但应严格把握，实际发生多少签多少，不得将其他因素考虑进去以增大数量进行补偿。

（3）现场跟踪原则。为了加强管理，严格费用控制，凡是费用较大的签证，在费用发生之前，施工单位应与现场监理人员以及造价审核人员一同到现场察看。

（4）废料回收原则。现场签证中许多是障碍物拆除和措施性工程，其中发生的材料或设备需要回收的（不回收的需注明），应签明回收单位，并由回收单位出具回收证明。

（5）及时处理原则。工程项目的建设周期长，随着时间的变化，结算政策和材料价格等都会发生变化，为避免发生争议，在施工中应做到随发生随签证，避免等到工程结算时只靠回忆来进行签证。

（6）检查重复原则。一般现场签证均由发包人现场代表（或监理人员）负责，签证时应检查所签内容是否与合同内容或设计变更重复而不属于现场签证范围，使现场签证准确无误，避免无效签证的发生。

（7）相同计费方式原则。现场签证费用是整个工程费用的一部分，该费用预算的编制及结算应与正规的预算编制原则和程序相一致，其中执行的定额、基价及取费标准也应与主体工程所签合同的规定相吻合。

（8）真实有据原则。现场签证应以证据为准、真实合法，签证文件上应有完善的计量记录。对于一些重大的现场变化及需要隐蔽的签证项目，还应及时拍照或录像，保存第一手资料，确保现场签证的真实性。

现场签证必须是书面形式，手续齐全，一式多份。现场签证应由业主代表、监理工程师、施工单位代表共同签字，对于签证价格较大或大宗材料单价，必须加盖公章。各方至少保存一份原件，避免自行修改，为结算时提供真实可靠的凭据；若是口头指令应尽快请有关指令人员确认；对造价影响较大的签证，应由项目主管领导批示，并经设计人员同意并签字。各方代表应为合同指派人员。

此外，现场签证中的内容、数量、项目、原因、部位、日期、结算方式、结算单价及所用材料的名称、规格、型号、几何尺寸、细部尺寸、数量等均应明确，并应保留所有与签证有关的文件。

（三）现场签证费用的编制原则及处理方法

（1）因为现场签证费用是整个工程投资的一部分，所以该费用预算的编制及结算应与正规的预算编制原则和程序相一致；其中执行的定额、基价及取费标准也应与主体工程所签合同规定相吻合；签证工程中所发生的材料、设备，其供应原则及办法也应与施工合同的有关规定相一致；材料价差的处理也应符合国家以及地方的现有规定。

（2）对拆除性工程的旧材料、旧设备以及措施性工程中所发生的一次性使用材料、设备，原则上应由发包方的材料和设备供应部门回收，且回收所发生的费用由回收部门承担。承包方凭回收证明，与预算审核部门处理其相关费用。如发包方不回收，则承包方会同发包方的有关部门现场鉴定、摊销、折价后交给承包方，并在结算中扣除其价款。

（3）无论是承包方依据现场签证单所编制的预结算，还是发包方或监理方的审核，必须注意签证单上的内容与设计图纸、定额中所包含的内容是否有重复之处，若有重复的项目内容必须予以剔除，因为有些工作内容虽然未在图纸上反映，但却包含在定额之中。

（4）在处理地下障碍物拆除工程时，应注意拆除物已按现场签证处理，所以应扣除原招标或施工图预算中已给的土方开挖量，避免重复计算。

5.5.3 工程变更

一、工程变更的概念

工程项目在实施过程中，由于现场施工条件、自然条件、社会环境、材料设备的供应以及施工技术水平等因素的影响，导致设计图纸、工程量、工程进度、工程内容等的变化统称为工程变更。工程变更会导致工程费用和工期的改变，甚至会影响工程质量，因此，一般通过严格变更程序、明确变更价款的确定方法等措施加以控制。

工程变更的主要内容包括以下四个方面。

（1）设计变更。由于提高标准、增加建筑面积、改变结构布局，或发现设计错误等引起的设计变更。提出设计变更的主体可以是发包人、承包人、设计人、监理工程师等。

（2）施工条件变化。由于地质条件、现场条件、市场条件或法律法规等的变化而引起的工程变更。

（3）进度计划变更。由于某种需求或因素的改变导致进度计划的加快或减缓。

（4）增减工程项目内容。由于完善功能或调整功能提出新增或减少某些工程项目内容。

二、工程变更的程序

我国的《建设工程施工合同（示范文本）》、《建设工程监理规范》、《FIDIC 施工合同条件》等对工程的变更程序均有规定。下面以《建设工程施工合同（示范文本）》为例，分别说明工程变更及变更价款的确定程序。

(一) 工程变更的程序

1. 工程设计变更的程序

(1) 发包人对原设计进行变更。施工中发包人如果需要对原工程设计进行变更，应提前14天以书面形式向承包人发出变更通知。承包人对于发包人的变更通知没有拒绝的权利，这是合同赋予发包人的一项权利。因为发包人是工程的出资人、所有人和管理者，对将来工程的运行承担主要的责任，只有赋予发包人这样的权利才能减少更大的损失。但是，变更超过原设计标准或批准的建设规模时，发包人应报规划管理部门和其他有关部门重新审查批准，并由原设计单位提供变更的相应图纸和说明。承包人按照工程师发出的变更通知及有关要求变更。

(2) 承包人原因对原设计进行变更。施工中承包人不得为了施工方便而要求对原工程设计进行变更，承包人应当严格按照图纸施工，不得随意变更设计。施工中承包人提出的合理化建议涉及对设计图纸或者施工组织设计的更改及对原材料、设备的更换，须经工程师同意。工程师同意变更后，也须经原规划管理部门和其他有关部门审查批准，并由原设计单位提供变更的相应图纸和说明。

未经工程师同意承包人擅自更改或换用，承包人应承担由此发生的费用，并赔偿发包人的有关损失，延误的工期不予顺延。工程师同意采用承包人的合理化建议，所发生费用和获得收益的分担或分享，由发包人和承包人另行约定。

2. 其他变更的程序

从合同角度看，除设计变更外，其他能够导致合同内容变更的都属于其他变更。如双方对工程质量要求的变化（如涉及强制性标准的变化）、双方对工期要求的变化、施工条件和环境的变化导致施工机械和材料的变化等。这些变更的程序，首先应当由一方提出，与对方协商一致后，方可进行变更。

(二) 工程变更价款的确定程序

(1) 承包人在工程变更确定后14天内，可提出变更涉及的追加合同价款要求的报告，经工程师确认后相应调整合同价款。如果承包人在双方确定变更后的14天内，未向工程师提出变更工程价款的报告，视为该项变更不涉及合同价款的调整。

(2) 工程师应在收到承包人的变更合同价款报告后14天内，对承包人的要求予以确认或作出其他答复。工程师无正当理由不确认或答复时，自承包人的报告送达之日起14天后，视为变更价款报告已被确认。

(3) 工程师确认增加的工程变更价款作为追加合同价款，与工程进度款同期支付工程师不同意承包人提出的变更价款，按合同约定的争议条款处理。

因承包人自身原因导致的工程变更，承包人无权要求追加合同价款。如由于承包人原因实际施工进度滞后于计划进度，某工程部位的施工与其他承包人的施工发生干扰，工程师发布指示改变了他的施工时间和顺序导致施工成本的增加或效率降低，承包人无权要求补偿。

三、工程变更价款的确定方法

(一)《建设工程施工合同（示范文本）》约定的工程变更价款确定方法

在工程变更确定后14天内，设计变更涉及工程价款调整的，由承包人向发包人提出，经发包人审核同意后调整合同价款。变更合同价款按照下列方法进行：

（1）合同中已有适用于变更工程的价格，按合同已有的价格变更合同价款；

（2）合同中只有类似于变更工程的价格，可以参照类似价格变更合同价款；

（3）合同中没有适用或类似于变更工程的价格，由承包人或发包人提出适当的变更价格，经对方确认后执行。

如双方不能达成一致意见，双方可提请工程所在地工程造价管理机构进行咨询或按合同约定的争议或纠纷解决程序办理。因此，在变更后合同价款的确定上，首先应当考虑使用合同中已有的、能够适用或者能够参照适用的，其原因在于在合同中已经订立的价格（一般是通过招标投标）是较为公平合理的，因此应当尽量采用。

采用合同中工程量清单的单价或价格有几种情况：一是直接套用，即从工程量清单上直接拿来使用；二是间接套用，即依据工程量清单，通过换算后采用；三是部分套用，即依据工程量清单，取其价格中的某下部分使用。

例如，某合同钻孔桩的工程情况是：直径为1.0m的共计长1501m；直径为1.2m的共计长8178m；直径为1.3m的共计长2017m。原合同规定选择直径为1.0m的钻孔桩做静载破坏试验。显然，如果选择直径为1.2m的钻孔桩做静载破坏试验对工程更具有代表性和指导意义。因此监理工程师决定变更；但在原工程量清单中仅有直径为1.0m静载破坏试验的价格，没有直接或其他可套用的价格供参考。经过认真分析，监理工程师认为，钻孔桩做静载破坏试验的费用主要由两部分构成，一部分为试验费用，另一部分为桩本身的费用，而试验方法及设备并未因试验桩直径的改变而发生变化。因此，可认为试验费用没有增减，费用的增减主要由钻孔桩直径变化而引起的桩本身的费用的变化。直径为1.2m的普通钻孔桩的单价在工程量清单中就可以找到，且地理位置和施工条件相近。因此，采用直径为1.2m的钻孔桩做静载破坏试验的费用为：直径为1.0m静载破坏试验费+直径为1.2m的钻孔桩的清单价格。

（二）《计价规范》有关工程价款调整的规定

（1）招标工程以投标截止日前28天，非招标工程以合同签订前28天为基准日，其后国家的法律、法规、规章和政策发生变化影响工程造价的，应按省级或行业建设主管部门或其授权的工程造价管理机构发布的规定调整合同价款。

（2）若施工中出现施工图纸（含设计变更）与工程量清单项目特征描述不符的，发、承包双方应按新的项目特征确定相应工程量清单的综合单价。

（3）因分部分项工程量清单漏项或非承包人原因的工程变更，造成增加新的工程量清单项目，其对应的综合单价按下列方法确定：

1）合同中已有适用的综合单价，按合同中已有的综合单价确定；

2）合同中有类似的综合单价，参照类似的综合单价确定；

3）合同中没有适用或类似的综合单价，由承包人提出综合单价，经发包人确认后执行。

（4）因分部分项工程量清单漏项或非承包人原因的工程变更，引起措施项目发生变化，造成施工组织设计或施工方案变更，原措施费中已有的措施项目，按原有措施费的组价方法调整；原措施费中没有的措施项目，由承包人根据措施项目变更情况，提出适当的措施费变更，经发包人确认后调整。

（5）因非承包人原因引起的工程量增减，该项工程量变化在合同约定幅度以内的，应执行原有的综合单价；该项工程量变化在合同约定幅度以外的，其综合单价及措施费应予以调整。在合同履行过程中，因非承包人原因引起的工程量增减与招标文件中提供的工程量可能有偏差，该偏差对工程量清单项目的综合单价将产生影响是否调整综合单价以及如何调整应在合同中约定。若合同中没有约定，可按以下原则办理：

1）当工程量清单项目工程量的变化幅度在 10%以内时，其综合单价不作调整，执行原有综合单价。

2）当工程量清单项目工程量的变化幅度在 10%以外，且其影响分部分项工程费超过 0.1%时，其综合单价以及对应的措施费（如有）均应作调整。调整的方法是由承包人对增加的工程量或减少后剩余的工程量提出新的综合单价和措施项目费，经发包人确认后调整。

（6）若施工期内市场价格波动超出一定幅度时，应按合同约定调整工程价款；合同没有约定或约定不明确的，应按省级或行业建设主管部门或其授权的工程造价管理机构的规定调整。

（7）因不可抗力事件导致的费用，发、承包双方应按以下原则分别承担并调整工程价款。

1）工程本身的损害、因工程损害导致第三方人员伤亡和财产损失以及运至施工现场用于施工的材料和待安装的设备的损害，由发包人承担；

2）发包人、承包人人员伤亡由其所在单位负责，并承担相应费用；

3）承包人的施工机械设备的损坏及停工损失，由承包人承担；

4）停工期间，承包人应发包人要求留在施工现场的必要的管理人员及保卫人员的工费用，由发包人承担；

5）工程所需清理、修复费用，由发包人承担。

（8）工程价款调整报告应由受益方在合同约定时间内向合同的另一方提出，经对方确认后调整合同价款。受益方未在合同约定时间内提出工程价款调整报告的，视为不涉及合同价款的调整。

收到工程价款调整报告的一方应在合同约定时间内确认或提出协商意见，否则视为工程价款调整报告已经确认。

（9）经发、承包双方确定调整的工程价款，作为追加（减）合同价款与工程进度款同期支付。

【例 5-3】 某独立土方工程，招标文件中估计工程量为 100 万 m^3，合同中规定：土方工程单价为 5 元/m^3，当实际工程量超过估计工程量 15%时，调整单价，单价调为 4 元/m^3。工程结束时实际完成土方工程量为 130 万 m^3，则土方工程款为多少万元？

解 合同约定范围内（15%以内）的工程款为

$$100\times(1+15\%)\times5=115\times5=575\text{（万元）}$$

超过 15%之后部分工程量的工程款为

$$(130-115)\times4=60\text{（万元）}$$

则土方工程款合计为

$$575+60=635\text{（万元）}$$

5.5.4 工程结算

一、建筑安装工程费用的结算方法

（一）建筑安装工程费用的主要结算方式

工程结算是指在工程建设的经济活动中，由于劳务供应、建筑材料、设备及工器具的购买、工程价款的支付和资金划拨等经济往来而发生的以货币形式表现的工程经济文件。

工程结算按其内容不同，可分为工程价款结算、设备及工器具购置结算、劳务供应结算、其他货币资金结算等。其中，工程价款结算是建筑安装工程结算的主要内容，可以根据不同情况采取多种方式。

（1）按月结算。即实行旬末或月中预支，月终结算，竣工后进行竣工结算的方法。跨年度竣工的工程，在年终进行工程盘点，办理年度结算。

（2）竣工后一次结算。建设项目或单项工程全部建筑安装工程建设期在12个月以内，或者工程承包合同价值在100万元以下的，可以实行工程价款每月月中预支，竣工后一次结算。

（3）分段结算。即当年开工，当年不能竣工的单项或单位工程按照工程形象进度，划分不同阶段进行结算。分段结算可以按月预支工程款。分段的划分标准由各部门或省、自治区、直辖市、计划单列出规定。

（4）结算双方约定的其他结算方式。如目标结算方式，即将合同中的工程内容分解成不同的验收单元，当承包商完成单元工程内容并经业主（或其委托人）验收后，业主支付构成单元工程的工程价款。

实行竣工后一次结算和分段结算的工程，当年结算的工程款应与分年度的工作量一致，年终不另清算。

上述工程价款的结算方式各有特点。例如，在目标结算方式下，承包商要想获得工程价款，必须按照合同约定的质量标准完成界面内的工程内容，否则承包商会遭受损失；要想尽早获得工程价款，承包商必须充分发挥自己的组织和实施能力，在保证质量的前提下，加快施工进度。当承包商拖延工期时，业主会推迟付款，这将会增加承包商的运营成本和财务费用，降低收益，客观上使承包商因延迟工期而遭受损失。同样，当承包商积极组织施工，提前完成控制界面内的工程内容时，则可提前获得工程价款，增加承包收益，从而增加了有效利润。当然，由于承包商在控制界面内质量达不到合同约定的标准，使业主不予验收，承包商也会因此而遭受损失。所以选择工程价款结算方式的实质是运用合同手段、财务手段对工程的完成进行主动控制。

（二）工程预付款

施工企业承包工程，一般都实行包干包料，这就需要有一定数量的备料周转金。在工程承包合同条款中，一般要明文规定发包单位（甲方）在开工前拨付给承包单位（乙方）一定限额的工程预付款，此预付款构成施工企业为该承包工程项目储备主要材料、结构件所需的流动资金，故也称预付备料款。

1. 预付备料款的限额

预付备料款限额由下列主要因素决定：主要材料（包括外购构件）占工程造价的比重、材料储备期、施工工期。对于施工企业常年应备的备料款限额。可按式（5-24）和式（5-25）计算：

$$\text{备料款限额}=\frac{\text{年度承包工程总值}\times\text{主要材料所占比重}}{\text{年度施工日历天数}}\times\text{材料储备天数} \tag{5-24}$$

$$\text{某材料储备天数}=\frac{\text{经常储备量}+\text{安全储备量}}{\text{平均日需要量}} \tag{5-25}$$

式中：年度施工天数按365天日历天计算；材料储备定额天数由当地材料供应的在途天数、加工天数、整理天数、供应间隔天数和保险天数等因素决定。

【例 5-4】 某单位 6 号住宅楼施工图预算造价为 300 万元，计划工期为 320 天，预算价值中的材料费占 65%，材料储备期为 100 天，试计算甲方应向乙方付备料款的金额为多少？

解 根据式（5-24），甲方应向乙方预付备料款的金额为

$$\frac{300\times0.65}{320}\times100=60.94\text{（万元）}$$

在实际工作中，为简化计算，工程预付款限额可用工程总造价乘以预付备料款额度求得。即

$$\text{工程预付备料款限额}=\text{工程总造价}\times\text{工程预付款额度} \tag{5-26}$$

式中，工程预付款额度是根据各地区工程类别、施工工期以及供应条件来确定的。一般建筑工程不应超过当年建筑工作量（包括水、电、暖）的 30%，安装工程按年安装工作量的 10%，材料占比重较多的安装工作按年计划产值的 15%左右拨付。

2. 相关规定

《计价规范》规定：发包人应按照合同约定支付工程预付款。支付的工程预付款，按照合同约定在工程进度款中抵扣。

当合同对工程预付款的支付没有约定时，按照财政部、建设部印发的《建设工程价款结算暂行办法》（财建［2004］369 号）的以下规定办理。

（1）工程预付款的额度：包工包料工程原则上预付比例不低于合同金额（扣除暂列金额）的 10%，不高于合同金额（扣除暂列金额）的 30%；对重大工程项目，按年度工程计划逐年预付。实行工程量清单计价的工程，实体性消耗和非实体性消耗部分应在合同中分别约定预付款比例（或金额）。

（2）工程预付款的支付时间：在具备施工条件的前提下，发包人应在双方签订合同后的一个月内或不迟于约定的开工日期前的 7 天内预付工程款。

（3）若发包人未按约定预付工程款，承包人应在预付时间到期后 10 天内向发包人发出要求预付的通知，发包人收到通知后仍不按要求预付，承包人可在发出通知 14 天后停止施工，发包人应从约定应付之日起向承包人支付应付款的利息（利率按同期银行贷款利率计），并承担违约责任。

（4）预付的工程款必须在合同中约定抵扣方式，并在工程进度款中进行抵扣。

（5）凡是没有签订合同或不具备施工条件的工程，发包人不得预付工程款，不得以预付款为名转移资金。

（三）工程预付款的扣回

发包人支付给承包人的工程预付款属于预支性质。随着工程进度的推进，拨付的工程进度款数额不断增加，工程所需的主要材料、构件的用量逐渐减少，原已支付的预付款应以抵扣的方式予以陆续扣回，扣款的方法有以下几种。

（1）发包人和承包人通过洽商用合同的形式予以确定，可采用等比率或等额扣款的方式。也可针对工程实际情况具体处理，如有些工程工期较短、造价较低，就无需分期扣还；有些工期较长，如跨年度工程，其备料款的占用时间很长，根据需要可以少扣或不扣。

（2）从未施工工程尚需的主要材料及构件的价值相当于备料款数额时起扣，从每次中间结算工程价款中，按材料及构件比重抵扣工程价款，至竣工前全部扣清。因此，确定起扣点是工程预付款起扣的关键。

工程预付款的起扣点指工程款起扣时的工程造价，即工程进行到什么时候就应该开始起扣工程预付款。应当说当未完工程所需要的材料费，正好等于工程款时开始起扣。可知预付款起扣点的计算见式（5-27）：

$$T = P - \frac{M}{N} \tag{5-27}$$

式中 T——起扣点，即预付款开始扣回时的累积完成工作量金额；

P——承包工程合同总额；

M——预付备料款的限额；

N——主要材料、构件所占比重。

【例 5-5】 某工程合同总额 300 万元，工程预付款为 36 万元，主要材料和构件所占比重为 60%，起扣点为多少万元？

解 按起扣点公式计算：

$$T = P - \frac{M}{N} = 300 - \frac{36}{60\%} = 240\text{（万元）}$$

则当工程完成 240 万元时，本项工程预付款开始起扣。

（四）工程进度款

《计价规范》有关工程计量与价款支付的规定如下：

（1）发包人支付工程进度款，应按照合同约定计量和支付，支付周期同计量周期。

（2）工程计量时，若发现工程量清单中出现漏项、工程量计算偏差，以及工程变更引起工程量的增减，应按承包人在履行合同义务过程中实际完成的工程量计算。

（3）承包人应按照合同约定，向发包人递交已完工程量报告。发包人应在接到报告后按合同约定进行核对。

（4）承包人应在每个付款周期末，向发包人递交进度款支付申请，并附相应的证明文件。除合同另有约定外，进度款支付申请应包括下列内容：①本周期已完成工程的价款；②累计已完成的工程价款；③累计已支付的工程价款；④本周期已完成计日工金额；⑤应增加和扣减的变更金额；⑥应增加和扣减的索赔金额；⑦应抵扣的工程预付款；⑧应扣减的质量保证金；⑨根据合同应增加和扣减的其他金额；⑩本付款周期实际应支付的工程价款。

（5）发包人在收到承包人递交的工程进度款支付申请及相应的证明文件后，发包人应在合同约定时间内核对和支付工程进度款。发包人应扣回的工程预付款，与工程进度款同期结算抵扣。

（6）发包人未在合同约定时间内支付工程进度款，承包人应及时向发包人发出要求付款的通知，发包人收到承包人通知后仍不按要求付款，可与承包人协商签订延期付款协议，经承包人同意后延期支付。协议应明确延期支付的时间和从付款申请生效后按同期银行贷款利率计算应付款的利息。

（7）发包人不按合同约定支付工程进度款，双方又未达成延期付款协议，导致施工无法进行时，承包人可停止施工，由发包人承担违约责任。

（五）竣工结算

《计价规范》有关工程竣工结算的规定如下：

（1）工程完工后，发、承包双方应在合同约定时间内办理工程竣工结算。

（2）工程竣工结算由承包人或受其委托具有相应资质的工程造价咨询人编制，由发包人或受其委托具有相应资质的工程造价咨询人核对。

（3）工程竣工结算应依据：①《建设工程工程量清单计价规范》（GB 5050—2008）；②施工合同；③工程竣工图纸及资料；④双方确认的工程量；⑤双方确认追加（减）的工程价款；⑥双方确认的索赔、现场签证事项及价款；⑦投标文件；⑧招标文件；⑨其他依据。

（4）分部分项工程量费应依据双方确认的工程量、合同约定的综合单价计算；如发生调整的，以发、承包双方确认调整的综合单价计算。

（5）措施项目费应依据合同约定的项目和金额计算；如发生调整的，以发、承包双方确认调整的金额计算，其中安全文明施工费应按规范的规定计算。

（6）其他项目费用应按下列规定计算。

1）计日工应按发包人实际签证确认的事项计算。

2）暂估价中的材料单价应按发、承包双方最终确认价在综合单价中调整；专业工程暂估价应按中标价或发包人、承包人与分包人最终确认价计算。

3）总承包服务费应依据合同约定金额计算，如发生调整的，以发、承包双方确认调整的金额计算。

4）索赔费用应依据发、承包双方确认的索赔事项和金额计算。

5）现场签证费用应依据发、承包双方签证资料确认的金额计算。

6）暂列金额应减去工程价款调整与索赔、现场签证金额计算，如有余额归发包人。

（7）规费和税金应按本规范的规定计算。

（8）承包人应在合同约定时间内编制完成竣工结算书，并在提交竣工验收报告的同时递交给发包人。承包人未在合同约定时间内递交竣工结算书，经发包人催促后仍未提供或没有明确答复的，发包人可以根据已有资料办理结算。

（9）发包人在收到承包人递交的竣工结算书后，应按合同约定时间核对。同一工程竣工结算核对完成，发、承包双方签字确认后，禁止发包人又要求承包人与另一个或多个工程造价咨询人重复核对竣工结算。

（10）发包人或受其委托的工程造价咨询人收到承包人递交的竣工结算书后，在合同约定时间内，不核对竣工结算或未提出核对意见的，视为承包人递交的竣工结算书已经认可，发包人应向承包人支付工程结算价款。

承包人在接到发包人提出的核对意见后，在合同约定时间内，不确认也未提出异议的，视为发包人提出的核对意见已经认可，竣工结算办理完毕。

（11）发包人应对承包人递交的竣工结算书签收，拒不签收的，承包人可以不交付竣工工程。

承包人未在合同约定时间内递交竣工结算书的，发包人要求交付竣工工程，承包人应当交付。

（12）竣工结算办理完毕，发包人应将竣工结算书报送工程所在地工程造价管理机构备案。竣工结算书作为工程竣工验收备案、交付使用的必备文件。

（13）竣工结算办理完毕，发包人应根据确认的竣工结算书在合同约定时间内向承包人支付工程竣工结算价款。

（14）发包人未在合同约定时间内向承包人支付工程结算价款的，承包人可催告发包人支付结算价款。如达成延期支付协议的，发包人应按同期银行同类贷款利率支付拖欠工程价款的利息。如未达成延期支付协议，承包人可以与发包人协商将该工程折价，或申请人民法院将该工程依法拍卖，承包人就该工程折价或者拍卖的价款优先受偿。

【例 5-6】 某建筑工程承包合同总额为 600 万元，计划 2011 年上半年内完工，主要材料及结构件金额占工程造价的 62.5%，预付款额度为 25%，工程保留金按工程进度款的 5%逐月扣留。2011 年上半年各月经监理工程师计量的实际完成施工产值见表 5-22。如何按月结算工程款？

表 5-22 各月完成合同价值 万元

月 份	二 月	三 月	四 月	五月（竣工）
价值	100	140	180	180

解 （1）工程预付款=600%×25%=150（万元）。

（2）预付款的起扣点，即开始扣回预付款时的工程价值：

$$T = P - \frac{M}{N} = 600 - \frac{150}{62.5\%} = 600 - 240 = 360 \text{（万元）}$$

即当累计结算工程款为 360 万元后，开始扣预付款。

（3）二月完成产值 100 万元，结算款=100×（1–5%）=95（万元）。

（4）三月完成产值 140 万元，结算款=140×（1–5%）=133（万元），累计结算工程款 228 万元。

（5）四月完成产值 180 万元，到四月份累计完成产值 420 万元，超过了预付款的起扣点。

四月份应扣回的预付款=（420–360）×62.5%=37.5（万元）；

四月份结算工程款=180×（1–5%）–37.5=133.5（万元），累计结算工程款 361.5 万元。

（6）五月份完成产值 180 万元。应扣回预付款=180×62.5%=112.5（万元）。

五月份结算工程款=180×（1–5%）–112.5=58.5（万元），累计结算工程款 420 万元，加上预付款 150 万元，共结算 570 万元，预留合同总额的 5%，即 30 万元作为保留金。

二、建筑安装工程费用的动态结算

建筑安装工程费用的动态结算就是要把各种动态因素渗透到结算过程中，使结算大体能反映实际的消耗费用。下面介绍几种常用的动态结算办法。

（一）按实际价格结算法

在我国，由于建筑材料需市场采购的范围越来越大，有些地区规定对钢材、木材、水泥等三大材的价格采取按实际价格结算的办法。工程承包人可凭发票按实报销。这种方法方便。但由于是实报实销，因而承包人对降低成本不感兴趣，为了避免副作用，造价管理部门要定期公布最高结算限价，同时合同文件中应规定建设单位或监理工程师有权要求承包人选择更廉价的供应来源。

（二）按主材计算价差

发包人在招标文件中列出需要调整价差的主要材料表及其基期价格（一般采用当时当地工程造价管理机构公布的信息价或结算价），工程竣工结算时按竣工当时当地工程造价管理机构公布的材料信息价或结算价，与招标文件中列出的基期价比较计算材料差价。

（三）竣工调价系数法

按工程价格管理机构公布的竣工调价系数及调价计算方法计算差价。

（四）调值公式法

调值公式法，又称动态结算公式法，即在发包方和承包方签订的合同中明确规定调值公式。

（五）标准施工招标文件对物价波动引起的价格调整的规定

按照国家发改委、财政部、建设部等九部委第56号令发布的标准施工招标文件中的通用合同条款，对物价波动引起的价格调整规定了以下两种方式。

1. 采用价格指数调整价格差额

（1）价格调整公式。因人工、材料和设备等价格波动影响合同价格时，根据投标函附录中的价格指数和权重表约定的数据，按以下公式计算差额并调整合同价格：

$$\Delta P = P_0\left[A+\left(B_1\times\frac{F_{t1}}{F_{01}}+B_2\times\frac{F_{t2}}{F_{02}}+B_3\times\frac{F_{t3}}{F_{03}}+\cdots+B_n\times\frac{F_{tn}}{F_{0n}}\right)-1\right] \tag{5-28}$$

式中 ΔP——需调整的价格差额。

P_0——约定的付款证书中承包人应得到的已完成工程量的金额。此项金额应不包括价格调整、不计质量保证金的扣留和支付、预付款的支付和扣回。约定的变更及其他金额已按现行价格计价的，也不计在内。

A——定值权重，即不调部分的权重。

B_1，B_2，$B_3\cdots B_n$——各可调因子的变值权重，即可调部分的权重，为各可调因子在投标函投标总报价中所占的比例。

F_{t1}，F_{t2}，$F_{t3}\cdots F_{tn}$——各可调因子的现行价格指数，指约定的付款证书相关周期最后一天的前42天的各可调因子的价格指数。

F_{01}，F_{02}，$F_{03}\cdots F_{0n}$——各可调因子的基本价格指数，指基准日期的各可调因子的价格指数。

以上价格调整公式中各可调因子、定值、变值权重，以及基本价格指数及其来源在投标函附录价格指数和权重表中约定。价格指数应首先采用有关部门提供的价格指数，缺乏上述价格指数时，可采用有关部门提供的价格代替。

（2）暂时确定调整差额。在计算调整差额时得不到现行价格指数时，可暂用上一次价格指数计算，并在以后的付款中再按实际价格指数进行调整。

（3）权重的调整。约定的变更导致原定合同的权重不合理时，由监理人与承包人和发包人协商后进行调整。

（4）承包人工期延误后的价格调整。由于承包人原因未在约定的工期内竣工的，则对原约定竣工日期后继续施工的工程，在使用第（1）条的价格调整公式时，应采用原约定竣工日期与实际竣工日期的两个价格指数中较低的一个作为现行价格指数。

2. 采用造价信息调整价格差额

施工工期内，因人工、材料、设备和机械台班价格波动影响合同价格时，人工、机械使用费按照国家或省、自治区、直辖市建设行政管理部门、行业建设主管部门或其授权的工程造价管理机构发布的人工成本信息、机械台班单价或机械使用费系数进行调整；需要进行价格调整的材料，其单价和采购数应由监理人复核，监理人确认需调整的材料单价及数量，作为调整工程合同价格差额的依据。

上述物价波动引起的价格调整中的第 1 种方法适用于使用的材料品种较少，但每种材料使用量较大的土木工程，如公路、水坝等工程。第 2 种方法适用于使用的材料品种较多，相对而言，每种材料使用量较小的房屋建筑与装饰工程。

【例 5-7】 某工程合同总价为 1000 万元。其组成为：土方工程费 100 万元，占 10%，砌体工程费 400 万元，占 40%；钢筋混凝土工程费 500 万元，占 50%。这三个组成部分的人工费和材料费占工程价款 85%，人工材料费中各项费用比例如下：

（1）土方工程：人工费 50%，机具折旧费 26%，柴油 24%。

（2）砌体工程：人工费 53%，钢材 5%，水泥 20%，骨料 5%，空心砖 12%，柴油 5%。

（3）钢筋混凝土工程：人工费 53%，钢材 22%，水泥 10%，骨料 7%，木材 4%，柴油 4%。

假定该合同的基准日期为 2010 年 1 月 4 日，2010 年 9 月完成的工程价款占合同总价的 10%，有关月报的工资、材料物价指数见表 5-23（注：F_{t1}；F_{t2}；$F_{t3}\cdots F_{tn}$ 等应采用 8 月份的物价指数）。

表 5-23　　工资、物价指数表

费用名称	代　号	2010 年 1 月指数	代　号	2010 年 8 月指数
人工费	F_{01}	100.0	F_{t1}	116.0
钢材	F_{02}	153.4	F_{t2}	187.6
水泥	F_{03}	154.8	F_{t3}	175.0
骨料	F_{04}	132.6	F_{t4}	169.3
柴油	F_{05}	178.3	F_{t5}	192.8
机具折旧	F_{06}	154.4	F_{t6}	162.5
空心砖	F_{07}	160.1	F_{t7}	162.0
木材	F_{08}	142.7	F_{t8}	159.5

求 2010 年 9 月实际价款的变化值。

解　该工程其他费用，即不调值的费用占工程价款的 15%，计算出各项参加调值的费用占工程价款比例如下：

人工费：　$(50\%\times10\%+53\%\times40\%+53\%\times50\%)\times85\%\approx45\%$

钢材：　$(0\times10\%+5\%\times40\%+22\%\times50\%)\times85\%\approx11\%$

水泥：　$(0\times10\%+20\%\times40\%+10\%\times50\%)\times85\%\approx11\%$

骨料：　$(0\times10\%+5\%\times40\%+7\%\times50\%)\times85\%\approx5\%$

柴油：　$(24\%\times10\%+5\%\times40\%+4\%\times50\%)\times85\%\approx5\%$

机具折旧：　$(26\%\times10\%+0\times40\%+0\times50\%)\times85\%\approx2\%$

空心砖：　$(0\times10\%+12\%\times40\%+0\times50\%)\times85\%\approx4\%$

木材：　$(0\times10\%+0\times40\%+4\%\times50\%)\times85\%\approx2\%$

不调值费用占工程价款的比例为：15%

将表 5-23 数据代入公式（5-28），得

$$\Delta P = P_0\left[A+\left(B_1\times\frac{F_{t1}}{F_{01}}+B_2\times\frac{F_{t2}}{F_{02}}+B_3\times\frac{F_{t3}}{F_{03}}+\cdots+B_n\times\frac{F_{tn}}{F_{0n}}\right)-1\right]$$

$$=1000\times10\%\times\left[0.15+\left(0.45\times\frac{116}{100}+0.11\times\frac{187.6}{153.4}+0.11\times\frac{175.0}{154.8}+0.05\times\frac{169.3}{132.6}\right.\right.$$

$$\left.\left.+0.05\times\frac{192.8}{178.3}+0.02\times\frac{162.5}{154.5}+0.04\times\frac{162.0}{160.1}+0.02\times\frac{159.5}{142.7}\right)-1\right]$$

=10.33（万元）

5.5.5 工程索赔及价款争议处理

一、工程索赔的概念及起因

工程索赔通常是指在工程合同履行过程中，合同当事人一方因对方不履行或未能正确履行合同或者由于其他非自身因素而受到经济损失或权利损害，通过合同规定的程序向对方提出经济或时间补偿要求的行为。索赔是一种正当的权利要求，它是合同当事人之间一项正常的而且普遍存在的合同管理业务，是一种以法律和合同为依据的合情合理的行为。工程索赔是双向的，承包人可以向发包人索赔，发包人也可以向承包人索赔。索赔的目的和要求包括工期索赔和费用索赔。

索赔可能由以下一个或几个方面的原因引起。

（1）合同对方违约，不履行或未能正确履行合同义务与责任；

（2）合同缺陷，如合同条文不全、错误、矛盾等，设计图纸、技术规范错误等；

（3）合同变更，如设计变更、工程范围变更等；

（4）工程环境变化，包括法律、物价和自然条件的变化等；

（5）不可抗力因素，如恶劣气候条件、地震、洪水、战争状态等。

二、索赔成立的条件及处理程序

（一）索赔成立的条件

索赔的成立，应该同时具备以下三个前提条件：

（1）与合同对照，事件已造成了承包人工程项目成本的额外支出，或直接工期损失；

（2）造成费用增加或工期损失的原因，按合同约定不属于承包人的行为责任或风险责任；

（3）承包人按合同规定的程序和时间提交索赔意向通知和索赔报告。

以上三个条件必须同时具备，缺一不可。

（二）索赔的程序

根据我国《建设工程施工合同（示范文本）》的规定，承包人向发包人索赔的程序如下。

（1）递交索赔意向通知。索赔事件发生后，承包人应在索赔事件发生后的 28 天内向工程师递交索赔意向通知，即在合同规定时间内将索赔意向用书面形式及时通知发包人或者工程师，向对方表明索赔愿望、要求或者声明保留索赔权利。如果超过这个期限，工程师和发包人有权拒绝承包人的索赔要求。

索赔意向通知要简明扼要地说明索赔事由发生的时间、地点、简单事实情况描述和发展动态、索赔依据和理由、索赔事件对工程成本和工期产生的不利影响等。

（2）报送索赔报告。索赔意向通知提交后的28天内，承包人应向工程师递交正式的索赔报告。如果索赔事件的影响持续存在，承包人应当阶段性地提出索赔要求和证据资料，并在索赔事件结束后的28天内提交最终索赔报告。

（3）工程师答复。工程师在收到承包人送交的索赔报告和有关资料后，于28天内给予答复，或要求承包人进一步补充索赔理由和证据。工程师在28天内未予答复或未对承包人作进一步要求，视为该项索赔已经认可。

工程师对索赔的答复，承包人或发包人不能接受，可进一步通过协商、仲裁或诉讼解决。

三、索赔费用的计算

（一）费用索赔的组成

索赔费用的组成与工程款的计价内容相似。原则上，承包商有索赔权利的工程成本增加，都是可以索赔的费用。但是，对于不同原因引起的索赔，承包商可索赔的具体费用内容是不完全一样的。哪些内容可以索赔，要按照各项费用的特点、条件进行分析论证。

（1）人工费。索赔费用中的人工费是指完成合同之外的额外工作所花费的人工费用；由于非承包商责任导致的工效降低所增加的人工费用；超过法定工作时间的加班劳动；法定人工费增长以及非承包商责任工程延期导致的人员窝工费和工资上涨费等。

（2）材料费。材料费的索赔包括：由于索赔事项的材料实际用量超过计划用量而增加的材料费；由于客观原因材料价格的大幅度上涨；由于非承包商责任工程延期导致的材料价格上涨和材料超期储存费用。

（3）施工机械使用费。施工机械使用费的索赔包括：由于完成额外工作增加的机械使用费；非承包商责任的工效降低增加的机械使用费；由于发包人或监理工程师原因导致机械停工的窝工费。窝工费的计算，如系租赁设备，一般按实际租金和调进调出费的分摊计算；如系承包商自有设备，一般按台班折旧费计算，而不能按台班费计算，因为台班费中包括了设备使用费。

（4）分包费用。分包费用索赔指的是分包商的索赔费，一般也包括人工、材料、机械使用费的索赔。分包商的索赔应如数列入总承包人的索赔款总额以内。

（5）现场管理费。索赔款中的现场管理费是指承包商完成额外工程、索赔事项工作以及期间的现场管理费，包括现场管理人员的工资、办公、通信和交通费等。

（6）利息。利息的索赔通常发生于下列情况：拖期付款利息；由于工程变更的工程延误增加投资的利息；索赔款的利息；错误扣款的利息等。这些利息的具体利率，在实践中可采用不同的标准，主要有这样几种规定：

1）按当时的银行贷款利率；

2）按当时的银行透支利率；

3）按合同双方协议的利率；

4）按中央银行贴现率加三个百分点。

（7）总部管理费。索赔费用中的总部管理费主要指工程延期期间所增加的管理费。包括总部职工工资、办公大楼、办公用品、财务管理、通信设施以及总部领导人员赴工地检查指导工作等开支。这项索赔款的计算，目前没有统一的方法。

（8）利润。一般来说，由于工程范围的变更以及业主未能提供现场等引起的索赔，承包商可列入利润。但对于工程暂停的索赔，由于利润通常是包括在每项工程内容的价格之内，而延长工期并未导致利润的减少。所以，工程师很难同意在工程暂停的费用索赔中加进利润损失。

索赔利润的款额计算通常是与原报价单中的利润百分率保持一致。

(二)索赔费用的计算方法

索赔费用的计算方法有：实际费用法、总费用法和修正的总费用法。

1. 实际费用法

实际费用法是计算工程索赔时最常用的一种方法。这种方法的计算原则是以承包商为某项索赔工作所支付的实际开支为根据，向业主要求费用补偿。

用实际费用法计算时，在直接费的额外费用部分的基础上，再加上应得的间接费和利润，即是承包商应得的索赔金额。由于实际费用法所依据的是实际发生的成本记录或单据，所以，在施工过程中，系统而准确地积累记录资料是非常重要的。

2. 总费用法

总费用法就是当发生多次索赔事件以后，重新计算该工程的实际总费用，用实际总费用减去投标报价时的估算总费用，即为索赔金额，即

索赔金额=实际总费用−投标报价估算总费用　　(5-29)

不少人对采用该方法计算索赔费用持批评态度，因为实际发生的总费用中可能包括了承包商的原因，如施工组织不善而增加的费用；同时投标报价估算的总费用也可能为了中标而过低。所以这种方法只有在难以采用实际费用法时才应用。

3. 修正的总费用法

修正的总费用法是对总费用法的改进，即在总费用计算的原则上，去掉一些不合理的因素，使其更合理。修正的内容如下：①将计算索赔款的时段局限于受到外界影响的时间，而不是整个施工期；②只计算受影响时段内的某项工作所受影响的损失，而不是计算该时段内所有施工工作所受的损失；③与该项工作无关的费用不列入总费用中；④对投标报价费用重新进行核算：按受影响时段内该项工作的实际单价进行核算，乘以实际完成的该项工作的工程量，得出调整后的报价费用。

按修正后的总费用计算索赔金额的公式如下：

索赔金额=某项工作调整后的实际总费用−该项工作的报价费用　　(5-30)

修正的总费用法与总费用法相比，有了实质性的改进，它的准确程度已接近于实际费用法。

【例 5-8】 某高速公路项目由于业主修改高架桥设计，监理工程师下令承包商暂停工程一个月。试分析在这种情况下，承包商可索赔哪些费用。

解　承包商可索赔如下费用。

（1）人工费：对于不可辞退的工人，索赔人工窝工费，应按人工工日成本计算；对于可以辞退的工人，可索赔人工上涨费。

（2）材料费：可索赔超期储存费用或材料价格上涨费。

（3）施工机械使用费：可索赔机械窝工费或机械台班上涨费。自有机械窝工费一般按台班折旧费索赔；租赁机械一般按实际租金和调进调出的分摊费计算。

（4）分包费用：是指由于工程暂停分包商向总包索赔的费用。总包向业主索赔应包括分包商向总包索赔的费用。

（5）现场管理费：由于全面停工，可索赔增加的工地管理费。可按日计算，也可按直接成本的百分比计算。

（6）保险费：可索赔延期一个月的保险费，按保险公司保险费率计算。

（7）保函手续费：可索赔延期一个月的保函手续费，按银行规定的保函手续费率计算。

（8）利息：可索赔延期一个月增加的利息支出，按合同约定的利率计算。

（9）总部管理费：由于全面停工，可索赔延期增加的总部管理费，可按总部规定的百分比计算。如果工程只是部分停工，监理工程师可能不同意总部管理费的索赔。

四、工期索赔

工期索赔一般是指承包商依据合同对由于非自身原因而导致的工期延误向业主提出的工期顺延要求。

（一）工期索赔的依据和条件

1. 工期索赔的具体依据

承包商可以向业主提出工期索赔的具体依据主要有：

（1）合同约定或双方认可的施工总进度计划；

（2）合同双方认可的详细进度计划；

（3）合同双方认可的对工期的修改文件；

（4）施工日志、气象资料；

（5）业主或工程师的变更指令；

（6）影响工期的干扰事件；

（7）受干扰后的实际工程进度等。

2.《建设工程施工合同示范文本》（GF-1999—0201）确定的可以顺延工期的条件

《建设工程施工合同示范文本》（GF-1999—0201）第13条规定，因以下原因造成工期延误，经工程师确认，工期相应顺延。

（1）发包人未能按专用条款的约定提供图纸及开工条件；

（2）发包人未能按约定日期支付工程预付款、进度款，致使施工不能正常进行；

（3）工程师未按合同约定提供所需指令、批准等，致使施工不能正常进行；

（4）设计变更和工程量增加；

（5）一周内非承包商原因停水、停电、停气造成停工累计超过8小时；

（6）不可抗力；

（7）专用条款中约定或工程师同意工期顺延的其他情况。

（二）工期索赔的分析和计算方法

1. 工期索赔的分析

工期索赔的分析包括延误原因分析、延误责任的界定、网络计划（CPM）分析、工期索赔的计算等。

运用网络计划（CPM）方法分析延误事件是否发生在关键线路上，以决定延误是否可以索赔。在工期索赔中，一般只考虑对关键线路上的延误或者非关键线路因延误而变为关键线路时才给予顺延工期。

2. 工期索赔的计算方法

（1）直接法。如果某干扰事件直接发生在关键线路上，造成总工期的延误，可以直接将该干扰事件的实际干扰时间（延误时间）作为工期索赔值。

（2）比例分析法。如果某干扰事件仅仅影响某单项工程、单位工程或分部分项工程的工期，要分析其对总工期的影响，可以采用比例分析法。

采用比例分析法时，可以按工程量的比例进行分析，例如：某工程基础施工中出现了意外情况，导致工程量由原来的2800m^3增加到3500m^3，原定工期是40天，则承包商可以提出的工期索赔值是

工期索赔值=原工期×新增工程量/原工程量=40×（3500–2800）/2800=10（天）

本例中，如果合同规定工程量增减10%为承包商应承担的风险，则工期索赔值应该是

工期索赔值=40×（3500–2800×110%）/2800=6（天）

工期索赔值也可以按照造价的比例进行分析，例如：某工程合同价为1200万元，总工期为24个月，施工过程中业主增加额外工程200万元，则承包商提出的工期索赔值为

工期索赔值主原合同工期×附加或新增工程造价/原合同总价=24×200/1200=4（月）

（3）网络分析法。在实际工程中，影响工期的干扰事件可能会很多，每个干扰事件的影响程度可能都不一样，有的直接在关键线路上，有的不在关键线路上，多个干扰事件的共同影响结果究竟是多少可能引起合同双方很大的争议，采用网络分析方法是比较科学合理的方法，其思路是：假设工程按照双方认可的工程网络计划确定的施工顺序和时间施工，当某个或某几个干扰事件发生后，使网络中的某个工作或某些工作受到影响，使其持续时间延长或开始时间推迟，从而影响总工期，则将这些工作受干扰后的新的持续时间和开始时间等代入网络中，重新进行网络分析和计算，得到的新工期与原工期之间的差值就是干扰事件对，总工期的影响，也就是承包商可以提出的工期索赔值。

网络分析方法通过分析干扰事件发生前和发生后网络计划的计算工期之差来计算工期索赔值，可以用于各种干扰事件和多种干扰事件共同作用所引起的工期索赔。

五、反索赔

反索赔就是反驳、反击或者防止对方提出的索赔，不让对方索赔成功或者全部成功的过程。一般认为，索赔是双向的，业主和承包商都可以向对方提出索赔要求，任何一方也都可以对对方提出的索赔要求进行反驳和反击，这种反击和反驳就是反索赔。

在工程实践过程中，当合同一方向对方提出索赔要求，合同另一方对对方的索赔要求和索赔文件可能会有三种选择：①全部认可对方的索赔，包括索赔之数额；②全部否定对方的索赔；③部分否定对方的索赔。

针对一方的索赔要求，反索赔的一方应以事实为依据，以合同为准绳，反驳和拒绝对方的不合理要求或索赔要求中的不合理部分。

反索赔的工作内容可以包括两个方面：一是防止对方提出索赔，二是反击或反驳对方的索赔要求。

要成功地防止对方提出索赔，应采取积极防御的策略。首先是自己严格履行合同规定的各项义务，防止自己违约，并通过加强合同管理，使对方找不到索赔的理由和根据，使自己处于不能被索赔的地位。其次，如果在工程实施过程中发生了干扰事件，则应立即着手研究和分析合同依据，收集证据，为提出索赔和反索赔做好两手准备。

如果对方提出了索赔要求或索赔报告，则自己一方应采取各种措施来反击或反驳对方的索赔要求。常用的措施有：

（1）抓对方的失误，直接向对方提出索赔，以对抗或平衡对方的索赔要求，以求在最终解决索赔时互相让步或者互不支付。

（2）针对对方的索赔报告，进行仔细、认真研究和分析，找出理由和证据，证明对方索赔要求或索赔报告不符合实际情况和合同规定，没有合同依据或事实证据，索赔值计算不合理或不准确等问题，反击对方的不合理索赔要求，推卸或减轻自己的责任，使自己不受或少受损失。

六、工程价款争议处理

工程价款争议是合同争议的内容之一。合同争议解决的方式一般包括协商、调解、仲裁或诉讼等。

1. 协商解决

协商解决争议是最常见也是最有效的方式，也是应该首选的最基本方式。双方依据合同，通过友好磋商和谈判，互相让步，折中解决合同争议。这种方式对合同双方都有利，按合同原则达成和解，为继续履行合同以及为将来进一步友好合作创造条件。

2. 调解

如果合同双方经协商谈判达不成一致意见，则可以邀请中间人进行调解。调解人通过调查分析，了解有关情况，根据争议双方的有关合同做出自己的判断，并对双方进行协调和劝说，仍以和平的方式解决合同争议。

通过调解解决合同争议有如下优点：

（1）提出调解，能较好地表达双方对协商谈判结果的不满意和争取解决争议的决心；

（2）由于调解人的介入，增加了解决争议的公正性，双方都会顾及声誉和影响，容易接受调解人的劝说和意见；

（3）程序简单，灵活性较大，调解不成，不影响采取其他解决途径；

（4）节约时间、精力和费用；

（5）双方关系仍比较友好，不伤感情。

3. 仲裁与诉讼

仲裁一般是当事人根据他们之间订立的仲裁协议，自愿将其争议提交由非官方身份的仲裁员组成的仲裁庭进行裁判，并受该裁判约束的一种制度。当协商和调解不成时，仲裁是工程承包合同争议解决的常用方式。

诉讼是指国家专门机关在诉讼参与人的参加下，依据法定的权限和程序，解决具体案件的活动。工程合同争议方面的诉讼一般属于民事诉讼。

与诉讼方式相比，采用仲裁方式解决合同争议具有以下特点。

（1）仲裁程序效率高、周期短、费用少。在我国，仲裁实行一裁终局制。仲裁裁决一经仲裁庭作出即发生法律效力。这使得当事人之间的纠纷能够迅速得以解决。

（2）保密性。仲裁以不公开审理为原则，其程序一般都是保密的。从开始到终结的全过程中，双方当事人和仲裁员及仲裁机构都负有保密的责任。

（3）专业化。工程承包合同争议的双方往往会指定那些具有建设工程技术、管理和法规等知识的专业人士担任仲裁员，从而可以更加快捷、公正地审理和解决合同争议。

复习思考题

一、思考题

1. 什么是工程项目费用？

2. 什么是工程项目费用管理？
3. 工程项目费用控制的原则有哪些？
4. 试述建筑安装工程的费用构成。
5. 工料单价法与综合单价法在工程造价计算中有何区别？
6. 工程项目决策阶段和设计阶段各有何特点？
7. 工程项目决策和设计阶段费用控制的意义是什么？
8. 决策阶段影响工程造价的因素有哪些？
9. 设计阶段影响工程造价的因素有哪些？
10. 什么是可行性研究？其目的是什么？
11. 可行性研究报告的主要内容有哪些？
12. 编制可行性研究报告有什么作用？
13. 为何要进行设计方案比选？设计方案比选的原则是什么？
14. 设计标准化的作用是什么？项目实施中如何推广应用？
15. 推广标准设计具有哪些实际意义？
16. 限额设计的目标如何设置？其控制工作的内容有哪些？
17. 如何对设计方案进行经济性比较？
18. 什么是价值工程？
19. 价值工程的特点是什么？工作步骤有哪些？
20. 在设计阶段如何开展价值工程？
21. 试述施工阶段费用控制的原理。
22. 施工阶段费用控制的依据是什么？
23. 试述施工阶段费用控制的措施。
24. 简述施工阶段费用控制的工作流程。
25. 施工成本的过程控制主要应控制哪些费用？
26. 什么是进度偏差？如何计算？
27. 什么是费用偏差？如何计算？
28. 什么是工程量清单？其内容有哪些？
29. 试述综合单价的构成。
30. 简述工程项目合同价格的分类及各类合同计价方式的特点。
31. 工程计量的依据和方法有哪些？
32. 工程价款结算的方法有哪些？
33. 现场签证的原则有哪些？
34. 简述工程变更价款的确定方法。
35. 什么是工程索赔？简述索赔费用的构成。

二、习题

1. 某集团办公大楼工程，以工料单价法计算得到其人工费、材料费、机械费的合价为 860 万元。其中零星工程费占直接工程费的 3.5%，措施费为直接工程费的 9.0%，间接费费率为 8.0%，利润率为 6.0%，税金按规定计取，费率按 3.4%计算。

问题：

（1）说明工料单价法的计算过程。

（2）工料单价法的计算基础及计算程序有哪几种？

（3）简述直接费、间接费和税金的构成。

（4）列表计算该工程的建安工程造价（直接费为计算基础，保留到小数点后三位数）。

2. 某集团拟建设一座 12 层综合办公楼，采用邀请招标方式邀请了甲、乙、丙三家设计院进行方案设计，其对比项目如下：

甲方案：结构方案为框架一剪力墙结构，楼板采用现浇钢筋混凝土楼板，墙体材料采用砌块，窗户采用单框双玻塑钢窗，面积利用系数为 83%，单方造价为 1395.40 元。

乙方案：结构方案为大柱网框架结构，楼板采用预应力大跨度叠合楼板，墙体材料采用多孔砖和空心砖，窗户采用单框双玻铝合金窗，面积利用系数为 90%，单方造价为 1480.68 元。

丙方案：结构方案为框架结构，楼板采用现浇钢筋混凝土楼板，墙体材料采用内浇外砌，窗户采用单框双玻铝合金窗，面积利用系数为 86%，单方造价为 1280 元。

经论证，设计方案的方案功能得分及重要系数见表 5-24。

表 5-24　　方案功能得分及重要系数表

方案功能	方案功能得分			方案功能重要系数
	甲	乙	丙	
结构体系	10	9	8	0.26
楼板类型	9	10	9	0.06
墙体类型、材料	8	7	9	0.22
面积系数	7	9	8	0.37
窗户类型、材料	9	8	8	0.09

问题：

（1）简述价值工程的核心。

（2）方案创造的方法有哪些？

（3）计算出功能指数、成本指数、价值指数。

（4）运用价值工程方法选择最优方案。

3. 某建筑公司承揽了一商务大厦工程的土建工程。工程施工过程中，为了降低项目的施工成本，项目经理部将土建工程划分为基础工程、地下结构工程、主体结构工程、装饰装修工程和屋面工程 5 个分部工程，并对其功能进行了评分。根据合同及施工图纸等资料，计算出了其预算成本，见表 5-25。项目管理目标责任书中要求该项目经理部在项目管理过程中的成本降低率为 6%。项目经理部计划采用价值工程方法寻求降低成本的途径和措施。

表 5-25　　功能评分和预算成本表

分部工程	基础工程	地下结构工程	主体结构工程	装饰装修工程	屋面工程	合　计
功能评分	11	15	32	34	8	100
预算成本（万元）	1420	1760	4050	4420	980	12630

问题：

（1）价值工程原理的特征有哪些？

（2）价值工程分哪几个工作阶段？包括哪几个工作步骤？

（3）应用价值工程方法求出各分部工程的功能系数、成本系数、价值系数（保留到小数点后四位数）。计算其目标成本及其成本可能降低的幅度（保留到小数点后两位数）。

（4）用价值二工程方法确定降低成本的对象及功能改进顺序（要求举一例说明分析计算过程）。

4. 某国际金融中心项目进行装修，发包方在装修方案确定后即采用固定单价计价方式进行招标。某施工单位中标，其报价中现场管理费率为 10%，企业管理费率为 8%，利润率为 5%；其中 A、B、C 三分项工程的综合单价分别为 80 元/m^2、460 元/m^2 和 120 元/m^2。施工合同中约定：若累计实际工程量比计划工程量增加超过 15%，超出部分不计企业管理费和利润；若累计实际工程量比计划工程量减少超过 15%，其综合单价调整系数为 1.176；其余分项工程按中标价结算。

A、B、C 三个分项工程均按计划工期完成，相应的每月计划完成工程量和实际完成工程量见表 5-26。

表 5-26

月份		1	2	3	4
A 分项工程	计划完成工程量（m^2）	1100	1200	1300	1400
	实际完成工程量（m^2）	1100	1200	900	800
B 分项工程	计划完成工程量（m^2）	500	500	500	
	实际完成工程量（m^2）	550	600	650	
C 分项工程	计划完成工程量（m^2）	200	300	300	
	实际完成工程量（m^2）	200	250	400	

问题：

（1）发包方应依据什么原则进行工程变更合同价款的审定？

（2）该施工单位报价中的综合费率为多少？

（3）A 分项工程结算工程款为多少？

（4）B 分项工程结算工程款为多少？

（5）C 分项工程结算工程款为多少？

5. 某建筑集团公司中标某地产公司一别墅项目中的 10 栋联排别墅。工程承包合同额为 1500 万元，工期为 6 个月。承包合同规定：①主要材料及构配件金额占合同总额的 70%；②在不迟于开工前 7 天，业主向承包商支付额度为合同总价 25%的预付备料款，工程预付款应从未施工工程尚需的主要材料及构配件的价值相当于预付备料款时起扣，每月以抵充工程款的方式陆续收回；③工程保修金为承包合同总价的 4%，业主从每月承包商的工程款中按 4%的比例扣留，在保修期满后，保修金及保修金利息扣除已支出费用后的剩余部分退还给承包商；④除设计变更和其他不可抗力因素外，合同总价不做调整。各月实际完成产值见表 5-27。

表 5-27 **某工程各月实际完成产值** 万元

月　份	4	5	6	7	8	9
实际完成产值	220	250	280	300	250	200

问题：

（1）该工程的预付款是多少？

（2）起扣点是多少？从几月份开始起扣？

（3）各月工程师代表应签证的工程款是多少？应签发付款凭证金额是多少？

6. 某宾馆装修改造项目采用工程量清单计价方式进行招投标，该项目装修合同工期为 3 个月合同总价为 400 万元，合同约定实际完成工程量超过估计工程量 15%以上时调整单价，调整后的综合单价为原综合单价的 90%。合同约定客房地面铺地毯工程量为 3800m^2，单价为 140 元/m^2；墙面贴壁纸工程量为 7500m^2，单价为 88 元/m^2。施工过程中发生以下事件：

（1）装修进行 2 个月后，发包方以设计变更的形式通知承包方将公共走廊作为增加项目进行装修改造。走廊地面装修标准与客房装修标准相同，工程量为 980m^2；走廊墙面装修为高级乳胶漆，工程量为 2300m^2，因工程量清单中无此项目，发包人与承包人依据合同约定协商后确定的乳胶漆的综合单价为 15 元/m^2。

（2）由于走廊设计变更等待新图纸造成承包方停工待料 5d，造成窝工 50 工日（每工日工资 20 元）。

（3）施工图纸中浴厕间毛巾环为不锈钢材质，但由发包人编制的工程量清单中无此项目，故承包人投标时未进行报价。施工过程中，承包人自行采购了不锈钢毛巾环并进行安装。工程结算时，承包人按毛巾环实际采购价要求发包人进行结算。

问题：

（1）因工程量变更，施工合同中综合单价应如何确定？

（2）客房及走廊地面、墙面装修的结算工程款应为多少？

（3）由于走廊设计变更造成的工期及费用损失，承包人是否应得到补偿？

（4）承包人关于毛巾环的结算要求是否合理？为什么？

7. 某施工单位通过公开招标中标某工程项目，与业主签订的承包合同的部分内容有：

（1）工程合同总价 1855 万元，工程价款采用调值公式动态结算。该工程的人工费可调，占工程价款的 35%。材料费有 4 种可调：材料 1 占 5%，材料 2 占 15%，材料 3 占 15%，材料 4 占 10%。不调值费用占工程价款的 20%。价格指数见表 5-28。

表 5-28 **价 格 指 数 表**

费用名称	基期代号	基期价格指数	计算期代号	计算期价格指数
人工费	A_0	132	A	138
材料 1	B_0	110	B	115
材料 2	C_0	125	C	136
材料 3	D_0	130	D	142
材料 4	E_0	140	E	158

（2）开工前业主向承包商支付合同价 20%的预付备料款，主要材料及构配件金额占合同

总额的 65%。工程进行到合同价的 65%时，开始抵扣预付款。竣工前全部结清。

问题：

（1）该工程预付备料款和起扣点是多少？

（2）列出动态结算公式，并计算该工程调价之后的实际结算价。

8. 某施工项目进行到 17 周时对前 16 周的工作进行了统计检查，有关情况见表 5-29。

表 5-29

工作代号	计划完成工作预算费用（万元）	已完成工作量（%）	实际发生费用（万元）
A	300	100	310
B	280	100	290
C	260	100	250
D	560	100	560
E	720	50	320
F	450	100	430
G	600	40	270
H	360	0	0
I	350	80	300
J	290	100	260
K	150	0	0
L	180	100	180

问题：

（1）简述挣值法中三个成本值的代号及含义。

（2）求出前 16 周的挣得值及 16 周末的挣得值。

（3）求出 16 周的 *CV* 与 *SV*。

（4）求出 16 周的 *CPI*、*SPI* 并分析成本和进度情况。

6 工程项目质量管理

本章提要

本章主要内容包括工程项目质量管理及常用方法，工程质量的检验、评定与验收。重点是工程项目质量管理；难点是质量管理的常用方法。

6.1 工程项目质量与质量管理

6.1.1 工程项目质量

在现代社会人们赋予质量以综合的含义。工程项目中质量的概念主要包括三方面：

一、工作质量

工作质量是指参与项目建设全过程人员，为保证项目质量所表现的工作水平和完善程度。它反映了项目的实施过程对产品质量的保证程度。

二、工序质量

工程项目建设全过程是通过一道道工序来完成的，每道工序的质量必须具有满足下道工序相应要求的质量标准，工序质量必然决定产品质量。在工程建设中，影响工序质量的因素主要有人、材料、机械、方法和环境等五大方面。

三、产品质量

产品质量是指工程项目满足相关标准规定或合同约定的要求，包括在使用功能、安全及其耐久性能、环境保护等方面所有明显和隐含的能力的特性总和。

6.1.2 质量管理体系

一、建立质量管理体系的要求

目前许多企业都进行或已通过 ISO 9000 贯标，建立企业的质量体系，它包括质量管理的所有要素。属于 ISO 9000 族的关于项目管理的质量标准为《质量管理——项目管理质量指南（国际标准 ISO 10006）》。为了达到项目质量目标，必须制定整个工程项目的质量管理体系，在工程过程中按照质量管理体系进行全面控制。由于工程项目的特殊性，企业的质量体系与项目的质量体系既有联系又有区别。

企业的质量体系体现在质量保证手册中，包括企业的质量方针政策、质量目标、宣言、质量要求、质量工作计划和指示、质量检查规定、质量管理工作程序、质量标准等。

项目管理作为企业管理的一部分，它的质量管理体系的许多内容，应与企业的相同。但建立项目的质量管理体系还应符合如下基本要求：

（1）由于工程项目的参加者很多，它的质量管理体系既要有一致性又要有包容性。最重要的是满足项目目标的要求，满足业主、用户明确的和隐含的需要，使他们满意。通常工程项目应尽可能采用业主的或业主所要求的质量体系和程序。

（2）项目质量管理体系应当是项目管理系统的组成部分，应反映在合同、项目实施计划、项目管理规范中。

（3）通过规划好的一系列互相关联的过程来实施项目，包括项目实施过程和项目管理过程。通过严密的全方位的控制保证过程和产品的质量都满足项目的目标。

（4）项目经理必须创建良好的质量环境，包括：建立项目管理组织机构，以满足项目目标；依据报告和有关实际情况的信息作决策；根据实施状况和信息作出对工程质量的评价；项目的质量体系应为参加项目的所有人员了解，并贯彻到每个人的工作中，使他们都参与保证项目过程和项目产品的质量工作中；与承包商、供应商和其他项目参加者建立互利的双赢关系，以调动各方面质量管理的积极性。

（5）质量体系应有自我持续改进的功能，项目经理应负责持续改进的工作包括：应保证有质量能力和资质的人员实施、监测及控制质量过程，实施纠正和预防措施，并向他提供必要技术支持；项目所属的企业应不断从以前的工程经验中寻求项目质量管理的改进方法，不断完善项目的质量管理体系，不能将一个项目和项目管理看作一个孤立的过程。应建立信息系统,收集、分析各个项目实施信息，以持续地改进企业管理过程，形成大的循环；项目组织必须不断地改进自己的过程和活动的质量，应有自身工作评定、内部审核及可能的外部审核过程，并对这种持续改进过程安排必要的时间和资源；质量体系应根植于项目组织中，应当是项目管理系统的组成部分;项目组织应尽可能采用项目所属的企业组织的质量体系和程序，必要时可以作修改。这最容易为上层系统接受。

（6）应将项目、企业的质量管理过程中的文件、程序、验证、记录、评审和审核规范化，达到可追溯性的要求。并建立项目信息的收集、存贮、更新和检索系统，确保有效利用这些信息。

（7）为了控制项目的质量，应在项目过程中按照项目的进展状况评价项目达到质量目标的程度。评价过程又是促进改进项目质量的机会。

二、工程项目质量管理体系的内容

（1）质量计划。质量计划的目的主要是确保实现项目的质量目标。它要按照质量目标，确定与项目相关的质量标准，并决定如何满足这些标准。

质量计划编制的依据包括质量方针、项目范围描述、工程说明、标准和规则等。

质量计划的结果包括质量管理计划、具体操作说明、质量检查表格等。

质量计划制定的方法和技术包括在质量计划的制订过程中，用到的成本/效益分析方法、因果关系分析图、质量管理工作流程图、统计方法、试验和检测方法等。

（2）项目质量保证。质量保证是为实施达到质量计划要求的所有工作提供基础和可靠的保证，为项目质量管理体系的正常运转提供全部有计划、有系统的活动，以满足项目的质量标准。它应贯穿于项目实施的全过程之中。质量保证是项目团队的工作过程，必须发挥团队的效率。

项目质量保证通常是由项目的质量保证部门或者类似的组织单元提供的。项目质量保证通常不仅给项目管理组织以及实施组织（项目内部）提供质量保证，而且给项目产品或服务的用户，以及项目工作涉及的社会（项目外部）提供质量保证。质量保证涉及与用户的关系，应考虑直接用户的需要。

（3）质量控制。质量控制同样贯穿于项目实施的全过程。主要是监督项目的实施结果，将项目实施的结果与事先制定的质量标准进行比较，找出其存在的差距，并分析形成这一差距的原因。项目实施的结果包括产品结果（如可交付成果）以及管理结果（如实施的费用和进度）。质量控制虽然是由质量控制部门或类似的质量责任单位主要负责，但必须有整个项目组织团队的投入。

三、质量管理文件

质量管理文件指在项目实施过程中，为达到预期的质量要求所作出的与实施和管理过程有关的各种书面规定。包括：

（1）质量保证大纲。质量保证大纲的目的是为了提高项目实施和管理过程的有效性，提高工程系统的可用度，降低质量成本，提高工程实施的经济效益。

质量保证大纲的内容包括：按项目特点和有关部门的要求，提出明确的质量指标要求；明确规定技术、计划、合同、质量和物资等职能部门的质量责任；确定各实施阶段的工作目标；提出质量控制点和需要进行特殊控制的要求、措施、方法及相应的完成标志和评价标准；对设计、施工工艺和项目质量评审的明确规定。

（2）质量计划文件。它是对特定的项目、服务、合同规定专门的质量措施、资源和活动安排的文件。

（3）技术文件。包括设计文件、工艺文件、研究试验文件，是项目实施的依据和凭证。项目的技术文件应完整、准确、协调一致；项目技术文件，工艺文件与项目实际施工一致；研究试验文件与项目实际过程一致。

为保证每一项目和工作技术文件的完整性，设计单位、施工单位、项目经理应根据技术文件的管理规定，在实施工作开始时，提出技术文件完整性的具体要求，列出文件目录，并组织实施。

6.1.3 PDCA 循环

PDCA 循环是计划（Plan）→执行（Do）→检查（Check）→总结（Action）工作循环的简称。它是企业推行全面质量管理（Total Quality Control，TQC）在方法上的重大变革。它将过去事后检验把关为主的质量管理转变为预防为主和改进为主质量管理；把过去分散管理方式转变为系统、全面综合治理的方式；把过去管结果转变为管因素的科学管理方法。它是提高产品（工程）质量的一种科学方法。

一、PDCA 循环的基本工作内容

P 阶段，就是根据监理合同的要求，以合同标的为目标，通过对合同及相关规范的研究，在与设计、施工各方充分交流的基础上，制订技术、投资、工期、质量等指标，并确定达到这些目标的具体措施和方法，这就是计划阶段。

D 阶段，就是对照已制定的计划目标，采取组织措施、技术措施、经济措施、合同措施等综合措施，为取得目标控制的理想成果，扎扎实实地去做，这就是执行阶段。

C 阶段，就是对照计划的指标，检查执行（包括设计、施工及监理单位本身）的情况和效果，及时发现实施计划过程中的经验及问题，这就是检查阶段。

A 阶段，就是根据检查的结果进行总结，把成功的经验和失败的教训都纳入有关的标准制度和规定之中，巩固已取得的成绩，同时防止重蹈覆辙；同时，提出这一循环尚未解决的问题，把它们转到下一次的 PDCA 循环中去，这就是总结阶段。

二、PDCA 循环的八个步骤

第一步：分析现状，找出存在的问题（工期、质量、投资、索赔等）。对于存在的问题，要尽可能用数据加以说明。所用工具可用排列图、控制图等。

第二步：分析产生问题的各种影响因素，并对各个因素进行分析。所用工具常用因果图（亦称鱼刺图）。可从人（Man）、机具（Machine）、材料（Material）、方法（Method）、环境（Environment）既4M1E等五方面入手进行分析。

第三步：找出影响目标控制的主要因素。这可用排列图、相关图等工具。

第四步：针对主要因素，制订活动计划和措施。在监理计划和监理措施中要体现订什么计划（What），达到的目标（必要性，Why），在哪里实施这一措施或计划（Where），由哪个单位、谁来监理（Who），何时开始、何时完成（When）以及如何实施监理（How）等具体内容，也即5W1H。

第五步：按既定计划实施监理。

第六步：根据计划的要求，检查实施监理的结果，看是否达到预期控制的目标（为C阶段）。

第七步：根据检查结果进行总结，必要时，召开有设计、施工及甲方代表参加的现场协调会。总结经验、巩固成绩，协调改进措施的落实。

第八步：提出这一循环尚未解决的问题，转入下一次的PDCA循环。

6.2 质量管理的常用方法

6.2.1 频数分布直方图

频数分布直方图又称质量分布图或简称直方图，它是将所收集的质量数据按一定的规定进行整理、分析，然后画成长方形（长柱形）的统计图。由于这种图中的每一个长方形代表一定范围内实测数据出现的频数，所以该图称为频数分布直方图。

一、直方图的绘制

下面以实例说明直方图的绘制方法。今从某工程公司混凝土构件预制厂连续抽取试块，测取某混凝土强度数据共计200个（一般情况数据应取100个左右）。其作图步骤归纳如下：

（1）将收集的实测数据汇总列表，并从中找出最大值（$X_{max}=299$）与最小值（$X_{min}=271$）。例中数据见表6-1，其中$X_{max}=299$，$X_{min}=271$。

表 6-1　　混凝土试块抗压强度数据表

296	287	284	287	286	275	287	283	290	278	294	273	282	282	273	285	289	283	299	280
271	286	281	289	286	297	286	292	286	287	289	279	281	283	289	288	278	275	284	279
284	287	279	283	290	291	278	284	289	279	288	271	271	279	280	284	286	283	289	288
286	287	284	287	287	294	290	286	297	285	285	291	284	290	286	289	270	273	286	284
293	289	296	281	285	281	287	282	284	286	287	292	290	277	280	285	289	277	279	277
283	294	287	293	283	288	283	279	275	299	291	290	287	276	283	283	286	285	283	285
280	287	288	285	286	274	288	289	281	299	285	287	283	283	289	283	291	280	277	293
284	290	285	284	290	298	290	280	283	284	288	283	278	281	284	289	281	273	275	284
286	285	284	283	291	292	294	270	290	281	284	290	289	283	286	277	287	277	290	294
285	284	284	288	281	278	288	280	290	284	293	281	297	283	289	200	288	281	294	279

（2）计算极差值 R

$$R = X_{max} - X_{min} = 299 - 271 = 28$$

（3）确定组数 K。K 值可参考表 6-2 选用。

经验证明，组数太少，会掩盖各组内数据变动的情况；组数太多，会使数据过于零乱分散，不易看出明显的规律。通常要使每组平均至少包含 4～5 个数据。本例取 K=9。

表 6-2 分 组 数 参 考 表

<table>
<tr><th>数 据 总 数</th><th>适当分组数 K</th><th>一般使用组数</th></tr>
<tr><td>50 个以下</td><td>7 组以下</td><td rowspan="4">10</td></tr>
<tr><td>50～100</td><td>6～10</td></tr>
<tr><td>100～200</td><td>7～12</td></tr>
<tr><td>200 个以上</td><td>10～20</td></tr>
</table>

（4）确定组距 h。组距 h 等于极差 R 除以 K，并取近似整数值。

$$h = \frac{X_{max} - X_{min}}{K} = \frac{R}{K} \tag{6-1}$$

本例中：$h = \frac{299 - 271}{9} = 3.11$，取 3。

（5）计算组界值。为了避免数据刚好落在分组的界线上，则分组的组界值应按式（6-2）和式（6-3）计取。

第一组数据的组界值为

下界值：
$$X_{min} - \frac{h}{2} \tag{6-2}$$

上界值：
$$X_{min} + \frac{h}{2} \tag{6-3}$$

以第一组的上界值为第二组的下界值，第二组的下界值加上组距 h 即为第二组的上界值，依此类推。

例中第一组：上界值为 $X_{min} + \frac{h}{2} = 271 + \frac{3}{2} = 272.5$

下界值为 $X_{min} - \frac{h}{2} = 271 - \frac{3}{2} = 269.5$

第二组：上、下界值分别为 275.5 和 272.5

第三组：上、下界值分别为 278.5 和 275.5

其余各组组界值见表 6-3。

（6）编制频数分布表。根据确定的组界值，统计频数和计算频数值，编制频数分布表。例中频数分布见表 6-3。

表 6-3 混凝土抗压强度频数分布统计表

序 号	组 界 值	频 数	频 率
1	269.5～272.5	4	0.020
2	272.5～275.5	6	0.030

续表

序 号	组 界 值	频 数	频 率
3	275.5～278.5	13	0.065
4	278.5～281.5	30	0.150
5	281.5～284.5	40	0.200
6	284.5～287.5	42	0.210
7	287.5～290.5	38	0.190
8	290.5～293.5	12	0.060
9	293.5～296.5	9	0.045
10	296.5～299.5	6	0.030
Σ		200	1.000

（7）绘制频数分布直方图。以横坐标表示分组的组界值，纵坐标表示各组数据的频数。将频数分布表中数据绘制在图上，形成以组距为底边、频数为高度的若干直方形，构成频数分布直方图。

例中，混凝土强度分布直方图如图 6-1 所示。

（8）最后，在直方图上要注明数据个数 n、平均值 $\bar{X}$、标准偏差 S、极差 R、测取数据的日期等。

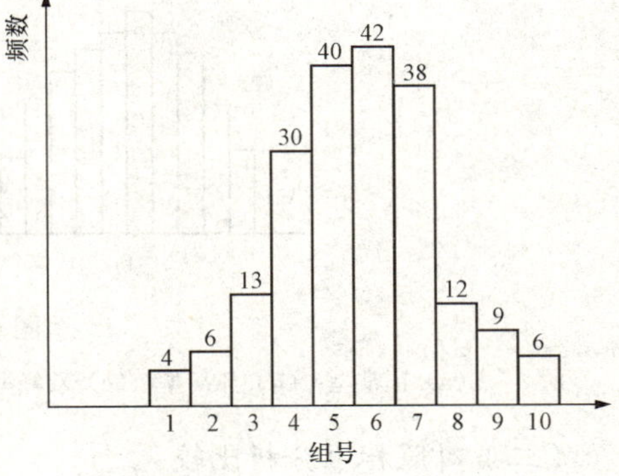

图 6-1 混凝土强度分布直方图

二、直方图的分析

（一）直方图图形分析

直方图形象直观地反映了数据分布情况，通过对直方图的观察和分析可以看出生产是否稳定及其质量的状况。常见直方图的典型形状有以下几种，如图 6-2 所示。

（1）正常型——它的特点是中间高，两边低，左右基本对称，说明相应工序处于稳定状态。如图 6-2（a）所示。

（2）孤岛型——在远离主分布中心的地方出现小的直方形，形如孤岛。孤岛的存在表明生产过程中出现了异常因素。例如原材料改变发生的质量变化，或由于短期内操作不当发生的质量变动。如图 6-2（b）所示。

（3）双峰型——直方图出现两个中心，形成双峰状。这往往是由于把两个总体的数据混在一起作图所造成的，如把两个班组的数据混为一批等。如图 6-2（c）所示。

（4）偏向型——直方图的顶峰偏向一侧，故又称偏坡型，它往往是因为计数值或计量值只控制一侧界限或剔除了不合格数据造成的。如图 6-2（d）所示。

（5）陡壁型——直方图的一侧出现陡峭绝壁状态。这里由于人为地剔除一些数据，进行不真实的统计造成的。如图 6-2（e）所示。

（6）平顶型——在直方图顶部呈平顶状态。一般是由多个数据混在一起造成的，或者是在生产过程中有缓慢变化的因素在起作用所造成的。如图 6-2（f）所示。

（7）锯齿型——直方图出现参差不齐的形状，即频数不是在相邻区间减少，而是隔区间减少，形成了锯齿状。造成这种现象的原因不是生产上的问题，而主要是绘制直方图时分组过多或测量仪器精度不够而造成的，如图 6-2（g）所示。

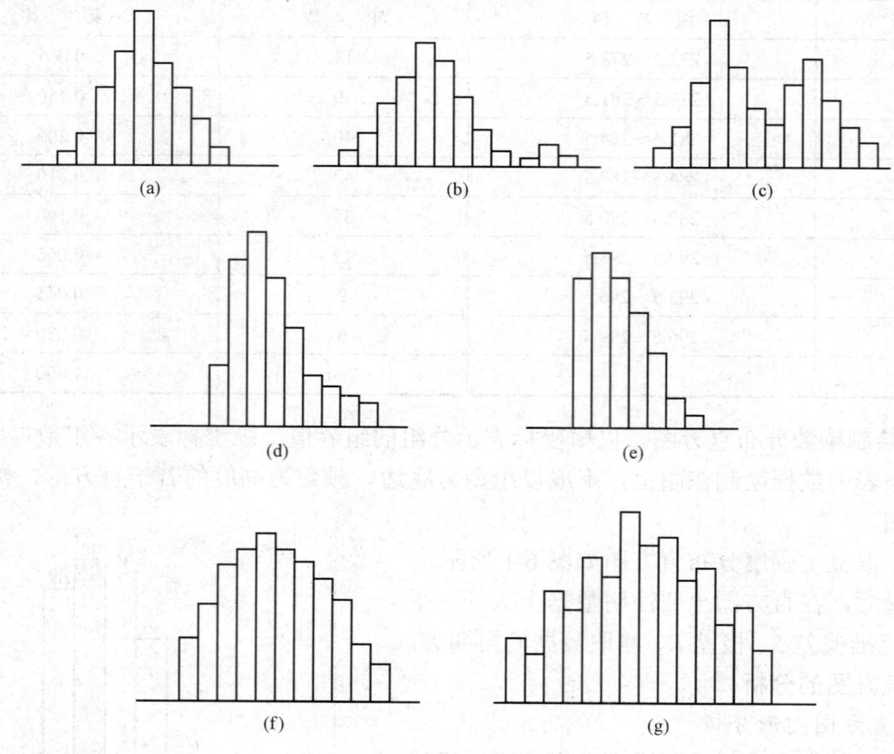

图 6-2 直方图的类型

（a）正常型；（b）孤岛型；（c）双峰型；（d）偏向型；（e）陡壁型；（f）平顶型；（g）锯齿型

（二）对照标准分析比较

当工序处于稳定状态（直方图为正常型）时，还需进一步将直方图与规格标准进行对照，确定工序满足标准要求的程度。主要分析内容为：直方图的平均值 $\bar{X}$ 与质量标准中心重合程度，直方图的分布范围 B 同公差范围 T 的关系。在图 6-3 中标出了标准范围 T、标准上偏差 T_U、标准偏差 T_L 和实际尺寸范围 B。将实际产品质量分布的直方图与标准图形对比，找出存在的差异。常见的差异类型分析如下：

（1）理想型——实际平均值 $\bar{X}$ 与规格标准中心 μ 重合，实际尺寸分布与标准范围两边有一定余量，如图 6-3（a）所示。

（2）偏向型——虽在标准范围之内，但分布中心偏向一边，说明存在系统偏差，必须采取措施，如图 6-3（b）所示。

（3）陡壁型——此种图形反映数据分布过分地偏离规格中心，造成超差，出现不合格产品。这是由于工序控制不好造成的，应采取措施使数据中心与规格中心重合。如图 6-3（c）所示。

（4）无富余型——又称双侧压线型。分布虽然落在规格范围之内，但两侧均无余地，稍有波动就会出现超差，出现废品，如图 6-3（d）所示。

（5）能力不足型——又称双侧超越线型。此种图形实际尺寸超出标准线，已产生不合格产品，如图 6-3（e）所示。

（6）能力富余型——又称过于集中型。实际尺寸分布与标准范围两边余量过大，属控制过严而不经济，如图 6-3（f）所示。

以上分析表明了满足标准公差范围的程度，也就是说，如果在施工的过程中能正确控制偏离标准的差异，就能稳定地生产出合格的产品。

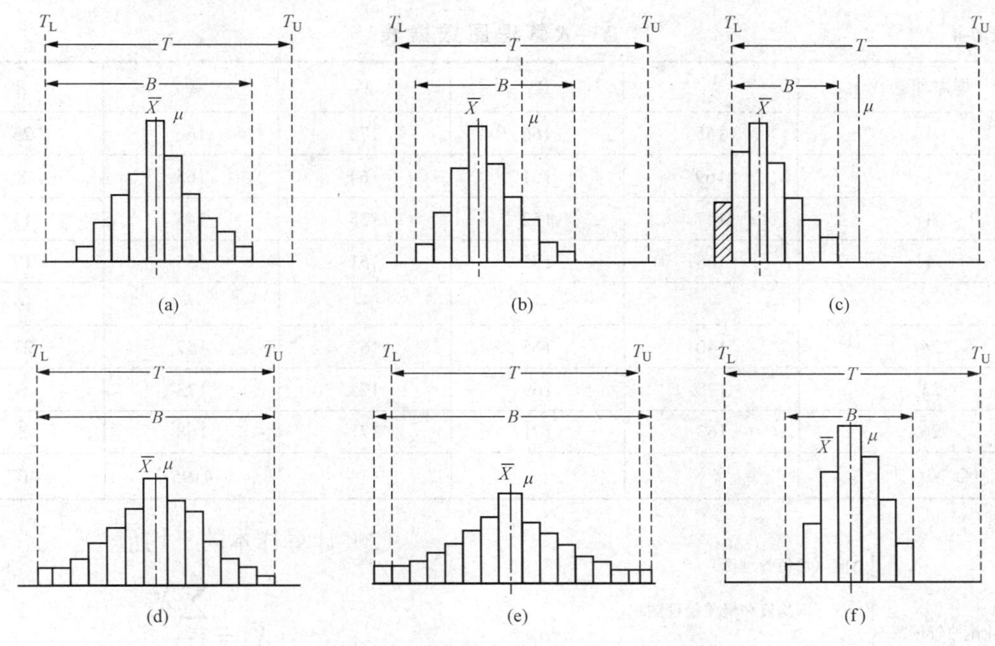

图 6-3　与标准对照的直方图

（a）理想型；（b）偏向型；（c）陡壁型；（d）无富余型；（e）能力不足型；（f）能力富余型

6.2.2　管理图法

管理图又叫控制图，它是反映生产工序随时间变化而发生的质量波动的状态，即反映生产过程中各个阶段质量变动状态的图形。质量波动一般有两种情况：一种是偶然性因素引起的波动，称为正常波动；另一种是系统性因素引起的波动，则属异常波动。质量控制的目标就是要查找异常波动的因素并加以排除，使质量只受正常波动因素的影响，符合正态分布的规律。质量管理图就是利用上下控制界限，将产品质量特性控制在正常波动范围之内。质量管理图如图 6-4 所示。一旦有异常原因引起质量波动，通过管理图就可看出，能及时采取措施预防不合格产品的出现。

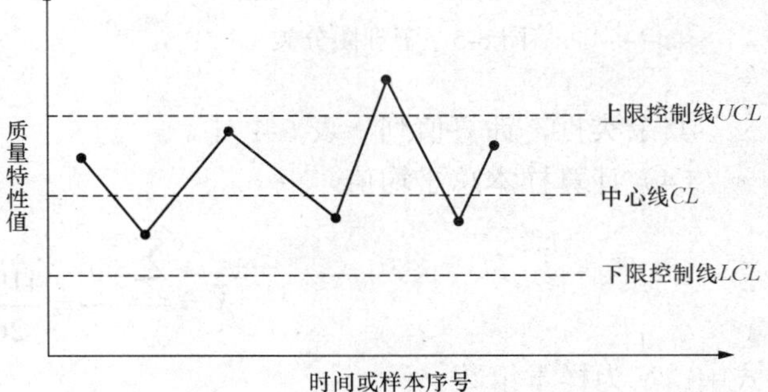

图 6-4　质量管理图

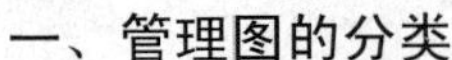

一、管理图的分类

管理图分计量值管理图和计数值管理图两类，如图 6-5 所示。计量值管理图适用于质量管理中的计量数据，如长度、强度、湿度、温度等；计数值管理图则适用于计数数据，如不合格的点数、件数等。

二、管理图的绘制

管理图的种类虽多，但其基本原理是相同的，现仅以常用的 $\overline{X}-R$ 管理图为例，阐明作图的步骤。$\bar{X}-R$ 管理图的作图步骤如下：

（1）收集数据归纳列表。

例如，表 6-4 所示其中每组样本有三个数据，分别为 X_1、X_2、X_3。

表 6-4 **$\bar{X}-R$ 管理图数据表**

样本组数	X_1	X_2	X_3	$\overline{X}$	R
1	155	166	178	166	23
2	169	161	164	165	8
3	147	152	135	145	17
4	168	155	151	155	17
…	…	…	…	…	…
24	140	165	167	157	27
25	175	169	175	173	6
26	163	171	171	168	8
合　计				4195	407

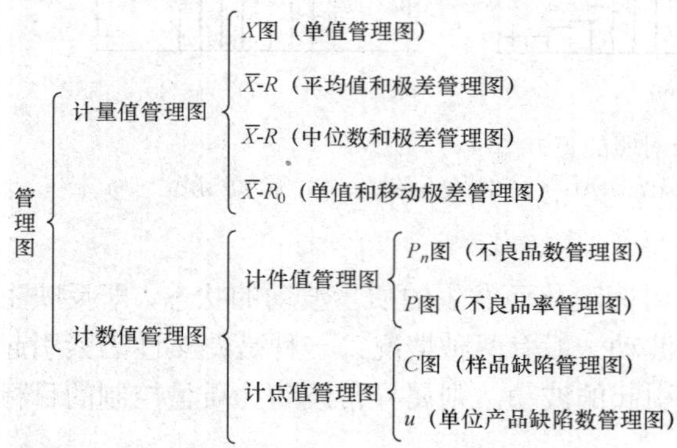

图 6-5　管理图分类

（2）计算样本的平均值

$$\overline{X}_j=\frac{\sum_{i=1}^{n}X_i}{n}$$

表中第一个样本平均值为

$$\overline{X}_1=\frac{155+166+178}{3}=166$$

其余类推，计算值列于表 6-4 中。

（3）计算样本极差值

$$R=X_{\max}-X_{\min}$$

表中第一个样本极差值为

$$R_1=178-155=23$$

其余类推，计算值列于表 6-4 中。

（4）计算样本总平均值

$$\overline{X}=\frac{\sum_{J=1}^{N}\overline{X}_j}{N}=\frac{4195}{26}=161$$

式中：N 为样本组数。

（5）计算极差平均值

$$\overline{R}=\frac{\sum_{J=1}^{N}R_j}{N}$$

表中：

$$\overline{R}=\frac{407}{26}=16$$

（6）计算控制界限。

1）$\bar{X}$ 管理图控制界限

中心线 $$CL=\bar{\bar{X}}$$

上控制界限 $$UCL=\bar{\bar{X}}+A_2\bar{R}$$

下控制界限 $$LCL=\bar{\bar{X}}-A_2\bar{R}$$

式中：A_2 为 $\bar{X}$ 管理图系数，参照表 6-5 取值（表中 N 为数据个数）。

表 6-5 管 理 系 数 表

N	A_2	M_3A_2	D_3	D_4	E_2	d_3
2	1.880	1.880		3.267	2.660	0.853
3	1.023	1.187		2.575	1.772	0.888
4	0.729	0.796		2.282	1.457	0.880
5	0.577	0.691		2.115	1.290	0.864
6	0.483	0.549		2.004	1.184	0.848
7	0.419	0.509	0.076	1.924	1.109	0.833
8	0.373	0.342	0.136	1.864	1.054	0.820
9	0.337	0.412	0.184	1.816	1.010	0.080
10	0.308	0.363	0.223	1.727	1.975	0.797

例中，CL、UCL、LCL 分别为

$$CL=161$$
$$UCL=161+1.023\times16=177$$
$$LCL=161-1.023\times16=145$$

2）R 管理图的控制界限：

中心线 $$CL=\bar{R}$$

控制界限 $$UCL=D_4\bar{R}$$

下控制界限 $$LCL=D_3\bar{R}$$

式中：D_3、D_4 均为 R 管理图控制界限系数，参照表 6-5 取值。

本例中 D_3=0，D_4=2.575，代入上式得 CL、UCL、LCL 值分别为 16、41、0。

表 6-6 管理控制界限计算公式

分　类	图　名	中 心 线	上下控制界限	管　理　特　征
计算值管理图	$\bar{X}$ 图	$\bar{\bar{X}}$	$\bar{\bar{X}}\pm A_2\bar{R}$	用于观察分析平均值的变化
	R 图	$\bar{R}$	$D_4\bar{R}$ $D_3\bar{R}$	用于观察分析分布的宽度和分散变化的情况
	$\bar{X}$ 图	$\bar{\bar{X}}$	$\bar{\bar{X}}\pm M_3A_2\bar{R}$	$\bar{X}$ 代 $\bar{X}$ 图，可以不计算平均值
	X 图	$\bar{X}$	$\bar{X}\pm E_2\bar{R}$	观察分析单个产品质量特征的变化
	R_0 图	$\bar{R}_0$	$D_4\bar{R}_0$	同 R 图，适用于不能同时取得数据的工序

续表

分　类		图　名	中心线	上下控制界限	管　理　特　征
计算值管理图	计件值管理图	P 图	$\bar{P}$	$\bar{P}_n \pm \sqrt{P_n(1-P)}$	用不良品率来管理工序
		P_n 图	$\bar{P}_n$	$\bar{P}_n \pm 3\sqrt{\dfrac{\bar{P}_n(1-\bar{P})}{n}}$	用不良品数来管理工序
	计点值管理图	C 图	$\bar{C}$	$\bar{C} \pm \sqrt{\bar{C}}$	对一个样本的缺陷进行管理
		U 图	$\bar{U}$	$\bar{U} \pm \sqrt{\dfrac{\bar{U}}{n}}$	对每一个给定单位产品中的缺陷数进行控制

（7）绘制 $\bar{X}-R$ 管理图。

以横坐标为样本序号或取样时间，纵坐标为所要控制的质量特性值，按计算结果绘出中心线和上下控制界限。

用例中数据绘制的 $\bar{X}-R$ 管理图如图 6-6 所示。其他各种管理图的作图步骤与 $\bar{X}-R$ 管理图相同，控制界限的计算公式可参见表 6-6。

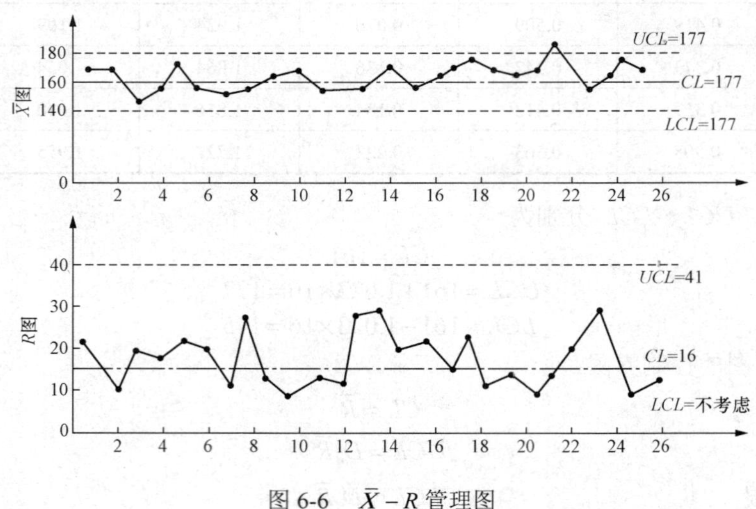

图 6-6　$\bar{X}-R$ 管理图

三、管理图的观察分析

正常管理图的判断规则是：图上的点在控制上下限之间围绕中心作无规律波动。连续 35 个点中，仅有一点超出控制界限线；连续 100 个点中，仅有两点超出控制界限线。

异常管理图的判断如图 6-7 所示。其判断规则为：①连续 7 个点在中心线的同侧。②有

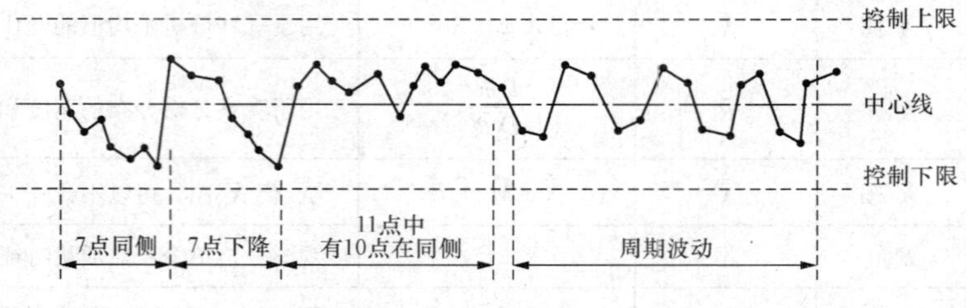

图 6-7　异常管理图的判断

连续 7 个点上升或下降。③连续 11 个点中，有 10 个点在中心线的同一侧；连续 14 个点中，有 12 个点在中心线的同一侧；连续 17 个点中，有 14 个点在中心线的同一侧；连续 20 个点中，有 16 个点在中心点子围绕某一中心线作周期波动。

在观察管理图发生异常后，要分析找出产生问题的原因，然后采取措施，使管理图所控制的工序恢复正常。

6.2.3 排列图

排列图法又叫巴雷特图法或主次因素分析图法，是用来寻找影响产品质量的主要因素的一种有效工具。排列图有两个纵坐标，左侧纵坐标表示产品频数，即不合格产品件数；右侧纵坐标表示频率，即不合格产品累计百分数。图中横坐标表示影响产品质量的各个因素或项目，按影响质量程度的大小，从左到右依次排列。每个直方形的高度表示该影响因素的大小程度，图中曲线称为巴雷特曲线。在排列图上，通常把曲线的累计百分数分为三级，与此相对应的因素分三类。A 类因素对应于频率 0～80%，是影响产品质量的主要因素；B 类因素对应于频率 80%～90%，为次要因素；与频率 90%～100%相对应的为 C 类因素，属一般影响因素。运用排列图，便于找出主次矛盾，使复杂问题一目了然，有利于采取对策，加以改善。

【例 6-1】 现以砌砖工程为例，按有关规定对检查项目进行测试，检查结果按不合格的大小次序排列，并计算出各自的频数以及累计频率，见表 6-7。试找出影响砌砖工程质量的主要因素。

表 6-7 砌砖工程不合格项目及频率汇总表

序号	实测项目	实测点数	超差点数（频数）	频率（%）	累计频率（%）
1	门窗洞口	392	36	55.38	55.38
2	墙面垂直	1589	20	30.77	86.15
3	墙面平整	1589	7	10.77	96.92
4	砌砖厚度	36	2	3.08	100
合计		3606	65	100%	

解 依表中数据绘制排列图，如图 6-8 所示。

由图可知，影响砌砖质量的主要因素是门窗孔洞偏差和墙面的垂直度，二者累计频率达到了 86.15%。故应采取措施以确保工程质量。

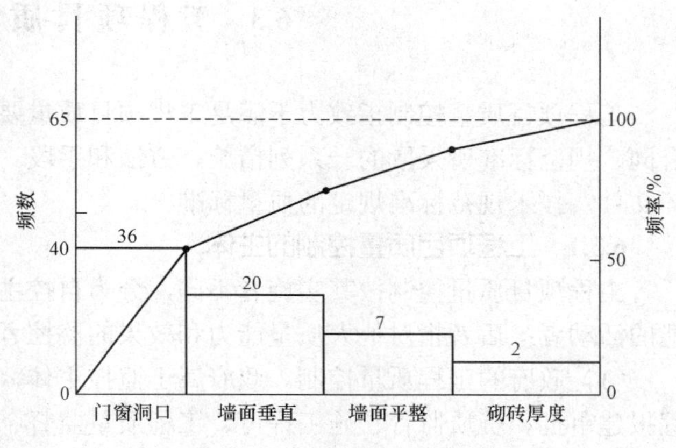

图 6-8 不合格大小次序排列图

6.2.4 因果分析图

因果分析图又叫特性要因图、鱼刺图、树枝图。这是一种逐步深入研究和讨论质量问题的图示方法。在工程实践中，任何一种质量问题的产生，往往是多种原因造成的。这些原因有大有小，把这些原因依照大小次序分别用主干、大枝、中枝和小枝图形表示出来，便可一目了然地观察出产生质量问题的原因。

运用因果分析图可以帮助我们制定对策，解决工程质量上存在的问题，从而达到控制质量的目的。

【例 6-2】 现以混凝土强度不足的质量问题为对象来阐明因果分析图的画法。

解 因果分析图的绘制步骤为：

（1）确定特性。特性就是需要解决的质量问题，如混凝土强度不足放在主干箭头的前面。

（2）确定影响质量特性的大枝。如影响混凝土强度不足的因素主要是人、材料、工艺、设备和环境等五个方面。

（3）进一步画出中、小细枝，即找出中、小原因，如图 6-9 所示。

最后针对影响质量的因素，有的放矢地制定对策，落实解决问题的人和时间，并以计划表的形式表示，且注明限期改正的时间。

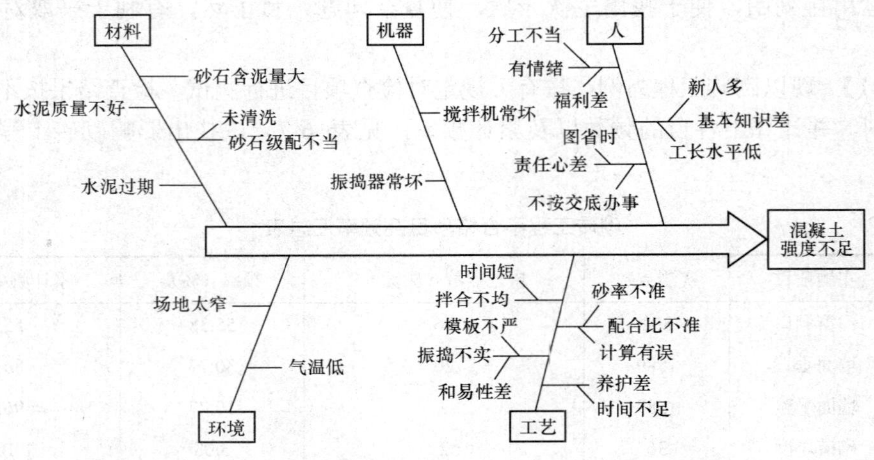

图 6-9　混凝土强度不足因果分析图

6.3　工程项目质量控制

工程项目质量控制指致力于满足工程项目质量要求，也就是为了保证工程质量满足工程合同、规范标准所采取的一系列措施、方法和手段。工程质量要求主要表现为工程合同、设计文件、技术规范标准规定的质量标准。

6.3.1　工程项目质量控制的主体

工程项目质量控制按其实施者不同，分为自控主体和监控主体。前者指直接从事质量职能的活动者；后者指对他人质量能力和效果的监控者。质量控制的实施者主要包括：

（1）政府的工程质量控制。政府属于监控主体，它主要是以法律、法规为依据，通过工程报建审批、资质监管、施工许可、工程质量监督、工程验收备案等环节进行的。

（2）工程监理单位的质量控制。工程监理单位属于监控主体，它主要受建设单位的委托，代表建设单位对工程实施全过程进行的质量监督和控制，包括勘察设计阶段的质量控制、施工阶段质量控制，以满足建设单位对工程质量的要求。

（3）勘察设计单位的质量控制。勘察设计单位属于自控主体，它是以法律、法规及合同为依据，对勘察、设计的整个过程进行控制，包括工作程序、工作进度、费用及成果文件所包含的功能和使用价值，以满足设计单位对勘察设计质量的要求。

（4）施工单位的质量控制。施工单位属于自控主体，它是以工程合同、设计图纸和技术规范为依据，对施工准备阶段、施工阶段、竣工验收交付阶段等施工全过程的工作质量和工程质量进行的控制，以达到合同文件规定的质量要求。

6.3.2 工程项目质量控制的原则

建设项目的各参与方在工程质量控制中，应遵循以下几条原则：

（1）坚持质量第一的原则；

（2）坚持以人为核心的原则；

（3）坚持以预防为主的原则；

（4）坚持质量标准的原则；

（5）坚持科学、公正、守法的职业道德规范。

6.3.3 工程项目质量控制的目标

项目质量控制是指采取有效措施，确保实现合同（设计承包合同、施工承包合同与订货合同等）商定的质量要求和质量标准，避免常见的质量问题，达到预期目标。一般来说，工程项目质量控制的目标要求是：

（1）工程设计必须符合设计承包合同规定的规范标准的质量要求，投资额、建设规模应控制在批准的设计任务书范围内。

（2）设计文件、图纸要清晰完整，各相关图纸之间无矛盾。

（3）工程项目的设备选型、系统布置要经济合理、安全可靠、管线紧凑、节约能源。

（4）环境保护措施、“三废”处理、能源利用等要符合国家和地方政府规定的指标。

（5）施工过程与技术要求相一致，与计划规范相一致，与设计质量要求相一致，符合合同要求和验收标准。

项目的质量控制在项目管理中占有特别重要的地位。确保工程项目的质量，是工程技术人员和项目管理人员的重要使命。近年来，国家已明确规定把建筑工程优良品率作为考核建筑施工企业的一项重要指标，要求施工企业在施工过程中推行全面质量管理、价值工程等现代管理方法，使工程质量明显提高。但是，目前我国建筑业的质量管理还存在不少施工质量问题，这些问题的出现，大大影响了用户的使用效果，严重的甚至还造成人身伤亡事故，给建设事业造成了极大的损失。为了确保项目的质量，必须抓好质量控制。

6.4 工程项目勘察设计阶段的质量控制

工程勘察是根据建设工程的要求，查明、分析、评价建设场地的地质、地理环境和岩土工程条件，编制建设工程勘察文件的活动。工程设计是根据建设工程的要求，对建设工程所需的技术、经济、资源、环境等条件进行综合分析、论证，编制建设工程文件的活动。工程勘察设计阶段的质量控制对于工程项目质量起着决定性的作用。

6.4.1 勘察设计质量的概念及控制依据

一、勘察设计质量的概念

勘察设计质量，是指在严格遵守技术标准、法规的基础上，对工程地质条件做出及时、准确的评价，正确处理和协调经济、资源、技术、环境条件的制约，使设计项目能更好地满足业主所需要的功能和使用价值，能充分发挥项目投资的经济效益。

二、勘察设计质量控制的依据

（1）有关工程建设及质量管理方面的法律、法规、城市规划、建设工程勘察设计深度要求。铁路、交通、水利等专业建设工程，还应当依据专业规划的要求。

（2）有关工程建设的质量标准，如勘察和设计的工程建设强制性标准、规范规程、设计参数、定额、指标等。

（3）项目批准文件，如项目可行性研究报告，项目评估报告及选址报告。

（4）体现建设单位建设意图的勘察、设计规划大纲、纲要和合同文件。

（5）反映项目建设过程中和建成后所需要的有关技术、资源、经济、社会协作等方面的协议、数据和资料。

6.4.2 勘察设计单位资质管理及个人执业资格管理

单位资质是指建设行政主管部门对从事建筑活动的人员素质、管理水平、资金数量、业务能力等进行审查，以确定其承担任务的范围，并发给相应的资质证书。

一、工程勘察单位资质

工程勘察单位资质分综合类、专业类和劳务类三类。综合类包括工程勘察所有专业，其资质只设甲级；专业类是指岩土工程、水文地质勘察、工程测量等专业中的某一项，专业类资质原则上设甲、乙两个级别；劳务类是指岩土工程治理、工程钻探、凿井等，其资质不分级别。

二、工程设计单位资质

工程设计单位资质分为工程设计综合类资质、行业类资质和专项类资质三类。工程设计综合资质只设甲级；工程设计行业资质根据其工程性质划分为煤炭、电力、冶金、建筑等21个行业，设甲、乙、丙三个级别，除建筑、市政等行业设工程设计丙级外，其他行业丙级设置对象为企业内部所属的非独立法人单位；工程设计专项类资质划分为建筑装饰、环境工程、建筑智能化、消防工程、建筑幕墙、轻型房屋钢结构等六个专项，其分级可根据专业发展的需要设置甲、乙、丙或丙以下级别。

三、勘察设计企业资质及个人执业资格的检查

勘察设计单位资质控制是确保工程质量的关键措施，一般由监理工程师负责核查。

（1）检查勘察设计单位的资质证书类别和等级与拟建工程的类型、规模、行业特性的要求是否相符，资质证书所规定的有效期是否已过期，其资质年检结论是否合格。

（2）检查勘察、设计单位的营业执照，重点是有效期和年检情况。

（3）对参与拟建工程的主要技术人员的执业资格进行检查，包括一级注册建筑师、一级注册结构工程师、注册造价工程师等。

6.4.3 勘察阶段质量控制要点

一、勘察单位选定

建设单位应委托具有相应资质等级的工程勘察单位承担勘察业务工作，建设单位原则上

应将整个建设工程项目的勘察业务委托给一个勘察单位，也可以根据勘察业务的专业特点和技术要求分别委托几个勘察单位。

二、勘察工作方案审查和控制

工程勘察单位在实施勘察工作之前，应按照有关规范的规定，结合工程的特点编制勘察工作方案。监理工程师应对勘察工作方案进行认真审查。

三、勘察现场作业的质量控制

现场作业人员应进行专业培训，持证上岗；原始资料取得的方法、手段及使用的仪器设备应当正确、合理；现场钻探、取样、机具应通过计量认证；原始记录应按要求认真填写清楚，并经有关作业人员检查、签字。

四、勘察文件的质量控制

勘察单位必须严格认真编写工程勘察成果，监理工程师对勘察成果按照质量管理有关程序进行审核与评定，质量合格方能提供使用。

五、后期服务质量保证

勘察文件交付后，勘察单位应作好施工阶段的勘察配合及验收工作，对施工过程中出现的地质问题要进行跟踪服务。特别是及时参加验槽、基础工程验收和工程竣工验收及与地基基础有关的工程事故处理工作，保证工程建设总体目标的实现。

六、勘察技术档案管理

工程项目完成后，勘察单位应将全部资料，分类编目，归档保存。

6.4.4 设计阶段质量控制要点

一、设计准备中的质量控制

设计准备中的质量控制主要包括以下几方面的工作：

（1）设计纲要的编制。设计纲要是确定工程项目的设计目标，反映业主意图，编制设计文件的主要依据。为此，编制和审核设计纲要时，应保证设计纲要的内容建立在可靠的基础上。

（2）组织设计招标或方案竞选。在设计单位的选择上引进竞争机制，体现优胜劣汰。

（3）签订设计合同。签订设计合同，并在合同中写明承包方的质量保证责任。

二、设计图纸的审核

设计图纸是设计工作的最终成果，又是工程施工的直接依据，所以，设计阶段质量控制的任务，最终还要体现在设计图纸的质量上。

（1）业主（或监理工程师）对设计图纸的审核。对初步设计图纸的审核，侧重于工程所采用的技术方案是否符合总体方案的要求，以及是否达到项目决策阶段确定的质量标准。对技术设计图纸的审核侧重于各专业设计是否符合预定的质量标准和要求。对施工图的审核，应注重于反映使用功能及质量要求是否得到满足。

（2）政府机构对设计图纸的审核。政府机构对设计图纸的审核主要内容有：是否符合城市规划方面的要求；工程建设对象本身是否符合法定的技术标准；与工程所在地区的各项公共设施是否协调。

（3）图纸会审。为了加强设计与采购、施工、试车各个环节的联系，需要实行各环节负责单位共同参加的联合会审制度，提高设计的可操作性和安全性。

6.5 工程项目施工阶段的质量控制

6.5.1 施工质量控制概述

一、施工质量控制的目标

施工质量控制的总体目标是贯彻执行建设工程质量法规和标准，正确配置生产要素和采用科学管理的方法，实现工程项目预期的使用功能和质量标准。不同管理主体的施工质量控制目标为：

（1）建设单位的质量控制目标是通过施工过程的全面质量监督管理、协调和决策，保证竣工项目达到投资决策所确定的质量标准。

（2）设计单位在施工阶段的质量控制目标，是通过设计变更控制及纠正施工中所发现的设计问题等，保证竣工项目的各项施工结果与设计文件所规定的标准相一致。

（3）施工单位的质量控制目标是通过施工过程的全面质量自控，保证交付满足施工合同及设计文件所规定的质量标准的建设工程产品。

（4）监理单位在施工阶段的质量控制目标是，通过审核施工质量文件、施工指令和结算支付控制等手段的应用，监控施工承包单位的质量活动行为，正确履行工程质量的监督责任，以保证工程质量达到施工合同和设计文件所规定的质量标准。

二、施工质量控制的依据

施工质量控制的依据包括：工程合同文件，设计文件，国家及政府有关部门颁布的有关质量管理方面的法律法规性文件，有关质量检验与控制的专门技术法规性文件。

三、施工质量控制的阶段划分及内容

施工质量控制包括施工准备质量控制、施工过程质量控制和施工验收质量控制三个阶段，见表 6-8。

表 6-8 施工质量控制的阶段划分及内容

<table>
<tr><td rowspan="5">施工准备控制</td><td colspan="2">施工承包单位资质的核查</td></tr>
<tr><td colspan="2">施工质量计划的编制与审查</td></tr>
<tr><td colspan="2">现场施工准备的质量控制</td></tr>
<tr><td colspan="2">施工机械配置的控制</td></tr>
<tr><td colspan="2">工程开工报审</td></tr>
<tr><td rowspan="7">施工过程控制</td><td rowspan="5">施工作业过程质量的预控</td><td>设置工序活动的质量控制点</td></tr>
<tr><td>工程质量预控对策的表达方式</td></tr>
<tr><td>作业技术交底的控制</td></tr>
<tr><td>进场材料构配件的质量控制</td></tr>
<tr><td>环境状态的控制</td></tr>
<tr><td rowspan="2">施工作业过程质量的实时监控</td><td>承包单位的自检系统与监控</td></tr>
<tr><td>施工作业技术复核工作与监控</td></tr>
</table>

续表

施工过程控制	施工作业过程质量的实时监控	见证取样与见证点的实施监控
		工程变更的监控
		质量记录资料的控制
	施工作业过程质量检验	基槽基坑检查验收
		隐蔽工程检查验收
		不合格品的处理及成品保护
		检验方法与检验程度的种类
施工质量验收	检验批的验收	
	分项工程验收	
	分部工程验收	
	单位工程验收	

（1）施工准备质量控制是指工程项目开工前的全面施工准备和施工过程中各分部分项工程施工作业准备的质量控制。

（2）施工过程的质量控制是指施工作业技术活动的投入与产出过程的质量控制，其内涵包括全过程施工生产及其中各分部分项工程的施工作业过程。

（3）施工验收质量控制是指对已完工程验收时的质量控制，即工程产品的质量控制。

四、施工质量控制的工作程序

（1）在每项工程开始前，承包单位须做好施工准备工作，然后填报工程开工报审表，附上该项工程的开工报告、施工方案以及施工进度计划等，报送监理工程师审查。若审查合格，则由总监理工程师批复准予施工。否则，承包单位应进一步做好施工准备，待条件具备时，再次填报开工申请。

（2）在每道工序完成后，承包单位应进行自检，自检合格后，填报报验申请表交监理工程师检验。监理工程师收到检查申请后应在规定的时间内到现场检验，检验合格后予以确认。只有上一道工序被确认质量合格后，方能准许下道工序施工。

（3）当一个检验批、分项、分部工程完成后，承包单位首先对检验批、分项、分部工程进行自检，填写相应质量验收记录表，确认工程质量符合要求，然后向监理工程师提交报验申请表并附上自检的相关资料，经监理工程师现场检查及对相关资料审核后，符合要求予以签认验收，反之，则指令承包单位进行整改或返工处理。

（4）在施工质量验收过程中，涉及结构安全的试块、试件以及有关材料，应按规定进行见证取样检测；对涉及结构安全和使用功能的重要分部工程，应进行抽样检测，承担见证取样检测及有关结构安全检测的单位应具有相应资质。

（5）通过返修或加固处理仍不能满足安全使用要求的分部分项工程、单位工程严禁验收。

五、质量控制的原理过程

（1）确定控制对象，例如一个检验批、一道工序、一个分项工程、某安装过程等。

（2）规定控制标准，即详细说明控制对象应达到的质量要求。

（3）制订具体的控制方法，例如工艺规程、控制用图表等。

（4）明确所采用的检验方法，包括检验手段。

（5）实际进行检验。

（6）分析实测数据与标准之间差异的原因。

（7）解决差异所采取的措施、方法。

6.5.2 施工准备的质量控制

一、施工承包单位资质的核查

（1）施工承包单位资质的分类。施工承包企业按照其承包工程能力，划分为施工总承包、专业承包和劳务分包三个序列。施工总承包企业的资质按专业类别共分为12个资质类别，每一个资质类别又分成特级、一、二、三级。专业承包企业资质按专业类别共分为60个资质类别，每一个资质类别又分为一、二、三级。劳务承包企业有13个资质类别，有的资质类别分成若干级，如木工、砌筑、钢筋作业等劳务分包企业资质分为一级、二级，有的则不分级，如油漆、架线等作业劳务分包企业则不分级。

（2）招投标阶段对承包单位资质的审查。根据工程类型、规模和特点，确定参与投标企业的资质等级。对符合投标的企业查对营业执照、企业资质证书、企业年检情况、资质升降级情况等。

（3）对中标进场的企业质量管理体系的核查。了解企业贯彻质量、环境、安全认证情况，质量管理机构落实情况。

二、施工质量计划的编制与审查

（1）按照GB/T 19000质量管理体系标准，质量计划是质量管理体系文件的组成内容。在合同环境下质量计划是企业向顾客表明质量管理方针、目标及其具体实现的方法、手段和措施，体现企业对质量责任的承诺和实施的具体步骤。

（2）施工质量计划的编制主体是施工承包企业；审查主体是监理机构。

（3）目前我国工程项目施工质量计划常用施工组织设计或施工项目管理实施规划的形式进行编制。

（4）施工质量计划编制完毕，应经企业技术领导审核批准，并按施工承包合同的约定提交工程监理或建设单位批准确认后执行。

由于施工组织设计已包含了质量计划的主要内容，因此，对施工组织设计的审查就包括了对质量计划的审查。

在工程开工前约定的时间内，承包单位必须完成施工组织设计的编制并报送项目监理机构，总监理工程师在约定的时间内审核签认。已审定的施工组织设计由项目监理机构报送建设单位。承包单位应按审定的施工组织设计文件组织施工，如需对其内容做较大的变更，应在实施前将变更内容书面报送项目监理机构审核。

三、现场施工准备的质量控制

包括工程定位及标高基准的控制，施工平面布置的控制，现场临时设施控制等。

四、施工材料、构配件订货的控制

（1）凡由承包单位负责采购的材料或构配件，应按有关标准和设计要求采购订货，在采购订货前应向监理工程师申报，监理工程师应提出明确的质量检测项目、标准以及对出厂合格证等质量文件的要求。

（2）供货厂方应向需方提供质量文件，用以表明其提供的货物能够达到需方提出的质量要求。质量文件主要包括：产品合格证及技术说明书；质量检验证明；检测与试验者的资质

证明；关键工序操作人员资格证明及操作记录；不合格品或质量问题处理的说明及证明；有关图纸及技术资料；必要时，还应附有权威性认证资料。

五、施工机械配置的控制

施工机械设备的选择，除应考虑施工机械的技术性能、工作效率、工作质量、可靠性及维修难易性以及安全、灵活等方面对施工质量的影响与保证外，还应考虑其数量配置对施工质量的影响与保证条件。

六、分包单位资格的审核确认

总承包单位选定分包单位后，应向监理工程师提交《分包单位资质报审表》，监理工程师审查时，主要是审查施工承包合同是否允许分包，分包单位是否具有按工程承包合同规定的条件完成分包工程任务的能力。

七、施工图纸的现场核对

施工承包单位应做好施工图纸的现场核对工作，对于存在的问题，承包单位以书面形式提出，在设计单位以书面形式进行确认后，才能进行施工。

八、严把开工关

开工前承包单位必须提交《工程开工报审表》，经监理工程师审查具备开工条件并由总监理工程师予以批准后，承包单位才能开始正式施工。

6.5.3 施工过程质量控制

一个工程项目是划分为工序作业过程、检验批、分项工程、分部工程、单位工程等若干层次进行施工的，各层次之间具有一定的先后顺序关系。所以，工序施工作业过程的质量控制是最基本的质量控制，它决定了检验批的质量；而检验批的质量又决定了分项工程的质量。施工过程质量控制的主要工作是以施工作业过程质量控制为核心，设置质量控制点，进行预控，严格施工作业过程质量检查，加强成品保护等。

一、施工作业过程的质量预控

工程质量预控，就是针对所设置的工序质量控制点或分部分项工程，事先分析在施工中可能发生的质量问题和隐患，分析可能的原因，并提出相应的对策，制订对策表，采取有效的措施进行预先控制，以防止在施工中发生质量问题。

质量预控一般按"施工作业准备——技术交底——中间检查及质量验收——资料整理"的顺序，提出各阶段质量管理工作要求，其实施要点如下：

（1）确定工序质量控制计划，监控工序活动条件及成果。工序质量控制计划要以完善的质量体系和质量检查制度为基础，要明确规定质量监控的工作流程和质量检查制度，应作为监理单位和施工单位共同遵循的准则。

监控工序活动条件，应分清主次工序，重点监控影响工序质量的各因素，注意各因素或条件的变化，使它们的质量始终处于控制之中。

工序活动效果的监控主要是指对工序活动的产品采取一定的检验手段进行检验，根据检验结果分析、判断该工序的质量效果，从而实现对工序质量的控制。

（2）设置工序活动的质量控制点。质量控制点是指为了保证工序质量而确定的重点控制对象、关键部位或薄弱环节。承包单位在工程施工前应根据施工过程质量控制的要求，列出质量控制点明细表，表中详细地列出各质量控制点的名称或控制内容、检验标准及方法等，提交监理工程师审查批准后，在此基础上实施质量预控。

① 设置质量控制点应考虑的因素包括：施工工艺，施工难度，建设标准，施工单位信誉等。

② 选择质量控制点的原则为：施工过程中的关键工序、关键环节；隐蔽工程；施工中的薄弱环节或质量不稳定的工序、部位；对后续工序质量有重大影响的工序或部位；采用新工艺、新材料、新技术的部位或环节；施工单位无足够把握的工序或环节等。

③ 质量控制点的重点控制对象为：人的行为；物的质量与性能；关键的操作过程；施工技术参数；施工顺序；技术间歇；施工方法；特殊地基或特种结构等。

④ 设置质量控制点的一般位置。

一般工业与民用建筑中质量控制点设置的位置，按分项工程给出，见表 6-9。

表 6-9　　质量控制点的设置位置

分项工程	质量控制点
工程测量定位	标准轴线桩、水平桩、龙门板、定位轴线、标高
地基基础	基坑尺寸、土质条件、承载力、基础及垫层尺寸、标高、预留孔洞等
砌体	砌体轴线、皮数杆、砂浆配合比、预留孔洞、砌体砌法
模板	模板位置、尺寸、强度及稳定性，模板内部清理及润湿情况
钢筋混凝土	水泥品种、标号、砂石质量、混凝土配合比、外加剂比例、混凝土振捣、钢筋种类、规格、尺寸，预埋件位置，预留孔洞，预制件吊装
吊装	吊装设备起重能力、吊具索具地锚
装饰工程	抹灰层、镶贴面表面平整度，阴阳角，护角、滴水线、勾缝、油漆
屋面工程	基层平整度、坡度、防水材料技术指标，泛水与三缝处理
钢结构	翻样图、放大样
焊接	焊接条件、焊接工艺
装修	视具体情况而定

（3）工程质量预控对策的表达方式。质量预控和预控对策的表达方式主要有：①文字表达。②用解析图或表格形式表达的质量预控对策表。

该图表分为两部分，一部分列出某一分部分项工程中各种影响质量的因素；另一部分列出对应于各种质量问题影响因素所采取的对策或措施。以混凝土灌注桩质量预控为例，用表格形式表达的质量预控对策见表 6-10。

表 6-10　　混凝土灌注桩质量预控表

可能发生的质量问题	质量预控措施
孔斜	督促施工单位在钻孔前及开钻 4 小时后，对钻机认真整平
混凝土强度达不到要求	随时抽查原料质量，试配混凝土配合比经监理工程师审批确认，按月向监理报送评定结果
缩颈、堵管	督促施工单位每桩测定混凝土塌落度 2 次
断桩	准备充分，保证连续不断地浇筑桩体
钢筋笼上浮	掌握泥浆比重（1.1～1.2）和灌注速度

（4）作业技术交底的控制。作业技术交底是对施工组织设计或施工方案的具体化，是更

细致、明确、更加具体的技术实施方案，是工序施工或分项工程施工的具体指导文件。每一分项工程开始实施前均要进行交底。技术负责人按照设计图纸、施工组织设计，编制技术交底书，并经项目总工程师批准，向施工人员交清工程特点、施工工艺方法、质量要求和验收标准，施工过程中需注意的问题，可能出现意外的措施及应急方案。交底中要明确做什么、谁来做、如何做、作业标准和要求、什么时间完成等。

关键部位或技术难度大，施工复杂的检验批、分项工程施工前，承包单位的技术交底书要报监理工程师。经监理工程师审查后，如技术交底书不能保证作业活动的质量要求，承包单位要进行修改补充。没有做好技术交底的作业活动，不得进入正式实施。

（5）进场材料、构配件的质量控制。

① 凡运到施工现场的原材料或构配件，进场前应向监理机构提交工程材料、构配件报审表，同时附有产品出厂合格证及技术说明书，由施工承包单位按规定要求进行检验的检验试验报告，经监理工程师审查并确认其质量合格后，方准进场。如果监理工程师认为承包单位提交的有关产品合格证明文件以及检验试验报告，不足以说明到场产品的质量符合要求时，监理工程师可再行组织复检或见证取样试验，确认其质量合格后方允许进场。

② 进口材料的检查、验收，应会同国家商检部门进行。

③ 材料、构配件的存放，应安排适宜的存放条件及时间，并且应实行监控。例如，对水泥的存放应当防止受潮，存放时间一般不宜超过 3 个月，以免受潮结块。

④ 对于某些当地材料及现场配制的制品，一般要求承包单位事先进行试验，达到要求的标准方可使用。例如混凝土粗骨料中如果含有无定形氧化硅时，会与水泥中的碱发生碱—集料反应，并吸水膨胀，从而导致混凝土开裂，需设法妥善解决。

（6）环境状态的控制。

环境状态包括水、电供应、交通运输等施工作业环境，施工质量管理环境，施工现场劳动组织及作业人员上岗资格，施工机械设备性能及工作状态环境，施工测量及计量器具性能状态，现场自然条件环境等。施工单位应做好充分准备和妥当安排，监理工程师检查确认其准备可靠、状态良好、有效后，方准许其进行施工。

二、施工作业过程质量的实时监控

（1）承包单位的自检系统与监理工程师的检查。承包单位是施工质量的直接实施者和责任者，其自检系统表现在以下几点：

① 作业活动的作业者在作业结束后必须自检。

② 不同工序交接、转换必须由相关人员交接检查。

③ 承包单位专职质检员的专检。

为实现上述三点，承包单位必须有整套的工作制度、工作程序及检测试验仪器，并配备数量满足需要的专职质检人员及试验检测人员。

监理工程师是对承包单位作业活动质量的复核与确认，监理工程师的检查绝不能代替承包单位的自检。而且，监理工程师的检查必须是在承包单位自检并确认合格的基础上进行的。专职质检员未检查或检查不合格不能报监理工程师。

（2）施工作业技术复核工作与监控。凡涉及施工作业技术活动基准和依据的技术工作，都应该严格进行专人负责的复核性检查，以避免基准失误给整个工程质量带来难以补救的或全局性的危害。例如工程的定位、轴线、标高，预留孔洞的位置和尺寸等。技术复核是承包单位应履行的技术工作责任，其复核结果应报送监理工程师复验确认后，才能进行后续相关的施工。

（3）见证取样、送检工作及其监控。见证是指由监理工程师现场监督承包单位某工序全过程完成情况的活动。见证取样是指对工程项目使用的材料、构配件的现场取样、工序活动效果的检查实施见证。

① 承包单位在对进场材料、试块、钢筋接头等实施见证取样前要通知监理工程师，在工程师现场监督下，承包单位按相关要求，完成取样过程。

② 完成取样后，承包单位将送检样品装入木箱，由工程师加封，不能装入箱中的试件，如钢筋样品，则贴上专用加封标志，然后送往具有相应资质的试验室。

③ 送往试验室的样品，要填写“送验单”，送验单要盖有“见证取样”专用章，并有见证取样监理工程师的签字。

④ 试验室出具的报告一式两份，分别由承包单位和项目监理机构保存，并作为归档材料，这是工序产品质量评定的重要依据。

⑤ 实行见证取样，不能代替承包单位应对材料、构配件进场时必须进行的自检。自检频率和数量要按相关规范要求执行。见证取样的频率和数量，包括在承包单位自检范围内，一般所占比例为30%。见证取样的试验费用由承包单位支付。

（4）见证点的实施控制。见证点是国际上对于重要程度不同及监督控制要求不同的质量控制点的一种区分方式。凡是被列为见证点的质量控制对象，在施工前，承包单位应提前通知监理人员在约定的时间内到现场进行见证和对其施工实施监督。如果监理人员未能在约定的时间内到现场见证和监督，则承包单位有权进行该点相应工序的操作和施工。

（5）工程变更的监控。施工过程中，由于种种原因会涉及到工程变更，工程变更的要求可能来自建设单位、设计单位或施工承包单位，不同情况下，工程变更的处理程序不同。但无论是哪一方提出工程变更或图纸修改，都应通过监理工程师审查并经有关方面研究，确认其必要性后，由总监理工程师发布变更指令方能生效予以实施。

监理工程师在审查现场工程变更要求时，应持十分谨慎的态度。除非是原设计不能保证质量要求，或确有错误，以及无法施工之外。一般情况下，即使变更要求可能在技术经济上是合理的，也应全面考虑，将变更以后对质量、工期、造价方面的影响以及可能引起的索赔损失等加以比较，权衡轻重后再作出决定。

（6）质量记录资料的控制。质量记录资料包括以下三方面内容：

① 施工现场质量管理检查记录资料。主要包括承包单位现场质量管理制度，质量责任制，主要专业工种操作上岗证书，分包单位资质及总包单位对分包单位的管理制度，施工图审查核对记录，施工组织设计及审批记录，工程质量检验制度等。

② 工程材料质量记录。主要包括进场材料、构配件、设备的质量证明资料，各种试验检验报告，各种合格证，设备进场维修记录或设备进场运行检验记录。

③ 施工过程作业活动质量记录资料。施工过程可按分项、分部、单位工程建立相应的质量记录资料。在相应质量记录资料中应包含有关图纸的图号，质量自检资料，监理工程师的验收资料，各工序作业的原始施工记录等。

施工质量记录资料应真实、齐全、完整，相关各方人员的签字齐备、字迹清楚、结论明确，与施工过程的进展同步。在对作业活动效果的验收中，如缺少资料和资料不全，监理工程师应拒绝验收。

三、施工作业过程质量检查与验收

施工质量检查与验收包括工序交接验收、隐蔽工程验收，以及检验批、分项工程、分部工程、单位工程验收等。此处只介绍工序作业过程验收，关于检验批、分项工程、分部工程、单位工程验收等参见后述“工程施工质量验收”。

（1）基槽、基坑验收。基槽开挖质量验收主要涉及地基承载力的检查确认；地质条件的检查确认；开挖边坡的稳定及支护状况的检查确认；基槽开挖尺寸、标高等。由于部位的重要，基槽开挖验收均要有勘察设计单位的有关人员参加，并请当地主管质量监督部门参加，经现场检测确认其地基承载力是否达到设计要求，地质条件是否与设计相符。如相符，则共同签署验收资料，否则，应采取措施进行处理，经承包单位实施完毕后重新验收。

（2）隐蔽工程验收。隐蔽工程验收是指将被其后续工程施工所隐蔽的分项分部工程，在隐蔽前所进行的检查验收。它是对一些已完分项分部工程质量的最后一道检查，由于检查对象就要被其他工程覆盖，给以后的检查整改造成障碍，故尤为重要。其程序为：

① 隐蔽工程施工完毕，承包单位按有关技术规程、规范、施工图纸先进行自检，自检合格后，填写《报验申请表》，附上相应的隐蔽工程检查记录及有关材料证明，试验报告，复试报告等，报送项目监理机构。

② 监理工程师收到报验申请后首先对质量证明资料进行审查，并在合同规定的时间内到现场核查，承包单位的专职质检员及相关施工人员应随同一起到现场。

③ 经现场检查，如符合质量要求，监理工程师在《报验申请表》及隐蔽工程检查记录上签字确认，准予承包单位隐蔽、覆盖，进入下一道工序施工。如不合格，监理工程师签发“不合格项目通知”，指令承包单位整改，整改后自检合格再报监理工程师复查。

（3）工序交接验收。工序交接验收是指作业活动中一种必要的技术停顿、作业方式的转换及作业活动效果的中间确认。上道工序应满足下道工序的施工条件和要求，相关专业工序之间也是如此。通过工序间的交接验收，使各工序间和相关专业工程之间形成一个有机整体。

（4）不合格品的处理。上道工序不合格，不准进入下道工序施工；不合格的材料、构配件、半成品不准进入施工现场且不允许使用；已经进场的不合格品应及时做出标识、记录，指定专人看管，避免用错，并限期清除出现场；不合格的工序或工程产品，不予计量。

（5）成品保护。成品保护是指在施工过程中，有些分项工程已经完成，而其他一些分项工程尚在施工；或者是在其分项工程施工过程中，某些部位已完成，而其他部位正在施工。在这种情况下，承包单位必须负责对已完成部分采取妥善措施予以保护，以免因成品缺乏保护或保护不善而造成操作损坏或污染，影响工程整体质量。

成品保护的一般措施为：

① 防护。就是针对被保护对象的特点采取各种防护的措施。如对于进出口台阶可垫砖或方木搭脚手板供人通过的方法来保护台阶。

② 包裹。就是将被保护物包裹起来，以防损伤或污染。例如，对镶面大理石柱可用立板包裹捆扎保护；铝合金门窗可用塑料布包扎保护等。

③ 覆盖。就是用表面覆盖的办法防止堵塞或损伤。例如，对落水口排水管安装后可以覆盖，以防止异物落入而被堵塞；地面可用锯末覆盖以防止喷浆污染等。

④ 封闭。就是采取局部封闭的办法进行保护。如垃圾道完成后，可将其进口封闭起来，

以防止建筑垃圾堵塞通道。

⑤ 合理安排施工顺序。主要是通过合理安排不同工作间的施工顺序以防止后道工序损坏或污染已完工的成品。如采取房间内先喷涂而后装灯具的施工顺序可防止喷浆污染、损害灯具；先做顶棚装修而后做地面，可避免顶棚施工污染地坪。

四、施工作业过程质量检验方法与检验程度的种类

（1）检验方法。对于现场所用原材料、半成品、工序过程或工程产品质量进行检验的方法，一般可分为三类，即：目测法、量测法以及试验法。

① 目测法。即凭借感官进行检查，也可以叫做观感检验。这类方法主要是根据质量要求，采用看、摸、敲、照等手法对检查对象进行检查。“看”就是根据质量标准要求进行外观检查，例如清水墙表面是否洁净，喷涂的密实度和颜色是否良好、均匀，工人的施工操作是否正常，混凝土振捣是否符合要求等。所谓“摸”，就是通过触摸手感进行检查、鉴别，例如油漆的光滑度，浆活是否牢固、不掉粉等。所谓“敲”，就是运用敲击方法进行观感检查，例如，对墙面瓷砖、大理石镶贴、地砖铺砌等的质量均可通过敲击检查，根据声音虚实、脆闷判断有无空鼓等质量问题。所谓“照”就是通过人工光源或反射光照射，仔细检查难以看清的部位。

② 量测法。就是利用量测工具或计量仪表，通过实际量测结果与规定的质量标准或规范的要求相对照，从而判断质量是否符合要求。量测的手法可归纳为：靠、吊、量、套。所谓“靠”，是用直尺检查诸如地面、墙面的平整度等。所谓“吊”是指用线锤检查垂直度。“量”是指用量测工具或计量仪表等检查断面尺寸、轴线、标高、温度、湿度等数值并确定其偏差，例如大理石板拼缝尺寸与超差数量，摊铺沥青拌和料的温度等。所谓“套”，是指以方尺套方并辅以塞尺，以检查诸如踏角线的垂直度、预制构件的方正、门窗口及构件的对角线等。

③ 试验法。是利用理化试验或借助专门仪器判断检验对象质量是否符合要求。

（2）质量检验程度的种类。按质量检验的程度，即检验对象被检验的数量划分，可有以下几类：

① 全数检验。主要是用于关键工序部位或隐蔽工程，以及那些在技术规程、质量检验验收标准或设计文件中有明确规定应进行全数检验的对象。例如，对安装模板的稳定性、刚度、强度、结构物轮廓尺寸等的检验。

② 抽样检验。对于主要的建筑材料、半成品或工程产品等，由于数量大，通常大多采取抽样检验。抽样检验具有检验数量少，比较经济，检验所需时间较少等优点。

③ 免检。是指在某种情况下，可以免去质量检验过程。如对于实践证明其产品质量长期稳定、质量保证资料齐全者可考虑采取免检。

6.5.4 工程施工质量验收

一、基本术语

（1）验收。在施工单位自行质量检查评定的基础上，参与建设的有关单位共同对检验批、分项工程、分部工程、单位工程的质量进行抽样复验，根据相关标准以书面形式对工程质量达到合格与否做出的确认。

（2）检验批。按同一生产条件或规定的方式汇总起来供检验用的，由一定数量样本组成的检验体。检验批是施工质量验收的最小单位，是分项工程验收的基础依据。构成一个检验批的产品，要具备以下基本条件：生产条件基本相同，包括生产设备、工艺过程、原材料等；产品的种类型号相同，如钢筋以同一品种，同一型号，同一炉号为一个检查批。

（3）主控项目。建筑工程中对安全、卫生、环境保护和公共利益起决定性作用的检验项目。如混凝土结构工程中“钢筋安装时，受力钢筋的品种、级别、规格和数量必须符合设计要求。”

（4）一般项目。除主控项目以外的检验项目都是一般项目。如混凝土结构工程中，“钢筋的接头宜设置在受力较小处。钢筋接头末端至钢筋弯起点的距离不应小于钢筋直径的10倍”。

（5）观感质量。通过观察和必要的量测所反映的工程外在质量。如装饰石材面应无色差。

（6）返修。对工程不符合标准规定的部位采取整修等措施。

（7）返工。对不合格的工程部位采取的重新制作、重新施工等措施。

（8）工程质量不合格。凡工程质量没有满足某个规定的要求，就称之为质量不合格。

二、质量验收评定标准

在对整个项目进行验收时，应首先评定检验批的质量，以检验批的质量评定各分项工程的质量，以各分项工程的质量来综合评定分部（子分部）工程的质量，再以分部工程的质量来综合评定单位（子单位）工程的质量，在质量评定的基础上，再与工程合同及有关文件相对照，决定项目能否验收。工程项目质量验收逻辑关系如图6-10所示。

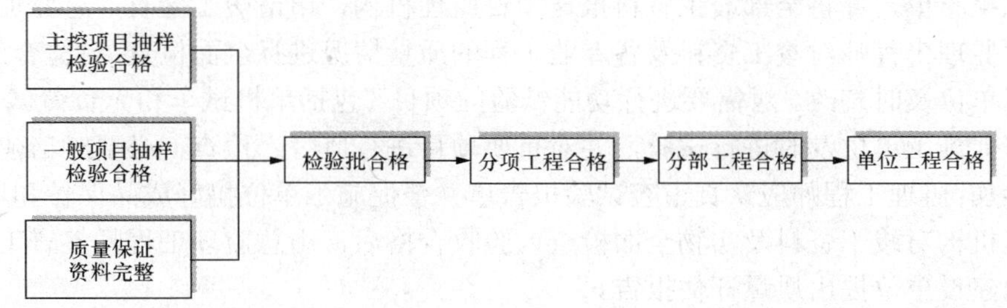

图6-10 工程项目质量验收逻辑关系图

（1）检验批质量验收合格的条件：①主控项目和一般项目的质量经抽样检验合格。②具有完整的施工操作依据、质量检查记录。

（2）分项工程质量验收合格的条件：①分项工程所含检验批均应符合合格质量的规定。②分项工程所含检验批的质量验收记录应完整。

（3）分部工程质量验收合格的条件：①分部（子分部）工程所含分项工程的质量均应验收合格。②质量控制资料应完整。③地基与基础、主体结构和设备安装等分部工程有关安全及功能的检验和抽样检测结果应符合有关规定。④观感质量验收应符合要求。

（4）单位工程质量验收合格的条件：①单位（子单位）工程所含分部（子分部）工程的质量均应验收合格。②质量控制资料应完整。③单位（子单位）工程所含分部工程有关安全和功能的检测资料应完整。④主要功能项目的抽查结果应符合相关专业质量验收规范的规定。⑤观感质量验收应符合要求。

三、质量验收的组织程序

（1）检验批和分项工程质量验收的组织程序。检验批和分项工程验收前，施工单位先填好“检验批和分项工程的验收记录”单，并由项目专业质量检验员和项目专业技术负责人分别在检验批和分项工程质量检验记录中相关栏目中签字，然后由监理工程师组织，严格按规定程序进行验收。

检验批质量由专业监理工程师（或建设单位项目专业技术负责人）组织施工单位项目专业质量检查员等进行验收。

分项工程质量应由监理工程师（或建设单位项目专业技术负责人）组织施工单位项目专业技术负责人等进行验收。

（2）分部（子分部）工程质量验收的组织程序。分部工程应由总监理工程师（或建设单位项目负责人）组织施工单位项目负责人和技术、质量负责人等进行验收。由于地基基础、主体结构技术性能要求严格，技术性强，关系到整个工程的安全，因此，规定与地基基础、主体结构分部工程相关的勘察、设计单位工程项目负责人和施工单位技术、质量部门负责人也应参加相关分部工程验收。

（3）单位（子单位）工程质量验收的组织程序。单位工程质量验收在施工单位自评完成后，由总监理工程师组织初验收，再由建设单位组织正式验收。单位工程质量验收记录应由施工单位填写，验收结论由监理单位填写，综合验收结论由参加验收各方共同商定，建设单位填写。具体程序如下：

1）预验收。当单位工程达到竣工验收条件后，施工单位应在自查、自评工作完成后，填写工程竣工报验单，并将全部竣工资料报送项目监理机构，申请竣工验收。总监理工程师应组织各专业监理工程师对竣工资料及各专业工程的质量情况进行全面检查，对检查出的问题，应督促施工单位及时整改。对需要进行功能试验的项目（包括单机试车和无负荷试车），监理工程师应督促施工单位及时进行试验，并对重要项目进行监督、检查，必要时请建设单位和设计单位参加；监理工程师应认真审查试验报告单并督促施工单位搞好成品保护和现场清理。经项目监理机构对竣工资料及实物全面检查、验收合格后，由总监理工程师签署工程竣工报验单，并向建设单位提出质量评估报告。

2）正式验收。建设单位收到工程验收报告后，应由建设单位（项目）负责人组织施工（含分包单位）、设计、监理等单位项目负责人进行单位（子单位）工程验收。单位工程由分包单位施工时，分包单位对所承包的工程项目应按规定的程序检查评定，总包单位应派人参加，分包工程完成后，应将工程有关资料交总包单位。经验收合格的工程，方可交付使用。

在一个单位工程中，对满足生产要求或具备使用条件，施工单位已预验，监理工程师已初验通过的子单位工程，建设单位可组织进行验收。有几个施工单位负责施工的单位工程，当其中的某个施工单位所负责的子单位工程已按设计完成，并经自行检验，也可组织正式验收，办理交工手续。在整个单位工程进行全部验收时，已验收的子单位工程验收资料应作为单位工程验收的附件。

6.5.5 工程项目的竣工验收

一、工程项目竣工验收的概念

竣工验收就是指建设项目建设全过程的最后程序，是全面考核基本建设工作是否符合工程质量和设计的重要环节，是投资转入生产或使用的标志。竣工验收是促进建设项目及时投产，发挥投资效益，总结投资失误的重要步骤。所有建设项目，按批准的设计文件所规定的内容建成，工业项目经负荷运转和试生产考核，能够生产合格产品；非工业项目符合设计要求，能够正常使用，都要及时组织验收。验收合格后，才能交付使用。

凡新建、扩建、改建的基本建设项目和技术改造项目必须依据设计文件规定的内容，按照验收标准的要求进行及时验收，同时办理固定资产移交手续。

竣工验收遵循以下程序：

工程完工后，施工单位向建设单位提交工程竣工报告，申请工程竣工验收。实行监理的工程，工程报告须经总监理工程师签署意见；建设单位收到工程竣工报告后，对符合竣工验收要求的工程，组织勘察、设计、施工、监理等单位及有关方面的专家组成验收组，制定验收方案；建设单位应当在工程竣工验收 7 个工作日前将验收的时间、地点及验收组名单书面通知负责监督该工程的工程质量监督机构；建设单位组织工程竣工验收：首先由五方（监理、业主、承包商、勘察、设计）工程项目负责人汇报履约情况及项目执行国家相关法律法规标准的情况，审阅五方档案资料，实地查验现场工程质量，验收组人员全面评价工程签署工程竣工验收意见。

二、工程项目竣工验收的主要工作

工程项目竣工验收是基本建设程序的最后一个阶段。工程项目经过竣工验收，由承包单位交付建设单位使用并办理了各项工程移交手续，标志着这个工程项目的结束，也就是建设资金转化为使用价值。

竣工收尾阶段应从什么时间划分，实际上并没有一个十分严格的标准和界限。许多有经验的施工管理人员和施工管理工程师，在实际施工管理工作中，都把收尾和竣工作为单独一项工作来进行。在一些大的或复杂的建筑工程的施工中，还需拟订收尾竣工工作计划，制订出各种保证这一计划顺利实现的措施，乃至详细地列出工作日程和督促检查工作的重点，并把工作落实到人。其时间上限要按工程的具体情况而定，一般地是在装修工程接近结束之时；工程规模较大或施工工艺比较复杂的工程，往往从进入装修工程的后期，即已开始了竣工收尾和各项竣工验收的准备工作。

这个阶段工作的特点是：大量的施工任务已经完成，小的修补任务却十分零碎；在人力和物力方面，主要力量已经转移到新的工程项目上去，只保留少量的力量进行工程的扫尾和清理；在业务和技术人员方面，施工技术指导工作已经不多，却有大量的资料综合、整理工作要做。因此，在这个时期，项目经理必须把各项收尾、竣工准备细致地抓好。

1. 工程项目本身的收尾工作

项目经理要组织有关人员逐层、逐段、逐部位、逐房间地进行查项，检查施工中有无丢项、漏项，一旦发现，必须立即确定专人定期解决，并在事后按期进行检查。

保护成品和进行封闭，对已经全部完成的部位或查项后修补完成的部位，要立即组织清理，保护好成品，依可能和需要，按房间或层段锁门封闭，严禁无关人员进入，防止损坏成品或丢失建筑物安装的设备、部件或零件（这项工作实际上从装修工程完毕之时即应进行）。尤其是高标准、高级装修的建筑工程（如高级宾馆、饭店、医院、使馆、公共建筑等），每一个房间的装修和设备安装一旦完毕，就要立即严加封闭，乃至派专人按层段加以看管。

有计划地拆除施工现场的各种临时设施和暂设工程，拆除各种临时管线，清扫施工现场，组织清运垃圾和杂物。

有步骤地组织材料、工具以及各种物资的回收、退库、向其他施工现场转移和进行处理工作。

做好电气线路和各种管线的交工前检查，进行电气工程的全负荷试验。

有生产工艺设备的工程项目，要进行设备的单体试车、无负荷联动试车和有负荷联动试车。

2. 各项竣工验收的准备工作

组织工程技术人员绘制竣工图，清理和准备各项需向建设单位移交的工程档案资料，并编制工程档案资料移交清单。

组织以预算人员为主，生产、管理、技术、财务、材料、劳资等人员参加或提供资料，编制竣工结算。

准备工程竣工通知书、工程竣工报告、工程竣工验收证明书、工程保修证书等。

组织好工程自验（或自检），报请上级领导部门进行竣工验收检查，对检查出的问题，及时进行处理和修补。

准备好工程质量评定的各项资料，准备申报建设工程竣工质量核定的有关资料。主要按结构性能、使用功能、外观效果等方面，对工程的地基基础、结构、装修以及水、暖、电、卫、设备安装等各个施工阶段所有质量检查资料，进行系统地整理，包括：分项工程质量检验评定、分部工程质量检验评定、单位工程质量检验评定、隐蔽工程验收记录、生产工艺设备调试及运转记录、吊装及试压记录以及工程质量事故发生情况和处理结果等方面的资料，为正式评定工程质量提供资料和依据，也为技术档案资料移交归档做准备。

三、建筑工程竣工验收的依据

根据《建设工程质量管理条例》，建设工程竣工验收应具备以下条件：

（1）工程设计、合同约定的全部内容已经完成，技术档案和施工管理资料齐全；

（2）主要建筑材料、建筑构配件设备进场试验报告完整；

（3）质量合格证书已经由勘察、设计、施工、工程监理单位分别签署；

（4）工程保修书已经由施工单位签署。

除了必须符合国家规定的竣工标准（或地方政府主管机关规定的具体标准）之外，在进行工程竣工验收和办理工程移交手续时，应该以下列文件作为依据：

（1）上级主管部门的有关工程竣工的文件和规定；

（2）建设单位同施工单位签订的工程承包合同；

（3）工程设计文件（包括施工图纸、设计说明书、设计变更洽商记录、各种设备说明书）；

（4）国家现行的施工验收规范；

（5）建筑安装工程统计规定；

（6）凡属从国外引进的新技术或成套设备的工程项目，除上述文件外，还应按照双方签订的合同书和国外提供的设计文件进行验收。

四、建设工程竣工质量核定

建设工程竣工质量核定，是政府对竣工工程进行质量监督的一种带有法律性的手段，是保证工程质量、保证工程结构安全和使用功能的一种带有法律性的行为，也是竣工工程验收交付使用必须办理的手续。

竣工工程质量核定的范围包括新建、扩建、改建的工业与民用建筑、设备安装工程、市政工程等。一般由城市建设机关的工程质量监督部门承监，竣工工程的质量等级，以承监工程的质量监督机构核定的结果为准，并发给《建设工程质量合格证书》。

（1）核定的方法、步骤：单位工程完工后，施工单位要按照国家检验评定标准的规定进行自检，符合有关技术规范、设计文件和合同要求的质量标准后，提交建设单位。建设单位组织设计单位、监理单位、施工单位及有关方面，对工程质量评出等级，并向承监工程的监督机构提出申报竣工工程质量核定。

（2）申报竣工质量核定的工程的条件：

① 必须符合国家和本市或地区规定的竣工条件和合同中规定的内容。委托工程监理的工程，必须提供监理单位对工程质量进行监理的有关资料。

② 必须有有关各方签认的验收记录。对验收各方提出的质量问题，施工单位进行返修的，应有建设（监理）单位的复验记录。

③ 提供按照规定齐全有效的施工技术资料。

④ 保证竣工质量核定所需的水、电供应及其他必备的条件。

（3）承监工程的监督机构，受理了竣工工程质量核定后，按照国家的《工程质量检验评定标准》进行核定；经核定为合格或优良的工程，发给《合格证书》，并注明其质量等级。《合格证书》正本1件，发给建设单位；副本2件，分别由施工单位和监督机构保存。

工程交付使用后，如工程质量出现永久性缺陷等严重问题，监督机构将收回《合格证书》，并予以公布。

经监督机构核定为不合格的单位工程，不发给《合格证书》，不准投入使用。责任单位在进行限期返修后，再重新进行申报、核定。在核定中，如施工技术资料不能说明结构安全或不能保证使用功能的，由施工单位委托法定检测单位进行检测。核定中，凡属弄虚作假、隐瞒质量事故者，由监督机构对责任单位依法进行处理。

五、工程项目的竣工验收的组织

为了把竣工验收工作做得比较顺利，一般地可分为两个步骤进行。一是由施工单位（房屋承包单位）先进行自验；二是正式验收，即由施工单位同建设单位和监理单位共同验收，有的大工程或重要工程，还要上级领导单位或地方政府派员参加，共同进行验收，验收合格后，即可将工程正式移交建设单位使用。

1. 竣工自验

竣工自验也称竣工预验，是施工单位内部先自我检验，为正式验收做好准备。

（1）自验的标准应与正式验收一样，主要依据是：国家（或地方政府主管部门）规定的竣工标准和竣工口径；工程完成情况是否符合施工图纸和设计的使用要求；工程质量是否符合国家和地方政府规定的标准和要求；工程是否达到合同规定的要求和标准等等。

（2）参加自验的人员，应由施工单位项目经理组织生产、技术、质量、合同、预算以及有关的施工工长（或施工员、工号负责人）等共同参加。

（3）自验的方式，应分层分段、分房间地由上述人员按照自己主管的内容逐一进行检查。在检查中要做好记录。对不符合要求的部位和项目，确定修补措施和标准，并指定专人负责，定期修理完毕。

（4）复验。在基层施工单位自我检查的基础上，并对查出的问题全部修补完毕以后，项目经理应提请上级（如果项目经理是施工企业的施工队长级或工区主任级者，应提请公司或总公司一级）进行复验（按一般习惯，国家重点工程、省市级重点工程，都应提请总公司级的上级单位复验）。通过复验，要解决全部遗留问题，为正式验收做好充分的准备。

2. 正式验收

在自验的基础上，确认工程全部符合竣工验收标准，具备了交付使用的条件后，即可开始正式竣工验收工作。

（1）发出《竣工验收通知书》。施工单位应于正式竣工验收之日的前 10 天，向建设单位和工程监理单位发送《竣工验收通知书》。

（2）组织验收工作。工程竣工验收工作由建设单位邀请设计单位及有关方面参加，同施工单位一起进行检查验收。列为国家重点工程的大型建设项目，往往由国家有关部委，邀请有关方面参加，组成工程验收委员会，进行验收。

（3）签发《竣工验收证明书》并办理工程移交。在建设单位验收完毕并确认工程符合竣工标准和合同条款规定要求以后，即应向施工单位签发《竣工验收证明书》。

（4）进行工程质量核定。

（5）办理工程档案资料移交。

（6）办理工程移交手续。在对工程检查验收完毕后，施工单位要向建设单位逐项办理工程移交手续和其他固定资产移交手续，并应签认交接验收证书，办理工程结算手续。工程结算由施工单位提出，送建设单位审查无误以后，由双方共同办理结算签认手续。工程结算手续一旦办理完毕，合同双方除施工单位承担工程保修工作（一般保修期为 1 年）以外，建设单位同施工单位双方（即甲、乙双方）的经济关系和法律责任，即予解除。

六、竣工决算与竣工结算

竣工决算是由建设单位编制的反映建设项目实际造价和投资效果的文件，是竣工验收报告的重要组成部分。所有竣工验收的项目应在办理手续之前，对所有建设项目的财产和物资进行清理，及时地编报竣工结算，它的费用包括从筹建到竣工投产过程的全部实际支出费用即：建筑工程费用、安装工程费用、设备工器具购置费用、工程建设其他费用、预备费、投资方向调节税支出费用。

竣工结算是甲乙双方合同经济关系的终止，从理论上讲双方的财务往来必须结清。竣工结算的依据是工程竣工结算书（施工单位根据合同造价、设计变更增、减项目和其他经济签证费用编制的确定工程最终造价的经济文件，即：施工单位向建设单位应收的全部价款和工程价款的结算账单，结算账单是施工单位已向发包单位收进的工程款）。工程竣工结算书由施工单位编制，建设单位审核，建设银行审查同意，由承发包单位共同办理竣工结算手续，才能进行工程结算。

因此，竣工决算是对工程项目投资效果的反映，竣工结算是双方合同经济关系结束的反映，前者的编著者是建设单位，后者的编著者是施工单位，由甲方和乙方共同办理，二者目的不同，前者是评估投资效果，后者是双方合同结束的标志。

七、建筑工程的回访保修制度

运行初期的质量保证在很大程度上仍属于承包商的责任，一般工程承包合同都有保修期的规定，为了保证承包商对工程的缺陷责任，常常尚有一笔保修金作为维修的保证。建筑工程的回访保修制度是建筑工程在竣工验收交付使用后，在一定的期限内由施工单位主动定期到建设单位或用户进行回访，对工程发生的确实是由于施工单位施工责任造成的建筑物使用功能不良或无法使用的问题，由施工单位负责修理，直至达到正常使用的标准。

在 2000 年国务院颁布的《建设工程质量管理条例》中对建设工程的质量责任、保修期年限、保修办法都有明确的规定。

在保修阶段一定要进行工程质量跟踪，及时找出运营中的问题，并且精心描述问题、分析责任。有许多问题的解决和质量问题原因的分析，要重新研究过去的工程资料和文件，有的甚至要请专家进行技术鉴定。

1. 建筑工程的保修

（1）保修的范围和时间。按照回访保修制度的要求，各种类型的建筑工程以及建筑工程的各个部位，都应该实行保修，主要是指那些由于施工单位的责任，特别是由于施工质量不良而造成的问题。就过去已发生的情况分析，一般应包括以下几个方面：

① 屋面、地下室、外墙、阳台、厕所、浴室以及厨房等处渗水、漏水者。

② 各种通水管道（包括自来水、热水、污水、雨水等）漏水者，各种气体管道漏气以及通气孔和烟道不通者。

③ 水泥地面有较大面积的空鼓、裂缝或起砂者。

④ 内墙抹灰有较大面积起泡，乃至空鼓脱落或墙面浆活起碱脱皮者；室内墙面地面的瓷砖、马赛克、通体砖，地板等等各种饰面在使用保修期内自行脱落者；外墙饰面在保修期内自行脱落者等。

⑤ 暖气管线安装不良，跑漏水、气、或局部不热者；燃气管线漏气者；管线接口处及卫生瓷活接口处不严造成漏水者。

⑥ 电气线路接触不良，错接线路以及跑电漏电等。

⑦ 其他由于施工不良而造成无法使用或使用功能不能正常发挥的工程部位。

（2）不属于保修的方面：

① 由于用户在使用过程中损坏或使用不当而造成建筑物功能不良者；

② 由于设计原因造成建筑物功能不良者；

③ 工业产品项目发生问题者。

以上三种情况应由建设单位自行组织修理乃至重新变更设计进行返工。如需原施工单位施工，亦应重新签订协议或合同。

（3）工程保修的步骤。

1）发送保修证书（或称《房屋保修卡》）。在工程竣工验收的同时（最迟不应超过 3 天到 1 周），由施工单位向建设单位发送《建筑安装工程保修证书》。保修证书目前在国内没有统一的格式或规定，应由施工单位拟定并统一印制。例如，北京建工集团总公司即统一印制，并由其所属各个施工企业统一执行。保修证书一般的主要内容包括：工程简况；房屋使用管理要求；保修范围和内容；保修时间；保修说明；保修情况记录。此外，保修证书还应附有保修单位（即施工单位）的名称、详细地址、电话、联系接待部门（如科、室）和联系人，以便于建设单位联系。

2）要求检查和修理。在保修期内，建设单位或用户发现房屋的使用功能不良，又是由于施工质量而影响使用者，可以用口头或书面方式通知施工单位的有关保修部门，说明情况，要求派人前往检查修理。施工单位必须尽快地派人前往检查，并会同建设单位共同做出鉴定，提出修理方案，并尽快地组织人力物力进行修理。

3）验收。在发生问题的部位或项目修理完毕以后，要在保修证书的“保修记录”栏内做好记录，并经建设单位验收签认，以表示修理工作完结。

2. 工程回访

（1）回访的方式。回访工程的方式一般有三种：一是季节性回访。大多数是雨季回访屋面、墙面的防水情况，冬季回访锅炉房及采暖系统的情况。发现问题采取有效措施，及时加以解决。二是技术性的回访。主要了解在工程施工过程中所采用的新材料、新技术、新工艺、新设备等的技术性能和使用后的效果，发现问题及时加以补救和解决；同时也便于总结经验，获取科学依据，不断改进与完善，并为进一步推广创造条件。三是保修期满前的回访。这种回访一般是在保修期即将届满之前，进行回访，既可以解决出现的问题，又标志着保修期即将结束，使建设单位注意建筑物的维护和使用。

（2）回访的方法。应由施工单位的领导组织生产、技术、质量、水电（也可以包括合同、预算）等有关方面的人员进行回访，必要时还可以邀请科研方面的人员参加。回访时，由建设单位组织座谈会或意见听取会，并察看建筑物和设备的运转情况等。回访必须认真，必须解决问题，并应做出回访记录；必要时应写出回访纪要。不能把回访当成形式或走过场。

（3）回访与保修相结合，在成片或城市小区建设地点设立保修站。如北京建工集团总公司的一些施工企业，在承建的规模较大的小区，设立保修站（或房屋维修站），负责其所建工程的维修任务，既大大方便了用户，可随叫随到，同时又可向用户介绍房屋使用的知识，密切了施工企业与用户的关系，树立了良好的企业形象。这种做法是可取的。

3. 保修期的规定

（1）基础设施工程、房屋建筑的地基基础工程和主体结构工程，为设计文件规定的该工程的合理使用年限。

（2）屋面防水工程、有防水要求的卫生间、房间和外墙面的防渗漏，为5年。

（3）供热与供冷系统为2个采暖期、供冷期。

（4）电器管线、给排水管道、设备安装和装修工程为2年。

复习思考题

一、单项选择题

1. 工程质量是指工程满足业主需要的，符合国家法律法规、标准、（　　）的特性总和。

A. 必须履行　　B. 技术文件及合同规定

C. 满足隐含要求　　D. 满足明示要求

2. 工程设计行业资质按照其工作性质划分，资质等级（　　）。

A. 分为甲、乙级　　B. 分为甲、乙、丙级

C. 不设级别　　D. 分为一、二级

3. 工程质量检验评定中，按同一生产条件汇总起来供检验用的，由一定数量样本组成的检验体，称之为（　　）。

A. 分项工程　　B. 分部工程

C. 检验批　　D. 抽样检验方案

4. 检验批的质量验收记录表由施工项目专业质量检查员填写，（　　）组织项目专业质量检查员等进行验收。

A. 项目经理　　B. 施工技术负责人

C. 监理工程师　　D. 专业工程师

5. 工地分别从甲厂和乙厂购买了焊条，焊接工人A和B用这些焊条对工程进行了焊接作业，通过质量检查，结果见表6-11。

表 6-11 综合分析焊接质量表

<table>
<tr><td rowspan="2">焊接工人</td><td rowspan="2">检查结果</td><td colspan="2">甲 厂</td><td colspan="2">乙 厂</td></tr>
<tr><td>焊 点</td><td>不合格率（%）</td><td>焊 点</td><td>不合格率（%）</td></tr>
<tr><td rowspan="2">A</td><td>不合格</td><td>20</td><td rowspan="2">40</td><td>6</td><td rowspan="2">30</td></tr>
<tr><td>合格</td><td>30</td><td>X_1</td></tr>
<tr><td rowspan="2">B</td><td>不合格</td><td>5</td><td rowspan="2">X_2</td><td>10</td><td rowspan="2">50</td></tr>
<tr><td>合格</td><td>20</td><td>10</td></tr>
</table>

表中 X_1 所代表的数字应该是（ ）。

A．14 B．18 C．20 D．50

6．已知情况同题 3，表中 X_2 所代表的数字应该是（ ）

A．15 B．20 C．25 D．75

7．从引起施工质量波动的原因看，施工过程应着重控制（ ）。

A．偶然性原因 B．4M1E 原因 C．系统性原因 D．物的原因

8．对于质量控制点，一般要（ ），再制订对策和措施进行预控。

A．事先分析可能造成质量事故的原因

B．事先分析施工过程中的关键环节

C．分析施工过程中的薄弱环节

D．分析施工过程中质量不稳定的工序

9．针对工程项目质量形成的影响因素多的特点，可以将质量问题分门别类进行分析，从而准确地找出质量问题的原因，这是（ ）的基本思想。

A．排列图法 B．因果分析图法

C．直方图法 D．分层法

10．对工程产品的每一个质量问题逐层深入排查可能原因，再确定最主要原因的方法称为（ ）。

A．直方图法 B．主因素分析法

C．排列图法 D．因果分析图法

11．工程质量事中控制包括自控和监控两大环节，其关键是（ ）。

A．操作者的自我控制 B．企业内部管理者的检查检验

C．监理单位的监控 D．政府质量监督部门的监控

12．排列图是将影响质量的因素按照其（ ）进行排列的。

A．出现频率大小 B．累计频率大小

C．严重程度 D．出现先后顺序

13．直方图分布形状和分布区间的宽窄是由质量特性统计数据的（ ）决定的。

A．中位数和标准偏差 B．平均值和标准偏差

C．中位数和平均值 D．中位数和极差

14．若工程施工质量直方图呈正态分布则说明施工过程质量处于（ ）。

A．临界状态 B．异常状态

C．没有任何含义 D．正常、稳定状态

15. 建筑工程施工质量验收最终要以书面形式给出的评定结论应为（　　）。

A. 合格或不合格　　B. 优、良或不合格

C. 优、良、合格或不合格　　D. 优良或不合格

二、多项选择题

1. 政府的工程质量控制，主要是抓（　　）等环节进行。

A. 工程报建　　B. 施工图审查　　C. 施工许可　　D. 质量监督

E. 工程协调

2. 施工质量控制的依据有（　　）。

A. 工程合同和设计文件　　B. 质量管理体系文件

C. 质量手册　　D. 质量管理方面的法律法规性文件

E. 有关质量检验和控制的专门技术法规性文件

3. 在质量管理的工具和方法中，直方图一般是用来（　　）。

A. 分析生产过程质量是否处于稳定状态

B. 找出影响质量问题的主要因素

C. 分析生产过程质量是否处于正常状态

D. 逐层分析质量问题产生的原因

E. 分析质量水平是否保持在公差允许的范围内

4. 质量检验的主要方法有（　　）。

A. 目测法　　B. 量测法　　C. 分层法　　D. 控制图法

E. 试验法

5. 建设项目的各参与方在工程质量控制中，应（　　）等原则。

A. 坚持质量第一　　B. 坚持以人为核心

C. 坚持以预防为主　　D. 坚持质量标准

E. 坚持三全管理的思想

6. 影响工程质量的因素主要有（　　）等。

A. 材料　　B. 机械设备　　C. 人员素质　　D. 施工评价方法

E. 环境条件

7. 在排列图法中，下列关于A类问题的说法中，正确的是（　　）。

A. 累计频率在0～80%区间的问题　　B. 应按照常规适当加强管理

C. 为次重要问题　　D. 要进行重点管理的问题

E. 为最不重要的问题

三、简答题

1. 影响工程质量的因素有哪些？

2. 什么是工程项目质量控制？简述工程质量控制的内容。

3. 勘察设计质量控制的依据是什么？

4. 什么是施工过程质量控制点，施工质量控制点设置的原则是什么？

5. 常见的工程质量问题发生的原因主要有哪些？

四、分析计算题

1. 某工程项目施工阶段的监理中，监理工程师对承包商在施工现场制作的水泥预制板进

行质量检查，共抽查了500块，发现的质量问题见表6-12。

表6-12 水泥预制板质量问题统计表

序　号	存在问题项目	数　量
1	蜂窝麻面	23
2	局部漏筋	10
3	强度不足	4
4	横向裂缝	2
5	纵向裂缝	1
合　计		40

问题：（1）监理工程师宜选择哪种方法来分析存在的质量问题？

（2）产品的主要质量问题是什么？监理工程师应如何处理？

2．某一大型基础设施项目，除土建工程、安装工程外，尚有一段地基需设置护坡桩加固边坡。业主委托监理单位组织施工招标及承担施工阶段监理任务。业主采纳了监理单位的建议，确定土建、安装、护坡桩三个合同分别招标，土建施工采用公开招标，设备安装和护坡桩工程选择另外方式招标，分别选定了三个承包单位。其中，基础工程公司承包护坡桩工程。护坡桩工程开工前，总监理工程师批准了基础工程公司上报的施工组织设计。开工后，在第一次工地会议上，总监理工程师特别强调了质量控制的主要手段。护坡桩的混凝土设计强度为C30。在混凝土护坡桩开始浇筑后，基础工程公司按规定预留了40组混凝土试块，根据其抗压强度试验结果绘制出频数分布见表6-13。已知C30混凝土强度质量控制范围取值为：上限T_u=38.2MPa，下限T_L=24.8MPa，请绘制频数直方图，并对混凝土浇筑质量给予全面评价。

表6-13 混凝土试块抗压强度试验结果表

组　号	分 组 区 间	频　数	频　率
1	25.15～26.95	2	0.05
2	26.95～28.75	4	0.10
3	28.75～30.55	8	0.20
4	30.55～32.35	11	0.275
5	32.35～34.15	7	0.175
6	34.15～35.95	5	0.125
7	35.95～37.75	3	0.075

7 施工组织设计

本章提要

本章主要内容包括建筑工程施工组织设计编制要求、单位工程施工组织设计，绿色施工等。重点是编制单位工程施工组织设计，难点是编制单位工程施工组织设计。

7.1 编制要求

建筑工程施工组织设计应结合地域条件和工程特点进行编制。对于新建、扩建、改建等建筑工程施工组织设计的编制与管理，要符合《建筑工程施工组织设计规范》（GB/T 50502—2009）等国家法律、行政法规及现行标准的有关规定。

7.1.1 基本概念

施工组织设计（Construction Organization Plan），是以施工项目为对象编制的，用以指导施工的技术、经济和管理的综合性文件。

施工组织总设计（General Construction Organization Plan），是以若干单位工程组成的群体工程或特大型项目为主要对象编制的施工组织设计，对整个项目的施工过程起统筹规划、重点控制的作用。

单位工程施工组织设计（Construction Organization Plan for Unit Project），是以单位（子单位）工程为主要对象编制的施工组织设计，对单位（子单位）工程的施工过程起指导和制约作用。

施工方案（Workings Cheme），以分部（分项）工程或专项工程为主要对象编制的施工技术与组织方案，用以具体指导其施工过程。

施工组织设计的动态管理（Dynamic Management of Construction Organization Plan），在项目实施过程中，对施工组织设计的执行、检查和修改的适时管理活动。

施工部署（Construction Arrangement），对项目实施过程做出的统筹规划和全面安排，包括：项目施工主要目标，施工顺序及空间组织，施工组织安排、主要管理和技术措施等。

项目管理组织机构（Project Management Organization），施工单位为完成施工项目建立的项目施工管理机构。

施工进度计划（Construction Schedule），为实现项目设定的工期目标，对各项施工过程的施工顺序、起止时间和相互衔接关系所作的统筹策划和安排。

施工资源（Constructional Resources）为完成施工项目所需要的人力、物资等生产要素。

施工现场平面布置（Construction Site Layout Plan），在施工用地范围内，对各项生产、生活设施及其他辅助设施等进行规划和布置。

进度管理计划（Schedulem Anagement Plan），针对施工进度计划，为保证项目施工进度目标的实现而进行的一系列活动策划，包括对进度及其偏差进行测量、分析、采取的必要措施和计划变更等。

质量管理计划（Quality Management Plan），为实现项目质量目标而进行的一系列活动策划。包括制定、实施、评价所需的组织机构、职责、程序以及采取的措施和资源配置等。

安全管理计划（Safety Management Plan），为实现项目职业健康安全目标而进行的一系列活动策划，包括制定、实施所需的组织机构、职责、程序以及采取的措施和资源配置等。

环境管理计划（Environment Management Plan），为实现项目环境目标而进行的一系列活动策划，包括制定、实施所需的组织机构、职责、程序以及采取的措施和资源配置等。

成本管理计划（Cost Management Plan），为实现项目施工成本目标而进行的一系列活动策划，包括成本预测、实施、分析、采取的必要措施和计划变更等。

7.1.2 编制原则及相关规定

一、编制原则

施工组织设计按编制对象，可分为施工组织总设计、单位工程施工组织设计和施工方案。施工组织设计的编制必须遵循工程建设程序，并应符合下列原则。

（1）符合施工合同或招标文件中有关工程进度、质量、安全、环境保护、造价等方面的要求。

（2）积极开发、使用新技术和新工艺，推广应用新材料和新设备。

（3）坚持科学的施工程序和合理的施工顺序，采用流水施工和网络计划等方法，科学配置资源，合理布置现场，采取季节性施工措施，实现均衡施工，达到合理的经济技术指标。

（4）采取技术和管理措施，大力推广建筑节能和绿色施工。

（5）与质量、环境和职业健康安全三个管理体系有效结合。

二、编制依据

施工组织设计应以下列内容作为编制依据。

（1）与工程建设有关的法律、法规和文件。

（2）国家现行有关标准和技术经济指标。

（3）工程所在地区行政主管部门的批准文件，建设单位对施工的要求。

（4）工程施工合同或招标投标文件。

（5）工程设计文件。

（6）工程施工范围内的现场条件，工程地质及水文地质、气象等自然条件。

（7）与工程有关的资源供应情况。

（8）施工企业的生产能力、机具设备状况、技术水平等。

三、基本内容

施工组织设计应包括编制依据、工程概况、施工部署、施工进度计划、施工准备与资源配置计划、主要施工方法、施工现场平面布置及主要管理计划等基本内容。

项目施工前，中标施工单位应在投标阶段施工组织设计的基础上深化编制实施阶段的施工组织设计。

在施工组织设计实施阶段，施工组织总设计应补充编制单位工程施工组织设计，单位工程施工组织设计应补充编制分部（分项）工程和专项工程施工方案。

四、基本规定

施工组织设计的编制和审批应符合下列规定：

（1）施工组织设计应由项目负责人主持编制，可根据需要分阶段编制和审批。

（2）施工组织总设计应由总承包单位技术负责人审批；单位工程施工组织设计应由施工单位技术负责人或技术负责人授权的技术人员审批；施工方案应由项目技术负责人审批；重点、难点分部（分项）工程和专项工程施工方案应由施工单位技术部门组织相关专家评审，施工单位技术负责人批准。

（3）由专业承包单位施工的分部（分项）工程或专项工程的施工方案，应由专业承包单位技术负责人或技术负责人授权的技术人员审批；有总承包单位时，应由总承包单位项目技术负责人核准备案。

（4）规模较大的分部（分项）工程和专项工程的施工方案应按单位工程施工组织设计进行编制和审批。

施工组织设计应在工程竣工验收后归档。

五、动态管理

施工组织设计应实行动态管理，并符合下列规定：

（1）项目施工过程中，发生以下情况之一时，施工组织设计应及时进行修改或补充。①工程设计有重大修改；②有关法律、法规、规范和标准实施、修订和废止；③主要施工方法有重大调整；④主要施工资源配置有重大调整；⑤施工环境有重大改变。

（2）经修改或补充的施工组织设计应重新审批后实施。

（3）项目施工前，应进行施工组织设计逐级交底；项目施工过程中，应对施工组织设计的执行情况进行检查、分析并适时调整。

7.1.3 施工组织总设计的编制要求

一、工程概况的编制要求

工程概况应包括项目主要情况和项目主要施工条件等。项目主要情况应包括下列内容：项目名称、性质、地理位置和建设规模；项目的建设、勘察、设计和监理等相关单位的情况；项目设计概况；项目承包范围及主要分包工程范围；施工合同或招标文件对项目施工的重点要求；其他应说明的情况。

项目主要施工条件应包括下列内容：项目建设地点气象状况；项目施工区域地形和工程水文地质状况；项目施工区域地上、地下管线及相邻的地上、地下建（构）筑物情况；与项目施工有关的道路、河流等状况；当地建筑材料、设备供应和交通运输等服务能力状况；当地供电、供水、供热和通信能力状况；其他与施工有关的主要因素。

二、总体施工部署的编制要求

施工组织总设计应对项目总体施工做出下列宏观部署：确定项目施工总目标，包括进度、质量、安全、环境和成本等目标；根据项目施工总目标的要求，确定项目分阶段（期）交付的计划；确定项目分阶段（期）施工的合理顺序及空间组织。

同时，对于项目施工的重点和难点应进行简要分析；总承包单位应明确项目管理组织机构形式，并宜采用框图的形式表示；对于项目施工中开发和使用的新技术、新工艺应做出部署；对主要分包项目施工单位的资质和能力应提出明确要求。

施工总进度计划应按照项目总体施工部署的安排进行编制；施工总进度计划可采用网络

图或横道图表示，并附必要说明。

施工组织总设计应对项目涉及的单位（子单位）工程和主要分部（分项）工程所采用的施工方法进行简要说明，并对脚手架工程、起重吊装工程、临时用水用电工程、季节性施工等专项工程所采用的施工方法应进行简要说明。

三、施工总平面布置的编制要求

施工总平面布置应符合下列原则：平面布置科学合理，施工场地占用面积少；合理组织运输，减少二次搬运；施工区域的划分和场地的临时占用应符合总体施工部署和施工流程的要求，减少相互干扰；充分利用既有建（构）筑物和既有设施为项目施工服务，降低临时设施的建造费用；临时设施应方便生产和生活，办公区、生活区和生产区宜分离设置；符合节能、环保、安全和消防等要求；遵守当地主管部门和建设单位关于施工现场安全文明施工的相关规定。

施工总平面布置图应符合下列要求:根据项目总体施工部署，绘制现场不同施工阶段（期）的总平面布置图；施工总平面布置图的绘制应符合国家相关标准要求并附必要说明。

施工总平面布置图应包括下列内容:项目施工用地范围内的地形状况;全部拟建的建（构）筑物和其他基础设施的位置；项目施工用地范围内的加工设施、运输设施、存储设施、供电设施、供水供热设施、排水排污设施、临时施工道路和办公、生活用房等；施工现场必备的安全、消防、保卫和环境保护等设施；相邻的地上、地下既有建（构）筑物及相关环境。

7.1.4 单位工程施工组织设计的编制要求

一、工程概况的编制要求

工程概况应包括工程主要情况、各专业设计简介和工程施工条件等。工程主要情况应包括下列内容：工程名称、性质和地理位置；工程的建设、勘察、设计、监理和总承包等相关单位的情况；工程承包范围和分包工程范围；施工合同、招标文件或总承包单位对工程施工的重点要求；其他应说明的情况。

各专业设计简介应包括下列内容：①建筑设计简介应依据建设单位提供的建筑设计文件进行描述，包括建筑规模、建筑功能、建筑特点、建筑耐火、防水及节能要求等，并应简单描述工程的主要装修做法；②结构设计简介应依据建设单位提供的结构设计文件进行描述，包括结构形式、地基基础形式、结构安全等级、抗震设防类别、主要结构构件类型及要求等；③机电及设备安装专业设计简介应依据建设单位提供的各相关专业设计文件进行描述，包括给水、排水及采暖系统、通风与空调系统、电气系统、智能化系统、电梯等各个专业系统的做法要求。

编制单位施工组织设计的工程施工条件参照编制施工组织总设计的工程施工条件所列主要内容进行说明。

二、施工部署的编制要求

单位工程施工目标应根据施工合同、工程管理目标的要求确定，包括进度、招标文件以及本单位对质量、安全、环境和成本等目标。各项目标应满足施工组织总设计中确定的总体目标。

施工部署中的进度安排和空间组织应符合下列规定：工程主要施工内容及其进度安排应明确说明，施工顺序应符合工序逻辑关系；施工流水段应结合工程具体情况分阶段进行划分，单位工程施工阶段的划分一般包括地基基础、主体结构、装修装饰和机电设备安装三个阶段。

对于工程施工的重点和难点应进行分析，包括组织管理和施工技术两个方面。工程管理的组织机构形式宜采用框图的形式表示，并确定项目经理部的工作岗位设置及其职责划分。

对于工程施工中开发和使用的新技术、新工艺应做出部署，对新材料和新设备的使用应提出技术及管理要求。对主要分包工程施工单位的选择要求及管理方式应进行简要说明。

单位工程施工进度计划应按照施工部署的安排进行编制。施工进度计划可采用网络图或横道图表示，并附必要说明；对于工程规模较大或较复杂的工程，宜采用网络图表示。

施工准备应包括技术准备、现场准备和资金准备等。技术准备应包括施工所需技术资料的准备、施工方案编制计划、试验检验及设备调试工作计划、样板制作计划等。主要分部（分项）工程和专项工程在施工前应单独编制施工方案，施工方案可根据工程进展情况，分阶段编制完成，对需要编制的主要施工方案应制订编制计划；试验检验及设备调试工作计划应根据现行规范、标准中的有关要求及工程规模、进度等实际情况制订；样板制作计划应根据施工合同或招标文件的要求并结合工程特点制订。

应根据现场施工条件和工程实际需要，准备现场生产、生活等临时设施；根据施工进度计划编制资金使用计划。

资源配置计划包括劳动力配置计划和物资配置计划等。劳动力配置计划应包括下列内容：确定各施工阶段用工量；根据施工进度计划确定各施工阶段劳动力配置计划。

物资配置计划应包括下列内容:主要工程材料和设备的配置计划应根据施工进度计划确定，包括各施工阶段所需主要工程材料、设备的种类和数量；工程施工主要周转材料和施工机具的配置计划应根据施工部署和施工进度计划确定，包括各施工阶段所需主要周转材料、施工机具的种类和数量。

三、主要施工方案与现场平面布置的编制要求

单位工程应按照《建筑工程施工质量验收统一标准》（GB 50300）中分部、分项工程的划分原则，对主要分部、分项工程制定施工方案。对脚手架工程、起重吊装工程、临时用水用电工程、季节性施工等专项工程所采用的施工方案应进行必要的验算和说明。

单位工程施工现场平面布置图应参照施工总平面布置和要求进行，并结合施工组织总设计，按不同施工阶段分别绘制。

单位工程施工现场平面布置图应包括下列内容：工程施工场地状况；拟建建（构）筑物的位置、轮廓尺寸、层数等；工程施工现场的加工设施、存贮设施、办公和生活用房等的位置和面积；布置在工程施工现场的垂直运输设施、供电设施、供水供热设施、排水排污设施和临时施工道路等；施工现场必备的安全、消防、保卫和环境保护等设施；相邻的地上、地下既有建（构）筑物及相关环境。

7.1.5 施工方案的编制要求

施工方案的工程概况应包括工程主要情况、设计简介和工程施工条件等。工程主要情况应包括分部（分项）工程或专项工程名称，工程参建单位的相关情况，工程的施工范围，施工合同、招标文件或总承包单位对工程施工的重点要求等。设计简介应主要介绍施工范围内的工程设计内容和相关要求。工程施工条件应重点说明与分部（分项）工程或专项工程相关的内容。

施工安排包括工程施工目标（进度、质量、安全、环境和成本等目标，各项目标应满足施工合同、招标文件和总承包单位对工程施工的要求），工程施工顺序及施工流水段、针对工

程的重点和难点，进行施工安排并简述主要管理和技术措施，确定工程管理的组织机构及岗位职责，并应符合总承包单位的要求。

分部（分项）工程或专项工程施工进度计划应按照施工安排，并结合总承包单位的施工进度计划进行编制。施工进度计划可采用网络图或横道图表示，并附必要说明。

施工准备应包括：技术准备（包括施工所需技术资料的准备、图纸深化和技术交底的要求、试验检验和测试工作计划、样板制作计划以及与相关单位的技术交接计划等）、现场准备（包括生产、生活等临时设施的准备以及与相关单位进行现场交接的计划等）和资金准备（编制资金使用计划等）。

资源配置计划应包括劳动力配置计划（确定工程用工量并编制专业工种劳动力计划表）和物资配置计划（包括工程材料和设备配置计划、周转材料和施工机具配置计划以及计量、测量和检验仪器配置计划等）。

施工方法及工艺的编制要求：明确分部（分项）工程或专项工程施工方法并进行必要的技术核算，对主要分项工程（工序）明确施工工艺要求；对易发生质量通病、易出现安全问题、施工难度大、技术含量高的分项工程（工序）等应做出重点说明；对开发和使用的新技术、新工艺以及采用的新材料、新设备应通过必要的试验或论证并制订计划；对季节性施工应提出具体要求。

7.1.6 主要施工管理计划的编制要求

施工管理计划应包括进度管理计划、质量管理计划、安全管理计划、环境管理计划、成本管理计划以及其他管理计划等内容；各项管理计划的制订，应根据项目的特点有所侧重。

一、进度管理计划

项目施工进度管理应按照项目施工的技术规律和合理的施工顺序，保证各工序在时间上和空间上顺利衔接。进度管理计划应包括下列内容：对项目施工进度计划进行逐级分解，通过阶段性目标的实现保证最终工期目标的完成；建立施工进度管理的组织机构并明确职责，制订相应管理制度；针对不同施工阶段的特点，制订进度管理的相应措施，包括施工组织措施、技术措施和合同措施等；建立施工进度动态管理机制，及时纠正施工过程中的进度偏差，并制订特殊情况下的赶工措施；根据项目周边环境特点，制订相应的协调措施，减少外部因素对施工进度的影响。

二、质量管理计划

质量管理计划可参照 GB/T 19001《质量管理体系要求》，在施工单位质量管理体系的框架内编制。质量管理计划应包括下列内容：按照项目具体要求确定质量目标并进行目标分解，质量指标应具有可测量性；建立项目质量管理的组织机构并明确职责；制订符合项目特点的技术保障和资源保障措施，通过可靠的预防控制措施，保证质量目标的实现；建立质量过程检查制度，并对质量事故的处理做出相应规定。

三、安全管理计划

安全管理计划可参照 GB/T 28001《职业健康安全管理体系规范》，在施工单位安全管理体系的框架内编制。安全管理计划应包括下列内容：确定项目重要危险源，制订项目职业健康安全管理目标；建立有管理层次的项目安全管理组织机构并明确职责；根据项目特点，进行职业健康安全方面的资源配置；建立具有针对性的安全生产管理制度和职工安全教育培训制度；针对项目重要危险源，制订相应的安全技术措施；对达到一定规模的危险性较大的分部（分项）工程和特殊工种的作业应制订专项安全技术措施的编制计划；根据季节、气候的变化，制订相应的季节性安全施工措施；建立现场安全检查制度，并对安全事故的处理做出相应规定。同时，现场安全管理应符合国家和地方政府部门的要求。

四、环境管理计划

环境管理计划可参照 GB/T 24001《环境管理体系要求及使用指南》，在施工单位环境管理体系的框架内编制。环境管理计划应包括下列内容:确定项目重要环境因素，制订项目环境管理目标；建立项目环境管理的组织机构并明确职责；根据项目特点，进行环境保护方面的资源配置；制订现场环境保护的控制措施；建立现场环境检查制度，并对环境事故的处理做出相应规定。同时，现场环境管理应符合国家和地方政府部门的要求。

五、成本管理计划

成本管理计划应以项目施工预算和施工进度一计划为依据编制。成本管理计划应包括下列内容：根据项目施工预算，制订项目施工成本目标；根据施工进度计划，对项目施工成本目标进行阶段分解；建立施工成本管理的组织机构并明确职责，制订相应管理制度；采取合理的技术、组织和合同等措施，控制施工成本；确定科学的成本分析方法，制订必要的纠偏措施和风险控制措施。同时，必须正确处理成本与进度、质量、安全和环境等之间的关系。

六、其他管理计划

其他管理计划宜包括绿色施工管理计划、防火保安管理计划、合同管理计划、组织协调管理计划、创优质工程管理计划、质量保修管理计划以及对施工现场人力资源、施工机具、材料设备等生产要素的管理计划等。其他管理计划可根据项目的特点和复杂程度加以取舍，各项管理计划的内容应有目标，有组织机构，有资源配置，有管理制度和技术、组织措施等。

7.2 单位工程施工组织设计概述

一、单位工程施工组织设计的任务及编制依据

1. 单位工程施工组织设计的概念

单位工程施工组织设计是以单位工程为编制对象，用来指导施工全过程中各项活动的技术、经济的局部性、指导性文件。它是拟建工程施工的战术安排，是施工单位年度施工计划和施工组织总设计的具体化，内容应详细。

2. 单位工程施工组织设计的任务

单位工程施工组织设计的任务，就是根据工程项目总体规划安排和有关原始资料，并结合实际施工条件，从整个工程项目施工全局出发，选择合理的施工方案，确定科学合理的各分部分项工程的搭接关系，以及规划符合施工现场情况的平面布置图，从而以最少的投入，在规定的工期内生产出质量好、成本低的建筑产品。

3. 单位工程施工组织设计的编制依据

单位工程施工组织设计编制的依据一般有以下几方面：

（1）与工程建设有关的法律、法规和文件；

（2）国家现行有关标准和技术指标；

（3）工程所在地区行政主管部门的批准文件，建设单位对施工的要求；

（4）工程施工合同或招投标文件；

（5）工程设计文件；

（6）工程施工范围内的现场条件，工程地质及水文地质、气象等自然条件；

（7）与施工有关的资源供应情况；

（8）施工企业的生产能力、机具设备状况、技术水平等。

二、单位工程施工组织设计的编制内容

单位工程施工组织设计应根据拟建工程的性质、特点及规模不同，同时考虑到施工要求及条件进行编制。设计必须真正起到指导现场施工的作用。一般包括下列内容：

（一）工程概况

工程概况主要包括项目主要情况和项目主要施工条件等。

项目主要情况应包括下列内容：

（1）项目名称、性质、地理位置和建设规模；

（2）项目的建设、勘察、设计和监理等相关单位的情况；

（3）项目设计概况；

（4）项目承包范围及主要分包工程范围；

（5）施工合同或招标文件对项目施工的重点要求；

（6）其他应说明的情况。

项目主要施工条件应包括下列内容：

（1）项目建设地点气象状况；

（2）项目施工区域地形和工程水文地质状况；

（3）项目施工区域地上、地下管线及相邻的地上、地下建（构）物情况；

（4）与项目施工有关的道路、河流等状况；

（5）当地建筑材料、设备供应和交通运输等服务能力状况；

（6）当地供电、供水、供热和通信能力状况；

（7）其他与施工有关的主要因素。

（二）施工方案

施工方案合理与否将直接影响工程的施工效率、质量、工期和技术经济效果，因此必须给予足够的重视。施工方案的内容一般包括确定施工程序起点流向、施工顺序，选择主要分部分项工程的施工方法和施工机械。

（三）施工进度计划

施工进度计划主要包括划分施工过程和计算工程量、劳动量、机械台班量、施工班组人数、每天工作班次、工作持续时间，以及确定分部分项工程（施工过程）施工顺序及搭接关系、绘制进度计划表等。

（四）施工准备工作计划

施工准备工作计划主要包括施工前的技术准备、现场准备、机械设备、工具、材料、构件和半成品构件的准备，并编制准备工作计划表。

（五）资源需用量计划

资源需用量计划包括材料需用量计划、劳动力需用量计划、构件及半成品构件需用量计

划、机械需用量计划、运输量计划等。

（六）施工平面图

施工平面图主要包括施工所需机械、临时加工场地、材料、构件仓库与堆场的布置及临时水网电网、临时道路、临时设施用房的布置等。

（七）技术经济指标分析

技术经济指标分析主要包括工期指标、质量指标、安全指标、降低成本等指标的分析。

（八）保证质量、安全、降低成本等技术组织措施

三、单位工程施工组织设计的编制程序

单位工程施工组织设计的编制程序如图 7-1 所示。

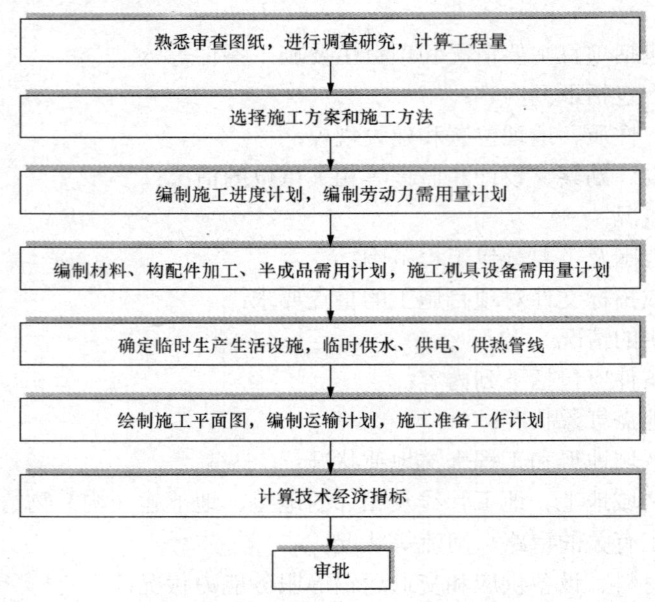

图 7-1 单位工程施工组织设计的编制程序

7.3 编制施工方案

施工方案是单位工程组织设计的核心。施工方案的内容一般包括确定施工程序起点流向、施工顺序，选择主要分部分项工程的施工方法和施工机械。

7.3.1 确定施工程序

单位工程的施工程序一般为：接受任务阶段→开工前准备阶段→全面施工阶段→竣工验收阶段。每阶段都必须完成规定的工作内容，并为下一阶段工作创造条件。

（一）接受任务阶段

接受任务阶段是其他各个阶段的前提条件，施工单位在这个阶段一般要通过投标中标，签订施工合同，承接施工任务。同时施工单位要检查该工程是否有上级批准的正式文件、投资是否落实。在签订施工承包合同过程中，明确双方应承担的技术经济责任及奖、罚条款。对于施工技术复杂、工程规模较大的工程，还需确定分包单位，签订分包合同。

（二）开工前准备阶段

开工前准备阶段是继接受任务之后，为单位工程施工创造必要条件阶段。一般开工前必须具备如下条件：施工执照已办理；施工图纸经过会审；施工预算已编制；施工组织设计已经批准并已交付；场地土石方平整、障碍物的清除和场内外交通道路已经基本完成：施工用水、电、排水均可满足施工需要；永久性或半永久性坐标和水准点已经设置；附属加工企业各种设施的建设基本能够满足开工后生产和生活的需要；材料、成品、半成品和必要的工业设备有适当的储备，并能陆续进入现场，保证连续施工；施工机械设备已进入现场，并能保证正常运转，劳动力计划已落实，随时可以调动进场，并已经过必要的技术、安全教育。

准备工作阶段的一系列工作就是使单位工程具备上述开工条件，然后写出开工报告，并经上级主管部门审查批准后方可正式开工。

（三）单位工程施工应遵循的顺序

1. 先地下后地上

先地下后地上主要是指首先完成管道、管线等地下设施、土方工程和基础工程，然后开始地上工程施工；对于地下工程应按先深后浅的顺序进行，以免造成施工返工或对上部工程的干扰，使施工不便，影响工程质量，造成浪费。

2. 先主体后围护

先主体后围护主要是指先施工框架主体结构，再进行围护结构的施工。

3. 先结构后装饰

一般先结构后装饰是指先进行主体结构施工，后进行装饰工程施工。

4. 先土建后设备

先土建后设备主要是指一般的土建工程与水暖电卫等工程的总体施工程序，至于设备安装的某一工序要穿插在土建的某一工序之前，这实际属于施工顺序问题。工业建筑的土建工程与设备安装工程之间的顺序主要取决于工业建筑的类型。

（四）交工验收

单位工程施工完成以后，施工单位应内部预先验收，严格检查工程质量，整理各项技术经济资料。然后经建设单位、施工单位和质检单位交工验收，经检查合格后，双方办理交工验收手续及有关事宜。

7.3.2 确定施工起点流向

确定施工起点流向就是确定单位工程在平面或竖向上施工开始的部位和开展的方向。它牵涉到一系列施工活动的开展和进程，是组织施工活动的重要环节。确定单位工程施工起点流向时，一般应考虑如下因素：

（1）车间的生产工艺流程，往往是确定施工流向的关键因素。因此，从生产工艺上考虑，影响其他工段试车投产的工段应该先施工。如A车间生产的产品受B车间生产的产品影响，B车间划分为三个施工段，而Ⅱ、Ⅲ段的生产受Ⅰ段的约束，故其施工起点流向应从B车间的Ⅰ段开始，如图7-2所示。

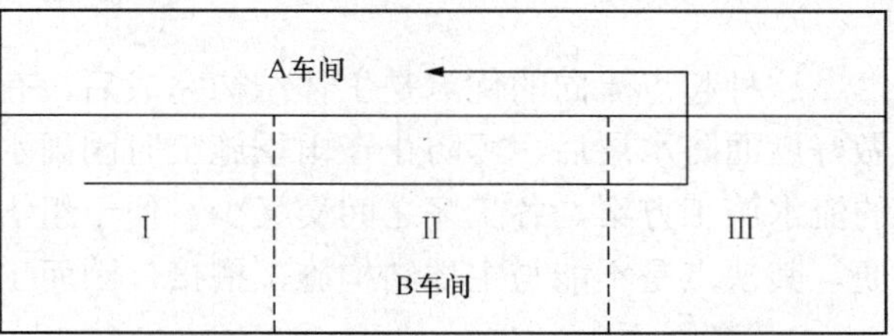

图7-2 施工起点流向示意图

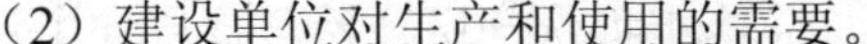

（2）建设单位对生产和使用的需要。

一般应考虑建设单位对生产或使用急的工段或部位先施工。

（3）施工的繁简程度。一般来说，技术复杂、施工进度慢、工期较长的区段或部位应先施工。

（4）房屋高低层或高低跨。如柱子的吊装应从高低跨并列处开始；屋面防水施工应按先高后低的方向施工，同一屋面则由檐口到屋脊方向施工；基础有深有浅时，应按先深后浅的顺序施工。

（5）工程现场条件和施工方案。施工场地的大小、道路布置和施工方案中采用的施工方法和施工机械是确定施工起点和流向的主要因素。如土方工程边开挖边余土外运，则施工起点应确定在离道路远的部位和由远及近的进展方向。

（6）分部分项工程的特点及相互关系。如室内装修工程除平面上的起点和流向外，在竖向上还要决定其流向，而竖向的流向确定更显得重要。密切相关的分部分项工程的流向，一旦前导施工过程的起点流向确定，则后续施工过程也便随其而定了。

应当指出，在流水施工中．施工起点流向决定了各施工段的施工顺序。因此确定施工起点流向的同时，应当将施工段的划分和编号也确定下来。

下面以多层建筑物装饰工程为例加以说明。根据装饰工程的工期、质量和安全要求，以及施工条件，其施工起点流向一般分为：室内装饰工程自上而下、自下而上以及自中而下再自上而中的三种流水施工方案。

1. 自上而下

通常是主体结构工程封顶、做好屋面防后，从顶层开始，逐层往下进行。其施工流向如图 7-3 所示，有水平向下、垂直向下两种情况，通常采用图 7-3（a）所示的水平向下的流向较多。

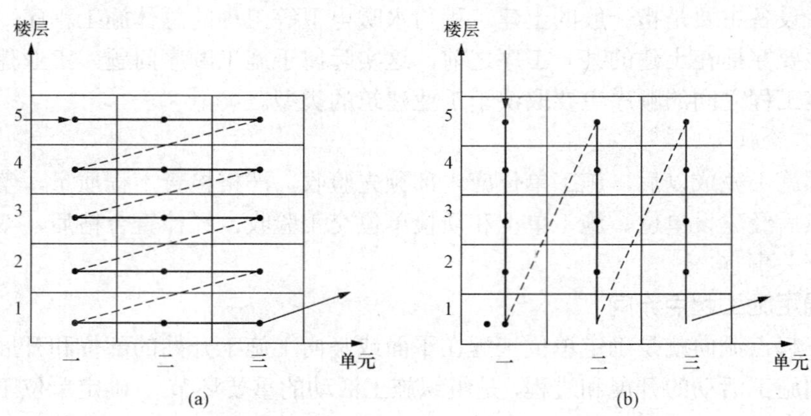

图 7-3 室内装饰工程自上而下的流向

（a）水平向下；（b）垂直向下

这种起点流向的优点是主体结构完成后，有一定的沉降时间，能保证装饰工程的质量，做好屋面防水层后，可防止在雨季施工时因雨水渗漏而影响装饰工程的质量；并且自上而下的流水施工方案，各工序之间交叉少，便于组织施工，保证施工安全，从上往下清理垃圾方便。其缺点是不能与主体结构施工搭接，因而工期较长。

2. 自下而上

是指当主体结构工程的砖墙砌到 2～3 层以上时，装饰工程从一层开始，逐层向上进行，其施工流向如图 7-4 所示，有水平向上和垂直向上两种情况。

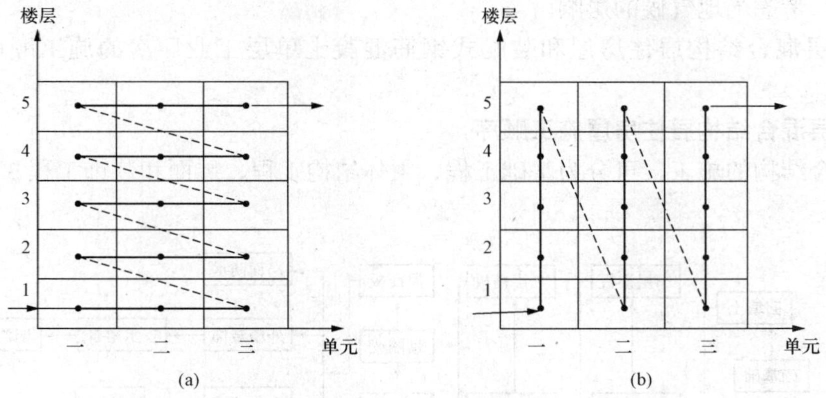

图 7-4　室内装饰工程自下而上的流向

（a）水平向上；（b）垂直向上

这种起点流向的优点是可以和主体砌筑工程进行交叉施工，故工期较短。其缺点是工序之间交叉较多，需要很好地组织施工，并采取安全措施。当采用预制楼板时，由于板缝填灌不实，以及靠墙一边较易渗漏雨水，影响装饰工程质量，为此在上下两相邻楼层中，应首先抹好上层地面，再做下层天棚抹灰。

3. 自中而下再自上而中

自中而下再自上而中的流水施工方案，如图 7-5 所示，综合了上述两者的优点，适用于中、高层建筑的装饰工程。

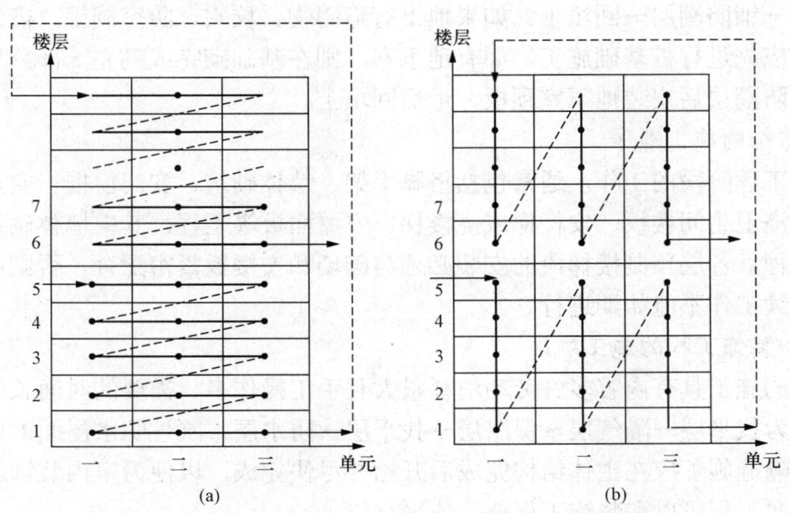

图 7-5　高层建筑装饰装修工程自中而下，再自上而中的流向

（a）水平向上；（b）垂直向上

室外装饰工程一般总是采用自上而下的起点流向，如图 7-3 所示。

7.3.3　确定施工顺序

施工顺序是指分部分项工程施工的先后次序。确定施工顺序时，一般应考虑以下几项因素：遵循施工程序，符合施工工艺要求，与施工方法一致，按照施工组织的要求，考虑施工安全和质量，考虑当地气候的影响。

现将多层混合结构居住房屋和装配式钢筋混凝土单层工业厂房的施工顺序分别叙述如下。

一、多层混合结构居住房屋施工顺序

多层混合结构的施工，可分为基础工程、主体结构工程、屋面和装饰工程3个阶段，如图7-6所示。

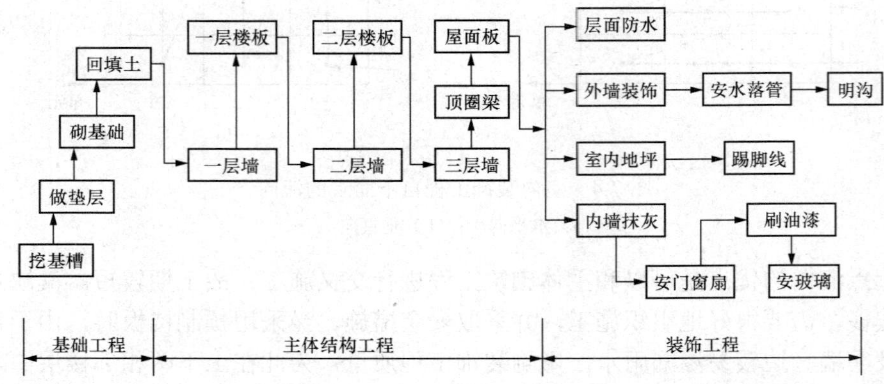

图7-6　混合结构三层居住房施工顺序示意图

1. 基础工程的施工顺序

基础工程阶段是指室内地坪（±0.00）以下的所有工程施工阶段。其顺序是：挖土→做垫层→砌基础→铺防潮层→回填土。如果地下有障碍物、坟穴、防空洞等，需先进行处理；如有桩基础，应先进行桩基础施工，如有地下室，则在基础砌完或砌完一部分后，砌筑地下室墙；在做完防潮层后安装地下室顶板，最后回填土。

2. 主体结构的施工顺序

主体结构工程阶段的工作，通常包括搭脚手架、墙体砌筑、安门窗框、安预制过梁、安预制楼板、现浇卫生间楼板、安楼梯或浇楼梯、安屋面板等工程，其中墙体砌筑与安装楼板为主导施工过程，各层预制楼梯段的安装必须与砌墙和安楼板紧密配合，否则由于养护时间的影响将使后续工作不能如期进行。

3. 屋面和装饰工程的施工顺序

这个阶段的施工具有内容多、劳动消耗量大且手工操作多、需要的时间长等特点。屋面工程的顺序分为找平层→隔气层→保温层→找平层→防水层。刚性防水屋面的现浇钢筋混凝土防水层，分隔缝施工应在主体结构完成后开始并尽快完成，以便为室内装饰创造条件，一般情况下，屋面工程可以和装饰工程搭接或平行施工。

装饰工程可分为室外装饰和室内装饰，室内外装饰工程的施工顺序有先内后外、先外后内、内外同时进行三种顺序，具体确定哪种顺序应视施工条件和气候而定。通常室外装饰应避开冬季和雨季。室内为水磨石板时为防止楼面施工时渗水对墙面的影响，应先完成水磨石的施工，如果为了加速脚手架周转或要赶在冬雨季到来之前完成外装修，则应采取先外后内的顺序。

同一层的室内抹灰施工顺序有地面→天棚→墙面和天棚→墙面→地面两种。前一种顺序便于清理地面，地面质量易于保证，且便于收集墙面和天棚的落地灰，节省材料；后一种顺序在做地面前必须将天棚和墙面上的落地灰和渣子扫净后做面层，否则会影响地面面层同预制楼板间的粘贴，引起地面空鼓。

底层地面一般多是在各层天棚、地面、楼面做好之后进行，门窗安装一般在抹灰之前或后进行，视气候和条件而定。

室外装饰工程在由上往下每层装饰，落水管等分项工程全部完成后，即开始拆除该层的脚手架，然后进行散水坡及台阶的施工。

4. 水暖电卫等工程的施工顺序

水暖电卫工程不同于土建工程，可以分成几个明显的施工阶段，它一般与土建工程中有关分项工程之间进行交叉施工，紧密配合。

在基础工程施工时，先将相应的上下水管沟和暖气管沟的垫层、管沟墙做好，然后回填土。

在主体结构施工时，应在砌墙或现浇钢筋混凝土楼板同时，预留上下水管和暖气立管的孔洞，电线孔槽或预埋木砖和其他预埋件。

在装饰工程施工前，安设相应的各种管道和电气照明用的附墙暗管、接线盒等。水暖电卫安装一般在楼地面和墙面抹灰前或后穿插施工。

二、装配式钢筋混凝土单层工业厂房的施工顺序

装配式钢筋混凝土单层工业厂房的施工可分为基础工程、预制工程、结构安装工程、围护工程和装饰工程等五个施工阶段，如图 7-7 所示。

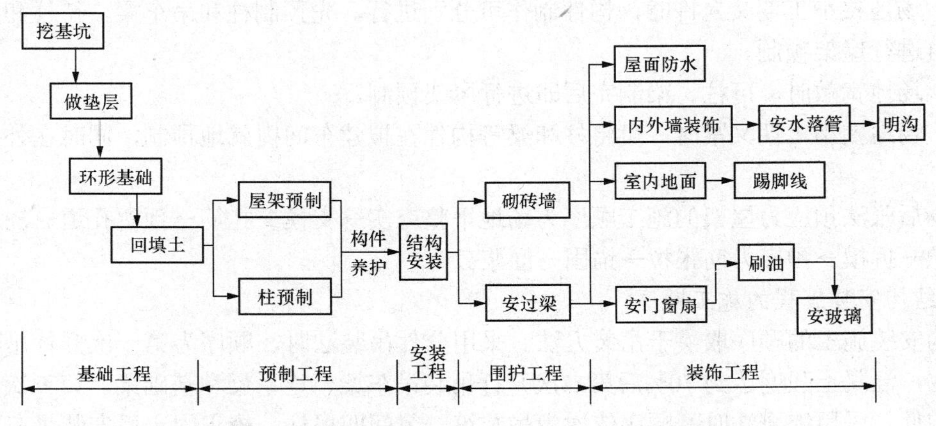

图 7-7 装配式钢筋混凝土单层工业厂房施工顺序示意图

1. 基础工程的施工顺序

基础工程的施工顺序通常是基坑挖土→垫层→绑筋→支基础模板→浇混凝土基础→养护→拆模→回填土。

当中、重型工业厂房建设在土质较差地区时，一般需要用桩基础。此时为缩短工期，常将打桩工程安排在准备阶段进行。

对于厂房的设备基础，由于其与厂房柱基础施工顺序的不同，常常会影响到主体结构的安装方法和设备安装投入的时间，因此需要根据不同的情况决定。通常有三种方案。

（1）当厂房柱基础的埋置深度大于设备基础埋置深度时，采用封闭式施工，即厂房柱基础先施工，设备基础后施工。

通常，当厂房施工处于雨季或冬季时，或设备基础不大，在厂房结构安装后对厂房结构稳定性并无影响时，或对于较大较深的设备基础采用了特殊的施工方法（如沉井时），可采用“封闭式”施工。

（2）当设备基础埋置深度大于厂房基础的埋置深度时，采用“开敞式”施工，即厂房柱基础和设备基础先施工。

（3）只有当设备基础较大较深，其基坑的挖土范围已经与柱基础的基坑挖土范围连成一片或深于厂房柱基础。以及厂房所在地点土质不佳时，方采用厂房柱基础与设备基础同时施工的顺序。

在单层工业厂房基础施工前，和民用房屋一样，也要先处理好其下部的松软土、洞穴等，然后分段进行施工。在安排各分项工程之间的搭接时，应根据当时的气温条件，加强对钢筋混凝土垫层和基础的养护，在基础混凝土达到拆模强度后可拆模，并及早进行回填土，从而为现场预制工程创造条件。

2. 预制工程的施工顺序

单层工业厂房构件的预制方式，一般采用加工厂预制和现场预制相结合的方法。通常对于质量较大或运输不便的大型构件，可在拟建车间现场就地预制，如柱、托架梁、屋架、吊车梁等。中小型构件可在加工厂预制，但在具体确定预制方案时，应结合构件技术特征、当地的生产、施工、运输条件等多方面因素进行技术经济分析之后确定。一般来说，预制构件的施工顺序与结构吊装方案有关。

（1）场地狭小工期又允许时，构件制作可分别进行。先预制柱和吊车梁，待柱和梁安装完毕后再进行屋架预制。

（2）场地宽敞时，可柱、梁制完后即进行屋架预制。

（3）场地狭小工期又紧时，可将柱和梁等构件在拟建车间内就地预制，同时在外进行屋架预制。

现场后张法预应力屋架的施工顺序为场地平整夯实→支模→扎筋→预留孔道→浇筑混凝土→养护→拆模→预应力筋张拉→锚固→灌浆。

3. 结构安装工程的施工顺序

结构安装施工的顺序取决于吊装方法。采用分件吊装法时，顺序为第一次开行吊装柱，校正固定，混凝土强度达到70%后第二次开行吊装吊车梁、连系梁和基础梁，第三次开行吊装屋盖构件。采用综合法时，顺序依次为吊装第一节间四根柱，校正固定后安装吊车梁及屋盖等构件，如此至整个车间安装完毕。

4. 围护工程的施工顺序

围护工程阶段的施工包括内外墙体砌筑、搭脚手架、安装门窗框和屋面工程等。在厂房结构安装工程结束后，或安装完一部分区段后即可开始内外墙砌筑工程的分段施工。脚手架应配合砌筑和屋面工程搭设，在室外装饰之后，散水坡施工前拆除。

屋面工程的顺序同混合结构居住房屋的屋面施工顺序。

5. 装饰工程的施工顺序

具体分为室内装饰和室外装饰。

一般单层厂房的装饰工程与其他施工过程穿插进行。水暖电气安装工程与混合结构居住房屋的施工顺序基本相同，但应注意空调设备安装的安排。

以上仅适用于一般情况。由于结构、现场条件、施工环境不同，均会对施工过程和顺序产生不同影响，因此须根据施工特点和具体情况，合理确定施工顺序。

7.3.4 选择施工方法和施工机械

选择施工方法和施工机械是施工方案中的关键问题，它直接影响施工进度、施工质量和安全，以及工程成本，编制施工组织设计时，必须根据工程项目的建筑结构、抗震要求、工程量的大小、工期长短、资源供应情况、施工现场的条件和周围环境，制订出可行方案，并且进行技术经济比较，确定出最优方案。

一、选择施工方法

选择施工方法时着重考虑影响整个单位工程施工的分部分项工程，如工程量大且在单位工程中占重要地位的分部（分项）工程，施工技术复杂或采用新技术、新工艺及对工程质量起关键作用的分部（分项）工程和不熟悉的特殊结构工程或由专业施工单位施工的特殊专业工程的施工方法。

通常，施工方法选择的内容有：

1. 土石方工程

① 计算土石方工程量，确定土石方开挖或爆破方法，选择土石方施工机械。

② 确定放坡坡度系数或土壁支撑形式和打设方法。

③ 选择排除地面、地下水的方法，确定排水沟、集水井或井点布置。

④ 确定土石方平衡调配方案。

2. 基础工程

① 浅基础中垫层、混凝土基础和钢筋混凝土基础施工的技术要求，以及施工地下室的技术要求。

② 桩基础施工方法及施工机械选择。

3. 砌筑工程

① 砖墙的砌筑方法和质量要求。

② 弹线及皮数杆的控制要求。

③ 确定脚手架搭设方法及安全网的挂设方法。

4. 钢筋混凝土工程

① 确定模板类型及支模方法，对于复杂的工程还需要进行模板设计及绘制模板放样图。

② 选择钢筋的加工，绑扎和焊接方法。

③ 选择混凝土的搅拌、输送及浇筑顺序和方法，确定混凝土搅拌设备的类型和规格，确定施工缝的留设位置。

④ 确定顶应力混凝土的施工方法、控制应力和张拉设备等。

5. 结构安装工程

① 确定结构安装方法和起重机械。

② 确定构件运输及堆放要求。

6. 屋面工程

① 屋面各个分项工程施工的操作要求。

② 确定屋面构件的运输方式。

7. 装饰工程

① 各种装修的操作要求和方法。

② 选择材料运输方式及储存要求。

二、选择施工机械

选择施工方法必然涉及施工机械的选择问题。机械化施工是改变建筑工业生产落后面貌，实现建筑工业化的基础，因此施工机械的选择是施工方法选择的中心环节。选择施工机械时，应着重考虑以下几方面：

（1）选择施工机械时，应首先根据工程特点选择适宜的主导工程的施工机械。如在选择装配式单层工业厂房结构安装用的起重机类型时，当工程量较大而集中时，可以采用生产率较高的塔式起重机；但当工程量较小或工程量虽大却相当分散时，则采用无轨自行式起重机较经济，在选择起重机型号时，应使起重机在起重臂外伸长度一定的条件下能适应起重量及安装高度的要求。

（2）几种辅助机械或运输工具应与主导机械的生产能力协调配套，以充分发挥主导机械的效率。如土方工程中采用汽车运土时，汽车的载重量应为挖土机斗容量的整数倍，汽车的数量应保证挖土连续工作。

（3）在同一工地上，应力求建筑机械的种类和型号少一些，以利于机械管理。为此，工程量大且分散时，宜采用多种用途机械施工，如挖土机既可挖土，又能用于装卸、起重。

（4）机械选择应考虑充分发挥施工单位现有机械的能力。当本单位的机械能力不能满足工程需要时，则应购置或租赁所需新型机械或多用途机械。

7.3.5 施工方案的技术经济评价

对施工方案进行技术经济评价是选择最优施工方案的重要环节之一。因为任何一个分部（分项）工程，都有几个可行的施工方案，施工方案的技术经济评价的目的就是对每一个分部（分项）工程的施工方案进行优选，选出一个工期短、质量好、材料省、劳动力安排合理、工程成本低的最优方案。

施工方案的技术经济评价涉及的因素多而复杂，一般只而对一些主要分部分项工程的施工方案进行技术经济比较，当然有时也得对一些重大工程项目总体施工方案进行全面的技术经济评价。

一般来说，施工方案的技术经济评价有定性分析评价和定量分析评价两种。

一、定性分析评价

施工方案的定性技术经济分析评价是结合施工实际经验，对若干施工方案的优缺点进行分析比较。如技术上是否可行、施工复杂程度和安全可靠性如何、劳动力和机械设备能否满足需要，是否能充分发挥现有机械的作用、保证质量的措施是否完善可靠、对冬季施工带来多大困难等。

二、定量分析评价

施工方案的定量技术经济分析评价是通过计算各方案的几个主要技术经济指标，进行综合比较分析，从中选择技术经济指标较佳的方案。定量分析常分为两种方法.

1. 多指标分析法

它是用价值指标、实物指标和工期指标等一系列单个的技术经济指标，对各个方案进行分析对比从中选优的方法。

定量分析的指标通常有以下几类。

① 工期指标。当要求工程尽快完成以便尽早投入生产或使用时，选择施工方案就要在确保工程质量、安全和成本较低的条件下，优先考虑缩短工期。

② 劳动量指标，它能反映施工机械化程度和劳动生产率水平。通常，在方案中劳动消耗越小，机械化程度和劳动生产率越高。劳动消耗指标以工日数计算。

③ 主要材料消耗指标，反映若干施工方案的主要材料节约情况。

④ 成本指标。反映施工方案的成本高低，一般需计算方案所用直接费和间接费。成本指标 C 可由下式计算。

$$C = \text{直接费} \times (1 + \text{综合费率}) \tag{7-1}$$

$$\text{直接费} = \text{定额直接费} \times (1 + \text{其他直接费率})$$

式中：C 为完成某项工程所需的总成本。综合费率应考虑间接费、技术装备费或某些其他费用。它与建设地区、工程类型、专业工程性质、承包方式等有关。

⑤ 投资额指标。当选定的施工方案需要增加新的投资时，则需设增加投资额的指标，进行比较。

【例 7-1】 现欲开挖大模板工艺多层钢筋混凝土结构居住房屋的基础，其平面尺寸为 147.5m×124.46m，坑深为 3.71m，土为二类土，土方量为 9000m^3，因场地狭小，挖出的土除就地存放 1200m^3 准备回填之用外，其余土须用汽车及时运走。根据现有劳动力和机械设备条件，可以采用以下三种施工方案。

方案（1）：W_1−100 型反铲挖土机挖土，翻斗汽车运土方案。

用反铲挖土机挖基坑不需开挖斜道，每班需二级普工 2 人，修整劳动量 51 工日，均为二级普工。W_1−100 型反铲挖土机的台班生产率为 529m^3，每台班租赁费 319.95 元（含 2 名操作工人工资在内），拖车台班费为 333.60 元。

① 工期指标（一班制）

$$T=9000/529\approx17\text{（班）}=17\text{（天）}$$

② 劳动量指标

$$P=2\times17+2\times17+51=119\text{（工日）}$$

③ 成本指标

基坑开挖需定额直接费用为：（挖土进场影响工时按 0.5 台班考虑，拖运费按拖车的 0.5 台班考虑，人工费为 11.09 元/工日）

$$17\times319.95+0.5\times319.95+0.5\times333.60+(2\times17+51)\times11.09=6708.58\text{（元）}$$

$$\text{直接费}=6708.58\times(1+6.9\%)=7171.47\text{（元）}$$

其中，6.9%为其他直接费率，考虑综合费率 22.5%，则

$$C=7171.47\times(1+22.5\%)=8785.05\text{（元）}$$

方案（2）：采用 W-50 型正铲挖土机（斗容量 0.5m^3），该方案需先开挖一条供挖土机及汽车出入的斜道，斜道土方量约为 120m^3，W-50 型正铲挖土机台班生产率为 518m^3，每台班租赁费为 319.95 元（含两名操作工入工资在内）。配合挖土机工作需配普工工人，斜道回填需 33 工日，基坑修整需 51 工日。

① 工期指标（考虑回填斜道用 1 个台班）

$$T = 9000/518+120/518+1=18.5\text{（台班）}$$

② 劳动量指标

$$P = 2\times17.5 + 2 \times 17.5 + 33+ 51 = 154\text{（工日）}$$

③ 成本指标

基坑开挖所需定额直接费为

18.5×31 9.95+0.5×319.95+0.5×333.60+（2×18.5+51+33）×11.09=7587.74（元）

直接费用=7587.74×（1+6%）=8111.29（元）

C=8111.29 ×（1 + 22.5%）=9936.33（元）

方案（3）：采用人工开挖，人工装及翻斗车运土方案。此方案需人工开挖两条斜道，以使翻斗车进出。两条斜道土方量约为 400m^3。挖土每班普工 69 人，翻斗车装土每班需配备二级普工 36 人。回填斜道需劳动量 150 工日，人工挖土方的产量定额为每工日 8m^3。

① 工期指标（一班制）

$$T=\frac{(9000+40)\div 8}{69}=\frac{1175}{69}=17\text{（天）}$$

② 劳动量指标

$$P = 1175 + 36 \times 17 +150 = 1937\text{（工日）}$$

③ 成本指标

基坑开挖所需直接费用为 1937×11.09=21481.33（元）

直接费=21481.33×（1+ 6.9%）=22963.54（元）

C=22963.54 ×（1+ 22.5%）=28130.34（元）

上述三种方案有关指标计算结果汇总列表 7-1。

表 7-1　　基坑开挖不同方案的技术经济指标比较

开挖方案	工期指标 T（天）	劳动量指标 P（工日）	成本指标 C（元）	方案说明
方案 1	17	119	8785.05	反铲挖土机 W_1−100 型
方案 2	18.5	154	9936.33	正铲挖土机 W−50 型
方案 3	17	1937	28130.34	人工开挖

从表 7-1 中指标值可以看出，方案 1 各指标均较优，故采用方案 1。

2. 综合指标分析方法

综合指标分析方法是以多指标为基础，将各指标的值按照一定的计算方法进行综合后得到一个综合性的指标进行评价。

该方法首先根据多指标中各个指标在评价中重要性的相对程度，分别定出权重值 W_j，再用同一指标依据其在各方案中的优劣程度定出其相应的分值 C_{ij}。设有 m 个方案和 n 种指标，则第 i 方案的综合指标 A_i 为

$$A_i=\sum_{j=1}^{n}C_{ij}W_j \tag{7-2}$$

式中：$i=1，2，\cdots，m$；$j=1，2，\cdots，n$，综合指标值最大者为最优方案。

7.3.6 施工进度计划

单位工程施工进度计划是在既定施工方案的基础上，根据规定工期和各种资源供应条件，按照施工过程的合理施工顺序及组织施工的原则，用横道图或网络图，对一个工程从开始施工到工程全部竣工（包括土建施工、结构吊装、设备吊装等不同施工内容），确定其全部施工过程在时间上和空间上的安排和相互配合关系。

一、施工进度计划的作用

单位工程施工进度计划的作用有以下几个方面：

（1）控制单位工程的施工进度，保证在规定工期内完成满足质量要求的工程任务；

（2）确定单位工程的各个施工过程的施工顺序，施工持续时间及相互衔接和合理配合关系；

（3）为编制季度、月度生产作业计划提供依据；

（4）确定劳动力和各种资源需要量计划和编制施工准备工作计划的依据。

单位工程施工进度计划的编制依据主要有下列资料：

（1）经过审批的建筑总平面图及单位工程全套施工图以及地质、地形图、工艺设置图、设备及其基础图、采用的标准图等图纸及技术资料；

（2）施工组织总设计对本单位工程的有关规定；

（3）施工工期要求及开、竣工日期；

（4）施工条件、劳动力、材料、构件及机械的供应条件、分包单位的情况等；

（5）确定的重要分部分项工程的施工方案，包括施工顺序、施工段划分、施工起点流向、施工方法、质量及安全措施等；

（6）劳动定额及机械台班定额；

（7）其他有关要求和资料，如工程合同等。

二、施工进度计划的表示方法

施工进度计划一般用图表来表示，通常有两种形式的图表：横道图和网络图。横道图的形式见表 7-2。

表 7-2　单位工程施工进度横道图表

<table>
<tr><th rowspan="3">序号</th><th rowspan="3">分部分项工程名称</th><th colspan="2">工程量</th><th rowspan="3">时间定额</th><th colspan="2">劳动量</th><th colspan="2">需用机械</th><th rowspan="3">每班工作班次</th><th rowspan="3">每班工作人数</th><th rowspan="3">工作天数</th><th colspan="7">施 工 进 度</th></tr>
<tr><th rowspan="2">单位</th><th rowspan="2">数量</th><th rowspan="2">工种</th><th rowspan="2">数量（工日）</th><th rowspan="2">机械名称</th><th rowspan="2">台班数</th><th colspan="4">月</th><th colspan="3">月</th></tr>
<tr><th>5</th><th>10</th><th>20</th><th>25</th><th>5</th><th>10</th><th>15</th></tr>
<tr><td></td><td></td><td></td><td></td><td></td><td></td><td></td><td></td><td></td><td></td><td></td><td></td><td></td><td></td><td></td><td></td><td></td><td></td><td></td></tr>
<tr><td></td><td></td><td></td><td></td><td></td><td></td><td></td><td></td><td></td><td></td><td></td><td></td><td></td><td></td><td></td><td></td><td></td><td></td><td></td></tr>
</table>

从表 7-2 中可看出，它由左右两部分组成，左边部分列出各种计算数据，如分部分项工程名称、相应的工程量、采用的定额、需要的劳动员或机械台班数、每天施工的工人数和施工的天数等；右边部分是从规定的开工之日起到竣工之日止的日历表。

三、施工进度计划的编制步骤和内容

1. 划分施工过程

编制进度计划时，首先应按照图纸和施工顺序将拟建单位工程的各个施工过程列出，并

结合施工方法、施工条件、劳动组织等因素，加以适当调整，使其成为编制施工进度计划所需的施工过程。

施工进度计划表中只列出直接在建筑物（或构筑物）上进行施工的砌筑安装类施工过程，而不列出构件制作和运输，如门窗制作和运输等制备类、运输类施工过程。但当某些构件采用现场就地预制方案，单独占有工期且对其他分部分项工程的施工有影响或某运输工作需与其他分部分项工程的施工密切配合，如楼板随运随吊时，也需将这些制备和运输类施工过程列入。

在确定施工过程时，应注意以下几个问题：

（1）施工过程划分的粗细程度，主要根据单位工程施工进度计划的客观作用。对控制性施工进度计划，项目划分得粗一些，通常只列出分部工程名称。如混合结构居住房屋的控制性施工进度计划，只列出基础工程、主体工程、屋面工程和装修工程四个施工过程。而对于实施性的施工进度计划，项目划分得要细一些，通常要列到分项工程。如上面所说的屋面工程还要划分为找平层、隔气层、保温层、防水层等分项工程。

（2）施工过程的划分要结合所选择的施工方案。如结构安装工程，若采用分件吊装法，则施工过程的名称、数量和内容及其安装顺序应按照构件来确定；若采用综合吊装法，则施工过程应按施工单元（节间、区段）来确定。

（3）注意适当简化施工进度计划内容，避免工程项目划分过细、重点不突出。可考虑将某些穿插性分项工程合并到主要分项工程中去，如安装门窗框可以并入砌墙工程；在同一时间内，由同一工程队施工的过程可以合并，如工业厂房中的钢窗油漆、钢门油漆、钢支撑油漆、钢楼梯油漆合并为钢构件油漆一个施工过程；对于次要的、零星的分项工程，可合并为“其他工程”一项列入。

（4）水暖电卫工程和设备安装工程通常由专业机构负责施工。因此，在施工进度计划中，只要反映出这些工程与土建工程如何配合即可，不必细分。

（5）所有施工过程应大致按施工顺序先后排列，所采用的施工项目名称可参考现行定额手册上的项目名称。

总之，划分施工过程要粗细得当。最后，根据所划分的施工过程列出施工过程（分部分项工程）一览表，见表7-3。

表 7-3 分部分项工程一览表

项　次	分部分项工程名称	项　次	分部分项工程名称
一	地下室工程	二	大模板主体结构工程
1	挖土	5	壁挂吊装
2	混凝土垫层	6	…
3	地下室顶板	…	
4	回填土		

2. 计算工程量

计算工程量时，一般可以直接采用施工图预算的数据，但应注意有些项目的工程量应按实际情况作适当调整。如计算柱基土方工程量时，应根据土壤的级别和采用的施工方法（单独基坑开挖、基槽开挖还是大开挖、放边坡还是加支撑）等实际情况进行计算。工程量计算时应注意以下几个问题：

（1）各分部分项工程的工程量计算单位应与现行定额手册中所规定单位相一致避免计算劳动力、材料和机械数量时进行换算，产生错误。

（2）结合选定的施工方法和安全技术要求计算工程量。

（3）结合施工组织要求，分区、分项、分段、分层计算工程量。

（4）直接采用预算文件中的工程量时，应按施工过程的划分情况将预算文件中有关项目的工程量汇总。如“砌筑砖墙”一项要将预其中按内墙、外墙，按不同墙厚、不同砌筑砂浆品种和强度等级计算的工程量进行汇总。

3. 确定劳动量和机械台班数量

劳动量和机械台班数量应当根据分部分项工程的工程量、施工方法和现行的施工定额，并结合当时当地的具体情况加以确定。一般应按式（7-3）和式（7-4）计算：

$$P=Q/S \tag{7-3}$$

或

$$P=QH \tag{7-4}$$

式中 P——完成施工过程所需的劳动量（工日）或机械台班数量（台班）；

Q——完成某施工过程的工程量（m^3，m^2，t…）；

S——某施工过程的产量定额（m^3，m^2，t…/工日或台班）；

H——某施工过程的时间定额（工日或台班/ m^3，m^2，t…）。

例如，已知某单位工业厂房的柱基土方为 3240m^3，采用人工挖土，每工产量定额为 6.5m^3，则完成基坑所需总劳动量为

$$P=\frac{Q}{S}=\frac{3240}{6.5}=499\text{（工日）}$$

若已知时间定额为 0.154 工日/ m^3，则完成基坑所需总劳动量为

$$P=QH=3240\times0.154=499\text{（工日）}$$

在使用定额时，常遇到定额所列项目的工作内容与编制施工进度计划所列项目不一致的情况，此时应当换算成平均定额。

（1）查用定额时，若定额对同一工种不一样时，可用其平均定额。当同一性质不同类型分项工程的工程量相等时，平均定额可用其绝对平均值，如式（7-5）所示。

$$H=\frac{H_1+H_2+\cdots+H_n}{n} \tag{7-5}$$

式中 H_1，H_2，…，H_n——同一性质不同类型分项工程时间定额；

H——平均时间定额；

n——分项工程的数量。

当同一性质不同类型分项工程的工程量不相等时，平均定额应用加权平均值，其计算公式为

$$S=\frac{Q_1+Q_2+\cdots+Q_n}{\frac{Q_1}{S_1}+\frac{Q_2}{S_2}+\cdots+\frac{Q_n}{S_n}}=\frac{\sum_{i=1}^{n}Q_i}{\sum_{i=1}^{n}\frac{Q_i}{S_i}} \tag{7-6}$$

式中 Q_1，Q_2，…，Q_n——同一性质不同类型分项工程的工程量。

其他符号含义同前。

例如，钢门窗油漆一项由钢门油漆和钢窗油漆两项合并而成，已知钢门面积 Q_1 为 368.52m²，钢窗面积 Q_2 为 889.66m²，钢门油漆的产量定额 S_1 为 11.2 m²/工日，钢窗油漆的产量定额 S_2 为 14.63 m²/工日。则平均产量定额为

$$S=\frac{Q_1+Q_2}{\frac{Q_1}{S_1}+\frac{Q_2}{S_2}}=\frac{368.52+889.66}{\frac{368.52}{11.2}+\frac{889.66}{14.63}}=13.43(\text{m}^2/\text{工日})$$

（2）对于有些采用新技术或特殊施工方法的定额，在定额手册中未列入的，可参考类似项目或实测确定。

（3）对于“其他工程”项目所需劳动量，可根据其内容和数量，并结合工程具体情况，以占总劳动量的百分比（一般为10%～20%）计算。

（4）水暖电气、设备安装工程项目，一般不计算劳动量和机械台班需要量，仅安排与土建工程配合的进度。

4. 确定各施工过程的施工天数

计算各分部分项工程施工天数的方法有三种，具体见本书4.3.2流水节拍的确定方法。

例如，某工程砌筑砖墙，需要总劳动量160工日，一班制工作，每天出勤人数为22人（其中瓦工10人，普工12人），则根据式（4-3）、式（4-4），施工天数为

$$t=\frac{P}{R\times N}=\frac{160}{22\times 1}\approx 7\ （天）$$

在安排每班工人数和机械台数时，应综合考虑各分项工程工人班组的每个工人都应有足够的工作面（不能小于最小工作面），以发挥高效率并保证施工安全；各分项工程在进行正常施工时所必须的最低限度的工人队组人数及其管理组合（不能小于最小劳动组合），以达到最高的劳动生产率。

在根据工期要求倒排进度时，首先应根据规定总工期和施工经验，确定各分部分项工程的施工时间，然后再按各分部分项工程需要的劳动量或机械台班数量，确定每一分部分项工程每个工作班所需要助工人数或机械台数，计算公式如下：

$$R=\frac{P}{t\cdot N} \tag{7-7}$$

例如，某单位工程的土方工程采用机械施工，需要87个台班完成，则当工期为8天时，所需挖土机的台数为：

$$R=\frac{P}{t\cdot N}=\frac{87}{8\times 1}\approx 11\ （班）$$

通常计算时均先按一班制考虑，如果每天所需机械台数或工人人数，已超过施工单位现有人力、物力或工作面限制时，则应根据具体情况和条件从技术和施工组织上采取积极的措施，如增加工作班次，最大限度地组织立体交叉、平行流水施工，加早强剂提高混凝土早期强度等。

5. 编制施工进度计划的初始方案

编制施工进度计划时，必须考虑各分部分项工程的合理施工顺序，尽可能组织流水施工，力求主要工种的工作队连续施工，其编制方法为：

（1）划分主要施工阶段（分部工程），组织流水施工。首先安排其中主导施工过程的施工

进度，使其尽可能连续施工，其他穿插施工过程尽可能与它配合、穿插、搭接或平行作业，如砖混结构房屋中的主体结构工程，其主导施工过程为砌筑和楼板安装。

（2）配合主要施工阶段，安排其他施工阶段（分部工程）的施工进度。

（3）按照工艺的合理性和工序间尽量穿插、搭接或平行作业方法，将各施工流水组（分部工程）的流水作业图表最大限度地搭接起来，即得单位工程施工进度计划的初始方案。

6. 施工进度计划的检查与调整

检查与调整的目的在于使初始方案满足规定的目标，一般从以下几方面进行检查与调整：

（1）各施工过程的施工顺序、平行搭接和技术间歇是否合理。

（2）工期方面：初始方案的总工期是否满足规定的工期。

（3）劳动力方面：主要工种工人是否满足连续、均衡施工。

（4）物资方面：主要机械、设备、材料等的利用是否均衡、施工机械是否充分利用。

经过检查，对不符合要求的部分，需进行调整。调整的方法一般有：增加或缩短某些分项工程的施工时间；在施工顺序允许的情况下，将某些分项工程的施工时间向前或向后移动。必要时，还可以改变施工方法或施工组织。

应当指出，上述编制施工进度计划的步骤不是孤立的，而是互相依赖、互相联系的，有的可以同时进行。同时还应看到，由于建筑施工是一个复杂的生产过程，受到周围客观条件影响的因素很多，在施工过程中，由于劳动力和机械、材料等物资的供应及自然条件等因素的影响而经常不符合原计划的要求，因而在工程进展中，应随时掌握施工动态、经常检查，不断调整计划。施工进度计划的编制程序如图 7-8 所示。

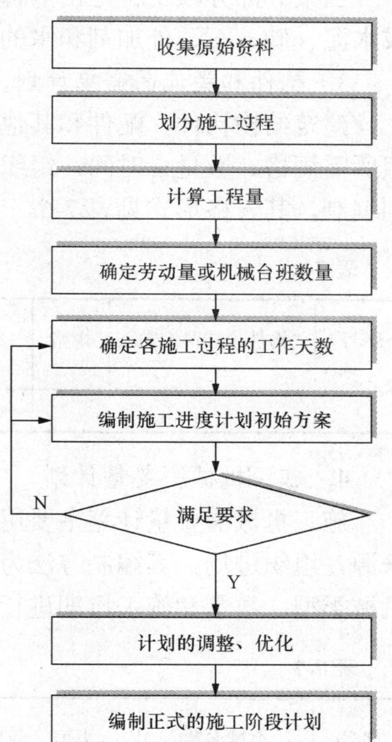

图 7-8 施工进度计划编制程序

7.3.7 各项资源需要量计划

各项资源需要量计划可用来确定建筑工地的临时设施，并按计划供应材料、调配劳动力，以保证施工按计划顺利进行。在单位工程施工进度计划正式编制完了后，就可以着手编制各项资源需要量计划。

1. 劳动力需要量计划

劳动力需要量计划，主要是作为安排劳动力平衡、调配和衡量劳动力耗用指标和安排生活福利设施的依据，其编制方法是将施工进度计划表内所列各施工过程每天（或旬、月）所需工人人数按工种汇总而得，其表格形式见表 7-4。

表 7-4 劳动力需要量计划

序号	分项工程名称	工种	需要量		需要时间						备注
			单位	数量	×月			×月			
					上旬	中旬	下旬	上旬	中旬	下旬	

2. 主要材料需要量计划

主要材料需要量计划是备料、供料和确定仓库、堆场面积及组织运输的依据。其编制方法是将施工进度计划表中各施工过程的工程量，按材料品种、规格、数量、使用时间计算汇总而得。其表格形式见表 7-5。

表 7-5　主要材料需要量计划

序号	材料名称	规格	需要量		供应时间	备注
			单位	数量		

当某分部分项工程是由多种材料组成时，应按各种材料分类计算，如混凝土工程应换算成水泥、砂、石、外加剂和水的数量列入表格。

3. 构件和半成品需要计划

建筑结构构件、配件和其他加工半成品的需要量计划主要用于落实加工订货单位，并按照所需规格、数量、时间，组织加工、运输和确定仓库或堆场，可根据施工图和施工进度计划编制，其表格形式见表 7-6。

表 7-6　构件和半成品需要量计划

序号	构件半成品名称	规格	图号、型号	需要量		使用部位	加工单位	供应日期	备注
				单位	数量				

4. 施工机械需要量计划

施工机械需要量计划主要用于确定机械的类型、数量、进场时间，可据此落实施工机械来源，组织进场。其编制方法为：将单位工程施工进度表中的每一个施工过程，每天所需的机械类型，数量和施工日期进行汇总，即得施工机械需要量计划，其表格形式见表 7-7。

表 7-7　施工机械需要量计划

序号	机械名称	类型、型号	需要量		货源	使用起止日期	备注
			单位	数量			

7.3.8 施工准备工作计划

施工准备是以施工项目为对象进行的全面施工准备工作的总称。准备工作是项目施工的前提和基础，也是加强项目管理和目标控制的关键。

施工准备工作按不同划分标准有不同类型。

一、按施工范围分类

（1）全场施工准备。全场施工准备是以一个建设项目为对象所进行的全面施工准备，它是为整个建设项目施工服务的准备工作，同时也要兼顾单项工程施工准备工作。

（2）单项工程施工准备。单项工程施工准备是以一个单项工程为对象所进行的施工准备工程，它是为单项工程施工服务的准备工作，同时也要兼顾单位工程施工条件准备。

（3）单位工程施工条件准备。单位工程施工条件准备是以一个单位工程为对象而进行的施工条件准备。

（4）分部（项）工程作业条件准备。分部（项）工程作业条件准备是以一个分部（项）工程或冬雨季施工项目为对象所进行的作业条件准备。

二、按施工阶段分类

（1）开工前施工准备。开工前施工准备是在工程项目正式开工之前所进行的全面施工准备工作，它既可能是全场性施工准备，又可能是单项工程施工准备。

（2）施工阶段前施工准备。各施工阶段前施工准备是在项目开工之后、每个阶段之前所进行的相应施工准备。

为落实项目施工准备工作，加强对其检查和监督，必须根据施工准备工作的项目名称、具体内容、完成时间和负责人员，编制出项目施工准备工作计划。

7.3.9 施工平面图

单位工程施工平面图是对一个建筑物或构筑物的施工现场的平面规划和空间布置图。它是根据工程规模、特点和施工现场的条件，按照一定的设计原则，来正确地解决施工期间所需的各种暂设工程和其他业务设施等同永久性建筑物和拟建工程之间的合理位置关系。其主要作用表现在：单位工程施工平面图是进行施工现场布置的依据，是实现施工现场有组织有计划进行文明施工的先决条件，因此也是施工组织设计的重要组成部分。贯彻和执行合理施工平面布置图，会使施工现场井然有序，施工顺利进行，保证进度，提高效率和经济效益。反之，则造成不良后果。单位工程施工平面图的绘制比例一般为1:500～1:2000。

一、单位工程施工平面图的设计内容

（1）建筑物总平面图上已建的地上、地下一切房屋，构筑物以及其他设施（道路和各种管线等）的位置和尺寸。

（2）测量放线标桩位置、地形等高线和土方取弃地点。

（3）自行式起重机开行路线，轨道布置和固定式垂直运输设备位置。

（4）各种加工厂、搅拌站、材料、加工半成品、构件、机具的仓库或堆场。

（5）生产和生活性福利设施的布置。

（6）场内道路的布置和引入的铁路、公路和航道位置。

（7）临时给水管线、供电线路、蒸气及压缩空气管道等布置。

（8）一切安全及防火设施的位置。

二、单位工程施工平面图设计的依据

在进行施工平面图设计前，首先应认真研究施工方案，并对施工现场做深入细致地调查研究，而后应对施工平面图设计所依据的原始资料进行周密的分析，使设计与施工现场的实际情况相符，从而使其确实起到指导施工现场的作用。施工平面图所依据的资料主要有以下几个方面：

（一）建筑、结构设计和施工组织设计时所依据的有关拟建工程的当地原始资料

（1）自然条件调查资料：气象、地形、水文及工程地质资料。主要用于布置地表水和地下水的排水沟，确定易燃、易爆及有碍人体健康的设施的布置，安排雨季施工期间所需的设施。

（2）技术经济调查资料：交通运输、水源、电源、物资资料、生产和生活基地情况布置水、电管线和道路等具有重要作用。

（二）建筑设计资料

（1）建筑总平面图。图上包括一切地上、地下拟建的房屋和构筑物，它是正确确定临时房屋和其他设施位置，以及修建工地运输道路和解决排水等所需的资料。

（2）一切已有和拟建的地下、地上管道位置。在设计施工平面图时，可考虑利用这些管道或需考虑提前拆除或迁移，并需注意不得在拟建的管道位置上面建临时建筑物。

（3）建筑区域的竖向设计和土方平衡图。它们在布置水、电管线和安排土方的挖填、取土或弃土地点时非常有用。

（4）拟建工程的有关施工图设计资料。

（三）施工资料

（1）单位工程施工进度计划。从中可了解各个施工阶段的情况，以便分阶段布置施工现场。

（2）施工方案。据此可确定垂直运输机械和其他施工机具的位置、数量和规划场地。

（3）各种材料、构件、半成品等需要量计划。以便确定仓库和堆场的面积、形式和位置。

三、单位工程施工平面图的设计原则

（1）在保证施工顺利进行的前提下，现场布置尽量紧凑、节约土地。

（2）合理布置施工现场的运输道路及各种材料堆场、加工厂、仓库位置、各种机具的位置，尽量使得运距最短，从而减少或避免二次搬运。

（3）力争减少临时设施的数量，降低临时设施费用。

（4）临时设施的布置，尽量便利工人的生产和生活，使工人至施工区的距离最近，往返时间最少。

（5）符合环保、安全和防火要求。

根据上述基本原则并结合施工现场的具体情况，施工平面图的布置可有几种不同的方案，需进行技术经济比较，从中选出最经济、最安全、最合理的方案。方案比较的技术经济指标一般有：施工用地面积、施工场地利用率、场内运输道路总长度、各种临时管线总长度、临时房屋的面积、是否符合国家规定的技术和防火要求等。

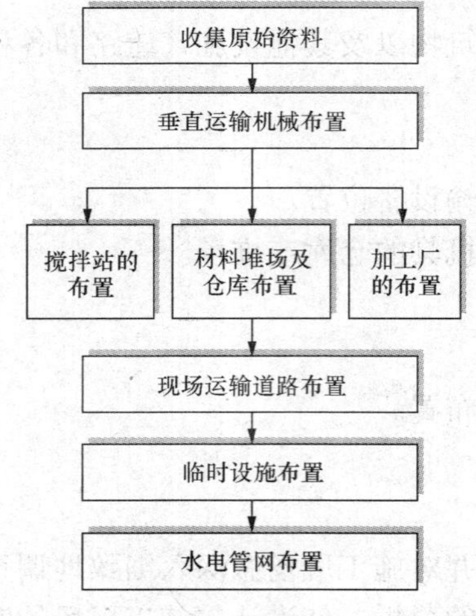

图 7-9 单位工程施工平面图设计步骤

四、单位工程施工平面图的设计步骤

单位工程施工平面图设计的一般步骤如图 7-9 所示。

（一）确定垂直运输机械的位置

垂直运输机械的位置直接影响仓库、搅拌站、各种材料和构件等位置及道路和水、电线路的布置等。因此，它的布置是施工现场全局的中心环节，必须首先确定。由于各种起重机械的性能不同，其布置位置也不相同。

1. 有轨式起重机（塔吊）的布置

有轨式起重机是集起重、垂直提升、水平输送三种功能为一身的机械设备。一般沿建筑物长向布置，其位置尺寸取决于建筑物的平面形状、尺寸、构件重量、起重机的性能及四周的施工场地条件等。通常轨道布置方式有以下四种布置方案，如图 7-10 所示。

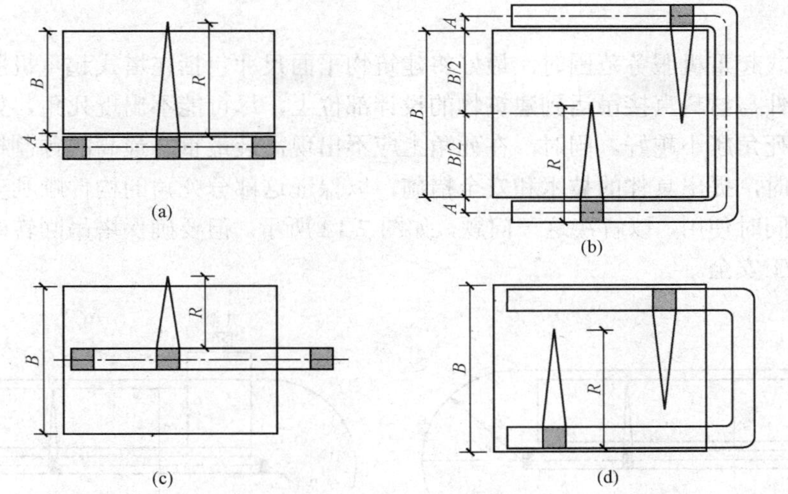

图 7-10 塔式起重机布置方案

（a）单侧布置；（b）双侧布置；（c）跨内单侧布置；（d）跨内环形布置

（1）单侧布置。当建筑物宽度较小，构件重量不大，选择起重力矩在 450kN·m 以下的塔式起重机时，可采用单侧布置方式。其优点是轨道长度较短，并有较宽敞的场地堆放构件和材料。当采用单侧布置时，其起重半径 R 应满足下式要求，即

$$R \geqslant B+A \tag{7-8}$$

式中 R——塔式起重机的最大回转半径；

B——建筑物平面的最大宽度，m；

A——建筑物外墙皮至塔轨中心线的距离。

无阳台时，A=安全网宽度+安全网外侧至轨道中心线的距离；当有阳台时，A=阳台宽度+安全网宽度+安全网外侧至轨道中心线距离。

（2）双侧布置或环形布置。当建筑物宽度较大，构件重量较重时，应采用双侧布置或环形布置，此时起重机半径应满足下列要求

$$R \geqslant B/2+A \tag{7-9}$$

式中符号意义同前。

（3）跨内单行布置。由于建筑物周围场地狭窄，不能在建筑物外侧布置轨道，或由于建筑物较宽，构件较重时，塔式起重机应采用跨内单行布置才能满足技术要求，此时最大起重半径应满足式（7-10）。

$$R \geqslant B/2 \tag{7-10}$$

式中符号意义同前。

（4）跨内环形布置。当建筑物较宽，构件较重，塔式起重机跨内单行布置不能满足构件吊装要求，且塔吊不可能在跨外布置时则选择此种方案。塔式起重机的位置及尺寸确定之后，应当复核起重量、回转半径、起重高度三项工作参数是否能够满足建筑吊装技术要求。若复核不能满足要求，则调整上述各式中 A 的距离，若 A 已是最小安全距离时，则必须采取其他的技术措施，最后绘制出塔式起重机服务范围。它是以塔轨两端有效端点的轨道中点位圆心，以最大回转半径为半径画出两个圆，连接两个半圆，即为塔式起重机服务范围，如图 7-11

所示。

在确定塔式起重机服务范围时，最好将建筑物平面尺寸包括在塔式起重机服务范围内，以保证各种构件与材料直接吊运到建筑物的设计部位上，尽可能不出现死角，如果实在无法避免，则要求死角越小越好。同时，在死角上应不出现吊装最重、最高的预制构件，并且在确定吊装方案时，提出具体的技术和安全措施，以保证这部分死角的构件顺利安装。有时将塔吊和龙门架同时使用，以解决这一问题，如图 7-12 所示。但要确保塔吊回转时没有碰撞的可能，确保施工安全。

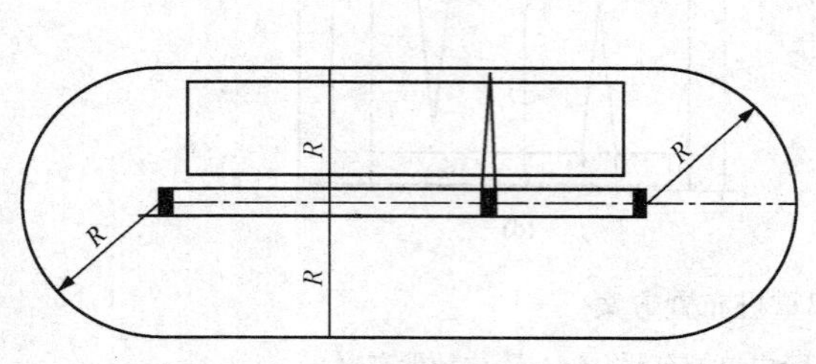

图 7-11　塔吊服务范围示意图

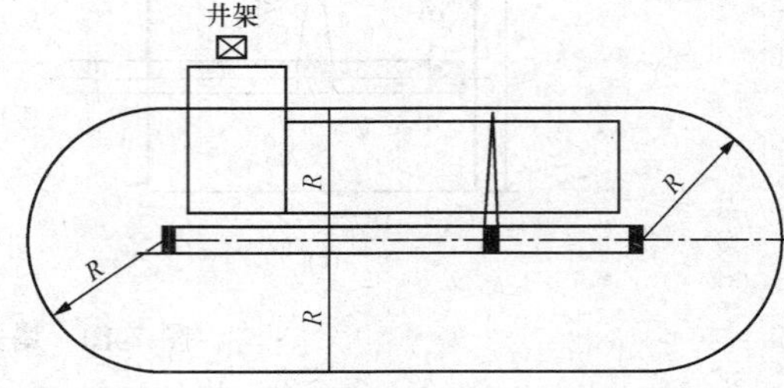

图 7-12　塔吊龙门架配合示意图

此外，在确定塔吊服务范围时应考虑有较宽的施工用地，以便安排构件堆放，搅拌设备出料斗能直接挂钩后起吊，主要施工道路也宜安排在塔吊服务范围内。

2. 自行无轨式起重机械的布置

自行无轨式起重机械分为履带式、轮胎式和汽车式三种。它一般不作垂直提升运输和水平运输之用，而专门用于构件装卸和起吊各种构件，适用于装配式单层工业厂房主体结构的吊装，亦可用于混合结构大梁等较重构件的吊装。其吊装的开行路线及停机位置主要取决于建筑物的平面布置、构件重量、吊装高度和吊装方法等。

3. 固定式垂直运输机械的布置

固定式垂直运输机械（井架、龙门架）的布置，主要根据机械性能、建筑物的平面形状和尺寸、施工段划分的情况、材料来向和已有运输道路情况而定。布置的原则是：充分发挥起重机械的能力，并使地面和楼面的水平运距最小。布置时应考虑以下几个方面：

（1）当建筑物各部位的高度相同时，应布置在施工段的分界线附近；

（2）当建筑物各部位的高度不同时，应布置在高低分界线较高部位的一侧；

（3）井架、龙门架的位置以布置在窗口处为宜，以避免砌墙留槎和减少井架拆除后的修补工作；

（4）井架、龙门架的数量要根据施工进度，垂直提升的构件和材料数量、台班工作效率等因素计算确定，其服务范围一般为 50～60m；

（5）卷扬帆的位置不应距离起重机太近，以便司机的视线能够看到整个升降过程。一般要求此距离大于建筑物的高度，水平距外脚手架 3m 以上；

（6）井架应立在外脚手架之外并有一定距离为宜，一般 5～6m。

（二）确定搅拌站、仓库、材料和构件堆场以及加工厂的位置

搅拌站、仓库和材料、构件的布置应尽量靠近使用地点或在起重机服务范围以内，并考虑到运输和装卸料的方便。

根据起重机械的类型、材料、构件堆场位置的布置有以下几种。

（1）当采用固定式垂直运输机械时，首层、基础和地下室所有的砖、石等材料宜沿建筑物四周布置，并距坑、槽边不小于0.5m，以免造成槽（坑）土壁的坍方事故，二层以上的材料、构件应布置在垂直运输机械的附近。当多种材料同时布置时，对大宗的、重量大的先期使用的材料，应尽可能靠近使用地点或起重机附近布置，而少量的、轻的和后期使用的材料，则可布置稍远一点，混凝土、砂浆搅拌站、仓库应尽量靠近垂直运输机械。

（2）当采用自行有轨式起重机械时，材料和构件堆场位置以及搅拌站出料口的位置，应布置在塔式起重机有效服务范围内。

（3）当采用自行无轨式起重机械时，材料、构件堆场、仓库及搅拌站的位置，应沿着起重机开行路线布置，且其位置应在起重臂的最大外伸长度范围内。

（4）任何情况下，搅拌机应有后台上料的场地，搅拌站所用材料水泥、砂、石等都应布置在搅拌机后台附近。当混凝土基础的体积较大时，混凝土搅拌站可以直接布置在其坑边缘附近，待混凝土浇筑完后再转移，以减少混凝土的运输距离。

（5）混凝土搅拌机每台需要25m^2左右面积，冬季施工时，面积50m^2左右，砂浆搅拌机每台15m^2左右面积，冬季施工时30m^2左右。

（三）现场运输道路的布置

现场主要道路应尽可能利用永久性道路的路基，在土建工程结束之前再铺路面。现场道路布置时应保证行驶畅通，使运输道路有回转的可能性。因此，运输路线最好围绕建筑物布置成一条环形道路，道路宽度一般不小于3.5m，主干道路宽度不小6m，道路两侧一般结合地形设排水沟，沟深不小于0.4m，底宽不小于0.3m，施工现场最小道路宽度见表7-8。

表7-8 施工现场道路最小宽度

序　号	车辆类型及要求	道路宽度（m）
1	汽车单行道	≥3.0
2	汽车双行道	≥6.0
3	平板拖车单行道	≥4.0
4	平板拖车双行道	≥8.0

（四）临时设施的布置

临时设施分为生产性临时设施，如木工棚、水泵房等和非生产性临时设施，如办公室、工人休息室、开水房、食堂、厕所等。布置时应考虑使用方便、有利施工、合并搭建、符合安全的原则。

（1）生产设施（木工棚、钢筋加工棚）的位置，宜布置在建筑物四周稍远位置，且应有一定的材料、成品的堆放场地；

（2）石灰仓库、大白堆放与制备的位置应设在下风向；

（3）防水卷材及胶结料的位置应远离易燃仓库或堆场，宜布置在下风向；

（4）办公室应靠近施工现场，设在工地入口处，工人休息室应设在工人作业区，宿舍应布置在安全的上风侧，收发室宜布置在入口处等。

临时宿舍、文化福利、行政管理房屋面积定额参考表，见表7-9。

表 7-9 临时宿舍、文化福利、行政管理房屋最少面积参考值

序号	行政生活福利建筑物名称	单位	最少面积
1	办公室	m^2/人	3.5
2	单层宿舍	m^2/人	2.6～2.8
3	食堂兼礼堂	m^2/人	0.9
4	医务室	m^2/人	0.06（≥30 m^2）
5	浴室	m^2/人	0.10
6	俱乐部	m^2/人	0.10
7	门卫室	m^2/人	6～8

（五）水电管网的布置

1. 施工水网的布置

施工用的临时给水管一般由建设单位的干管或自行布置的干管接到用水地点，布置时应力求管网总长度短，管径的大小和水龙头数目需视工程规模大小通过计算确定，管道可埋置于地下，也可以铺设在地面上，视当时的气温条件和使用期限的长短而定。其布置形式有环形、枝形、混合式三种。

供水管网应按防火要求布置室外消防栓，消防栓应沿道路设置，距道路应不大于 2m，距建筑物外墙不应小于 6m，也不应大于 25m，消防栓的间距不应超过 120m，工地消防栓应设有明显的标志，且周围 3m 以内不准堆放建筑材料。

为了排除地面水和地下水，应及时修通永久性下水道，并结合现场地形在建筑物周围设置排泄地面水和地下水沟渠。

2. 施工供电布置

为了维修方便，施工现场一般采用架空配电线路，且要求现场架空线与施工建筑物水平距离不小于 10m，电线与地面距离不小于 6m，跨越建筑物或临时设施时，垂直距离不小于 2.5m。

现场线路应尽量架设在道路的一侧，且尽量保持线路水平，以免电杆受力不均，在低压线路中，电杆间距应为 25～40m，分支线及引入线均应由电杆处接出，不得由两杆之间接线。

单位工程施工用电应在全工地施工总平面图中一并考虑。一般情况下，计算出施工期间的用电总数，提供给建设单位解决，不另设变压器。只有独立的单位工程施工时，才根据计算出的现场用电量选用变压器，其位置应远离交通要道口处，布置在现场边缘高压线接入处，四周用铁丝网围住。

必须指出，建筑施工是一个复杂多变的生产过程，各种施工机械、材料、构件等随着工程的进展而逐渐进场，又随着工程的进展而不断消耗、变动，因此在整个施工过程中，工地上的实际布置情况是随时变动着的。为此，对于大型建筑工程，施工期限较长或建筑工地较为狭窄的工程，就需要按施工阶段来布置几张施工平面图，以便能把不同施工阶段内工地上的合理布置情况反映出来。图 7-13 为某单位工程施工平面图实例。

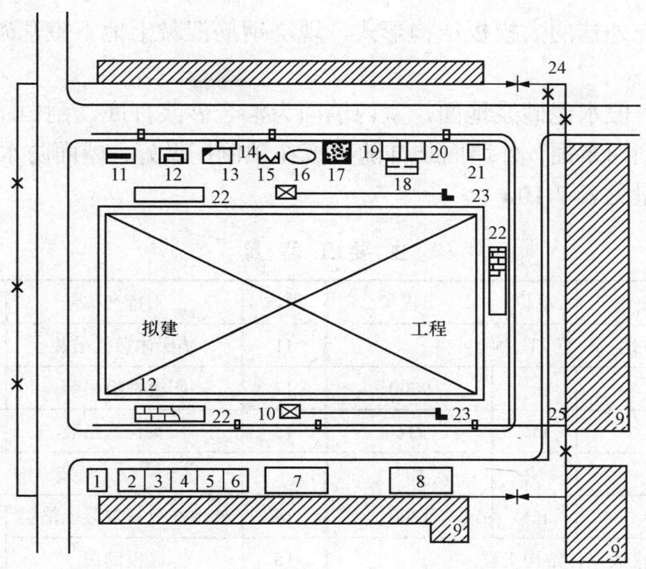

图 7-13 单位工程施工平面图示例

1—门卫室；2—办公室；3—工具库；4—机修间；5—仓库；6—休息室；7—木工棚及堆场；8—钢筋棚及堆场；9—原有建筑；10—井架；11—脚手架、模板堆场；12—屋面板堆场；13—砂堆；14—淋灰池；15—砂浆搅拌机；16—混凝土搅拌机；17—石子堆场；18—一般构件堆场；19—水泥罐；20—消防栓；21—沥青锅；22—砖堆；23—卷扬机房；24—电源；25—水源；26—临时围墙

7.4 单位工程施工组织设计实例

7.4.1 工程概况和特点

1. 工程概况

本工程位于我国某城市市区，是由三个单元组成的一字形住宅。建筑面积 22970m^2，全长 147.5m，宽 12.46m，檐高 41.00m，最高点 43.58m，地下室为 2.7m 高的箱型结构设备层，上部主体结构共 14 层，层高 2.9m，每单元设置两部电梯，平、剖面示意图如图 7-14 所示。

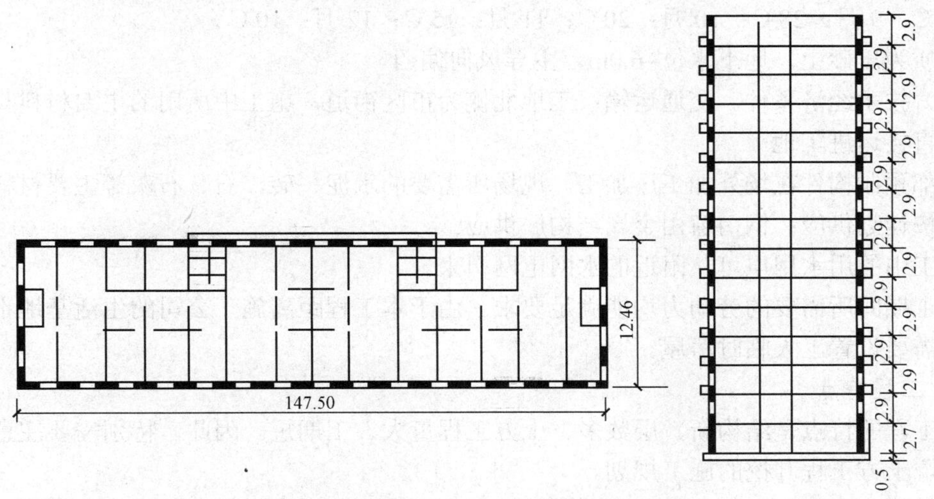

图 7-14 平、剖面示意图

本工程采用内浇外挂的大模板结构形式，现浇钢筋混凝土地下室基础，基础下为无筋混凝土垫层。

装饰和防水：一般水泥砂浆地面，室内墙面为混合砂浆打底，刮白罩面；天棚为混凝土板下混合砂浆打底刮白罩面；外墙面装饰随壁板在预制厂做好；屋面防水为SBS改性沥青卷材防水，主要工程量见表7-10。

表7-10　主要工程量

项次	工程名称	单位	工程量	项次	工程名称	单位	工程量
一	地下室工程			11	楼梯休息板吊装	块	354
1	挖土	m^3	9000	12	阳台栏板吊装	块	2330
2	混凝土垫层	m^3	216	13	门头花饰吊装	块	672
3	楼板	块	483	三	装饰工程		
4	回填土	m^3	1200	14	楼地面豆石混凝土垫层	m^2	19800
二	楼板主体结构工程			15	棚板刮白	m^2	21625
5	壁板吊装	块	1596	16	墙面刮白	m^2	60290
6	内墙隔板砼	m^3	1081	17	屋面找平	m^2	60290
7	通风道吊装	块	495	18	防水卷材	m^2	3668
8	圆孔板吊装	块	5329	19	木门窗	扇	2003
9	阳台板吊装	块	637	20	钢门窗	扇	1848
10	垃圾道吊装	块	84	21	玻璃/油漆	m^2	7728/22364

水暖设备：一般排水设施和热水采暖系统。

电源由电缆从小区变配电站分两路接入楼内配电箱。

2. 施工条件

（1）施工期限。5月10日进场，开始施工工作，12月15日前竣工。

（2）自然条件。工程期间各月份的平均气温为5月：20℃；6月：25℃；7月：28℃；8月：28℃；9月：28℃；10月：20℃；11月：15℃；12月：10℃。

土质为压砂土，地下水位–6.0m，主导风向偏西。

（3）技术经济条件。交通运输：工地北侧为市区街道，施工中所用的主要材料与构件可经公路直接运进工地。

全部预制构件在场外加工厂加工。现场所需要的水泥、砖、石、石灰等主要材料由公司材料部按计划供应；钢门窗由金属结构厂供应。

施工中的用水用电可从附近的水网电网引来。

施工期间所需要的劳动力均能满足要求。由于本工程距离施工公司的生活基地不远，在现场不需要设置工人临时房屋。

3. 工程特点

本工程的特点是结构新、层数多、土方工程量大、工期短。因此，特别需要注意主体工程和基坑土方工程开挖的施工规划。

根据本工程的工期要求和工程特点，拟定控制工期为：准备工作1个月；地下工程1个月；主体工程 2 个半月；装饰与主体穿插进行。

7.4.2 施工方案

几个主要项目施工方案选择如下：

1. 基坑土方开挖

本工程基坑长 147.5m，宽 12.46m，深 3.7m，土质为二类土。地下水位较低，基坑四周比较狭窄，修整边坡困难，故选用 W—100 型反铲挖土机。

挖土机数量的确定：

$$b=\frac{Q}{S}\times\frac{1}{T\times N\times K} \tag{7-11}$$

式中 b——挖土机数量；

Q——土方工程量，900m^3；

S——挖土机生产率，529m^3/台班；

T——工期，取 20 天；

N——每天工作班数，取 1 班；

K——时间利用系数，取 0.9。

挖土机的数量为 0.95 台，取用 1 台挖土机。

挖土流向由西向东，反铲倒退挖土，汽车停在基坑南北两侧装土，挖土机最后在东侧退出。挖土机的开行路线如图 7-15 所示。

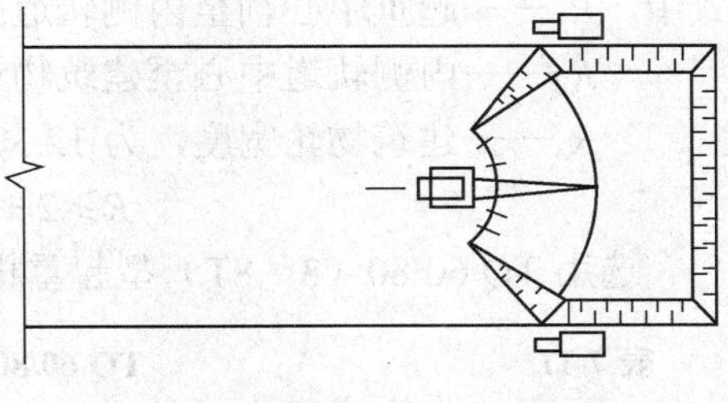

图 7-15 挖土机的开行路线

开挖尺寸：考虑地下室钢筋混凝土墙壁支模的操作方便，坑底尺寸每边放出 50cm；基坑边坡的坡度选用 1:0.75。

挖土时，随挖随清理，同时为了防止用水流入槽内，在基坑上口做好小护堤，在基地东西两侧各挖一个集水坑，准备污水泵进行抽水，排向道路两侧水沟，流入污水井。

2. 地下室施工

地下室基础板厚 50cm，外墙厚 28cm，内纵墙厚 20cm，内横墙厚 18cm，外墙为陶粒混凝土，混凝土强度为 C20。

模板：底板外模板采用预制定型木模板，墙板采用钢模板。

混凝土：设一临时搅拌站，专供浇注基础底板混凝土。

混凝土、模板、钢筋等垂直运输采用地上结构施工用的塔吊，因此要提前进场一台塔吊。地下室施工流向也是由西向东。

施工顺序如图 7-16 所示。

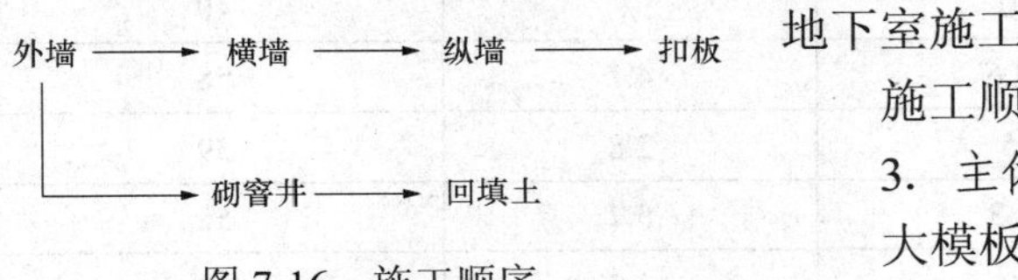

图 7-16 施工顺序

3. 主体结构工程施工

大模板采用定型模板；钢筋在现场集中配料；焊成网片；混凝土采用搅拌站集中搅拌；水平运输采用小翻斗车。

根据该工程的外形、高度、平面尺寸和构件的最大重量，以及公司机械供应情况，选用塔式起重机作为主体结构施工的水平、垂直运输机械。

（1）起重机型号的选择。

1）起重量

$$Q \geqslant Q_1 + Q_2 \tag{7-12}$$

式中 Q_1——构件的重量（最重构件），本工程为预制山墙板，5.646t；

Q_2——索具的重量，取 0.3t。

故 $$Q \geqslant 5.46 + 0.3 = 5.76\text{（t）}$$

2）起重高度

$$H \geqslant h_1 + h_2 + h_3 + h_4 \tag{7-13}$$

式中 h_1——安装层顶面高度，取 43.58m；

h_2——安装间隙，取 0.5m；

h_3——构件吊装后，绑扎点到构件底面的距离，取 3.2m；

h_4——索具高度，取 1.5m。

$$H \geqslant 43.58 + 0.5 + 3.2 + 1.5 = 48.78\text{（m）}$$

3）回转半径

$$R \geqslant R_1 + R_2 + R_3 \tag{7-14}$$

式中 R_1——起重中心轴至内侧轨道的中心距离，取 2m；

R_2——内侧轨道中心至建筑物边缘的距离，取 1.5m；

R_3——建筑物轮宽度，为 12.30m。

$$R \geqslant 2 + 1.5 + 12.30 = 15.8\text{（m）}$$

选用 TQ 60/80（3～8T）型起重机，起重机性能见表 7-11。

表 7-11　　TQ 60/80 塔式起重机技术规格性能表

塔　级	起重臂长度（m）	幅度（m）	起重量（t）	起重高度（m）
高塔 60t·m	30	30	2	50
		14.6	4.1	68
	25	25	2.4	49
		12.3	4.9	65
	20	20	3	48
		10	6	60
	15	15	4	47
		7.7	7.8	56
中塔 70 t·m	30	30	2	40
		14.6	4.1	58
	25	25	2.8	39
		12.3	5.7	55
	20	20	3.5	38
		10	7	50
	15	15	4.7	37
		7.7	9	46

续表

塔级	起重臂长度（m）	幅度（m）	起重量（t）	起重高度（m）
低塔 80 t·m	30	30	2	30
		14.6	4.1	48
	25	25	3.2	29
		12.3	6.5	45
	20	20	4	28
		10	8	40
	15	15	5.3	27
		7.7	10.4	36

（2）起重机数量的确定。

$$B=\frac{Q}{S}\times\frac{1}{T\times N\times K} \tag{7-15}$$

式中 B——起重机需要台数；

Q——主体工程需要的最大施工强度，取 2064 吊次（计算见表 7-12）；

T——工期每层 4 天（按主体结构施工控制进度要求）；

S——起重机台班产量定额，取 100 次/台班；

N——每天班次，取 2 班次；

K——时间利用系数，取 0.9。

三台塔吊设在建筑物北侧同一轨道上，分别负责一个单元的垂直运输。

表 7-12　　主体工程塔吊最大施工强度统计表

塔吊项目	单位	标准单元一层吊次	塔吊项目	单位	标准单元一层吊次
横墙混凝土	m^3	234 } 951 吊次	通风道、垃圾道	根	39
纵墙混凝土	m^3	105 } 951 吊次	楼梯板	件	24
板缝混凝土	m^3	24 } 951 吊次	钢筋片	片	144（18 吊次）
外墙壁板	块	114	钢模板	吊次	288
隔断墙板	块	114	其他、安全网架	吊次	120
楼板、阳台	块	396	总吊次	吊次	2064

（3）起重能力复核。

最重的构件重量为 Q1，最远的构件重量为 Q2，其距离如图 7-17 所示。

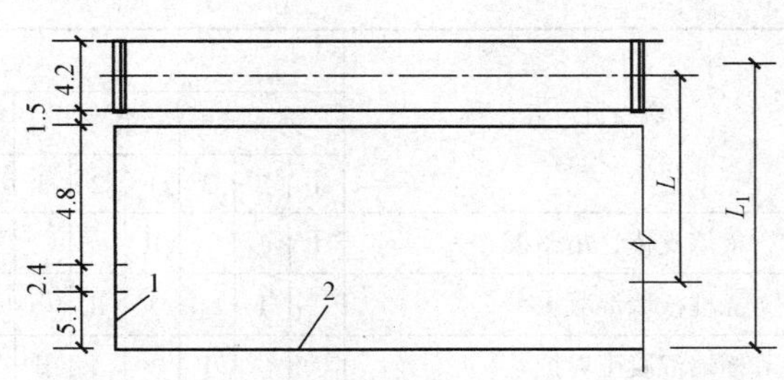

图 7-17　塔吊起重能力复核示意图

1—山墙板：5.46t；2—侧板：4.18t

1）起吊最重构件，构件重量为 Q_1（山墙板）

$$L_1Q_1=\left(\frac{1}{2}\times4.2+1.5+4.8+2.4+\frac{1}{2}\times5.1\right)\times(5.46+0.3)=76.89\text{t}\cdot\text{m}<80\text{t}\cdot\text{m}$$

2）起吊最远构件，构件重量为 Q_2（侧板）

$$L_2Q_2=\left(\frac{1}{2}\times4.2+1.5+4.8+2.4+5.1\right)\times（4.18+0.3）=71.23\ t\cdot m<80t\cdot m$$

故，塔吊能满足吊装要求。

结构施工中，在每层③、㉓、㉝轴线墙上留施工洞，作为装饰施工的运输通道。

4. 室内装修

当主体结构进行到四层时，即插入底板勾缝及室内细石混凝土地面施工。总的施工流向自下而上，施工顺序是先湿作业，后干作业；先地面后顶棚；先室内后室外；先房屋后管道，最后退出。

垂直运输机械：选用三座龙门架。

7.4.3 施工进度

整个过程包括施工准备工作以及地下结构、主体结构和装饰三个阶段。项目的划分见进度表。施工准备安排一个月（其内容见施工准备工作计划）。

1. 地下工程施工阶段

场地平整后，挖土机进场，所需时间为

$$T=\frac{Q}{N\times S}=\frac{9000}{1\times529}\approx17$$

一台挖土机需要技工 1 人，普工 2 人，另配三人清底修坡。

挖土、浇垫层混凝土与浇底板混凝土搭接进行。绑钢筋、立墙模、浇混凝土、安装地下室底板等，组织流水施工。

2. 主体工程施工阶段

每个单元分成 4 个流水段进行流水施工。流水段划分如图 7-18 所示。每个单元一个混合施工队，三个单元同时施工。采用自西向东连续的流水施工方向。每一个施工层工期为 4 天，标准层流水组织见表 7-13。

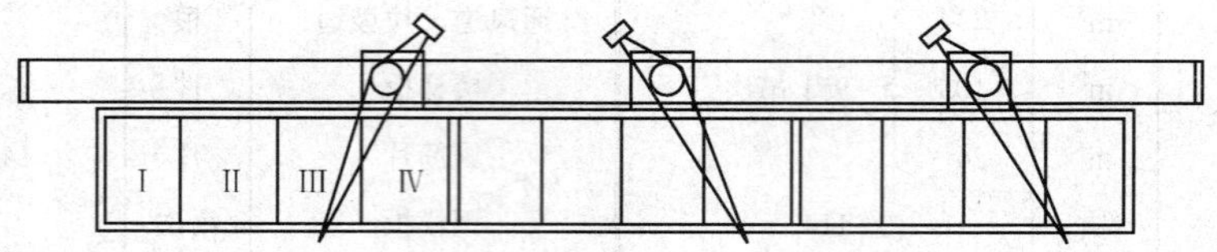

图 7-18 流水施工划分示意图

表 7-13 标准层流水组织

项目名称	进度																				
	第一天			第二天			第三天			第四天			第五天			第六天			第七天		
	1	2	3	1	2	3	1	2	3	1	2	3	1	2	3	1	2	3	1	2	3
横墙支模、吊壁板	Ⅰ			Ⅱ			Ⅲ			Ⅳ											
浇柱横墙混凝土		Ⅰ			Ⅱ			Ⅲ			Ⅳ										
横墙混凝土养护			Ⅰ			Ⅱ			Ⅲ			Ⅳ									
横墙拆模、纵墙钢筋、支模				Ⅰ			Ⅱ			Ⅲ			Ⅳ								
浇纵墙混凝土					Ⅰ			Ⅱ			Ⅲ			Ⅳ							

续表

项目名称	进度																				
	第一天			第二天			第三天			第四天			第五天			第六天			第七天		
	1	2	3	1	2	3	1	2	3	1	2	3	1	2	3	1	2	3	1	2	3
扣边板、阳台						Ⅰ			Ⅱ			Ⅲ			Ⅳ						
纵墙拆模、养护、扣板							Ⅰ			Ⅱ			Ⅲ			Ⅳ					
安装隔板、阳台、楼板								Ⅰ			Ⅱ			Ⅲ			Ⅳ				
安装隔板、阳台、楼板									Ⅰ			Ⅱ			Ⅲ			Ⅳ			
圈梁、板缝支模、钢筋										Ⅰ			Ⅱ			Ⅲ			Ⅳ		
灌缝抹找平层、放线											Ⅰ			Ⅱ			Ⅲ			Ⅳ	
上层绑钢筋、门口就位												Ⅰ			Ⅱ			Ⅲ			Ⅳ

注：Ⅰ、Ⅱ、Ⅲ、Ⅳ为施工段。

3. 装饰工程施工阶段

室内墙面抹灰、顶板抹灰随主体结构进行；地面工程自下而上进行；楼梯抹灰最后做；主体封顶后，即开始屋面工程。

外装饰分两段，第一段由六层开始，向下进行至一层；第二段由十四层开始至七层。在主体结构工程施工的同时，水、暖、电工程穿插进行。

本工程施工进度表见书末附表。

7.4.4 质量和安全措施

本工程施工中除按照《建筑工程质量验收规范》及《建筑工程安全操作规程》的规定外，还应做到以下几点。

1. 质量措施

（1）预制外装饰壁板。

1）装卸、运输过程中，严防碰撞，运输时饰面向外。壁板插入板架时应特别小心，并在外饰面一边用木方挂在板上与管架隔离，立稳后取下木方，换上楔子，轻轻放下。

2）壁板架必须稳固，地面要夯实，上铺小豆石。

3）安装时必须把木方挂上，然后找准塔吊吊钩，慢慢起吊，扶稳离开管架，不准用撬棍撬壁板外侧。

4）壁板堆放要均匀布置在板架上，防止偏心倒塌。

5）吊装时动作要稳，防止左右碰撞。

（2）水泥砂浆地面。

水泥地面压光成活后，用锯末或草袋覆盖浇水养护 5 天后，才允许上人，但仍要继续浇水养护到 7 天。

2. 安全措施

1）按计划层次搭接安全网，并补好接缝和拐角。

2）现场所有机电设备、门架、塔吊等均设立可靠的信号。

3）塔吊要装设起重吊臂、行程等安全限位器。

4）吊装外壁板、钢模必须使用弹簧卡环，不准用吊钩。

5）高层建筑设备、塔吊、门架等做好防雷设施。

3. 雨季施工措施

1）基础土方工程施工按1:0.75放坡。

2）准确掌握混凝土配合比，并注意雨后砂石含水率变化。

3）随时整修边坡。

4）做好雨季施工的物资准备，见表7-14。

表7-14 雨季施工的物资准备

机具材料名称	规格	单位	数量	计划日期
油毡		卷	15	7月上旬
苇		m^2	600	6月下旬
级配砂石		m^2	300	6月下旬
水泵	2′/2′～3″	台	2	6月下旬
测量布伞	油布	把	3	7月下旬
苫布		块	10	7月上旬

7.4.5 降低成本措施

本工程降低成本措施见表7-15。

表7-15 降低成本措施

序号	项目	单位	数量	措施	节约数量	金额（元）
1	改变外装修设计	m^2	45 000	外壁板干粘石装修由工地粘合改由预制厂	2000	3400
2	加强施工管理节约水泥3%	t	3000	1. 加减水剂 2. 限额领料 3. 落地灰收起再用 4. 仓库底灰经常收起	90	4050
3	降低砂子损耗	m^3	6000	加强管理，节省运输、现场使用的损耗	120	1800
4	钢筋统一下料，加工节省3%	t	673	用对焊、点焊、冷拉	202	14140
5	加强管理			降低非生产人员比例，节省开支		5000
	合计					28390

7.4.6 绘制施工平面图

该工程施工平面图如图7-19所示。

1. 起重机械的布置

将3台塔式起重机布置在楼北侧同一轨道上。装修时，在楼南侧⑨～⑩，㉔～㉕，㊱～㊲轴间设置三座龙门架，利用阳台作材料入口。

2. 构件、钢模、搅拌站、材料仓库及露天堆放场的位置

（1）主体结构所用的空心板、壁板放在楼北侧起重机工作范围内。

（2）搅拌站设在楼东侧空地上，石子、砂和水泥仓库均设在搅拌站附近。

（3）装修阶段，在三台龙门架附近各设置一台临时搅拌机，分别供应各施工段。

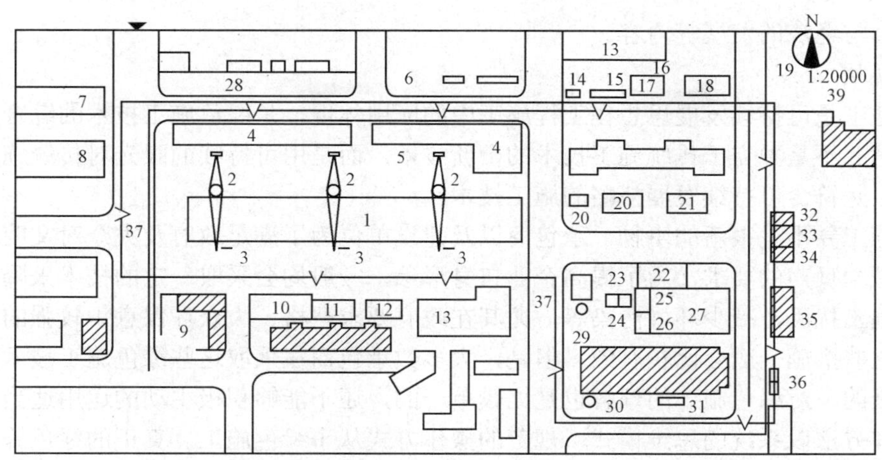

图 7-19 施工平面图

1—拟建建筑；2—塔式起重机；3—龙门架；4、5、6、8、10、11、13—材料堆场；7—水磨石区；9—液化气站；12—木工棚；14—烘干炉；15—消防站；16—材料库；17—水暖加工场；18、19—钢筋加工场；20—沥青；21—装饰用料；22—石子；23、24—搅拌站；25—锅炉；26—茶炉；27—食堂；28—施工队办公室；29—砂堆；30—油库；31—维修班；32—试验室；33—油工库；34—自行车库；35—料库；36—变压器；37—临时道路；38—电线；39—供水管线

（4）水暖、钢筋加工及其露天堆放场设在楼的东北侧；防水和装修用的材料放在楼的东侧。

（5）管材和脚手架及木材放在楼的南侧。

（6）水磨石和小型构建放在楼的西侧。

3. 水电管线及其他临时设施的位置

本工程由已建的锅炉房引出供水干线到楼北侧，分三根主管到三个单元，底层留三个消火栓。采用锅炉泵压方式向高层供水。

临时用电采用已有的变压器接电，经演算，满足施工用电的要求。供电线路由东北角引入工地。

在工程四周永久道路之间，修建几条临时道路，形成环形路，路面用级配砂石和焦渣铺成。

7.5 绿色施工

7.5.1 绿色施工的含义

一、概念

绿色施工是指工程建设中，在保证质量、安全等基本要求的前提下，通过科学管理和技术进步，最大限度地节约资源与减少对环境负面影响的施工活动，实现“四节一环保”（节能、节地、节水、节材和环境保护）。

绿色施工作为建筑全寿命周期中的一个重要阶段，是实现建筑领域资源节约和节能减排的关键环节。实施绿色施工，应依据因地制宜的原则，贯彻执行国家、行业和地方相关的技术经济政策。绿色施工应是可持续发展理念在工程施工中全面应用的体现，绿色施工并不仅仅是指在工程施工中实施封闭施工，没有尘土飞扬，没有噪声扰民，在工地四周栽花、种草，实施定时洒水等这些内容，它涉及可持续发展的各个方面，如生态与环境保护、资源与能源利用、社会与经济的发展等内容。

二、现状

绿色施工是可持续发展思想在工程施工中的应用体现，是绿色施工技术的综合应用。绿色施工技术并不是独立于传统施工技术的全新技术，而是用可持续的眼光对传统施工技术的重新审视，是符合可持续发展战略的施工技术。

绿色施工并不是很新的事物，承包商以及建设单位为了满足政府及大众对文明施工、环境保护及减少噪声的要求，为了提高企业自身形象，一般均会采取一定的技术来降低施工噪声，减少施工扰民，减少环境污染等，尤其在政府要求严格、大众环保意识较强的城市进行施工时，这些措施一般会比较有效。但是，大多数承包商在采取这些绿色施工技术时是比较被动、消极的，对绿色施工的理解也是比较单一的，还不能够积极主动的运用适当的技术、科学的管理方法以系统的思维模式、规范的操作方式从事绿色施工。真正的绿色施工应当是将“绿色方式”作为一个整体运用到施工中去，将整个施工过程作为一个微观系统进行科学的绿色施工组织设计。绿色施工技术除了文明施工、封闭施工、减少噪声扰民、减少环境污染、清洁运输等外，还包括减少场地干扰，尊重当地环境，结合气候施工，节约水、电、材料等资源或能源，环保健康的施工工艺，减少填埋废弃物的数量，以及实施科学管理、保证施工质量等。

大多数承包商注重按承包合同、施工图纸、技术要求、项目计划及项目预算完成项目的各项目标，没有运用现有的成熟技术和高新技术充分考虑施工的可持续发展，绿色施工技术并未随着新技术、新管理方法的运用而得到充分的应用。施工企业更没有把绿色施工能力作为企业的竞争力，未能充分运用科学的管理方法采取切实可行的行动做到保护环境、节约能源。

三、原则

1. 减少场地干扰，尊重基地环境

工程施工过程会严重扰乱场地环境，这一点对于未开发区域的新建项目尤其严重。场地平整、土方开挖、施工降水、永久及临时设施建造、场地废物处理等均会对场地上现存的动植物资源、地形地貌、地下水位等造成影响；还会对场地内现存的文物、地方特色资源等带来破坏，影响当地文脉的继承和发扬。因此，施工中减少场地干扰、尊重当地环境对于保护生态环境，维持地方文脉具有重要的意义。业主、设计单位和承包商应当识别场地内现有的自然、文化和构筑物特征，并通过合理的设计、施工和管理工作将这些特征保存下来。可持续的场地设计对于减少这种干扰具有重要的作用。就工程施工而言，承包商应结合业主、设计单位对承包商使用场地的要求，制订满足这些要求的、能尽量减少场地干扰的场地使用计划。计划中应明确：

（1）场地内哪些区域将被保护，哪些植物将被保护，并明确保护的方法。

（2）怎样在满足施工、设计和经济方面要求的前提下，尽量减少清理和扰动的区域面积，尽量减少临时设施，减少施工用管线。

（3）场地内哪些区域将被用作仓储和临时设施建设，如何合理安排承包商、分包商及各工种对施工场地的使用，减少材料和设备的搬动。

（4）各工种为了运送、安装和其他目的对场地通道的要求。

（5）废物将如何处理和消除，如有废物回填或填埋，应分析其对场地生态、环境的影响。

（6）怎样将场地与公众隔离。

2. 施工要结合气候

承包商在选择施工方法、施工机械，安排施工顺序，布置施工场地时应结合气候特征。这可以减少因为气候原因而带来施工措施的增加，资源和能源用量的增加，有效地降低施工成本；可以减少因为额外措施对施工现场及环境的干扰；可以有利于施工现场环境质量品质的改善和工程质量的提高。

承包商要能做到施工结合气候，首先要了解现场所在地区的气象资料及特征。主要包括：降雨、降雪资料，如全年降雨量、降雪量、雨季起止日期、一日最大降雨量等；气温资料，如年平均气温、最高、最低气温及持续时间等；风的资料，如风速、风向和风的频率等。

施工结合气候的主要体现有：

（1）承包商应尽可能合理地安排施工顺序，使会受到不利气候影响的施工工序能够在不利气候来临时完成。如在雨季来临之前，完成土方工程、基础工程的施工，以减少地下水位上升对施工的影响，减少其他需要增加的额外雨季施工保证措施。

（2）安排好全场性排水、防洪，减少对现场及周边环境的影响。

（3）施工场地布置应结合气候，符合劳动保护、安全、防火的要求。产生有害气体和污染环境的加工场（如沥青熬制、石灰熟化）及易燃的设施（如木工棚、易燃物品仓库）应布置在下风向，且不危害当地居民；起重设施的布置应考虑风、雷电的影响。

（4）在冬季、雨季、风季、炎热夏季施工中，应针对工程特点，尤其是对混凝土工程、土方工程、深基础工程、水下工程和高空作业等，选择适合的季节性施工方法或有效措施。

3. 绿色施工要求节水节电环保

节约资源（能源）建设项目通常要使用大量的材料、能源和水资源。减少资源的消耗，节约能源，提高效益，保护水资源是可持续发展的基本观点。施工中资源（能源）的节约主要有以下几方面内容：

（1）水资源的节约利用。通过监测水资源的使用，安装小流量的设备和器具，在可能的场所重新利用雨水或施工废水等措施来减少施工期间的用水量，降低用水费用。

（2）节约电能。通过监测利用率，安装节能灯具和设备，利用声光传感器控制照明灯具，采用节电型施工机械，合理安排施工时间等降低用电量，节约电能。

（3）减少材料的损耗。通过更仔细的采购，合理的现场保管，减少材料的搬运次数，减少包装，完善操作工艺，增加摊销材料的周转次数等降低材料在使用中的消耗，提高材料的使用效率。

（4）可回收资源的利用。可回收资源的利用是节约资源的主要手段，也是当前应加强的方向。主要体现在两个方面，一是使用可再生的或含有可再生成分的产品和材料，这有助于将可回收部分从废弃物中分离出来，同时减少了原始材料的使用，即减少了自然资源的消耗；二是加大资源和材料的回收利用、循环利用，如在施工现场建立废物回收系统，再回收或重复利用在拆除时得到的材料，这可减少施工中材料的消耗量或通过销售来增加企业的收入，也可降低企业运输或填埋垃圾的费用。

4. 绿色施工要求减少环境污染

工程施工中产生的大量灰尘、噪声、有毒有害气体、废物等会对环境品质造成严重的影响，也将有损于现场工作人员、使用者以及公众的健康。因此，减少环境污染，提高环境品质也是绿色施工的基本原则。提高与施工有关的室内外空气品质是该原则的最主要内容。施工过程中，扰动建筑材料和系统所产生的灰尘，从材料、产品、施工设备或施工过程中散发出来的挥发性有机化合物或微粒均会引起室内外空气品质问题。许多这些挥发性有机化合物或微粒会对健康构成潜在的威胁和损害，需要特殊的安全防护。这些威胁和损伤有些是长期的，甚至是致命的。而且在建造过程中，这些空气污染物也可能渗入邻近的建筑物，并在施工结束后继续留在建筑物内。这种影响尤其对那些需要在房屋使用者在场的情况下进行施工的改建项目更需引起重视。常用的提高施工场地空气品质的绿色施工技术措施可能有：

（1）制定有关室内外空气品质的施工管理计划。

（2）使用低挥发性的材料或产品。

（3）安装局部临时排风或局部净化和过滤设备。

（4）进行必要的绿化，经常洒水清扫，防止建筑垃圾堆积在建筑物内，贮存好可能造成污染的材料。

（5）采用更安全、健康的建筑机械或生产方式，如用商品混凝土代替现场混凝土搅拌，可大幅度地消除粉尘污染。

（6）合理安排施工顺序，尽量减少一些建筑材料，如地毯、顶棚饰面等对污染物的吸收。

（7）对于施工时仍在使用的建筑物而言，应将有毒的工作安排在非工作时间进行，并与通风措施相结合，在进行有毒工作时以及工作完成以后，用室外新鲜空气对现场通风。

（8）对于施工时仍在使用的建筑物而言，将施工区域保持负压或升高使用区域的气压会有助于防止空气污染物污染使用区域。

对于噪声的控制也是防止环境污染，提高环境品质的一个方面。目前我国已经出台了一些相应的规定对施工噪声进行限制。绿色施工也强调对施工噪声的控制，以防止施工扰民。合理安排施工时间，实施封闭式施工，采用现代化的隔离防护设备，采用低噪声、低振动的建筑机械如无声振捣设备等是控制施工噪声的有效手段。

5. 实施科学管理、保证施工质量

实施绿色施工，必须要实施科学管理，提高企业管理水平，使企业从被动地适应转变为主动的响应，使企业实施绿色施工制度化、规范化。这将充分发挥绿色施工对促进可持续发展的作用，增加绿色施工的经济性效果，增加承包商采用绿色施工的积极性。企业通过 ISO 14001 认证是提高企业管理水平，实施科学管理的有效途径。

实施绿色施工，尽可能减少场地干扰，提高资源和材料利用效率，增加材料的回收利用等，但采用这些手段的前提是要确保工程质量。好的工程质量，可延长项目寿命，降低项目日常运行费用，利于使用者的健康和安全，促进社会经济发展，本身就是可持续发展的体现。

四、绿色施工要求

（1）在临时设施建设方面，现场搭建活动房屋之前应按规划部门的要求取得相关手续。建设单位和施工单位应选用高效保温隔热、可拆卸循环使用的材料搭建施工现场临时设施，并取得产品合格证后方可投入使用。工程竣工后一个月内，选择有合法资质的拆除公司将临时设施拆除。

（2）在限制施工降水方面，建设单位或者施工单位应当采取相应方法，隔断地下水进入施工区域。因地下结构、地层及地下水、施工条件和技术等原因，使得采用帷幕隔水方法很难实施或者虽能实施，但增加的工程投资明显不合理的，施工降水方案经过专家评审并通过后，可以采用管井、井点等方法进行施工降水。

（3）在控制施工扬尘方面，工程土方开挖前施工单位应按《绿色施工规程》的要求，做好洗车池和冲洗设施、建筑垃圾和生活垃圾分类密闭存放装置、沙土覆盖、工地路面硬化和生活区绿化美化等工作。

（4）在渣土绿色运输方面，施工单位应按照的要求，选用已办理“散装货物运输车辆准运证”的车辆，持“渣土消纳许可证”从事渣土运输作业。

（5）在降低声、光排放方面，建设单位、施工单位在签订合同时，注意施工工期安排及已签合同施工延长工期的调整，应尽量避免夜间施工。因特殊原因确需夜间施工的，必须到工程所在地区县建委办理夜间施工许可证，施工时要采取封闭措施降低施工噪声并尽可能减少强光对居民生活的干扰。

五、措施与途径

（1）建设和施工单位要尽量选用高性能、低噪声、少污染的设备，采用机械化程度高的施工方式，减少使用污染排放高的各类车辆。

（2）施工区域与非施工区域间设置标准的分隔设施，做到连续、稳固、整洁、美观。硬质围栏/围档的高度不得低于 2.5m。

（3）易产生泥浆的施工，必须实行硬地坪施工；所有土堆、料堆必须采取加盖防止粉尘污染的遮盖物或喷洒覆盖剂等措施。

（4）施工现场使用的热水锅炉等必须使用清洁燃料。不得在施工现场熔融沥青或焚烧油毡、油漆以及其他产生有毒、有害烟尘和恶臭气体的物质。

（5）建设工程工地应严格按照防汛要求，设置连续、通畅的排水设施和其他应急设施。

（6）市区（距居民区 1000m 范围内）禁用柴油冲击桩机、振动桩机、旋转桩机和柴油发电机，严禁敲打导管和钻杆，控制高噪声污染。

（7）施工单位须落实门前环境卫生责任制，并指定专人负责日常管理。施工现场应设密闭式垃圾站，施工垃圾、生活垃圾分类存放。

（8）生活区应设置封闭式垃圾容器，施工场地生活垃圾应实行袋装化，并委托环卫部门统一清运。

（9）鼓励建筑废料、渣土的综合利用。

（10）对危险废弃物必须设置统一的标识分类存放，收集到一定量后，交有资质的单位统一处置。

（11）合理、节约使用水、电。大型照明灯须采用俯视角，避免光污染。

（12）加强绿化工作，搬迁树木须手续齐全；在绿化施工中科学、合理地使用余处置农药，尽量减少对环境的污染。

7.5.2 绿色施工方案示例

第一章 编制说明及编制依据

第一节 编 制 说 明

《××××工程绿色施工方案》是根据招投标文件、施工合同以及设计施工图纸，结合本工程施工组织设计和现场实际条件，并在充分理解的基础上进行编制的。本施工方案作为工程绿色环境管理的依据，编制时对施工部署、主要技术方案及措施、工程质量及施工安全保证体系、工程项目组织管理机构情况、施工现场平面布置、施工总进度计划控制等诸多因素进行充分考虑，突出其可行性、科学性。

本施工方案是全面实现施工合同和设计图纸提出的各项要求而做出的慎重承诺，是做到绿色施工相关要求的指导性文件。

第二节 编制依据及参考资料

1.《中华人民共和国环境保护法》

2.《中华人民共和国环境影响评价法》

3.《中华人民共和国大气污染防治法》

4.《中华人民共和国水污染防治法》

5.《中华人民共和国环境噪声污染防治法》

6.《中华人民共和国固体废物污染防治法》

7.《建设项目环境保护管理条例》

8.《×××市建设工程现场文明施工管理办法》

9.《绿色建筑评价标准》(GB/T 50378—2006)

10.《绿色建筑在中国的实践》

11.《绿色建筑评估》

12.《建筑施工场界噪声限值》(GB 12523—1990)

13.《建筑施工场界噪声测量方法》(GB 12524—1990)

14.《建筑节能工程施工质量验收规范》(GB 54011—2007)

15. 设计图纸及图纸答疑所形成的相关文件

16. 根据工程特点、施工现场实际情况、施工环境、施工条件和自然条件的分析

17. 本企业现有的技术和施工管理经验

18. 其他资料

目前，环保部在 2011 年 9 月 1 日审议并原则通过；《建筑施工场界环境噪声排放标准》，经进一步修改后，将会同国家质检总局联合发布实施。该标准将替代 GB 12523—1990《建筑施工场界噪声限值》和 GB 12524—1990《建筑施工场界噪声测量方法》。

第二章 绿色施工管理

绿色施工是指工程建设中，在保证质量、安全等基本要求的前提下，通过科学管理和技术进步，最大限度地节约资源与减少对环境负面影响的施工活动，实现四节一环保（节能、节地、节水、节材和环境保护)。绿色施工管理主要包括组织管理、规划管理、实施管理、评价管理和人员安全与健康管理五个方面。

第一节 组织管理

××××工程为政府投资重大建设项目，为一类高层建筑。总用地面积 26650.38m^2，分两期建设。计容积率总建筑面积为 100000 m^2，一次规划分期实施。本项目为一期工程。该工程位于××市××××路与××××路之间，总占地面积约 14167.38m^2，总建筑面积

62535.29m²，为一栋地下2层、地上11层（部分3层）的公共建筑，其中包括办公楼、餐厅及多功能厅等，建筑物总高度42.15m。主要使用功能为软件测试、开发平台、出口服务、信息服务平台、软件企业孵化场所、数据中心、培训中心、演示及展览厅、管理办公、餐厅、停车等。

本工程结构形式采用框架剪力墙结构，楼面采用现浇混凝土空心楼板、预应力空心楼板及现浇钢筋混凝土梁板。该建筑属二类高层公共建筑，防火等级为一级，抗震设防烈度为七度。

对于××××项目，公司建立健全的绿色施工管理体系，并制订相应的管理制度与目标。

项目经理××××为绿色施工第一责任人，负责绿色施工的组织实施及目标实现，并指定绿色施工管理人员和监督人员，在施工过程中实时监控，做好绿色施工。绿色施工人员组成见表7-16。

表7-16 绿色施工领导小组

组成人员	职 务	负 责 内 容
组长：×××	项目经理	统筹协调、安排各项工作
组员：×××	现场负责人	负责现场的绿色施工实施
×××	安全主任	人员安全及防护措施
×××	技术负责人	制订绿色施工工艺措施
×××	材料员	统计进场材料情况及计划
×××	后勤负责人	节水节能，场地卫生监督及实施
×××	混凝土工长	直接负责实施施工方案及混凝土回收利用登记
×××	钢筋工长	直接负责实施施工方案及钢筋回收利用登记
×××	电气工长	直接负责实施施工方案及材料回收利用登记
×××	木工工长	直接负责实施施工方案及木料回收利用登记
×××	资料员	收集整理相关资料

工程在建成后确保申报中国绿色建筑创新奖、申请美国LEED标准认证和申报可再生能源规模化应用国家示范项目成功。

第二节 规划管理

编制专项绿色施工方案，按公司有关规定进行审批。

绿色施工方案包括以下内容：

（1）环境保护措施，制订环境管理计划及应急救援预案，采取有效措施，降低环境负荷；

（2）节材措施，在保证工程安全与质量的前提下，制订节材措施。如进行施工方案的节材优化，尽量避免工地现场材料浪费，建筑垃圾减量化，尽量利用可循环材料等；

（3）节水措施，根据工程所在地的水资源状况，制订节水措施；

（4）节能措施，进行施工节能策划，确定目标，制订节能措施；

（5）节地与施工用地保护措施，施工总平面布置规划及临时用地节地措施等。

第三节 实施管理

（1）在绿色施工过程中对整个施工过程实施动态管理，加强对施工策划、施工准备、材料采购、现场施工、工程验收等各阶段的管理和监督。

（2）结合工程项目的特点，有针对性地对绿色施工作相应的宣传，通过宣传营造绿色施工的氛围。

（3）定期对职工进行绿色施工知识培训，增强职工绿色施工意识。

第四节 评 价 管 理

根据绿色施工方案，结合工程特点，对绿色施工的效果及采用的新技术、新设备、新材料与新工艺，进行自我评估。

第五节 人员安全与健康管理

（1）在施工方案中制订施工防尘、防毒、防辐射等职业危害的措施，保障施工人员的长期职业健康。

（2）根据实际场地合理布置施工现场，保护生活及办公区不受施工活动的有害影响。施工现场建立卫生急救、保健防疫制度，在安全事故和疾病疫情出现时提供及时救助。

（3）提供卫生、健康的工作与生活环境，加强对施工人员的住宿、膳食、饮用水等生活与环境卫生等管理，明显改善施工人员的生活条件。

第三章 环 境 保 护

第一节 扬 尘 控 制

在运送土方、垃圾、设备及建筑材料等物质时，不污损场外道路。运输容易散落、飞扬、流漏的物料的车辆，必须采取措施封闭严密，保证车辆清洁。施工现场出口设置洗车槽，及时清洗车辆上的泥土，防止泥土外带。

土方作业阶段，采取洒水、覆盖等措施，达到作业区目测扬尘高度小于 1.5m，不扩散到场区外。

结构施工、安装装饰装修阶段，作业区目测扬尘高度小于 0.5m。对易产生扬尘的堆放材料应采取密目网覆盖措施；对粉末状材料应封闭存放；场区内可能引起扬尘的材料及建筑垃圾搬运应有降尘措施，如覆盖、洒水等；浇筑混凝土前清理灰尘和垃圾时利用吸尘器清理，机械剔凿作业时可用局部遮挡、掩盖、水淋等防护措施；高层或多层建筑清理垃圾应搭设封闭性临时专用道或采用容器吊运。

施工现场非作业区达到目测无扬尘的要求。对现场易飞扬物质采取有效措施，如洒水、地面硬化、围档、密网覆盖、封闭等，防止扬尘产生。

构筑物机械拆除前，做好扬尘控制计划。可采取清理积尘、拆除体洒水、设置隔档等措施。

现场具体措施：

1. 施工现场扬尘控制

（1）商品混凝土供应商的选择：所有混凝土均采用商品混凝土，由总包牵头，组织业主、监理考察选定综合实力强的全封闭花园式搅拌站。

（2）场地的封闭及绿化：现场内所有的场地均采用 C20 的混凝土浇筑，车道范围 200mm 厚，其余 150mm 厚。难以利用的空地做成花池，种花美化。

（3）散状颗粒物的防尘措施：回填土，砌筑用砂子等进场后，临时用密目网或者苫布进行覆盖，控制一次进场量，边用边进，减少散发面积。用完后清扫干净。运土坡道要注意覆盖，防止扬尘。

（4）封闭式垃圾站：在现场设置三个封闭式垃圾站。施工垃圾用塔吊吊运至垃圾站，对垃圾按无毒无害可回收、无毒无害不可回收、有毒有害可回收、有毒有害不可回收分类分拣、存放，并选择有垃圾消纳资质的承包商外运至规定的垃圾处理场。

（5）切割、钻孔的防尘措施：齿锯切割木材时，在锯机的下方设置遮挡锯末挡板，使锯末在内部沉淀后回收。钻孔用水钻进行，在下方设置疏水槽，将浆水引至容器内沉淀后处理。

（6）钢筋接头：大直径钢筋采用直螺纹机械连接，减少焊接产生废气对大气的污染。大口径管道采用沟槽连接技术，避免焊接释放的废气体对环境的污染。

（7）洒水防尘：常温施工期间，每天派专人洒水，将沉淀池内的水抽至洒水车内，边走边撒。洒水车前设置钻孔的水管，保证洒水均匀。

（8）利用吸尘器清理：结构施工期间，对模板内的木削、废渣的清理采用大型吸尘器吸尘，防止灰尘的扩散，并避免影响混凝土成型质量。

（9）现场周边围墙：现场周边按着用地红线砌围墙，高度 2.2 米，即挡噪声又挡粉尘。围墙外面按照建设单位的 CIS 手册设计。由于有两边围墙在城市绿化带上，在围墙施工期间我们尽量减少对绿化带的破坏，保持其原始形态。

（10）车辆运输防尘：保证运土车、垃圾运输车、混凝土搅拌运输车、大型货物运输车辆运行状况完好，表面清洁。散装货箱带有可开启式翻盖，装料至盖底为止，限制超载。挖土期间，在车辆出门前，派专人清洗泥土车轮胎；运输坡道上设置钢筋网格振落轮胎上的泥土。在完全硬化的混凝土道路上设置淋湿地毡，防止车辆带土和扬尘。

2. 废气排量控制

（1）与运输单位签署环保协议，使用满足本地区尾气排放标准的运输车辆，不达标的车辆不允许进入施工现场。

（2）项目部自用车辆均要为排放达标车辆。

（3）所有机械设备由专业公司负责提供，有专人负责保养、维修，定期检查，确保完好。

第二节 噪声与振动控制

在施工过程中严格控制噪声，对噪声进行实时监测与控制。监测方法执行国家标准 GB 12524—1990《建筑施工场界噪声测量方法》。使现场噪声排放不得超过国家标准 GB 12523—1990《建筑施工场界噪声限值》的规定。

使用低噪声、低振动的机具，采取隔声与隔振措施，避免或减少施工噪声和振动。

该项目降低噪声具体措施：

（1）一般设备噪声控制：

1）塔吊：本工程使用两台塔吊，一台新购买，另一台保养良好，性能完善；运行平稳且噪声小。

2）钢筋加工机械：本工程的钢筋加工机械全是新购置的产品，性能良好，运行稳定，噪声小。

3）木材切割噪声控制：在木材加工场地切割机周围搭设一面围挡结构，尽量减少噪声污染。

4）混凝土输送泵噪声控制：结构施工期间，根据现场实际情况确定泵送车位置，布置在远离人行道和其他工业区域的空旷位置，采用噪声小的设备，必要时在输送泵的外围搭设隔声棚，减少噪声扰民。

（2）混凝土浇筑：尽量安排在白天浇筑。选择低噪声的振捣设备。浇筑地下室底板争取采用溜槽加窜筒下料，减少噪声和工程费用。

第三节 光污染控制

尽量避免或减少施工过程中的光污染。夜间室外照明灯加设灯罩，透光方向集中在施工范围。电焊作业采取遮挡措施，避免电焊弧光外泄。

具体措施：

（1）设置焊接光棚：钢结构焊接部位设置遮光棚，防止强光外射对工地周围区域造成影响。对于板钢筋的焊接，可以用废旧模板钉维护挡板；对于大钢结构采用钢管扣件、防火帆布搭设，可撤卸循环利用。

（2）控制照明光线的角度：工地周遍及塔吊上设置大型罩式灯，随着工地的进度及时调整罩灯的角度，保证强光线不射出工地外。施工工地上设置的碘钨灯照射方向始终朝向工地内侧。

（3）必要时在工作面设置挡光彩条布或者密目网遮挡强光。

第四节 水污染控制

施工现场污水排放应达到国家标准 GB 8978—1996《污水综合排放标准》的要求。

在施工现场应针对不同的污水，设置相应的处理设施。设置沉淀池、隔油池、化粪池。

具体措施：

（1）雨水：雨水经过沉淀池后排入市政管网。由于场地全硬化，这样减轻了沉积物的数量。

（2）污水排放：办公区设置水冲式厕所。在厕所附近设置化粪池，污水经过化粪池沉淀后排入市政管道。

（3）设置隔油池：在工地食堂洗碗池下方设置二级隔油池。每天清扫、清洗，油物随生活垃圾一同收入生活垃圾桶，由专门养殖场收走。

（4）沉淀池设置：二级沉淀池设置在现场大门处，基坑抽出的水和清洗混凝土搅拌车、泥土车等的污水经过沉淀后，可再利用在现场洒水和混凝土养护等。

（5）保护地下水环境。采用隔水性能好的边坡支护技术。在缺水地区或地下水位持续下降的地区，基坑降水尽可能少地抽取地下水。

该工程采用了地下连续墙作为基坑支护方案，达到了止水效果，减小了抽取底下水的量。

（6）对于化学品等有毒材料、油料的储存地，应有严格的隔水层设计，做好渗漏液收集和处理。

第五节 土壤保护

（1）保护地表环境，防止土壤侵蚀、流失。因施工造成的裸土，及时覆盖砂石或种植速生草种，以减少土壤侵蚀；因施工造成容易发生地表径流土壤流失的情况，应采取设置地表排水系统、稳定斜坡、植被覆盖等措施，减少土壤流失。

（2）沉淀池、隔油池、化粪池等不发生堵塞、渗漏、溢出等现象。及时清掏各类池内沉淀物。该项目隔油池天天清理，排水沟和沉淀池每月清理两次。

（3）对于有毒有害废弃物如电池、墨盒、油漆、涂料等应回收后交有资质的单位处理，不能作为建筑垃圾外运；废旧电池要回收，在领取新电池时交回旧电池，最后由项目部统一移交公司处理，避免污染土壤和地下水。

（4）机械机油处理：在机械的下方铺设苫布，上面铺上一层沙吸油，最后集中找有资质的单位处理。

（5）施工后应恢复施工活动破坏的植被。与当地园林、环保部门或当地植物研究机构进行合作，在先前开发地区种植当地或其他合适的植物，以恢复剩余空地地貌或科学绿化，补救施工活动中人为破坏植被和地貌造成的土壤侵蚀。

第六节 建筑垃圾控制

（1）施工现场的固体废弃物对环境产生的影响教大。据不完全统计，目前城市建筑垃圾已经占到垃圾总量的30%～40%，这些垃圾不易降解，对环境产生长期影响。

（2）制订建筑垃圾减量化计划：每万平方米的建筑垃圾不宜超过400t。

（3）加强建筑垃圾的回收再利用，力争建筑垃圾的再利用和回收率达到30%，建筑物拆除产生的废弃物的再利用和回收率大于40%。对于碎石类、土石方类建筑垃圾，采用地基填埋、铺路等方式提高再利用率，力争再利用率大于50%。

（4）施工现场生活区设置封闭式垃圾容器，施工场地生活垃圾实行袋装化，及时清运。对建筑垃圾进行分类，并收集到现场封闭式垃圾站，集中运出。

在该工程中我们要按照“减量化、资源化和无害化”的原则采取以下措施：

1. 固体废弃物减量化

（1）通过合理下料技术措施，准确下料，尽量减少建筑垃圾。

（2）实行“工完场清”等管理措施，每个工作在结束该段施工工序时，在递交工序交接单前，负责把自己工序的垃圾清扫干净。充分利用以建筑垃圾废弃物的落地砂浆、混凝土等材料。

（3）提高施工质量标准，减少建筑垃圾的产生，如提高墙、地面的施工平整度，一次性达到找平层的要求，提高模板拼缝的质量，避免或减少漏浆。

（4）尽量采用工厂化生产的建筑构件，减少现场切割。

2. 固体废弃物资源化

（1）废旧材料的再利用：利用废弃模板来钉做一些维护结构，如遮光棚、隔声板等；利用废弃的钢筋头制作楼板马凳、地锚拉环等。

（2）利用木方、木胶合板来搭设道路边的防护板和后浇带的防护板。

（3）每次浇筑完剩余的混凝土用来浇筑构造柱、水沟预制盖板和后浇带预制盖板等小构件。

3. 固体废弃物分类处理

（1）垃圾分类处理，可回收材料中的木料、木板由胶合板厂、造纸厂回收再利用。

（2）非存档文件纸张采用双面打印或复印，废弃纸张最终与其他纸制品一同由造纸厂回收再利用。

（3）废旧不可利用钢铁的回收：施工中收集的废钢材，由项目部统一处理给钢铁厂回收再利用。

（4）办公使用可多次灌注的墨盒，不能用的废弃墨盒由制造商回收再利用。

第七节　地下设施、文物和资源保护

（1）施工前调查清楚地下各种设施，做好保护计划，保证施工场地周边的各类管道、管线、建筑物、构筑物的安全运行。

（2）施工过程中一旦发现文物，应立即停止施工，保护现场并通报文物部门并协助做好工作。

（3）避让、保护施工场区及周边的古树名木。实际现场无文物及古树名木，该项可不考虑。

第四章　节材与材料资源利用

第一节　节　材　措　施

（1）图纸会审时，审核节材与材料资源利用的相关内容，达到材料损耗率比定额损耗率降低30%。

（2）根据施工进度、库存情况等合理安排材料的采购、进场时间和批次，减少库存。

（3）现场材料堆放有序。储存环境适宜，措施得当。保管制度健全，责任落实。

（4）材料运输工具适宜，装卸方法得当，防止损坏和遗洒。根据现场平面布置情况就近卸载，避免和减少二次搬运。

（5）采取技术和管理措施提高模板、脚手架等的周转次数。

（6）优化安装工程的预留、预埋、管线路径等方案。

（7）应就地取材，施工现场500km以内生产的建筑材料用量占建筑材料总重量的70%以上。

第二节　结　构　材　料

（1）推广使用预拌混凝土和商品砂浆。准确计算采购数量、供应频率、施工速度等，在施工过程中动态控制。结构工程使用散装水泥。

（2）推广使用高强钢筋和高性能混凝土，减少资源消耗。

（3）推广钢筋专业化加工和配送。

（4）优化钢筋配料和钢构件下料方案。钢筋及钢结构制作前应对下料单及样品进行复核，无误后方可批量下料。

（5）优化钢结构制作和安装方法。大型钢结构宜采用工厂制作，现场拼装；宜采用分段吊装、整体提升、滑移、顶升等安装方法，减少方案的措施用材量。

第三节　围　护　材　料

（1）门窗、屋面、外墙等围护结构选用耐候性及耐久性良好的材料，施工确保密封性、

防水性和保温隔热性。

（2）门窗采用密封性、保温隔热性能、隔声性能良好的型材和玻璃等材料。

（3）屋面材料、外墙材料具有良好的防水性能和保温隔热性能。

（4）当屋面或墙体等部位采用基层加设保温隔热系统的方式施工时，应选择高效节能、耐久性好的保温隔热材料，以减小保温隔热层的厚度及材料用量。

（5）屋面或墙体等部位的保温隔热系统采用专用的配套材料，以加强各层次之间的粘结或连接强度，确保系统的安全性和耐久性。

（6）根据建筑物的实际特点，优选屋面或外墙的保温隔热材料系统和施工方式，例如保温板粘贴、保温板干挂、聚氨酯硬泡喷涂、保温浆料涂抹等，以保证保温隔热效果，并减少材料浪费。

（7）加强保温隔热系统与围护结构的节点处理，尽量降低热桥效应。针对建筑物的不同部位保温隔热特点，选用不同的保温隔热材料及系统，以做到经济适用。

第四节 装饰装修材料

（1）贴面类材料在施工前，应进行总体排板策划，减少非整块材的数量。

（2）采用非木质的新材料或人造板材代替木质板材。

（3）防水卷材、壁纸、油漆及各类涂料基层必须符合要求，避免起皮、脱落。各类油漆及粘结剂应随用随开启，不用时及时封闭。

（4）幕墙及各类预留预埋应与结构施工同步。

（5）木制品及木装饰用料、玻璃等各类板材等宜在工厂采购或订制。

（6）采用自粘类片材，减少现场液态粘结剂的使用量。

第五节 周转材料

（1）选用耐用、维护与拆卸方便的周转材料和机具。

（2）优先选用制作、安装、拆除一体化的专业队伍进行模板工程施工。

（3）模板应以节约自然资源为原则，推广使用定型钢模、钢框竹模、竹胶板。

（4）施工前应对模板工程的方案进行优化。多层、高层建筑使用可重复利用的模板体系，模板支撑宜采用工具式支撑。

（5）现场办公和生活用房采用周转式活动房。现场围挡应最大限度地利用已有围墙，或采用装配式可重复使用围挡封闭。力争工地临房、临时围挡材料的可重复使用率达到70%。

第五章 节水与水资源利用

第一节 提高用水效率

（1）施工中采用先进的节水施工工艺。

（2）施工现场喷洒路面、绿化浇灌不使用市政自来水。现场搅拌用水、养护用水采取有效的节水措施，严禁无措施浇水养护混凝土。

（3）施工现场供水管网应根据用水量设计布置，管径合理、管路简捷，采取有效措施减少管网和用水器具的漏损。

（4）现场机具、设备、车辆冲洗用水设立循环用水装置。施工现场办公区、生活区的生活用水采用节水系统和节水器具，提高节水器具配置比率。项目临时用水应使用节水型产品，安装计量装置，采取针对性的节水措施。

（5）施工现场建立可再利用水的收集处理系统，使水资源得到梯级循环利用。

第二节 非传统水源利用

（1）处于基坑降水阶段的工地，采用地下水作为混凝土搅拌用水、养护用水、冲洗用水和部分生活用水。

（2）现场机具、设备、车辆冲洗、喷洒路面、绿化浇灌等用水，优先采用非传统水源，尽量不使用市政自来水。

（3）力争施工中非传统水源和循环水的再利用量大于30%。

第六章 节能与能源利用

第一节 节能措施

（1）能源节约教育：施工前对于所有的工人进行节能教育，树立节约能源的意识，养成良好的习惯。并在电源控制出，贴出“节约用电”、“人走灯灭”等标志，在厕所部位设置声控感应灯等达到节约用电的目的。

（2）制订合理施工能耗指标，提高施工能源利用率。

（3）优先使用国家、行业推荐的节能、高效、环保的施工设备和机具，如选用变频技术的节能施工设备等。

（4）施工现场分别设定生产、生活、办公和施工设备的用电控制指标，定期进行计量、核算、对比分析，并有预防与纠正措施。

（5）在施工组织设计中，合理安排施工顺序、工作面，以减少作业区域的机具数量，相邻作业区充分利用共有的机具资源。安排施工工艺时，应优先考虑耗用电能的或其他能耗较少的施工工艺。避免设备额定功率远大于使用功率或超负荷使用设备的现象。

（6）设立耗能监督小组：项目工程部设立临时用水、临时用电管理小组，除日常的维护外，还负责监督过程中的使用，发现浪费水电人员、单位则予以处罚。

（7）选择利用效率高的能源：食堂使用液化天然气，其余均使用电能。不使用煤球等利用率低的能源，同时也减少了大气污染。

第二节 机械设备与机具

（1）建立施工机械设备管理制度，开展用电、用油计量，完善设备档案，及时做好维修保养工作，使机械设备保持低耗、高效的状态。

（2）选择功率与负载相匹配的施工机械设备，避免大功率施工机械设备低负载长时间运行。机电安装可采用节电型机械设备，如逆变式电焊机和能耗低、效率高的手持电动工具等，以利于节电。机械设备宜使用节能型油料添加剂，在可能的情况下，考虑回收利用，节约油量。

（3）合理安排工序，提高各种机械的使用率和满载率，降低各种设备的单位耗能。

第三节 生产生活及办公临时设施

（1）利用场地自然条件，合理设计生产、生活及办公临时设施的体形、朝向、间距和窗墙面积比，使其获得良好的日照、通风和采光。

（2）临时设施宜采用节能材料，墙体、屋面使用隔热性能好的材料，减少夏天空调、冬天取暖设备的使用时间及耗能量。

（3）合理配置采暖、空调、风扇数量，规定使用时间，实行分段分时使用，节约用电。

第四节 施工用电及照明

（1）临时用电优先选用节能电线和节能灯具，临电线路合理设计、布置，临电设备宜采用自动控制装置。采用声控、光控等节能照明灯具。

（2）照明设计以满足最低照度为原则，照度不应超过最低照度的20%。

第七章 节地与施工用地保护

第一节 临时用地指标

（1）根据施工规模及现场条件等因素合理确定临时设施：临时加工厂、现场作业棚及材料堆场、办公生活设施等的占地指标。临时设施的占地面积应按用地指标所需的最低面积设计。

（2）平面布置合理、紧凑，在满足环境、职业健康与安全及文明施工要求的前提下尽可能减少废弃地和死角。

第二节 临时用地保护

（1）对深基坑施工方案进行优化，减少土方开挖和回填量，最大限度地减少对土地的扰动，保护周边自然生态环境。

（2）红线外临时占地应尽量使用荒地、废地，少占用农田和耕地。工程完工后，及时对红线外占地恢复原地形、地貌，使施工活动对周边环境的影响降至最低。

（3）利用和保护施工用地范围内原有绿色植被。对于施工周期较长的现场，按建筑永久绿化的要求，安排场地新建绿化。

第三节 施工总平面布置

（1）施工总平面布置科学、合理，充分利用原有构筑物、道路、管线为施工服务。

（2）施工现场搅拌站、仓库、加工厂、作业棚、材料堆场等布置应尽量靠近已有交通线路或即将修建的正式或临时交通线路，缩短运输距离。

（3）临时办公和生活用房采用经济、美观、占地面积小、对周边地貌环境影响较小，且适合于施工平面布置动态调整的多层轻钢活动板房。生活区与生产区分开布置。

（4）施工现场道路按照永久道路和临时道路相结合的原则布置。施工现场内形成环形通路，减少道路占用土地。

（5）临时设施布置应注意远近结合（本期工程与下期工程），努力减少和避免大量临时建筑拆迁和场地搬迁。该项目我们在二期开发土地上搭设临建，最大限度地减少对原有土地生态环境的影响。

复习思考题

1. 简述施工组织设计编制的原则、依据和基本内容。
2. 简述总体施工部署的编制要求。
3. 简述施工总平面布置的编制要求。
4. 简述施工部署的编制要求。
5. 简述施工方案的编制要求。
6. 结合教材实例，简述单位工程施工组织设计的内容及编制方法。
7. 何为绿色施工？简述绿色施工的要求。
8. 收集一个高层建筑工程项目，编制其绿色施工方案。

参 考 文 献

[1] Project Management Institute. A Guide to the Project Management Body of Knowledge （Fourth Edition）, Project Management Institute, Inc. 2008.

[2] 成虎，陈群．工程项目管理［M］．3 版．北京：中国建筑工业出版社，2009.

[3] 李佳升．工程项目管理［M］．北京：人民交通出版社，2007.

[4] 陈群．工程项目管理［M］．大连：东北财经大学出版社，2008.

[5] 仲景冰，王红兵．工程项目管理［M］．北京：北京大学出版社，2006.

[6] 胡文发，何新华．现代工程项目管理［M］．上海：同济大学出版社，2007.

[7] 王家远，刘春乐．建设项目风险管理［M］．北京：中国水利水电出版社、知识产权出版社，2004.

[8] 中国建筑业协会工程项目管理委员会．中国工程项目管理知识体系［M］．2 版．北京：中国建筑工业出版社，2011.

[9] 项目管理协会（美）．项目管理知识体系指南（PMBOK 指南）［M］．4 版．王勇，张斌译．北京：机械工业出版社，2009.

[10] 冯为民，王月明．建设项目管理（精编本）［M］．武汉：武汉理工大学出版社，2006.

[11] MBA 智库．项目范围管理［EB/OL］http://wiki.mbalib.com/wiki

[12] 赵涛，潘欣鹏．项目范围管理［M］．北京：中国纺织出版社，2004.

[13] 格雷戈里 T. 豪根（美）．有效的工作分解结构［M］．北京：机械工业出版社，2005.

[14] 德斯靳，曾湘泉．人力资源管理［M］．10 版．北京：中国人民大学出版社，2007.

[15] 尤建新，陈守民．管理学概论［M］．3 版．上海：同济大学出版社，2007.

[16] 管理资源吧［EB/OL］．http://www.glzy8.com

[17] 建筑工程教育网．项目采购管理［EB/OL］．http://www.jianshe99.com/new/ 66_161/2010_5_11_li45901440531115010221868.shtml

[18] 上海普瑞思企业管理咨询有限公司．项目采购管理中成本降低的几点认识［EB/OL］．http://www.purise.com/ kecheng/html/?13553.html

[19] 邱小平，徐玖平编著．项目采购管理［M］．北京：经济管理出版社，2007.

[20] 白丽君，傅培华编著．项目采购管理［M］．北京：中国物流出版社，2009.

[21] 卢毅．工程项目管理的分类与管理重点［EB/OL］http://blog.sina.com.cn/s/ blog_49a4992d010007zg.htm

[22] 中国建设监理协会．建设工程监理概论［M］．北京：知识产权出版社，2009.

[23] 上海科技在线学习．项目管理 http://www.stcsm.gov.cn/ learning/ lesson/ guanli/ jee/ lesson9.asp

[24] 安全文化网．安全和生产的关系［EB/OL］．http://www.anquan.com.cn/ Wencui/ safety/200808/92045.html

[25] 王卓甫．工程项目风险管理——理论、方法与应用［M］．北京：中国水利水电出版社，2003.

[26] 邱菀华．现代项目管理学［M］．2 版．北京：科学出版社，2007.

[27] 池仁勇．项目管理［M］．2 版．北京：清华大学出版社，2009.

[28] 丁士昭．工程项目管理［M］．北京：中国建筑工业出版社，2006.

[29] 中国建设监理协会．建设工程进度控制［M］．北京：知识产权出版社，2003.

[30] 全国一级建造师执业资格考试用书编写委员会．建设工程项目管理［M］．3 版．北京：中国建筑工业出版社，2011．
[31] 齐宝库．工程项目管理［M］．3 版．大连：大连理工大学出版社，2007．
[32] 李慧民．工程项目管理［M］．北京：中国建筑工业出版社，2007．
[33] 中华人民共和国住房和城乡建设部．建筑工程施工组织设计规范［M］．北京：中国建筑工业出版社，2009．
[34] 百度百科．绿色施工［EB/OL］．http://baike.baidu.com/view/3194925.htm
[35] 骆珣．项目管理教程．北京：机械工业出版社，2003．
[36] 毕星，翟丽．项目管理．上海：复旦大学出版社，2000．
[37] 百度文库 http://wenku.baidu.com/view/c172a5196bd97f192279e97b.html